Tim Spier

Modernisierungsverlierer?

Tim Spier

Modernisierungsverlierer?

Die Wählerschaft rechtspopulistischer Parteien in Westeuropa

Bibliografische Information der Deutschen Nationalbibliothek
Die Deutsche Nationalbibliothek verzeichnet diese Publikation in der
Deutschen Nationalbibliografie; detaillierte bibliografische Daten sind im Internet über
<http://dnb.d-nb.de> abrufbar.

1. Auflage 2010

Alle Rechte vorbehalten
© VS Verlag für Sozialwissenschaften | Springer Fachmedien Wiesbaden GmbH 2010

Lektorat: Frank Schindler

VS Verlag für Sozialwissenschaften ist eine Marke von Springer Fachmedien.
Springer Fachmedien ist Teil der Fachverlagsgruppe Springer Science+Business Media.
www.vs-verlag.de

Das Werk einschließlich aller seiner Teile ist urheberrechtlich geschützt. Jede Verwertung außerhalb der engen Grenzen des Urheberrechtsgesetzes ist ohne Zustimmung des Verlags unzulässig und strafbar. Das gilt insbesondere für Vervielfältigungen, Übersetzungen, Mikroverfilmungen und die Einspeicherung und Verarbeitung in elektronischen Systemen.

Die Wiedergabe von Gebrauchsnamen, Handelsnamen, Warenbezeichnungen usw. in diesem Werk berechtigt auch ohne besondere Kennzeichnung nicht zu der Annahme, dass solche Namen im Sinne der Warenzeichen- und Markenschutz-Gesetzgebung als frei zu betrachten wären und daher von jedermann benutzt werden dürften.

Umschlaggestaltung: KünkelLopka Medienentwicklung, Heidelberg
Gedruckt auf säurefreiem und chlorfrei gebleichtem Papier
Printed in Germany

ISBN 978-3-531-17699-4

*Gewidmet meinen Eltern,
Heike und Hans-Harm Spier,
die mir alles ermöglicht haben*

Danksagungen

Die Abfassung einer Dissertation fordert nicht nur den Promovierenden selbst Mühen ab, sondern nimmt auch sein soziales Umfeld in großem Umfang in Anspruch. Viele Gespräche und sonstige Hilfestellungen geben nicht nur wertvolle Anregungen, sondern bieten auch organisatorische, intellektuelle und nicht zuletzt emotionale Unterstützung bei der Bewältigung der Arbeit. An dieser Stelle möchte ich jenen danken, die sich in diesen Punkten ganz besonders hervorgetan haben, ohne dass die vielfältigen Unterstützungen durch andere Personen, die ich hier nicht erwähnen kann, gering geachtet werden sollen.

Mein erster Dank gilt meinen beiden Betreuern an der Georg-August-Universität Göttingen, Herrn Prof. Dr. Peter Lösche und Herrn Prof. Dr. Franz Walter, die mir nicht nur viele Anregungen gegeben und sich mit meinem Promotionsprojekt intensiv auseinandergesetzt haben, sondern mich auch bei der Bewerbung um ein Stipendium unterstützten. Gedankt sei auch der Deutschen Forschungsgemeinschaft und dem DFG-Graduiertenkolleg „Die Zukunft des Europäischen Sozialmodells" unter Leitung von Frau Prof. Dr. Ilona Ostner, die mir die Abfassung der Promotionsschrift finanziell durch ein Stipendium ermöglichten und der Arbeit an der Dissertation einen organisatorischen Rahmen gaben. In den Kolloquien dieses Graduiertenkollegs und dem der Arbeitsgruppe Parteienforschung am Seminar für Politikwissenschaft habe ich viele wertvolle Hinweise und Anregungen erhalten. In diesem Kontext seien stellvertretend für viele Doktoranden, Mitarbeiter und Post-Docs insbesondere Jan Bethge, Antonio Brettschneider, Daniela Forkmann, Anne Karass, Michael Koß, Oliver Nachtwey, Doreen Müller, Torsten Niechoj, Saskia Richter und Daniel Scheuregger genannt.

Meinen späteren Arbeitgebern an der Heinrich-Heine-Universität Düsseldorf, Herrn Prof. Dr. Ulrich von Alemann und Herrn Prof. Dr. Martin Morlok, rechne ich es sehr hoch an, dass sie mir Zeit und Gelegenheit gaben, die Dissertation zu vervollständigen und abzuschließen. Sebastian Roßner sei für die die vielfältigen Ratschläge und interessanten Gedanken gerade in den letzten Wochen der Niederschrift gedankt. Darüber hinaus habe ich durch Vortrags- und Veröffentlichungsmöglichkeiten, methodische Beratungen und Hinweise sehr von der Hilfe folgender Personen profitiert: Herrn Prof. Dr. Uwe Backes, Herrn Prof. Dr. Frank Decker, Herrn Prof. Dr. Harry Ganzeboom, Herrn Prof. Dr. Wilhelm Heitmeyer, Herrn Prof. Dr. Eckhard Jesse, Herrn Prof. Dr. Steffen Kühnel und Herrn Prof. Dr. Paul Nieuwbeerta.

Zuletzt sei jenen Personen meines engsten persönlichen Umfelds gedankt, die mich nicht nur emotional unterstützt haben, sondern auch viel Geduld und nicht zuletzt Zeit für die Korrektur dieser Arbeit aufbrachten: Julia Schmidt sowie Heike und Hans-Harm Spier.

Inhaltsverzeichnis

Danksagungen — 6
Inhaltsverzeichnis — 7
Abbildungsverzeichnis — 10
Tabellenverzeichnis — 11

1 Einleitung — 15
  1.1 Rechtspopulismus – Definition und Abgrenzungsfragen — 18
    1.1.1 Populismus – Eine phänomenologische Definition — 19
    1.1.2 Populismus, Rechtspopulismus, Linkspopulismus — 22
    1.1.3 Rechtspopulismus, Rechtsradikalismus, Rechtsextremismus — 25
  1.2 Konturen des Phänomens rechtspopulistischer Parteien in Westeuropa — 27
    1.2.1 Phase der Marginalität — 29
    1.2.2 Phase des elektoralen Durchbruchs — 32
    1.2.3 Phase der Etablierung — 35
  1.3 Konzeptionelle Grundentscheidungen — 38
    1.3.1 Fragestellung — 39
    1.3.2 Untersuchungsdesign — 41
    1.3.3 Das Feld rechtspopulistischer Parteien in den Untersuchungsländern — 43
    1.3.4 Aufbau der Arbeit — 44

2 Theorien, Indikatoren und Hypothesen — 46
  2.1 Erklärungsansätze für Wahlverhalten — 46
  2.2 Erklärungsansätze für Wahlverhalten zugunsten rechtsradikaler Parteien — 48
    2.2.1 Ebene der sozialen Lage — 49
    2.2.2 Ebene der psychischen Dispositionen — 51
    2.2.3 Ebene des sozialen Wandels — 53
  2.3 Die Modernisierungsverlierer-Theorie als Integrationsversuch — 55
    2.3.1 Rekonstruktion der Modernisierungsverlierer-Theorie — 57
    2.3.2 Kritik an der Modernisierungsverlierer-Theorie — 61
    2.3.3 Vorstellung des Untersuchungsmodells — 63
  2.4 Erweitertes Modell der Wahl rechtspopulistischer Parteien — 68
  2.5 Vorstellung der Indikatoren und Hypothesenbildung — 71
    2.5.1 Modernisierungsverlierer-Indikatoren — 71
        2.5.1.1 Klassenlage — 71
        2.5.1.2 Sozioökonomischer Status — 80
        2.5.1.3 Sozioökonomische Statusinkonsistenz — 81
        2.5.1.4 Sozialprestige — 83
        2.5.1.5 Objektive Einkommensarmut — 84
        2.5.1.6 Subjektive Einkommensarmut — 88
        2.5.1.7 Arbeitslosigkeit — 89
        2.5.1.8 Prekäres Beschäftigungsverhältnis — 90
        2.5.1.9 Soziale Exklusion — 96

	2.5.2	Rechtsaffine Einstellungsindikatoren	97
		2.5.2.1 Politische Unzufriedenheit	98
		2.5.2.2 Xenophobie	102
		2.5.2.3 Autoritarismus	106
		2.5.2.4 Misanthropie	109
3	**Datenbasis, methodische Vorgehensweise und Operationalisierung**		**112**
	3.1 Datenbasis		*112*
	3.1.1	Übersicht European Social Survey	112
	3.1.2	Grundgesamtheit und Datenqualität der Stichprobe	113
	3.1.3	Gewichtung der Stichprobe	114
	3.2 Methodische Vorgehensweise		*116*
	3.2.1	Deskriptive Statistik	116
	3.2.2	Logistische Regressionsanalyse	117
	3.2.3	Lineare Regressionsanalyse	119
	3.2.4	Kategoriale Hauptkomponentenanalyse bei der Skalenkonstruktion	120
	3.3 Operationalisierung der Variablen		*122*
	3.3.1	Abhängige Variable: Wahl rechtspopulistischer Parteien	123
	3.3.2	Unabhängige Variablen: Modernisierungsverlierer-Indikatoren	127
		3.3.2.1 Klassenlage	127
		3.3.2.2 Sozioökonomischer Status	129
		3.3.2.3 Sozioökonomische Statusinkonsistenz	131
		3.3.2.4 Sozialprestige	132
		3.3.2.5 Objektive Einkommensarmut	133
		3.3.2.6 Subjektive Einkommensarmut	135
		3.3.2.7 Arbeitslosigkeit	136
		3.3.2.8 Prekäres Beschäftigungsverhältnis	136
		3.3.2.9 Soziale Exklusion	137
	3.3.3	Intervenierende Variablen: Rechtsaffine Einstellungen	139
		3.3.3.1 Politische Unzufriedenheit	139
		3.3.3.2 Xenophobie	141
		3.3.3.3 Autoritarismus	142
		3.3.3.4 Misanthropie	145
	3.3.4	Kontrollvariablen	146
		3.3.4.1 Geschlecht	146
		3.3.4.2 Alter	147
		3.3.4.3 Bildung	147
		3.3.4.4 Untersuchungsland	148
4	**Einfluss der Modernisierungsverlierer-Indikatoren auf das Wahlverhalten**		**150**
	4.1 Einzelbetrachtung der Modernisierungsverlierer-Indikatoren		*150*
	4.1.1	Klassenlage	150
	4.1.2	Sozioökonomischer Status	157
	4.1.3	Sozioökonomische Statusinkonsistenz	161
	4.1.4	Sozialprestige	165
	4.1.5	Objektive Einkommensarmut	168

	4.1.6	Subjektive Einkommensarmut	171
	4.1.7	Arbeitslosigkeit	174
	4.1.8	Prekäres Beschäftigungsverhältnis	177
	4.1.9	Soziale Exklusion	181
	4.2	*Zusammenwirken der Modernisierungsverlierer-Indikatoren*	*184*
	4.2.1	Umfassendes Modell der Modernisierungsverlierer-Indikatoren	185
	4.2.2	Sparsames Modell der Modernisierungsverlierer-Indikatoren	190

5 Erklärung der Modernisierungsverlierer-Effekte durch rechtsaffine Einstellungen — 193

5.1	*Einfluss der Modernisierungsverlierer-Indikatoren auf die Einstellungen*		*193*
5.1.1	Politische Unzufriedenheit		194
	5.1.1.1	Deskriptive Befunde	194
	5.1.1.2	Regression auf die Modernisierungsverlierer-Indikatoren	201
5.1.2	Xenophobie		204
	5.1.2.1	Deskriptive Befunde	205
	5.1.2.2	Regression auf die Modernisierungsverlierer-Indikatoren	210
5.1.3	Autoritarismus		213
	5.1.3.1	Deskriptive Befunde	213
	5.1.3.2	Regression auf die Modernisierungsverlierer-Indikatoren	218
5.1.4	Misanthropie		221
	5.1.4.1	Deskriptive Befunde	222
	5.1.4.2	Regression auf die Modernisierungsverlierer-Indikatoren	227
5.2	*Einfluss der Einstellungen auf das Wahlverhalten*		*231*
5.2.1	Politische Unzufriedenheit		231
5.2.2	Xenophobie		235
5.2.3	Autoritarismus		238
5.2.4	Misanthropie		241
5.2.5	Zusammenwirken der Einstellungsindikatoren		244
5.3	*Gesamtmodell unter Einbeziehung der Einstellungen*		*247*
5.3.1	Berücksichtigung der politischen Unzufriedenheit im Gesamtmodell		250
5.3.2	Berücksichtigung der Xenophobie im Gesamtmodell		251
5.3.3	Berücksichtigung des Autoritarismus im Gesamtmodell		252
5.3.4	Berücksichtigung der Misanthropie im Gesamtmodell		252
5.3.5	Berücksichtigung aller Einstellungsindikatoren im Gesamtmodell		253

6 Zusammenfassung und Forschungsausblick — 255

6.1	*Rechtspopulistische Parteien und die „Proletarisierung" ihrer Elektorate*	*255*
6.2	*Die Modernisierungsverlierer-Theorie als Erklärungsansatz*	*257*
6.3	*Ein Untersuchungsmodell zur Überprüfung der Theorie*	*259*
6.4	*Die empirische Wirkung der Modernisierungsverlierer-Indikatoren*	*262*
6.5	*Die Erklärung der Wirkung auf der Ebene rechtsaffiner Einstellungen*	*267*
6.6	*Fazit und Forschungsdesiderate*	*270*

Literaturverzeichnis — 274

Abbildungsverzeichnis

Abbildung 1:	Elektorale Entwicklung rechtspop. Parteien in neun westeuropäischen Staaten 1975-2008	28
Abbildung 2:	Schematische Darstellung der Modernisierungsverlierer-Theorie	58
Abbildung 3:	Schematische Darstellung des Untersuchungsmodells	65
Abbildung 4:	Schematische Darstellung des erweiterten Modells	69
Abbildung 5:	Schematische Darstellung des politischen Wettbewerbsmodells	70
Abbildung 6:	Dimensionen des Konzepts politischer Unzufriedenheit mit Beispielen	100
Abbildung 7:	Relative Größe der Teilstichproben bei unterschiedlichen Gewichtungsarten	115
Abbildung 8:	Wahlwahrscheinlichkeit in Abhängigkeit vom sozioökonomischen Status	158
Abbildung 9:	Wahlwahrscheinlichkeit in Abhängigkeit von der sozioökon. Statusinkonsistenz	163
Abbildung 10:	Wahlwahrscheinlichkeit in Abhängigkeit vom Sozialprestige	166
Abbildung 11:	Wahlwahrscheinlichkeit in Abhängigkeit von sozialer Exklusion	182
Abbildung 12:	Wahlwahrscheinlichkeit in Abhängigkeit der politischen Unzufriedenheit.	233
Abbildung 13:	Wahlwahrscheinlichkeit in Abhängigkeit der Xenophobie	236
Abbildung 14:	Wahlwahrscheinlichkeit in Abhängigkeit des Autoritarismus	239
Abbildung 15:	Wahlwahrscheinlichkeit in Abhängigkeit der Misanthropie	242

Tabellenverzeichnis

Tabelle 1:	Wahlergebnisse rechtspopulistischer Parteien in neun westeuropäischen Staaten	31
Tabelle 2:	Übersicht European Socio-economic Classfication (ESeC)	75
Tabelle 3:	Einkommenskategorien in Euro pro Monat (Median und Obergrenzen)	87
Tabelle 4:	Nettostichprobengröße und Anteil der realisierten Interviews im ESS	114
Tabelle 5:	Wahlergebnisse rechtspopulistischer Parteien real und im ESS-Datensatz	125
Tabelle 6:	Klassenmatrix für die Europäische Soziökonomische Klassifikation (Auszug)	128
Tabelle 7:	Klassenstruktur der Untersuchungsländer in Prozent	129
Tabelle 8:	Mittelwerte des sozioökonomischen Status (ISEI) nach Land und Bildungsabschluss	131
Tabelle 9:	Mittelwerte des sozioökonomischen Status (ISEI) nach Land und Klasse	131
Tabelle 10:	Mittlere Statusinkonsistenz nach Land und Klasse	132
Tabelle 11:	Mittelwerte des Sozialprestiges (SIOPS) nach Land und Bildungsabschluss	133
Tabelle 12:	Mittelwerte des Sozialprestiges (SIOPS) nach Land und Klasse	133
Tabelle 13:	Einkommensstruktur der Untersuchungsländer in Prozent	134
Tabelle 14:	Subjektive Einkommensstruktur der Untersuchungsländer in Prozent	135
Tabelle 15:	Struktur prekärer Beschäftigungsverhältnisse der Untersuchungsländer in Prozent	137
Tabelle 16:	Komponentenladungen und Reliabilität der Skala sozialer Exklusion	138
Tabelle 17:	Mittelwerte sozialer Exklusion nach Ländern und subjektiven Einkommen	139
Tabelle 18:	Komponentenladungen und Reliabilität der Skala politischer Unzufriedenheit	140
Tabelle 19:	Mittelwerte politischer Unzufriedenheit nach Ländern und subjektiven Einkommen	141
Tabelle 20:	Komponentenladungen und Reliabilität der Xenophobie-Skala	142
Tabelle 21:	Xenophobie-Mittelwerte nach Ländern und Bildung	142
Tabelle 22:	Komponentenladungen und Reliabilität der Autoritarismus-Skala	144
Tabelle 23:	Autoritarismus-Mittelwerte nach Ländern und Bildung	144
Tabelle 24:	Komponentenladungen und Reliabilität der Misanthropie-Skala	145
Tabelle 25:	Misanthropie-Mittelwerte nach Ländern und subjektivem Einkommen	146

Tabelle 26:	ISCED-Bildungsabschlüsse in drei Kategorien nach Ländern in Prozent.	148
Tabelle 27:	Wahl rechtspopulistischer Parteien nach Klasse und Land	151
Tabelle 28:	Einfluss der Klassenlage auf das Wahlverhalten	153
Tabelle 29:	Mittelwerte des sozioökonomischen Status nach Wahlverhalten und Land	157
Tabelle 30:	Einfluss des soziöökon. Status auf das Wahlverhalten	159
Tabelle 31:	Mittelwerte der soziöökon. Statusinkonsistenz nach Wahlverhalten und Land	162
Tabelle 32:	Einfluss der sozioökonomischen Statusinkonsistenz auf das Wahlverhalten	164
Tabelle 33:	Mittelwerte des Sozialprestiges nach Wahlverhalten und Land	165
Tabelle 34:	Einfluss des Sozialprestiges auf das Wahlverhalten	167
Tabelle 35:	Wahl rechtspopulistischer Parteien nach objektiven Einkommensgruppen und Land	169
Tabelle 36:	Einfluss des objektiven Einkommens auf das Wahlverhalten	170
Tabelle 37:	Wahl rechtspopulistischer Parteien nach subj. Einkommensgruppen und Land	172
Tabelle 38:	Einfluss des subjektiven Einkommens auf das Wahlverhalten	173
Tabelle 39:	Wahl rechtspopulistischer Parteien nach Erwerbsstatus und Land	175
Tabelle 40:	Einfluss der Arbeitslosigkeit auf das Wahlverhalten	176
Tabelle 41:	Wahl rechtspopulistischer Parteien nach Gruppen prekärer Beschäftigung und Land	177
Tabelle 42:	Einfluss prekärer Beschäftigung auf das Wahlverhalten	179
Tabelle 43:	Mittelwerte sozialer Exklusion nach Wahlverhalten und Land	181
Tabelle 44:	Einfluss der sozialen Exklusion auf das Wahlverhalten	183
Tabelle 45:	Umfassendes Modell der Modernisierungsverlierer-Indikatoren	187
Tabelle 46:	Variablen des umfassenden Modells in Reihenfolge des Betrags ihrer Effektstärken	189
Tabelle 47:	Sparsames Modell der Modernisierungsverlierer-Indikatoren	191
Tabelle 48:	Politische Unzufriedenheit nach Klassen und Ländern	195
Tabelle 49:	Politische Unzufriedenheit nach Statusgruppen und Ländern	196
Tabelle 50:	Politische Unzufriedenheit nach Statusinkonsistenz-Gruppen und Ländern	196
Tabelle 51:	Politische Unzufriedenheit nach Prestigegruppen und Ländern	197
Tabelle 52:	Politische Unzufriedenheit nach objektiven Einkommensgruppen und Ländern	197
Tabelle 53:	Politische Unzufriedenheit nach subjektiven Einkommensgruppen und Ländern	198
Tabelle 54:	Politische Unzufriedenheit nach Erwerbsstatus und Ländern	199
Tabelle 55:	Politische Unzufriedenheit nach Gruppen prekärer Beschäftigung und Ländern	200
Tabelle 56:	Politische Unzufriedenheit nach Gruppen sozialer Exklusion und Ländern	201
Tabelle 57:	Einfluss der Modernisierungsverlierer-Indikatoren auf die pol. Unzufriedenheit	202

Tabelle 58:	Xenophobie nach Klassen und Ländern	205
Tabelle 59:	Xenophobie nach Statusgruppen und Ländern	206
Tabelle 60:	Xenophobie nach Statusinkonsistenz-Gruppen und Ländern	206
Tabelle 61:	Xenophobie nach Prestigegruppen und Ländern	207
Tabelle 62:	Xenophobie nach objektiven Einkommensgruppen und Ländern	207
Tabelle 63:	Xenophobie nach subjektiven Einkommensgruppen und Ländern	208
Tabelle 64:	Xenophobie nach Erwerbsstatus und Ländern	208
Tabelle 65:	Xenophobie nach Gruppen prekärer Beschäftigung und Ländern	209
Tabelle 66:	Xenophobie nach Gruppen sozialer Exklusion und Ländern	210
Tabelle 67:	Einfluss der Modernisierungsverlierer-Indikatoren auf die Xenophobie	211
Tabelle 68:	Autoritarismus nach Klassen und Ländern	214
Tabelle 69:	Autoritarismus nach Statusgruppen und Ländern	214
Tabelle 70:	Autoritarismus nach Statusinkonsistenz-Gruppen und Ländern	215
Tabelle 71:	Autoritarismus nach Prestigegruppen und Ländern	215
Tabelle 72:	Autoritarismus nach objektiven Einkommensgruppen und Ländern	216
Tabelle 73:	Autoritarismus nach subjektiven Einkommensgruppen und Ländern	216
Tabelle 74:	Autoritarismus nach Erwerbsstatus und Ländern	217
Tabelle 75:	Autoritarismus nach Gruppen prekärer Beschäftigung und Ländern	217
Tabelle 76:	Autoritarismus nach Gruppen sozialer Exklusion und Ländern	218
Tabelle 77:	Einfluss der Modernisierungsverlierer-Indikatoren auf den Autoritarismus	219
Tabelle 78:	Misanthropie nach Klassen und Ländern	222
Tabelle 79:	Misanthropie nach Statusgruppen und Ländern	223
Tabelle 80:	Misanthropie nach Statusinkonsistenz-Gruppen und Ländern	223
Tabelle 81:	Misanthropie nach Prestigegruppen und Ländern	224
Tabelle 82:	Misanthropie nach objektiven Einkommensgruppen und Ländern	224
Tabelle 83:	Misanthropie nach subjektiven Einkommensgruppen und Ländern	225
Tabelle 84:	Misanthropie nach Erwerbsstatus und Ländern	226
Tabelle 85:	Misanthropie nach Gruppen prekärer Beschäftigung und Ländern	226
Tabelle 86:	Misanthropie nach Gruppen sozialer Exklusion und Ländern	227
Tabelle 87:	Einfluss der Modernisierungsverlierer-Indikatoren auf die Misanthropie	228
Tabelle 88:	Politische Unzufriedenheit nach Wahlverhalten und Ländern	231
Tabelle 89:	Einfluss der politischen Unzufriedenheit auf das Wahlverhalten	234
Tabelle 90:	Xenophobie nach Wahlverhalten und Ländern	235
Tabelle 91:	Einfluss der Xenophobie auf das Wahlverhalten	237
Tabelle 92:	Autoritarismus nach Wahlverhalten und Ländern	239
Tabelle 93:	Einfluss des Autoritarismus auf das Wahlverhalten	240
Tabelle 94:	Misanthropie nach Wahlverhalten und Ländern	241
Tabelle 95:	Einfluss der Misanthropie auf das Wahlverhalten	243
Tabelle 96:	Einfluss der rechtsaffinen Einstellungen auf das Wahlverhalten	245
Tabelle 97:	Auswirkungen der rechtsaffinen Einstellungen auf das Gesamtmodell	249

1 Einleitung

Der 3. Oktober 1999 markierte in der Entwicklung des österreichischen Parteiensystems einen Wendepunkt. Am Abend des Tages der österreichischen Nationalratswahl stand fest, dass die FPÖ unter ihrem Spitzenkandidaten Jörg Haider mit 26,9 % der abgegebenen gültigen Stimmen die christlich-konservative ÖVP in der Wählergunst knapp überrundet hatte und – nur noch einige Prozentpunkte hinter der sozialdemokratischen SPÖ – zweitstärkste Partei geworden war. Dieser Wahlsieg bildete den Schlussstein in einer Reihe von Erfolgen, die die in den 1970er Jahren noch als liberal geltende Fünf-Prozent-Partei FPÖ seit der Übernahme des Vorsitzes durch Haider 1986 zu einer der stimmstärksten rechtspopulistischen Formationen in Westeuropa gemacht hatten. Die Diskussion über die unmittelbaren Ursachen des Erfolgs – die langjährige „Große Koalition" zwischen SPÖ und ÖVP, das starre „Proporzsystem" in Österreich, die erfolgreiche Mobilisierung der FPÖ gegen Einwanderung und EU-Integration (Pelinka 2002: 282ff) – verdeckte schnell eine fundamentale strukturelle Veränderung in der österreichischen Wählerschaft (Luther 2000: 430ff): Das einst kleinbürgerlich geprägte Elektorat der FPÖ hatte sich grundlegend gewandelt. Die Stimmanteile der Partei in der Arbeiterschaft waren sukzessive von 10 % im Jahr 1986 auf 47 % gestiegen (Plasser/Ulram 2000: 232). In diesem Wählersegment hatte die rechtspopulistische Partei der SPÖ deutlich den Rang als stärkste Partei abgelaufen. Es waren weniger die älteren, zumal gewerkschaftsgebundenen Arbeiter mit Anbindung an das traditionelle Milieu, sondern die jungen, männlichen, bisher ungebundenen *blue collar workers* ohne Gewerkschaftsmitgliedschaft, die Haider maßgeblich zu diesem Sieg verhalfen (Pelinka 2002: 285f). Der spätere SPÖ-Vorsitzende und Kanzler Alfred Gusenbauer versuchte die Hinwendung dieser Bevölkerungsteile zu Haider und der FPÖ in einem Interview mit der Wochenzeitung „Freitag" wie folgt zu klären: „Es gibt bei bestimmten Arbeitnehmergruppen eine tiefe Verunsicherung wegen der Globalisierung – und schließlich das Gefühl, die klassische Sozialpolitik deckt nicht die ganze, neu entstehende Realität ab. Viele Arbeiter sehen ein Gerechtigkeitsloch" (zitiert in Mappes-Niediek 2000). Weshalb die jüngeren Arbeitermilieus angesichts modernisierungsinduzierter sozialer Probleme bei der Nationalratswahl eine aggressiv-fremdenfeindliche Partei wählten, vermochte Gusenbauer in diesem Interview nicht zu erklären.

Für den von Jean-Marie Le Pen geführten Front National in Frankreich bedeutete die Verabschiedung des Programms *„300 mesures pour la renaissance de la France"* im Jahr 1993 einen entschiedenen Wechsel in der Ausrichtung ihrer wirtschafts- und sozialpolitischen Programmatik (Front National 1993). Vormals stark wirtschaftsliberal geprägte Positionen wurden revidiert, neben die alten nationalistischen, xenophoben und autoritären Sentiments und Ressentiments wurden Programmpunkte gesetzt, die sich primär mit Arbeitslosigkeit und sozialstaatlicher Absicherung befassten. Der Front National erklärte sich selbst zum Verteidiger der Rechte von Franzosen mit geringem Einkommen, die – so das Programm – durch Immigration und ökonomische Globalisierung gefährdet seien (Ignazi 2006: 100). Die programmatische Wende flankierte einen elektoralen Wandel, der bereits vor 1993 eingesetzt hatte und spätestens in der Präsidentschaftswahl 1995 deutlich zum Ausdruck kam: Der Anteil der Partei in den Bevölkerungssegmenten der Arbeiter und Arbeitslosen stieg kontinuierlich. In der ersten Runde der Präsidentschaftswahl 1995, bei der Le Pen mit 15,3 % der gültigen Stimmen das bis zu diesem Zeitpunkt beste frankreichweite Ergebnis in der damals schon mehr als zwanzigjährigen Wahlgeschichte des Front National erzielte, kam der Präsidentschaftskandidat in der Gruppe der Arbeiter auf 30 % und in der der Arbeitslosen auf 25 % (Taguieff 1997: 24). Stolz ließ Le Pen in diesem Zusammenhang von der parteieigenen Wochenzeitung „National Hebdo" verkünden: „Nous sommes devenus le premier parti ouvrier, nous sommes le parti de la classe ouvrière" (zitiert nach Perrineau 1996: 8). Das als *„goucho-lepénisme"* (Perrineau 1995) oder *„ouvrièro-lepénisme"* (Mayer 1999) charakterisierte soziodemographische Profil der Wählerschaft beschränkt sich jedoch nicht auf die Frage der beruflichen Tätigkeit: 50 % der Wähler zählten sich zu den untersten zwei von zehn möglichen Statusgruppen (Mayer 1999: 83ff). Und die Zugewinne des Front National bei der folgenden Parlamentswahl konzentrierten sich auf die von Deindustrialisierungsprozessen geprägten Außenbezirke von Lyon, Marseilles und Paris, sowie die ehemaligen Schwerindustrieregionen Nord-Pas-De-Calais und Elsass (Schain 2002: 228).

Für den Stadtstaat Hamburg stellte die Wahl zur Bürgerschaft vom 23. September 2001 ebenfalls eine entscheidende politische Zäsur dar. 44 Jahre war die Hansestadt ununterbrochen von sozialdemokratischen Oberbürgermeistern regiert worden, doch am Wahlabend zeichnete sich ab, dass es erstmals zu einer CDU-geführten Regierung kommen würde. Grund war nicht das gute Abschneiden der Christdemokraten – sie hatten bei der Wahl 4,5 Prozentpunkte im Vergleich zur Vorwahl verloren – sondern der Wahlerfolg der rechtspopulistischen Partei Rechtsstaatliche Offensive, die sich um den wegen seiner harten Gerichtsurteile in den Medien als „Richter Gnadenlos" bekannt gewordenen Ronald B. Schill gegründet hatte. Aus dem Stand vermochte es die auch als „Schill-Partei" bezeichnete und auf *law and order*-Forderungen spezialisierte Formation, 19,4 % der abgegebenen gültigen Stimmen auf sich zu vereinen. Bis zu diesem Zeitpunkt war es noch keiner Partei gelungen, aus dem Stand bei einer Landtagswahl ein so hohes Wahlergebnis zu erzielen (Decker 2003: 223). Und auch wenn die Wählerschaft der Schill-Partei ein durchaus komplexes soziodemographisches Profil aufwies, konnte man doch einige herausstechende Charakteristika ausmachen: In der Gruppe der Arbeiter kam die Partei auf gut 31 %, ein geringes Einkommen gehörte zudem zu den wichtigsten Determinanten der Wahl dieser Partei (Klein/Ohr 2002: 73ff). Ihre Wählerschaft setzte sich zwar keineswegs nur aus sozial Deklassierten zusammen, die Ergebnisse in Wohngebieten mit hohem Sozialhilfeempfängeranteil und mit einer hohen Arbeitslosigkeit waren aber dennoch überdurchschnittlich gut (Horst 2002: 60f, vgl. auch die Analyse von Faas/Wüst 2002: 9ff). Insbesondere in den städtischen Problemvierteln konnte die Partei reüssieren. Als *pars pro toto* für die Hamburger Hochburgen der Schill-Partei kann der Stadtteil Wilhelmsburg gelten, ein altes Arbeiterviertel in unmittelbarer Nähe zu den Hafen- und Industriegebieten. Nicht nur Herbert Wehner, der einst seinen Wahlkreis hier hatte, konnte über 70 % holen, bis in die 1990er Jahre hinein erzielte die SPD hier bei allen Wahlen weit mehr als die Hälfte der Wählerstimmen (Walter/Spier 2004: 330). Doch dann konnten rechtspopulistische Parteien größere Erfolge verzeichnen: 1993 die Republikaner mit 11,6 %, 1997 die DVU mit 10,9 % und schließlich Schill 2001 mit 34,9 %.

Die drei Beispiele des Erfolgs der FPÖ in Österreich, des Front National in Frankreich und der Schill-Partei in Hamburg in sozial benachteiligten Segmenten der Bevölkerung illustrieren eine Entwicklung, die von verschiedenen Politikwissenschaftlern als besonders charakteristisch für den Wandel der Elektorate rechtspopulistischer Parteien in den 1990er Jahren hervorgehoben wurde. Hans-Georg Betz (2001: 413f; 2002c: 258) prägte in diesem Zusammenhang den Begriff der „Proletarisierung" der Wählerschaft rechtspopulistischer Parteien. Herbert Kitschelt (2001: 435) deutet an, dass sie sich zu „postindustriellen Arbeiterparteien" entwickeln könnten. Minkenberg (2000: 184f) geht sogar davon aus, dass diese Parteien viel eher dem soziodemographischen Wählerprofil von historischen Arbeiterparteien entsprechen, als es heute noch bei sozialdemokratischen oder kommunistischen Parteien der Fall sei. Doch eine Beschreibung der Wählerstruktur allein nach dem rein deskriptiven Merkmal der Berufstätigkeit geht zu kurz. Entscheidend ist die Frage, welche Faktoren in der sozialen Lage von Arbeitern dazu führen, dass diese aktuell weit eher zur Wahl rechtspopulistischer Parteien neigen, als dies in anderen Berufsklassen der Fall ist.

Ein Ansatz, der prinzipiell geeignet ist, die momentane Affinität der Arbeiter zu rechtspopulistischen Parteien zu erklären, ist die sogenannte Modernisierungsverlierer-These, die – wie in Kapitel 2 noch zu zeigen sein wird – besser als Modernisierungsverlierer-Theorie bezeichnet werden sollte. Nach dieser Theorie befinden sich westliche Industriegesellschaften in einem ständigen ökonomisch-sozialen, kulturellen und politischen Wandel, der von ihren Mitgliedern immer wieder Anpassungsleistungen abverlangt. Objektive oder zumindest subjektiv wahrgenommene ökonomische Marginalisierung, drohender Status- und Prestigeverlust sowie soziale Exklusion wirken nach diesem Ansatz auf das Individuum ein, führen zu Handlungsunsicherheiten, Ohnmachts- und Vereinzelungserfahrungen und schlussendlich zur Ausbildung rechtsaffiner Einstellungsmuster. Die eigenen Minderwertigkeitsgefühle werden psychologisch durch Überlegenheitsgefühle gegenüber Minderheiten („*outgroups*") und einen radikalen Nationalismus kompensiert. Der dadurch entstehenden Nachfrage nach entsprechenden Politikangeboten kommen die rechtspopulistischen Parteien in Westeuropa nach, was sich – wenn die anderweitigen politischen Gelegenheitsstrukturen günstig sind – in Wahlerfolgen dieser Parteien niederschlägt.

Diese kurze Skizze soll nicht den Anschein erwecken, als ob es eine allgemein anerkannte Version dieser Theorie geben würde. Vielmehr handelt es sich im Grunde um eine ganze Reihe von Teiltheorien in unterschiedlichen Ausprägungen, die vor dem Hintergrund verschiedener historischer Situationen entstanden sind. Die Modernisierungsverlierer-Theorie ist gewissermaßen ein immer wiederkehrender Topos für die Verwerfungen und Umbrüche im Gefolge des gesellschaftlichen Wandels. Es geht ihr mithin um die „Konsequenzen der Moderne" (Giddens 1995). Diese können – je nach den Auswirkungen der historisch-spezifischen Modernisierungserscheinungen – unterschiedliche Bevölkerungsgruppen betreffen und empfänglich machen für die Agitation entsprechender Parteien. Erste Ansätze zu einer Modernisierungsverlierer-Theorie wurden vornehmlich von deutschen Exilanten vor und während des Zweiten Weltkriegs zur Erklärung der Wahlerfolge der NSDAP in der späten Weimarer Republik entwickelt (vgl. nur Geiger 1930; Mannheim 1940; Fromm 1941). Einige dieser Hypothesen und Theorien wurden von amerikanischen Politikwissenschaftlern und Soziologen aufgegriffen, um die Erfolge rechtsradikaler Bewegungen und Parteien der Nachkriegszeit zu erklären (Trow 1958; Lipset 1960; Hofstadter 1971 [1963]; Lipset 1971 [1963]). Scheuch und Klingemann (1967) integrierten verschiedene Fragmente zum Ansatz einer „allgemeinen Theorie des Rechtsradikalismus in westlichen Industriegesellschaften". In den späten 1980er Jahren wurde der konkrete Begriff des Modernisierungsverlierers in der Diskussion über die kurzfristigen Wahlerfolge der Republikaner in der Bundesrepublik geprägt (Funke 1989; Klönne 1989; Stöss 1989; Schacht

1990; Stöss 1990b) und schließlich in den 1990er Jahren von aus dem deutschen Sprachraum stammenden Wissenschaftlern auf die Erfolge rechtspopulistischer Parteien in Westeuropa übertragen und wieder in die internationale Forschung eingeführt (Betz 1994; Kriesi 1999; Minkenberg 2000, ansatzweise auch: Kitschelt 1995). Dort wird die Theorie mittlerweile kontrovers diskutiert (Husbands 2002: 52ff; Norris 2005: 132f; van der Brug et al. 2005: 540; Bjørklund 2007: 5f; Mudde 2007: 202ff; Rydgren 2007: 247ff).

Die vorliegende Studie hat sich zur Aufgabe gemacht, die Modernisierungsverlierer-Theorie zu rekonstruieren, sie auf die Wählerschaft rechtspopulistischer Parteien in Westeuropa anzuwenden und mit den Mitteln der empirischen Wahlforschung und den Daten europaweiter Bevölkerungsbefragungen quantitativ zu überprüfen. Aktueller Hintergrund der Vermutung, dass sich die Modernisierungsverlierer-Theorie auch auf das aktuelle Phänomen des Erfolgs rechtspopulistischer Parteien übertragen lässt, sind – neben dem eingangs skizzierten Wandel ihrer Elektorate – Thesen verschiedener Zeitdiagnostiker, die im Phänomen der Globalisierung einen Modernisierungsprozess identifizieren, der erneut Gewinner und Verlierer schafft, bei letzteren zur Ausbildung rechtsaffiner Einstellungsmuster führt und schlussendlich die Wahlerfolge rechtspopulistischer Parteien begünstigt. Nach Habermas (1998: 69) schaffen die ökonomischen Konsequenzen der Globalisierung mit „Statusängsten und Selbstbehauptungsreflexen der vom Abstieg bedrohten Schichten" die Grundlage für die Entstehung „rechtspopulistischer Stimmungslagen". Dietmar Loch und Wilhelm Heitmeyer (2001: 15ff) machen in den Erfolgen rechtspopulistischer Parteien eine der wesentlichen „Schattenseiten der Globalisierung" aus. Und Beck sieht schließlich in den Folgen der Globalisierung die „Quellen der Macht" der Rechtspopulisten (Beck 2002: 7ff). Treffen diese Thesen zu, so müsste sich nachweisen lassen, dass die Wähler rechtspopulistischer Parteien durch aktuelle Modernisierungsprozesse in besonderer Weise negativ betroffen werden, dass man sie also tatsächlich als Modernisierungsverlierer bezeichnen kann.

1.1 Rechtspopulismus – Definition und Abgrenzungsfragen[1]

So üblich der Begriff des Rechtspopulismus mittlerweile zumindest in der deutschen politischen Debatte geworden ist, so umstritten ist dieser Terminus doch in der internationalen politikwissenschaftlichen Literatur zur Bezeichnung jener Gruppe von Parteien, die seit den 1980er Jahren in den westeuropäischen Parteiensystemen reüssieren können. Obwohl zumeist derselbe harte Kern von Parteien gemeint ist, die „üblichen Verdächtigen", werden doch die unterschiedlichsten Bezeichnungen für diese in der Diskussion verwendet: *extreme right, far right, radical right, radical right-wing populism, right-wing populism, national populism* und *anti-immigrant parties* sind nur einige der 23 englischsprachigen Termini, die Cas Mudde (2007: 11f) in der einschlägigen Forschungsliteratur identifiziert. Der *„war on words"* (Mudde 1996) um die korrekte Bezeichnung dieser Parteienfamilie hat seine Ursachen nicht nur in unterschiedlichen theoretischen Grundvorstellungen und Differenzen zwischen verschiedenen Schulen der Forschung; häufig genug werden auch ohne eine besondere theoretische Rechtfertigung neue Begrifflichkeiten geprägt. Dies erschwert natürlich die Verständigung im Forschungsfeld. Der Verfasser möchte sich nicht in diesen

---

[1] Teile der hier vorgenommenen Definition von Populismus und Rechtspopulismus sind bereits in einem anderen Aufsatz ausgearbeitet worden (Spier 2006: 37f).

1 Einleitung

„Krieg um Worte" begeben, sondern in der gebotenen Kürze die dieser Studie zugrunde gelegte Bezeichnung „rechtspopulistische Parteien" definieren, theoretisch rechtfertigen und von anderen Termini abgrenzen. Hierzu soll zunächst auf den Kern des Begriffs eingegangen werden, dem Konzept des Populismus als Politikstil, um dann in einem zweiten Schritt zu erörtern, wie dieser Politikstil näher ideologisch qualifiziert werden kann. Schließlich ist es insbesondere im deutschsprachigen Diskurs notwendig, den Begriff des Rechtspopulismus von den beiden wichtigsten Konkurrenzbezeichnungen Rechtsradikalismus und Rechtsextremismus abzugrenzen.

1.1.1 Populismus – Eine phänomenologische Definition

Parteienfamilien werden in der Politikwissenschaft zumeist als *familles spirituelles* (von Beyme 1985: 23ff) aufgefasst, als eine Gruppe von Parteien mit einer ähnlichen Programmatik und ideologischer Ausrichtung. Den christlich-konservativen, liberalen, sozialdemokratischen, grün-alternativen oder sozialistisch-kommunistischen Parteien wird gemeinhin eine solche inhaltliche Homogenität beschieden, die für die Konstruktion einer Parteienfamilie für notwendig erachtet wird. Fasst man die rechtspopulistischen Parteien als eigenständige Parteienfamilie auf, so bedarf diese Vorgehensweise einer Rechtfertigung, bringt doch der Verweis auf den Populismus als Bestandteil der Familienbezeichnung ein erhebliches Problem mit sich: Von einem guten Teil der Populismus-Forschung wird dieses Konzept primär als ein Politik*stil* aufgefasst, der genutzt wird, um einen politischen Führer, eine Partei oder Bewegung, mit „dem" Volk in Verbindung zu setzen (Greenfield 1985; Pfahl-Traughber 1994; Kazin 1995; Taguieff 1995; Di Tella 1997; Taguieff 1997; Betz 1998b; Knight 1998; Weyland 2001; Betz 2002a; Jagers/Walgrave 2007). Populismus wird in anderen Worten zunächst als ein rein formales Merkmal aufgefasst, das in Verbindung zu höchst unterschiedlichen Ideologien stehen kann. Bevor man sich der Frage zuwendet, ob die Verbindung mit radikal rechten Inhalten im Falle *rechts*populistischer Parteien das Kriterium einer kohärenten Ideologie erfüllt, scheint es sinnvoll zu sein, sich zunächst dem generellen Phänomen des Populismus als Ausgangspunkt zuzuwenden.

Es ist das ironische Schicksal des Populismus-Begriffs, populär geworden zu sein. So sieht es zumindest Pierre-André Taguieff (1997: 4), einer der profiliertesten Populismus-Forscher. Der historisch-politikwissenschaftlichen Debatte entkommen, die ihn in verschiedenen Schüben seit Ende der 1960er Jahre als Sammelbegriff für verschiedene historische und aktuelle politische Phänomene in Europa, Nord- und Südamerika zu konzeptionalisieren versuchte (Berlin 1968; Ionescu/Gellner 1969; Worsley 1969; Allcock 1971; Canovan 1981, 1982; Lövenich 1989; Goodwyn 1991; Taguieff 1995; Canovan 2004; Fieschi 2004; Mudde 2004b), wandelte sich der Populismus-Begriff in den medialen und politischen Alltagsdiskursen zur polemischen Allzweckwaffe. Die Verwendung des Populismus-Begriffs in politikwissenschaftlichem Kontext stößt damit unvermeidlich auf zwei nicht unerhebliche Probleme (Decker 2004: 21): die Wertgeladenheit und die Unpräzision, die mit dieser Popularisierung des Populismus-Begriffs verbunden sind.

Zunächst zur Wertgeladenheit des Begriffs: Jenseits fachwissenschaftlicher Diskurse ist Populismus zunächst ganz überwiegend pejorativ konnotiert (Taguieff 1995: 9f). Populismus wird als eine pathologische, korrumpierte Form der Demokratie wahrgenommen, die sich an Tagesstimmungen und den Sentiments und Ressentiments des ominösen „Stammtisches" ausrichtet. Der populistische Führer wird als zynischer Demagoge wahrgenommen, der um der Macht willen bereit ist, niedrigste Instinkte und Vorurteile anzusprechen. Dabei dient der Begriff in der politischen Arena in erster Linie der Delegitimation des politischen Gegners, indem er die Ernsthaftigkeit und Realisierbarkeit seiner Forderungen in Zweifel zieht (Birsl/Lösche 2001: 346). Der Populismus-Vorwurf unterliegt in der politischen Auseinandersetzung häufig genug eigennützigen Opportunitätskalkülen der vorwerfenden Seite und kann mithin selbst als „populistisch" gescholten werden. Man muss sich nicht auf den Standpunkt eines rigiden Positivismus stellen, um diese pejorative Begriffsverwendung im wissenschaftlichen Kontext vermeiden zu wollen. Zum einen ist der populistische Politikstil ubiquitär, kaum ein erfolgreicher Politiker gleich welcher Partei kann es sich erlauben, auf dieses Instrument in der politischen Auseinandersetzung zu verzichten (Walter 2006: 90). Mudde (2004b) spricht sogar vom „populistischen Zeitgeist". Die Verve normativer Empörung ist schon deshalb kaum angebracht, eine neutrale Begriffsverwendung hingegen angezeigt. Zum anderen beruft sich der Populismus ganz unzweifelhaft auf den demokratischen Souverän und nutzt in den meisten Fällen die konventionellen Kanäle politischer Willensbildung. Es fällt daher schwer, Populismus als pervertiertes Gegenstück einer repräsentativen Verfasstheit zu konstruieren, die selbst ihre Wurzeln im Feudalismus hat und damit in einer Tradition steht, die ohne Volksbeteiligung in Wahlen auskam (Papadopoulos 2002: 46). Populismus und Demokratie sind daher keine Gegensätze (so aber Abts/Rummens 2007), vielmehr ist der Populismus ein politisches Stilmittel in der Demokratie. Oder wie es Ralf Dahrendorf (2003: 156) formulierte: „Des einen Populismus ist des anderen Demokratie, und umgekehrt".

Überdies bringt die Popularisierung des Populismus-Begriffs eine erhebliche inhaltliche Unschärfe mit sich (Decker 2004: 22f). Der Begriff Populismus erscheint zunächst ungenau, schillernd und impressionistisch (Puhle 2003: 17). Er findet als Attribut Verwendung zur Bezeichnung von Parteien, Bewegungen und Führerfiguren, von programmatischen Forderungen und Maßnahmen, von rhetorischen Stilmitteln und Kommunikationsformen. Diesem Problem einer wissenschaftlichen Begriffsverwendung lässt sich nur Abhilfe verschaffen, indem der Begriff klar definiert und so einer empirischen Anwendung zugänglich gemacht wird. Angesichts einer Fülle von teilweise heftig umstrittenen Definitionsversuchen ist auch dies kein leichtes Unterfangen. Der Verfasser möchte im Folgendem eine phänomenologische Definition ausführen, die sich auf vier Definitionsmerkmale stützt: den Appell an das vermeintlich homogene „Volk", die Agitation gegen unter Umständen imaginierte Feindbilder, das Phänomen charismatischer Führerschaft sowie der Bewegungscharakter populistischer Formationen.

Ein wichtiges und weitgehend universelles Merkmal des Populismus ist, dass er an das „Volk", die „kleinen Leute" oder den „kleinen Mann auf der Straße" appelliert (Taggart 2000: 91ff; Canovan 2004: 247ff). Dies ist der Begriffskern des Wortes, der sich schon in seiner lateinischen Wurzel *populus* („das Volk") widerspiegelt. Dabei wird „das Volk" als eine mehr oder weniger homogene Masse betrachtet, Interessenunterschiede zwischen verschiedenen Klassen, Schichten oder Berufsgruppen der Bevölkerung werden weitgehend geleugnet. Der unspezifische Volksbegriff ist für Populisten von Vorteil, schließt er zunächst breite Bevölkerungsgruppen ein, die vom populistischen Politikstil angesprochen werden sollen. Häufig wird „das Volk" zudem durch die Populisten romantisch überhöht; ihm werden viele positive Eigenschaften zugeschrieben: Es ist einfach, ehrlich und vernünftig, arbeitet hart und lebt grundanständig. Hierdurch werden Sentiments entsprechender

Bevölkerungsgruppen angesprochen, mit dem Ziel, Individuen in identitätsstiftende, imaginierte Gemeinschaften zu integrieren. In der angloamerikanischen Populismus-Debatte wird für diese Gemeinschaften gern der Begriff des *heartland* genutzt (Taggart 2000: 95ff; Mudde 2004b: 545f). Das *heartland* ist ein virtueller Ort in der Vorstellung der populistischen Akteure und ihrer Zielpersonen, der für die Idee einer organischen Gemeinschaft des „Volkes" steht. Je nach spezifischem Kontext und ideologischer Ausrichtung der populistischen Formation variiert das *heartland*; seine Bedeutung als Mittel der Inklusion bleibt jedoch bestehen.

Ein weiteres Definitionsmerkmal des Populismus ist die Agitation gegen unter Umständen imaginierte Feindbilder, die in ein antagonistisches Verhältnis zum „Volk" gestellt werden. Dabei kann man zwischen zwei Dimensionen von Feindbildern unterscheiden (Pelinka 2005: 92): Einerseits die vertikale Dimension, die sich vor allem in Ressentiments gegenüber etablierten Eliten festmachen lässt. Andererseits die horizontale Dimension, die auf Ressentiments gegenüber Bevölkerungsgruppen setzt, die als nicht zum „Volk" zugehörig erachtet werden. Die vertikale Dimension der Anti-Establishment-Haltung lässt sich bei fast allen populistischen Formationen beobachten (Puhle 2003: 17f; Decker 2004: 35f). Dabei erfolgt die Darstellung des „Establishments" durch populistische Akteure in ebenso klischeehafter und undifferenzierter Weise, wie dies beim „Volk" der Fall ist: Das „Establishment" – zumeist ist die politische, unter Umständen aber auch die wirtschaftliche oder kulturelle Elite gemeint – ist in der Vorstellung der Populisten korrupt, selbstsüchtig und nur am Machterhalt orientiert. Eine Unterscheidung zwischen unterschiedlichen Akteuren innerhalb der „Elite" wird üblicherweise nicht vorgenommen. Stattdessen gehen Populisten davon aus, dass sich das gesamte „Establishment" gegen „das Volk" verschworen habe. Herrschaftssoziologisch lässt sich Populismus gerade aufgrund der aggressiven und zielgerichteten Frontstellung gegenüber dem „Establishment" auch als eine „um mehrheitliche Zustimmung werbende Machteroberungsstrategie" (Backes 1991: 64) begreifen, bei der eine von der Macht ausgeschlossene Gegen-Elite auf Kosten der etablierten Elite unter Mobilisierung möglichst breiter Bevölkerungsteile Macht erringen möchte.

Die horizontale Dimension der möglichen Feindbilder betrifft marginalisierte Bevölkerungsgruppen, die in der Agitation der Populisten nicht zum „Volk" gehören (Taggart 2000: 94; Decker 2004: 35f). Bei Rechtspopulisten sind dies üblicherweise Ausländer, es können aber durchaus auch andere soziale, kulturelle, religiöse oder sprachliche Minderheiten sein. In der Vorstellung der Populisten sind diese Minderheiten nicht Teil des beschworenen *heartland*, sie stören die Homogenität des „Volkes". Auch hierbei handelt es sich um eine identitätspolitische Strategie, nur wird im Falle der Minderheiten-Feindbilder die Inklusion der zum beschworenen „Volk" Zugehörigen durch Exklusion anderer Gruppen erreicht (Berking 2001). Die Abgrenzung gegenüber Minderheiten, den sogenannten *outgroups*, geht mit der Schaffung und dem Einschluss in eine eigene *ingroup* einher. Die Konstruktion derartiger horizontaler Feindbilder geschieht häufig durch Personifizierung, bei der die *outgroups* für allgemeine soziale Missstände verantwortlich gemacht werden und als „Sündenböcke" für diese herhalten müssen, vielfach unterstützt durch verschwörungstheoretische Argumentationen der populistischen Akteure (Decker 2004: 35f). Häufig werden auch vertikale Feindbilder mit den horizontalen in Verbindung gebracht, etwa indem behauptet wird, die gesellschaftliche Elite betreibe auf Kosten des „Volkes" gezielt die Förderung der *outgroup*.

Ein drittes übergreifendes Merkmal populistischer Bewegungen sind ihre charismatischen Führerfiguren, die sich zu Vertretern „des Volkes" hochstilisieren und suggerieren, dass sie genau verstehen, was „die Leute auf der Straße" wünschen (Taggart 2000: 100ff; Decker 2004: 34f; Mudde 2007: 260ff). Mit ihnen steht und fällt zumeist ihr politischer Erfolg, sie sind Gesicht und Aushängeschild dieser Bewegungen. Die charismatischen Führerfiguren versuchen über die medialen Kommunikationskanäle eine möglichst direkte Verbindung zur anvisierten Zielgruppe aufzubauen, wobei sie in ihrer Agitation auf einen festen Kanon aufmerksamkeitserregender rhetorischer Stilmittel zurückgreifen (Decker 2004: 35ff): Radikale Lösungen für komplexe politische Probleme, Provokationen und Tabubrüche, Emotionalisierung und Angstmache gehören mit den bereits beschriebenen Ressentiments gegenüber gesellschaftlichen Eliten und *outgroups* zum Repertoire des populistischen Führungspersonals und sorgen dafür, dass sie wahrgenommen werden. Die Abhängigkeit von den charismatischen Führerfiguren bringt für populistische Parteien aber auch erhebliche Probleme mit sich. Bei diesen handelt es sich bisweilen um narzisstische Charaktere, nicht nur gelegentlich ausgestattet mit zügelloser Eitelkeit, übersteigertem Machtbedürfnis und einem autoritären Führungsstil (Walter 2008: 126f). Die Zusammenarbeit mit anderen Funktionären der Organisation ist daher nicht immer einfach, Zerwürfnisse sind innerhalb der Parteieliten und Parteiabspaltungen keine Seltenheit. Kommt der populistische Führer abhanden, droht die Formation zusammenzubrechen (Decker 2004: 34f).

Das vierte Definitionsmerkmal des Populismus, sein bewegungsförmiger Organisationscharakter, korrespondiert mit den bisher genannten Kennzeichen in vielfacher Weise. Populistische Formationen gerieren sich bei Wahlen zumeist als „Anti-Parteien-Parteien", was Ausdruck ihrer Frontstellung gegenüber dem politischen Establishment ist, zu dem die etablierten Parteien des jeweiligen politischen Systems allen voran gehören. Die Struktur klassischer Parteien wird daher häufig gemieden. Eine bewegungsförmige Organisationsweise gilt demgegenüber nicht nur als vital und modern, sondern soll auch an parteiförmiger Politik wenig interessierte Menschen anziehen (Hartleb 2004: 69ff). Populistische Parteien meiden deshalb häufig die Selbstbezeichnung als Partei und nennen sich stattdessen Bund, Liga, Liste, Front oder Bewegung (Decker 2004: 34). Der Bewegungscharakter suggeriert auch eine Verwurzelung im „Volk", die bei einigen der historischen populistischen Bewegungen durchaus gegeben war, beispielsweise der amerikanischen Populistenbewegung des ausgehenden 19. Jahrhunderts, die ihre Basis in der Farmerbewegung des Mittleren Westens hatte. Schließlich bildet die charismatische Führungsfigur den Kristallisationspunkt der Bewegung. Um sie herum schart sich die heterogene Gruppe der Anhänger, so dass es ihrer Autorität bedarf, um die ideologischen Gegensätze zu überbrücken und die Bewegung zusammenzuhalten (Decker 2004: 35). Dabei sind die populistischen Bewegungen in den wenigsten Fällen basisdemokratisch organisiert, viel öfter findet sich eine hohe Zentralisation der Entscheidungsgewalt, zumeist konzentriert sie sich völlig auf die Führungsfigur (Taggart 2000: 103).

1.1.2 Populismus, Rechtspopulismus, Linkspopulismus

Dass Populismus hier formal als Politikstil definiert wird, soll nicht bestreiten, dass ihm ebenfalls eine gewisse ideologische Qualität zukommt. Im Anschluss an Michael Freeden (1998) wird der Populismus häufig als *thin-centred ideology* aufgefasst, die nur über einen begrenzten ideologischen Kern verfügt, der aber an andere Ideologien angekoppelt oder doch zumindest durch unterschiedliche Ideologeme angereichert werden kann (Canovan 2002; Mudde 2004b; Rensmann 2006). Dieser populistische Kern wird zumeist in der Dichotomie von „Volk" und „Elite" gesehen, welche konstitutiv ist für historische wie aktuelle populistischen Phänomene. Darüber hinaus weisen so unterschiedliche Phänomene wie die amerikanische Populistenbewegung, die russischen *Narodniki* oder „Volkstümler", die Poujade- oder McCarthy-Bewegung, die populistischen Kleinparteien der Weimarer Republik bis hin zur NSDAP, sowie die verschiedenen Populismen in den dekolonialisierten Entwicklungsländern, insbesondere in Südamerika, aber auch in Afrika und Asien, kaum ideologische Übereinstimmungen auf (vgl. die Übersichten bei Canovan 1982; Taggart 2000; Puhle 2003; Spier 2006).

Insofern gibt es nicht *den* Populismus, sondern verschiedene Populismen unterschiedlicher ideologischer Ausrichtung. Gängig ist die Unterscheidung von Rechtspopulismus und Linkspopulismus (Hartleb 2004; Decker 2005; Decker/Hartleb 2007). Linkspopulismus ist sicher ein historisch wie auch aktuell auffindbares Phänomen, auch wenn rechtspopulistische Phänomene in den meisten westeuropäischen Parteiensystemen elektoral deutlich stärker abschneiden. Innerhalb der Familie der linkssozialistischen und kommunistischen Linksparteien lässt sich eine Anzahl von Parteien identifizieren, die sich eines populistischen Politikstils bedient, etwa die Socialistische Partij in den Niederlanden unter Jan Marijnissen, die Scottish Socialist Party in Großbritannien unter Tommy Sheridan oder die Linke in Deutschland unter Lafontaine (March/Mudde 2005; March 2007; Spier/Wirries 2007). Populistischer Politikstil wird aber auch – gerade angesichts der Erfolge originär populistischer Formationen – von Mainstream-Parteien übernommen (Puhle 2003: 41ff; Decker 2006: 18; Priester 2007: 20f). Peter Mair (2002) und Cas Mudde (2004b) weisen etwa auf den populistischen Politikstil der oppositionellen Herausforderer Tony Blair und William Hague in Großbritannien hin. In Deutschland lassen sich populistische Elemente in fast jeder Bundestagspartei identifizieren (Birsl/Lösche 2001). Man kann sogar in den etablierten Parteiendemokratien Westeuropas eine Tendenz dahingehend beobachten, populistische Agitationsformen in der Regierungspraxis einzusetzen (Korte 2003; Jun 2006). Angesichts dieses „populistischen Zeitgeists" (Mudde 2004b) erscheint es problematisch, Rechts- und Linkspopulismus einander gegenüberzustellen, gleich als ob es ein Phänomen wäre, das nur auf die politischen Flügel beschränkt sei (Spier 2005). Man kann mit guten Argumenten sogar die These vertreten, dass ein populistischer Politikstil die Ausbildung der meisten heute etablierten Parteien in der Phase ihres Übergangs von einer Bewegung in eine organisierte Partei begleitet hat. Franz Walter (2007: 339f) weist etwa für Deutschland darauf hin, dass der frühe Liberalismus, der politische Katholizismus, der Konservatismus wie auch die Arbeiterbewegung und die grün-alternative Bewegung sich zeitweise populistischer Politikstile bedient haben.

Für Konzeption und Rechtfertigung einer rechtspopulistischen Parteienfamilie sind daher zwei Voraussetzungen wichtig: Einerseits muss der populistische Politikstil dieser Parteien so prägend sein, dass auf seine Berücksichtigung in der Familienbezeichnung nicht verzichtet werden kann. Andererseits muss sich jenseits dieses Politikstils eine rechte Ideologie nachweisen lassen, die wiederum die inhaltliche Homogenität erzeugt, die für eine eigenständige Parteienfamilie im Sinne einer *famille spirituelle* konstitutiv ist und sie von anderen Parteienfamilien unterscheidet. Das Vorliegen der ersten Voraussetzung lässt sich angesichts umfassender Untersuchungen, die den populistischen Politikstil in der Tat als wesentliches Charakteristikum dieser Parteien herausstellen, leicht belegen (Pfahl-Traughber 1994; Taggart 1995; Betz 2002a; Heinisch 2003; Puhle 2003; Decker 2004; Jagers/Walgrave 2007). Überdies – so die These des Verfassers – ist es gerade jener populistische Politikstil, der geeignet ist, die Affinität von Modernisierungsverlierern zu rechtspopulistischen Parteien zu begründen. Wenn man davon ausgeht, dass Modernisierungsverlierer sich tendenziell durch Unzufriedenheit, Ohnmachtsgefühle, Entfremdungs- und soziale Isolationserscheinungen auszeichnen (vgl. hierzu ausführlich Abschnitt 2.3.1), so lässt sich zeigen, wie die vier hier unterschiedenen populistischen Stilelemente diesen Tendenzen entsprechen: Den orientierungslosen und sozial isolierten Modernisierungsverlierern wird durch die Inklusion in das *heartland* ein Gefühl der Zugehörigkeit vermittelt und ihnen eine soziale Identität verschafft. Auch durch die Agitation gegenüber stilisierten Feindbildern, insbesondere dem politischen Establishment, werden verschiedene Bedürfnisse von Modernisierungsverlierern effektiv angesprochen: Einerseits wird eine Unzufriedenheit mit der politischen Elite bedient, die für die negativen Modernisierungsfolgen oder zumindest die ausbleibende Abfederung ihrer Konsequenzen verantwortlich gemacht wird. Andererseits wird aber auch gerade durch die Abgrenzung gegenüber dem vermeintlich korrupten Establishment die Zugehörigkeit zur Gemeinschaft der „einfachen und ehrlichen Leute" verstärkt und so eine Identitätsfindung unterstützt (Vobruba 1986). Schließlich spricht die pauschale Gegenüberstellung von „korrupter Elite" und „hart arbeitendem Volk" die latente Wut und Aggression von sich politisch ohnmächtig fühlenden Menschen an. Auch das Phänomen charismatischer Führerschaft gewinnt in diesem Kontext einen besonderen Sinn: Der tiefen Verunsicherung von Modernisierungsverlierern entspricht ein Bedürfnis nach politischer Klarheit, nach Führung, die die als richtig wahrgenommenen Entscheidungen propagiert und durchsetzt. Schließlich vermittelt der Bewegungscharakter populistischer Parteien das Gefühl, die Organisation sei aus der konstruierten Gemeinschaft selbst hervorgegangen, was wiederum die Identitätsfindung positiv beeinflusst.

Darüber hinaus lassen sich bei den rechtspopulistischen Parteien in Westeuropa zumindest drei Ideologeme nachweisen, die Sentiments und Ressentiments in ihrer elektoralen Zielgruppe ansprechen und für eine nähere ideologische Qualifikation des Populismusbegriffs im Sinne eines *Rechts*populismus geeignet sind (Rydgren 2007: 242f). Zunächst ist ein radikaler Nationalismus typisch für diese Parteien. Die von Rechtspopulisten beschworene imaginäre Gemeinschaft findet zumeist ihre Form in einer ethnisch verstandenen Nation, die – im angestrebten Idealzustand – interne Homogenität und externe Exklusivität aufweist (Mudde 2007: 139). Der unter anderem von der DVU genutzte Slogan „Deutschland den Deutschen! Ausländer raus!" bringt beide Elemente genauso aggressiv wie plakativ auf den Punkt: Das Staats- und Gemeinwesen ist nach dieser Vorstellung den Menschen vorbehalten, die durch vermeintliche „Blutsbande" mit der ethnischen Nation verbunden sind, während jene, die dieses Kriterium nicht erfüllen, ausgeschlossen werden sollen. Beide Elemente sind identitätspolitisch wirksam, durch gezielte Inklusion bzw. Inklusion durch Exklusion werden Orientierungslose angesprochen und ihnen eine Zugehörigkeit zur Gemeinschaft suggeriert. Dabei fällt bei vielen rechtspopulistischen Parteien – häufig auch aus taktischen Gründen – der Nationalismus nicht so radikal aus, wie im Falle des Slogans der DVU. Die meisten halten sich insbesondere beim Punkt externer Exklusivität zurück (Mudde 2007: 141f), in der häufig zu findenden Forderung nach der Ausweisung krimineller Ausländer klingt dieses Thema jedoch an.

Eng verwoben mit dem Nationalismus ist das Ideologem der Xenophobie. Xenophobie lässt sich definieren als die Furcht, der Hass oder die Feindseeligkeit gegenüber Gruppen, die als „fremd" wahrgenommen werden (Mudde 2000: 188). Sie ist die spezifisch rechtspopulistische Ausprägung der Agitation gegenüber horizontalen Feindbildern, die als nicht zum „Volk" zugehörig wahrgenommen werden. Im Gegensatz zum Nationalismus, der Sentiments der Zielgruppen ansprechen soll, setzt Xenophobie auf aggressive Ressentiments gegenüber Immigranten, Asylbewerbern oder anderen Ausländern. Auch hier wird wieder das identitätspolitische Muster der Inklusion durch Exklusion betrieben und Identität dadurch aufgebaut, dass die „Fremden" als nicht zum „Volk" zugehörig definiert werden. Die Wahrnehmung als „Fremder" ist üblicherweise unabhängig von der Frage der konkreten Staatsbürgerschaft, sondern knüpft häufig an Vorstellungen ethnischer Homogenität an.

Ein letztes Ideologem, das sich bei rechtspopulistischen Parteien finden lässt und die ideologische Qualifikation des populistischen Stils abschließt, ist das des Autoritarismus. Rechtspopulisten fassen Ordnung als Basis der Freiheit auf (Mudde 2007: 145). Die Gesellschaft soll sich an rigiden Ordnungsvorstellungen orientieren, die um jeden Preis einzuhalten sind. Typischerweise werden von rechtspopulistischen Parteien derartige autoritäre Politikangebote im Bereich der Kriminalitätsbekämpfung gemacht, was sich vor allem an einem harten *law-and-order*-Kurs festmachen lässt. Konkrete Forderungen sind in diesem Feld häufig die Einführung der Todesstrafe, schnellere und härtere Urteile der Justiz und die Verstärkung der Polizei. Autoritär sind aber in vielen Fällen auch die Familien-, Erziehungs- und Bildungsideale rechtspopulistischer Parteien.

Nationalismus, Xenophobie und Autoritarismus bilden im Fall der Rechtspopulisten zusammen die nähere ideologische Qualifikation des populistischen Politikstils. Sie sind inhaltlich so prägend für diese Parteien, dass man davon sprechen kann, dass sie – bei aller Wechselhaftigkeit ihrer konkreten Forderungen – eine relativ kohärente Kernideologie aufweisen, die über den populistischen Politikstil hinausgeht und die Gruppierung zu einer Parteienfamilie im Sinne einer *famille spirituelle* zulässt. Die hier in zwei Schritten entworfene Arbeitsdefinition des Begriffs „Rechtspopulismus" umfasst demnach sieben Merkmale: Die vier formalen Merkmale eines populistischen Politikstils, namentlich der Appell an das „Volk", die Agitation gegen vertikale und horizontale Feindbilder, das Phänomen charismatischer Führerschaft sowie der Bewegungscharakter populistischer Formationen, und die drei Ideologeme Nationalismus, Xenophobie und Autoritarismus, die den Politikstil inhaltlich qualifizieren.

1.1.3 Rechtspopulismus, Rechtsradikalismus, Rechtsextremismus

Es ist die Absicht des Verfassers, sich mit der Verwendung des Rechtspopulismus-Begriffs gerade nicht in den „Krieg um Worte" um die vermeintlich richtige Bezeichnung jener Parteienfamilie zu begeben, die seit den 1980er Jahren in Westeuropa reüssiert. Da die Alternativbezeichnungen Rechtsradikalismus und Rechtsextremismus aber nicht selten anzutreffen sind, erscheint es doch notwendig, ihr Verhältnis zum Begriff des Rechtspopulismus kurz herauszuarbeiten. Dabei soll nicht bestritten werden, dass es auch gute Gründe für die Anwendung dieser Termini auf die Parteienfamilie gibt. Aufgrund der vermuteten

Affinität von Modernisierungsverlierern zum populistischen Politikstil wird jedoch das Rechtspopulismus-Konzept im Kontext dieser Arbeit vorgezogen.

Der Begriff des Rechtsextremismus bezieht sich zumeist auf ein Syndrom von Ideologieelementen, die in ihrer Zahl und ihrem relativen Stellenwert in der einschlägigen Literatur stark variieren. Mudde (1996: 229f) kommt in seiner Analyse von 26 Rechtsextremismus-Definitionen auf nicht weniger als 58 Ideologeme, die dem Syndrom zugeordnet werden, wobei sich immerhin fünf Elemente (Nationalismus, Rassismus, Xenophobie, Ablehnung der Demokratie und Forderung eines starken Staates) in wenigstens der Hälfte dieser Definitionen finden. Grundidee des Rechtsextremismuskonzepts ist, dass es sich um eine Ideologie handelt, die den „äußersten Rand" (von lat. *extremus*, „das Äußerste", „das Entfernteste") des rechten politischen Spektrums bildet. Ein guter Teil der Rechtsextremismusdefinitionen, gerade auch in der internationalen Diskussion, ist empirisch-deskriptiv ausgerichtet (von Beyme 1988; Falter/Schumann 1988; Hainsworth 1992; Ignazi 1994; Kowalsky/Schroeder 1994; Mudde 2000; Stöss 2006a). Entsprechende Definitionen versuchen Ideologeme zu identifizieren, die am „äußersten rechten Rand" des politischen Spektrums angesiedelt sind. Insbesondere in Deutschland ist darüber hinaus eine normative Begriffsverwendung verbreitet, die auf totalitarismustheoretische Erwägungen zurückgreift und Extremismus – gleich ob von rechts oder links – als Feindschaft gegenüber dem demokratischen Verfassungsstaat definiert (Backes 1989; Backes/Jesse 1996). Diese Schule kann in Deutschland auf eine Reihe administrativer und justizieller Maßnahmen wie Beobachtung durch den Verfassungsschutz sowie Vereins- und Parteiverbote verweisen, denen in der Tat normative Erwägungen zugrunde liegen. Gerade in international-vergleichender Perspektive sind aber derartige normative Maßstäbe kaum anwendbar, zumal nur wenige Staaten vergleichbare Instrumente zur Bekämpfung des Extremismus kennen.

Auch der Begriff des Rechtsradikalismus wird zumeist auf die Ideologie der entsprechend klassifizierten Akteure bezogen. Ähnlich dem Extremismusbegriff will auch die Qualifizierung als radikal (von lat. *radix*, „Wurzel") darauf abstellen, dass es sich um eine besonders grundlegende, „an die Wurzel gehende" Spielart der jeweiligen Basisideologie handelt. Im Gegensatz zum Extremismusbegriff beschränkt sich das Radikalismus-Konzept jedoch zumindest historisch nicht auf die politischen Flügel einer Rechts-Links-Dichotomie. Die radikalliberalen oder radikaldemokratischen Strömungen des 19. Jahrhunderts sind Beispiele hierfür, wobei man diese zu ihrem Entstehungszeitpunkt durchaus am Rande des politischen Spektrums verorten konnte. In der politikwissenschaftlichen Literatur handelt es sich im Vergleich zum Extremismus-Konzept tendenziell um den älteren Begriff, gerade in der internationalen Fachliteratur werden die Bezeichnungen *extreme right* und *radical right* heute jedoch weitgehend inhaltsgleich verwendet (Mudde 1996: 230). Im Kontext des normativen Konzepts der „wehrhaften Demokratie" in Deutschland sind die Begriffe Radikalismus und Extremismus jedoch nicht austauschbar, umfasst der breiter gefasste Begriff des Rechtsradikalismus doch auch Akteure, Einstellungen und Verhaltensweisen, die sich nicht gegen den demokratischen Verfassungsstaat als solchen richten (Minkenberg 1998: 34; Grumke 2002: 8). Dies ist auch der Grund, warum im Verlauf der vorliegenden Studie dann von Rechtsradikalismus gesprochen werden soll, wenn ein Überbegriff benötigt wird, der auch historische Phänomene ohne populistischen Politikstil erfasst.

Doch selbst wenn man von einer weitgehenden Austauschbarkeit der Begriffe Rechtsextremismus und Rechtsradikalismus ausgeht, wie sie in der internationalen Forschung üblich ist, so stellt sich die Frage der Abgrenzung zum Konzept des Rechtspopulismus. Zumindest zwei Varianten der Abgrenzung lassen sich identifizieren: Einerseits werden die Begriffsalternativen in ein Stufenverhältnis gesetzt, wobei Rechtspopulismus im Gegensatz zum Rechtsradikalismus/Rechtsextremismus die moderatere Position kennzeichnet (Backes 1991; Betz 1994; Rensmann 2006; Link 2008). Andererseits wird auch vertreten, dass sich die Begriffe Rechtspopulismus bzw. Rechtsradikalismus/Rechtsextremismus auf unterschiedliche Dimensionen beziehen (Pfahl-Traughber 1994; Decker 2004). Rechtspopulismus erfasst nach dieser Auffassung den Politikstil, während Rechtsradikalismus/Rechtsextremismus die Ideologie qualifiziert. Beide Dimensionen überschneiden sich in dieser Konzeption, es kann sowohl populistische Parteien geben, die nicht rechtsradikal sind, oder auch rechtsradikale Parteien, die nicht populistisch sind (so auch Mudde 2007). Von Rechtspopulismus ist dann die Rede, wenn populistischer Politikstil und rechtsradikale Ideologie zusammentreffen. Genau diesem Konzept entspricht die Verwendung des Rechtspopulismus-Begriffes in der vorliegenden Studie. Um eine Partei als rechtspopulistisch zu identifizieren, müssen sowohl die populistischen Stilelemente im Sinne der vier Definitionsmerkmale, als auch die drei rechtsradikalen Ideologeme Nationalismus, Xenophobie und Autoritarismus vorliegen.

1.2 Konturen des Phänomens rechtspopulistischer Parteien in Westeuropa

Ziel der vorliegenden Studie ist die Analyse rechtspopulistischer Elektorate und die auf diese gerichtete Überprüfung der Modernisierungsverlierer-Theorie anhand aktueller Bevölkerungsbefragungen. Sie erhebt keinesfalls den Anspruch, die allgemeinen Erfolgsbedingungen dieser Parteien umfassend erörtern zu können (vgl. hierzu Betz 1994; Kitschelt 1995; Decker 2004; Norris 2005; Mudde 2007). Vor diesem Hintergrund ist natürlich die Beschreibung der Entstehungs- und Erfolgsgeschichte rechtspopulistischer Parteien genauso wenig zentral für die Erreichung dieses Ziels, wie das umfassende Herausarbeiten der Gemeinsamkeiten und Unterschiede der einzelnen Parteien (vgl. hierzu vor allem die Sammelbände von Pfahl-Traughber 1994; Merkl/Weinberg 1997; Betz/Immerfall 1998; Mény/Surel 2002; Schain et al. 2002b; Merkl/Weinberg 2003). Dennoch ist es natürlich notwendig, einen Überblick über den Untersuchungsgegenstand zu geben. Daher soll im Folgenden in der gebotenen Kürze auf die elektorale Entwicklung rechtspopulistischer Parteien eingegangen werden.

Die Mobilisierung elektoraler Unterstützung durch Parteien am rechten Rand des politischen Spektrums gehört zu den markantesten politischen Entwicklungen in den etablierten Demokratien Westeuropas der letzten zwei Jahrzehnte (vgl. nur Betz 2002a: 197; Schain et al. 2002a: 3f; Hainsworth 2008: 1). Die westeuropäischen Parteiensysteme wiesen über den Verlauf des größten Teils des 20. Jahrhunderts eine beinahe sklerotisch zu bezeichnende Stabilität auf. Natürlich gab es wahlbedingte Aufwärts- und Abwärtsbewegungen einzelner Parteien, Regierungskonstellationen änderten sich, schließlich setzten die Machtübernahme totalitärer Diktatoren und der Zweite Weltkrieg den Parteienwettbewerb in vielen westeuropäischen Nationen aus. Doch das Grundmuster der Konkurrenz einer kleinen Zahl von Parteienfamilien, die entlang von vier noch aus dem 19. Jahrhundert stammenden Konfliktlinien ihre Wähler mobilisierten, entsprach Ende der 1960er Jahre weitgehend dem der ersten Wahlen nach Ende des Ersten Weltkriegs (Lipset/Rokkan 1967: 50ff). Erst im Verlauf der 1970er Jahre begannen die „eingefrorenen" Parteiensysteme Westeuropas „aufzutauen". Diese Entwicklung wird zumeist mit der Entstehung und Etablierung zweier Parteienfamilien in Verbindung gebracht, der grün-alternativen und der rechtspopulistischen, von denen sich die letztere bei Betrachtung aller westeuropäischer Staaten zur Zeit als die elektoral erfolgreichere erweist (Decker 2004: 12).

Die Entstehungs- und Verlaufsgeschichte rechtspopulistischer Parteien in Westeuropa stellt sich bei näherer Betrachtung keinesfalls als ein kontinuierlicher Prozess dar. Gerade im Bereich rechtspopulistischer Parteien ist das Phänomen von *flash parties* (Converse/Dupeux 1962) zu beobachten, die bei ihrem ersten Antritt überraschend hohe Wahlergebnisse erzielen, kurze Zeit später aber – zumeist nach Verlust ihres charismatischen Führers – in der Bedeutungslosigkeit verschwinden. Die Lijst Pim Fortuyn in den Niederlanden, die Ny demokrati in Schweden und nicht zuletzt die Schill-Partei in Deutschland sind Beispiele für derartige Phänomene. Und selbst vergleichsweise stabile Parteien wie der Front National in Frankreich oder die FPÖ in Österreich sind vor elektoralen Einbrüchen nicht gefeit. Betrachtet man jedoch die langfristige Entwicklung der mittleren Wahlergebnisse in den westeuropäischen Demokratien, in denen rechtspopulistische Formationen in nennenswerter Höhe reüssieren, so kann man von allgemein deutlich ansteigenden Wahlergebnissen sprechen (Abb. 1). In Anlehnung an Hainsworth (2008: 28ff) sollen in der folgenden Darstellung drei Phasen der elektoralen Entwicklung rechtspopulistischer Parteien unterschieden werden: die Phase der Marginalität, die Phase des elektoralen Durchbruchs und die Phase der Etablierung. Sie spiegeln jeweils den unterschiedlichen Grad der Verankerung dieser Parteien in den jeweiligen Parteiensystemen wider.

Abbildung 1:   Elektorale Entwicklung rechtspop. Parteien in neun westeuropäischen Staaten 1975-2008

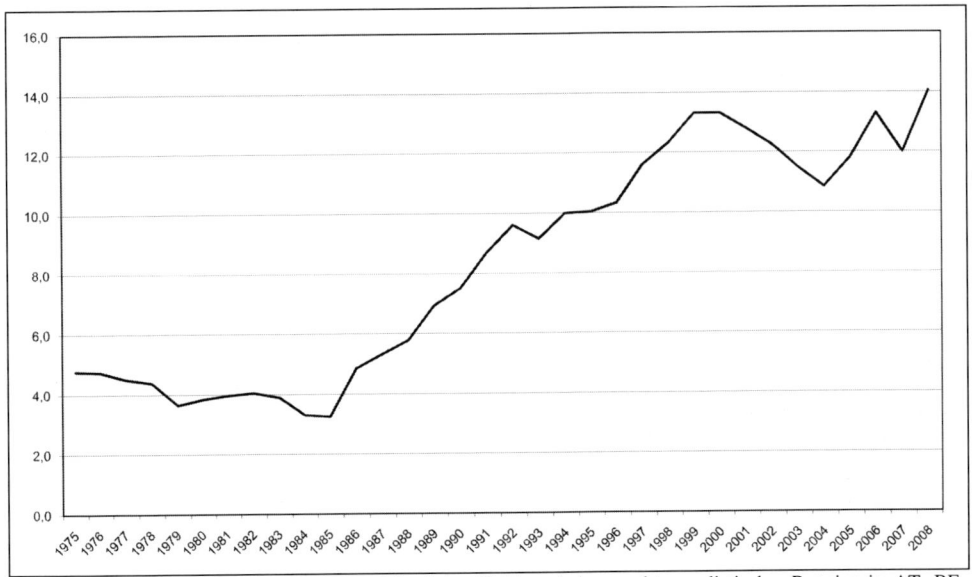

Quelle: Eigene Darstellung (arithmetisches Mittel der Wahlergebnisse rechtspopulistischer Parteien in AT, BE, CH, D, DK, F, I, NL und NO, vgl. Tab. 1 für die Einzelergebnisse).

1.2.1 Phase der Marginalität

Als Phase der Marginalität rechtspopulistischer Formationen lässt sich der Zeitraum bis Mitte der 1980er Jahre bezeichnen. Eine Reihe von heute erfolgreichen rechtspopulistischen Parteien bestritt schon in dieser Periode Parlamentswahlen; vom Bild einer geschlossenen Parteienfamilie konnte zu dieser Zeit aber keine Rede sein. Die historischen Entstehungshintergründe und ideologischen Ausgangspunkte der Parteien, die heute zusammengruppiert werden, sind dafür viel zu disparat. Auf der einen Seite finden sich in dieser Phase Parteien, die zumindest teilweise noch aus dem traditionellen rechtsradikalen Milieu entstammen. So war 1972 der Front National (FN) als Sammelbewegung verschiedener Strömungen des französischen Rechtsradikalismus um den ehemaligen Poujadisten Jean-Marie Le Pen gegründet worden, mit dem erklärten Ziel, über Wahlerfolge die zersplitterte radikale Rechte zu vereinigen (Jaschke 1990: 38f; Christadler 1995: 293; Schmidt 2003: 90f). Bis zu seinem ersten frankreichweiten Durchbruch bei der Europawahl 1984, bei der er 11,0 % der abgegebenen gültigen Stimmen errang, blieb der Front National jedoch eine elektorale Splittergruppe. Ähnlich erging es der Nationaldemokratischen Partei Deutschlands (NPD), die schon 1964 als Sammlungspartei verschiedener rechtsradikaler Formationen, vor allem der Deutschen Reichspartei, gegründet worden war (Backes/Jesse 1996: 83ff; Hoffmann 1999: 74ff). Nach anfänglichen Erfolgen bei Landtagswahlen zwischen 1966 und 1969 und einem knappen Scheitern an der Fünfprozenthürde bei der Bundestagswahl 1969 versank aber auch sie in der elektoralen Bedeutungslosigkeit (Stöss 1989: 225). In der hier betrachteten Phase bis Mitte der 1980er Jahre kam sie bei Bundestagswahlen nicht über 0,3 % der Zweitstimmen hinaus.

Dem klassisch rechtsradikalen Milieu kann wohl auch die Nationale Aktion gegen Überfremdung von Volk und Heimat (NA) in der Schweiz zugerechnet werden, die 1961 gegründet wurde. Die Partei und ihr Spitzenkandidat James Schwarzenbach wurden bekannt durch die Initiierung verschiedener Volksinitiativen gegen den Zuzug von Ausländern (Gentile/Kriesi 1998: 125). Die Nationale Aktion errang bei verschiedenen Nationalratswahlen einzelne Mandate, teilweise in Konkurrenz zu einer Abspaltung, der Republikanischen Bewegung, der es mithilfe des von der National Aktion übernommenen Schwarzenbach Anfang der 1970er Jahre ebenfalls gelang, in der Schweiz zu reüssieren. In den Niederlanden wurde von enttäuschten Anhängern der in Wahlen kaum erfolgreichen rechtsradikalen Nederlandse Volksunie (NVU) die Centrumpartij (CP) gegründet, deren Anführer 1980 Hans Janmaat wurde, der als einziger Abgeordneter 1982 für die CP in die niederländischen Generalstaaten einzog (Ignazi 2006: 164). Nach einigen Erfolgen in den Kommunen und bei der Europawahl 1984 zerstritten sich Janmaat und die Parteiführung, er verließ mit seinem Mandat die Partei und trat den im November 1984 neugegründeten Centrumdemocraten (CD) bei (Mudde/van Holsteyn 1994: 128). Schließlich lässt sich auch der belgische Vlaams Blok der klassisch rechtsradikalen Traditionslinie zuordnen. Er entstammt dem rechtsradikalen Teil der sogenannten „Flämischen Bewegung" (Vlaamse Beweging), die während des Zweiten Weltkriegs mit der deutschen Besatzungsmacht kollaboriert hatte und in der unmittelbaren Nachkriegszeit politisch diskreditiert war. In den 1970er Jahren spaltete sich dieser Flügel von der gemäßigt separatistischen Volks-Unie (VU) ab, gründete 1978 den Vlaams Blok und propagierte einen radikalen flämischen Nationalismus, der die Überlegenheit der „flämischen Rasse" betonte und die Unabhängigkeit Flanderns forderte (Swyngedouw 1998: 62f). Elektoral spielte der Blok bis Mitte der

1980er Jahre keine nennenswerte Rolle im belgischen Parteiensystem, mit Wahlergebnissen, die nur knapp über einem Prozent der abgegebenen gültigen Stimmen lagen.

Neben dieser rechtsradikalen Traditionslinie entstammen zumindest zwei Parteien, die man heute als rechtspopulistisch bezeichnen kann, der liberalen und konservativen Parteienfamilie. Die Freiheitliche Partei Österreichs (FPÖ) wurde zwar 1956 als Partei des „dritten", deutschnationalen Lagers gegründet und wies auch personelle Kontinuitäten zum Nationalsozialismus auf (Luther 1988: 220f), hatte sich aber in den 1970er Jahren programmatisch zu einer liberalen Partei entwickelt, die auch Mitglied der Liberalen Internationale wurde (Ignazi 2006: 111f). Die 1936 gegründete Schweizerische Volkspartei (SVP) hat ihre Wurzeln im protestantisch-kleinbürgerlich-agrarischen Milieu der Deutschschweiz. Als Juniorpartner in der Schweizer „Zauberformel"-Regierung kam sie in den 1970er und 1980er Jahren auf Wahlergebnisse von rund zehn Prozent der Stimmen. Beide Parteien radikalisierten sich erst in den 1980er bzw. 1990er Jahren, ihr Zugang zu Gruppe der rechtspopulistischen Parteien fällt damit in die zweite der hier unterschiedenen drei Phasen. Einen diametral entgegengesetzten Weg ging im übrigen der Movimento Sociale Italiano (MSI), der in Kontinuität des italienischen Faschismus stand. Diese Partei wandelte sich in den 1990er Jahren zur Alleanza Nazionale (AN), die heute ideologisch eher rechtskonservative, denn rechtsradikale Züge trägt und sich kaum der populistischen Agitation verdächtig macht.

Bereits Anfang der 1970er Jahre waren in Dänemark und Norwegen originär populistische Steuerprotestparteien entstanden. 1972 gründete der dänische Steueranwalt Mogens Glistrup, der durch öffentliche Aufrufe zur Steuerhinterziehung bekannt geworden war, die Fremskridspartiet, die bei den Erdrutschwahlen von 1973 aus dem Stand 15,9 % der Stimmen errang (Ignazi 2006: 141ff). In den 1970er Jahren kam diese Partei mit einem populistischen Politikstil und einer gegen Bürokratie und Wohlfahrtsstaat gerichteten Agenda (Svåsand 1998: 79f) regelmäßig bei nationalen Wahlen auf über zehn Prozent, verlor Anfang der 1980er Jahre jedoch stark an elektoraler Attraktivität. Inspiriert durch den Erfolg der dänischen Fortschrittspartei bildete der Norweger Anders Lange ebenfalls eine Protestformation, die nach dem baldigen Tod ihres Gründers dem dänischen Vorbild entsprechend in Fremskrittspartiet umbenannt wurde (Ignazi 2006: 151). Obwohl beide Fortschrittsparteien unter sehr ähnlichen Bedingungen entstanden waren und auch programmatisch viele Ähnlichkeiten aufwiesen, konnte die norwegische Fremskrittspartiet in den 1970er Jahren bei Weitem nicht so stabile Wahlergebnisse erzielen, wie es in Dänemark der Fall war (Svåsand 1998: 78): Nach einem erfolgreichen Einstand mit 5,0 % der Stimmen bei der Parlamentswahl von 1973, verlor sie schon bei der nächsten Wahl ihre parlamentarische Repräsentation, um 1981 wieder mit mäßigen Ergebnissen in das Parlament in Oslo einzuziehen.

1 Einleitung

Tabelle 1: Wahlergebnisse rechtspopulistischer Parteien in neun westeuropäischen Staaten

Name	Gründung	1975	1976	1977	1978	1979	1980	1981	1982	1983	1984	1985	1986	1987	1988	1989	1990	1991	1992	1993	1994	1995	1996	1997	1998	1999	2000	2001	2002	2003	2004	2005	2006	2007	2008
Belgien																																			
Vlaams Belang/Vlaams Blok	1978							1,1			1,4			1,9		6,6			7,8					9,9			11,7				12,0	
Front National Belgique	1985													0,1		1,1			2,3					1,5			2,0				2,0	
Dänemark																																			
Fremskridspartiet	1972	13,6		14,6		11,0	8,9			3,6			4,8	9,0		6,4				6,4				2,4		0,6								
Dansk Folkeparti	1995																							7,4		12,0		13,3				13,8	
Deutschland																																			
Nationaldemokratische Partei Deutschl.	1964	0,3				0,2							0,6			0,3							0,3			0,4		0,4		1,6			
Republikaner	1983														2,1			1,9				1,8			0,6			0,6				
Deutsche Volksunion	1987																					1,2										
Bund freier Bürger	1994																					0,2										
Pro DM-Partei	1998																					0,9		0,8					0,0				
Partei Rechtsstaatliche Offensive/Off. D	2000																												0,0				
Frankreich																																			
Front National	1972				0,8			0,2						9,9		9,8			12,4		14,9				11,3						4,3	
Mouvement National Républicain	1999																									1,1						0,4	
Italien																																			
Lega Nord	1986/1991													0,5					8,7	8,4	10,1				3,9					4,6		8,3	
Movimento Sociale - Fiamma tricolore	1994																				0,9			0,4						0,6		2,4	
Alternativa Sociale	2004																													0,7		-	
Forza Nuova	1997																															0,3	
Niederlande																																			
Centrumpartij	1979						0,1	0,8																									
Centrumdemocraten	1984											0,1			0,9				2,5					0,6								
Lijst Pim Fortuyn	2002																											17,0	5,7				
EénNL	2006																														0,2		
Partij voor de Vrijheid	2006																														5,9		
Partij voor Nederland	2006																														0,1		
Norwegen																																			
Fremskrittspartiet	1973	1,9			4,5			3,7			9,7			13,0				6,3					15,3				14,6				22,1		
Österreich																																			
Freiheitliche Partei Österreichs	1956	5,4			6,6			5,0						9,7		16,6				22,5	21,9				26,9			10,0				11,0	17,7	
Bündnis Zukunft Österreich	2005																														4,1		10,8
Schweiz																																			
Schweizerische Volkspartei	1936	9,9			11,6			11,1			11,0			11,0		11,9				14,9				22,5			26,6				29,0		
Nationale Aktion/Schweizer Demokraten	1961	2,5			1,3			2,9			3,4			2,5		3,4				3,1				1,8			1,0				0,5		
Schweiz. Republik. Bewegung	1971	3,0			0,6			0,5						0,3																			
Lega dei Ticinesi	1991																			1,4				0,9			0,4				0,5		
Schweizer Autopart.ei/Freiheitspartei	1984											2,6			5,1					4,0				0,9			0,2				0,1		

Quelle: Zusammenstellung der Wahlergebnisse nationaler Parlamentswahlen, http://www.parties-and-elections.de (Zugriff am 1. Juli 2008). In Zweikammersystemen sind die Ergebnisse der Wahl der zweiten Kammer, in Systemen mit absoluten Mehrheitswahlrecht die Ergebnisse des ersten Wahlgangs angegeben.

Bis Mitte der 1980er Jahre konnten fast alle dieser Parteien nur geringe elektorale Erfolge erzielen. Im Schnitt der neun Länder, die der Abb. 1 zugrunde liegen, wurden bis Mitte der 1980er Jahre ein Wähleranteil von fünf Prozent nicht überschritten. Die originär rechtsradikalen Parteien kamen in ihren jeweiligen Parteiensystemen kaum über den Status von Splitterparteien hinaus. Auch die skandinavischen Fortschrittsparteien als populistische Neugründungen konnten ihre Anfangserfolge kaum halten, stagnierten allmählich (Dänemark) oder erwiesen sich als in den Wahlergebnissen sehr schwankend (Norwegen). Die beiden hier betrachteten bürgerlichen Parteien FPÖ und SVP hatten sich in ihrer jeweiligen elektoralen Nische eingerichtet, ohne neue Wählerschichten erschließen zu können. Im Gegensatz zu diesen beiden Parteien, die zeitweise (FPÖ 1983-1986) oder dauerhaft (SVP) an Regierungen beteiligt waren, galten die rechtsradikalen und populistischen Parteien in ihren jeweiligen Parteiensystemen als nicht koalitionsfähig und waren von der gouvernementalen Macht ausgeschlossen. Angesichts ihres geringen legislativen wie administrativen Einflusses scheint der Begriff der Marginalität zur Bezeichnung dieser ersten Phase elektoraler Entwicklung durchaus charakteristisch zu sein.

1.2.2 Phase des elektoralen Durchbruchs

Mitte der 1980er Jahre setzt bei vielen der hier betrachteten Parteien die Phase des elektoralen Durchbruchs ein. Für den Front National war das Jahr 1984 entscheidend (Ignazi 2006: 92ff): Nach einer Reihe von lokalen und regionalen Wahlerfolgen wurden die französischen Medien aufmerksam auf das Phänomen Front National und insbesondere ihren charismatischen Anführer Le Pen, der auch im Fernsehen geschickt agierte. Bei der Wahl zum Europaparlament in diesem Jahr konnte die Partei dann landesweit 11,1 % erzielen. Nach diesem überraschenden Ergebnis kam der Front National auch bei Präsidentschafts- und Parlamentswahlen regelmäßig auf 10 bis 15 % der Stimmen. Insbesondere war es der Partei gelungen, das Thema „Immigration" im Laufe der 1980er Jahre zu besetzen und die Zuwanderer für die sozialen Probleme der „echten" Franzosen verantwortlich zu machen (Schmidt 2003: 98). Für die FPÖ wurde das Jahr 1986 zum Wendepunkt. In Umfragen drohte die in einer Koalition mit den Sozialdemokraten befindliche Partei nicht wieder in den Nationalrat einzuziehen. Der junge und charismatische Jörg Haider nutzte die interne Unzufriedenheit mit der Parteiführung um den liberalen Norbert Steger, um mithilfe der Überreste des deutschnationalen Flügels zum Parteivorsitzenden gewählt zu werden. Die Koalition zerbrach, doch Haider erlangte mit einer Abkehr vom Liberalismus, Protest gegenüber Bürokratie und „Parteienstaat" sowie einem populistischen Politikstil bei der Nationalratswahl 1986 mit 9,7 % der Stimmen ein Rekordergebnis in der elektoralen Geschichte der Partei. Bis in die späten 1990er Jahre hinein konnte die nach rechts gewendete Partei ihre Wahlergebnisse regelmäßig ausbauen, 1999 wurde sie mit 26,9 % zweitstärkste Partei im österreichischen Parteiensystem.

Der Erfolg des Front National und der FPÖ wurde zum Vorbild einer sich nach und nach ausbildenden Parteienfamilie. Auch dem Vlaams Blok gelang nach regionalen Wahlerfolgen in Flandern bei den Kommunalwahlen 1988, insbesondere in seiner Hochburg Antwerpen, der Sprung in die landesweite politische Arena. Der Blok hatte schon 1987 unter dem Motto „Eigen volk eerst!" seinem traditionellen flämischen Ethno-Nationalismus Ressentiments gegenüber Immigranten zur Seite gestellt und konnte damit reüssieren: Bei den Parlamentswahlen 1991 errang die Partei belgienweit 6,6 % der Stimmen, wobei sie nur in Flandern (10,3 %) und Brüssel (3,9 %) antrat (Ignazi 2006: 133f). Seit diesem Durchbruch konnte der Vlaams Blok seine Wahlergebnisse kontinuierlich ausbauen und kommt mittlerweile – trotz Beschränkung auf den flämischsprachigen Teil Belgiens – auf zweistellige Ergebnisse. In Wallonien gründete sich 1985 nach dem Vorbild des französischen Pendants überdies ein belgischer Front National, der jedoch im Vergleich zum Vlaams Blok nur moderate Ergebnisse um zwei Prozent erreichen konnte. In den Niederlanden konnte Hans Janmaat mit den von der Centrumpartij abgespaltenen Centrumdemocraten in den frühen 1990er Jahren einzelne Sitze im niederländischen Parlament erringen. Die Partei, die im Gegensatz zur Centrumpartij nur über eine geringe Mitgliederbasis verfügte und im Wesentlichen eine Parlamentspartei war (Mudde/van Holsteyn 1994: 128f), trat nach Wahlniederlagen bei der Parlamentswahl von 1998 und der Europawahl 1999 jedoch nicht mehr zu nationalen Wahlen an.

In den 1980er Jahren kamen auch in der Bundesrepublik zwei Formationen zur Gruppe der rechtspopulistischen Parteien hinzu. Die erste, die Deutsche Volksunion (DVU), entstammt eindeutig dem rechtsradikalen Milieu und ist die Gründung des Verlegers Gerhard Frey, der bereits in den 1970er Jahren die DVU als Sammlungsbecken rechtsradikaler Organisationen gründete und insbesondere als Absatzorganisation für seine vielfältigen rechtsradikalen Publikationen nutzte (Pfahl-Traughber 2007: 250f). Erst 1987 wurde auch eine formelle Partei mit dem Namen DVU gegründet, der es in einigen Landtagswahlen vor allem mit den Themen Ausländer und Asyl gelang, Wahlerfolge zu erzielen. Die 1983 gegründeten Republikaner sind hingegen eine Abspaltung der bayerischen CSU, die sich 1985 nach Übernahme des Parteivorsitzes durch Franz Schönhuber nach dem Vorbild des Front National zu einer rechtspopulistischen Partei wandelte (Kailitz 2007: 366f). Mit auf xenophobe Ressentiments setzenden Wahlkämpfen gelangen den Republikanern 1989 spektakuläre Wahlerfolge bei den Europawahlen und den Wahlen zum Berliner Abgeordnetenhaus; nach schlechten Ergebnissen um die deutsche Wiedervereinigung herum konnte die Partei in den 1990er Jahren jedoch nur in Baden-Württemberg zweimal in den Landtag einziehen. In der zweiten Hälfte der 1990er Jahre konnte man mit dem Bund freier Bürger (BfB) von Manfred Brunner und Heiner Kappel und der Initiative Pro D-Mark von Bolko Hoffmann zudem zwei populistische Neugründungen verzeichnen, die vor allem gegen die Einführung des Euros mobil machten, jedoch nur sehr mäßige Ergebnisse bei der Bundestagswahl 1998 erzielen konnten (Hartleb 2007a, b).

In Dänemark und Norwegen griffen die Fortschrittsparteien in den 1980er Jahren nach dem Vorbild anderer rechtspopulistischer Parteien die Immigrationsthematik auf, die zuvor bei diesen Parteien keine nennenswerte Rolle gespielt hatte. In Dänemark wurden mit Beginn der zweiten Hälfte der 1980er Jahre derartige Ressentiments insbesondere vom inzwischen innerparteilich umstrittenen Glistrup selbst bemüht (Ignazi 2006: 146). Dieser Kurs stabilisierte die Partei bis zum Ende der 1990er Jahre elektoral auf einem Niveau von mehr als fünf Prozent der Stimmen. In Norwegen gelangte Ende der 1980er Jahre das Thema Immigration auf die politische Agenda. Die Fortschrittspartei unter ihrem rhetorisch gewandeten neuen Führer Carl Ivar Hagen griff das Thema gezielt auf und konnte damit insbesondere bei den Regionalwahlen von 1987 und der Parlamentswahl von 1989 Rekordergebnisse von 12,3 % bzw. 13,0 % erzielen (Ignazi 2006: 153f). In Italien kam es 1991 mit der Gründung der Lega Nord zur Bildung einer neuen rechtspopulistischen Formation. Bereits in den 1980er Jahren hatte die Leghen-Bewegung stärkere Autonomie der norditalienischen Provinzen gefordert. Unter dem aggressiven Populisten Umberto Bossi konnte insbesondere die Lega Lombarda schon bei den Parlamentswahlen von 1987 und der Europawahl von 1989 einzelne Parlamentssitze erringen (Biorcio 2001: 246ff). Mit der Gründung des Dachverbands Lega Nord, die vor allem die Unabhängigkeit „Padaniens" – eine selbstgeschaffene Neubezeichnung für Norditalien – forderte, konnte die Leghen-Bewegung bei Parlamentswahlen italienweit Ergebnisse zwischen acht und zehn Prozent erzielen, obwohl sie nur im Norden antrat. In Norditalien entwickelte sie sich zur zeitweilig stärksten Partei, mit Wahlergebnissen von über 20 % (Betz 2002b: 61f). Insbesondere Bossis aggressive Rhetorik gegenüber Süditalienern und Immigranten beflügelte die Wahlergebnisse der Lega Nord (Betz 2002b: 70ff). Aber auch der Zusammenbruch des italienischen Parteiensystems im Zuge des Tangentopoli-Skandals war ein befördernder Faktor (Biorcio 2001: 248f).

Die Szene der Rechtsparteien in der Schweiz erlebte in den 1980er und 1990er Jahren einen fundamentalen Wandel. Der Nationalen Aktion, die sich 1990 in Schweizer Demokraten umbenannte (Helms 1997: 40), gelang es, sich im Verlauf der 1980er gegen die Abspaltung der Republikanischen Bewegung elektoral durchzusetzen und vergleichsweise stabile Wahlergebnisse um drei Prozent der Stimmen zu erzielen. Als rechtspopulistische Neugründung kam bei der Nationalratswahl von 1987 zusätzlich die Schweizer Autopartei hinzu, die vor allem als Anti-Umweltschutz-Partei reüssierte, aber auch xenophobe Positionen bezog und an entsprechenden Referenden mitwirkte. Sie benannte sich 1992 in Freiheitspartei der Schweiz um und konnte bis zur Nationalratswahl 1999 eine Fraktion im Schweizer Parlament stellen (Husbands 2000: 507). Schließlich wurde 1991 im italienischsprachigen Kanton Tessin die Lega dei Ticinesi nach dem Vorbild der Lega Nord gegründet. Sie kommt in diesem Kanton regelmäßig auf zweistellige Wahlergebnisse und kann damit bis heute einzelne Sitze im Nationalrat erzielen (Gentile/Kriesi 1998: 126f). Die Erfolge der drei kleinen rechtspopulistischen Formationen, die bei der Nationalratswahl 1991 zusammen fast zehn Prozent der Stimmen auf sich vereinigten, war ein Auslöser für die Transformation der Schweizerischen Volkspartei zu einer rechtspopulistischen Formation. Dem Zürcher Flügel der Partei um Christoph Blocher gelang es über die Gegnerschaft zur Europäischen Union und eine Ablehnung der Immigration den Kurs der SVP maßgeblich zu beeinflussen (Husbands 2000: 507). Mit der Neuausrichtung gelang der Partei der elektorale Aufstieg: Konnte sie bis einschließlich der Nationalratswahl von 1991 Wahlergebnisse von 10 bis 12 % nicht überschreiten, so ermöglichte die Neuausrichtung der SVP einen kontinuierlichen Ausbau der Resultate bis zu 29,0 % bei der Wahl 2007. Die Partei marginalisierte die anderen rechtspopulistischen Parteien völlig und drang in bisher unzugängliche Wählersegmente ein (McGann/Kitschelt 2005: 153ff).

Die Phase des elektoralen Durchbruchs rechtspopulistischer Parteien seit Mitte der 1980er Jahre ist nicht nur gekennzeichnet durch ansteigende Wahlergebnisse. Sie zeichnet sich vor allem durch eine inhaltliche Konvergenz der originär populistischen, traditionell rechtsradikalen und transformierten bürgerlichen Parteien aus. Vor allem die Mobilisierung von Ressentiments gegenüber Immigranten, aber auch die populistische Kritik an Klientelismus, Bürokratie und „Parteienstaat" wurden zu den Hauptthemen ihrer Agitation. Daneben wurde selbst in den vergleichsweise gemäßigten populistischen Parteien Dänemarks und Norwegens *law-and-order*-Forderungen und die Ansprache patriotischer bis nationalistischer Sentiments immer wichtiger. Es setzte sich bei den meisten Parteien eben genau jenes Bild rechtspopulistischer Parteien durch, das in Abschnitt 1.1.1 und 1.1.2 als phänomenologische Definition skizziert wurde. Neben dem populistischen Politikstil weisen nun auch die originär populistischen sowie transformierten bürgerlichen Parteien zunehmend xenophobe, nationalistische und autoritäre Sentiments und Ressentiments auf, näherten sich also einer rechtsradikalen Ideologie an, die die Gruppierung aller drei Spielarten von Parteien zu einer rechtspopulistischen Parteienfamilie rechtfertigt.

1.2.3 Phase der Etablierung

Mit dem Ende der 1990er Jahre begann für einige der erfolgreichen rechtspopulistischen Parteien in Westeuropa die Phase ihrer Etablierung. In vielen Ländern führten hohe Wahlergebnisse dazu, dass diese Parteien – entgegen der weitgehenden Isolation in den Jahrzehnten zuvor – von bürgerlichen Parteien als Option zur Bildung von Regierungsmehrheiten in Betracht gezogen wurden. Die Anerkennung der prinzipiellen Koalitionsfähigkeit rechtspopulistischer Parteien zumindest durch einen Teil der Mitbewerber im jeweiligen Parteiensystem soll hier als wesentliches Merkmal ihrer Etablierung herangezogen werden. Dieses Kriterium deckt sich weitgehend mit der „Schwelle der Relevanz" bzw. der „Mehrheitsmacht" in verschiedenen politikwissenschaftlichen Ansätzen, die die Etablierung politischer Parteien zum Gegenstand haben (Lipset/Rokkan 1967: 27ff; Sartori 1976: 119ff; Pedersen 1982: 7f). Es muss sich dabei nicht unbedingt um eine tatsächliche Koalition handeln, auch Tolerierungen von Regierungen, wie sie in Skandinavien üblich sind, können als Indiz für die Etablierung rechtspopulistischer Formationen herangezogen werden.

Einen ersten Testfall einer solchen Konstellation stellte das Ergebnis der italienischen Parlamentswahl von 1994 dar. Schon im Vorfeld hatte sich die populistische, aber inhaltlich konservativ-wirtschaftsliberal ausgerichtete Forza Italia und die rechtspopulistische Lega Nord unter dem Unternehmer Silvio Berlusconi in Norditalien zum Wahlbündnis „Polo delle Libertà" zusammengeschlossen. Diese Anerkennung der immerhin die Sezession Norditaliens fordernden Partei hatte zunächst rein wahltechnische Gründe: Im neuen italienischen Wahlrecht mit einer starken Mehrheitswahlkomponente konnte Berlusconi die norditalienischen Wahlkreise nicht ohne Absprachen mit der Lega, die hier teilweise stärkste Kraft war, gewinnen (Bartolini/D'Alimonte 1996: 110f). Doch das Bündnis hielt nicht lange, denn die Lega verlor viele Wähler an die Forza Italia, zudem konnte sie sich nicht mit der ebenfalls an der Regierung beteiligten Alleanza Nazionale arrangieren (Betz 1998a: 47). Schon wenige Monate nach der Wahl verließ Bossi die Koalition und stürzte die Regierung Berlusconi in einem Misstrauensvotum. Der Protest gegen die Regierung in Rom, ein wesentliches Element ihrer Politik, vertrug sich nicht mit einer Regierungsbeteiligung der Lega eben dort (Tambini 2001: 148). Doch selbst dieses erratische Verhalten schädigte die Anerkennung der Lega als potentieller Koalitionspartner nicht. 2001 trat die Partei erneut mit der Forza Italia in einem Wahlbündnis an und blieb vier Jahre in der folgenden Koalition, in der sie – relativ erfolgreich – den Kurs einer „Opposition in der Regierung" bestritt (Albertazzi/McDonnell 2005: 953). Sie ging – nach katastrophalen Verlusten bei der Wahl 2001, bei der nächsten Wahl mit 4,6 % der Stimmen wieder gestärkt aus der Koalition hervor. Bei der Parlamentswahl 2008 konnte sie mit 8,3 % der Stimmen sogar an ihre alte Stärke anschließen.

Ein zweites Beispiel für die Etablierung rechtspopulistischer Parteien ist die Regierungsbeteiligung der FPÖ nach der österreichischen Nationalratswahl 1999. Dort war die

Partei Haiders mit 26,9 % zweitstärkste Kraft geworden. Nach teilweise heftigen Protesten im In- und Ausland bildete die ÖVP mit ihr im Frühjahr 2000 eine Koalition. Doch auch in diesem Fall schwächte die Regierungsbeteiligung die rechtspopulistische Formation, die Anti-Establishment-Ressentiments konnten als Teil genau diesen politischen Establishments nicht mehr verfangen (Pelinka 2005: 99ff). Bei der kommenden Nationalratswahl 2002 fiel ihr Wahlergebnis auf gerade einmal zehn Prozent. Die fortgesetzte Koalition führte 2005 zur Spaltung der Partei: Der Regierungsflügel, unterstützt durch Haider, gründete das Bündnis Zukunft Österreich (BZÖ), dem es bei der Nationalratswahl 2006 jedoch nur knapp gelang, die Vierprozenthürde in Österreich zu nehmen. Mittlerweile hat es sich bei der Nationalratswahl 2008 mit einem Ergebnis von 10,8 % als durchaus erfolgreich erwiesen. In der alten FPÖ verblieben die Anhänger eines radikalen Oppositionskurses, die sich um den jungen Wiener FPÖ-Vorsitzenden Heinz-Christian Strache formierten und sich – bisher erfolgreich – wieder dem klassischen rechtspopulistischen Agitationsschema der Ressentiments gegen „die da oben" und „die da draußen" zuwendeten.

Weitere Beispiele für eine sehr schnelle Etablierung sind die beiden ähnlich gelagerten Fälle der Schill-Partei in Hamburg und der Lijst Pim Fortuyn in den Niederlanden. Beide Formationen waren *flash parties* um einen charismatischen Führer, die 2000 bzw. 2002 ihre Parteien lediglich zur Unterstützung des persönlichen Wahlantritts schufen. Ronald B. Schill gelang bei der Hamburger Bürgerschaftswahl mit 19,4 % ein spektakulärer Erfolg, der seine Partei Rechtstaatliche Offensive (PRO) auf Anhieb zur drittstärksten Kraft in der Bürgerschaft machte und zudem die unmittelbare Regierungsbeteiligung in einer Koalition mit CDU und FDP unter Ole von Beust nach sich zog (Faas/Wüst 2002; Horst 2002; Klein/Ohr 2002; Decker 2003). Gescheiterte Antritte zu Landtags- und Bundestagswahlen, innerparteiliche Streitigkeiten und nicht zuletzt der Ausschluss Schills aus der Partei, nachdem dieser aufgrund persönlicher Konflikte mit von Beust als Senator entlassen worden war, brachten die Formation zu Fall. Bei der Bürgerschaftswahl 2004 konnte die in Offensive D umbenannte Partei nur noch 0,9 % der Stimmen erringen (Decker/Hartleb 2005: 111ff). Der konkurrierende Schill, der sich zum Spitzenkandidaten der Pro DM-Partei Bolko Hoffmanns küren ließ, konnte zwar 3,1 % erzielen, spielte ohne Amt und Mandat aber politisch keine Rolle mehr. Dem charismatischen Pim Fortuyn gelang in den Niederlanden ein ähnliches Kunststück (Eckardt 2003; Cuperus 2004). Mit seiner kurz vor den Parlamentswahlen 2002 gegründeten Lijst Pim Fortuyn (LPF), die nur über ein dürres Programm und keine gefestigte Parteiorganisation verfügte, gelang es ihm innerhalb von wenigen Monaten in Umfragen nennenswert hohe Ergebnisse zu erzielen (Frölich-Steffen 2006: 158). Pim Fortuyn wurde wenige Tage vor der Wahl Opfer eines Attentats, die LPF zog aber trotzdem – oder gerade deswegen – mit 17,0 % der Stimmen in das Den Haager Parlament ein. Auch hier folgte unmittelbar eine Koalition mit der christdemokratischen CDA und der rechtsliberalen VVD. Aufgrund innerparteilicher Konflikte wurde diese Kooperation jedoch schon 2003 beendet (Hainsworth 2008: 47). Die LPF konnte bei den vorgezogenen Neuwahlen noch einmal 5,7 % der Stimmen erringen, verfiel dann aber als Oppositionspartei zunehmend und wurde nach fortgesetzten Wahlniederlagen zum 1. Januar 2008 aufgelöst.

In einer grundsätzlich anderen Position befand sich die Schweizer SVP. Sie gehörte traditionell der „Zauberformel"-Koalition in diesem konkordanzdemokratischen System an, das allen größeren Parteien nach einem festen Schema Regierungssitze zuwies. Der Flügel um Christoph Blocher bemühte jedoch erfolgreich eine Strategie der „Opposition in der

Regierung", indem er mithilfe von Volksinitiativen und Referenden gegen den von der eigenen Partei getragenen Bundesrat vorging (Frölich-Steffen/Rensmann 2005: 26). Gegen die seit 1959 geltende Aufteilung der Regierungsämter konnte Blocher 2003 in einer für die Schweiz sehr ungewöhnlichen parlamentarischen Kampfabstimmung einen zweiten Bundesratssitz für die SVP durchsetzen (Frölich-Steffen 2006: 155). Zu diesem Zeitpunkt sahen verschiedene Politikwissenschaftler das Konkordanz-Modell zwar noch nicht als gescheitert an, betrachteten die SVP unter Blocher aber als „Salz in den Wunden der Konkordanz" (Hennecke 2003). Nach der gescheiterten Wahl zum Bundesrat im Gefolge der Parlamentswahl 2007 erklärte Blocher die SVP zur Oppositionspartei; die beiden gewählten SVP-Bundesräte wurden aus der Partei ausgeschlossen. Mit einigem Recht kann man nun davon sprechen, dass „Zauberformel" und Konkordanzmodell in der Schweiz gescheitert sind. Die Auswirkungen auf die SVP und das politische System der Schweiz sind noch nicht absehbar. Eine vergleichbare Freiheit zur Opposition erhielt sich die Dansk Folkeparti, die aus einem parteiinternen Konflikt der Fortschrittspartei 1995 hervorging und unter deren langjährigen Parlamentarierin Pia Kjæsgaard die Partei Glistrups in den späten 1990er Jahren völlig verdrängte (Rydgren 2004). Ihre Wahlergebnisse konnte die rechtspopulistische Neugründung in den Parlamentswahlen von 1998 (7,4 %) bis 2007 (13,8 %) kontinuierlich ausbauen. Die Dänische Volkspartei unterstützt seit 2001 parlamentarisch die liberal-konservative Regierung unter Anders Fogh Rasmussen. Eine Strategie, die bisher weiteren elektoralen Zugewinnen nicht entgegenstand, obwohl sie der Partei die Etablierung im System und einen erheblichen Einfluss auf die Regierungspolitik ermöglichte (Hainsworth 2008: 50).

Anderen rechtspopulistischen Parteien blieb bisher die Anerkennung als möglicher Koalitionspartner versagt. In aller Regel hat diese Außenseiter-Position den Parteien jedoch nicht geschadet. In Belgien bildeten die etablierten Parteien schon früh einen *cordon sanitaire* um den Vlaams Blok, der sich 2004 in Vlaams Belang umbenannte – auch um eine inhaltliche Mäßigung zu dokumentieren und seine Koalitionsfähigkeit zu erhöhen (Swyngedouw/Ivaldi 2006: 137f). Inhalt der Vereinbarung ist die Zurückweisung jeglicher Koalition mit dem VB, von der lokalen bis auf die nationale Ebene. Der *cordon sanitaire* hat bisher jedoch keine Auswirkungen auf die Wahlergebnisse der Partei gehabt, er zementierte vielmehr das Bild des VB als Außenseiterpartei, die gegen das politische Establishment agiert (Bachmann 2005: 97). Vlaams Belang konnte die Wahlergebnisse kontinuierlich ausbauen und erzielt belgienweit mittlerweile 12,0 % der Stimmen, obwohl er nur im flämischsprachigen Landesteil antritt. Bisher wurde auch im Fall der norwegischen Fortschrittspartei eine Koalition von den bürgerlichen Parteien ausgeschlossen. Die Partei Carl Ivar Hagens wurde 1997 zum ersten Mal mit 15,3 % zweitstärkste Kraft im Parlament und wählte 2001 eine bürgerliche Minderheitsregierung unter Kjell Magne Bondevik mit ins Amt (Heidar 2005: 825ff). 2005 erzielte sie 22,1 % und wäre für eine bürgerlich geführte Regierung unentbehrlich gewesen, eine gleichzeitig entstandene rot-rot-grüne Mehrheit im Parlament erübrigte die Frage einer Koalition jedoch. Spätestens für das Jahr 2009 ist aber eine Regierungsbeteiligung der Fortschrittspartei, die in Umfragen mittlerweile als stärkste Partei gehandelt wird, nicht mehr unwahrscheinlich.

Ein Sonderfall ist die Frage der Etablierung des Front National in Frankreich. Gerade in der Phase seines elektoralen Durchbruchs, etwa bei den Parlamentswahlen von 1988, gab es teilweise eine offene Kooperation zwischen den bürgerlichen Parteien und dem Front National, bedingt vor allem durch das französische absolute Mehrheitswahlrecht, das die

Front-Wähler im zweiten Wahlgang zum Zünglein an der Waage zwischen den Kandidaten der Linken und der moderaten Rechten machte (Ignazi 2006: 96ff). Angesichts der strukturellen Schwächung des bürgerlichen Lagers durch den Front National fielen der Umgang der konservativen und liberalen Parteien aber sehr unterschiedlich aus: Teilweise wurden die Forderungen des FN und seine Beteiligung an der Macht strikt abgelehnt, teilweise wurden Themen übernommen und auch eine Zusammenarbeit propagiert (Schain 2006: 282ff). Nicolas Sarkozy schlug schon als Innenminister einen Kurs ein, der direkt auf die Wählerschaft des Front National gerichtet war, gleichzeitig aber jede Kooperation mit der Partei ausschloss (Bell/Criddle 2008: 191ff): Mit einer rigiden law-and-order-Politik und einem auf Restriktion der Immigration gerichteten populistischen Programm gelang es ihm bei der Parlamentswahl 2007, den Front National nach zwei Jahrzehnten zweistelliger Wahlergebnisse elektoral zu marginalisieren. Le Pen konnte in der ersten Runde der Parlamentswahl nur noch 4,3 % der Stimmen erringen – Sarkozy hingegen erzielte für die Konservativen das beste Wahlergebnis seit 1968.

So kann man sagen, dass die elektorale Entwicklung rechtspopulistischer Parteien in der Phase ihrer Etablierung durchaus wechselhaft ist. Einige Parteien können weitere Zugewinne verbuchen, andere verlieren angesichts parteiinterner Auseinandersetzungen, des Verlusts ihrer Führungspersönlichkeiten, Regierungsbeteiligungen oder der Übernahme von Themen durch andere Parteien in der Wählergunst. Trotzdem haben sie sich in den neun hier betrachteten westeuropäischen Staaten seit Ende der 1990er Jahre ein relativ konstantes Wählerpotential von 12-14 % erhalten können (Abb. 1). Hinzu kommt eine Anzahl von Splitterparteien, die zumindest das Potential haben, an die größeren rechtspopulistischen Parteien anzuschließen. In den Niederlanden sind seit dem Aufstieg und Fall des Pim Fortuyn eine ganze Reihe von Neugründungen zu registrieren, die regelmäßig in Umfragen auf zweistellige Werte kommen, etwa die Partij voor de Vrijheid (PVV) von Geert Wilders oder die Formation Trots op Nederland (ToN) von Rita Verdonk. Der Wandel der Alleanza Nazionale in Italien lässt zudem die Frage aufkommen, ob es den kleineren Abspaltungen der AN gelingt, an die neo-faschistische Traditionslinie im populistischen Gewand anzuknüpfen und zu reüssieren. Schließlich schlägt auch die NPD, bis in die 1990er Jahre eher biedere Traditionskompanie des deutschen Rechtsradikalismus, spätestens seit 2004 einen rechtspopulistischen Kurs ein, der zumindest bei einigen Landtagswahl verfangen hat. So ist damit zu rechnen, dass Wahlerfolge rechtspopulistischer Parteien in Westeuropa noch längere Zeit zu beobachten sein werden. Die Frage nach den zugrunde liegenden Ursachen bekommt dadurch ein besonderes Gewicht.

1.3 Konzeptionelle Grundentscheidungen

Untersuchungsgegenstand dieser Studie ist das Wahlverhalten zugunsten rechtspopulistischer Parteien in den Staaten Westeuropas. Im Folgenden soll erörtert werden, wie dieser Gegenstand im Rahmen der vorliegenden Studie erschlossen und mithilfe der Modernisierungsverlierer-Theorie erklärt werden soll. Dabei wird zunächst auf die konkrete Fragestellung einzugehen sein, mit deren Hilfe sich dem Forschungsgegenstand genähert wird. Im Anschluss daran soll das konkrete Untersuchungsdesign vorgestellt werden, mit dem die aufgeworfenen Fragen beantwortet werden sollen. Weiterhin wird kurz auf das Feld der Parteien einzugehen sein, die im Rahmen dieser Arbeit als rechtspopulistisch angesehen werden. Abschließend wird ein kurzer Überblick über den weiteren Aufbau der Arbeit gegeben.

1.3.1 Fragestellung

Wahlverhalten ist ohne Zweifel ein komplexes soziales Phänomen. Die verschiedenen theoretischen Schulen der Wahlforschung nähern sich diesem Untersuchungsgegenstand mit höchst unterschiedlichen Ansätzen und Methodiken (vgl. hierzu ausführlich Abschnitt 2.1), von einer allgemeinen Theorie des Wahlverhaltens ist man jedoch weit entfernt – je nach Wissenschaftsverständnis kann es eine solche allgemeine Erklärung auch nicht geben. Allein im Feld der Erforschung des Wahlverhaltens zugunsten rechtspopulistischer Parteien findet sich eine praktisch unüberschaubare Vielzahl von Monographien, Sammelbänden und Fachartikeln, die den Gegenstand mithilfe unterschiedlicher Theorien und anhand variierender Fallbeispiele zu erschließen versuchen. Dem Forschungsfeld eine weitere Studie hinzuzufügen bedarf deswegen einer Rechtfertigung, die den Nachweis erbringen muss, dass der Forschungsgegenstand mit einer klar abgegrenzten Fragestellung konfrontiert wird, die zugleich wissenschaftliche Relevanz besitzt.

Wie bereits eingangs erläutert, soll das Wahlverhalten zugunsten rechtspopulistischer Parteien mithilfe der Modernisierungsverlierer-Theorie erklärt werden. Sie stellt insbesondere auf Benachteiligungen und Mangelerscheinungen in der sozialen Lage von Modernisierungsverlierern und die daraus resultierenden rechtsaffinen Einstellungsmuster auf der Ebene der psychischen Dispositionen ab. Die zentrale Fragestellung der Studie lautet demgemäß: Lässt sich die Modernisierungsverlierer-Theorie für die Wählerschaft rechtspopulistischer Parteien in Westeuropa empirisch bestätigen? Fokus der Arbeit ist also nicht eine möglichst umfassende Erklärung des Wahlverhaltens zugunsten dieser Parteien, sondern die Konfrontation des Gegenstandes mit einer spezifischen Theorie. Eine derartige Vorgehensweise weicht von der in der empirischen Sozialforschung gängigen Praxis der alternativen Überprüfung konkurrierender Theorien und Hypothesen ab; für eine eher in die Tiefe als in die Breite gehende Analyse gibt es jedoch zwei Gründe: Einerseits ist gerade im Forschungsfeld zum Wahlverhalten zugunsten rechtspopulistischer Parteien zu beobachten, dass alternative Überprüfungen dazu neigen, die verschiedenen Theorien nur oberflächlich zu rezipieren und unter Rückgriff auf einzelne Indikatoren zu operationalisieren. Dies ist bei einem breiten, alternativ überprüfenden Ansatz verständlich, eine andere Vorgehensweise in diesem Fall nur schwierig zu realisieren. Der Verfasser der vorliegenden Studie zieht es jedoch vor, die Modernisierungsverlierer-Theorie möglichst umfassend zu rekonstruieren und auf Basis einer größeren Anzahl von Indikatoren zu operationalisieren. Andererseits handelt es sich bei der Modernisierungsverlierer-Theorie – wie in Abschnitt 2.3 noch zu zeigen sein wird – um eine integrative Theorie, die Ansätze aus verschiedenen mikro- und makrosoziologischen sowie sozialpsychologischen Erklärungsversuchen miteinander kombiniert. In diesem Kontext fällt es schwer, wirklich konkurrierende und damit sich gegenseitig logisch ausschließende Ansätze zu formulieren und zu überprüfen.

Die zentrale Fragestellung dieser Studie lässt sich in verschiedene Unterfragen auffächern. Wichtig ist zunächst die Rekonstruktion der Modernisierungsverlierer-Theorie. Welche theoretischen Fragmente lassen sich zu einer derartigen Theorie verdichten? Auf welchen Ebenen der Erklärung rechtspopulistischen Wahlverhaltens treffen sie Aussagen? Und wie lassen sich diese unterschiedlichen Aussageebenen miteinander verknüpfen? Darüber hinaus müssen theoretische Konstrukte identifiziert werden, die dieses Aussagegebäude konzeptionell erfassen und sich durch Indikatoren operationalisieren lassen. Wie gestaltet sich die soziale Lage von Modernisierungsverlierern und welche Indikatoren lassen sich zur Operationalisierung der Modernisierungsverlierer-Eigenschaft heranziehen? Wie wirkt sich die Modernisierungsverlierer-Eigenschaft auf der Ebene psychischer Dispositionen aus und welche Indikatoren können zur Erfassung entsprechender rechtsaffiner Einstellungen fruchtbar gemacht werden? Und nicht zuletzt: Wie kann überhaupt das Wahlverhalten zugunsten rechtspopulistischer Parteien in einer empirischen Untersuchung gemessen werden? Ein abschließender Block von Fragestellungen betrifft die Wirkung der verschiedenen Indikatoren auf das Wahlverhalten. Wie stark ist der Einfluss der Modernisierungsverlierer-Indikatoren einzeln und relativ zueinander? Welche Erklärungskraft weisen Modernisierungsverlierer-Modelle auf, die möglichst umfassend oder möglichst sparsam die unterschiedlichen Indikatoren kombinieren? Wird die Ausbildung rechtsaffiner Einstellungen durch die Modernisierungsverlierer-Indikatoren befördert? Welchen Einfluss haben die rechtsaffinen Einstellungen einzeln und relativ zueinander auf das Wahlverhalten? Können sie erklären, warum Modernisierungsverlierer zur Wahl rechtspopulistischer Parteien neigen?

Die verschiedenen Fragekomplexe umreißen das Arbeitsprogramm dieser Studie und beziehen sich bereits auf ein Untersuchungsmodell, das erst im Verlauf des zweiten Kapitels erstellt und erklärt wird. Wichtig erscheint jedoch, an dieser Stelle auszuführen, was nicht im Rahmen der vorliegenden Arbeit geleistet werden kann: Es soll nicht darum gehen, die umfassenden Erfolgs- und Misserfolgsbedingungen rechtspopulistischer Parteien herauszuarbeiten und zu analysieren. Der Fokus liegt auf der Überprüfung der Modernisierungsverlierer-Theorie, die in einem komplexeren erweiterten Modell der Wahl rechtspopulistischer Parteien eingebettet ist. Dieses erweiterte Modell wird zwar in Abschnitt 2.4 theoretisch konzeptionalisiert, eine Operationalisierung und empirische Überprüfung würde aber weit über den Erklärungsanspruch der Modernisierungsverlierer-Theorie hinausgehen und den Rahmen dieser Arbeit sprengen. So lässt sich mithilfe der hier untersuchten Zusammenhänge nicht die konkrete Höhe von Wahlergebnissen in einzelnen Ländern erklären, die von einer ganzen Reihe von Faktoren beeinflusst werden, die nicht zum Erklärungsanspruch der Modernisierungsverlierer-Theorie gehören. Untersucht werden aber die sozialstrukturellen und psychographischen Determinanten der individuellen Wahlentscheidung zugunsten rechtspopulistischer Parteien, die von der Theorie erfasst werden.

Von einer wissenschaftlichen Fragestellung wird erwartet, dass sie eine gewisse fachliche Relevanz aufweist (von Alemann/Forndran 1990: 102; King et al. 1994: 16f). Wie bereits einleitend ausgeführt, wurde die Modernisierungsverlierer-Theorie bzw. Fragmente und Ansätze einer solchen Theorie anhand verschiedener historischer rechtsradikaler Phänomene entwickelt. Die wissenschaftliche Leistung dieser Studie soll nun darin bestehen, eine rekonstruierte Modernisierungsverlierer-Theorie auf das Phänomen der Wählerschaft derzeitiger rechtspopulistischer Parteien in Westeuropa anzuwenden. Insbesondere für Deutschland bestehen bereits eine Reihe von empirischen Überprüfungen, die in ihrem Verständnis der Modernisierungsverlierer-Theorie teilweise jedoch stark variieren (vgl. etwa Falter/Klein 1994; Götz 1997; Schönfelder 2008). Zur Erklärung der Wahl rechtspopulistischer Parteien in Westeuropa wird sie zwar vielfach diskutiert, diese Diskussion geht aber selten über theoretische Argumente und die Präsentation deskriptiver Ergebnisse, die für oder gegen sie sprechen, hinaus (Betz 1994; Kriesi 1999; Minkenberg 2000; Husbands 2002; Mudde 2007; Rydgren 2007; van der Brug/Fennema 2007). Ansätze zu einer geschlossenen empirischen Untersuchung der Theorie sind sehr rar gesät. Pippa Norris (2005: 129ff) untersucht etwa am Beispiel der Elektorate einer sehr heterogenen Gruppe von ost- und westeuropäischen sowie außereuropäischen Parteien die Modernisierungsverlierer-Theorie, operationalisiert sie aber nur unzureichend und formuliert die korrespondierenden Hypothesen sehr eng (vgl. zur Kritik Spier 2007b). Marcel Lubbers (2001) überprüft eine ganze Reihe von Theoremen, die nach dem hier zugrunde gelegten Verständnis der Modernisierungsverlierer-Theorie zuzuordnen sind, reserviert den Begriff selbst aber nur für Desintegrationserscheinungen (Lubbers 2001: 62). Arzheimer spricht in seiner methodisch sehr anspruchsvollen Untersuchung die Modernisierungsverlierer-Theorie an, begreift sie aber im Wesentlichen als Statusverlust in der sozialen Lage von Modernisierungsverlierern, der sich in der Ausbildung xenophober Ressentiments auswirkt (Arzheimer 2008: 123f). Schließlich wird im Aufsatz von Swank und Betz (2003) sowie in zwei jüngeren Arbeitspapieren (Binder 2005; Nauenburg 2005) untersucht, inwiefern sich die Globalisierung als Ausdruck aktueller Modernisierungsprozesse auf die Wahlerfolge rechtspopulistischer Parteien auswirkt. Diese Untersuchungen verbleiben aber auf der Ebene aggregierter Daten und lassen wegen des damit verbundenen Problems des ökologischen Fehlschlusses keine Rückschlüsse auf individuelles Wahlverhalten zu. Eine Studie, die die Modernisierungsverlierer-Theorie in der Breite ihres Erklärungsanspruchs anhand von Individualdaten für die Wähler rechtspopulistischer Parteien in Westeuropa überprüft, ist in der internationalen Forschungsliteratur bisher nicht aufzufinden und indiziert mithin die wissenschaftliche Relevanz eines solchen Unterfangens.

1.3.2 Untersuchungsdesign

Im Folgenden soll aufgezeigt werden, wie die zentrale Fragestellung der vorliegenden Studie in ein konkretes Untersuchungsdesign umgesetzt werden soll. Die Arbeit verortet sich in der empirisch-analytischen Tradition der Politikwissenschaft und will mit den Methoden der empirischen Wahlforschung die aufgeworfene Fragestellung beantworten. Zur empirischen Überprüfung der Modernisierungsverlierer-Theorie wird dabei auf Daten des European Social Survey zurückgegriffen, einer komparativ angelegten Bevölkerungsbefragung, die seit 2002 alle zwei Jahre in mehr als zwanzig europäischen Staaten erhoben wird (vgl. hierzu Abschnitt 3.1). Es handelt sich mithin um eine Sekundäranalyse von Daten, die bereits von Dritten erhoben wurden. Eine Primärerhebung, die sicherlich den Vorteil hätte, dass man sie ganz auf die konkrete Fragestellung zuschneiden könnte, lässt sich im Rahmen eines Dissertationsprojekts nicht realisieren. Diese Vorgehensweise hat natürlich die Konsequenz, dass eine Operationalisierung der sich aus der Modernisierungsverlierer-Theorie ergebenden theoretischen Konstrukte immer in Hinblick auf die zur Verfügung stehenden Indikatoren geschehen muss. Wie in Abschnitt 3.1.1 gezeigt werden wird, handelt es sich beim European Social Survey aber um die länderübergreifende europaweite Bevölkerungsbefragung, die hierfür am besten geeignet ist.

Ausgehend von der wissenschaftstheoretischen Position des methodologischen Individualismus stellt die hier untersuchte Fragestellung auf das individuelle Verhalten von Menschen als Grundlage von sozialen Phänomenen ab. Das Phänomen der Wahl rechtspopulistischer Parteien soll also auf der Ebene des individuellen Wahlverhaltens erklärt werden. Die hier zugrundegelegten Bevölkerungsbefragungen werden demgemäß als Individualdaten genutzt. Dies ist nicht zwingend, gerade im Feld der Erforschung von elektoralen Erfolgen und Misserfolgen von Parteien wird nicht selten auf Aggregatdaten zurückgegriffen, die sich aus landesweiten oder regionalen Stimmanteilen von Parteien, auf der gleichen Ebene aggregierten Umfragedaten sowie Daten aus amtlichen Statistiken zusammensetzen. Die Aggregatdatenanalyse kann gerade bei Untersuchung eines relativ seltenen und noch dazu „sozial unerwünschten" Verhaltens wie der Wahl einer rechtspopulistischen Partei durchaus methodische Vorteile mit sich bringen (Spier 2007a: 78f). Der wesentliche Nachteil ist jedoch, dass aufgrund des „ökologischen Fehlschlusses" nicht auf individuelles Wahlverhalten geschlossen werden kann (Robinson 1950; Alker 1969), was aber gerade Ziel der vorliegenden Untersuchung ist. Dies hat eine wesentliche Konsequenz für das Untersuchungsdesign: Fälle im Sinne der kleinsten Untersuchungseinheit sind die individuellen Wähler, nicht aber Parteien oder Untersuchungsländer.

Mit dieser Feststellung lässt sich der Bogen spannen zu der Frage, ob es sich bei der hier vorgenommenen Analyse um einen Anwendungsfall der vergleichenden Methode der Politikwissenschaft handelt. Bei einer Untersuchung, die das Wahlverhalten zugunsten rechtspopulistischer Parteien in einer bestimmten Zahl von westeuropäischen Ländern erklären will, könnte man auf die Idee kommen, dass es sich um eine komparatistische Arbeit handelt. Unterscheidet man mit Lijphart (1971) zwischen vergleichender und statistischer Methode und stellt mit Jahn (2006) darauf ab, dass der wesentliche Unterschied zwischen diesen beiden Methoden darin liegt, dass bei der vergleichenden Methode die Fallauswahl gezielt getroffen wird, während bei der statistischen Methode die Fälle nach dem Zufallsprinzip aus einer Grundgesamtheit ausgewählt werden, so handelt es sich bei der vorliegenden Arbeit um einen Anwendungsfall der statistischen Methode.[2] Untersuchungseinheiten dieser Studie sind die individuellen Wähler, nicht die Länder, für die die Untersuchung durchgeführt wird. Zur Beantwortung der Fragestellung wird die Varianz im Wahlverhalten genutzt, nicht die Varianz der Ergebnisse rechtspopulistischer Parteien in verschiedenen Ländern. Die vorliegende Arbeit ist also keine komparative Arbeit, vielmehr geht es um eine empirische Überprüfung einer Theorie in unterschiedlichen nationalen Kontexten.

Der Untersuchungszeitraum und die Auswahl der Untersuchungsländer richtet sich daher primär an den Erfordernissen der statistischen Methode aus. Insbesondere muss in der hier zugrunde gelegten Datenbasis eine ausreichende Zahl von Wählern rechtspopulistischer Parteien vorhanden sein, um auch länderweise Auswertungen noch vornehmen zu können. Dies hat zunächst Konsequenzen für den Untersuchungszeitraum. Grundsätzlich ist die vorliegende Studie als Querschnittsstudie angelegt, die das Wahlverhalten zugunsten rechtspopulistischer Parteien zu einem bestimmten Zeitpunkt analysiert. Um höhere Fallzahlen und damit eine höhere Schätzgenauigkeit zu erreichen, wurden jedoch zwei Umfragewellen des European Social Survey in den Jahren 2002/2003 bzw. 2004/2005 in dieser Arbeit kumuliert (vgl. hierzu ausführlich Abschnitt 3.3.1). Der Zeitraum, auf den sich die Ergebnisse dieser Studie beziehen, erstreckt sich daher auf die vier Jahre von 2002 bis 2005.[3] Andererseits hat das Fallzahlerfordernis auch Auswirkungen auf das Feld der Unter-

---

[2] Unbelassen der Lijphartschen Unterscheidung von vergleichender und statistischer Methode können beide Methoden sich natürlich statistischer Auswertungsverfahren bedienen.
[3] Überdies beziehen sich manche Items der Bevölkerungsbefragung auf Zeitpunkte vor der Befragung, nicht zuletzt die Wahlentscheidung bei der letzten nationalen Parlamentswahl.

suchungsländer. Prinzipiell wurde jedes Land, das im European Social Survey enthalten ist und dem politisch verstandenen Westeuropa zugehört, für die Analyse in Betracht gezogen. Eine ganze Reihe von Ländern kommen aber auf gar keine (Großbritannien, Irland, Luxemburg, Portugal, Schweden und Spanien) oder nur eine sehr geringe Zahl von Wählern rechtspopulistischer Parteien im Datensatz (Finnland und Griechenland). Diese Länder wurden aus der Analyse ausgeschlossen, wenn sie in beiden Umfragewellen nicht insgesamt mindestens 30 Wähler derartiger Parteien aufwiesen. In der Untersuchung verbleiben damit neun westeuropäische Staaten: Belgien, Deutschland, Dänemark, Frankreich, Italien, die Niederlande, Norwegen, Österreich und die Schweiz.

Im Kontext makroquantitativer Studien, die auf der Aggregatebene mit Hilfe der vergleichenden Methode die Erfolgsbedingungen von Parteien analysieren wollen, wird eine Auswahl allein der Länder, in denen rechtspopulistische Parteien eine nennenswerte Wählerschaft aufweisen, als methodisch problematisch angesehen (Golder 2003: 434f). Und in der Tat werden so gerade die Fälle (=Länder) eliminiert, in denen Bedingungen vorliegen, die die elektoralen Erfolge rechtspopulistischer Parteien hemmen. Bei der vorliegenden mikroquantitativen Studie mit Individualdaten kann dieser Einwand jedoch nicht verfangen. Erkenntnisinteresse ist hier das Wahlverhalten von Individuen auf der Mikroebene und nicht die Erfolgsbedingungen von Parteien auf der Makroebenen. Eine Einschränkung der untersuchten Länder begrenzt somit zwar den räumlichen Aussagebereich der Studie, verzerrt aber nicht die Ergebnisse im Hinblick auf die hier untersuchte Fragestellung (vgl. zum Problem auch Arzheimer/Carter 2006: 426).

1.3.3 Das Feld rechtspopulistischer Parteien in den Untersuchungsländern

An dieser Stelle sollen kurz die rechtspopulistischen Parteien aufgeführt werden, deren Wahl in der vorliegenden Studie analysiert werden soll. Der größte Teil dieser Parteien dürfte unstritig der rechtspopulistischen Parteienfamilie zuzuordnen sein, bei einigen ist die Einstufung jedoch umstritten. Schließlich muss auch auf einige des Rechtspopulismus „verdächtige" Parteien eingegangen werden, die hier nicht dieser Parteienfamilie zugerechnet werden. In Belgien wird das Wahlverhalten zugunsten des flämischen Vlaams Belang und des wallonischen Front National analysiert, beides Parteien des traditionell rechtsradikalen Milieus, die sich inzwischen eines populistischen Politikstils bedienen. In Dänemark ist vor allem die Dansk Folkeparti zu nennen. Zusätzlich zu dieser werden auch die Wähler der alten Fremskridspartiet untersucht, die sich im Untersuchungszeitraum jedoch schon im elektoralen Niedergang befand und deswegen nur noch geringe Fallzahlen im Datensatz aufweist. In Deutschland werden sowohl die Republikaner als auch die NPD zu den rechtspopulistischen Parteien gezählt. Während diese Einstufung im Fall der Republikaner kaum auf Widerspruch treffen dürfte, liegt der Fall der NPD etwas schwieriger. Gerade um den Unterschied zu den Republikanern deutlich zu machen, wird die NPD zumeist als nicht rechtspopulistisch, sondern rechtsextrem eingestuft. Nun folgt die vorliegende Arbeit nicht dem extremismustheoretischen Ansatz. Der Rechtspopulismus wird zudem nicht als „milde" Version des Rechtsextremismus aufgefasst. Vielmehr wird nur darauf abgestellt, ob zu einer rechtsradikalen Ideologie ein populistischer Politikstil kommt. Und genau dieser wird von der NPD in den letzten Jahren strategisch eingesetzt (Miliopoulos 2007: 130f), was sie als rechtspopulistische Partei qualifiziert, ohne dass hier dem extremistischen Charakter der

Partei widersprochen werden würde. In Frankreich werden schließlich den rechtspopulistischen Parteien der Front National unter Jean-Marie Le Pen und das Mouvement National Républicain unter Bruno Mégret zugeordnet.

Italien ist das Land, das die größten Schwierigkeiten bei der Einstufung der Parteien mit sich bringt. Klar rechtspopulistisch ist jedenfalls die Lega Nord, die zwar auch separatistische Züge zeigt, aber in Ideologie und Politikstil alle Merkmale der hier verwendeten phänomenologischen Definition erfüllt. Ähnlich wie die NPD wird auch das Movimento Sociale – Fiamma tricolore den Rechtspopulisten zugerechnet. Es handelt sich zwar um eine in faschistischer Tradition stehende Partei, aber auch sie bemüht sich um einen populistischen Politikstil. Die Forza Italia von Silvio Berlusconi wird nicht der Parteienfamilie zugeordnet, obwohl dies insbesondere in populärwissenschaftlichen Publikationen gerne getan wird. Es handelt sich vielmehr um eine liberal-konservative Partei, die zwar bekannt ist für ihren populistischen Politikstil, aber keine rechtsradikale Ideologie aufweist. Schließlich wird auch die postfaschistische Alleanza Nazionale von Gianfranco Fini nicht als rechtspopulistische Partei gewertet. Der radikale Wandel der Partei wurde in der Politikwissenschaft kontrovers diskutiert, zum gegenwärtigen Zeitpunkt lässt sie sich aber wohl am ehesten als nationalkonservativ qualifizieren. Insbesondere stellt sich diese Partei als die Formation dar, die sich im rechten politischen Lager als besonders immigrationsfreundlich gibt – ganz im Gegensatz zur Lega Nord (Spruce 2007). In den Niederlanden wird schließlich die Lijst Pim Fortuyn als rechtspopulistische Partei aufgefasst, in Norwegen hingegen die Fremskrittspartiet.

Ein eindeutiger Fall wiederum ist die Freiheitliche Partei Österreichs, die sowohl eine rechtsradikale Ideologie, wie auch einen populistischen Politikstil aufweist. Das BZÖ Jörg Haiders war im Untersuchungszeitraum noch nicht existent. Schließlich lässt sich in der Schweiz eine ganze Reihe von Parteien der rechtspopulistischen Parteienfamilie zuordnen. Neben der SVP von Christoph Blocher werden auch die kleineren Parteien dazugezählt, die inzwischen weitgehend von der SVP marginalisiert worden sind. Dies sind die Schweizer Demokraten, die Lega dei Ticinesi und die Freiheitspartei der Schweiz. Ihre Wähler fallen im Vergleich zum großen Elektorat der SVP in der Analyse aber praktisch kaum ins Gewicht.

1.3.4 Aufbau der Arbeit

Die vorliegende Studie ist in fünf größere Kapitel gegliedert. Kapitel 2 macht dabei das theoretische Herz der Arbeit aus. Hier soll aus einer Auseinandersetzung mit verschiedenen Schulen der empirischen Wahlforschung heraus zunächst eine Unterscheidung von drei Ebenen erarbeitet werden, von denen Einflüsse auf das individuelle Wahlverhalten theoretisch ausgehen können (2.1). Diese Unterscheidung von Einflüssen auf der Ebene der sozialen Lage, der Ebene der psychischen Dispositionen und der Ebene des sozialen Wandels soll im Folgenden dann als Gliederungsschema dienen, um eine Vielzahl von Ansätzen zur Erklärung der Wahlerfolge historischer rechtsradikaler Parteien und Bewegungen – vor allem der Nationalsozialisten, aber auch anderer Phänomene – zu sortieren und unter systematischen Gesichtspunkten darzustellen (2.2). Im Anschluss daran soll gezeigt werden, dass es sich bei der Modernisierungsverlierer-Theorie um einen Integrationsversuch von Theorieelementen handelt, der diese drei Ebenen miteinander in Beziehung setzt und ver-

1 Einleitung

knüpft (2.3). Im Verlaufe dieses Abschnitts wird die so verstandene Modernisierungsverlierer-Theorie rekonstruiert, kritisch diskutiert und in ein konkretes Untersuchungsmodell überführt werden. Schließlich gilt es, das Untersuchungsmodell von jenen Einflussfaktoren abzugrenzen, die außerhalb des Erklärungsanspruchs der Modernisierungsverlierer-Theorie stehen und in einem – im Rahmen dieser Arbeit nicht weiter überprüften – erweiterten Modell der Wahl rechtspopulistischer Parteien verortet werden (2.4). Schließlich werden abschließend die Indikatoren theoretisch vorgestellt, die im weiteren Verlauf der Arbeit zur Erfassung der wichtigsten theoretischen Konstrukte herangezogen werden sollen (2.5).

Nach diesem Theorieteil widmet sich Kapitel 3 ganz den technischen Details der Untersuchung. Zunächst wird ein Überblick über die hier zugrunde gelegte Datenbasis, den European Social Survey, gegeben, wobei auch auf die korrespondierende Grundgesamtheit und die Datenqualität der hier verwendeten Stichprobe sowie ihre notwendige Gewichtung eingegangen werden soll (3.1) Im Anschluss daran werden die wesentlichen statistischen Methoden erläutert, die im empirischen Teil dieser Arbeit eine Rolle spielen (3.2). Schließlich werden die technischen Schritte dargestellt, die zur Operationalisierung der bereits in Abschnitt 2.5 vorgestellten Indikatoren notwendig sind. Die folgenden beiden Kapitel 4 und 5 bilden dann den empirischen Teil dieser Studie. In Kapitel 4 wird zunächst der Einfluss der verschiedenen Modernisierungsverlierer-Indikatoren auf das Wahlverhalten zugunsten rechtspopulistischer Parteien analysiert, wobei zwischen einer Einzelbetrachtung der verschiedenen Indikatoren (4.1) und ihrem Zusammenwirken in einem möglichst umfassenden und einem möglichst sparsamen Modellen (4.2) unterschieden wird. Kapitel 5 widmet sich abschließend der Frage, ob sich mögliche Effekte der Modernisierungsverlierer-Indikatoren auf das Wahlverhalten über vier verschiedene rechtsaffine Einstellungsmuster erklären lassen, diese mithin intervenierende Variablen im Untersuchungsmodell sind. Dabei soll zunächst festgestellt werden, ob die Modernisierungsverlierer-Indikatoren selbst einen Einfluss auf die vier untersuchten Einstellungen haben (5.1), um dann den Einfluss der Einstellungen auf das Wahlverhalten zu analysieren (5.2). Schließlich wird festgestellt, ob sich das Phänomen, dass Modernisierungsverlierer rechtspopulistische Parteien wählen, tatsächlich darüber erklären lässt, dass diese Personen über ausgeprägtere rechtsaffine Einstellungsmuster verfügen (5.3). Abschließend werden im Kapitel 6 die Ergebnisse der Studie zusammengefasst, diskutiert und in den breiteren Forschungskontext gesetzt, auch mit dem Ziel, noch bestehende Forschungsdesiderate herauszuarbeiten.

2 Theorien, Indikatoren und Hypothesen

Das folgende Kapitel bildet den Theorieteil der vorliegenden Studie. In ihm sollen – nach einem kurzen Exkurs in die Debatte um die grundsätzlichen Erklärungsansätze des Wahlverhaltens – die verschiedenen Ansätze zur Erklärung der Wahlerfolge rechtsradikaler Parteien präsentiert und ausgewertet werden. Ziel ist die Rekonstruktion der Modernisierungsverlierer-Theorie, die anschließend in ein konkretes Untersuchungsmodell überführt und von theorieexternen Erfolgsbedingungen rechtspopulistischer Parteien abgegrenzt werden soll. Das Kapital wird durch die Vorstellung der hier verwendeten Indikatoren und die Formulierung empirisch überprüfbarer Hypothesen abgeschlossen.

2.1 Erklärungsansätze für Wahlverhalten

Die Erklärung des Wahlverhaltens ist das zentrale Betätigungsfeld der empirischen Wahlforschung. Bringt man die Fragestellungen der Disziplin auf die dreigliedrige Kurzform „Wer wählt wen, warum und mit welcher Wirkung?" (Kaltefleiter/Nißen 1980: 17), so befassen sich die zwei ersten Elemente mit dieser Thematik: Die erste Fragestellung ist gerichtet auf die Beschreibung der Wählerschaft von Kandidaten und politischen Parteien nach bestimmten Merkmalen, während die zweite versucht, die hinter diesen Zusammenhängen stehenden Determinanten des Wahlverhaltens zu ergründen (Roth 1998: 1f). Dabei ist die Beschreibung ein notwendiger Vorschritt für die Erklärung des Phänomens. Die Frage nach der Wirkung von Wahlen tritt dabei nicht nur in der empirischen Wahlforschung insgesamt, sondern auch im konkreten Kontext dieser Arbeit in den Hintergrund, stellt aber einen wichtigen Verbindungspunkt zur normativen Demokratietheorie dar (Bürklin/Klein 1998: 11).

Wahlverhalten ist, wie menschliches Verhalten allgemein, ein komplexes Phänomen, das sich einfachen, gar monokausalen Erklärungen entzieht. Eine Vielzahl von Einflussfaktoren, die sich in Ursprung, Richtung und Wirkungsweise unterscheiden, teilweise wechselseitig bedingen, verstärken oder abschwächen, haben Auswirkungen auf die Wahlentscheidung und damit auf den eigentlichen Wahlakt. Eine anerkannte „allgemeine Theorie des Wahlverhaltens" gibt es bisher nicht, kann es je nach Wissenschaftsverständnis auch nicht geben (Bürklin/Klein 1998: 15ff; Roth 1998: 23). Den unterschiedlichen Ansätzen soziologischer, sozialpsychologischer oder ökonomischer Provenienz kommt vielmehr die Funktion zu, bestimmte Teilaspekte zu beleuchten, die eine Wirkung auf das Wahlverhalten haben. Es sind, um eine vielzitierte Metapher von Popper (1973: 369ff) aufzugreifen, „Scheinwerfer", die stets nur ausgewählte Aspekte beleuchten können und der Aufmerksamkeit des Forschers in Bezug auf den Erkenntnisgegenstand eine Richtung geben. Wenn im Folgenden kurz auf drei der vier „Schulen" der Erklärung des Wahlverhaltens eingegangen wird, so soll dies nicht der Darstellung ihrer Modelle und der aus ihnen abgeleiteten Hypothesen oder gar der Präsentation ihrer konkreten Ergebnisse dienen. Vielmehr sollen drei Ebenen der Betrachtung des Wahlverhaltens, drei Lichtkegel auf das beobachtete Ganze herausgearbeitet werden, die in der weiteren Argumentation eine Rolle spielen.

2 Theorien, Indikatoren und Hypothesen

Die mikrosoziologische Tradition der Wahlforschung, die durch die wegweisende Studie „The People's Choice" von Lazarsfeld, Berelson und Gaudet (1944) begründet wurde, sieht vor allem von der *sozialen Lage* des Individuums eine prägende Wirkung für das Wahlverhalten ausgehen. „A person thinks, politically, as he is, socially", so lautet die in dieser Hinsicht zentrale Aussage des Bandes (Lazarsfeld et al. 1944: 27). Bestimmte Merkmale, die die soziale Lage des Einzelnen beschreiben, haben einen Einfluss auf die Ausbildung bestimmter politischer Präferenzen. Dabei soll in diesem Kontext nicht weiter erörtert werden, dass Lazarsfeld et al. (1944) durch ihre diesbezügliche interaktionstheoretische Begründung über die Zugehörigkeit der Person zu sozialen Kreisen, von denen ein gewisser Anpassungsdruck ausgeht, zwar erklären können, warum eine Präferenz in einem homogenen sozialen Umfeld dominant ist und bleibt, nicht aber, warum in spezifischen sozialen Lagen auch spezifische Präferenzen entstehen (Schoen 2005: 145). Wichtig ist vielmehr, dass die mikrosoziologische Tradition der Wahlforschung der sozialen Lage des Individuums einen Einfluss auf das Wahlverhalten zuspricht.

Die Studien „The Voter Decides" (1954) und „The American Voter" (1960) der Forschungsgruppe um Angus Campbell von der Universität Michigan in Ann Arbor markieren den Beginn dessen, was heute zumeist sozialpsychologischer Ansatz der Wahlforschung genannt wird. Diese Tradition zeichnet sich insbesondere dadurch aus, dass sie der Ebene der *psychischen Dispositionen*, insbesondere den Einstellungen der Wähler, eine wichtige Rolle in den Modellen zur Erklärung von Wahlverhalten zuordnet. Es geht ihr mithin darum, das Wahlverhalten einer Person aus deren individuellen Motivationen heraus zu erklären. Dabei schließen die Autoren der Michigan-Gruppe durchaus nicht aus, dass die wahlrelevanten Einstellungen ihre Ursache in der sozialen Lage einer Person haben. Sie verschieben aber den Schwerpunkt ihres Forschungsinteresses auf die Faktoren des Wahlverhaltens, die auf der Ebene der psychischen Dispositionen zu beobachten sind. Innerhalb einer Ursache-Wirkungs-Kette, die sie als Kausalitätstrichter (Campbell et al. 1960: 24ff) bezeichnen, nehmen die Einstellungen als intervenierende Variable zwischen der sozialen Position der Person und ihrem manifesten Wahlverhalten eine vermittelnde Funktion ein (Schoen/Weins 2005: 194f).

Die makrosoziologische Schule der Wahlforschung geht vor allem auf die Cleavage-Theorie von Lipset und Rokkan zurück (Lipset/Rokkan 1967). Sie baut insofern auf dem mikrosoziologischen Erklärungsansatz des Wahlverhaltens auf, als dass auch sie davon ausgeht, dass bestimmte soziale Merkmale Einfluss auf das Wahlverhalten haben. Allerdings stellt sie sich der Frage, wieso es einen Nexus zwischen spezifischen Charakteristika der sozialen Lage von Personen und der Wahl bestimmter Parteien gibt. Lipset und Rokkan gehen davon aus, dass gesellschaftliche Großgruppen, deren Mitglieder sich durch bestimmte Merkmale (etwa Beruf: Arbeiter; Religion: Katholik) von anderen unterscheiden, sich im Zuge der Ausweitung des Wahlrechts im Laufe des 19. Jahrhunderts Parteien als Vertreter ihrer Interessen schufen. Wichtiger noch im Kontext dieser Arbeit ist, dass Lipset und Rokkan die diesen Bündnissen zugrunde liegenden Konfliktlinien als Produkt spezifischer Modernisierungsprozesse ansehen. So führen sie etwa die Konflikte zwischen Zentrum und Peripherie bzw. zwischen Staat und Kirche auf den Prozess der Ausbildung von Nationalstaaten, die Konflikte zwischen Stadt und Land bzw. zwischen Kapital und Arbeit auf die Modernisierungsprozesse im Gefolge der industriellen Revolution zurück. Die Konfliktlinientheorie lenkt damit das Augenmerk nicht nur auf die Makroebene, sondern betont auch den Einfluss des *sozialen Wandels* auf die Struktur des – hier nun kollektiven – Wahlverhaltens.

Die drei präsentierten Erklärungsansätze zeichnen sich also insbesondere dadurch aus, dass sie auf unterschiedliche Aspekte der Erklärung des Wahlverhaltens fokussieren: Die Ebene der sozialen Lage des Individuums, die Ebene der individuellen psychischen Dispositionen sowie die Ebene des sozialen Wandels. Dabei gilt, dass die Zusammenschau dieser drei Ebenen, von denen Einflüsse auf das Wahlverhalten ausgehen, den Blick für das Ganze schärft, die drei Popperschen „Scheinwerfer" im Zusammenwirken mehr vom Untersuchungsgegenstand beleuchten, als es ein einzelner Ansatz mit seinem spezifischen Forschungsinteresse vermag. Deswegen gehen auch viele Darstellungen der Erklärungsansätze der Wahlforschung davon aus, dass sich die Schulen nicht gegenseitig ausschließen, sondern ergänzen (Bürklin/Klein 1998: 17; Roth 1998: 23), und dass gerade in ihrer Integration ein Erkenntnisfortschritt liegt (Naßmacher 2004: 37f).[4] Im Weiteren soll gezeigt werden, dass die Unterscheidung dieser drei Ebenen ebenfalls geeignet ist, das Feld der Erklärungsansätze eines Wahlverhaltens zugunsten rechtsradikaler Parteien zu strukturieren, auch wenn die aufgezählten historischen „Schulen der Wahlforschung" hier keine direkte Entsprechung finden.

2.2 Erklärungsansätze für Wahlverhalten zugunsten rechtsradikaler Parteien

Die meisten Ansätze, die bisher zur Erklärung eines Wahlverhaltens zugunsten rechtsradikaler Parteien und Bewegungen herangezogen worden sind, haben sich nicht aus der Theorie-Debatte in der empirischen Wahlforschung heraus entwickelt, sondern sind Produkte der unterschiedlichen Bemühungen, das Phänomen auf einer viel allgemeineren Ebene zu erfassen und zu erklären. Aus verschiedenen Gründen handelt es sich hierbei um ein äußerst disparates Forschungsfeld: Zunächst beschäftigt sich der überwiegende Teil der sozialwissenschaftlichen Teildisziplinen in der einen oder anderen Form mit dem Phänomen: Soziologie, Politikwissenschaft, Medien- und Kommunikationswissenschaft, Erziehungswissenschaft und Sozialpsychologie, aber auch andere Wissenschaften wie die Kriminologie oder die Geschichtswissenschaft analysieren den Forschungsgegenstand jeweils unter Zugrundelegung ihres spezifischen Forschungsinteresses und der eigenen Forschungsansätze und -methodiken (Stöss 1994: 23f; Winkler 2000: 38). Überdies unterscheiden sich auch die konkreten Objekte, die innerhalb dieses Forschungsfeldes betrachtet werden, recht stark voneinander: Diktatorische Regime, Parteien, Organisationen und Bewegungen, Jugendmilieus oder Netzwerke werden analysiert, die Ausbildung von rechtsradikalen Einstellungsmustern und Ideologien mit ihren jeweiligen Unterdimensionen untersucht und die Gründe für damit verbundene Verhaltensweisen, vom Wahlverhalten bis hin zur politisch motivierten Gewalt, erörtert (Stöss 1994: 24f; Winkler 2000: 40f). Schließlich trägt auch die „babylonische Sprachverwirrung" (Backes 1989: 75) im Forschungsfeld dazu bei, dass separate Konzepte und Theorien für nur anders benannte Objekte entwickelt und Scheinkonflikte über diese Terminologien ausgetragen werden.

---

[4] Dies gilt im Übrigen auch für den hier nicht weiter ausgeführten *rational-choice*-Ansatz, der durch Downs „Economic Theory of Democracy" (1968) begründet wurde. Insbesondere in seiner Modifikation als Theorie des expressiven Wählens (Brennan/Lomasky 1993) integriert er soziologische und sozialpsychologische Elemente in das ökonomische Modell des Wahlverhaltens.

2 Theorien, Indikatoren und Hypothesen

Im Folgenden soll der Versuch unternommen werden, klassische Theorien, Theorieelemente und Erklärungsansätze kurz und knapp unter systematischen Gesichtspunkten darzustellen. Dabei wird die in Abschnitt 2.1 herausgearbeitete Differenzierung nach drei Ebenen, aus denen ein Einfluss auf das Wahlverhalten erfolgen kann, auf die Ansätze angewandt werden. Dies ist nicht immer überschneidungsfrei möglich, da sich verschiedene Ansätze in ihrer Argumentation durchaus auf zwei oder alle drei Ebenen beziehen. In Anbetracht der unüberschaubaren Fülle von Literatur, die im Gefolge der Konjunkturen faschistischer, rechtsextremer, rechtsradikaler und rechtspopulistischer Bewegungen und Parteien in der Zwischenkriegszeit, den 1950er und 1960er Jahren und dann wieder ab den 1980er Jahren veröffentlicht wurde, bleibt hier keine andere Wahl, als sich auf einige Werke zu beschränken, die innovative Aspekte zum Ausdruck bringen. Spätere Replikationen und auch neuere Arbeiten, die verschiedene Hypothesen und Theorien überprüfen, müssen hier unberücksichtigt bleiben.

2.2.1 Ebene der sozialen Lage

Insbesondere die ersten Versuche, die Erfolge rechtsradikaler Bewegungen und Parteien auf der Ebene der sozialen Lage zu erklären, bemühten sich um die schicht- oder klassenspezifische Verortung ihrer Wählerschaft. Gerade der Aufstieg der Nationalsozialisten in der Weimarer Republik wurde von vielen zeitgenössischen Beobachtern, aber auch in späteren Analysen, mit ihrer starken Unterstützung in den Bevölkerungsteilen, die man als Mittelschicht oder *middle classes* bezeichnen könnte, begründet. Theodor Geiger (1930) etwa führt die Wahlerfolge der NSDAP bis 1930 auf die Unterstützung dieser Partei durch den Mittelstand zurück, jener heterogenen Schicht von selbständigen Kleinbauern, Handwerkern, Händlern, Angestellten und kleinen Beamten, die nach ihrer objektiven ökonomischen Lage durchaus proletarisch zu nennen seien, sich aber aus Angst vor Mindereinschätzung oder Deklassierung nicht mit der organisierten Arbeiterbewegung identifizieren würden. Ähnliche Vermutungen stellte auch eine ganze Reihe von deutschen Wissenschaftlern an, die sich nach der Machtergreifung der Nationalsozialisten im zumeist us-amerikanischen Exil mit der Frage der Ursachen des Erfolgs der NSDAP auseinandersetzten. Ernst Bloch (1962 [1935]: 108ff), Emil Lederer (1940: 47ff), Erich Fromm (1941: 211ff), Sigmund Neumann (1942: 28f) und Rudolf Heberle (1945: 112) etwa sahen mit jeweils recht unterschiedlichen Begründungen insbesondere die unteren Segmente der Mittelschicht als die Bevölkerungsgruppe an, die die Wahlerfolge der Nationalsozialisten maßgeblich befördert hatte.

Seymour Martin Lipset (1962 [1960]) lieferte eine Generalisierung dieser stratifikationstheoretischen Verortung sowohl in Hinblick auf – in seiner Terminologie – faschistische Bewegungen, wie auch auf extreme politische Gruppierungen insgesamt. Einerseits führt er aus, dass etwa die italienischen Faschisten (Lipset 1962 [1960]: 172ff), die französischen Poujadisten (Lipset 1962 [1960]: 164ff) und die Anhänger McCarthys in den USA (Lipset 1962 [1960]: 176ff) jeweils eine starke Basis in der Mittelschicht gehabt hätten. Andererseits weist er darauf hin, dass es in jeder Gesellschaftsschicht extremistische Tendenzen gäbe, die in jeweils spezifischen Formen zum Ausdruck kommen würden. Lipset formuliert in diesem Kontext sein bekanntes, wegen des Schematismus aber stark umstrittenes Modell, dass jeder der drei großen Schichten einer Gesellschaft (Unterschicht, Mittelschicht, Oberschicht) sowohl eine demokratische Tendenz (Sozialismus, Liberalismus, Konservatismus), als auch eine extremistische Tendenz (Kommunismus, Faschismus, traditioneller Autoritarismus/Rechtsextremismus) aufweise (Lipset 1962 [1960]: 131ff).

Gerade Lipsets Versuch der Generalisierung macht deutlich, dass die Schicht- oder Klassenlage, in der die Unterstützer einer rechtsradikalen Partei verortet werden, aus sich selbst heraus nicht die Ursache für das Wahlverhalten sein kann. Vielmehr müssen in diesen Lagen bestimmte Faktoren vorliegen, die einen Teil ihrer Mitglieder zur Unterstützung der jeweiligen Bewegung oder Partei prädisponieren können. Die meisten der Ansätze, die von der sozialen Lage einen Einfluss auf das Wahlverhalten eines Individuums zugunsten rechtsradikaler Parteien ausgehen sehen, liefern eine oder mehrere Begründungen, warum dies der Fall sei. Da es sich fast ausnahmslos um Zustände des allgemeinen Mangels an bzw. des tatsächlichen oder zumindest wahrgenommenen Entzugs von etwas Erwünschtem handelt, werden diese Mechanismen zumeist mit dem Oberbegriff der Deprivation erfasst (Winkler 1996; Rippl/Baier 2005: 34ff). In diesem weiten Sinne umfasst das Konzept der Deprivation verschiedene Ebenen, Inhalte und Modi der Wirkungsweise von Mangelzuständen. Im Folgenden soll es daher darum gehen, welche unterschiedlichen Deprivationsfaktoren in der sozialen Lage ausgemacht werden, um sie einer Systematisierung näher zu bringen.

Gerade in der Literatur, die die Ursachen der Wahl der Nationalsozialisten beschreibt, finden sich viele Hinweise auf ökonomische Deprivationszustände: Geiger beschreibt im Aufsatz „Panik im Mittelstand" die „schweren materiellen Sorgen" der kleinen Handwerker und Gewerbetreibenden, die durch industrielle Massenproduktion und Warenhäuser in ihrer Existenz bedroht gewesen seien (Geiger 1930: 643). Fromm weist auf den allmählichen ökonomischen Niedergang dieser sozialen Gruppe seit dem Kaiserreich hin, der in den Wirtschaftskrisen von 1923 und 1929 seinen Höhepunkt fand (Fromm 1941: 211ff). Aber auch losgelöst vom Phänomen des Nationalsozialismus wird ökonomische Deprivation oft als Erfolgsfaktor für rechtsradikale Parteien und Bewegungen verantwortlich gemacht, etwa zur Erklärung der überdurchschnittlichen Unterstützung McCarthys durch kleine Gewerbetreibende (Trow 1958: 279f) oder der Poujadisten durch Gewerbetreibende und Kleinbauern (Campbell 1956: 362ff). Auch hier liefert Lipset eine generelle Version der Deprivationsthese, indem er – unabhängig von der betroffenen Schicht oder Klasse – in allgemeiner wirtschaftlicher Unsicherheit, insbesondere in niedrigem Einkommen, einer hohen Einkommensunsicherheit oder in Arbeitslosigkeit, wichtige Faktoren für die Unterstützung extremer Parteien und Bewegungen sieht (Lipset 1962 [1960]: 110f).

Dabei beschränkt sich die These ökonomischer Deprivation nicht nur auf naheliegende Indikatoren wie Armut und Arbeitslosigkeit. Insbesondere in jüngster Zeit werden auch die Auswirkungen unsicherer Arbeitsverhältnisse in den Blick genommen. Dabei wird davon ausgegangen, dass insbesondere eine geringe Arbeitsplatzsicherheit und prekäre Formen der Arbeit die Affinität für rechtsradikale Parteien erhöhen (De Weerdt et al. 2004; Brinkmann et al. 2006). Einige Ansätze gehen insgesamt über den engeren ökonomischen Bereich hinaus und beziehen die Deprivationsthese auf den gesamten sozialen Bereich. Stöss (1989: 236f) sieht etwa in Missständen in den allgemeinen Lebensbedingungen der Menschen einen wichtigeren Erfolgsfaktor, als dies im Falle von strikt ökonomischen Deprivationsfaktoren der Fall ist. Dazu zählt er nachbarschaftliche Beziehungen und soziale Kontakte genauso wie etwa die Wohnverhältnisse. Zu letzterem passt der Befund, dass insbesondere die dritte Welle rechtsradikaler Wahlerfolge seit den späten 1980er Jahren ausgeprägte Schwerpunkte in den Problemvierteln und sozialen Brennpunkten der Städte hatte (Jaschke 1992: 107f; Betz 1994: 164f; Husbands 2002: 54ff; De Decker et al. 2005). Dabei ist jedoch zu beachten, dass davon auszugehen ist, dass ökonomische und soziale Deprivation eng miteinander verknüpft sind.

Insbesondere Richard Hofstadter (1971 [1963]) und Seymour Martin Lipset (1971 [1963]) haben die Debatte um die Wirkung der sozialen Lage als begünstigenden Faktor um eine wichtige strukturelle Unterscheidung bereichert: Mit ihrem Konzept der Status-Politik weisen sie darauf hin, dass es nicht unbedingt eine absolut vorliegende Deprivation sein muss, die sich entsprechend auswirkt, sondern der relative Vergleich gegenüber einem erwünschten oder als persönlich zustehend empfundenen Status entscheidend ist. Es handelt sich hierbei um eine Form der relativen Deprivation, die zuvor bereits zur Erklärung von Unzufriedenheit und politischer Gewalt entwickelt wurde (Stouffer et al. 1949; Runciman 1966; Gurr 1970), und auch zu erklären vermag, warum Personen der Mittelschicht, die nach ihrem sozioökonomischen Bedingungen sicherlich besser stehen als viele andere Personen, Deprivationserscheinung aufweisen können.

2.2.2 Ebene der psychischen Dispositionen

Parallel zur Schilderung der Einflüsse, die aus der sozialen Lage einer Person resultieren, lassen sich auch Erklärungsansätze für die Wahl rechtsradikaler Parteien identifizieren, die von Ursachen auf der Ebene der psychischen Dispositionen ausgehen. Folgt man einer grob typisierenden Einteilung aus dem Bereich der Theorien des allgemeinen Wahlverhaltens, so kann man die analytische Trennung der Ebene der sozialen Lage von der Ebene der psychischen Dispositionen auch mit den Begriffen externe bzw. interne Faktoren der Wahlentscheidung beschreiben (Dahlem 2001: 21f). Dabei zählt man zu den externen, aus der sozialen Lage resultierenden Faktoren die Ursachen, die von außen aus dem sozialen Umfeld heraus auf das Individuum einwirken, während die internen, auf der Ebene der psychischen Dispositionen wirkenden Faktoren die „inneren Anschauungen und Haltungen" der Person darstellen. Es handelt sich dabei zunächst um eine rein analytische Trennung, da – wie noch zu zeigen sein wird – von einer Beeinflussung der psychischen Dispositionen durch die soziale Lage auszugehen ist. Grundsätzlich kann man zwischen verschiedenen Formen psychischer Dispositionen differenzieren. Gerade im Feld der Rechtsradikalismus-Forschung werden häufig zwei Arten von psychischen Dispositionen hervorgehoben, die verhaltenswirksam werden können. Einerseits handelt es sich dabei um Einstellungen, definiert als psychologische Disposition, auf ein Objekt positiv oder negativ zu reagieren (Ajzen 1988: 4), andererseits um Persönlichkeitsmerkmale, definiert als vergleichsweise breite und zeitlich relativ stabile Disposition zu bestimmten Verhaltensweisen (Ajzen 1988: 7).

Die Idee, die Unterstützung rechtsradikaler Parteien und Bewegungen auf die Persönlichkeitsstruktur von Menschen zurückführen zu können, hat viele Klassiker der Forschungsliteratur beschäftigt. Insbesondere die Mitarbeiter des Instituts für Sozialforschung haben sich – anfangs noch in Frankfurt, später dann im us-amerikanischen Exil in Berkeley – mit der Frage beschäftigt, inwiefern es eine „Persönlichkeitsgrundlage des Faschismus" (Fromm 1936: 110ff) gibt. In der Studie „The Authoritarian Personality" (Adorno et al. 1950) prägten die Forscher das Konzept des Autoritarismus, eines Syndroms von in der frühkindlichen Sozialisation erworbenen Persönlichkeitsmerkmalen, das sich in der Tendenz zu konventionellem Handeln, zur blinden Unterordnung unter Autoritäten und zur Aggression gegenüber Schwächeren zeige und entsprechende Einstellungen und Verhaltensweisen prädisponiere. Das Konzept wurde vielfach repliziert, kritisiert und modifiziert, in jüngerer Zeit auch weniger als pathologische Persönlichkeitsstruktur, sondern als generalisierte Einstellung aufgefasst, die durchaus veränderlich ist (Altemeyer 1988: 61; Funke 2001: 23ff).

In Auseinandersetzung mit der „autoritären Persönlichkeit", die er für untrennbar mit dem rechten Pol des politischen Spektrums verbunden hält, entwickelte Rokeach (1960) eine vermeintlich politisch neutrale kognitionspsychologische Unterscheidung von offenen und geschlossenen Orientierungssystemen. Er geht davon aus, dass eine dogmatische, für Argumente wenig aufgeschlossene Persönlichkeit unabhängig von ihrer politischen Verortung im Sinne der politischen Links-Rechts-Dimension eine Tendenz zur Unterstützung radikaler Parteien und Bewegungen aufweise. Verschiedene Untersuchungen mit seiner Dogmatismus-Konzeption haben jedoch gezeigt, dass sich die Anhänger und Mitglieder rechtsradikaler Parteien zwar durch hohe Dogmatismus-Werte auszeichnen, allerdings die Unterstützer der radikalen Linken regelmäßig nur durchschnittliche bis niedrige Werte aufweisen und daher keine besonders dogmatischen Persönlichkeitszüge in Rokeachs Sinne haben (Christie 1991: 561). Eng verwandt mit dem Dogmatismus-Konzept sind andere auf die kognitive Ebene abstellende Persönlichkeitsmerkmale, etwa das Konstrukt der „toughmindedness" (Eysenck 1954) oder der „Rigidität im Denken" (Scheuch/Klingemann 1967).

Neben der Erklärung der Unterstützung von rechtsradikalen Parteien und Bewegungen über bestimmte Persönlichkeitsmerkmale wird in der Literatur auf eine Anzahl politischer Einstellungen abgestellt, die sich auf verschiedene Elemente rechtsradikaler Ideologien beziehen und die Unterstützung einer entsprechenden Organisation befördern sollen. Die zugrunde liegende Annahme ist schlicht: Die inhaltliche Übereinstimmung des Wählers mit der in Programmatik und Rhetorik manifestierten Ideologie der Partei legt die Wahl derselben nahe. Zumeist wird in diesem Zusammenhang die Wirkung der Ideologeme Nationalismus, Antipluralismus, Rassismus, Ethnozentrismus, Xenophobie, Antisemitismus, Heterophobie und Sexismus untersucht (vgl. nur Billiet/De Witte 1995; Meijerink et al. 1998; Heitmeyer 2002b; De Weerdt et al. 2004: 73ff). Auch Autoritarismus – diesmal verstanden als politische Einstellung – taucht in diesem Kontext immer wieder auf (Ignazi 1992; Kitschelt 1995: 47ff; Minkenberg 2000: 182f; Lubbers 2001: 54ff; Scheuregger/Spier 2007). Überdies wird politische Unzufriedenheit als Determinante der Rechtswahl ausgemacht (Hennig 1994; Lubbers 2001: 67ff; Eatwell 2003: 51f; Norris 2005: 149ff), auch wenn teilweise einschränkend darauf hingewiesen wird, dass es sich eher um einen Katalysator handelt, der entsprechende Prädispositionen aktiviert und zu manifestem Verhalten führt (Falter/Klein 1994: 136ff; Klein/Falter 1996: 154ff; Arzheimer et al. 2001: 232ff; Lubbers/Scheepers 2002: 139). Teilweise werden die einzelnen Elemente als Subdimensionen eines allgemeinen Konstrukts „rechtsextreme Einstellungen" aufgefasst und zu Skalen zusammengefasst (Falter/Klein 1994; Stöss 2006b). Schließlich werden auf der Ebene der psychischen Dispositionen auch Näherungsvariablen für rechtsradikale Einstellungen, etwa die extrem rechte Selbsteinstufung auf einer Links-Rechts-Skala, zur Erklärung der Rechtswahl herangezogen (Falter/Schumann 1988: 99f; Bauer/Niedermayer 1990: 20f; Schumann 1999: 592ff).

Insbesondere die letzten Beispiele machen auf ein allgemeines Problem der Erklärung von Verhalten durch psychische Dispositionen aufmerksam. Wählt man eine sehr nah am untersuchten Verhalten liegende Disposition, im Fall der Erklärung des Wahlverhaltens etwa die Einstellung einer Person der gewählten Partei gegenüber, so ist zwar von einem starken Zusammenhang auszugehen, die dadurch gewonnene inhaltliche Aussage („Menschen, die die Partei X positiv einschätzen, wählen diese mit höherer Wahrscheinlichkeit") ist jedoch redundant. Auf der anderen Seite mag der Zusammenhang mit einem Persönlichkeitsmerkmal wie Autoritarismus oder Dogmatismus, dass schon theoretisch dem konkreten Wahlverhalten weit vorgelagert sein muss, nur einen geringen Zusammenhang aufweisen, inhaltlich aber substantielle Aussagen über die Determinanten der Rechtswahl ermöglichen. In der Sozialpsychologie wird dieses Problem im Kontext des sogenannten Korrespondenz- bzw. Kompatibilitätsprinzips diskutiert (Ajzen 1988: 109f) und ist bei der Auswahl der Indikatoren und der Spezifikation des Untersuchungsmodells zu berücksichtigen.

2.2.3 *Ebene des sozialen Wandels*

Während die beiden ersten Gruppen von Ansätzen zur Erklärung der Wahl rechtspopulistischer Parteien und Bewegungen stark auf die Individualebene abstellen, stützt eine dritte Gruppe ihre Argumentation vor allem auf verschiedene Prozesse des gesellschaftlichen Wandels, fokussiert also stark auf makrosoziologische Phänomene, die den Vertretern dieser Theorien zufolge ihren Niederschlag auch in der individuellen Wahlentscheidung finden können. Dabei bedienen sich viele der Autoren, die das Erstarken rechtsradikaler Parteien und Bewegungen auf der Makroebene erklären, auch einzelner oder verschiedener Erklärungsmuster, die zuvor diskutiert wurden, um zu erklären, wie sich der makrosoziale Wandel auf der Individualebene umsetzt. Die meisten der in diesem Feld vertretenen Ansätze kreisen um eine gemeinsame Thematik, die negativen Folgen des sozialen Wandels, wobei aber durchaus unterschiedliche theoretische Begriffe und Konzepte mit jeweils anderen Schwerpunkten zur Analyse herangezogen werden, die im Folgenden kurz vorgestellt werden sollen.

Zu den klassischen Erklärungen für die Erfolge rechtsradikaler Parteien gehören jene Ansätze, die diese auf ökonomische, soziale und politische Krisenerscheinungen zurückführen. Gerade im Kontext der Welle von Erfolgen faschistischer Parteien in der Zwischenkriegszeit der 1920er und 1930er Jahre, aber auch für das Erstarken rechtspopulistischer Parteien seit den 1980er Jahren, wurden wirtschaftliche Krisen als Erklärungsmuster bemüht. Viele der unterschiedlichen Spielarten kommunistischer, sozialistischer oder sozialdemokratischer Faschismustheorien bemühten das Krisenmotiv, teils in der konkreten Form der Weltwirtschaftskrise der 1920er Jahre mit der von ihr ausgehenden Deprivationserfahrung für breite Bevölkerungsteile (vgl. nur Bauer 1936), teils in der generalisierten Version der „Krise der kapitalistischen Gesellschaft" (vgl. nur Trotzki 1932; Dimitroff 1958 [1935]). Sigmund Neumann verallgemeinerte den Krisenansatz sowohl in der Intension als auch in der Extension, indem er in seinem Werk „Permanent Revolution", das seine Totalitarismustheorie begründet, die ideologisch durchaus unterschiedlichen Diktaturen der Zeit nach 1918 als Resultat der umfassenden ökonomischen, sozialen, politischen und mentalen Krise sieht, die der Erste Weltkrieg in Europa auslöste (Neumann 1942: 4). Auch für den Aufstieg des Rechtspopulismus in Westeuropa werden Krisenerscheinungen verantwortlich gemacht (Kriesi 1995, 1999; Taggart 2000; Zimmermann 2003). Teilweise werden sie sogar als „Bewegungen der Krise" tituliert (Kriesi 1995: 16). Taggart sieht in der krisenhaften Zuspitzung zudem den Grund, weshalb populistische Parteien und Bewegungen häufig nur vorübergehende Phänomene bleiben: Sie können nur dann reüssieren, wenn und solange zumindest in der Wahrnehmung einer Bevölkerungsgruppe Transitionsprozesse eine krisenhafte Qualität gewinnen (Taggart 2000: 4).

Die Übergänge von krisentheoretischen zu modernisierungstheoretischen Erklärungsansätzen sind in aller Regel fließend. Theoretisch kann man die Ansätze klar abgrenzen, bleibt die Krise doch eine vorübergehende Zuspitzung der Lage, während der Modernisierungsbegriff gerade auf den ständig fortlaufenden Prozess des sozialen Wandels verweist. Während viele der frühen Interpreten der Erfolge rechtsradikaler Parteien nicht danach differenzieren, ob es sich bei den von ihnen betrachteten Unterstützergruppen um Bevölkerungsteile handelt, die durch kurzfristige Krisen oder langfristigen Wandel betroffen sind, geht Trow (1958) in seiner Analyse der Unterstützer McCarthys deutlich von einer modernisierungstheoretischen Deutung aus: Seiner Bevölkerungsumfrage nach unterstützten insbesondere die kleinen Gewerbetreibenden McCarthy, was er als Parallele zur Unterstützung der NSDAP durch den gewerblichen Mittelstand in der Weimarer Republik auffasste. Anzeichen einer krisenhaften ökonomischen Depression konnte er 1954 in der von ihm untersuchten Kleinstadt Bennington in Neuengland aber nicht finden. Er geht daher davon aus, dass die kleinen Gewerbetreibenden von allgemeinen Konzentrations- und Zentralisationsprozessen der Wirtschaft betroffen waren, die sich in Unsicherheit und Statusangst auswirkten, ohne dass eine krisenhafte Zuspitzung der Situation vorlag (Trow 1958: 279ff). Diese modernisierungstheoretische Sichtweise wird von vielen Darstellungen aufgegriffen und systematisiert. Lipset (1962 [1960]: 139ff) differenziert etwa nach verschiedenen Stufen des Modernisierungsprozesses, die jeweils spezifische Bevölkerungsteile treffen und extremistische Reaktionen in diesen Segmenten hervorrufen. Scheuch und Klingemann (1967: 12f) gehen in ihrer „Theorie des Rechtsradikalismus" aufgrund der fortlaufenden Auswirkungen der Modernisierung sogar davon aus, dass ein gewisses Potential zur Unterstützung von rechtsradikalen Parteien und Bewegungen eine „normale Pathologie" von Industriegesellschaften ist.

Während die meisten Modernisierungstheorien sich darum bemühen, die Reaktion der Individuen auf die sozialen Wandlungsprozesse über soziologische oder sozialpsychologische Theoreme wie Deprivation, Statusverlust und Statusangst zu rationalisieren, betont eine andere Gruppe von Autoren gerade das Element der Irrationalität. Ernst Bloch (1962 [1935]: 104ff) prägt in diesem Zusammenhang die Figur der „Gleichzeitigkeit des Ungleichzeitigen", womit er – ganz in marxistischer Diktion – das zeitgleiche Nebeneinander von Bevölkerungsgruppen mit aus unterschiedlichen Produktionsverhältnissen stammenden Produktionsformen und der aus ihnen resultierenden Ideologien meint. Am Beispiel des Mittelstands illustriert er, dass dessen Ideologie im „vorkapitalistischen Zeitalter" verharre und diese Ungleichzeitigkeit sich in „Wünsche[n] und Romantizismen, Urtriebe[n] und Mythizismen" (Bloch 1962 [1935]: 110) mit Forderungen nach Ständestaat und „Ende der Zinsknechtschaft" sowie Rückfall in die mittelalterliche Judenverfolgung manifestiere. Für Bloch ist der deutsche Nationalsozialismus daher eine Gegenbewegung zur Moderne, eine durch die Auswirkung von Modernisierungsprozessen bewirkte Flucht in Irrationalität und überkommene Traditionalität. Analog zur Bloch'schen Argumentation – wenn auch seines marxistischen Gedankengebäudes entkleidet – sieht Minkenberg (2000: 175ff) den heutigen Rechtspopulismus als Reaktion auf die Postmoderne mit ihren Anforderungen und Zumutungen. Individualisierung, Pluralisierung und der damit einhergehende Wertewandel hin zum Postmaterialismus fordern in dieser Sichtweise eine materialistisch-autoritäre Antwort durch rechtspopulistische Parteien heraus. Auch Ignazi (1992) bezeichnet das Erstarken des Rechtspopulismus in Westeuropa – in Anspielung auf die „silent revolution" (Inglehart 1977), den Wertewandel hin zum Postmaterialismus – als „silent counter-revolution".

Eine letzte Gruppe von Erklärungsansätzen, die sich auf die Ebene des sozialen Wandels beziehen, bedient sich des Konzepts der Desintegration. Erste Andeutungen zu einem solchen Ansatz finden sich bereits bei Karl Mannheim (1940: 117ff), der von einem Zusammenhang zwischen der Desorganisation einer Gesellschaft und der Desorganisation der Persönlichkeit ausgeht. Durch kollektive Unsicherheit, sozioökonomischen Abstieg und Prestigeverlust sieht er Selbstvertrauen und Selbstrespekt der Betroffenen gefährdet, mit der Tendenz, die Frustration durch aggressive Tendenzen nach außen hin, etwa gegenüber dem „Sündenbock" des Juden, zu externalisieren (Mannheim 1940: 129). In der sozialen Desintegration eines Teils der europäischen Gesellschaften macht er daher den wesentlichen Grund für den Aufstieg der verschiedenen faschistischen Parteien und Bewegungen aus. Talcott Parsons (1942) greift nur wenig später den Gedanken auf und führt die gesellschaftliche Desorganisation auf Durkheims (1973 [1897]) Begriff der Anomie zurück. Als Anomie bezeichnet er den Zustand, in dem es einer großen Zahl von Individuen an einer Integration in stabile institutionelle Gefüge fehle, die für den Erhalt ihrer persönlichen Stabilität und das reibungslose Funktionieren der sozialen Systeme notwendig sei (Parsons 1942: 138f). Die typische Reaktion des Einzelnen auf die Anomie sei ein Zustand der Unsicherheit, der Verhaltensweisen hervorbringe, die von Unentschiedenheit bis zu aggressiven Überreaktionen reiche. Jede rapide Veränderung der gesellschaftlichen Situation, die bisher gebräuchliche Verhaltensmuster in Frage stelle, könne zu anomischen Tendenzen führen. Im Falle der faschistischen Bewegungen sieht er vor allem die Industrialisierung und die mit ihr verbundene Rationalisierung als Auslöser dieser Tendenzen an (Parsons 1942: 140ff). In jüngster Zeit wurde der Desintegrationsansatz insbesondere von Wilhelm Heitmeyer ausdifferenziert und auf verschiedene Phänomene bezogen (Heitmeyer 1997; Anhut/Heitmeyer 2000; Heitmeyer 2001). Er macht Integrations- und damit Anerkennungsdefizite auf den Ebenen der Teilhabe an materiellen und kulturellen Gütern, des zivilen und sozialverträglichen Interessensausgleichs sowie der Sinnstiftung und Selbstverwirklichung für anomische Reaktionen von Individuen verantwortlich (Anhut/Heitmeyer 2000: 47ff). Heitmeyer zufolge bilden die daraus folgenden Bindungsverluste und Verunsicherungen den Nährboden für die Ausbildung autoritärer Einstellungsmuster, die wiederum die Unterstützung rechtspopulistischer Parteien begünstigen (Heitmeyer 2001: 525ff).

2.3 Die Modernisierungsverlierer-Theorie als Integrationsversuch

Das Feld der Erklärungen für die Unterstützung rechtsradikaler Parteien und Bewegungen ist also weit, viel weiter noch, als in diesem Überblick gezeigt werden konnte. Einige der Arbeiten, die sich der empirischen Überprüfung solcher Erklärungsansätze für die Wahl rechtspopulistischer Parteien in Westeuropa verschrieben haben, gehen mit dieser Vielfalt in einer spezifischen Weise um: Die Erklärungsansätze werden als sich gegenseitig ausschließend aufgefasst und alternativ überprüft (vgl. etwa Norris 2005). Dies entspricht dem Anspruch der empirischen Sozialforschung, durch Falsifikation von Hypothesen und Theorien zumindest gezielt ausschließen zu können, was als Erklärung ungeeignet ist, wenn –

wie Popper (1935: 3ff) beschrieben hat – sich eine Theorie formallogisch nicht durch empirische Überprüfung verifizieren lässt. Ein alternatives Testen setzt jedoch voraus, dass die Ansätze tatsächlich in einem Verhältnis der echten, d.h. logischen Konkurrenz stehen (Opp 2005: 191ff). Strukturiert man die Erklärungsansätze wie in Abschnitt 2.2 vorgenommen nach den drei Ebenen der sozialen Lage, der psychischen Dispositionen und des sozialen Wandels, so wird deutlich, dass sich diese drei Ebenen keineswegs ausschließen. Es ist sogar schon theoretisch plausibel, dass das untersuchte Phänomen nur durch das Zusammenspiel verschiedener Faktoren auf diesen drei Ebenen zu erklären ist: Selbst wenn man empirisch feststellen würde, dass Deprivationserfahrungen, die sich aus der sozialen Lage eines Individuums ergeben, die Wahrscheinlichkeit erhöhen, eine rechtsradikale Partei zu wählen, so stellt sich immer noch die Frage, wie dieser Zusammenhang von sozialer Lage und Wahlverhalten auf der Ebene der psychischen Dispositionen zu erklären ist und wie es zu den Deprivationserfahrungen gekommen ist, was wiederum auf der Ebene des sozialen Wandels beantwortet werden kann.

Wenn ein Vergleich der Ansätze aber ergibt, dass sie sich nicht gegenseitig logisch ausschließen, so kann ihre Integration zu einer umfassenderen Theorie zu einem vollständigeren Bild des zu erklärenden Untersuchungsgegenstand beitragen. Der Versuch einer integrativen Theorie der Erklärung der Wahl von rechtsradikalen Parteien und Bewegungen wird insbesondere in der deutschen Politikwissenschaft schon länger diskutiert (Scheuch/Klingemann 1967; Winkler 1996). Auch finden sich Ansätze zur empirischen Umsetzung solcher integrativen Ansätze, die diese drei Ebenen – teilweise auch eine noch zu behandelnde vierte Ebene der politischen Gelegenheitsstrukturen – zumindest teilweise überprüfen (Klein/Falter 1996; Lubbers 2001; Arzheimer/Falter 2002; Arzheimer/Carter 2006). Ob es sich tatsächlich schon um eine „allgemeine Theorie des Rechtsradikalismus" (Scheuch/Klingemann 1967) handelt oder damit zunächst erste wichtige „Bausteine" (Winkler 1996) für eine solche vorliegen, soll an dieser Stelle dahingestellt bleiben.

Es ist die These des Verfassers, dass der Topos des „Modernisierungsverlierers" auf das Zusammenspiel der Faktoren auf den drei skizzierten Ebenen der Erklärung des Wahlverhaltens zugunsten rechtsradikaler Parteien hinweist und insofern geeignet ist, als Leitbegriff für einen solchen integrativen Ansatz zu dienen. Versteht man Theorie als ein System von Hypothesen über einen Gegenstandsbereich (Kromrey 2002: 49), so handelt es sich nicht nur um eine Modernisierungsverlierer-*Hypothese* (=Aussage über *eine* Ursachen-Wirkungsbeziehung), sondern um eine Modernisierungsverlierer-*Theorie*: In einer minimalen Version sind mit dem Topos des Modernisierungsverlierers nämlich drei Konstrukte und ihr Verhältnis zueinander beschrieben: Gesellschaftliche Modernisierungsprozesse (Ebene des sozialen Wandels) bringen Gewinner und Verlierer hervor (Ebene der sozialen Lage), letztere weisen wiederum eine erhöhte Wahrscheinlichkeit auf, rechtsradikale Parteien und Bewegungen zu unterstützen (Erklärungsobjekt). Es wird noch zu zeigen sein, dass bei den meisten Ansätzen, die eine derartige Verknüpfung dieser drei Konstrukte postulieren, auch Aussagen darüber zu finden sind, wie sich die Modernisierungsverlierer-Eigenschaft einer Person auf der Ebene der psychischen Dispositionen in manifestes Wahlverhalten umsetzt. Insofern verbindet der Topos des Modernisierungsverlierers Aussagen über die Wirkung von Konstrukten auf allen drei Erklärungsebenen auf das Untersuchungsobjekt und ist damit geeignet, als Leitbegriff für eine Theorie herangezogen zu werden, die eine Integration der unterschiedlichen Ansätze leisten will.

Die Urheberschaft des konkreten Begriffs des Modernisierungsverlierers lässt sich wohl nicht vollständig klären. Vermutlich entstand er im Zuge der Diskussion über die Wahlerfolge der Republikaner in den späten 1980er Jahren. Seine ersten Verwendungen im wissenschaftlichen Bereich – und die des weitgehend synonymen Begriffs des „Modernisierungsopfers" – fallen in die Jahre 1989/1990 (Funke 1989: 116; Klönne 1989: 545; Stöss 1989: 235; Schacht 1990: 77; Stöss 1990b: 73). Häufig wird Heitmeyer unter Angabe zweier seiner Monographien (Heitmeyer 1987; Heitmeyer/Peter 1988) als Urheber zitiert. In den genannten Publikationen finden sich zwar Bezüge auf die Auswirkungen des Individualisierungsprozesses, der konkrete Begriff des „Modernisierungsverlierers" ist nach den Recherchen des Verfassers aber nicht in diesen Bänden enthalten. Trotzdem hat Heitmeyer in der Folge zur Popularisierung der Begrifflichkeit beigetragen (vgl. etwa Loch/Heitmeyer 2001).

Wenn man die Modernisierungsverlierer-Theorie inhaltlich vor allem als eine spezifische Verbindung von Erklärungen auf den Ebenen des sozialen Wandels, der sozialen Lage des Individuums und seiner psychischen Dispositionen versteht, so reichen ihre Wurzeln weit zurück. Die ersten Andeutungen einer solchen Verbindung der Ansätze finden sich in den Schriften (späterer) deutscher Immigranten, noch ganz auf die Erklärung des deutschen Nationalsozialismus bezogen (Geiger 1930; Fromm 1941). Die amerikanische Sozialwissenschaft griff diesen Gedanken auf, systematisierte ihn und wandte ihn auch auf andere rechtsradikale Phänomene an (Parsons 1942; Trow 1958; Lipset 1960; Hofstadter 1971 [1963]; Lipset 1971 [1963]). Insbesondere der Sammelband „The Radical Right" von Daniel Bell (1963 [1977]) spielte in diesem Kontext eine große Rolle; er enthielt eine ganze Reihe von wichtigen Aufsätzen und wurde mehrfach wiederaufgelegt. Scheuch und Klingemann (1967) konstruierten auf der Grundlage dieser Werke und vor dem Hintergrund der ersten großen Erfolgswelle der NPD Ende der 1960er Jahre ein allgemeines Modell, die „Theorie des Rechtsradikalismus in westlichen Industriegesellschaften". Diese wurde dann insbesondere in Anbetracht der dritten Welle von Erfolgen rechtsradikaler Parteien in Deutschland unter dem Topos des Modernisierungsverlierers aufgegriffen und in den 1990er Jahren von international tätigen, dem deutschen Sprachraum entstammenden Autoren wieder in den internationalen Forschungsdiskurs eingeführt (Betz 1994; Kriesi 1999; Minkenberg 2000, ansatzweise auch: Kitschelt 1995). Mittlerweile wird auch dort auf den Terminus „losers of modernization" oder „losers of modernity" recht häufig – wenn auch nicht immer zustimmend – eingegangen (Husbands 2002: 52ff; Norris 2005: 132f; van der Brug et al. 2005: 540; Bjørklund 2007: 5f; Mudde 2007: 202ff; Rydgren 2007: 247ff).

2.3.1 Rekonstruktion der Modernisierungsverlierer-Theorie[5]

Im Folgendem soll der Versuch unternommen werden, die Modernisierungsverlierer-Theorie zu rekonstruieren und in ein empirisch überprüfbares Untersuchungsmodell zu transformieren. Wie bereits erläutert ist die spezifische kausale Verknüpfung der drei Erklärungsebenen sozialer Wandel, soziale Lage und psychische Dispositionen in Bezug auf ihr Erklärungsobjekt Rechtsradikalismus das konstitutive Moment der Modernisierungsverlierer-Theorie. Um die Theorie rekonstruieren zu können, muss also auf ihre zentralen Konzepte und ihre Verbindung zueinander eingegangen werden. Auf der Ebene des sozialen

---

[5] Teile der Argumentation dieses Abschnitts sind an einen Aufsatz angelehnt, der sich tiefergehend mit dem Zusammenhang von Populismus und Modernisierung auseinandersetzt (Spier 2006).

Wandels ist die Theorie dem Modernisierungsparadigma der Sozialwissenschaften verschrieben. Die Modernisierungstheorie ist eine makrosoziologische Theorie des sozialen Wandels, die entweder historisch oder typologisch die Entwicklung von Gesellschaften konzeptionell erfassen will (Knöbl 2003: 96). Entkleidet jeglicher normativer Prämissen über die Richtung des Wandels – die allerdings die klassischen Modernisierungstheorien der 1950er und 1960er Jahre geprägt haben – kann man unter Modernisierung ein Konglomerat von Prozessen verstehen, die eine Gesellschaft von einem alten in einen neuen Zustand überführen. Ein typisches Beispiel für Modernisierung ist z.B. der Wandel von der Agrar- in die Industriegesellschaft, wie er für viele Staaten seit Ende des 18. Jahrhunderts beobachtet werden kann. Mit dem Modernisierungsbegriff kann jedoch prinzipiell jede Form des sozialen Wandels erfasst werden, er ist inhaltlich zunächst leer und kann die unterschiedlichsten Formen und Ausprägungen annehmen, etwa Industrialisierung, Bürokratisierung, Demokratisierung, Bildungsexpansion, Säkularisierung etc. Auch das, was verschiedentlich unter den Begriff der „Postmoderne" gefasst wird, ist in diesem Sinne letztlich nur als eine weitere, andere Form der Modernisierung zu interpretieren.

Abbildung 2: Schematische Darstellung der Modernisierungsverlierer-Theorie

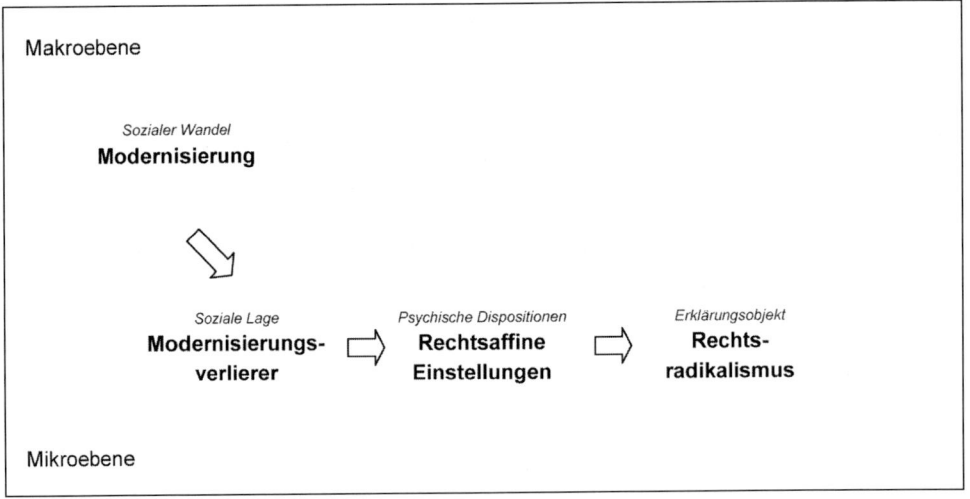

Quelle: Eigene Darstellung.

In dieser Form liefert die Modernisierungstheorie ein analytisches Instrumentarium zur Beschreibung makrosoziologischer Entwicklungen, das geeignet ist, einige zentrale Fragen der Analyse des gesellschaftlichen Wandels begrifflich-konzeptionell zu erfassen. So kann zunächst gefragt werden, was den Wandel einer Gesellschaft ausmacht, was also das Neue im Kontrast zum alten Zustand ist. Auch der Modernisierungsprozess selbst, also der Verlauf des Wandels, kann untersucht werden. Häufig wird zu diesem Zweck noch weiter zwischen unterschiedlichen Prozessen in gesellschaftlichen Teilsystemen unterschieden, etwa im ökonomischen, politischen oder kulturellen Bereich. So können die Dependenzen und Interdependenzen zwischen den unterschiedlichen Bereichen und die sie betreffenden Teilprozesse analysiert werden. Für die Untersuchung des Phänomens Modernisierung ist es auch interessant, den Wandel in unterschiedlichen Gesellschaften zu betrachten: Durch den länderübergreifenden Vergleich ist es möglich, Hinweise auf Gemeinsamkeiten und Unterschiede in den Entwicklungen zu gewinnen. Schließlich kann man auch nach den „Konsequenzen der Moderne" (Giddens 1995) fragen, also den positiven oder negativen Auswirkungen der Modernisierungsprozesse auf bestimmte Individuen oder Bevölkerungsgruppen.

Für die Modernisierungsverlierer-Theorie liegt der Wert des Modernisierungskonzepts gerade in diesem letzten Punkt. Über die Identifizierung von „Gewinnern" und „Verlierern" spezifischer Modernisierungsprozesse lässt sich eine Brücke schlagen zwischen der makrosoziologischen Beschreibung genereller Wandlungstendenzen und ihren spezifischen Auswirkungen auf der Mikroebene. Sozialer Wandel in Form von Modernisierung wirkt sich auf die soziale Lage von Individuen in vielfältiger Weise aus. Bewährtes Wissen und einmal erlernte Fertigkeiten werden abgewertet, neue Kenntnisse und Befähigungen gewinnen hingegen an Bedeutung. Selbst wenn Einzelne sich der Adaption an die veränderten Verhältnisse entziehen können, so verändert sich doch in aller Regel ihre Umwelt in drastischer Weise. Andere Normen, Werte und Verhaltensmuster bilden sich aus, an denen das Individuum unabhängig von Notwendigkeit und Wunsch der Selbstanpassung gemessen wird. Ökonomische Modernisierungsprozesse sind dabei nur das plakativste Beispiel für einschneidenden Wandel. Veränderungen in diesem Bereich können ganze Berufsgruppen und Wirtschaftssektoren schwächen oder überflüssig machen, mit entsprechenden Konsequenzen für die Menschen, die direkt oder indirekt von diesen abhängig sind. Auf der anderen Seite entstehen auch neue wirtschaftliche Bereiche, mit entsprechenden Gewinn- und Erwerbschancen für Individuen. Dies verändert nicht nur die allgemeine Struktur der Gesellschaft, sondern insbesondere auch die Struktur sozialer Ungleichheit. Der Fokus auf ökonomische Modernisierungsprozesse soll jedoch nicht ausschließen, dass Veränderungen im kulturellen, politischen oder sozialen Bereich nicht ähnlich drastische Auswirkungen haben können. In aller Regel sind die Wandlungsprozesse in den unterschiedlichen Bereichen ohnehin insofern interdependent, als dass eine Veränderung in einem Bereich auch solche in anderen hervorruft oder verstärkt.

Modernisierung ist also kein neutraler oder gar ausschließlich positiver Prozess, es werden immer „Gewinner" und „Verlierer" hervorgebracht. Gewinner von Modernisierungsprozessen sind häufig die Bevölkerungsgruppen, die sich an die stattfindenden Veränderungen am besten anpassen können oder sie als Avantgarde der Veränderung planvoll vorantreiben, Verlierer hingegen zumeist diejenigen, die sich nicht ohne weiteres den Veränderungen anpassen können oder zumindest durch den Wandel in anderer Weise negativ betroffen sind. Wie sich die soziale Lage eines Einzelnen konkret durch derartige Prozesse verändert, ist nicht allein durch die Zugehörigkeit zu einer sozialstrukturell abgrenzbaren Gruppe determiniert. Kognitive Fähigkeiten, situative Faktoren, aber auch Zufälle spielen natürlich eine maßgebliche Rolle in der Frage, ob man Chancen der Veränderung nutzen kann oder ihren Risiken zum Opfer fällt. Dennoch lassen sich theoretisch wie praktisch-empirisch Gruppen nach bestimmten Merkmalen abgrenzen, die überdurchschnittlich von makrosozialen Veränderungen betroffen sind. Diese Merkmale und Merkmalsausprägungen lassen sich als Indikatoren für die Modernisierungsverlierer-Eigenschaft eines Individuums heranziehen.

Da es sich fast ausschließlich um Indikatoren handelt, die im weitesten Sinne einen tatsächlichen oder perzipierten Mangel an etwas Erwünschtem oder (vermeintlich) Zustehendem erfassen, kann man die unterschiedlichen Erscheinungsformen unter dem Oberbegriff der Deprivation zusammenfassen. Deprivation lässt sich – wie unter 2.2.1 gezeigt –

nach Inhalten, Formen und Wirkungsweisen ausdifferenzieren (Rippl/Baier 2005). Sie kann sich auf materielle Inhalte (z.B. Einkommens- und Vermögensarmut, Arbeitslosigkeit, niedriger sozioökonomischer Status) beziehen, aber auch auf immaterielle (z.B. Prestige, soziale Exklusion). Die Deprivation kann objektiv vorliegen oder lediglich subjektiv wahrgenommen werden. Ihr Vorliegen kann an absoluten Maßstäben festgemacht werden oder relativ im Vergleich zu anderen Personen oder Personengruppen. Die unterschiedlichen Deprivationsfaktoren erfassen die Elemente der sozialen Lage, die eine Person zum Modernisierungsverlierer machen.

Die Modernisierungsverlierer-Theorie geht weiterhin davon aus, dass sich aufgrund der spezifischen Lage, in der sich Modernisierungsverlierer befinden, bestimmte psychische Dispositionen ausbilden, die wiederum die Wahl einer rechtsradikalen Partei wahrscheinlicher machen. Die Bandbreite der in diesem Zusammenhang genannten rechtsaffinen Einstellungsmuster reicht dabei von allgemeiner politischer Unzufriedenheit über Autoritarismus, Nationalismus und Xenophobie bis hin zu einer allgemeinen Menschenfeindlichkeit (vgl. 2.2.2). Die Verursachungsmechanismen, die für diesen Einfluss verantwortlich gemacht werden, sind umstritten und variieren zudem stark je nachdem welche Einstellung betrachtet wird. Es lassen sich jedoch einige allgemeine Argumentationsmuster identifizieren, die immer wieder zur Begründung des Zusammenhangs angeführt werden. Die vermutlich einfachste und am wenigsten spezifische Erklärung ist die, dass die unterschiedlichen Deprivationsfaktoren allgemeine Unzufriedenheit hervorrufen, die sich wiederum in politische Unzufriedenheit umsetzt (Stouffer et al. 1949; Runciman 1966; Gurr 1970). Diese Hypothese kann am wenigsten erklären, warum gerade rechtsradikale Parteien derart strukturierte Wähler für sich gewinnen können. Andererseits wird auch die Frustrations-Aggressions-These (Dollard et al. 1939) bemüht, nach der sich die Frustration über die eigene Situation in Aggression auswirkt, die den meisten der rechtsaffinen Einstellungsmustern innewohnt. Ideologeme wie Autoritarismus, Nationalismus, Xenophobie oder Antisemitismus haben immer einen aggressiven Kern, aber insbesondere die Vorurteile gegenüber abgrenzbaren Bevölkerungsgruppen können im Sinne dieser These darüber erklärt werden, dass sie zur Kompensation der Frustration der Betroffenen als „Sündenböcke" herhalten müssen (Allport 1954). Einen etwas anderen Schwerpunkt setzt die Theorie der sozialen Identität (Tajfel 1969; Turner 1975), die davon ausgeht, dass Menschen tendenziell ein positives Selbstbild anstreben. Ist ihnen dies nicht durch eigene Leistung möglich, was insbesondere in den durch Deprivation betroffenen Lagen der Fall ist, so können sie dieses positive Selbstbild nur durch Abgrenzung gegenüber Anderen, den *outgroups* erreichen. Vielen der rechtsaffinen Einstellungsmuster liegt eine derartige Abgrenzung und Abwertung von anderen Gruppen zugrunde.

Es lassen sich also verschiedene soziologische und sozialpsychologische Begründungen anführen, warum sich eine durch Deprivation geprägte soziale Lage in bestimmte rechtsaffine Einstellungsmuster umsetzt. Das derart prädisponierte Individuen zur Unterstützung rechtsradikaler Parteien und Bewegungen neigen, die diese Einstellungsmuster durch eine entsprechende Programmatik und Rhetorik bedienen, dürfte evident sein. Die Modernisierungsverlierer-Theorie wird aber in ihrem Erklärungsanspruch verschiedentlich über dieses enge Erklärungsobjekt hinaus ausgedehnt. Dies betrifft einerseits die Form, in der die Affinität zum Rechtsradikalismus zum Ausdruck kommt. Mit der Modernisierungsverlierer-Theorie wird neben dem Wahlverhalten auch die Mitgliedschaft in rechtsradikalen Organisationen, rechtsradikal motivierte Gewalt und die Ausbildung von rechtsradikalen

Einstellungen erklärt. Während die letztere Form von der hier präsentierten Modernisierungsverlierer-Theorie als Prädisposition des Wahlverhaltens mit umfasst ist, kann auf theoretischer Ebene nicht entschieden werden, ob eine Ausweitung auch auf die anderen Formen sinnvoll ist. Die Klärung dieser Frage ist nicht Ziel der vorliegenden Arbeit.

Darüber hinaus wird die Modernisierungsverlierer-Theorie gelegentlich auch zur Erklärung anderer politischer Radikalismen herangezogen, etwa Linksradikalismus (Rotte/Steininger 2001) oder Fundamentalismus (Meyer 1989). Dies ist grundsätzlich nur dann möglich, wenn man die Modernisierungsverlierer-Theorie entweder auf eine bloße Deprivationsthese reduziert[6] oder davon ausgeht, dass Deprivation eine politisch zunächst unspezifische dogmatische oder rigide Persönlichkeitsstruktur hervorbringt bzw. befördert, die in unterschiedlichen Inhalten ihren Ausdruck finden kann. Dem Verfasser ist allerdings keine Studie bekannt, die letzteres empirisch belegt. Im Gegenteil: Die Studien, die auf der Ebene der psychischen Dispositionen derartige Persönlichkeitsmuster – unabhängig von den Ursachen ihrer Ausbildung – untersuchen, kommen häufig zu dem Ergebnis, dass diese Konstrukte vor allem mit rechtsradikalen Einstellungen, Verhaltensweisen und Gruppenmitgliedschaften zusammenhängen, mit radikal linken hingegen kaum (Barker 1963; Di Renzo 1967; Kohn 1974; Oesterreich 2005; Schumann 2005a). Auch wenn man statt einer solchen Persönlichkeitsstruktur auf antidemokratische Einstellungen abstellt, sind Zusammenhänge bisher vor allem mit rechtsradikalen Einstellungs- und Verhaltensweisen berichtet worden (Klingemann/Pappi 1972; Arzheimer 2006).

2.3.2 Kritik an der Modernisierungsverlierer-Theorie

Die Rekonstruktion der Modernisierungsverlierer-Theorie als integrativer Ansatz zur Erklärung der Unterstützung rechtsradikaler Parteien und Bewegungen soll nicht den Eindruck erwecken, als ob es sich hierbei um eine allgemein akzeptierte Erklärung handeln würde. Zwar wird sie teilweise als „herrschende Meinung" tituliert (Götz 1997: 394), gerade deshalb scheint sie aber auch viel Widerspruch zu provozieren. Häufig finden sich pauschale Abwertungen, die die Theorie als unterkomplex, verkürzt oder unpräzise charakterisieren. Diese Bewertungen beruhen aber zu einem guten Teil ihrerseits auf einem verkürzten Verständnis der Theorie, das in dieser Form zumindest im wissenschaftlichen Kontext nicht vertreten wird. Wenn im Folgenden einige typische Kritikmuster ausgeführt und auf theoretischer Ebene besprochen werden sollen, so dient dies nicht dazu, die Theorie vor Widerlegung zu „immunisieren". Wie im Rahmen der Darstellung des Untersuchungsmodells zu sehen sein wird, ist es in jedem Fall möglich, die hier skizzierte Theorie zu falsifizieren. Die folgende Auseinandersetzung soll lediglich zeigen, dass es einerseits Argumente gegen die Theorie gibt, die an ihrem Aussagegehalt vorbeigehen, andererseits aber auch solche, die im Rahmen einer empirischen Überprüfung beachtet werden müssen.

Nicht selten wird gegen die Theorie angeführt, dass unabhängig von der empirischen Frage, ob die Wähler rechtsradikaler Parteien Modernisierungsverlierer seien, jede Gesellschaft eine deutlich über das Elektorat dieser Parteien hinausreichende Zahl von diesen aufweisen müsse (Mudde 2007: 204f). Dies ist richtig, übersteigt aber aus zwei Gründen auch den Aussagebereich der Theorie: Einerseits behauptet sie – wie die meisten Theorien,

---

[6] Mit Deprivation allein lassen sich praktisch alle Formen von Unzufriedenheit – von Protest bis zur Teilnahme an gewaltsamen Revolutionen – erklären (Gurr 1970).

die menschliches Verhalten erklären wollen – nur eine probabilistische, nicht jedoch eine deterministische Beziehung zwischen Ursachen und Wirkungen. Das heißt, selbst wenn es sich bei einer Person in allen theoretisch relevanten Aspekten um einen Modernisierungsverlierer handelt, und ebenso eine rechtsradikale Partei vorhanden ist, die dessen Einstellungen perfekt entsprechen würde, so könnte man lediglich davon ausgehen, dass die Person die Partei mit hoher Wahrscheinlichkeit wählen wird. Andererseits sagt die Modernisierungsverlierer-Theorie nichts über die Struktur des politischen Wettbewerbs aus. Das politische Angebot in einer Gesellschaft und die politischen Gelegenheitsstrukturen haben natürlich einen erheblichen, wenn nicht sogar überwiegenden Einfluss auf die Wahlentscheidung, sind aber durch die Modernisierungsverlierer-Theorie nicht abgedeckt. Darum lässt sich über die Theorie auch nicht erklären, warum rechtsradikale Parteien nur zu bestimmten Zeitpunkten in bestimmten Ländern virulent werden. Modernisierungsverlierer stellen lediglich das Potential für die Erfolge solcher Parteien dar, sie sind jedoch keine Erfolgsgarantie. Die Erfolgsbedingungen sollen in einem erweiterten Modell der Wahl derartiger Parteien noch näher systematisiert werden (2.4), liegen aber außerhalb des Horizonts dieser Untersuchung.

Weiterhin wird das Argument gegen die Modernisierungsverlierer-Theorie angeführt, dass sie nicht erklären könne, warum ausgerechnet die Wahl rechtsradikaler Parteien aus Deprivationserfahrungen folge (Winkler 1996: 34; Mudde 2007: 205). Wie in der Rekonstruktion der Theorie in Abschnitt 2.3.1 ausgeführt, geht der Verfasser durchaus davon aus, dass Deprivationserfahrungen psychische Dispositionen befördern, die eine besondere Affinität zu rechtsradikalen Ideologien aufweisen. Über die Frustrations-Aggressions-These, die „Sündenbock"-These oder die These der Identitätskonstruktion durch Abgrenzung gegenüber *„outgroups"* lässt sich die Ausbildung von Einstellungsmustern begründen, die auf Aggression, Ungleichwertigkeitsvorstellungen und Ausgrenzungsbestrebungen beruhen. Selbst wenn auch andere Ideologien solche Elemente enthalten, sind diese doch besonders typisch für den Rechtsradikalismus. Sollte diese Affinitätsbehauptung sich nicht empirisch bestätigen, Modernisierungsverlierer also beispielsweise nur eine allgemeine politische Unzufriedenheit, aber keine rechtsaffinen Einstellungsmuster aufweisen, so wäre es in der Tat erstaunlich, dass derartige „reine" Protestwähler ausgerechnet besonders aggressiv-ausgrenzende rechtsradikalen Parteien den Vorzug geben. Dies ist aber eine empirische Frage, die es zu klären gilt.

An der Modernisierungsverlierer-Theorie wird ebenfalls kritisiert, dass sie sich in erster Linie auf sozioökonomische Deprivationserlebnisse beziehe, andere kulturelle oder psychologische Dimensionen aber ausklammere (Götz 1997: 393ff). Grundsätzlich, so hat die Rekonstruktion der Theorie gezeigt, lässt sich mit dem Analyseinstrumentarium der Modernisierungstheorie jegliche Form des sozialen Wandels einschließlich seiner Auswirkungen auf die soziale Lage der Individuen beschreiben. In der Tat neigen aber die meisten empirischen Anwendungen der Theorie dazu, die Modernisierungsverlierer-Eigenschaft einer Person über einfache ökonomische Indikatoren wie etwa Armut oder Arbeitslosigkeit zu operationalisieren. Dies liegt auch daran, dass für den Alltag der meisten Menschen ihre wirtschaftlich-finanzielle Lage und damit auch zumeist ihre Berufssituation eine zentrale Rolle einnimmt. Im Rahmen der Umsetzung der Theorie in dieser Arbeit soll der Kritik aber insofern Rechnung getragen werden, als dass eine weite Bandbreite von Indikatoren herangezogen werden soll, die nicht nur rein ökonomische Umsetzungen der Modernisierungsverlierer-Eigenschaft beinhaltet.

2.3.3 Vorstellung des Untersuchungsmodells

Die Modernisierungsverlierer-Theorie wurde – wie in Abschnitt 2.2 gezeigt – vor dem Hintergrund verschiedener historischer Ausprägungen des parteiförmigen Rechtsradikalismus und deren spezifischen Entstehungshintergründen entwickelt. Im Folgenden soll die Theorie auf das konkrete Untersuchungsobjekt dieser Arbeit, die rechtspopulistischen Parteien in Westeuropa, angewendet werden, um zu beleuchten, ob und inwiefern sie auch die Wahl der derzeit virulenten Form des Rechtsradikalismus erklären kann. Zu diesem Zweck soll hier das Untersuchungsmodell vorgestellt werden, das im weiteren Verlauf der Arbeit empirisch überprüft werden soll. Wie bereits aus der Darstellung der Modernisierungsverlierer-Theorie (vgl. insbesondere) hervorgeht, liefert diese Aussagen über die vier theoretischen Konstrukte „Modernisierung", „Modernisierungsverlierer", „rechtsaffine Einstellungsmuster" und „Wahl einer rechtspopulistischen Partei" und die Beziehungen zwischen diesen Konstrukten. Im Rahmen der Vorstellung des Untersuchungsmodells müssen diese Konstrukte auf messbare Indikatoren heruntergebrochen werden.

Das Konstrukt „Modernisierung" stellt insofern eine Ausnahme dar, als dass es im Rahmen dieser Studie nicht direkt gemessen werden soll. Zwar lassen sich durchaus Variablen vorstellen, die generell die Modernisierung oder eine ihrer spezifischen Ausprägung erfassen können, jedoch ist es mit den bis heute entwickelten methodischen Verfahren immer noch schwierig, den Einfluss von Variablen auf der Makroebene (hier: Modernisierung) auf solche der Mikroebene (hier: Modernisierungsverlierer) nachzuweisen.[7] Es handelt sich in diesem Fall um das klassische Mikro-Makro-Problem der Sozialwissenschaften, das die Schwierigkeiten des Schlusses zwischen beiden Ebenen zum Thema hat (Coleman 1987; Münch/Smelser 1987; Coleman 1990). Die vorliegende Arbeit umgeht das Problem insofern, als dass es sich in der empirischen Analyse ganz auf die von der Modernisierungsverlierer-Theorie auf der Mikroebene konstatierten Zusammenhänge konzentriert. Die Brückenhypothese, dass Modernisierung Modernisierungsverlierer hervorbringt, soll empirisch nicht weiter überprüft werden. Vielmehr gehen die theoretisch herauszuarbeitenden Folgen der Modernisierung als Vorannahme ein in die Auswahl der Indikatoren für die Modernisierungsverlierer-Eigenschaft auf der Mikroebene und die Hypothesen darüber, welche Zustände dieser Variablen diese Eigenschaft indizieren.

Aktuell werden insbesondere die Modernisierungsprozesse als makrosoziale Ursache für die Erfolge rechtspopulistischer Parteien diskutiert, die häufig unter dem Schlagwort „Globalisierung" zusammengefasst werden (Eckardt 2003; Swank/Betz 2003; Mudde 2004a; Stöss 2004; Greven/Grumke 2006). Teilweise werden sie sogar als eine der „Schattenseiten der Globalisierung" (Heitmeyer/Loch 2001) ausgemacht. „Globalisierung" ist ein schillernder Begriff, ein Schlagwort, das in der politischen Debatte immer wieder fällt. In den seltensten Fällen wird auch ausgeführt, was im jeweiligen Kontext darunter zu verstehen ist. Selbst in der wissenschaftlichen Diskussion war lange Zeit umstritten, ob es sie überhaupt gibt, und wenn ja: worin das spezifisch Neue der Globalisierung besteht (Held et al. 1999: 2ff). Mittlerweile dürfte weithin Konsens darin bestehen, dass unter Globalisie-

---

[7] Grundsätzlich geeignet zur Überwindung des Mikro-Makro-Problems ist die Methode der Mehrebenenanalyse, die auch bereits im Kontext der Erklärung der Wahl rechtspopulistischer Parteien eingesetzt wurde (vgl. nur Lubbers 2001; Arzheimer/Carter 2006; Arzheimer 2008). Um tatsächlich den Einfluss einer Makrovariable „Modernisierung" auf die abhängige Variable feststellen zu können, hätte ein ganz anderes Untersuchungsdesign bemüht werden müssen, das über ein Querschnitts- oder Zeitreihendesign mehr Fälle auf der Makroebene (Untersuchungsländer und/oder Zeitpunkte) berücksichtigt.

rung verschiedene Denationalisierungsprozesse zu fassen sind, die den nationalstaatlichen Rahmen ökonomischen, kulturellen wie politischen Handelns überwinden und in diesem Sinne zu einer Entgrenzung führen, ohne dass damit die Nationalstaaten als klassisches Territorium der Politik verschwinden würden (Zürn 1998).

Die Folgen der Globalisierung, die geeignet sind, entsprechende Verlierergruppen zu generieren, werden ebenfalls auf diesen drei Ebenen verortet (vgl. hierzu ausführlich Spier 2006: 47ff). Die ökonomische Globalisierung wird zumeist an einer weltweiten Ausdehnung wirtschaftlicher Aktivitäten und eine wachsende Intensität der Waren- und Kapitalströme zwischen den Ländern festgemacht (Perraton et al. 1998). Insbesondere die dadurch induzierte Verschiebung vom Industrie- hin zum Dienstleistungssektor, sowie die Abwertung von unqualifizierten und die Aufwertung von qualifizierten Tätigkeiten dürften die Folgen in den westeuropäischen Nationen sein, die am ehesten geeignet sind, die Bevölkerung in „Gewinner" und „Verlierer" zu teilen. Auf der kulturellen Ebene geht die Globalisierung mit verstärkten grenzüberschreitenden Interaktionen einher. Nicht nur die Kulturindustrie mit ihren Produkten wird zunehmend international, als ein weiterer Aspekt kultureller Globalisierung wird häufig die Zunahme von Migration gesehen. Auch wenn sich die westlichen Industrienationen seit den 1970er Jahren zunehmend gegenüber Einwanderung aus den Entwicklungsländern abschotten (Held et al. 1999: 300ff), findet doch Migration in diese Länder statt oder schlägt sich zumindest in einem bereits vorhandenen Migrantenanteil nieder. Aufgrund von Migration, Binnenwanderung oder auch nur Tourismus werden die Grenzen traditioneller lokaler Kulturen überwunden (Berking 2001: 98). Das Aufbrechen des traditionellen Zusammenklangs von Territorialität und kultureller Identität ruft bei vielen Menschen Verunsicherung hervor. Schließlich lässt sich noch eine dritte, politische Ebene der Folgen der Globalisierung identifizieren. Politische Probleme können heute nicht mehr in allen Fällen im Rahmen nationaler Politiken angegangen werden. Ihre Regulierung bedarf zunehmend supranationaler oder internationaler Maßnahmen, die den Wirksamkeitsverlust nationaler Politik jedoch kaum ausgleichen können. Die Steuerungsfähigkeit des klassischen Nationalstaats nimmt daher tendenziell ab (Zürn 1996: 20ff). Dort, wo komplexe Probleme dennoch einer Lösung zugeführt werden, steigt auch die Unübersichtlichkeit der Politik – mit der Folge, dass die Bürger immer häufiger eine Reduzierung demokratischer Kontroll- und Einflussmöglichkeiten verspüren. Mangelnde Steuerungsfähigkeit und Intransparenz demokratischer Prozesse sind wiederum der Nährboden für politische Unzufriedenheit, die sich in den Reihen der „Verlierer" dieser Entwicklungen breit macht.

2 Theorien, Indikatoren und Hypothesen

Abbildung 3: Schematische Darstellung des Untersuchungsmodells

Unabhängige Variablen **Modernisierungsverlierer-Indikatoren**	Intervenierende Variablen **Rechtsaffine Einstellungsindikatoren**	Abhängige Variable **Wahlverhalten zugunsten rechtspop. Parteien**
Klassenlage		
Sozioökon. Status		
Sozioökon. Statusinkons.	Politische Unzufriedenheit	
Sozialprestige	Xenophobie	
Obj. Einkommensarmut	⇒	Wahl rechtspop. Parteien
Subj. Einkommensarmut	Autoritarismus	
Arbeitslosigkeit	Misanthropie	
Prek. Beschäftigungsverh.		
Soziale Exklusion		

Kontrollvariablen

| Geschlecht | Alter | Bildung | Untersuchungsland |

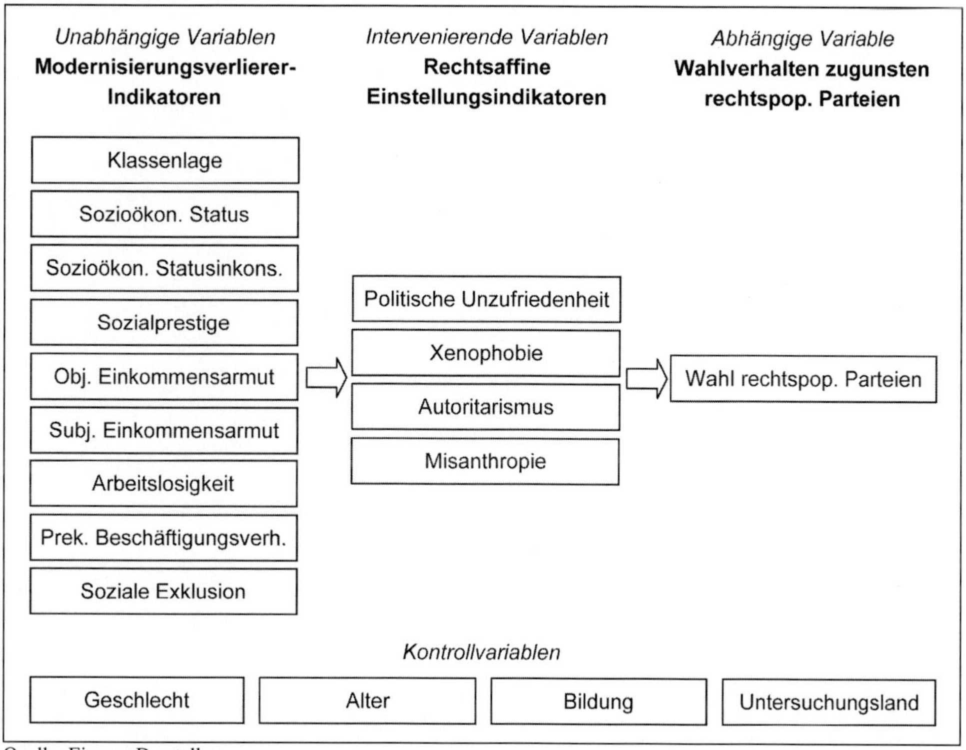

Quelle: Eigene Darstellung.

Die Auswirkungen der Globalisierung als die aktuelle Form gesellschaftlicher Modernisierung wird in den einzelnen Elementen des Untersuchungsmodells (Abb. 3) zu berücksichtigen sein. Zur Messung der Modernisierungsverlierer-Eigenschaft eines Individuums sollen eine Reihe von Indikatoren herangezogen werden, die Deprivationserfahrungen auf der Ebene der sozialen Lage erfassen. Sie bilden die primären *erklärenden* oder *unabhängigen Variablen* im Untersuchungsmodell. Die einzelnen Indikatoren lassen sich dabei in das in Abschnitt 2.3.1 eingeführte System von Unterscheidungen der Deprivationsfaktoren einordnen, decken also verschiedene Inhalte, Formen und Aspekte der Deprivation ab. Mit der über die berufliche Tätigkeit des Befragten ermittelten Klassenlage soll zunächst ein relativ weites, kategoriales Konzept als Indikator herangezogen werden (2.5.1.1). Wenn man die theoretischen Vorannahmen über mögliche Gewinner- und Verlierergruppen des Globalisierungsprozesses auf dieses Konzept überträgt, so lassen sich mit ihm materielle Formen der Deprivation, die objektiv und absolut vorliegen, erfassen. Demgegenüber ist der sozioökonomische Status einer Person ein kontinuierliches Maß der objektiv und absolut vorliegenden Deprivation (2.5.1.2). Dieser Indikator soll insbesondere die vertikale Position in der gesellschaftlichen Hierarchie über die klassische Status-Trias von Bildung, Beruf und Einkommen messen. Um auch Formen der relativen Deprivation untersuchen zu können, wird ebenfalls ein Indikator für sozioökonomische Statusinkonsistenz herangezogen werden (2.5.1.3). Dieser soll die Abweichung des tatsächlichen Status einer Person von einem erwartbaren Soll-Wert erfassen. Neben diesen materiellen Deprivationsinhalten scheint es sinnvoll auch immaterielle Aspekte des Mangels zu berücksichtigen. Hierzu wird ein Indikator eingesetzt werden, der das über den Beruf vermittelte Prestige als Ausdruck des sozialen Ansehens einer Person zur Anwendung bringt (2.5.1.4). Klassischerweise wird zur Umsetzung des Modernisierungsverlierer-Begriffs gerade auch auf die Einkommenssituation von Personen abgestellt. Gleich zwei Indikatoren sollen dies in der vorliegenden Arbeit bewerkstelligen: Einerseits soll mit dem Analyseinstrumentarium der Armut- und Reichtumsforschung ein Maß der objektiven Einkommensarmut zur Anwendung kommen (2.5.1.5), andererseits soll über einen weiteren, subjektiven Indikator für Einkommensarmut auch geprüft werden, inwiefern die Selbsteinschätzung des Auskommens mit dem eigenen Einkommen die Modernisierungsverlierer-Eigenschaft einer Person indiziert und einen Einfluss auf die Wahl rechtspopulistischer Parteien hat (2.5.1.6). Ein ebenfalls sehr häufig im Kontext der Modernisierungsverlierer-Theorie verwendeter Indikator ist der der Arbeitslosigkeit (2.5.1.7). Mit Arbeitslosigkeit sind nicht nur materielle, sondern auch vielfältige immaterielle soziale und psychologische Folgen verbunden, die im Sinne der Deprivationsthese gedeutet werden können. Ähnliches gilt für neue mit dem Beruf verbundene Unsicherheiten, die häufig unter dem Begriff der prekären Beschäftigung diskutiert werden (2.5.1.8). Mit den fünf Teilindikatoren befristete Beschäftigung, Teilzeitbeschäftigung, geringfügige Beschäftigung, Armut trotz voller Erwerbstätigkeit („working poor") sowie Solo- oder Scheinselbständigkeit sollen relativ junge Phänomene erfasst werden, mit denen häufig eine geringe Beschäftigungssicherheit und schlechte Arbeitsbedingungen verbunden werden. Als letzter Modernisierungsverlierer-Indikator soll schließlich das Konzept der sozialen Exklusion herangezogen werden (2.5.1.9). Soziale Exklusion soll im Kontext dieser Arbeit eng verstanden werden als Ausschluss von gesellschaftlicher Teilhabe und soziale Isolation – eine immaterielle und nicht unbedingt ökonomisch verursachte Form der Deprivation.

Wie in Abschnitt 2.3.1 ausführlich dargestellt, ist nicht davon auszugehen, dass sich Deprivationserfahrungen auf der Ebene der sozialen Lage direkt in politische Verhaltensweisen umsetzen. Es sollen daher im Rahmen der Untersuchung vier Indikatoren auf der Ebene der psychischen Dispositionen herangezogen werden, die für sich oder im Zusammenspiel zumindest theoretisch geeignet sind, zu erklären, warum Modernisierungsverlierer im Sinne der hier verwendeten Indikatoren dazu neigen, rechtspopulistische Parteien überdurchschnittlich oft zu wählen. Diese rechtsaffinen Einstellungsmuster stellen im Rahmen des Untersuchungsmodells *intervenierende Variablen* dar. Der Grund für die konkrete Auswahl der Indikatoren liegt darin, dass im Rahmen der Forschungsliteratur für jede dieser Einstellungsdimensionen vertreten wird, dass sie zumindest auch durch Deprivation befördert werden. Wenn die jeweilige Einstellung aber durch Deprivationserfahrungen beeinflusst wird, die Einstellung selber wiederum die Wahrscheinlichkeit erhöht, eine rechtspopulistische Partei zu wählen, kann man über sie erklären, warum Modernisierungsverlierer derartige Parteien präferieren. Der Zusammenhang zwischen sozialer Lage und dem konkreten Verhalten vermittelt sich in diesem Fall über die entsprechende Einstellungsdimension.

Es sollen insbesondere drei rechtsaffine Einstellungsindikatoren Berücksichtigung finden, die in der Debatte über die Ursachen der Wahl rechtspopulistischer Parteien immer wieder als Erklärungsmuster auf der Ebene der psychischen Dispositionen herangezogen werden. Dies ist zunächst eine allgemeine politische Unzufriedenheit, die immer wieder als

Grund dafür angeführt wird, warum sich Wähler von den etablierten Parteien abwenden und eine Formation wählen, die sich als Alternative zum „politischen Establishment" geriert (2.5.2.1). Ein weiterer Indikator ist die xenophobe Ablehnung insbesondere der Immigration, die dem Charakter rechtspopulistischer Parteien als Anti-Immigrations-Parteien gerecht werden soll (2.5.2.2). Beide Indikatoren erfassen Einstellungen, die in besonders direkter Weise mit dem konkreten Politikangebot rechtspopulistischer Parteien korrespondieren. Als dritter Indikator sollen im Rahmen dieser Arbeit autoritäre Einstellungen untersucht werden, die nicht nur der *law-and-order*-Programmatik derartiger Parteien entsprechen, sondern in einer ganz generellen Weise dem rigiden Politikstil der Rechtspopulisten nahe stehen dürften (2.5.2.3). Während diese drei Einstellungsdimensionen in der Literatur zum Phänomen immer wieder genannt werden, handelt es sich bei dem vierten Indikator, der Misanthropie (2.5.2.4), um einen im Forschungsfeld noch wenig beachteten potentiellen Zusammenhang. Der Grund für den Einsatz eines derartigen Indikators liegt in der Überlegung, dass es gerade auch ein allgemein negatives Menschenbild und ein hohes generelles Misstrauen gegenüber Anderen sein könnte, das derart prädisponierte Personen zur Wahl dieser Parteien veranlasst.

Erklärungsobjekt und damit *abhängige Variable* im Untersuchungsmodell ist die Wahl einer rechtspopulistischen Partei. Als Wähler einer solchen Partei werden im Rahmen dieser Arbeit die Personen angesehen, die in Rückerinnerung an die letzte nationale Parlamentswahl angeben, eine der in Abschnitt 1.3.3 identifizierten Parteien gewählt zu haben. Diese werden den Wählern gegenübergestellt, die irgendeine andere Partei gewählt haben. Nichtwähler werden nicht weiter berücksichtigt, sie bilden für die Gegenüberstellung von Wählern rechtspopulistischer Parteien und Wählern anderer Parteien eine neutrale Kategorie. Damit sind zwei Grundentscheidungen über den Fokus dieser Studie getroffen: Einerseits soll das tatsächliche Wahlverhalten zugunsten einer rechtspopulistischen Partei untersucht werden und nicht – wie in anderen Studien durchaus üblich – die Wahlabsicht oder die Sympathie ihr gegenüber. Andererseits wird die Wahl einer rechtspopulistischen Partei mit der Wahl aller anderen Parteien kontrastiert und nicht etwa mit dem Wahlverhalten zugunsten spezifischer anderer Parteienfamilien oder der Gruppe der Nichtwähler. Die Entscheidung, die Nichtwähler nicht in die Gruppe derer einzubeziehen, die keine rechtspopulistische Partei gewählt haben, liegt darin begründet, dass wir nicht wissen, aus welchen Gründen sie nicht gewählt haben und ob sie – falls sie gewählt hätten – nicht doch eine solche Partei bevorzugt hätten. Beide Grundentscheidungen haben Einfluss auf die Wahl der statistischen Verfahren, die im empirischen Teil dieser Arbeit zur Anwendung kommen sollen.

Neben den unabhängigen und intervenierenden Variablen gibt es eine Reihe von Faktoren, von denen zu vermuten ist, dass sie ebenfalls einen Einfluss auf die abhängige Variable des Wahlverhaltens zugunsten einer rechtspopulistischen Partei haben, ohne dass sie durch die hier angewandte Modernisierungsverlierer-Theorie mit abgedeckt wären. Der Einfluss dieser *Kontrollvariablen* muss berücksichtigt werden, um die Auswirkungen der unabhängigen und intervenierenden Variablen klar und ohne Störeinflüsse beurteilen zu können. Hierbei handelt es sich praktisch ausnahmslos um relativ invariante Merkmale von Personen. Es ist etwa bekannt, dass es einen erheblichen Zusammenhang zwischen dem Geschlecht und der Wahl einer rechtspopulistischen Partei gibt: Frauen wählen derartige Parteien deutlich seltener als Männer. Die Gründe hierfür werden heftig diskutiert, stehen aber außerhalb des Erklärungshorizonts der Modernisierungsverlierer-Theorie. Der Effekt des Geschlechts auf das Wahlverhalten kann aber unter Umständen die Wirkungen der anderen, für die Theorie wichtigen Variablen abmildern oder überzeichnen und damit die empirische Prüfung verzerren. So ist etwa denkbar, dass befristete Beschäftigung als Form prekärer Arbeit die Wahrscheinlichkeit erhöht, rechtspopulistische Parteien zu wählen. Da aber viele befristet Beschäftigte Frauen sind, diese aber aus außerhalb der Theorie liegenden Gründen nicht zur Wahl einer rechtspopulistischen Partei neigen, muss dieser Effekt „herausgerechnet" bzw. kontrolliert werden, um den Einfluss der Prekarität unverzerrt beurteilen zu können. Ähnliches gilt für das Alter und die formale Bildung einer Person. Schließlich kommt der Kontrollvariable des Untersuchungslandes in der vorliegenden länderübergreifenden Studie eine besondere Bedeutung zu: Viele Faktoren, die durch das vorgestellte Untersuchungsmodell nicht erfasst werden, etwa die institutionellen Restriktionen und Ressourcen, die politische Kultur oder der politische Wettbewerb, sind im nationalen Kontext des jeweiligen Untersuchungslandes verankert. Die Berücksichtigung einer Kontrollvariable, die das Untersuchungsland des Befragten erfasst, erlaubt es, die nicht weiter aufgeschlüsselten nationalen Einflüsse zumindest zu kontrollieren.

2.4 Erweitertes Modell der Wahl rechtspopulistischer Parteien

Die Vorstellung des Untersuchungsmodells hat gezeigt, welche Aspekte der Modernisierungsverlierer-Theorie in der vorliegenden Arbeit erforscht werden sollen. Während sich diese Analyse ausschließlich auf die Individualebene beschränkt, ist schon auf theoretischer Ebene klar, dass es zumindest zwei wichtige Übergänge von der Makro- auf die Mikroebene und umgekehrt gibt (Abb. 4). Einerseits geht die Modernisierungsverlierer-Theorie davon aus, dass makrosoziale Prozesse der Modernisierung einen Einfluss auf die Individualebene haben. Diese Makro-Mikro-Hypothese wird im Untersuchungsmodell insofern indirekt berücksichtigt, als dass die angenommenen Wirkungen in die Auswahl der Modernisierungsverlierer-Indikatoren und die Formulierung diesbezüglicher Hypothesen eingehen. Andererseits setzt sich das durch soziale Lage und psychische Dispositionen der Individuen auf der Mikroebene hervorgerufene rechtsradikale Potential (Individualhypothesen) nicht unmittelbar in Erfolge rechtsradikaler oder – im Anwendungsfall – rechtspopulistischer Parteien auf der Makroebene um. Da man – unabhängig von der Frage nationaler Niveauunterschiede – sicher davon ausgehen kann, dass Modernisierungsverlierer in jeder Gesellschaft vorhanden sind, es aber eine ganze Anzahl von Nationen ohne rechtspopulistische Wahlerfolge gibt, kann die Individualhypothese nicht alleine das Makrophänomen erklären. Vielmehr ist davon auszugehen, dass es weitere maßgebliche Einflüsse auf diesen Übergang von der Mikro- auf die Makroebene gibt. Berücksichtigt man diese Einflüsse als Mikro-Makro-Hypothese, so ergibt sich ein erweitertes Modell, das in Anlehnung an den wohl bekanntesten Vertreter dieses Modells (Coleman 1987, 1990) auch gerne als „Colemansche Badewanne" bezeichnet wird.

2 Theorien, Indikatoren und Hypothesen

Abbildung 4: Schematische Darstellung des erweiterten Modells

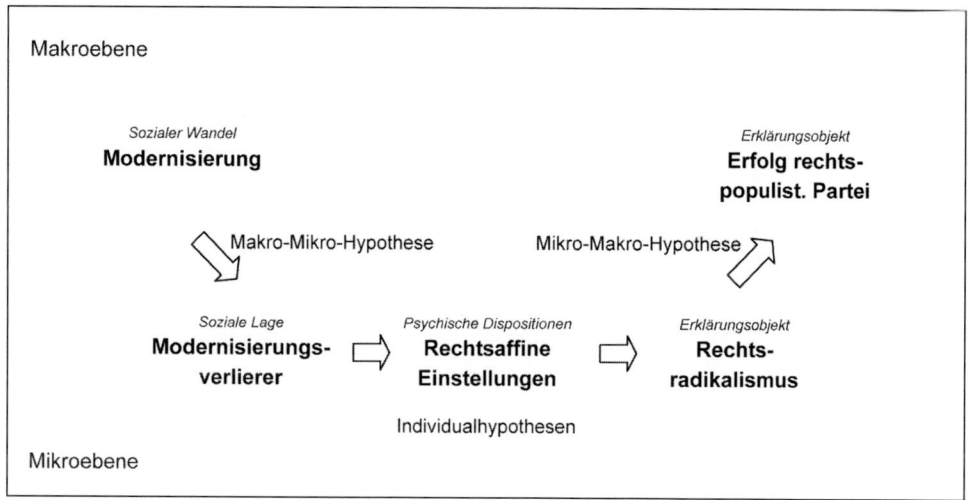

```
Makroebene

        Sozialer Wandel                              Erklärungsobjekt
        Modernisierung                               Erfolg rechts-
                                                     populist. Partei

              ⬊ Makro-Mikro-Hypothese    Mikro-Makro-Hypothese ⬈

        Soziale Lage      Psychische Dispositionen   Erklärungsobjekt
        Modernisierungs-  ⇨  Rechtsaffine       ⇨    Rechts-
        verlierer            Einstellungen           radikalismus

                         Individualhypothesen
Mikroebene
```

Quelle: Eigene Darstellung.

Der Übergang von der Mikro- auf die Makroebene lässt sich also nicht allein als Aggregation der Vorgänge auf der Individualebene verstehen, sondern ist auch anderen Einflüssen ausgesetzt. Coleman selber schlägt vor, diesen Übergang mit Marktmodellen zu begreifen (Coleman 1987: 157ff), was sich im konkreten Anwendungsfall auf politische Parteien im Sinne eines politischen Wettbewerbsmodells lösen lässt (Abb. 5, vgl. für eine andere Anwendung des Modells Nachtwey/Spier 2007a,b). Auf der einen Seite haben wir die *politische Nachfrage*, die insbesondere im Sinne der Modernisierungsverlierer-Theorie das Rechtsradikalismus-Potential umfasst, das durch soziale Lage und psychische Dispositionen prädisponiert ist. Auf der anderen Seite muss dieser Nachfrage aber auch ein *politisches Angebot* gegenüberstehen, welches nicht in jedem Fall gegeben ist und maßgeblich die Frage beeinflusst, inwiefern sich das rechtsradikale Potential realisieren lässt. Diese Angebotsseite umfasst eine ganze Reihe von Faktoren: Gibt es überhaupt eine entsprechende rechtspopulistische Partei? Verfügt sie über ein entsprechendes Programm, eine Modernisierungsverlierer ansprechende Rhetorik, eine charismatische Führerfigur, die sie repräsentiert? Kann auf eine entsprechende Parteiorganisation oder finanzielle Ressourcen zurückgegriffen werden, um Wahlkämpfe oder das „permanent campaigning" zu bestreiten? Auch das Angebot konkurrierender Akteure ist in dieser Hinsicht nicht zu vernachlässigen: Decken andere Parteien – vielleicht in deutlich gemäßigter Form – die Nachfrage nach radikal rechten Politikangeboten mit ab? Finden sie einen Modus, um rechtspopulistischen Akteuren von vornherein oder nach ihrem ersten Auftreten die elektorale Basis streitig zu machen?

Abbildung 5: Schematische Darstellung des politischen Wettbewerbsmodells

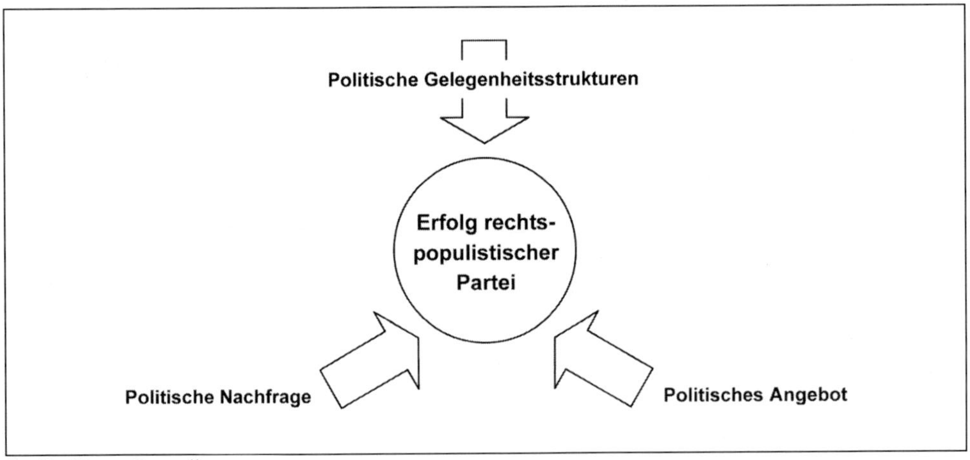

```
                    Politische Gelegenheitsstrukturen
                                  ↓

                          ┌─────────────┐
                          │ Erfolg      │
                          │ rechts-     │
                          │populistischer│
                          │ Partei      │
                          └─────────────┘
                         ↗               ↖
        Politische Nachfrage           Politisches Angebot
```

Quelle: Eigene Darstellung.

Doch der Erfolg einer rechtspopulistischen Partei reduziert sich nicht allein auf dieses Zusammenspiel von Angebot und Nachfrage. Der Wahlerfolg einer Partei ist auch abhängig von den institutionellen Restriktionen und Ressourcen, die sich für sie aus dem politischen System ergeben. Dies sind zunächst recht „mechanische" Effekte, etwa die Frage der Modalitäten des Wahlantritts oder die Auswirkungen des spezifischen Wahlsystems. Aber auch die Regierungskonstellation, die Agenda der politischen Themen oder Reaktion und Umgang der Medien mit dem rechtspopulistischen Akteur spielen in diesem Kontext eine Rolle. Ebenso kann eine spezifische politische Kultur, die die Wahl von rechtspopulistischen Parteien sanktioniert oder eventuell sogar begünstigt, einen Einfluss auf das Wahlergebnis haben. In der politischen Soziologie hat sich für diese Rahmenbedingungen das Konzept der politischen Gelegenheitsstrukturen durchgesetzt, das die Restriktionen und Ressourcen, die den Erfolg von politischen Akteuren beeinflussen, systematisch erfasst (Eisinger 1973; Kitschelt 1986; Tarrow 1991). Das Konzept ist auch verschiedentlich in qualitativen (Decker 2004) oder quantitativen Analysen (Arzheimer/Carter 2006) auf das Phänomen rechtspopulistischer Parteien in Westeuropa angewandt worden.

Die differenzierte Modellierung dieser ohne Frage wichtigen Erfolgsbedingungen soll jedoch im Kontext dieser Arbeit unterbleiben. Fokus der Studie ist die Frage der Anwendbarkeit der Modernisierungsverlierer-Theorie auf das Untersuchungsobjekt. Sie versucht hingegen nicht, den Erfolg derartiger Akteure umfassend zu ergründen. Selbst wenn die konkrete Höhe der Wahlerfolge rechtspopulistischer Parteien maßgeblich von diesen Erfolgsbedingungen gestaltet wird, kommt der Frage, ob sich die Wirkung der sozialen Lage und der psychischen Dispositionen im Sinne der Modernisierungsverlierer-Theorie erklären lässt, eine zentrale Rolle zu: Lässt sich die Theorie für alle Untersuchungsländer verifizieren, so kann gesagt werden, dass unabhängig von den eher konjunkturellen Bedingungen des politischen Angebots und der politischen Gelegenheitsstrukturen eine länderübergreifende Grundbedingung der Wahl rechtspopulistischer Parteien besteht, die durch die Modernisierungsverlierer-Theorie zum Ausdruck kommt. Im Übrigen werden all jene Faktoren des politischen Angebots und der Gelegenheitsstrukturen – wie in Abschnitt 2.3.3 dargestellt – indirekt dadurch im Untersuchungsmodell berücksichtigt, dass die Variable „Untersuchungsland" systematisch die Faktoren erfasst und kontrolliert, die spezifisch für das jeweilige Land sind.

2.5 Vorstellung der Indikatoren und Hypothesenbildung

Nach der Einordnung der Modernisierungsverlierer-Theorie in den Kontext des erweiterten Modells der Wahl rechtspopulistischer Parteien sollen nun die Indikatoren genauer beschrieben werden, die im empirischen Teil dieser Arbeit in die Analysen eingehen, und für sie empirisch überprüfbare Hypothesen aufgestellt werden. In den folgenden Abschnitten sollen zunächst die Indikatoren auf der Ebene der sozialen Lage beschrieben werden, die zur Erfassung der Modernisierungsverlierer-Eigenschaft einer Person herangezogen werden (2.5.1). Daran schließt sich die Darstellung der Indikatoren auf der Ebene der psychischen Dispositionen an, die in der Lage sein könnten, zu erklären, warum Modernisierungsverlierer zur Wahl von rechtspopulistischen Parteien neigen (2.5.2). Die Operationalisierung beider Variablengruppen erfolgt in einem zweiten Schritt in Abschnitt 3.3. Dabei ist die Abgrenzung, was noch theoretische Erörterung der Konzeption der Indikatoren ist und was bereits in den Bereich der operationalen Umsetzung fällt, nicht immer einfach. Vorliegend wurde der theoretische Teil weit gefasst, im Operationalisierungsabschnitt sollen hingegen nur noch die konkreten Arbeitsschritte erörtert werden, die für die Realisierung des Indikators im Kontext des hier zugrunde gelegten Datensatzes notwendig sind. Die für die Modernisierungsverlierer-Theorie nicht zentralen Variablen, also insbesondere die Umsetzung der abhängigen Variablen und der verschiedenen Kontrollvariablen, erfolgt komplett in Abschnitt 3.3.

2.5.1 *Modernisierungsverlierer-Indikatoren*

Die Indikatoren für die Modernisierungsverlierer-Eigenschaft einer Person nehmen im Rahmen der vorliegenden Untersuchung eine zentrale Rolle ein. Sie müssen die Dimensionen von Deprivation erfassen, die für die Erklärung eines Wahlverhaltens zugunsten einer rechtspopulistischen Partei potentiell relevant sein könnten. Dabei sollen alle Indikatoren nach einem ähnlichen Muster eingeführt werden: Zunächst gilt es, die wichtigsten Grundbegriffe des jeweiligen Konzepts zu definieren und von anderen Indikatoren abzugrenzen. Dann wird diskutiert, welche konkurrierenden Umsetzungen der Konzeption vertreten werden und welche davon für die konkrete Untersuchung gewählt wird. Schließlich werden die Indikatoren in den Kontext des Untersuchungsmodells gestellt und Hypothesen generiert, die im empirischen Teil dieser Arbeit überprüft werden sollen.

2.5.1.1 Klassenlage

Eine Möglichkeit, die Modernisierungsverlierer-Eigenschaft eines Individuums zu erfassen, besteht darin, seine Position im Gefüge der sozialen Schichtung einer Gesellschaft heranzuziehen. Die meisten auf der Makroebene angesiedelten Theorien des sozialen Wandels identifizieren Gruppen von Gewinnern und Verlierern aktueller Modernisierungsprozesse, die über diesbezügliche kategoriale Bezeichnungen indiziert werden können. Über diese Zuordnung lassen sich – eine korrekte Operationalisierung der Begrifflichkeit vorausgesetzt – eben jene Verlierergruppen auch in Individualdatensätzen nachweisen und die ihnen als typisch zugeschriebenen Einstellungen und Verhaltensweisen empirisch überprüfen. Ein traditionell in der empirischen Sozialforschung zu diesem Zweck genutztes Konzept ist das der sozialen Klasse. In einer sehr allgemeinen Form versteht man unter Klasse eine Bevölkerungsgruppierung, deren Mitglieder durch eine strukturell gleiche Stellung im Wirtschaftsprozess verbunden sind (Peuckert 2003a: 172). Klassen müssen dabei nicht notwendigerweise in einem strikt hierarchischen Über- oder Unterordnungsverhältnis stehen, wie es (neo-)marxistische Klassenkonzeptionen üblicherweise konstatieren. Es muss ebenso wenig von einem zwingenden Klassenantagonismus oder einem definitionsnotwendigen Klassenbewusstsein ausgegangen werden. Soziale Klasse ist in dem hier verwendeten Sinne ein rein analytisches Konstrukt, das die empirische Überprüfung von Aussagen zulässt.

Der analytische Wert der Klasseneinteilung folgt dabei aus der theoretischen Prämisse, dass sich Personen mit gleicher Klassenzugehörigkeit in gleichen Klassenlagen befinden. Klassenlagen sind dabei als ein multidimensionales Gefüge aus extrinsischen Determinanten zu verstehen, d.h. Menschen in gleicher Klassenlage teilen beispielsweise ähnliche ökonomische Chancen und Lebenserfahrungen (Weber 1990 [1922]: 177). Soweit hiermit Faktoren erfasst sind, die Einfluss auf ein zu untersuchendes Merkmal haben, ist dieses in den verschiedenen Klassen in unterschiedlichem Ausmaß und unterschiedlicher Häufigkeit zu erwarten. Hierdurch erklären sich nach klassentheoretischer Auffassung gleichartige Mentalitäten, Einstellungen, Interessen oder politische Präferenzen innerhalb der Klassen bzw. Unterschiede zwischen den Klassen. Diese Prägung durch die Klassenlage ist dabei nicht deterministisch zu verstehen, sondern nur als „die aus der Klassenlage mit einer gewissen Wahrscheinlichkeit folgende faktische Interessenrichtung eines gewissen ‚Durchschnitts' der ihr Unterworfenen" (Weber 1990 [1922]: 532).

Neben dem Begriff der Klasse wird gerade in der deutschsprachigen Soziologie auch das Konzept der sozialen Schicht zur Analyse sozialer Ungleichheit herangezogen (Geiger 1932; Renner 1953; Dahrendorf 1965; Bolte et al. 1967; Geißler 1994b). Der Unterschied von Klassen- zu Schichtanalysen wird idealtypisch an verschiedenen Punkten festgemacht (Hradil 2001: 42f mit weiteren Unterschieden): Klassenbegriffe versuchen zu erklären, sind deswegen zumeist Teil einer Theorie, während Schichtmodelle zunächst rein beschreibend genutzt und durch erklärende Theorien ergänzt werden müssen; Klassen liegt häufig eine Konflikttheorie zugrunde, während Schichtmodelle meist mit Integrationstheorien unterlegt werden; Klassenunterschiede sind stark und qualitativer Art, während Schichtunterschiede eher graduell und quantitativ sind. Dennoch haben sich empirische Klassen- und Schichtmodelle mittlerweile stark angenähert, gerade weil beide Konzepte üblicherweise über die berufliche Stellung eines Individuums operationalisiert werden (Peuckert 2003a: 175). In der internationalen Forschung, insbesondere in der komparativ angelegten, sind „social classes" ohnehin *de facto* der Standard der Stratifikationsforschung (Ganzeboom/Treiman 2003: 162f).

Die akademische Diskussion über soziale Ungleichheit verläuft aber auch in Deutschland seit den 1980er Jahren nicht mehr zwischen Klassen- und Schichttheoretikern, sondern zwischen beiden Gruppen und jenen – zumeist „postmodernen" – Kritikern, die behaupten, dass sich Klassen wie Schichten im gesellschaftlichen Modernisierungsprozess insgesamt auflösen oder bereits aufgelöst haben (Geißler 1994a: 12ff). So spricht Ulrich Beck (1986:

121ff) in seinem Kapitel „Jenseits von Klasse und Schicht" von einer „Nachklassengesellschaft" und Stefan Hradil (1987) verkündet den Paradigmenwechsel „[v]on Klasse und Schicht zu Lagen und Milieus". Auch international wird diese Diskussion geführt; die Positionen reichen dabei vom Postulat der „Death of Class" (Pakulski/Waters 1996a, b) bis hin zum weiten Feld derer, die eine abnehmende Prägekraft der Klassenlage auf Einstellungen und Verhaltensweisen annehmen, etwa Ronald Inglehart (1998), der eine Verschiebung hin zu „postmodernen Werten" konstatiert, die den materialistischen Werten des Klassenkonflikts den Rang ablaufen. Selbst Seymour M. Lipset, der in vielfacher Weise die Klassenlage zur analytischen Grundlage seiner politischen Soziologie machte („working-class authoritarianism" (Lipset 1959a), „democratic class struggle" (Lipset 1960), „class cleavages" (Lipset/Rokkan 1967)), ging in seinem Spätwerk von einem gesunkenen Stellenwert bei der Analyse politischer Phänomene aus („Are Social Classes Dying?" (Clark/Lipset 1991), „The Breakdown of Class Politics" (Clark/Lipset 2001)). Gegen diesen akademischen Trend wurde von Skeptikern auf der Basis theoretischer wie empirischer Argumente eingewandt, dass es „[k]einen Abschied von Klasse und Schicht" (Geißler 1996) geben könne. In der internationalen Debatte finden sich Schlagworte wie „Class Matters" (Andersen/Heath 2002) oder „Class Is Not Dead – It Has Been Buried Alive" (van der Waal et al. 2007). Es kann nicht Ziel dieses Abschnitts sein, die Argumente der Debatte *en detail* wiederzugeben. Der Analyse soll hier ein empirisch angelegtes Klassenmodell zugrunde gelegt werden. Inwiefern Klassenunterschiede für das Untersuchungsobjekt rechtspopulistischer Parteien Relevanz besitzen, ist dann Frage der Empirie.

In der internationalen Sozialforschung finden sich vor allem zwei Typen von empirischen Klassenmodellen. Die neo-marxistische Tradition wird von Erik O. Wright gepflegt, der seit den 1980er Jahren ein Modell entwickelt hat, das in seiner Grundform zwölf Klassen anhand der drei Kriterien „Verfügungsgewalt über Produktionsmittel", „Kontrollbefugnisse im Arbeitsprozess" und „besondere Qualifikationen" unterscheidet (Wright 1985, 1997). In Wrights Arbeiten werden alle drei Dimensionen als „Ausbeutungsverhältnisse" aufgefasst, in denen ein prinzipieller Antagonismus zwischen den jeweiligen Inhabern und den Nicht-Inhabern besteht, da erstere ein Interesse daran hätten, ihren Nutzen aus dem jeweiligen Verhältnis zu maximieren. Die Gruppe der jeweiligen Nicht-Inhaber müsste marxistischen Annahmen zufolge deswegen größer werden, die Gruppe der Inhaber jedoch kleiner („Proletarisierungsthese"). Genau hier liegt jedoch das empirische Hauptargument gegen das neo-marxistische Klassenmodell: Gerade die Bevölkerungsgruppen mit höheren Kontrollbefugnissen und besonderen Qualifikationen nehmen im Gefolge gesellschaftlicher Modernisierung zu. Die vermeintlich „widersprüchlichen Klassenlagen", etwa Manager und Aufseher (keine Produktionsmittel, aber hohe Kontrollbefugnisse) oder die entgeltabhängigen Experten (keine Produktionsmittel, aber besondere Qualifikationen), wachsen in Ausmaß und gesellschaftlicher Bedeutung.

Dieser Arbeit soll daher ein empirisches Klassenmodell zugrunde gelegt werden, das in der Tradition Max Webers steht und maßgeblich durch John H. Goldthorpe geprägt wurde (Goldthorpe 1980; Erikson/Goldthorpe 1992; Goldthorpe 2000). In Anlehnung an die Initialen der drei Autoren einer ersten internationalen Version des Klassenschemas (Erikson, Goldthorpe und Portocarero) werden sie auch als EGP-Klassen bezeichnet (Erikson et al. 1979). Im Gegensatz zum neo-marxistischen Modell geht es bei der Unterscheidung analytisch vor allem um die Frage ungleich verteilter Lebenschancen, die sich aus der Klassenlage ergeben. Auch wenn die „Verfügungsgewalt über Produktionsmittel" keine große

Rolle im EGP-Schema spielt, so erfassen die übrigen Kriterien der Klassenunterscheidung doch dem Wright'schen Modell ähnliche Dimensionen: Es werden der grundsätzliche Beschäftigungstyp (Selbständige bzw. entgeltabhängig Beschäftigte), die Kontrollbefugnisse im Arbeitsprozess (keine, über wenige, über viele Mitarbeiter), der über besondere Qualifikationen erreichte hierarchische Status im Arbeitsprozess (hochqualifizierte, qualifizierte und Routinetätigkeiten) sowie subsidiär auch der Beschäftigungssektor (Industrie, Dienstleistung, Landwirtschaft) berücksichtigt. Hierüber ergeben sich in der Grundversion elf Klassen, die in der internationalen Forschung zumeist auf sieben größere Kategorien reduziert werden.

Leider wurde das EGP-Modell explizit nur für Großbritannien validiert (Evans 1992; Evans/Mills 1998a, b, 2000), zudem erfolgte die Umsetzungen für andere Länder vergleichsweise *ad hoc* und nach dem Vorbild der britischen Klassifikation. Weit verbreitet ist etwa die Einordnung nach Ganzeboom und Treiman, die auf der International Standard Classification of Occupations (ISCO) der Internationalen Arbeitsorganisation und einigen Zusatzfragen beruht (Ganzeboom/Treiman 1996, 2003). Im Rahmen eines EU-weiten Harmonisierungsprogramms wird aber seit 1999 ein auf dem Goldthorpe-Modell aufbauendes Klassenschema entwickelt, das in Zukunft für europäische Statistiken genutzt werden soll und explizit auf den europäischen Vergleich ausgerichtet ist: die European Socio-economic Classification ESeC (Rose/Harrison 2007). Die Validierung des Klassenschemas ist zwar noch im Gang, diverse Berichte liegen aber schon vor (Bihagen et al. 2005; Hausen et al. 2005; Kunst et al. 2005; Rose/Harrison 2005; Schizzerotto et al. 2005; Watson et al. 2005)[8], so dass hier das im Rahmen eines westeuropäischen Vergleichs gut geeignete ESeC-Klassenschema als Variante des Goldthorpe-Modells genutzt werden soll.

Das ESeC-Schema unterscheidet neun Klassen und eine Residualkategorie, die zum besseren Verständnis hier kurz vorgestellt werden sollen (vgl. auch Tab. 2). Leider scheint es – jenseits der Ordnungsnummern – noch keine allgemein anerkannte Kurzbezeichnungen der ESeC-Kategorien zu geben, so dass der Verfasser hier den Versuch unternimmt, solche selbst in Anlehnung an verschiedene Quellen in der Literatur zu wählen. ESeC-Klasse 1 könnte man als *„höhere Dienstklasse"* bezeichnen. Diese durch Renner (1953: 211ff) und Dahrendorf (1965: 106f) geprägte Bezeichnung wird von Goldthorpe (Goldthorpe 2000: 217ff) in dem Sinne verwendet, dass die Klassenzugehörigen sich dadurch auszeichnen, dass ihre Arbeit nur schwer durch den Arbeitgeber zu kontrollieren ist. Gemeint sind insbesondere die Angestellten und Beamten mit hoher Qualifikation, die aufgrund ihres professionellen Wissens und ihrer Expertenstellung leitende Funktionen und gehobene Positionen in öffentlicher Verwaltung und Unternehmen einnehmen (Hradil 2001: 73). Hierzu gehören neben dem Management gerade auch solche Fachleute und Ingenieure, die hochqualifiziertes Fachwissen in ihre Arbeitsumgebung einbringen, über das – zumindest tendenziell – auch höhergestellte Positionen in der Institution oder dem Betrieb nicht verfügen. Diese Experten sind demnach einer fachlichen Aufsicht nicht zugänglich. Prägend ist für diese Klasse, dass ihre Mitglieder zu ihrem Arbeitgeber in einem „Dienstverhältnis" stehen. Abweichend von der deutschen Rechtsterminologie[9] ist damit gemeint, dass sie weitgehend

---

[8] Die Manuskripte finden sich auf der Website http://www.iser.essex.ac.uk/esec/.
[9] Im deutschen Arbeitsrecht ist jeder Arbeitsvertrag auch ein Dienstvertrag, ungeachtet der Frage, ob es sich um Dienstleistungs- oder Industrieberufe, um Manager oder Reinigungskräfte handelt. Die Goldthorpe'sche Unterscheidung von „Dienstverhältnis" gegenüber „Arbeitskontrakt" stellt aus Sicht des Arbeitgebers auf die zwei Dimensionen „Schwierigkeit der Überwachung" und „Ersetzbarkeit der besonderen Qualifikationen" ab (Goldthorpe 2000: 213ff).

Tabelle 2: Übersicht European Socio-economic Classfication (ESeC)

ESeC-Klasse	Deutsche Kurzbezeichnung	Englische Bezeichnung	Enthaltene Berufe	Beschäftigungsverhältnis	EGP-Äquivalent
1	Höhere Dienstklasse	Large employers, higher grade professional, administrative and managerial occupations	Höhere Professionen und Ingenieure; leitende Verwaltungsberufe, Manager und Inhaber von Großbetrieben	Dienstverhältnis	I
2	Mittlere Dienstklasse	Lower grade professional, administrative and managerial occupations; higher grade technician and supervisory occupations	Semi-Professionen; Lehrer, gehobene Verwaltungs- und Managementberufe, höhere technische Berufe	Dienstverhältnis	II
3	Intermediäre Dienstleistungsberufe	Intermediate Occupations	Qualifizierte Büro-, Dienstleistungs- und Handelsberufe	Mischtyp	IIIa
4	Kleine Selbständige	Small employers and self-employed (non-agriculture)	Inhaber von Kleinbetrieben, Selbständige (ohne Landwirte)	-	IVa, IVb
5	Selbständige Landwirte	Small employers and self-employed (agriculture)	Selbständige in der Landwirtschaft	-	IVc
6	Intermediäre Industrieberufe	Lower supervisory and lower technician occupations	Vorarbeiter; Meister, Techniker	Mischtyp	V
7	Einfache Dienstleistungsberufe	Lower services, sales and clerical occupations	Einfache Büro-, Dienstleistungs- und Handelsberufe	Arbeitskontrakt	IIIb
8	Qualifizierte Industrieberufe	Lower technical occupations	Facharbeiter	Arbeitskontrakt	VI
9	Einfache Industrieberufe	Routine occupations	Un- und angelernte Arbeiter	Arbeitskontrakt	VII
10	Nicht-Beschäftigte	Never worked	Nicht-Beschäftigte	-	-

Quelle: Eigene Zusammenstellung, angelehnt an Müller et al. (2006).

autonom agieren und ihre Bezahlung in der Praxis nicht Gegenstück einer standardisiert messbaren Leistung (Arbeitsstunden, Stückzahlen, etc.) ist. Goldthorpe und die verschiedenen Umsetzungen seines Klassenschemas ordnen dieser Kategorie auch Unternehmer mit mehr als zehn Beschäftigten zu, da sich diese strukturell in einer ähnlichen Position befinden wie leitende Manager (Erikson/Goldthorpe 1992: 40f). Diese gemeinsame Einordnung ist ein wesentlicher Kritikpunkt neo-marxistischer Klassentheoretiker, die in der rechtlichen Verfügungsgewalt über die Produktionsmittel einen kategorialen Unterschied sehen.

Ein nur gradueller Unterschied ergibt sich zur „*mittleren Dienstklasse*", die in abgestufter Form wesentliche Merkmale der sozialen Position auch der höheren Dienstklasse besitzt.[10] Die Klassenangehörigen nehmen mittlere Leitungspositionen in öffentlichen wie privatwirtschaftlichen Organisationen war, im Falle von kleinen Unternehmen mit weniger als zehn Beschäftigten zählt auch der leitende Manager hierzu. Weiterhin fallen solche Experten in diese Kategorie, deren Wissen zwar hoch qualifiziert ist, aber nicht mehr so organisationsspezifisch ausfällt, was insbesondere für den Gesundheits-, Wohlfahrts- und Bildungssektor gilt. Schullehrer sind ein Beispiel hierfür. Von den technischen Berufen gehören diejenigen in die mittlere Dienstklasse, die dem mittleren Management ähnliche Aufsichtsfunktionen wahrnehmen, im deutschen Kontext etwa Ingenieure.

Als Klasse der *„intermediären Dienstleistungsberufe"* könnte man jene Kategorie bezeichnen, in die vor allem qualifizierte Büro-, Handels- und sonstige Dienstleistungsberufe fallen. Zwar erreichen diese nicht das Qualifikationsniveau der beiden Dienstklassen, arbeiten jedoch unter ähnlichen Arbeitsbedingungen, üblicherweise in ausführenden Rollen gegenüber eben jenen. Sie erhalten ein festes Gehalt[11], sind in ihrer Arbeitszeitgestaltung häufig flexibler als Arbeiter und tendenziell auch schwerer in ihrer Arbeitsleistung zu kontrollieren, ohne die Privilegien und Karrierechancen der Dienstklassen zu teilen (Goldthorpe 2000: 222). Aufgrund ihrer Zwischenposition werden sie von Goldthorpe in ihrer Beschäftigungsform als Mischtyp von Dienstverhältnis und Arbeitskontrakt aufgefasst.

Die Klasse der *„kleinen Selbständigen"* umfasst Kleinunternehmer mit weniger als zehn Beschäftigten sowie Selbständige ohne Beschäftigte. Dies sind typischerweise Handwerker und kleine Ladenbesitzer, für die auch die historischen Bezeichnungen „Kleinbürger", „petite bourgeoisie", „alter Mittelstand" oder „small businessmen" geprägt wurden. Selbständige Experten mit Hochschulabschluss, etwa Juristen oder Ärzte, fallen nicht in diese Kategorie, sondern nach den oben geschilderten Kriterien in eine der beiden Dienstklassen. Zahlenmäßig kaum ins Gewicht fällt die eng verwandte Klasse der *„selbständigen Landwirte"*, die sich zwar heute faktisch in einer ähnlichen Arbeitssituation befindet wie die kleinen Selbständigen, sich aber mental und habituell durchaus von diesen unterscheiden lässt.

Parallel zu den intermediären Dienstleistungsberufen nehmen die *„intermediären Industrieberufe"* eine Zwischenstellung zwischen der Dienstklasse und der breiten Gruppe der Industrieberufe ein. Es handelt sich vor allem um Aufsichtspersonen, die über besonders organisationsspezifisches Wissen verfügen. Häufig werden diese organisationsintern aus den Reihen der anderen Industrieberufe rekrutiert, vor allem auf Grund von Erfahrung und Seniorität, (Goldthorpe 2000: 222f). Neben diesen Aufsichtspersonen fallen in diese Klasse aber auch qualifizierte Techniker, die nicht mehr als leitende Ingenieure der Dienstklasse zugehören.

Das untere Ende der Dienstleistungsberufe macht die Klasse der *„einfachen Dienstleistungsberufe"* aus. Hier finden sich Routineberufe ohne spezifische Qualifikationen, vor allem Büro-, Handels- und sonstige Dienstleistungstätigkeiten. Erikson und Goldthorpe hatten die Dienstleistungsberufe, die nicht in die Dienstklasse fallen, ursprünglich zu einer

---

[10] In der deutschsprachigen Literatur wird auch die Übersetzung „untere Dienstklasse" verwendet. Da es sich hierbei aber immer noch um hochqualifizierte Berufe handelt, die zumeist einen Universitätsabschluss verlangen, und es zwei weitere Kategorien mit weniger qualifizierten Dienstleistungsberufen gibt, wurde hier die Formulierung „mittlere Dienstklasse" bevorzugt.

[11] Die Unterscheidung von Lohn (für Arbeiter, „blue collar workers") und Gehalt/Salär (für Angestellte, „white collar workers") ist in vielen europäischen Ländern gängig, ohne dass heute noch die historischen Konsequenzen daran anknüpfen würden, etwa wöchentliche und in der Höhe schwankende Auszahlung des Lohn gegenüber monatlicher und fixer Auszahlung des Gehalts.

2 Theorien, Indikatoren und Hypothesen

Gruppe zusammengefasst, für das Studium insbesondere der sozialen Mobilität von Frauen aber zwischen den höherqualifizierten intermediären und den unqualifizierten Dienstleistungen unterschieden (Goldthorpe/Payne 1986; Erikson/Goldthorpe 1992: 231ff). Frauen stellen insbesondere in der letzten Klasse die große Mehrheit. In vielerlei Hinsicht entspricht deren Beschäftigungssituation der der Lohnarbeiter in den einfachen Industrieberufen (Erikson/Goldthorpe 1992: 241).

Die ESeC-Klassen 8 und 9 bilden die klassische Arbeiterschaft, die hier – analog zu den Dienstleistungsberufen – als *"qualifizierte Industrieberufe"* und *"einfache Industrieberufe"* bezeichnet werden sollen. Beiden Klassen gemein ist, dass die Arbeiter über die Form des „Arbeitskontrakts" beschäftigt werden: Der gezahlte Lohn ist mehr oder weniger eine konkrete Gegenleistung für eine quantifizierbare Arbeitsleistung. Privilegien und Aufstiegsmöglichkeiten der Dienstklasse fehlen weitgehend, dafür werden Überstunden als übervertragliche Leistung oft ausbezahlt oder durch Freizeit kompensiert (Goldthorpe 2000: 214ff). Die Unterteilung in zwei Klassen entspricht der in Facharbeiter und un- bzw. angelernte Arbeiter: Die qualifizierten Industrieberufe verfügen üblicherweise über Fähigkeiten, die sie zumindest schwerer ersetzbar machen als die un- und angelernten Arbeiter, die in die Klasse der „einfachen Industrieberufe" fallen. Üblicherweise wird diese besondere Qualifikation durch Abschwächung des Prinzips „Lohn für konkrete Arbeitsleistung" oder eine größere Sicherheit des Arbeitsplatzes honoriert.

Als Residualkategorie findet sich in der Klassifikation schließlich die Gruppe der *„Nicht-Beschäftigten"*. Hiermit sind jene Personen gemeint, die noch nie einem Beruf nachgegangen sind, etwa weil sie sich in der Ausbildung befinden oder aus sonstigen Gründen nicht erwerbstätig sind. Dabei ist schon hier anzumerken, dass Arbeitslose und Rentner nach ihrer letzten Berufstätigkeit eingeordnet werden. Dem Goldthorpe'schen Klassenschema liegt also die Prägung durch den Beruf zugrunde – selbst wenn sie sich nicht mehr aktuell auswirkt. Die Effekte von Arbeitslosigkeit können nicht mit dem Klassenkonzept erfasst und müssen separat untersucht werden.

Um empirisch überprüfbare Hypothesen generieren zu können, ist es notwendig, vor dem Hintergrund der Modernisierungsverlierer-Theorie Überlegungen anzustellen, von welcher dieser Klassen eine besonders starke Unterstützung rechtspopulistischer Parteien zu erwarten ist. Wie wirken sich also die unter dem Begriff der Globalisierung zusammengefassten Modernisierungsprozesse auf die Klassenstruktur aus? Welche Gewinner- und Verlierergruppen sind in Bezug auf die der Klassenkonzeption unterliegenden Dimension der ungleichen Lebenschancen zu erwarten? Folgt man den Annahmen der soziologischen und ökonomischen Forschung, so zeichnet sich die Globalisierung in wirtschaftlicher Hinsicht gerade in den entwickelten Industrienationen durch eine zunehmende Deindustrialisierung aus (Bluestone/Harrison 1982; Alderson 1999; Kucera/Milberg 2003; Brady/Denniston 2006). Im Zuge der fortschreitenden Integration nationaler Ökonomien in den Weltmarkt wird diesem Argument zufolge der industrielle Sektor erheblichem Druck ausgesetzt (Goldthorpe 2002: 3ff). Insbesondere die führenden Industrienationen sehen sich durch Wegfall von Handelshindernissen der Konkurrenz weniger entwickelter Nationen ausgesetzt, die über ein großes Potential günstiger Arbeitskräfte verfügen. Unternehmen können also durch die Verlagerung gerade der arbeitsintensiven Industrieproduktion in diese Länder Preisvorteile erzielen oder haben zumindest mit der Verlagerungsoption die Möglichkeit, Druck auf die Arbeitnehmer und ihre Lohnforderungen auszuüben (Wood 1994). Eine Produktionsverlagerung lässt sich empirisch sowohl durch das Wachstum westlicher Direktinvestitionen in sich entwickelnden Länder wie auch durch die Zunahme des Imports von Industrieprodukten aus letzteren in die alten Industrienationen nachweisen (Perraton et al. 1998: 146ff; Alderson 1999: 713f). Teilweise wird betont, dass die Deindustrialisierung nicht ausschließlich spezifische Folge der Globalisierung, sondern auch einer allgemeinen sektoralen Verschiebung im Modernisierungsprozess sein kann (Brady/ Denniston 2006; Brady et al. 2007). Die Folge, der Rückgang der industriellen Produktion, bleibt in beiden Fällen dieselbe und lässt insbesondere Teile der industriellen Berufsklassen zu Risikogruppen werden. Im Gegensatz dazu ist der Dienstleistungssektor von der Globalisierung aufgrund hoher Transaktionskosten nur eingeschränkt betroffen. Nur in Ausnahmefällen lohnt es sich beispielsweise, die Dienstleistung eines Friseurs über Ländergrenzen hinweg in Anspruch zu nehmen. Dem Argument der Betroffenheit des industriellen Sektors durch die Globalisierung folgend lässt sich daher folgende Hypothese formulieren:

> H1.1: Mitglieder industrieller Berufsklassen wählen rechtspopulistische Parteien mit überdurchschnittlicher Wahrscheinlichkeit.

Die ökonomischen Folgen der Globalisierung können nicht nur nach Wirtschaftssektoren differenziert werden, eine weitere Unterscheidungsmöglichkeit besteht nach dem Qualifikationsniveau der Arbeitnehmer (Kriesi 1999: 402f; 2001: 28f; Swank/Betz 2003: 220f; Hradil 2005: 474f). Ausgehend vom Heckscher-Ohlin-Theorem, das in den Wirtschaftswissenschaften zur Erklärung der Spezialisierungsmuster im internationalen Handel herangezogen wird, lassen sich insbesondere die sozialen Klassen mit niedriger Qualifikation als Verlierergruppen identifizieren (Wood 1995; eher skeptisch: Goldthorpe 2002: 5ff): Aufgrund des relativ hohen Angebots von unqualifizierten Arbeitskräften in weniger entwickelten Ökonomien spezialisieren sich diese mit Wegfall von Handelshindernissen im Zuge der Globalisierung auf die Produkte, die vergleichsweise arbeitsintensiv sind und kaum besondere Qualifikationen auf Seiten der Arbeitnehmer erfordern. Das steigende Angebot dieser Produkte auf dem Weltmarkt lässt den weiter entwickelten Volkswirtschaften zwei Optionen: Entweder sie spezialisieren sich auf Produkte höherqualifizierter Arbeit oder sie müssen die Arbeitskosten unqualifizierter Arbeit senken. Beide Optionen wirken sich ungünstig für die sozialen Klassen mit geringer Qualifikation aus, die entweder von Arbeitslosigkeit bedroht sind oder Lohnsenkungen in Kauf nehmen müssen. Aufgrund der sektoral unterschiedlichen Auswirkungen der Globalisierung ist jedoch auch hier davon auszugehen, dass unqualifizierte Industrieberufe durch diese Prozesse stärker getroffen werden, als die unqualifizierten Dienstleistungsberufe. Dennoch soll hier zu Prüfungszwecken die generelle Hypothese aufgestellt werden:

> H1.2: Mitglieder unqualifizierter sozialer Klassen wählen rechtspopulistische Parteien mit überdurchschnittlicher Wahrscheinlichkeit.

Auch die kleinen Selbständigen – gleich ob Handwerker, Ladenbesitzer oder kleinere selbständige Bauern – sind erheblichen Risiken in Modernisierungsprozessen ausgesetzt. Die wichtigsten populistischen Bewegungen des 19. und 20. Jahrhunderts hatten ihre Wurzeln in den Ängsten und Abstiegssorgen dieser kleinbürgerlichen Bevölkerungsgruppen (Puhle 2003: 18ff; Spier 2006: 39ff): Die kleinen Farmer des Südens und Mittleren Westens der USA unterstützten im späten 19. Jahrhundert etwa die Bewegung der amerikanischen Populisten; der „alte Mittelstand" aus Handwerkern, Krämern und kleinen Gewerbetreibenden sah sich im Deutschland der Weimarer Republik der Konkurrenz von industrieller Massenproduktion, gewerkschaftlichen Konsumgesellschaften und modernen Großkaufhäusern ausgesetzt – die resultierende „Panik im Mittelstand" (Geiger 1930) führte in der Phase der wirtschaftlichen Depression zur Unterstützung populistischer Kleinparteien und später der Nationalsozialisten. Die französische Poujade-Bewegung, die 1956 mit 52 Abgeordneten – darunter schon Jean-Marie Le Pen – in die Nationalversammlung einzog, nannte sich offiziell „Union de défense des commerçants et artisans" – Union zur Verteidigung der Händler und Handwerker.

Die Krisenanfälligkeit kleiner Selbständiger ist zu einem guten Teil strukturell bedingt: Die einmal erworbene berufliche Qualifikation ist ihre wesentliche Ressource, hingegen sind sie vergleichsweise kapitalschwach. Auf neue Konstellationen im Modernisierungsprozess können sie sich daher nur schwer einstellen, sinkende Gewinnmargen müssen als Einkommenseinbußen hingenommen oder durch persönliche Mehrarbeit kompensiert werden. Im Zuge der Globalisierung treten für die Gruppe der kleinen Selbständigen neue Risiken zu diesen allgemeinen Modernisierungsfolgen hinzu: Auf eigene Rechnung global agieren kann fast kein kleiner Selbständiger, aber die Konkurrenz durch global agierende Unternehmen trifft sie – zumindest in exportoffenen Branchen – sehr wohl. Zudem tritt vermehrt das Phänomen der sogenannten „Scheinselbständigkeit" oder arbeitnehmerähnliche Selbständigkeit als neuer Typus auf: Hierunter werden solche Beschäftigte verstanden, die typischerweise von nur einem Auftraggeber abhängig, in dessen Organisation weitgehend eingebunden und faktisch auch weisungsgebunden sind, formal aber als Selbständige behandelt werden (Hradil 2001: 196). Die Kosten der sozialen Absicherung werden durch die rechtliche Selbständigkeit auf den Quasi-Arbeitnehmer abgewälzt. Zudem gehen die sozial- und arbeitsrechtlichen Schutzrechte verloren (Sitte 1997: 89). Diese Gruppe wird noch separat im Kontext des Indikators zu prekären Beschäftigungsverhältnissen untersucht (vgl. Abschnitt 2.5.1.8). Diese Probleme berücksichtigend kann man zumindest auch Teile der kleinen Selbständigen als Modernisierungsverlierer ansehen und die folgende Hypothese aufstellen:

> H1.3: Kleine Selbständige wählen rechtspopulistische Parteien mit überdurchschnittlicher Wahrscheinlichkeit.

Hingegen dürften die beiden hier unterschiedenen Dienstklassen noch am ehesten zu den Gewinnern der Globalisierung gehören. Sie unterlagen in praktisch allen entwickelten Ländern seit Ende des 19. Jahrhunderts einem kontinuierlichen Expansionsprozess, der in der Nachkriegszeit besonders stark ausfiel (Goldthorpe 1995: 316). Ihre Mitglieder verfügen nicht nur über relativ sichere Arbeitsplätze und ein hohes Einkommen (Goldthorpe/McKnight 2005), sondern können sich auch aufgrund von hoher formaler Bildung und spezieller Qualifikationen selbst im Fall von globalisierungsbedingten Härten gut darauf einstellen. Dies führt zu der Vermutung, dass sie bei Anwendung der Modernisierungsverlierer-Theorie auf das Klassenschema wohl kaum zu den starken Unterstützern rechtspopulistischer Parteien gehören:

> H1.4: Mitglieder der Dienstklasse wählen rechtspopulistische Parteien mit unterdurchschnittlicher Wahrscheinlichkeit.

2.5.1.2 Sozioökonomischer Status

Ein zweiter Indikator, der hier zur Erfassung der Modernisierungsverlierer-Eigenschaft herangezogen werden soll, ist der sozioökonomische Status einer Person. Die bessere oder schlechtere absolute Stellung einer Person im Gefüge einer oder mehrerer Dimensionen sozialer Ungleichheit wird üblicherweise als Status bezeichnet (Hradil 2001: 33). Generell kommen hierfür ganz unterschiedliche Dimensionen in Frage, etwa materieller Wohlstand, Bildung, Macht oder Prestige. Verbreitet ist insbesondere das Konzept des sozioökonomischen Status, das Einkommensverhältnisse, Beruf und Ausbildung indizieren soll (Peuckert 2003b: 381). Zentral ist in diesem Kontext insbesondere die berufliche Stellung einer Person, wird doch davon ausgegangen, dass sie in westlichen Gesellschaften der wesentliche Weg ist, um Sicherheit, Privilegien, Ehre und Wohlstand zu erlangen (Kantzara 2007: 4750f). Andererseits lässt sich über die berufliche Stellung einer Person zumeist auf ihre Ausbildung und ihre Einkommensverhältnisse schließen.

Sowohl das Konzept der Klasse wie auch das des sozioökonomischen Status beziehen sich also primär auf die berufliche Position eines Befragten. Im Gegensatz zur Klassenkonzeption, die sich auf eine diskrete, also abzählbare Anzahl von Kategorien beschränkt, handelt es sich beim sozioökonomischen Status jedoch um ein kontinuierliches Maß, das eine prinzipiell unbegrenzte Anzahl von Ausprägungen zur Verfügung stellt. Dieser kontinuierliche Ansatz hat zwei wesentliche Vorteile gegenüber seinem kategorialen Pendant (Ganzeboom et al. 1992: 5ff): Erstens geht die Klassenkonzeption davon aus, dass sich die Mitglieder einer Klasse in Bezug auf die Analysedimension deutlich genug von denen einer anderen unterscheiden (externe Heterogenität), gleichzeitig untereinander aber relativ ähnlich sind (interne Homogenität). Ist dies nicht der Fall, so bietet sich alternativ der weniger voraussetzungsvolle kontinuierliche Ansatz an. Zweitens sind kontinuierliche Maße für die statistische Analyse grundsätzlich von Vorteil, da sie einen größeren Informationsgehalt aufweisen und dadurch auch einer größeren Zahl von statistischen Verfahren zugänglich sind.

Grundsätzlich können drei Arten der Umsetzung derartiger Statuskonzeptionen in der empirischen Sozialforschung unterschieden werden (Wolf 1995: 103): Zunächst ist es möglich, verschiedene Merkmale, die als Indikatoren für den sozialen Status angesehen werden (z.B. Einkommen, Vermögen und Bildung), zu einem einfachen oder gewichteten Index zusammenzufassen. Weiterhin kann man – empirisch anspruchsvoller – die den einzelnen Indikatoren unterliegende Dimension sozialer Ungleichheit durch ein statistisches Verfahren wie der Faktorenanalyse ermitteln und gewinnt dadurch eine Skala im engeren Sinne des Begriffs. Schließlich sind bereits von anderen Forschern erstellte Skalen des sozioökonomischen Status vorhanden, die auf die eigene Untersuchung mittels einer Zuordnungsvariable, üblicherweise dem Beruf, übertragen werden können. Die Primärforscher ermitteln dafür auf Grundlage sehr großer Datensätze nach ihren theoretischen Vorstellungen für jede Berufskategorie einen Punktewert, der dann in anderen Untersuchungen Befragten, die in diese Kategorie fallen, zugeordnet wird. Da sich die Validität dieser Status-Skalen bereits in unterschiedlichen Kontexten erwiesen hat, soll hier ebenfalls ein bereits etabliertes Maß sozioökonomischen Status herangezogen werden.

Für international vergleichende Untersuchungen bietet sich das weitgehend etablierte Status-Maß ISEI (International Socio-Economic Index of Occupational Status) von Harry B.G. Ganzeboom und Donald J. Treiman an (Ganzeboom et al. 1992; Ganzeboom/Treiman

1996, 2003). Dem ISEI-Konzept liegt die Überlegung zugrunde, dass der beruflichen Tätigkeit aus Sicht des Berufstätigen die Rolle zukommt, einen Bildungsabschluss in ein konkretes Arbeitseinkommen umzusetzen. Der sozioökonomische Status eines Berufs ist deswegen definiert als die intervenierende Variable zwischen formalem Bildungsgrad und Einkommen, die den indirekten Effekt der Bildung auf das Einkommen über den Beruf maximiert und gleichzeitig den direkten Effekt der Bildung auf das Einkommen minimiert (Ganzeboom et al. 1992: 10f; Ganzeboom/Treiman 1996: 212). Technisch wurde dies durch ein „Optimal Scaling"-Verfahren erreicht. Hieraus ergibt sich eine Status-Skala mit Werten für 209 Berufsgruppen, die Werte reichen dabei von 16 Punkten (z.B. landwirtschaftliche Hilfskräfte und Reinigungspersonal) bis hin zu 90 Punkten (z.B. Richter). Auch für die Analyse des sozioökonomischen Status gilt, dass grundsätzlich entsprechend dem letzten ausgeübten Beruf zugeordnet wird, damit die Effekte temporärer Arbeitslosigkeit unberücksichtigt bleiben und an anderer Stelle separat untersucht werden können.

Anders als bei der Indizierung der Modernisierungsverlierer-Eigenschaft durch ein kategoriales Klassenmodell sind keine besonderen Hilfsüberlegungen notwendig, um in Bezug auf den sozioökonomischen Status eine empirisch überprüfbare Hypothese aufzustellen. Im Sinne objektiv vorliegender absoluter Statusdeprivation müsste sich die folgende Behauptung bewahrheiten:

H2: Je niedriger der sozioökonomische Status einer Person, desto höher ist die Wahrscheinlichkeit, dass sie eine rechtspopulistische Partei wählt.

2.5.1.3 Sozioökonomische Statusinkonsistenz

Die Klassenzugehörigkeit einer Person wie auch ihr sozioökonomischer Status sind jeweils Ausdruck einer absoluten Position im Gefüge der gesellschaftlichen Stratifikation. Im Zusammenhang mit der Modernisierungsverlierer-Theorie kann hierüber also nur das Vorliegen einer absoluten Deprivation in der jeweiligen Ungleichheitsdimension überprüft werden. Wie in Abschnitt 2.3.1 ausgeführt können aber unter Umständen relative Deprivationserfahrungen, d.h. das Abweichen des Ist-Wertes von einem erwarteten Soll-Wert, für die Erklärung der hier untersuchten Einstellungen und Verhaltensweisen durchaus bedeutsam sein. Ein Status-Mangel wird demnach vor allem dann wahrgenommen, wenn ein anderer Status-Wert aufgrund bestimmter Lebensumstände erwartet werden kann. Als eine Form der relativen Deprivation wird in der Literatur die sozioökonomische Statusinkonsistenz diskutiert, die hier als mögliche Umsetzung des Modernisierungsverlierer-Konzepts und Ergänzung zum Indikator des (absoluten) sozioökonomischen Status herangezogen werden soll.

Die Idee der Statusinkonsistenz wird zumeist auf Lenski (1954) zurückgeführt. Ausgehend vom Konzept des sozioökonomischen Status weist dieser auf die Vorteile hin, die die Multidimensionalität dieses Indikators für die Erklärung bestimmter politischer Einstellungen und Verhaltensweisen mit sich bringt (Lenski 1954: 405f). Lenski geht davon aus, dass vor allem die Abweichung einzelner Status-Dimensionen – er untersucht Bildung, Einkommen, Berufsprestige und ethnische Zugehörigkeit – vom mittleren Gesamtstatus Relevanz besitzt. Nicht explizit wird in Lenskis Kontext die bereits von Benoît-Smullyan (1944: 160) formulierte Grundidee, dass Individuen bemüht sind, inkonsistente Statuskonfiguration auszugleichen (Bornschier/Heintz 1977: 30). Der Grund hierfür liegt in der psychischen Situation von Personen mit inkonsistenten Statuskonfigurationen, die geprägt ist durch Anspannung, Unzufriedenheit, Statusunsicherheit und Statusangst (Blinkert et al. 1972: 24).

Die Konsequenzen auf der Verhaltensebene, die in der Statusinkonsistenzforschung untersucht wurden, sind vielfältig: Sie reichen von Stress-Symptomen, Interesse an Veränderungen, sozialer Isolation, politischer Apathie bis hin zu Selbstmordhandlungen (Eitzen 1970: 493; Blinkert et al. 1972: 24). Eine eindeutige politisch-ideologische Richtung der Reaktion ließ sich bisher nicht nachweisen. Während die frühe Forschung im Anschluss an Lenski (1954) vor allem davon ausging, dass Statusinkonsistenz „progressive", im angloamerikanischen Sinne „liberale" Tendenzen links der politische Mitte fördere, wurde auch früh ein Zusammenhang von Statusinkonsistenz und Rechtsradikalismus konstatiert (Trow 1958; Lipset 1959b; Rush 1967). Doch keineswegs alle Studien konnten eine solche Korrelation eindeutig nachweisen (Hunt/Cushing 1970; Lupri 1972). Schließlich fand man einen hohen Anteil statusinkonsistenter Personen bei politischen Extremisten im Iran, wobei diese sowohl der revolutionären Linken wie auch der nationalistischen Rechten angehörten (Ringer/Sills 1952).

Nicht nur diese scheinbar widersprüchlichen Ergebnisse haben zu einem merklichen Rückgang der empirischen Forschung zur Statusinkonsistenz geführt (Kerschke-Risch 1990: 195; Kohler 2005: 237): Vor allem methodische Probleme wurden kontrovers diskutiert: Sollte Statusinkonsistenz tatsächlich über objektive sozialstrukturelle Merkmale festgestellt werden, oder doch eher über die subjektive Einschätzung der Betroffenen? Wo sollte man die Grenze zwischen konsistenten und inkonsistenten Personen ziehen? Bezieht sich die Konsistenz nur auf die Abweichung einer Dimension sozialer Ungleichheit von einer anderen, oder ist es die Summe der Abweichungen vom Mittelwert? Schließlich: Spielt die Richtung der Abweichung eine Rolle?

In der älteren Statusinkonsistenz-Forschung wird zumeist die klassische Trias der sozioökonomischen Statusindikatoren herangezogen: formaler Bildungsabschluss, Beruf und Einkommen. Die Indikatoren werden dann einheitlich skaliert und Abweichungen der einzelnen Dimensionen untereinander, gegebenenfalls auch vom Mittelwert aller Indikatoren, untersucht. Im Kontext dieser Arbeit, die bereits ein einheitliches und etabliertes sozioökonomisches Status-Maß in Form der ISEI-Skala zur Anwendung bringt, bietet sich ein alternatives Verfahren an: Da ein bestimmter formaler Bildungsabschluss üblicherweise Voraussetzung für die Ausübung eines bestimmten Berufes mit einem entsprechenden Arbeitseinkommen ist, kann Statusinkonsistenz hier auch als Abweichung des realen Status-Werts einer Person vom mittleren Status all der Personen begriffen werden, die das gleiche Bildungszertifikat inne haben (ähnlich: Kerschke-Risch 1990). Liegt etwa der mittlere sozioökonomische Status aller Befragten mit einem Universitätsabschluss in einem Land bei beispielsweise 60 ISEI-Punkten, so weist ein Befragter mit einem ebensolchen Zertifikat, der aber nur einen Status-Wert von 55 hat, eine negative Statusinkonsistenz auf. Kommt er hingegen auf 70 Punkte, so liegt eine positive Statusinkonsistenz vor. Der formale Bildungsabschluss definiert damit den Erwartungshorizont einer Person bezüglich ihres sozioökonomischen Status. Die Statusinkonsistenz ist die Differenz von tatsächlichem Status (Ist-Wert) und zu erwartendem Status (Soll-Wert).

Mit diesem Instrumentarium lässt sich der Indikator Statusinkonsistenz operationalisieren und eine Arbeitshypothese in Bezug auf die Wahl rechtspopulistischer Parteien formulieren. Im Sinne relativer Deprivation müssten insbesondere solche Personen zur Wahl dieser Parteien neigen, die in ihrem tatsächlichen sozioökonomischen Status hinter den gesellschaftlichen Erwartungen zurückbleiben. Die folgende Arbeitshypothese müsste sich daher empirisch belegen lassen:

> H3: Je stärker der sozioökonomische Status einer Person negativ vom mittleren Status der Personen mit gleichem formalen Bildungsabschluss abweicht, desto höher ist die Wahrscheinlichkeit, dass sie eine rechtspopulistische Partei wählt.

2.5.1.4 Sozialprestige

Als vierter Indikator soll im Rahmen dieser Studie der Effekt des über den Beruf einer Person vermittelten Sozialprestiges auf die Wahl rechtspopulistischer Parteien untersucht werden. Unter Prestige versteht man allgemein den Ruf oder das Ansehen von Personen und Gruppen. Zumeist ist der engere Begriff des Sozialprestiges einer generalisierten Form des gesellschaftlichen Ansehens vorbehalten, welches sich nur über eine Gruppenzugehörigkeit auf konkrete Personen übertragen lässt. Prestige in diesem Sinne kann folglich definiert werden als „die gesellschaftlich typische Bewertung der unpersönlichen sozialen Positionen und Merkmale von Menschen" (Hradil 2001: 277). Persönliche Merkmale einer Person spielen für das ihnen zugeordnete Sozialprestige keine Rolle, es handelt sich vielmehr um eine abstrakte Form der sozialen Wertschätzung, die über Merkmale wie Beruf, Bildungszertifikate, Titel oder Adelsprädikate vermittelt wird. Prestige ist daher eine quasi symbolische Dimension sozialer Ungleichheit (Hradil 2001: 275).

Eingeführt wurde der Prestige-Begriff in die sozialwissenschaftliche Forschung durch Max Weber im Kontext seiner Arbeit zur Machtverteilung innerhalb von Gesellschaften, zu Klassen, Ständen und Parteien (Weber 1990 [1922]: 531ff). Anders als Marx, der davon ausgeht, dass gesellschaftliche Macht vor allem ökonomisch determiniert ist, also über die Verfügungsgewalt an Produktionsmitteln vermittelt wird, sieht Weber einen zweiten Faktor des gesellschaftlichen Machterwerbs in der sozialen Ehre, dem Prestige (Weber 1990 [1922]: 531). Er geht zwar davon aus, dass Prestige sowohl durch ökonomischen Wohlstand erlangt werden, wie auch selbst Grundlage eines solchen Wohlstands sein kann. In jedem Fall ist das Prestige nach Weber aber eine prinzipiell unabhängige Größe, deren gesellschaftliche Verteilung die soziale Ordnung erst konstituiert.

Da sich die soziale Bewertung bestimmter Merkmale von Menschen verändert, ist Prestige generell kein interkulturell und intertemporal allgemein gültiges Maß, sondern in einen spezifischen räumlich-sozialen und zeitlichen Kontext eingebunden. Selbst innerhalb einer Gesellschaft mag die Bewertung bestimmter Merkmale in unterschiedlichen Milieus differieren. Allerdings konnte in der empirischen Forschung festgestellt werden, dass die Einschätzung des über den Beruf vermittelten Prestiges durch Individuen in unterschiedlichen sozialen Positionen und variierenden gesellschaftlichen Kontexten, selbst über größere Zeiträume hinweg bemerkenswert konstant ist (Hodge et al. 1964; Hodge et al. 1966; Blau/Duncan 1967; Treiman 1977). Für die vorliegende länderübergreifende Untersuchung bietet sich das Berufsprestige daher als generalisiertes Maß des sozialen Ansehens an, zumal sich die empirische Forschung fast ausschließlich auf diesen Prestigeaspekt beschränkt.

Insofern werden sowohl der Indikator „Sozioökonomischer Status" wie auch „Sozialprestige" über den Beruf des jeweiligen Befragten ermittelt. Zwischen beiden Konzeptionen gibt es jedoch bedeutende Unterschiede (Ganzeboom/Treiman 2003: 173f): Während das Prestige die soziale Wertschätzung erfasst, die ein Individuum in sozialen Interaktionsprozessen erwarten kann, versucht der sozioökonomische Status die wirtschaftlich verwertbaren Ressourcen einer Person wie Bildung, Fertigkeiten und Einkommen auf eine direktere Art und Weise zu messen. Üblicherweise korrelieren beide Indikatoren stark, jedoch sind sie konzeptionell zu unterscheiden. Ganzeboom und Treiman (2003: 174) gehen sogar davon aus, dass sie sich jeweils in bestimmten sozialen Situationen kompensieren. Leider wird in der sozialwissenschaftlichen Forschung nicht immer trennscharf zwischen beiden Konzeptionen unterschieden, z.B. Status über Maße des beruflichen Prestiges operationalisiert und umgekehrt (etwa Curry/Walling 1984). In der vorliegenden Studie werden beide Konzepte parallel angewandt, so dass hier analytisch unterschieden werden kann, ob eher ökonomische Mangelerfahrungen (niedriger sozioökonomischer Status) oder ein Ansehensmangel (niedriges Sozialprestige) die Wahl von rechtspopulistischen Parteien begünstigen.

Ähnlich wie beim sozioökonomischen Status kommt im Rahmen der vorliegenden Sekundäranalyse nur eine Prestige-Konzeption in Frage, die aufgrund von Datensätzen von Primärforschern erstellt wurde und sich auf den zugrundliegenden Datensatz mit Hilfe einer Zuordnungsvariable – in diesem Fall über die berufliche Tätigkeit – übertragen lässt. In der empirischen Forschung werden eine ganze Reihe solcher Prestige-Skalen verwendet (vgl. die Übersicht bei Wolf 1995). Die wohl gebräuchlichste ist die sogenannte Standard International Occupational Prestige Scale (SIOPS), die auf Donald Treiman zurückgeht (Treiman 1977, 1979). Die Skala enthält in der aktuellen Umsetzung (Ganzeboom/Treiman 1996, 2003) Prestige-Werte für 538 Berufsgruppen, die sich von einfachen Straßendienstleistungen (Schuhputzer etc.) mit 12 Punkten bis zu 78 Punkten für Ärzte und Universitätsprofessoren erstreckt. Sie wurden aufgrund von Umfragen über das soziale Ansehen von bestimmten Berufen in 55 Ländern erstellt, darunter nicht nur Industrieländer, sondern auch einige südamerikanische, afrikanische und asiatische Staaten. Treiman hat in seinen Untersuchungen festgestellt, dass die Prestige-Bewertung weitgehend unabhängig vom betrachteten Land ist (Treiman 1977: 102).

Wenn man davon ausgeht, dass eine objektiv festzustellende, absolute Prestige-Deprivation die Wahl rechtspopulistischer Parteien fördert, so lässt sich die folgende Arbeitshypothese aufstellen, die im Weiteren empirisch zu überprüfen sein wird:

> H4: Je niedriger das Sozialprestige einer Person, desto höher ist die Wahrscheinlichkeit, dass sie eine rechtspopulistische Partei wählt.

2.5.1.5 Objektive Einkommensarmut

Armut und der antonyme Begriff des Reichtums sind zentrale Konzepte in der Ungleichheitsforschung. In der empirischen Forschung wird der individuellen Armut ein vielfältiger Einfluss auf sehr unterschiedliche Aspekte der personenbezogenen Lebenschancen zugesprochen: Nach dieser beeinflusst sie etwa die intellektuelle und schulische Entwicklung von Kindern, den Gesundheitszustand und die Lebenserwartung von Menschen allgemein, das Selbstmordrisiko einer Person oder ihre gesellschaftliche Anerkennung und Wertschätzung (Hradil 2001: 255f). Auch Wirkungen auf die Ausbildung bestimmter Einstellungen und Werte wird der Armut zugesprochen, mit den entsprechenden nachgelagerten Prägungen des individuellen Verhaltens. Armut als Indikator für die Modernisierungsverlierer-Eigenschaft heranzuziehen liegt daher nahe.

Wichtig ist zunächst das Objekt der Armut zu benennen. Parallel zum Deprivationskonzept kann sich der Armutsbegriff nämlich auf unterschiedliche Armutsformen beziehen. Zumeist werden ein eindimensionales Konzept der Ressourcen-Armut und ein mehrdimensionales Konzept der Lebenslagen-Armut vertreten (Hradil 2001: 243f).[12] Der Ressourcen-Ansatz misst Armut vergleichsweise indirekt, indem er vor allem auf finanzielle Ressourcen wie Einkommen oder Vermögen abstellt (Andreß 1998: 4ff). Es wird dabei davon ausgegangen, dass mithilfe dieser Ressourcen eine Armut in den unterschiedlichen Lebensbereichen verhindert werden kann. Der Lebenslagen-Ansatz stellt hingegen direkt auf diese ab, indem er den tatsächlichen Lebensstandard in verschiedenen Bereichen, etwa Ernährung, Haushaltsausstattung, Wohnsituation etc., abfragt (Andreß 1998: 8ff). Es geht in anderen Worten um die Konsumtion der finanziellen Ressourcen. Das Lebenslagen-Konzept hat sicherlich den Vorteil, dass es direkt tatsächliche Mängel im Lebensstandard erfasst. Leider lässt sich dieser Ansatz mit den im ESS enthaltenen Daten nicht adäquat operationalisieren. Deswegen soll hier der eher indirekte Indikator der Einkommensarmut herangezogen werden. Untersuchungen haben aber gezeigt, dass es bezüglich der Armutsquoten keine großen Diskrepanzen zwischen dem Lebenslagen und Ressourcen-Ansatz gibt (Bavier 2008: 57ff).

Die klassische Streitfrage in der Armutsforschung ist die nach der Bemessung der Armutsgrenze (Piachaud 1992: 63ff; Brady 2003: 720ff). Die Festlegung dessen, was als minimaler Lebensstandard im Sinne einer solchen Grenze angesehen werden soll, ist immer eine normative Wertentscheidung (Sen 1979: 285). Absolute Armutskonzeptionen treten für eine fixe Einkommensgröße ein, die sich zumeist an den Kosten für den Erhalt des physischen Existenzminimums orientieren (Piachaud 1992: 64; Brady 2003: 721). Dieses Minimum ist fix und wird nur dem Preisniveau angepasst. Der relative Armutsbegriff ist hingegen darauf gerichtet, die Armutsgrenze als soziokulturellen Minimalstandard zu definieren (Brady 2003: 721ff). Diese Konzeption orientiert sich am durchschnittlichen Lebensstandard der jeweiligen Bevölkerung, relativ zu dem dann eine Armutsgrenze definiert wird – zumeist in Form eines prozentualen Bruchteils des mittleren Einkommens. Für Untersuchungen, die etwa Ernährungsprobleme in Entwicklungsländern zum Gegenstand haben, mag die absolute Armutskonzeption zur Ermittlung eines Subsistenzminimums hilfreich sein – hier könnte eine relative Armutsgrenze unter Umständen unter der Subsistenzschwelle liegen. Für Industrienationen wie den hier untersuchten Ländern ist jedoch nur eine relative Armutskonzeption sinnvoll, da die physische Existenz in aller Regel außer Frage steht (Sen 1992; Andreß 1998: 2; Brady 2003: 720f).

Als zentraler Bezugspunkt für den Lebensstandard einer Gesellschaft, und damit Ausgangsgröße für die Ermittlung der Armutsgrenze, wird üblicherweise der Median des Nettoäquivalenzeinkommens herangezogen. Dies ist nicht nur in der Statistik der EU der

---

[12] Teilweise wird Deprivation im Sinne eines zunächst unspezifischen Mangels auch synonym zum Armutsbegriff gebraucht. In der empirischen Armutsforschung ist es hingegen üblich, den Ressourcen-Ansatz als Einkommensarmut und den Lebenslagen-Ansatz als (Lebensstil-)Deprivation zu bezeichnen (Whelan et al. 2001; Whelan et al. 2004; Whelan/Maître 2007).

Fall (Eurostat 2000), sondern auch in der Armuts- und Reichtumsberichterstattung der Bundesregierung (Bundesministerium für Arbeit und Sozialordnung 2001, 2005). Der Median der Einkommensverteilung wird in der Armutsforschung häufig dem arithmetischen Mittel vorgezogen, weil er gegenüber extremen Ausreißern weniger anfällig ist (Warner/ Hoffmeyer-Zlotnik 2003: 315). Das Nettoeinkommen ist hingegen in der internationalen Forschung üblich, da so die tatsächlich verfügbaren Ressourcen gemessen werden, unabhängig von der Höhe der national variierenden Steuer- und Abgabenzahlungen. Das Äquivalenzeinkommen ist schließlich eine Transformation des sogenannten Haushaltseinkommens. Der Haushalt ist deswegen primäre Bezugseinheit der Einkommenserhebung, da in einer solchen Bedarfsgemeinschaft üblicherweise über bezahlte und unbezahlte Arbeit gemeinschaftlich entschieden und die vorhandenen Ressourcen zur Konsumtion auf alle verteilt werden (Piachaud 1992: 76). Häufig entspricht der Haushalt dem Kreis der Familie, aber auch nicht-verwandte Haushaltsmitglieder sind in der Bedarfsgemeinschaft denkbar. Um das Haushaltseinkommen in Bezug zur Haushaltsgröße zu setzen wird für einzelne Haushaltsmitglieder das Äquivalenzeinkommen berechnet. Weil die Kosten pro Person in einem Haushalt mit seiner Größe jedoch sinken (sog. Skalenvorteile), reicht es nicht aus, das Haushaltseinkommen durch die Anzahl der Haushaltsmitglieder zu teilen. Vielmehr wird ein Äquivalenzfaktor berechnet, in den nach der derzeit in der EU-Statistik gebräuchlichen „Neuen OECD-Skala" die Person des ersten Mitglieds mit dem Wert 1,0 eingeht, weitere Personen über 14 Jahre mit 0,5 berücksichtigt und Kinder unter 15 Jahren schließlich mit 0,3 bemessen werden (Hagenaars et al. 1994). Das Äquivalenzeinkommen entspricht dann dem Haushaltseinkommen dividiert durch den Äquivalenzfaktor, und kann als verfügbare Einkommensressourcen der einzelnen Person interpretiert werden.

Im Rahmen dieser Arbeit sollen fünf Kategorien des Einkommens unterschieden werden. Die ersten beiden ergeben sich aus den Konventionen der EU und ihrer Mitgliedsstaaten: „Arm" ist demnach eine Person, die über 40 % oder weniger des mittleren Nettoäquivalenzeinkommens des jeweiligen Landes verfügt. Kommt sie auf ein Einkommen in Höhe von 40 bis 60 % dieser Bezugsgröße, so wird sie als „armutsgefährdet" kategorisiert. Für die höchste Einkommenskategorie wird hier auf die Vorgehensweise der Armut- und Reichtumsberichterstattung des Bundes (Bundesministerium für Arbeit und Sozialordnung 2001, 2005) zurückgegriffen: Als „reich" bezeichnet wird in diesem Kontext eine Person, die auf über 200 % des mittleren Nettoäquivalenzeinkommens kommt (Huster 1993: 51f). Für die beiden übrigen Kategorien konnte auf keine gängigen Konventionen rekurriert werden. Sinnvoll erscheint es, zwei Arten des Wohlstands zu unterscheiden: Einerseits eine Kategorie des „bescheidenen Wohlstands", der zwar ein gutes Auskommen ohne Geldnöte ermöglicht, eine weitergehende Sicherung des Lebensstandards über größere Rücklagen in der Regel aber nicht zulässt und hier zwischen 60 bis 120 % des mittleren Nettoäquivalenzeinkommens verortet wird. Andererseits einen „gesicherten Wohlstand" von 120 bis 200 % der Bezugsgröße, in dem über das gute Auskommen auch eine zusätzliche Vermögensbildung üblich wird, die den Wohlstand wiederum absichert. Bezieht man diese Einkommensschwellen auf das mittlere Nettoäquivalenzeinkommen in den neun Untersuchungsländern, so ergeben sich die in Tab. 3 verzeichneten Einkommensspannen:

Tabelle 3: Einkommenskategorien in Euro pro Monat (Median und Obergrenzen)

	AT	BE	CH	D	DK	F	I	NL	NO	Schnitt
Median-Nettoäquivalenzeinkommen	1673	1544	2557	1509	1941	1517	1389	1566	2419	1791
Arm (bis 40 %)	669	618	1023	604	776	607	555	627	967	716
Armutsgefährdet (40-60 %)	1004	927	1534	906	1165	910	833	940	1451	1074
Bescheidener Wohlstand (60-120 %)	2008	1853	3068	1811	2329	1820	1666	1880	2902	2149
Gesicherter Wohlstand (120-200 %)	3347	3089	5114	3019	3882	3033	2777	3133	4837	3581
Reich (200 % und mehr)	∞	∞	∞	∞	∞	∞	∞	∞	∞	∞

Quelle: Eigene Berechnung. Grundlage: Eurostat, Gemeinschaftsstatistik über Einkommen und Lebensbedingungen (EU-SILC) 2005; Statistisches Bundesamt der Schweiz, Einkommens- und Verbrauchserhebung (EVE) 2004 (Wechselkurs zum 31.12.2004).

Verwendet man die Einkommensarmut als Indikator der Modernisierungsverlierer-Eigenschaft einer Person im Sinne objektiver und absoluter Deprivation, so müsste sich die folgende Arbeitshypothese empirisch bestätigen lassen:

H5: Je niedriger das Einkommen einer Personen, desto höher ist die Wahrscheinlichkeit, dass sie eine rechtspopulistische Partei wählt.

Diese Form der Hypothese würde zu ihrer Verifikation erfordern, dass die Wahrscheinlichkeit der Rechtswahl über die verschiedenen Einkommensstufen kontinuierlich abfällt, also die Gruppe der „Armen" die höchste aufweist, die der „Armutsgefährdeten" die zweithöchste usw. Alternativ zu einem derart abgestuften Verlauf könnte man aber annehmen, dass die Gruppe der armutsgefährdeten Personen die höchste Wahrscheinlichkeit aufweist, rechtspopulistische Parteien zu wählen. Minkenberg (2000: 187) etwa argumentiert, dass gerade diejenigen besonders zur Wahl rechtspopulistischer Parteien neigen, die noch etwas zu verlieren haben, und insofern in einem hierarchischen Stratifikationsschema das „vorletzte Fünftel" ausmachen. So verstanden handelt es sich um eine subjektive und relative Form der Deprivation, da der Betroffene für die Zukunft befürchtet, dass seine bisherige Situation sich nicht aufrecht erhalten lässt. Mit den objektiven Einkommenskategorien lässt sich diese Befürchtung zwar nur indirekt erfassen – besser geeignet wären Items, die die Einschätzung der finanziellen Zukunft der Person direkt abfragen. Aber wenn derartige subjektive und zeitlich-relative Deprivationsbefürchtungen eine Rolle spielen, dann dürften sie am ehesten in der Gruppe der armutsgefährdeten Personen zu finden sein. Insofern soll ergänzend auch die folgende Hypothese überprüft werden:

H6: Im Vergleich zu anderen Einkommensgruppen wählen Personen, die armutsgefährdet sind, rechtspopulistische Parteien mit der höchsten Wahrscheinlichkeit.

2.5.1.6 Subjektive Einkommensarmut

Eine der klassischen Armutsdefinitionen stammt von Georg Simmel, der individuelle Armut beschrieb als das „Nichtzureichen der Mittel zu den Zwecken der Person" (1908: 369). Diese begriffliche Konzeption ist insofern interessant, als dass sie nicht auf eine vermeintlich objektive, sich auf bestimmte Standards beziehende Armutsgrenze – gleichgültig ob absolut oder relativ ermittelt – abstellt, sondern sich bei der Bestimmung der „zureichenden Mittel" auf die „Zwecke" der Person bezieht. In diesem Sinne handelt es sich bei dieser Definition um einen subjektiven Begriff der Armut. Simmel geht davon aus, dass es unterschiedliche Bedürfnisse in bestimmten sozialen Gruppen gibt, die bei Nichtbefriedigung durchaus ähnliche psychologische Armutsfolgen nach sich ziehen. Eine objektive, in allen gesellschaftlichen Gruppen konstante Grenze ist dieser Ansicht nach also gar nicht zu finden, bzw. ihre Über- oder Unterschreitung hängt zumindest nicht systematisch mit dem Vorliegen eines Gefühls der Armut zusammen, an das sich letztlich die Konsequenzen für Einstellungen und Verhaltensweisen knüpfen. Vertreter der subjektiven Armutsdefinition gehen daher davon aus, dass die betroffenen Individuen jeweils selbst am besten ihre Situation beurteilen können (Flik/Van Praag 1991: 313). Ob diese Ansicht zutreffend ist, lässt sich jedenfalls nicht *a priori* entscheiden, so dass hier auch ein Indikator der subjektiven Einkommensarmut herangezogen werden soll, um nicht im Sinne der Modernisierungsverlierer-Theorie möglicherweise aussagekräftige Faktoren unberücksichtigt zu lassen.

Grundsätzlich kann man drei Wege unterscheiden, das Vorliegen von subjektiver Armut in Umfragen empirisch zu messen. Zwei verwandte Ansätze versuchen durch die Befragung zu quantifizieren, wo die Grenze zur Einkommensarmut in der Wahrnehmung der Befragten liegt. Die sogenannte „Leyden Poverty Line" und die vereinfachte „Subjective Poverty Line" lassen die Interviewpartner das Nettohaushaltseinkommen benennen, das sie für sich als ausreichend erachten, und kontrastieren es dann mit dem ebenfalls erhobenen objektiv vorliegenden Haushaltseinkommen (Goedhart et al. 1977; van Praag et al. 1980).[13] Die Umsetzung dieser Konzepte ist im Rahmen des hier zugrunde gelegten Datensatzes wegen des Fehlens entsprechender Fragen jedoch nicht möglich. Eine andere, sehr einfache und direkte Methode, das Auskommen mit dem Haushaltseinkommen zu evaluieren, kann allerdings auf Basis der vorliegenden Daten umgesetzt werden: Die Befragten werden um die Einschätzung gebeten, inwiefern sie mit ihrem gegenwärtigen Haushaltseinkommen zurechtkommen. Dieser Ansatz hat den Vorteil, dass viele der Probleme, die bei einer objektiven Einkommensmessung auftreten, in dieser subjektiven Bewertung von vornherein vermieden werden. Selbst wenn die befragte Person keine genaue Kenntnis vom Haushaltseinkommen hat, kann sie doch zumeist einschätzen, ob der Haushalt mit den zu Verfügung stehenden Ressourcen auskommt.

Die Antwort eines Befragten, dass das Einkommen nicht ausreicht, kann man im Sinne subjektiver Deprivation als Vorliegen der Modernisierungsverlierer-Eigenschaft interpretieren. Insofern lässt sich die folgende Arbeitshypothese formulieren:

---

[13] Die „Leyden Poverty Line" lässt dabei sechs Stufen der Bewertungen des Auskommens von „sehr schlecht" bis „sehr gut" zu, denen jeweils ein Nettoeinkommen zugeordnet wird. Die „Subjective Poverty Line" stellt hingegen nur auf die Abfrage des minimalen Einkommens ab, dass die Befragten für notwendig erachten (Flik/Van Praag 1991: 313ff).

H7: Je weniger eine Person glaubt, mit dem Haushaltseinkommen auszukommen, desto höher ist die Wahrscheinlichkeit, dass sie eine rechtspopulistische Partei wählt.

2.5.1.7 Arbeitslosigkeit

Erwerbsarbeit nimmt im Leben der meisten Menschen einen zentralen Stellenwert ein. Sie ermöglicht die Befriedigung einer Vielzahl materieller wie immaterieller Bedürfnisse (Semmer/Udris 2004). Es ist daher wenig verwunderlich, dass Arbeitslosigkeit im Sinne eines Fehlens von Erwerbsarbeit trotz prinzipiellen Wunsches nach dieser (vgl. zur Definition etwa Faas 2007: 212f) von breiten Bevölkerungsteilen als Mangel empfunden wird und so einer deprivationstheoretischen Interpretation im Sinne der Modernisierungsverlierer-Theorie zugänglich ist (Maes et al. 2001). Arbeitslosigkeit kann sich dabei auf unterschiedliche Art und Weise auf politische Einstellungen und Verhaltensweisen wie etwa das Wahlverhalten auswirken: Einerseits als allgemeines politisches Thema („issue", „Kontexteffekt"), das weite Teile der Bevölkerung bewegt, andererseits aber auch über die direkte Betroffenheit durch Arbeitslosigkeit, den sogenannten „Individualeffekt" (Rattinger 1985: 102; Zintl 1985: 49ff; Faas/Rattinger 2003: 206f). Wie bei allen Modernisierungsverlierer-Indikatoren werden hier nur die individuellen Auswirkungen der Arbeitslosigkeit untersucht.

Die individuellen Folgen von Arbeitslosigkeit sind breit gestreut und interagieren in vielfältiger Weise mit anderen der hier untersuchten Indikatoren. Marie Jahoda (1981: 188) hat sehr präzise die manifesten und latenten Konsequenzen der Erwerbsarbeit beschrieben, deren Ausbleiben im Fall von Arbeitslosigkeit verschiedene soziale und psychologische Effekte nach sich zieht: Manifeste Folge der Erwerbsarbeit ist vor allem ein Einkommen, das einen gewissen Lebensstandard ermöglicht. Arbeitslosigkeit ist umgekehrt eine der wichtigsten Ursachen für ein geringes Einkommen und die daraus resultierende Armut (Stelzer-Orthofer 2001: 156ff): Im europäischen Mittel ist das Armutsrisiko für Arbeitslose etwa dreimal so hoch wie in der gesamten Bevölkerung. Neben dieser manifesten Folge beschreibt Jahoda (1981: 188) fünf weitere latente Konsequenzen der Erwerbsarbeit: Sie strukturiert den Tagesablauf, erzwingt körperliche und geistige Aktivität, ermöglicht soziale Kontakte über den üblichen Bezugskreis hinaus, setzt dem Arbeitenden überindividuelle Ziele und verschafft ihm Status und Identität. Unbeschadet der Tatsache, dass die latenten Konsequenzen der Erwerbsarbeit vom Einzelnen auch als Einschränkung empfunden werden können, scheint ihr Ausbleiben sich jedoch allgemein negativ auf das psychische Wohlbefinden auszuwirken. Diese psychologischen Folgen der Arbeitslosigkeit beschäftigen schon seit den traumatischen Erfahrungen der Massenarbeitslosigkeit der Weltwirtschaftskrise in den 1920er bis 1930er Jahren lebhaft die einschlägigen Disziplinen (vgl. nur die Übersicht bei Eisenberg/Lazarsfeld 1938). Aber auch die aktuelle sozialpsychologische Forschung bestätigt die negative Wirkung von Arbeitslosigkeit auf das psychische Wohlbefinden (Jackson 1999; Creed/Macintyre 2001).

Von der politikwissenschaftlichen Forschung werden verschiedene politische Reaktionsmuster als Folge dieser sozialen und psychologischen Effekte der Arbeitslosigkeit beschrieben: Sie reichen von politischer Apathie, über klientelhafte Beziehungen zu sozialdemokratischen und sozialistischen Parteien oder der Abwendung von Regierungsparteien bis hin zur politischen Radikalisierung und der Wahl entsprechender Parteien (vgl. auch im Folgendem Rattinger 1983; Rattinger 1985; Faas/Rattinger 2003). Die Apathiehypothese geht vor allem auf die klassische Marienthal-Studie zurück, die unter anderem den Rückgang politischer Aktivitäten in der durch enorme Arbeitslosigkeit geprägten Arbeitersiedlung nahe Wien im Angesicht der großen Alltagssorgen schilderte (Jahoda et al. 1975 [1933]). Die Gegenthese der politischen Radikalisierung wird ebenfalls am Beispiel der Weltwirtschaftskrise festgemacht: Aus dem gleichzeitigen Anstieg von Arbeitslosenquote und dem Stimmanteil für die NSDAP wurde eine Unterstützung der Nationalsozialisten durch die Arbeitslosen herausgelesen (Frey/Wecke 1981) – ein Zusammenhang, der in anderen Untersuchungen zurückgewiesen wurde (Falter et al. 1983; Falter et al. 1985). In der Tat scheinen Arbeitslose der späten Weimarer Republik eher zur Wahl der KPD geneigt zu haben, was die Radikalisierungshypothese aber nicht falsifiziert. Ebenfalls wird die Ansicht vertreten, dass sich Arbeitslose unabhängig von ihrer vorherigen Parteineigung aufgrund der Unzufriedenheit von den Regierungsparteien abwenden und aus Protest andere Parteien wählen (Anti-Regierungshypothese). Schließlich wird auch eine feste Beziehung der Arbeitslosen zu den Parteien vermutet, die vorgeben, ihre Interessen zu vertreten (Klientelhypothese).

Die mögliche Wahl rechtspopulistischer Parteien durch Arbeitslose dürfte vor allem im Sinne der Radikalisierungsthese zu erklären sein, aber auch die Anti-Regierungsthese könnte hier eine Rolle spielen. Die Abgrenzung zwischen beiden Thesen dürfte vor allem auf der Einstellungsebene zu suchen sein: Die Radikalisierungsthese legt hier nahe, dass bei arbeitslosen Rechtswählern auch eine inhaltliche Überzeugung vorliegen muss, die sich etwa in Autoritarismus, Misanthropie oder Xenophobie zeigen könnte. Die bloße Abwendung von Regierungsparteien ohne inhaltliche Radikalisierung dürfte sich höchstens in politischer Unzufriedenheit äußern. In jedem Fall müsste aber zunächst ein nennenswerter Effekt der Arbeitslosigkeit auf die Wahl rechtspopulistischer Parteien nachgewiesen werden können, die folgende Hypothese also eine empirische Bestätigung finden:

> H8: Personen, die arbeitslos sind, wählen rechtspopulistische Parteien mit überdurchschnittlicher Wahrscheinlichkeit.

2.5.1.8 Prekäres Beschäftigungsverhältnis

War die Nachkriegszeit in den meisten westeuropäischen Industrienationen zumindest generell geprägt durch relativen Wohlstand und annähernde Vollbeschäftigung, so führte die ökonomischen Depressionen der späten 1970er und 1980er Jahre und der durch Deindustrialisierung und Globalisierung induzierte ökonomische Strukturwandel nicht nur zu zunehmender Arbeitslosigkeit, sondern auch zu einer Entstrukturierung des in Zeiten ökonomischer Prosperität ausgebildeten „Normalarbeitsverhältnisses" (Mückenberger 1989). Dieses zeichnete sich durch unbefristete Vollzeitarbeit im Betrieb des Arbeitgebers aus, in aller Regel entlohnt mit einem Arbeitseinkommen, das einen angemessenen Lebensstandard für den – meist männlichen – Arbeitnehmer und seine Familie („male breadwinner model") ermöglichte. Die arbeits- und sozialrechtlichen Absicherungen in diesen Ländern waren (und sind) weitgehend auf diese „typische" Form des Arbeitsverhältnisses als normatives Leitbild ausgerichtet. Das Normalarbeitsverhältnis wurde damit zum Symbol der Bemühung zur Verringerung von Armuts- und Beschäftigungsrisiken, zur Integration der lohnabhängigen Bevölkerung in die Gesellschaft (Dörre 2006: 7). Es gibt vielerlei Hinweise darauf, dass das Normalarbeitsverhältnis spätestens seit den 1980er Jahren einem Erosionsprozess unterliegt. Die je nach Deutung als „prekäre", „atypische" oder „flexible" Formen der Beschäftigung bezeichneten Abweichungen vom Standard des Normalarbeitsverhältnisses, nehmen in ihrem Anteil an allen Arbeitsverhältnissen in den westeuropäischen Mitgliedstaaten der Europäischen Union deutlich zu (De Grip et al. 1997: 50). Insbesondere die Zunahme von befristeter Beschäftigung, Teilzeitbeschäftigung, geringfügiger Beschäftigung, Leih- oder Zeitarbeit und abhängiger Selbständigkeit werden als Indikatoren für diese Entwicklung angeführt (De Grip et al. 1997; Hoffmann/Walwei 1998; Kalleberg 2000; Keller/Seifert 2006).

Die Bewertung des Phänomens fällt höchst unterschiedlich aus: Vor allem in der ökonomischen Literatur wird die Erosion des Normalarbeitsverhältnisses positiv als Flexibilisierung gewertet (vgl. die Übersicht zur deutschen Diskussion bei Kress 1998: 493ff). In dieser Deutung hat die Zunahme flexibler Beschäftigungsverhältnisse nicht nur ihre Ursache in veränderten wirtschaftlichen Rahmenbedingungen, die zu einer erhöhten betrieblichen Nachfrage nach flexibler Arbeitskraft führen, sondern ist zu einem guten Teil Reaktion auf die arbeitsrechtlichen Schutzmaßnahmen des Staates, die die Kosten der Einstellung von „typischen" Beschäftigten erhöhen und Ausweichstrategien der Arbeitgeber ökonomisch sinnvoll erscheinen lassen (Lee 1996). Die Vorteile werden vor allem auf der Arbeitgeberseite verortet: Arbeitskraft wird nur dann eingesetzt und bezahlt, wenn sie auch benötigt wird; spezielle Expertise muss vom Betrieb nicht ständig vorgehalten werden; krankheitsbedingte Lücken im Personal können schnell aufgefüllt werden; neue Mitarbeiter können auf ihre Eignung für eine dauerhafte Beschäftigung geprüft werden (Lenz 1996: 556f). Aber auch für die Arbeitnehmerseite werden Vorteile der Flexibilisierung ausgemacht: Eine Anpassung der Arbeitszeit an die persönlichen und familiären Bedürfnisse wird ermöglicht und erleichtert; Berufseinsteigern, Berufswechslern und Arbeitslosen wird ein Einstieg in eine Beschäftigung verschafft (sog. „Brückenfunktion"); die Arbeitnehmer haben die Möglichkeit, sich in wechselnde Tätigkeiten einzuarbeiten und dadurch ihre Fähigkeiten zu verbessern (Lenz 1996: 557ff).

In einem anderen Teil der Literatur herrscht vor allem eine kritische Bewertung der Erosionstendenzen vor (Mayer-Ahuja 2003; Dörre et al. 2004; Kraemer/Speidel 2004; Brinkmann et al. 2006; Dörre 2006): Die in diesem Zusammenhang zumeist als prekär bezeichneten Abweichungen vom Normalarbeitsverhältnis werden vor allem in Hinblick darauf beanstandet, dass derartige Arbeitsverhältnisse hinter einem Einkommens- und Schutzniveau zurückbleiben, das sich als gesellschaftlicher Standard etabliert hat (Mayer-Ahuja 2003: 14ff; Brinkmann et al. 2006: 17). Gerade im Kontrast zum hohen Sicherheitsniveau des Normalarbeitsverhältnisses führt dieser Interpretation nach prekäre Beschäftigung zu einem Empfinden sozialer Unsicherheit, das gesellschaftliche Desintegrationsprozesse befördert und verstärkt. Die Ursachen des als „Prekarisierung" bezeichneten Trends hin zur größeren Verbreitung prekärer Beschäftigungsverhältnisse werden einerseits in den Bedürfnissen der „immateriellen" Dienstleistungs- und Informationsarbeit nach flexiblem Arbeitsmanagement, andererseits aber auch in der zunehmenden Aktionärsorientierung der Unternehmensstrategien gesehen, die dazu führt, dass Marktrisiken der Unternehmen über prekäre Beschäftigungsformen an die Belegschaften weitergegeben werden (Brinkmann et al. 2006: 11ff; Dörre 2006: 7).

Ein dritter Strang in der Diskussion versucht derartige Entwicklungen vorwiegend mit dem zunächst neutralen Begriff der atypischen Beschäftigung zu bezeichnen (Keller/Seifert 2006; Brehmer/Seifert 2007). Die Vertreter dieser Ansicht gehen davon aus, dass nur ein Teil der Abweichungen vom Normalarbeitsverhältnis als prekär anzusehen ist, derartige Beschäftigungsverhältnisse allerdings einem erhöhten Prekaritätsrisiko unterliegen (Brehmer/Seifert 2007: 25).[14] Die Risiken der Ausweitung atypischer Beschäftigung werden dabei weniger auf der Ebene des Individuums verortet, als vielmehr im System der sozialen Sicherung, das durch diese Entwicklung in seiner Finanzierung gefährdet wird (Keller/Seifert 2006: 237f).

Vor allem in der gesundheitswissenschaftlichen und sozialpsychologischen Literatur wurde festgestellt, dass prekäre oder atypische Beschäftigungsverhältnisse psychischen Stress befördern und sich darüber auf das Wohlbefinden und die physische Gesundheit der Betroffenen auswirken (Quinlan et al. 2001; Bardasi/Francesconi 2004; Seifert et al. 2007). Inwiefern darüber hinaus bestimmte politische Einstellungs- und Verhaltensmuster begünstigt werden, wird in der sehr ausdifferenzierten Prekarisierungs-Literatur, die vor allem mit qualitativen Interviews arbeitet und sich nicht auf die Betrachtung atypischer Beschäftigungsverhältnisse im engeren Sinn beschränkt, nicht eindeutig beantwortet (Dörre et al. 2004: 99ff; Brinkmann et al. 2006: 65ff; Flecker/Kirschenhofer 2007: 132ff; Dörre 2008: 242ff): Einerseits wird davon ausgegangen, dass prekäre Beschäftigung individuelle soziale Unsicherheit erzeugt und fördert. Diese setzt sich andererseits aber nicht automatisch in Einstellungen um, die von den Autoren zumeist als rechtspopulistische Orientierungen bezeichnet werden, kann aber unter Umständen Grundlage der Ausbildung solcher Attitüden sein. Wichtig ist den Vertretern der Prekarisierungs-These insbesondere, dass gerade auch in den vermeintlich sicheren Arbeitsverhältnissen durch die Konfrontation mit den prekären Formen und der Zunahme des allgemeinen Leistungsdrucks ganz ähnliche Reaktionsmuster auftauchen, weswegen von einer unmittelbaren Kausalität der Erfahrung in prekären Beschäftigungsverhältnissen für autoritäre oder xenophobe Einstellungen (und eventuell nachgelagertes Wahlverhalten) nicht die Rede sein könne.

Auch wenn dies von der qualitativen Prekarisierungs-Literatur als unterkomplex bewertet wird, lässt sich in einer quantitativen Überprüfung eines möglichen Zusammenhangs der Erfahrungen in prekären Beschäftigungsverhältnissen mit der Wahl rechtspopulistischer Parteien nicht vermeiden, einige generalisierende Thesen zu generieren, die mit dem Datenmaterial konfrontiert werden können. Die Bestimmung von Indikatoren für prekäre Beschäftigung ist dabei in noch stärkerem Maße als andere Indikatoren durch die verfügbaren Daten über die Befragten beschränkt, so dass im Folgenden fünf Beschäftigtengruppen differenziert werden sollen, deren Arbeitssituation in der Literatur als atypisch oder prekär bezeichnet wird. Nicht alle Formen von prekärer Beschäftigung und nicht alle sinnvollen Einschränkungen größerer Beschäftigtengruppen können hier empirisch nachvollzogen werden. Insbesondere wäre wohl die subjektive Arbeitsplatzsicherheit und Arbeitszufriedenheit ein besserer Ausdruck für die Prekarität von Beschäftigung; mit den hier zugrunde

---

[14] Auch die Prekarisierungs-Literatur geht nicht von einer vollkommenen Deckungsgleichheit von prekärer und atypischer Beschäftigung aus, sondern sieht ein großes prekäres Potential bei den atypisch Beschäftigten (Mayer-Ahuja 2003: 29; Dörre et al. 2004: 84ff). Der Unterschied beider Ansichten dürfte also vor allem in der Einschätzung des Ausmaßes des prekären Potentials in den vom Normalarbeitsverhältnis abweichenden Beschäftigungsformen liegen.

2 Theorien, Indikatoren und Hypothesen

gelegten Daten kann aber nur die objektive Zugehörigkeit zu den folgenden fünf Beschäftigungsgruppen realisiert werden.

Zunächst ist die *befristete Beschäftigung* als Unterform atypischer oder prekärer Beschäftigungsformen zu nennen. Diese Kategorie umfasst all diejenigen Arbeitsverträge, die nach Ablauf einer festgelegten Zeitspanne, der Erfüllung eines bestimmten Auftrags oder der Rückkehr eines vertretenen Arbeitnehmers beendet sind. Diese Gruppe ist in den letzten 25 Jahren in der Europäischen Union stark angewachsen: Zwischen 1983 und 1991 stieg der Anteil an allen Beschäftigten in elf untersuchten Mitgliedsstaaten[15] von 3,9 auf 9,3 % (De Grip et al. 1997: 56). In jüngster Zeit ist der Anteil in der westeuropäischen EU-15[16] von 12,2 % (1997) auf 14,2 % (2005) gestiegen (Birindelli/Rustichelli 2007: 59). Die Beschäftigungsunsicherheit liegt bei Befristung in der Natur der Sache. Zwar gelingt es befristet Beschäftigten später häufig in unbefristete Arbeitsverhältnisse zu gelangen, allerdings können sich auch weitere Befristungen oder Arbeitslosigkeit anschließen; zudem lassen sich im Vergleich zu unbefristeten Beschäftigten der gleichen Berufe verminderte Einkommenschancen feststellen (Gieseke/Groß 2002, 2007). Um die Wirkung dieser Form der prekären Beschäftigung auf die Wahl rechtspopulistischer Parteien feststellen zu können, soll die folgende Hypothese überprüft werden:

> H9.1: Personen, die befristet beschäftigt sind, wählen rechtspopulistische Parteien mit überdurchschnittlicher Wahrscheinlichkeit.

Auch *Teilzeitbeschäftigung* wird zu den atypischen Beschäftigungen gezählt. Hierunter sollen die Arbeitsverträge gefasst werden, die eine reguläre Arbeitszeit von mehr als 15 aber unter 30 Stunden pro Woche vorsehen. Allerdings handelt es sich hierbei um eine äußerst heterogene Gruppe, deren Beschäftigung nicht immer prekär sein muss (Kalleberg 2000: 345f): Gerade in höheren Professionen wird eine Reduzierung auf Teilzeit dazu genutzt, Beschäftigte, die Aufgaben in der häuslichen Erziehung oder Pflege übernehmen oder aus anderen Gründen nicht mehr in Vollzeit arbeiten wollen, im Beruf zu halten. Andererseits gibt es gerade in niedrigqualifizierten Berufssegmenten häufig nur ein begrenztes Angebot von Vollzeitstellen. Teilzeitstellen sind hier für Arbeitgeber vor allem ein Weg zur optimalen Allokation von Arbeitszeit oder zur Kosteneinsparung. Aus Sicht der Arbeitnehmer ist diese ungewollte Beschränkung auf geringere Stundenzahlen durchaus als prekär zu bezeichnen. Teilzeitbeschäftigung hat in der Europäischen Union in den letzten Jahrzehnten ebenfalls stark zugenommen. Zwischen 1983 und 1991 wuchs diese Form der Beschäftigung in elf untersuchten europäischen Staaten von 13,6 auf 15,0 % an (De Grip et al. 1997: 54). Im Zeitraum 2000 bis 2005 stieg der Anteil der Teilzeitbeschäftigten in den EU-15 von 17,8 auf 20,1 % (Birindelli/Rustichelli 2007: 37). Dies ist natürlich zum Teil einer Tendenz zur besseren Vereinbarkeit von Familie und Beruf geschuldet, die in vielen Staaten durch legislative Maßnahmen ermöglicht und befördert wird. Gerade der überdurchschnittliche Anstieg der Teilzeitbeschäftigung im Bereich der Beschäftigten in Privathaushalten, Hotels und Gaststätten, im Gesundheits- und Sozialwesen sowie in den personennahen Dienstleistungen lässt aber auch auf eine von den Beschäftigten nicht unbedingt er-

---

[15] Belgien, Deutschland, Dänemark, Frankreich, Griechenland, Großbritannien, Irland, Luxemburg, Niederlande, Portugal, Spanien.
[16] Belgien, Deutschland, Dänemark, Finnland, Frankreich, Griechenland, Großbritannien, Irland, Italien, Luxemburg, Niederlande, Österreich, Portugal, Schweden, Spanien.

wünschte Entwicklung schließen (Birindelli/Rustichelli 2007: 34ff). Hier werden offenbar Vollzeitstellen durch Teilzeitstellen verdrängt. Für die empirische Überprüfung dieses Teilindikators soll die folgende Hypothese herangezogen werden:

> H9.2: Personen, die in Teilzeit beschäftigt sind, wählen rechtspopulistische Parteien mit überdurchschnittlicher Wahrscheinlichkeit.

Deutlich häufiger dürften Prekarisierungserfahrungen im Bereich der *geringfügigen Beschäftigung* zu finden sein. Darunter sollen hier all diejenigen Beschäftigten gefasst werden, die regulär weniger als 15 Stunden in der Woche beschäftigt sind. Dies entspricht der vor der Reform der Sozialgesetzgebung in Deutschland gültigen Arbeitszeitschwelle, aber auch in anderen Ländern sind geringfügig Beschäftigte von Einkommensteuern oder Abgaben befreit – unter Umständen aber auch von Sozialleistungen ausgeschlossen (Hakim 1997: 25). Wegen der national unterschiedlichen Regelungen, die in dieser Studie nicht im Einzelnen nachvollzogen werden können, wird mit dieser Arbeitszeitbegrenzung hier allgemein eine Gruppe von besonders marginalen Teilzeitbeschäftigten erfasst. Die Motive für Arbeitgeber, geringfügig Beschäftigte einzustellen, sind ähnlich denen bei Teilzeitbeschäftigten mit höheren Stundenzahlen: Arbeitszeit kann optimal zugeordnet und die Lohnkosten gering gehalten werden. Hinzu kommen eventuelle Ausnahmen oder Ermäßigungen von Sozialversicherungsbeiträgen und Abgaben. Auf der Arbeitnehmerseite dürfte eine geringfügige Beschäftigung in aller Regel kaum ausreichen, um einen gewissen Lebensstandard zu finanzieren. Natürlich gibt es Fälle, in denen die geringfügige Beschäftigung nur ein Zuverdienst zum Einkommen des Partners, der Familie oder zu anderen Einkommensarten etwa aus Kapital oder Renten ist, insofern also nicht zwingend eine prekäre Lebenslage daraus resultiert. Allerdings findet sich geringfügige Beschäftigung vor allem im Rahmen von schlechtbezahlter Arbeit mit niedrigem Status (Kalleberg 2000: 345), was in aller Regel Prekaritätserfahrungen nahelegen dürfte. Für diese Gruppe lässt sich die folgende Hypothese formulieren:

> H9.3: Personen, die geringfügig beschäftigt sind, wählen rechtspopulistische Parteien mit überdurchschnittlicher Wahrscheinlichkeit.

Eine vieldiskutierte Untergruppe der prekär Beschäftigten sind die *arbeitenden Armen („working poor")*. Bisher hat sich keine einheitliche Definition dieses Begriffes durchsetzen können. Man kann jedoch zwei konzeptionelle Herangehensweise unterscheiden (Peña-Casas/Latta 2004: 4ff; Andreß/Seeck 2007: 460): Einerseits wird auf den individuellen Lohn abgestellt, der eine festgelegte Grenze unterschreitet, also in erster Linie eine schlechte Bezahlung darstellt (Cappellari 2002). Andererseits kann man das Phänomen der arbeitenden Armen auch als soziales Problem begreifen, bei dem eine geregelte Arbeit kein adäquates Haushaltseinkommen liefert (Strengmann-Kuhn 2003; Andreß/Seeck 2007). Gerade um diesen Teilindikator von anderen abzugrenzen, die eine geringe Wochenarbeitszeit erfassen, erscheint es hier sinnvoll, die arbeitenden Armen im letzteren Sinne zu begreifen. Im Folgenden sollen daher unter diesem Begriff die Berufstätigen verstanden werden, deren Einkommen trotz voller Erwerbstätigkeit nicht ausreicht, um sich und ihrem Haushalt einen angemessenen Lebensstandard zu ermöglichen, die also in den bereits unter 2.5.1.5 eingeführten Einkommenskategorien als arm oder armutsgefährdet zu bezeichnen sind. Leider gibt es keine europaweite Untersuchungen zur Dynamik der Entwicklung des Anteils von arbeitenden Armen an der Gesamtbevölkerung, allerdings belegen Studien für Deutschland eine Vergrößerung dieses Bevölkerungssegments: Für Deutschland haben Andreß und Seeck (2007: 484f) errechnet, dass der Anteil der Vollzeiterwerbstätigen, deren Haushaltsäquivalenzeinkommen unter der Armutsschwelle liegt, in Westdeutschland kontinuierlich von rund 5 % (1990) auf 8,3 % (2005) gestiegen ist. In Ostdeutschland hatte sich diese Quote nach wohl vereinigungsbedingten Höhen in der zweiten Hälfte der 1990er Jahre bei rund 15 % stabilisiert, ist aber inzwischen auf 18,1 % angewachsen. Zu ähnlichen Ergebnissen kommt auch die ältere Untersuchung von Strengmann-Kuhn (2003: 84ff). In Bezug auf die arbeitenden Armen soll daher die folgende Hypothese formuliert werden:

> H9.4: Personen, die trotz voller Erwerbstätigkeit arm sind, wählen rechtspopulistische Parteien mit überdurchschnittlicher Wahrscheinlichkeit.

Ein letzter Indikator betriff die *Solo-Selbständigkeit („own-account self-employment")*, die ebenfalls prekäre Züge annehmen kann. Unter Solo-Selbständigen versteht man die Selbständigen, die keine Mitarbeiter haben, also alleine für sich arbeiten. Diese spezifische Form der Selbständigkeit ist in vielen westeuropäischen Staaten seit den 1980er Jahren markant angestiegen (Schulze-Buschoff/Schmidt 2006: 1). Dieser Trend ist dabei unabhängig von unterschiedlichen Kulturen der Selbständigkeit, die sich etwa in Italien in hohen und in Schweden in niedrigen Anteilen der Selbständigen an der Erwerbsbevölkerung ausdrückt. Es wird angenommen, dass ein nicht geringer Teil dieser Selbständigen in einer Grauzone zwischen abhängiger und selbständiger Arbeit anzusiedeln ist (Bögenfeld/Leicht 2000: 783). Positiv mag man diese Gruppe „Arbeitskraftunternehmer" nennen, negativ „Scheinselbständige". Wie bei den meisten atypischen Beschäftigungsformen geht die normative Einschätzung über Vorzüge und Nachteile der Solo-Selbständigkeit auseinander (Smeaton 2003: 380ff): Auf der einen Seite wird angeführt, dass die Selbständigkeit unternehmerische Unabhängigkeit sowie Souveränität in der Zeitplanung und Auftragsauswahl mit sich bringt, auf der anderen wird eingewandt, dass Unternehmen durch Aufträge an Solo-Selbständige eigenes, festangestelltes Personal vermeiden und damit ihr unternehmerisches Risiko auf diese abwälzen können. Eine Untersuchung in Großbritannien hat etwa ergeben, dass männliche Solo-Selbständige auf die Arbeitszeit bezogen ein geringeres Einkommen haben als abhängig Beschäftigte (Ajayi-Obe/Parker 2005).[17] Überdies ist Solo-Selbständigkeit häufig ein Phänomen des Übergangs von und zu anderen Arbeitsmarktpositionen, vor allem von Inaktivität, Arbeitslosigkeit oder abhängiger Beschäftigung, mit den sich durch den Statuswechsel ergebenden Problemen in den Systemen sozialer Sicherung (Schulze-Buschoff/Schmidt 2006). Insbesondere die staatliche Förderung des Übergangs von Arbeitslosen in die Selbständigkeit im Rahmen von Aktivierungsprogrammen scheint für die Betroffenen nicht immer positiv zu sein: Eine schwedische Studie hat ergeben, dass sie ökonomisch schlechter dastehen als etwa abhängig Beschäftigte, die selbständig werden (Andersson/Wadensjö 2007). Die Vermutung, dass es unter den Solo-Selbständigen Prekarisierungserfahrungen gibt, die wiederum die Wahl rechtspopulistischer Parteien befördern, soll daher anhand der folgenden Hypothese überprüft werden:

---

[17] Solo-Selbständige Frauen verdienen auf die Arbeitszeit bezogen in Großbritannien hingegen mehr als Frauen in abhängiger Beschäftigung. Sie arbeiten aber durchschnittlich sowohl deutlich weniger Stunden als männliche Solo-Selbständige und selbst weniger als weibliche abhängig Beschäftigte.

H9.5: Personen, die solo-selbständig sind, wählen rechtspopulistische Parteien mit überdurchschnittlicher Wahrscheinlichkeit.

2.5.1.9 Soziale Exklusion

Der Begriff der sozialen Exklusion als sozialwissenschaftliche Analysekategorie ist relativ jung. Er bildete sich vor dem Hintergrund der Erfahrung ökonomischer Prosperität in den 1960er und frühen 1970er Jahren aus, die den Blick der politischen Öffentlichkeit auf jene Bevölkerungsgruppen lenkte, die vom allgemeinen sozioökonomischen Aufschwung ausgeschlossen blieben (Kronauer 2002: 27ff; Leisering 2004: 239ff). Während im angloamerikanischen Sprachraum das Phänomen insbesondere unter dem Begriff der *„underclass"* diskutiert wurde (Myrdal 1963), setzte sich im kontinentaleuropäischen Diskurs vor allem das französische Konzept der *„exclusion sociale"* durch (Klanfer 1965; Lenoir 1974). In der deutschen Auseinandersetzung mit gesellschaftlicher Armut und Ausschließung weist der Begriff der „Randgruppen" erstaunliche Parallelen zu diesen Termini auf (Leisering 2004: 240). Als sozialwissenschaftlicher Terminus gewann der Begriff insbesondere in den 1990er Jahren an Bedeutung, als die Europäische Kommission ihn für ihre Programme zur Armutsbekämpfung adaptierte, er in den Vertrag von Maastricht Einzug hielt und damit zu einer der konzeptionellen Grundlagen der europäischen Armutsforschung wurde (Room 1995: 1ff).

Es gibt Hinweise darauf, dass die Wahl dieser Begrifflichkeit für die EU-weite Armutsbekämpfung durchaus den Zweck hatte, den politisch unerwünschten, weil vermeintlich „härteren" Begriff der Armut zu vermeiden (Room 1995: 3f). Soziale Exklusion wird dann auch in einem guten Teil der durch die EU-Programme induzierten Forschung vor allem als um weitere Aspekte ergänzte Armutsforschung aufgefasst, über entsprechende Indikatoren operationalisiert und mit anderen Armutskonzeptionen kombiniert. Für eine trennscharfe Analyse ist diese rein ökonomische Auffassung von sozialer Exklusion nicht unbedingt zielführend: Zwar mögen Ressourcen- und Lebenslagenarmut die wichtigsten Determinanten gesellschaftlichen Ausschlusses sein, soziale Exklusion ist aber nur *ein* mögliches Ergebnis. Es ist auch gut denkbar, dass andere Gründe für die soziale Isolation einer Person verantwortlich sind, oder dass Armut im konkreten Fall nicht unbedingt zu gesellschaftlichem Ausschluss führt. Soziale Exklusion soll daher im Folgenden eng am Wortsinn als Ausschluss von sozialer Teilhabe aufgefasst werden (Burchhardt 2000; Morgan et al. 2007). Mit anderen Worten geht es um inadäquate gesellschaftliche Partizipation und den Mangel an sozialer Integration (Room 1995: 5). Nur über diese enge Definition lassen sich im Rahmen dieser Arbeit Überschneidungen mit den verschiedenen Armutsindikatoren vermeiden.

Die Kritik an der konzeptionellen Vermengung von sozialer Exklusion und Armut zu formulieren, fällt nicht schwer. Alternative Erfassungsmethoden für gesellschaftlichen Ausschluss zu finden, ist hingegen alles andere als leicht. Gerade in den letzten Jahren hat sich in der Forschungsliteratur eine breite Debatte über Konzeption und Messung sozialer Exklusion entfaltet (Lessof/Jowell 2000; Chakravarty/D'Ambrosio 2006; Bossert et al. 2007; Morgan et al. 2007; Halleröd/Larrson 2008). Nur ein kleiner Teil dieser Literatur lässt sich auf ein von ökonomischer Armut abgrenzbares Konzept sozialer Exklusion ein. In der psychologischen Literatur finden sich etwa Ansätze, die soziale Zurückweisung und

Isolation, gleich welche Ursache sie haben, als zentrales Element sozialer Exklusion auffassen (Morgan et al. 2007: 479f). Dieser Ansatz legt einen Schwerpunkt auf das unmittelbare soziale Umfeld der Betroffenen, aber auch die Mechanismen eines weiteren sozialen Ausschlusses bleiben nicht unberücksichtigt. In diesem Sinne ist soziale Exklusion der erzwungene Mangel an Partizipation in Kernbereichen sozialer, kultureller und politischer Aktivität (Burchhardt 2000; Morgan et al. 2007: 482). Eine derartige Konzeption des Begriffs erlaubt einerseits die direkte Messung und Quantifizierung über Art und Häufigkeit sozialer Kontakte, ermöglicht aber andererseits auch die analytische Trennung dieser Form von Exklusion von potentiellen Ursachen.

Die sozialpsychologische Forschung legt nahe, dass die soziale Exklusion von Individuen mit einer Abnahme prosozialen Verhaltens einhergeht. Experimente zeigten, dass die Fähigkeit zur Empathie unter fortgesetzter sozialer Zurückweisung leidet, die betroffene Person sich gegen mögliche weitere Zurückweisungen emotional abschirmt und zwischenmenschliches Vertrauen zurückgeht (Twenge et al. 2007: 64). Auch scheint aggressives Verhalten bis hin zur Gewalt durch soziale Exklusion befördert zu werden (Twenge et al. 2001). Dass sozial ausgeschlossene Personen damit für die Politikangebote rechtspopulistischer Parteien empfänglicher werden, scheint daher nicht abwegig zu sein und soll mit der folgenden Hypothese überprüft werden:

> H10: Je sozial ausgeschlossener eine Person ist, desto höher ist die Wahrscheinlichkeit, dass sie eine rechtspopulistische Partei wählt.

2.5.2 Rechtsaffine Einstellungsindikatoren

Kommen wir nun zu den Indikatoren, die eine Affinität zu rechtsradikalen Einstellungsmustern erfassen und damit prinzipiell geeignet sind, zu erklären, warum Modernisierungsverlierer zur Wahl rechtspopulistischer Parteien neigen. Alle vier Indikatoren sollen hier nach dem gleichen Schema eingeführt werden: Zunächst wird erörtert, warum die Heranziehung der jeweiligen Einstellung im Rahmen der Erklärung der Wahl rechtspopulistischer Parteien plausibel ist. Dabei spielen sowohl das Politikangebot der Parteien, als auch Hinweise aus der Forschungsliteratur eine Rolle, dass die jeweilige Dimension auf der Nachfrageseite tatsächlich einen Einfluss auf das Wahlverhalten zugunsten dieser Parteien hat. Es folgt dann die Darstellung einiger konzeptioneller Entscheidungen, die zur Umsetzung des Indikators im Rahmen dieser Studie notwendig sind. Schließlich wird ausgeführt, welche Determinanten in der Fachliteratur zum jeweiligen Indikator für die Ausbildung entsprechender Einstellungen identifiziert werden. Dabei soll einerseits gezeigt werden, dass es sich um Einstellungen handelt, die möglicherweise durch Deprivationserfahrungen im Sinne der Modernisierungsverlierer-These hervorgerufen oder befördert werden, andererseits soll aber auch auf konkurrierende Erklärungsmodelle für die Ausbildung entsprechender Einstellungen eingegangen werden. Abgeschlossen wird die jeweilige Darstellung durch die Generierung von Hypothesen, die im empirischen Teil dieser Arbeit überprüft werden sollen.

2.5.2.1 Politische Unzufriedenheit

Die These, dass politische Unzufriedenheit eine maßgebliche Bedingung für Entstehung und Erfolg rechtspopulistischer Parteien in Westeuropa war und ist, zieht sich wie ein roter Faden durch die Literatur zu diesem Thema (Betz 1994: 37ff; Hennig 1994; Pfahl-Traughber 1994: 164ff; Lubbers 2001: 66f; Kitschelt 2002: 179ff; Eatwell 2003: 51f; Puhle 2003: 38f; Decker 2004: 181ff; Fennema 2005: 10ff; Norris 2005: 149ff). Häufig wird angeführt, dass das Vertrauen der Bevölkerung in die wichtigsten politischen Institutionen, insbesondere in die Parteien, abgenommen habe (Betz 1994: 37). Politiker, so das Bild, das die meisten Bürger westeuropäischer Staaten hätten, seien vor allem egoistisch motiviert, nicht responsiv gegenüber den Bedürfnissen der „kleinen Leute" und/oder unfähig, die dringendsten gesellschaftlichen Probleme zu beseitigen. Die politische Sphäre hätte sich mithin abgekoppelt von ihrer gesellschaftlichen Basis. Diese Unzufriedenheit drücke sich aus in der Zunahme antibürokratischer, antikorporativer und antielitärer Affekte, die durchaus auch allgemein antiinstitutionell oder gegen jede vermittelnde Instanz gerichtet sein können (Puhle 2003: 38f). In Verbindung mit der – durchaus auch durch politische Unzufriedenheit beförderten – Abnahme affektiver Bindung der Wähler gegenüber den etablierten Parteien sei es den rechtspopulistischen Parteien möglich geworden, sich gegen das „Establishment" zu stellen, erfolgreich unzufriedene Wähler zu mobilisieren und damit tief in Elektorat und Parteiensystem einzudringen. Und in der Tat: Die Rhetorik rechtspopulistischer Führerfiguren ist durchzogen von Kritik an den „Altparteien", dem „Bonzentum", der „Privilegienwirtschaft" (Haider), der Regierung als „korrupte Herrscherclique" und „Haufen von Dieben, Erpressern und Gangstern" (Le Pen) sowie dem „korrupten System" mit seinen „Gaunern und Dieben" (Bossi) (Scharsach 2002: 28, 62, 101f).

Auf der Makroebene besitzt die These eine nicht zu bestreitende Plausibilität: Gerade in den konsensual orientierten und korporatistisch verfassten Konkordanzdemokratien, die neue, den Konsens sprengende, „abweichende" Meinungen nur eingeschränkt aufnehmen, sind rechtspopulistische Parteien besonders erfolgreich gewesen (Decker 2004: 185f). Ihr Aufkommen in Österreich, der Schweiz, Belgien und den Niederlanden lässt sich so deuten. Aber auch der Erfolg von Rechtspopulisten in anderen Ländern fällt häufig mit Phasen tief sitzender Unzufriedenheit mit „der Politik" und „den Politikern" zusammen, was sich etwa mit dem Auftreten der skandinavischen Fortschrittsparteien in einer Phase des Protests gegen den „Steuerstaat" in den 1970er Jahren oder den Erfolgen der Lega Nord im Gefolge des durch den Tangentopoli-Skandal ausgelösten Zusammenbruchs des italienischen Parteiensystems Anfang der 1990er Jahre belegen lässt. Aber schon auf der Makroebene wird hiergegen eingewandt, dass diese Zusammenhangsbehauptung nicht jede zeitliche oder räumliche Variation in den elektoralen Erfolgen rechtspopulistischer Parteien erklären kann (Norris 2005: 164).

Auf der Mikroebene wird politische Unzufriedenheit als Ursache für eine individuelle Wahlentscheidung vor allem im Kontext der sogenannten Protestwahlthese angeführt. In ihrer „reinen" Form, in der sich die Wähler „eigentlich" anderen, etablierten Parteien verpflichtet fühlen, ideologisch nicht mit der Protestpartei übereinstimmen, aber ihrer ursprünglichen Partei einen „Denkzettel" ausstellen wollen, um ihrer politischen Unzufriedenheit einen Ausdruck zu geben (vgl. etwa Pappi 1989), fand diese These aber bisher kaum empirische Bestätigung (Arzheimer 2008: 108f): Immer wieder zeigte sich, dass politische Unzufriedenheit mit anderen rechten Einstellungsmustern zusammenkommen

2 Theorien, Indikatoren und Hypothesen

muss, um die Wahrscheinlichkeit der Wahl einer solchen Partei zu erhöhen (Falter/Klein 1994: 136ff; Klein/Falter 1996: 154ff; Arzheimer et al. 2001: 232ff; Lubbers/Scheepers 2002: 139). Nach diesem „Interaktionsmodell" (Arzheimer et al. 2001: 238) wirkt die politische Unzufriedenheit als Katalysator, sie aktiviert und verstärkt bereits vorhandene rechte Prädispositionen. Lediglich eine Studie der Wähler rechtspopulistischer Parteien in Österreich, Dänemark und Norwegen kommt zu dem widersprechenden Ergebnis, dass ideologische Überzeugungen gegenüber der politischen Unzufriedenheit keine nennenswerte Rolle spielen (Bergh 2004).[18]

Unabhängig von der Frage, ob politische Unzufriedenheit alleine oder im Zusammenspiel mit anderen Einstellungen die Wahl rechtspopulistischer Parteien begünstigt, scheint es angebracht, einen entsprechenden Indikator im hier zu untersuchenden Modell zu berücksichtigen. Schwierigkeiten ergeben sich allerdings schon bei der Frage, was unter „politischer Unzufriedenheit" inhaltlich zu verstehen ist. In Deutschland wurde und wird gerne der Begriff der „Politik-" bzw. „Parteienverdrossenheit" verwendet – und um seine analytischen Qualitäten gestritten (vgl. nur die politikwissenschaftliche Diskussion bei Stöss 1990a; Schedler 1993; Ehrhart/Sandschneider 1994; Rieger 1994; Lösche 1995; Welzel 1995). Der Begriff der „Politikverdrossenheit" ist in diesem Kontext jedoch mehr als unpräzise, wird doch darunter häufig sowohl Unzufriedenheit mit „den" Parteien, „der" Politik allgemein, als auch mit dem demokratischen System insgesamt verstanden (Lösche 1995: 150ff). Der Begriff bleibt damit zu diffus, um ihn sinnvoll empirisch umsetzen zu können (vgl. hierzu auch die empirische Untersuchung von Arzheimer 2002).

Alternativ soll hier das Konzept der politischen Unzufriedenheit zur Anwendung gebracht werden, das in der internationalen Forschung schon seit vielen Jahrzehnten etabliert ist und sich theoretisch präzisieren wie empirisch umsetzen lässt. Das Konzept behandelt zudem einen großen Teil jener Gegenstandsbereiche, die in der deutschen Diskussion unter der Bezeichnung „Politikverdrossenheit" diskutiert werden (Arzheimer 2002: 186f). Unter „politische Unzufriedenheit" soll im Folgenden der Entzug bestimmter Formen der Unterstützung für bestimmte politische Objekte verstanden werden (Easton 1965; Farah et al. 1979). In Anlehnung an Eastons klassische Unterscheidung lassen sich dabei jeweils zwei Formen und zwei Objektebenen unterscheiden: Bei den Formen der Unterstützung kann man zwischen rational-ergebnisbezogenen, spezifischen Evaluationen der Arbeit des jeweiligen Objekts und der affektiv-wertbezogenen, eher diffusen Bewertung unterscheiden. Die erste Form wird häufig mit Fragen nach der Zufriedenheit mit der Arbeit des jeweiligen Objekts operationalisiert, während die zweite üblicherweise über Items umgesetzt wird, die das generelle Vertrauen in das Objekt erfassen (Niedermayer 2001: 56ff). Weiterhin soll zwischen der Bewertung der spezifischen Institutionen und des politischen Systems unterschieden werden. So ergibt sich ein Raster der Dimensionen politischer Unzufriedenheit, das in mit den Items dargestellt ist, die später zur Operationalisierung herangezogen werden sollen. Die politische Unzufriedenheit bezieht sich dabei jeweils auf die nationale Ebene des jeweiligen Landes; mit unterschiedlichen Formen von Autonomie versehene Regionen (Bundesländer, Provinzen etc.) bleiben genauso unberücksichtigt wie die europäische Ebene.

---

[18] Allerdings wurde in dieser Studie auch nur die Effekte von vier relativ generellen ideologischen Überzeugungen überprüft, die durch ihre Einführung in ein Regressionsmodell den stärkeren Effekt der politischen Unzufriedenheit nicht nennenswert beeinflussen. Ein Interaktionseffekt wurde nicht modelliert.

Abbildung 6: Dimensionen des Konzepts politischer Unzufriedenheit mit Beispielen

	Form: rational-ergebnisbezogen	Form: affektiv-wertbezogen
Objekt: Spezifische Institutionen	Zufriedenheit mit der Arbeit der Regierung	Vertrauen ins Parlament
Objekt: Politisches System	Zufriedenheit mit dem Funktionieren der Demokratie	Vertrauen in die Politiker

Quelle: Eigene Darstellung.

Das so präzisierte Konzept politischer Unzufriedenheit soll bewusst nicht die Orientierung gegenüber der allgemeinen politischen Ordnung erfassen. Es soll nicht darum gehen, ein systemkritisches Potential in der Bevölkerung zu ermitteln, sondern die Unzufriedenheit über konkrete politische Institutionen sowie über die wahrgenommene Effizienz des politischen Systems. Ein Teil der Forschung zur Transformation nicht-demokratischer Systeme in Süd- und Osteuropa betont diese Unterscheidung von Legitimität des Systems und politischer Unzufriedenheit (Montero et al. 1997; Magalhães 2005), gerade weil in vielen dieser Länder – entgegen mancherlei Befürchtungen – die abstrakte Legitimität des demokratischen Systems nicht besonders stark durch konkret vorhandene politische Unzufriedenheit beeinflusst wird (Montero et al. 1997: 131; Waldron-Moore 1999: 53f; Magalhães 2005: 987f). Gleiches lässt sich auch für die Bundesrepublik empirisch nachweisen (Hofferbert/Klingemann 2001: 371). Auch die Frage nach dem Funktionieren der Demokratie, die in als Beispiel für die Operationalisierung rational-ergebnisbezogener Evaluationen des politischen Systems angegeben ist, kann in diesem Sinne nicht als Indikator für die Legitimität des Systems interpretiert werden, sondern stellt eine konkrete Bewertung seiner Arbeit dar, ohne dass darüber hinaus Aussagen darüber getroffen werden können, ob eine kritische Bewertung mit einer generellen Ablehnung des Systems einhergeht oder nicht (Miller/Listhaug 1999: 205).

Die Ursachen von politischer Unzufriedenheit sind vielfältig und in der empirischen Forschung in ihrer relativen Gewichtigkeit umstritten. Insbesondere in der frühen Forschung spielt eine deprivationstheoretische Begründung für politische Unzufriedenheit eine große Rolle. Nach dieser wirken sich die objektiven bzw. die subjektiv wahrgenommenen Lebensbedingungen insofern auf die politische Unzufriedenheit aus, als dass die politischen Institutionen bzw. das politische System als solches für Deprivationszustände (mit) verantwortlich gemacht wird (Farah et al. 1979: 422f). Einige neuere Studien bestreiten, dass es nennenswerte deprivationstheoretische Ursachen für die sinkende Zufriedenheit in den meisten OECD-Staaten gibt (vgl. die Übersicht bei Dalton 2004: 63ff) – die Analysen stützen sich dann aber zumeist auf Aggregatdatenanalysen mit makroökonomischen Wirtschaftsindikatoren wie der Entwicklung des Sozialprodukts, die Aussagen über die soziale Ungleichheit in den Ländern oder gar die individuelle Betroffenheit gar nicht ermöglichen (Clarke et al. 1993; Nye/Zelikow 1997; McAllister 1999). Hingegen kommen einige Studien auf Basis von Individualdaten zu dem Ergebnis, dass es Zusammenhänge zumindest mit subjektiv wahrgenommenen Deprivationszuständen gibt (Listhaug 1995: 288ff; Dalton 2004: 64f).

Neben diesen Gründen werden immer wieder auch zumindest drei andere mögliche Ursachen systematisch untersucht (Dalton 2004: 62ff): Erstens wird der Wertewandel mit der diagnostizierten Zunahme postmaterialistischer bzw. libertärer Orientierungen für die gestiegene politische Unzufriedenheit verantwortlich gemacht (Flanagan 1987; Inglehart

1999; Dalton 2000). Dies wird einerseits darauf zurückgeführt, dass die meisten politischen Systeme auf die neuen Wertpräferenzen erst spät reagiert und dadurch Unzufriedenheit hervorgerufen hätten, andererseits aber auch darauf, dass Postmaterialisten/Libertäre gegenüber Autoritäten insgesamt kritischer eingestellt seinen – ein Befund, der der gestiegenen politischen Unzufriedenheit einen durchaus positiven Wert zukommen lässt. Zweitens wird das abnehmende soziale Kapital in modernen Industrienationen für die Erosion der politischen Zufriedenheit verantwortlich gemacht (Putnam 1995; Newton 1999a; Newton/Norris 2000). Die abnehmende Einbindung in soziale Gemeinschaften, die Kooperation, gegenseitige Unterstützung sowie den Erwerb sozialer Fertigkeiten und Kontakte ermöglichen, gehe einher mit einem Rückgang der politischen Partizipation und der politische Zufriedenheit (Putnam 1995: 66ff). Allerdings ist die Frage von Kausalität und Wirkungsrichtung im Kontext des Zusammenhangs von Sozialkapital und politischer Zufriedenheit noch völlig offen (Newton 2006: 858ff). Schließlich wird auch auf die Rolle der Medien verwiesen, die Politiker – wie verschiedene Langzeituntersuchungen von Medieninhalten gezeigt haben (Kepplinger 1996) – immer kritischer darstellen. Auch hier ist unklar, ob die Politik mehr Anlass zu solcher kritischen Berichterstattung bietet, der politische Prozess insgesamt transparenter geworden ist und deshalb der „wahre Charakter" der Politik erst jetzt zum Vorschein kommt[19], oder aber die Medien selbst politikkritischer geworden sind.

Im Sinne des hier untersuchten Modells ist natürlich insbesondere das deprivationstheoretische Ursachenbündel für politische Unzufriedenheit von Interesse. Letztlich erfassen alle hier präsentierten Modernisierungsverlierer-Indikatoren unterschiedliche Formen der Deprivation. Ihr Vorliegen müsste also mit erhöhter politischer Unzufriedenheit einhergehen. Politische Unzufriedenheit wiederum setzt sich den zu Beginn dieses Abschnitts gemachten Vermutungen nach wiederum in eine erhöhte Wahrscheinlichkeit der Wahl rechtspopulistischer Parteien um, so dass politische Unzufriedenheit auf der Einstellungsebene erklären könnte, warum Modernisierungsverlierer zur Rechtswahl neigen. Um diesen Gedankengang überprüfen zu können, sollen die folgenden drei Hypothesen getestet werden, wobei in der Hypothesenformulierung der Einfachheit halber nicht zwischen den einzelnen Modernisierungsverlierer-Indikatoren unterschieden wird, nach denen jedoch in der konkreten Analyse differenziert werden soll.

H11.1: Modernisierungsverlierer weisen überdurchschnittlich hohe Werte politischer Unzufriedenheit auf.

H11.2: Je höher die politische Unzufriedenheit einer Person, desto höher ist die Wahrscheinlichkeit, dass sie eine rechtspopulistische Parteien wählt.

H11.3: Die überdurchschnittliche Wahrscheinlichkeit von Modernisierungsverlierern, rechtspopulistische Parteien zu wählen, vermittelt sich über deren politische Unzufriedenheit.

Neben dieser Kernfrage ist es im Verbund mit anderen Einstellungsindikatoren mit dem Indikator für politische Unzufriedenheit möglich, die Diskussion um die Protestwahlthese

---

[19] Dalton (2004: 72) verweist in diesem Zusammenhang auf Bismarcks Ausspruch, dass es zwei Sachen gäbe, über die man besser nicht wissen sollte, wie sie gemacht würden – Wurst und Politik.

einer empirischen Überprüfung zuzuführen. Hierbei geht es vor allem darum, die einzelnen Einstellungsindikatoren miteinander in Bezug zu setzen und ihre relative Einflussstärke und Erklärungskraft zu bewerten. Es lassen sich drei Hypothesen formulieren, die jeweils die drei idealtypischen Positionen in der Diskussion wiederspiegeln:

> H12.1: Politische Unzufriedenheit erhöht die Wahrscheinlichkeit, rechtspopulistische Parteien zu wählen, während dies bei Xenophobie, Autoritarismus und Misanthropie deutlich weniger stark der Fall ist („Reine" Protestwahl).

> H12.2: Xenophobie, Autoritarismus und Misanthropie erhöhen die Wahrscheinlichkeit, rechtspopulistische Parteien zu wählen, während dies bei politischer Unzufriedenheit deutlich weniger stark der Fall ist (Ideologische Bekenntniswahl).

> H12.3: Xenophobie, Autoritarismus und Misanthropie erhöhen dann die Wahrscheinlichkeit, rechtspopulistische Parteien zu wählen, wenn politische Unzufriedenheit ebenfalls vorliegt (Interaktionsmodell).

2.5.2.2 Xenophobie

Geht man vom ursprünglichen Wortsinn aus, so bezeichnet Xenophobie die krankhafte Angst vor Fremden. Üblicherweise wird der Begriff jedoch in einem weit weniger klinischen Sinne verwendet und beschreibt Furcht, Abneigung, Vorurteile oder Hass gegenüber all denen, die als „fremd" oder „anders" wahrgenommen werden (De Master/Le Roy 2000: 425; Jones 2007: 5299). Der im deutschen Sprachraum weitgehend synonym verwendete Begriff der Fremdenfeindlichkeit bringt hingegen vor allem das aggressive Element der Feindschaft zum Ausdruck (Wicker 2001: 16649), weswegen hier der international gebräuchlichere Terminus bevorzugt herangezogen werden soll. Xenophobie kann konzeptionell als ein Kontinuum aufgefasst werden, das jegliche negativen Einstellungen gegenüber „Fremden" umfasst, wobei Rassismus – verstanden als biologisch oder kulturell begründete Hierarchisierung und Diskriminierung – den einen Pol, eine konservative Haltung, die die eigenen Werte, Normen und Praktiken vor fremden Einflüssen bewahren will, hingegen den anderen bildet (Küchler 1996: 248f).

Die Operationalisierung und Messung von Xenophobie ist aufgrund der Vielschichtigkeit dieses Phänomens alles andere als einfach. Anerkannte und standardisierte Instrumente zur Erfassung fremdenfeindlicher Einstellungen sind praktisch nicht vorhanden. Schon alleine die Benennung des Einstellungsobjekts kann in vielerlei Hinsicht verschieden sein und sich in deutlich unterschiedlichen Messergebnissen niederschlagen (Küchler 1996: 249). So kann man sich auf Menschen mit anderer Staatsangehörigkeit oder ethnischer Herkunft generell beziehen, auf bestimmte Formen der Immigration, etwa Arbeitsmigranten („Gastarbeiter"), Immigranten aus ehemaligen Kolonien und Flüchtlinge oder aber zwischen verschiedenen nationalen, ethnischen oder kulturellen Gruppen von „Fremden" unterscheiden. Im letzteren Fall ist davon auszugehen, dass die Ressentiments je nach Gruppe und auch je nach nationalem Kontext der Befragung deutlich variieren, es also landesspezifisch ausgeprägte generelle Zu- und Abneigungen gibt, die sich in fremdenfeindlichen Einstellungen niederschlagen. Aber auch die konkrete Ausprägung des Ressentiments gegen eine einmal festgelegte Gruppe kann zwischen latenter Abneigung und aggressivem Hass, zwischen ökonomischer, sozialer, kultureller oder politischer Ausgrenzung variieren. Deswegen ist es wichtig, deutlich zu machen, was im konkreten Kontext dieser Arbeit unter den Begriff Xenophobie subsumiert werden soll.

Ressentiments gegenüber „Fremden" – im heutigen Kontext vor allem von Immigranten aus Ländern außerhalb der Sphäre westlicher Industrienationen – gehören seit den 1980er Jahren zum Kern des Politikangebots von rechtspopulistischen Parteien. Kamen die frühesten Formen des rechten Populismus, etwa die skandinavischen Fortschrittsparteien, noch weitgehend ohne derartige Ressentiments aus (Bjørklund/Gaul Andersen 2002: 107ff), so verlagerte sich der Schwerpunkt der rechtspopulistischen Agitation zunehmend auf die Frage der Immigration. Im Gegensatz zur Xenophobie klassisch rechtsextremer Parteien muss diese Form nicht unbedingt rassistisch motiviert sein – wobei dies in Programmatik und Ideologie von Parteien wie dem Front National in Frankreich oder dem alten Vlaams Blok in Belgien durchaus der Fall ist (Hossay 2002: 176; Ivaldi/Swyngedouw 2006: 124f). Gerade die „mildere" und auch modernere Variante des Rechtspopulismus begründet die Ablehnung von Immigration und Immigranten häufig ökonomisch-wohlfahrtschauvinistisch (Betz 2002c: 257; Bjørklund/Gaul Andersen 2002: 112ff): Arbeitsplätze, Wohnungen, Sozialleistungen und andere materielle Ressourcen sollen in erster Linie oder ausschließlich der bereits ansässigen Bevölkerung zugute kommen. Eine andere Variante ist die Betonung der kulturellen Fremdheit der Immigranten, die die nationalen Traditionen und Werte zu marginalisieren drohe (Betz 2002c: 253f; Rydgren/van Holsteyn 2005: 49). Die Ablehnung der Immigration – gleich aus welchen Motiven heraus - ist jedenfalls der kleinste gemeinsame Nenner in der Programmatik der unterschiedlichen Varianten rechtspopulistischer Parteien. In der Literatur wird dies – in Anlehnung an die Ressentiments gegenüber neuen Wellen von Einwanderern in den Vereinigten Staaten des 19. Jahrhunderts – als Nativismus bezeichnet (Mudde 2007: 18ff). Diese Form der Xenophobie soll im Folgenden im Fokus der Analyse stehen.

Spiegelbildlich zum Politikangebot der Rechtspopulisten wird Xenophobie auch auf der Seite der Wählernachfrage zur Erklärung der Wahlerfolge dieser Parteien herangezogen (Betz 1994: 69ff). Verschiedene empirische Studien haben nachgewiesen, dass auf der Ebene der individuellen Einstellungen die xenophobe Ablehnung der Immigration einer der wichtigsten Prädiktoren der Wahl rechtspopulistischer Parteien ist (Norris 2005: 182ff). Eine ganze Reihe von Untersuchungen der westeuropäischen Elektorate haben gezeigt, dass ihre Wähler die Begrenzung von Immigration ganz überwiegend als wichtigstes politisches Thema auffassen (Perrineau 1997: 116; Mayer 1998: 17f; Svåsand 1998: 87; Bjørklund/Gaul Andersen 2002: 122f; Schain 2002: 230f). Es ist zudem gerade der hohe Grad an Xenophobie, der das Wahlverhalten zugunsten einer rechtspopulistischen Partei von dem Wahlverhalten zugunsten anderer Parteien unterscheidet (Gabriel 1996: 87ff; van der Brug et al. 2000: 89ff; Ivarsflaten 2008: 14f).[20]

---

[20] Aggregatdatenanalysen, die Zusammenhänge zwischen dem Immigrantenanteil als Kontextmerkmal und den Wahlergebnissen von rechtspopulistischen Parteien untersuchen, gehen in ihren Ergebnissen hingegen stark auseinander (Norris 2005: 169f). Sie tendieren dann dazu, positive Zusammenhänge aufzuweisen, wenn sie etwa auf nationaler Ebene durchgeführt werden (Anderson 1996: 502ff; Knigge 1998: 262ff; Lubbers et al. 2002: 362ff; Golder 2003: 451f; Swank/Betz 2003), während Studien auf Basis kleinerer subnationaler Gebietseinheiten auch gegenläufige Tendenzen beobachten (Chapin 1997: 66f; Spier 2007: 98f). Am Beispiel von Belgien und Deutschland lässt sich zeigen, dass fremdenfeindliche Einstellungen und Wahlergebnisse derartiger Parteien gerade in den

Dennoch findet sich in der Literatur keine Einigkeit darüber, wie spezifisch gerade die Xenophobie für die rechtspopulistische Wahlmobilisierung ist. Einige Autoren sind von der Zentralität des Immigrationsthemas überzeugt und sprechen konsequenterweise auch von Anti-Immigrations-Parteien, wenn sie einen Sammelbegriff für die hier als rechtspopulistisch bezeichneten Parteien benötigen (Fennema 1997; van der Brug et al. 2000; Gibson 2002; van der Brug/Fennema 2003; van der Brug et al. 2005). In diesem Sinne handelt es sich um Single-Issue-Parteien, die nur von der vermeintlichen Vernachlässigung dieses Themas durch die etablierten Parteien profitieren. Diese Erklärung ist strukturell verwandt mit der Protestwahlthese, die die Wahl rechtspopulistischer Parteien parallel dazu monokausal auf politische Unzufriedenheit zurückführt. Viele Autoren im Feld der Rechtspopulismus-Forschung warnen aber vor einer so verengten Sichtweise: Vor allem vor dem Hintergrund der Erfahrung mit der großen Bandbreite von unterschiedlichsten Feindbildern osteuropäischer Rechtspopulisten weist Mudde (2007: 63ff) darauf hin, dass die Objekte der Ressentiments rechtspopulistischer Agitation letztlich austauschbar sind. Er rekurriert dabei auf die Theorie der sozialen Identität, die davon ausgeht, dass die Konstruktion einer *ingroup*, der man sich zugehörig fühlen kann, häufig im Wege der Abgrenzung zu einer als „anders" wahrgenommenen *outgroup* erfolgt. Welche konkrete Bevölkerungsgruppe dies ist, bleibt zweitrangig, solange sie in Hinblick auf ihre Stellung als diskriminierbare *outgroup* ein funktionales Äquivalent darstellt. Auch Betz (2002c: 260ff) betont diese identitätspolitische Komponente der rechtspopulistischen Wahlmobilisierung.

Es spricht einiges dafür, dass die Position zutreffend ist, dass Xenophobie nur eine austauschbare Form der Feindseligkeit ist: Bis in die 1980er Jahre hinein sind viele rechtspopulistische Parteien in Westeuropa ohne die Mobilisierung xenophober Ressentiments ausgekommen und als Anti-Establishment-Parteien aufgetreten, die vor allem die allgemeine Unzufriedenheit mit der politischen Elite zu nutzen wussten. Heute scheint sich der Schwerpunkt der Agitation wieder weg von einer allgemeinen Ablehnung der Zuwanderung hin zu einem spezifischeren Kulturkampf gegen den Islam zu verlagern (Betz 2002c: 253ff). Die xenophobe Ablehnung der Immigration mag also nur eine aktuelle Ausdrucksform für die Ressentimenthaftigkeit der rechtspopulistischen Agitation und ihrer aggressiven Identitätspolitik sein. Gerade diese Sichtweise legt aber eine Interpretation im Sinne der Modernisierungsverlierer-Theorie nahe: Deprivationserfahrungen führen bei den betroffenen Gruppen zu Frustration, Unsicherheit und Identitätsverlust und machen sie anfällig gegenüber dem politischen Angebot rechtspopulistischer Parteien, das Immigranten oder andere *outgroups* identitätsstiftend als „Sündenböcke" für ihre Misere präsentiert (Knigge 1998: 270ff). Unbeschadet der Möglichkeit, dass es sich bei der xenophoben Ablehnung der Immigration nur um eine Form der Mobilisierung von Ressentiments handelt: Sie ist für den hier untersuchten Zeitraum von 2002 bis 2005 ohne Zweifel die dominante Form der Mobilisierung rechtspopulistischer Parteien und soll daher als Indikator auf der Einstellungsebene herangezogen werden.

Die Frage nach den Determinanten der Ausbildung xenophober Einstellungen ist weit ausdifferenziert. Die unterschiedlichen Erklärungsansätze variieren dabei in ihrer Komple-

---

Regionen hoch sind, die – wie etwa in Flandern oder Ostdeutschland – relativ geringe Anteile von Immigranten an der Gesamtbevölkerung haben (Hossay 2002: 160f). Diese Ergebnisse deuten darauf hin, dass es eher das landesweite Thema der Migration ist, dass als „Katalysator" für die Wahl rechtspopulistischer Parteien dient, als die konkrete Konfrontation mit diesen im Alltag. Insbesondere in Frankreich und Österreich scheint aber tatsächlich ein ökologischer Zusammenhang auf subnationaler Ebene vorzuliegen, allerdings auf dem noch recht hohen Aggregatniveau von Regionen bzw. Bundesländern (Givens 2005: 80f).

xität, der fachlichen Perspektive und in der Frage, auf welche Ebene eines mehrschichtigen Erklärungsmodells sie sich beziehen (Stolz 2000: 99ff; Rosar 2001: 226ff). Es bestehen vielfältige Parallelen zu den Ansätzen zur Erklärung von rechtsextremen Einstellungen und einem Wahlverhalten zugunsten rechter Parteien, was schon auf der theoretischen Ebene darauf hindeutet, dass Xenophobie eine dem konkreten Wahlverhalten sehr eng vorgelagerte Einstellung ist. Auf der Ebene der sozialen Lage werden etwa die Konzepte als Determinanten genannt, die hier als Indikatoren für die Modernisierungsverlierer-Eigenschaft eines Individuums herangezogen werden: ein niedriger sozialer Status, Statusinkonsistenz, die Verortung in bestimmten Berufsklassen, insbesondere in der Arbeiterklasse, geringes Berufsprestige, Armut und Arbeitslosigkeit (Stolz 2000: 110ff; Rosar 2001: 231ff). Die sozialpsychologischen Begründungsmuster, warum sich diese Formen von Deprivation in der Ausbildung xenophober Einstellungen auswirken, weisen ebenfalls viele Ähnlichkeiten zur Argumentation in Bezug auf die Erklärung des Wahlverhaltens auf: So wird zur Erklärung des Zusammenhangs die Frustrations-Aggressions-These (Dollard et al. 1939) bemüht, nach der sich die Frustration über die eigene soziale Situation in Aggression gegenüber „Sündenböcken", in diesem Fall den Immigranten, auswirken kann. Andererseits wird im Rahmen der Theorie des realistischen Gruppenkonflikts (Sherif 1962, 1966, 1967; Le Vine/Campbell 1972) auf die Konkurrenz mit Immigranten um verbindliche Werte, Statuspositionen, Macht und knappe materielle Ressourcen abgestellt, die sich in Xenophobie niederschlägt. Schließlich geht die Theorie der sozialen Identität (Tajfel 1969; Turner 1975) davon aus, dass Menschen tendenziell nach einem positiven Selbstbild streben. Ist ihnen die Herstellung eines solchen nicht durch eigene Leistung möglich, was insbesondere in den unteren sozialen Lagen der Fall ist, so können sie dieses positive Selbstbild nur durch Abgrenzung gegenüber *outgroups* erreichen, was wiederum die Xenophobie erklärt.

Während diese drei Stränge jeweils eine deprivationstheoretische Erklärung der Ausbildung xenophober Einstellungen ermöglichen, werden auch davon unabhängige Ursachen diskutiert. Ein Teil der Forschung führt dies auf soziales Lernen sowohl über negative Kontakte mit „Fremden" wie auch elterliche Vorurteile zurück (Rieker 1997; Towles-Schwen/Fazio 2001). Ein anderer Strang untersucht den viel beobachteten negativen Zusammenhang von Bildung und xenophoben Einstellungen, der jedoch in seiner Interpretation umstritten ist (Hainmüller/Hiscox 2007: 400f): Ein Teil der empirischen Untersuchungen geht davon aus, dass die überdurchschnittlich häufig gegen Immigration gerichteten Einstellungen bei Menschen mit formal niedriger Bildung vor allem dadurch zu erklären sind, dass in diesem Bevölkerungssegment tatsächlich eine Arbeitsmarktkonkurrenz mit Immigranten besteht (Scheve/Slaughter 2001; Mayda 2006). Dies wäre insofern auch eine deprivationstheoretische Erklärung der Xenophobie im Sinne der Theorie des realistischen Gruppenkonflikts. Andere Studien vermuten hingegen, dass mit höherer Bildung allgemein tolerantere und kosmopolitischere Einstellungen und Werte gegenüber Fremden einhergehen, xenophobe Reaktionen auf Immigranten mithin weitgehend unabhängig von konkreten Konkurrenzsituationen sind (Espenshade/Calhoun 1993; Citrin et al. 1997; McLarren 2001; Hainmüller/Hiscox 2007).

Die verschiedenen deprivationstheoretischen Erklärungsmuster sind geeignet, auf der Einstellungsebene zu erklären, warum Modernisierungsverlierer zur Wahl rechtspopulistischer Parteien neigen: Deprivation führt zur Ausbildung xenophober Einstellungen, diese wiederum erhöhen die Wahrscheinlichkeit, eine derartige Partei zu wählen. Dabei ist es für die vorliegende Untersuchung nachrangig, ob dies auf die unterschiedlichen sozialpsychologischen Mechanismen zurückzuführen ist, die von der Frustrations-Aggressions-These, der Theorie des realistischen Gruppenkonflikts oder der sozialen Identitätstheorie angeführt werden. In der deprivationstheoretischen Ursache gleichen sich diese Mechanismen. Die Wirkung der formalen Bildung als möglicherweise konkurrierendes Erklärungsmuster muss jedoch kontrolliert werden. Die Erklärung über das soziale Lernen als weiteres Konzept kann hier in Ermangelung von sinnvollen Operationalisierungsmöglichkeiten allerdings nicht überprüft werden. Im Rahmen der empirischen Untersuchung werden die folgenden Hypothesen zu testen sein:

H13.1: Modernisierungsverlierer weisen überdurchschnittlich hohe Xenophobie-Werte auf.

H13.2: Je höher die Xenophobie einer Person, desto höher ist die Wahrscheinlichkeit, dass sie eine rechtspopulistische Parteien wählt.

H13.3: Die überdurchschnittliche Wahrscheinlichkeit von Modernisierungsverlierern, rechtspopulistische Parteien zu wählen, vermittelt sich über deren Xenophobie.

2.5.2.3 Autoritarismus

Auch das Syndrom von Einstellungs- und Persönlichkeitsmerkmalen, das in den Sozialwissenschaften häufig unter dem Begriff des Autoritarismus firmiert, wird in der Diskussion über die Erfolge rechtspopulistischer Parteien in Westeuropa immer wieder als Erklärungsmuster herangezogen (Ignazi 1992; Kitschelt 1995: 47ff; Minkenberg 2000: 182f; Kitschelt 2001: 427f; Lubbers 2001: 54ff; Ignazi 2006: 201ff; Scheuregger/Spier 2007). Am bekanntesten dürfte Kitschelts These sein, dass der Rechtspopulismus eine autoritär-marktliberale Reaktion auf die Erfolge der libertär-sozialstaatlichen Linken sei (Kitschelt 1995, 2001). Der Parteienwettbewerb, der vormals primär entlang der sozioökonomischen Konfliktachse zwischen sozialstaatlicher Umverteilung und marktliberaler Deregulierung strukturiert war, habe sich verschoben. Eine orthogonale soziokulturelle Konfliktachse sei hinzugekommen, die mit den Polen autoritär und libertär eine neue Dimension des Parteienwettbewerbs eröffne. Gemäßigte bürgerliche Parteien würden sich – spiegelbildlich zum Wandel der Sozialdemokratien in Westeuropa – zentristischen Positionen annähern und so rechtspopulistischen Parteien, die sich der „winning formula" (Kitschelt 1995: 275) einer gleichzeitig autoritären wie marktliberalen Politik verschreiben, elektorale Chancen eröffnen.

Kitschelts These wurde insoweit widersprochen, als dass die meisten rechtspopulistischen Parteien zumindest seit den 1990er Jahren keine marktliberalen Positionen mehr beziehen, sondern im Gegenteil eher protektionistischen und wohlfahrtschauvinistischen Sozialstaatskonzeptionen zuneigen (Minkenberg 2000: 173f; Mudde 2000: 174f; Ivarsflaten 2002: 18ff; Stöss 2006a: 523f; De Lange 2007; Mudde 2007: 119ff). Weniger Implikationen auf der Ebene der sozioökonomischen Einstellungen hat Ignazis These von der „Silent Counter-Revolution" (Ignazi 1992, 2006). Analog zu Ingleharts These von der „Silent Revolution" (Inglehart 1977), die über Individualisierung und Emanzipation den Wertewandel hin zu postmaterialistischen, libertären Werten gebracht habe, geht Ignazi davon aus, dass es ebenso eine – von der Wissenschaft weitgehend unbeobachtete – Gegenbewegung derjenigen gegeben habe, die diesen neuen Freiheiten ängstlich und feindlich gegenüberstehen und Rückhalt in vermeintlich Sicherheit spendenden traditionellen Gemeinschaften und autoritären Ordnungen suchen. Eben dieser gesellschaftlichen Nachfrage nach autoritären Politikmustern seien die rechtspopulistischen Parteien nachgekommen, genau wie die grün-alternativen Parteien der Nachfrage nach libertären Werten entsprochen hätten.

Dass Autoritarismus eine wichtige Grundlage für die elektoralen Erfolge dieser Parteien ist, scheint weitgehend akzeptiert zu sein. Viele empirische Einzelstudien haben gezeigt, dass Autoritarismus (mit Xenophobie) zu den Einstellungen gehört, die die Rechtswahl auf der Individualebene am besten vorhersagen (Mayer/Perrineau 1992: 130ff; Lubbers/Scheepers 2002: 132; Mayer 2005: 7f). Überdies wird Autoritarismus zu den Kernelementen dessen gezählt, was man als Ideologie rechtspopulistischer Parteien bezeichnen könnte (Mudde 2007: 22f). Wie in Abschnitt 1.1.1 und 1.1.2 erläutert, ist der Verfasser skeptisch, ob man Rechtspopulismus als Ideologie qualifizieren sollte. Aber auch wenn man Rechtspopulismus primär als Politikstil auffasst, weisen autoritär strukturierte Personen klare Affinitäten zu diesem auf: Das vermeintliche Angehen komplexer politischer Probleme durch unzulässig vereinfachende Lösungen, die gezielt inszenierten öffentlichen Tabubrüche, der Kult um die selbstherrlich agierende Führerfigur – all diese Merkmale korrespondieren mit der Suche nach Halt gebenden Autoritäten und Geborgenheit spendenden Identitäten (Spier 2006: 36ff).

Dass Autoritarismus ein wichtiges Element rechter Ideologie darstellt, ist schon früh diskutiert worden. Zentraler Bezugspunkt der frühen Autoritarismusforschung ist die trotz berechtigter methodischer Kritik sicherlich als bahnbrechend zu bezeichnende Studie „The Authoritarian Personality" (Adorno et al. 1950).[21] Sie hatte es sich im Kontext der Geschehnisse im „Dritten Reich" und den anderen Diktaturen in Europa zur Aufgabe gemacht, die psychologischen Prädispositionen des „potentiellen Faschisten" aufzudecken. Hierzu bedienen sich die Autoren der Studie des Konstrukts „Autoritarismus", eines Syndroms von Charakterzügen und Persönlichkeitsmerkmalen, das vor allem durch das Verharren in Konventionen, die blinde Unterordnung unter Autoritäten, die ausgeprägte Neigung zur Unterwerfung Schwächerer sowie Ethnozentrismus und Antisemitismus gekennzeichnet ist (Adorno et al. 1950: 228). Während die Forscher um Adorno den „gesellschaftlichen Ort" des Faschismus vor allem in der Mittelschicht sahen und ihre Umfragen von vornherein auf diese Bevölkerungsgruppe beschränkten, wird schon in einem frühen Literaturbericht zum Stand der Autoritarismusforschung darauf hingewiesen, dass der Autoritarismus gerade auch unter den Angehörigen der unteren Schichten stark verbreitet sei (Christie/Cook 1958).

Eine allgemein anerkannte Definition dessen, was unter Autoritarismus zu verstehen ist, existiert dabei nicht. Leicht pathetisch könnte man Autoritarismus als Konglomerat von Werten und Verhaltensmustern bezeichnen, die im Gegensatz zu den Werten der Moderne, insbesondere des Liberalismus, des Pluralismus und des Individualismus, stehen (Nohlen/Schmidt 1998). In der Sozialpsychologie begreift man Autoritarismus zumeist als ein Syndrom aus verschiedenen Einstellungen und Persönlichkeitsmerkmalen. Welche das

---

[21] Einige der Ausführungen zum Autoritarismus wurden bereits in einer empirischen Studie zur Prüfung von Lipsets „working-class authoritarianism"-These als Erklärung der Wahl rechtspopulistischer Parteien veröffentlicht (Scheuregger/Spier 2007).

im Einzelnen sind und wie man sie misst, ist in der Autoritarismusforschung hoch umstritten (Rippl et al. 2000a). Bei Adorno, Frenkel-Brunswik, Levinson und Sandford umfasst das Syndrom noch neun breitgefächerte Merkmale (Adorno et al. 1950: 228). Insbesondere drei Dimensionen werden von der aktuellen Autoritarismus-Forschung auch heute noch als zentral angesehen (Altemeyer 1988; Hopf et al. 1995; Altemeyer 1996; Seipel/Rippl 1999): der Konventionalismus, der die starre Bindung an traditionelle Werte und Verhaltensmuster umfasst; die autoritäre Unterwürfigkeit, die die unkritische und bedingungslose Unterordnung unter idealisierte Autoritäten zum Inhalt hat; schließlich die autoritäre Aggression, die sich in der Tendenz zeigt, gegen Konventionen verstoßende Menschen abzulehnen und zu bestrafen.

Die alle neun Dimensionen erfassende F-Skala (Faschismus-Skala) wies eine recht hohe Reliabilität auf und fand in vielen späteren Untersuchungen Verwendung (Meloen 1993; Rippl et al. 2000b: 17). Sie ist aber auch auf starke methodische Kritik gestoßen (vgl. nur Hyman/Sheatsley 1954; Ray 1979). Infolge der Kritik ist eine Reihe von alternativen Messinstrumenten entwickelt worden. Prominenz erlangte vor allem Altemeyers RWA-Skala („right-wing authoritarianism scale"), die sich auf die drei zentralen Dimensionen der F-Skala konzentriert und in ihrer messtechnischen Erfassung der methodischen Kritik an der F-Skala Rechnung trägt (Altemeyer 1981, 1988, 1996). Aber auch andere Umsetzungen des Autoritarismus-Konzepts wurden in die Debatte eingeführt (Freyhold 1971; Oesterreich 1974; Lederer 1983; Oesterreich 1993, 1996; Feldman 2000; Funke 2001; Feldman 2003; Funke 2005). Die Autoritarismus-Forschung verfügt damit nicht nur über ein ausdifferenziertes methodisches Instrumentarium, überhaupt ist die Zahl der Erscheinungen zum Thema unüberschaubar groß. Meloen (1993) zählte alleine für die Autoritarismus-Literatur bis 1989 über zweitausend Publikationen.

Dennoch – oder vielleicht auch gerade deswegen – ist insbesondere die Frage, welche Ursachen Autoritarismus hat, in der Fachdiskussion stark umstritten. Die meisten Studien gehen davon aus, dass sich autoritäre Dispositionen im Verlauf der Sozialisation ausbilden. In der klassischen Theorie (Adorno et al. 1950: 385f) wird dies, gestützt auf die – in der Studie ungenannten – Vorarbeiten von Reich (1933) und Fromm (1936; 1941), psychoanalytisch begründet: Autoritäre Persönlichkeiten seien aufgrund der durch harte und lieblose Erziehung bedingten „Ich-Schwäche" dazu prädisponiert, sich an Stärke und Macht von Autoritäten aller Art zu orientieren. Retrospektive Befragungen wiesen jedoch nach, dass eine autoritäre elterliche Erziehungspraxis nicht unbedingt autoritärere Personen hervorbringt, als dies bei anders erzogenen Kindern der Fall ist (Altemeyer 1988: 52ff). Autoritarismus wird daher heute zumeist als Einstellung aufgefasst und häufig lerntheoretisch erklärt (Altemeyer 1981, 1988, 1996): Autoritäre Einstellungen und Verhaltensweisen werden demnach von Eltern, peer groups und anderen Personen übernommen, durch Belohnung und Bestrafung verstärkt und anhand eigener Erfahrungen mit autoritärem Verhalten modifiziert.

Eine zweite Gruppe von Erklärungsansätzen rückt demgegenüber die Rolle der Sozialisation in den Hintergrund und bemüht situationsspezifische Erklärungsmuster, um autoritäre Einstellungen und Verhaltensweisen zu deuten: Das Milgram-Experiment, bei dem ein „Testleiter" uneingeweihte Versuchspersonen anwies, einem als „Testperson" ausgewiesenen Schauspieler vermeintliche Stromstöße von steigender Intensität zu verabreichen, zeigte, dass der Autoritarismusgrad der Versuchsperson kaum einen Einfluss darauf hatte, ob und bis zu welcher Stromstärke der fingierte Test durchgeführt wurde (Elms/Milgram

1966). Oesterreich (1993: 18ff) geht daher davon aus, dass autoritäre Orientierungen und autoritäre Verhaltensweisen auch situationsspezifisch und ohne Vorliegen einer autoritären Persönlichkeit entstehen können. Er prägt dabei den Begriff der „autoritären Reaktion", einer Basisreaktion menschlichen Verhaltens, die in verunsichernden Situationen die Flucht in die Sicherheit von Autoritäten nahe legt, von denen eine wirkungsvolle Unterstützung und ein Abbau der eigenen Angst erwartet wird (Oesterreich 1993, 1996). Zu diesen situativen Verunsicherungen zählt er – neben der Befehlssituation im Milgram-Experiment – gerade auch unsichere Lebenslagen und ökonomische Krisensituationen (Oesterreich 1993: 51ff). Andere Autoren gehen – teilweise unabhängig von dieser theoretischen Fundierung – ebenfalls davon aus, dass derartige Deprivationszustände Autoritarismus befördern (Snippenburg/Scheepers 1991; Heitmeyer/Heyder 2002).

Im Rahmen des hier untersuchten Modells bietet sich natürlich insbesondere die deprivationstheoretische Erklärung von Autoritarismus an. Die mit der Modernisierungsverlierer-Eigenschaft verbundenen objektiven und subjektiv wahrgenommenen Deprivationszustände müssten dann mit höheren Autoritarismus-Werten einhergehen, die wiederum eine erhöhte Wahrscheinlichkeit hervorrufen, rechtspopulistische Parteien zu wählen. Für die dargestellte Kausalkette sind daher die folgenden Hypothesen einer empirischen Überprüfung zuzuführen:

H14.1: Modernisierungsverlierer weisen überdurchschnittlich hohe Autoritarismus-Werte auf.

H14.2: Je höher der Autoritarismus einer Person, desto höher ist die Wahrscheinlichkeit, dass sie eine rechtspopulistische Parteien wählt.

H14.3: Die überdurchschnittliche Wahrscheinlichkeit von Modernisierungsverlierern, rechtspopulistische Parteien zu wählen, vermittelt sich über deren Autoritarismus.

Hingegen handelt es sich bei den sozialisationsspezifischen Determinanten des Autoritarismus um modellexterne Effekte, die hier nicht weiter überprüft werden können. Die zugrundegelegte Datenbasis ermöglicht keinerlei Aufschlüsse über die Sozialisationsbedingungen der Befragten. Sollte der Autoritarismus aber nicht nennenswert durch die Modernisierungsverlierer-Indikatoren befördert werden, aber die Rechtswahl positiv beeinflussen, so liegt zumindest der Verdacht nahe, dass doch sozialisationsbedingte Effekte eine Rolle spielen könnten.

2.5.2.4 Misanthropie

Während Autoritarismus zu den gängigen einstellungsbezogenen Erklärungsmustern der Wahl rechtspopulistischer Parteien gehört, finden sich in der engeren Forschungsliteratur nur wenige Hinweise darauf, dass Misanthropie ebenfalls eine Rolle spielen könnte. Unter Misanthropie soll hier im Anschluss an Luhmann ein mangelnder Glaube an das Gute im Menschen, also ein negatives und pessimistisches Menschenbild verstanden werden (Luhmann 1979; zitiert nach: Smith 1997: 171). Misanthropie ist eine generalisierte Form des

Misstrauens gegenüber Menschen und kann damit als Gegenstück dessen begriffen werden, was vor allem im Gefolge der aktuellen Sozialkapital-Debatte als generalisiertes oder soziales Vertrauen bezeichnet wird (Putnam 2000: 134ff; Hardin 2002: 60ff). Das generelle Vertrauen in Menschen stellt in ausdifferenzierten Gesellschaften einen wichtigen Mechanismus zur Reduktion sozialer Komplexität dar (Luhmann 1968): Können rationale Entscheidungen aufgrund von Zeitmangel, Unüberschaubarkeit der Sachverhalte oder dem gänzlichen Fehlen von entscheidungsrelevanten Informationen vom Einzelnen nur noch in wenigen Fällen selbst getroffen werden, befähigt ein generelles Vertrauen in das Wissen und Handeln nichtspezifizierter Anderer intuitive Entscheidungen. Soziales Vertrauen ermöglicht es, Risiken in sozialen Interaktionen einzugehen und erleichtert damit kooperatives Verhalten (Luhmann 1968: 21ff; Fukuyama 1995: 23ff; Hardin 2002: 173ff). Deswegen wird es auf der Makroebene für eine Vielzahl von erwünschten Phänomenen verantwortlich gemacht: zivilgesellschaftliches Engagement, politische Partizipation, Toleranz und Altruismus, politische Stabilität und ökonomische Prosperität (Uslaner 2002: 190ff).

Misanthropie als generalisiertes Misstrauen gegenüber Menschen ist hingegen das Negativum des generalisierten Vertrauens. Misstrauen an sich muss nicht unangebracht sein, ist sogar in vielen Fällen ein sinnvoller Schutzmechanismus (Hardin 2002: 89f) und stellt ein funktionales Äquivalent zum Vertrauen in der Reduktion von Unsicherheit dar (Luhmann 1968: 69f). In seiner generellen Form hat es jedoch eine pathologische Qualität: Derart disponierte Individuen sind vorsichtig und defensiv in sozialen Interaktionen und neigen deshalb zu sozialer Isolation oder der Beschränkung der Beziehungen auf bestimmte Personen, was zu einem sich selbst verstärkenden Prozess der Abschirmung führen kann (Yamagishi 2001: 124f). Sie tendieren zu strikt egoistischem Verhalten und sind Fremden gegenüber skeptisch bis feindselig (Uslaner 2002: 191f). Dieses Misstrauen kann in extremen Fällen bis zur Xenophobie reichen (Sztompka 1999: 80).

In der Forschung zu Rechtspopulismus und Rechtsextremismus gibt es nur wenige Studien, die Misanthropie explizit zur Erklärung dieser Phänomene heranziehen. Das von Heitmeyer initiierte Forschungsprogramm zur gruppenbezogenen Menschenfeindlichkeit beschäftigt sich vor allem mit spezifischen Formen der Misanthropie, etwa mit Rassismus, Antisemitismus, Sexismus oder Islamphobie (Heitmeyer 2002a, 2003, 2005, 2006, 2007, 2008). Norris zieht zwar den meistgenutzten Indikator für soziales Vertrauen, die Misanthropie-Skala von Rosenberg (1956; 1957a), in ihrer Analyse der Determinanten der Wahl rechtspopulistischer Parteien heran und stellt auch einen signifikanten Effekt des Misstrauens auf die Wahrscheinlichkeit, eine derartige Partei zu wählen, fest, nennt hierfür aber kaum theoretische Gründe und reflektiert das Ergebnis nicht (Norris 2005: 153ff). Dabei ist die These, dass Misanthropie die Wahl rechter Parteien begünstigt, nicht unbedingt fernliegend. Schließlich deuten verschiedene Forschungsergebnisse darauf hin, dass Autoritarismus und Misanthropie in einer engen Beziehung zueinander stehen. Schon Adorno et al. (1950: 238f) wiesen darauf hin, dass ein zynisches Menschenbild zu den Kernelementen dessen zählt, was sie als „autoritäre Persönlichkeit" bezeichnen. Rosenberg sah Misanthropie deswegen als Teil des breiteren Autoritarismus-Syndroms an und wies nach, dass sie mit illiberalen politischen Einstellungen einhergeht (Rosenberg 1956) und die Befürwortung einer aggressiven Außen- und Sicherheitspolitik befördert (Rosenberg 1957a). Scheuregger und Spier (2007) setzen aufgrund der Nähe zum Phänomen Autoritarismus den Misanthropie-Indikator auch zur Operationalisierung autoritärer psychischer Dispositionen ein.

2 Theorien, Indikatoren und Hypothesen

Misanthropie ist infolgedessen nicht nur eine plausible Einstellungsdimension, die der Wahl rechtspopulistischer Parteien vorgelagert sein könnte. Ihre Ausbildung wird auch häufig mit sozialer Ungleichheit und Deprivation in Verbindung gebracht, weswegen sie auf der Einstellungsebene erklären könnte, warum Modernisierungsverlierer rechtspopulistische Parteien wählen. Eine ganze Reihe von Wissenschaftlern geht davon aus, dass generelles Vertrauen überdurchschnittlich häufig von „gesellschaftlichen Gewinnern" mit hoher Bildung, hohem Einkommen und hohem Status zum Ausdruck gebracht wird, während „gesellschaftliche Verlierer" ein eher misanthropisches generelles Menschenbild aufweisen (Newton 1999b: 173; Whiteley 1999: 40f; Putnam 2000: 138). Demzufolge sollen im Rahmen dieser Arbeit die folgenden drei Hypothesen überprüft werden, um die Rolle der Misanthropie im hier zugrundegelegten Modell empirisch verifizieren oder falsifizieren zu können.

H15.1: Modernisierungsverlierer weisen überdurchschnittlich hohe Misanthropie-Werte auf.

H15.2: Je höher die Misanthropie einer Person, desto höher ist die Wahrscheinlichkeit, dass sie eine rechtspopulistische Parteien wählt.

H15.3: Die überdurchschnittliche Wahrscheinlichkeit von Modernisierungsverlierern, rechtspopulistische Parteien zu wählen, vermittelt sich über deren Misanthropie.

3 Datenbasis, methodische Vorgehensweise und Operationalisierung

Während im letzten Kapitel vor allem die Modernisierungsverlierer-Theorie und wichtige konzeptionelle Grundentscheidungen behandelt wurden, sollen die technischen Details der Untersuchung im vorliegenden Kapitel im Vordergrund der Betrachtung stehen. Dazu wird zunächst auf die Datenbasis der Untersuchung einzugehen sein, um dann einige notwendige Anmerkungen zu den quantitativen statistischen Verfahren zu machen, die im weiteren Verlauf der Arbeit angewendet werden. Abschließend sollen die Schritte, die zur Operationalisierung der hier verwendeten Variablen nötig sind, kurz dargestellt werden.

3.1 Datenbasis

Die Modernisierungsverlierer-Theorie und die aus ihr abgeleiteten Hypothesen sollen im Rahmen dieser Untersuchung mithilfe der Daten einer europaweiten und komparativ angelegten Bevölkerungsbefragung, dem European Social Survey, einer empirischen Überprüfung zugeführt werden. Im Folgenden soll ein kurzer Überblick über diese Befragung gegeben und auf zwei Punkte eingegangen werden, die im Kontext der Verwendung dieser Daten relevant sind: Die Grundgesamtheit und die Datenqualität der Stichprobe sowie die Frage ihrer Gewichtung.

3.1.1 Übersicht European Social Survey

Komparativ angelegte Bevölkerungsumfragen, die Daten zumindest für die westeuropäischen Staaten erheben, sind nicht sehr zahlreich. Neben einigen kaum zugänglichen kommerziellen Umfragen sind vor allem fünf wissenschaftliche Datenquellen grundsätzlich für Sekundäranalysen verfügbar, die die Staaten Westeuropas untersuchen: Das Eurobarometer (EB), die European Values Study (EVS), die Comparative Study of Electoral Systems (CSES), das International Social Survey Programme (ISSP) und der European Social Survey (ESS). Das Feld der in Betracht kommenden Umfragen lichtet sich sehr schnell, wenn man sich die beiden zentralen Anforderungen vergegenwärtigt, die im Kontext der vorliegenden Untersuchung an die Datenquelle zu stellen sind: Erstens muss die Wahl rechtspopulistischer Parteien als abhängige Variable dieser Studie über den Datensatz operationalisierbar sein. Zweitens müssen in ihm auch Variablen enthalten sein, mit denen sich die Modernisierungsverlierer- und rechtsaffinen Einstellungsindikatoren umsetzen lassen. Wie in Abschnitt 3.3.1 detailliert dargestellt wird, ist es sinnvoll, die Rückerinnerung an das Stimmverhalten bei der letzten Wahl zur Operationalisierung der abhängigen Variablen heranzuziehen. Derartige Items sind im ISSP und EVS gar nicht (hier stattdessen Wahlabsichtsfrage) und im Eurobarometer nur bis 1995 enthalten. Die CSES wiederum enthält nur sehr wenige Items, die zur Messung rechtsaffiner Einstellungsmuster geeignet sind. Allein der ESS entspricht daher den Anforderungen dieser Studie an eine geeignete Datenquelle.

3 Datenbasis, methodische Vorgehensweise und Operationalisierung

Der European Social Survey wird seit 2002 regelmäßig alle zwei Jahre in mehr als zwanzig europäischen Staaten erhoben (vgl. auch im Folgenden Neller 2004; 2006).[22] Es besteht aus einem etwa einstündigen computergestützten persönlichen Interview (CAPI), das sich aus zwei Modulen von Fragen und einem selbstauszufüllenden Ergänzungsfragebogen im Anschluss an das Interview zusammensetzt. Das Kernmodul des ESS und der Ergänzungsfragebogen werden bei jeder Befragungswelle wiederholt und enthalten Fragen zu einer großen Zahl von sozialen und demographischen Charakteristika des Befragten und seines Haushalts, sowie zu verschiedenen Einstellungen und Verhaltensweisen. Der Zusatzbogen erfasst vor allem die Items für die sogenannte „Universelle Werte-Skala" von Schwartz (1992; 1994). Elemente aus diesen beiden Teilen werden im Rahmen der vorliegenden Sekundäranalyse zur Operationalisierung der Variablen herangezogen (3.3). Für die vorliegende Arbeit wurden die ESS-Wellen 1 (2002/2003) und 2 (2004/2005) in Form eines kumulativen Datensatzes (Version 2.0, Stand: 26. Januar 2007) herangezogen, der über das norwegische Datenarchiv NSD bezogen werden kann.

3.1.2 Grundgesamtheit und Datenqualität der Stichprobe

Die dem European Social Survey zugrunde liegende Grundgesamtheit ist die in dem jeweiligen Land in privaten Haushalten lebende Bevölkerung ab 15 Jahren, ungeachtet ihrer Nationalität, Staatsbürgerschaft, Sprache oder Rechtsstellung.[23] Die Ziehung der Zufallsstichprobe aus dieser Grundgesamtheit erfolgt von Land zu Land unterschiedlich in mehrstufigen Auswahlverfahren, aber jeweils auf Basis der besten realisierbaren Zufallsmethode. Ein nicht-standardisiertes Vorgehen ist vor allem deshalb notwendig, weil es in einigen Staaten keine zugänglichen oder reliablen Einwohnerregister oder auch nur Haushalts- oder Telefonverzeichnisse existieren, die einen belastbaren Rahmen für die Stichprobenziehung bieten würden. Alternativ oder ergänzend zu diesen Methoden werden daher im Rahmen bestimmter Auswahlstufen auch Verfahren eingesetzt, die auf vollständige Listen verzichten und stattdessen Haushalte vor Ort durch *random-route*-Verfahren ermitteln. Die Zielgröße der minimalen Nettostichprobe pro Land und Welle liegt bei 1500 realisierten Interviews, bei Ländern unter zwei Millionen Einwohnern sind auch 800 Fälle ausreichend. Die durchführenden nationalen Befragungsinstitute haben die Zielvorgabe, mindestens 70 % der Interviews mit den vorab ausgewählten Personen tatsächlich zu realisieren, ggf. durch vielfache Kontaktversuche. Nach Einschätzung unabhängiger Evaluatoren (Bethlehem et al. 2008: 10) stellt der European Social Survey zur Zeit den *state of the art* komparativer empirischer Sozialforschung dar, der in vielen Teilnehmerländern weit über die bisher national üblichen Standards zur Qualitätssicherung hinausgeht.

---

[22] Die genaue Teilnehmerzahl variiert nach Angaben der ESS-Website je nach Welle zwischen 22 und 26 Ländern, vgl. http://www.europeansocialsurvey.org/index.php?option=com_content&task=view&id=41&Itemid=73.
[23] Die Informationen dieses Abschnitts entstammen der internationalen Website des European Social Survey, vgl. http://www.europeansocialsurvey.org/.

Tabelle 4: Nettostichprobengröße und Anteil der realisierten Interviews im ESS

ESS-Welle		AT	BE	CH	D	DK	F	I	NL	NO	Insg.
2002/2003	Fallzahl im Datensatz	2257	1899	2039	2919	1506	1503	1207	2364	2036	17730
	Ausschöpfungsquote	60,4	59,2	33,5	55,7	67,6	43,1	43,7	67,9	65,0	-
2004/2005	Fallzahl im Datensatz	2256	1778	2141	2870	1487	1806	1529	1881	1760	17508
	Ausschöpfungsquote	62,4	61,4	46,9	52,6	65,1	43,6	60,8	64,3	66,2	-
Insgesamt	Fallzahl im Datensatz	4513	3677	4180	5789	2993	3309	2736	4245	3796	35238

Quelle: European Social Survey (o.J. a, b).

Leider werden diese Qualitätsstandards nicht für alle Untersuchungsländer auch voll erreicht. Die Größe der Nettostichprobe unterschreitet etwa in Italien in der ersten Welle mit 1207 und in Dänemark in der zweiten Welle mit 1487 tatsächlich vorhandenen Fällen die Zielvorgabe von 1500 Fällen (vgl. Tab. 4). Der Schnitt der neun Untersuchungsländer über die beiden zugrunde liegenden Wellen liegt allerdings bei rund 1958 Befragten pro Land und Welle. Da die in dieser Studie anzuwendenden statistischen Verfahren aber mit Signifikanztests überprüfen, inwiefern die Zahl der jeweils zugrunde gelegten Fälle verallgemeinerbare Schlüsse auf die Grundgesamtheit zulassen, sind unterschiedlich hohe absolute Zahlen von Befragten in diesem Rahmen noch relativ unbedenklich.

Problematischer dürfte das Nicht-Erreichen der Vorgabe eines Anteils von realisierten Interviews in Höhe von 70 % der Bruttostichprobe sein (Ausschöpfungsquote). Der Anteil spiegelt vor allem die Intensität der Bemühungen wieder, die zufällig ermittelten Personen auch tatsächlich erfolgreich zu befragen. Es gibt zwar diesbezüglich intensive Vorgaben des Koordinationsteams des European Social Surveys (Billiet/Philippens 2004: 2ff), allerdings liegt die Durchführung der Umfrage bei nationalen Umfrageinstituten, die unterschiedliche Praktiken haben, die zu variierenden Ausschöpfungsquoten führen. Neben den hiermit verbundenen befragungsbezogenen Ausfallgründen spielen in komparativen Bevölkerungsumfragen auch unterschiedlich ausgeprägte nationale Teilnahmekulturen sowie die durchschnittlich am Wohnsitz verbrachte Zeit, die ebenfalls von Land zu Land variieren kann, für unterschiedlich hohe Anteilswerte von erfolgreich realisierten Interviews eine Rolle (Billiet/Philippens 2004: 6f). Besonders niedrig fallen diese Anteile in beiden Wellen in der Schweiz und Frankreich, sowie in der ersten Welle in Italien aus (vgl. Tab. 4). Da davon auszugehen ist, dass die ausgefallenen Stichprobeneinheiten *(unit non response)* sich nicht zufällig verteilen, sondern im Gegenteil mit bestimmten Merkmalen der nicht erfolgreich Befragten, wie etwa geringer Anwesenheit am Wohnsitz, zusammenhängen, muss mit einer gewissen systematischen Verzerrung der Daten insbesondere in den Ländern mit geringen Anteilen von realisierten Interviews gerechnet werden.

3.1.3 Gewichtung der Stichprobe

Im Rahmen der Analysen mit dem European Social Survey wird die Stichprobe auf zwei unterschiedliche Arten gewichtet, um bestimmte Inkonsistenzen der Daten zu beheben oder zumindest zu verringern. Bis auf wenige Ausnahmen – etwa bei der Bildung von Skalen – wird in allen Analysen das Design-Gewicht *dweight* verwendet, das die durch die mehrstufigen Verfahren der Stichprobenziehung in den Untersuchungsländern erzeugten unterschiedlichen individuellen Auswahlwahrscheinlichkeiten korrigieren soll. Die ungewichteten Stichproben in den Untersuchungsländern über- oder unterrepräsentieren etwa bestimmte Arten von Adressen oder Haushalten. Das Design-Gewicht trägt dem Rechnung, indem es den jeweiligen Fall mit einem Faktor proportional zu seiner inversen Auswahlwahrscheinlichkeit gewichtet (Rösch 1994: 9). Die Anwendung des *dweight* in allen Analysen wird vom Team des European Social Survey ausdrücklich empfohlen (European Social Survey 2007b).

Abbildung 7: Relative Größe der Teilstichproben bei unterschiedlichen Gewichtungsarten

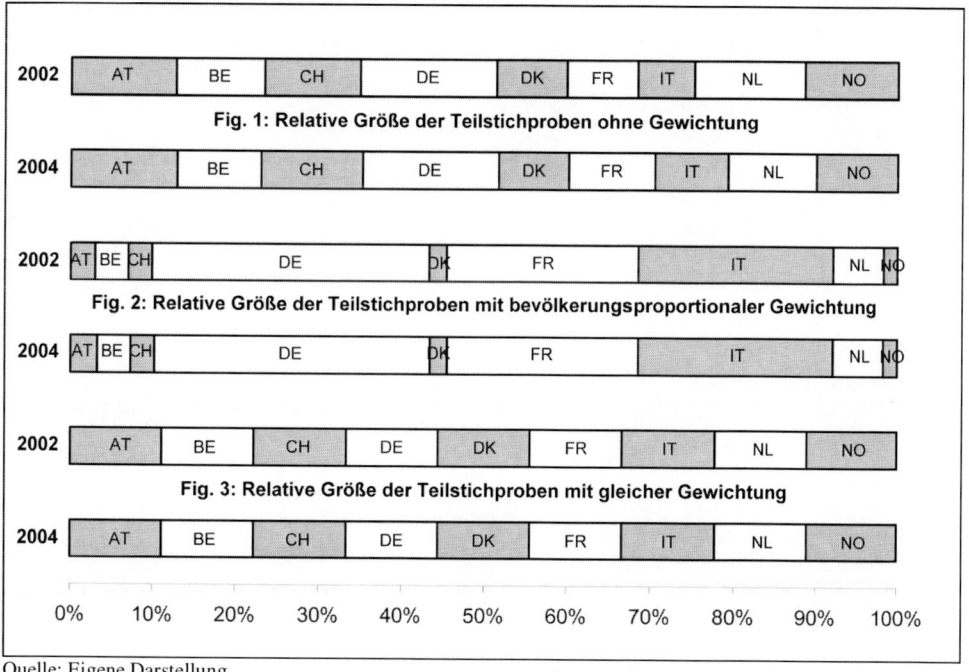

[Abbildung mit drei Figuren: Fig. 1: Relative Größe der Teilstichproben ohne Gewichtung (2002, 2004); Fig. 2: Relative Größe der Teilstichproben mit bevölkerungsproportionaler Gewichtung (2002, 2004); Fig. 3: Relative Größe der Teilstichproben mit gleicher Gewichtung (2002, 2004). Länder: AT, BE, CH, DE, DK, FR, IT, NL, NO]

Quelle: Eigene Darstellung.

Außerdem wird zusätzlich ein weiteres Gewicht verwendet, um dem Charakter der Untersuchungsländer als den Datensatz strukturierende Einheiten Rechnung zu tragen. Die neun Länder weisen jeweils pro Welle unterschiedliche Zahlen von Fällen auf (vgl. Figur 1 in Abb. 7). Werden diese in einer Analyse zusammen betrachtet, muss die unterschiedliche Größe der Teilstichproben pro Land und Befragungswelle berücksichtigt werden. Grundsätzlich sind hier zwei Vorgehensweisen denkbar: Einerseits kann man die Fälle in den einzelnen Untersuchungsländern so gewichten, dass sie mit einem Gewicht proportional zu ihrem Anteil an der Gesamtbevölkerung aller Untersuchungsländer in die Analysen eingehen. Andererseits kann man die Teilstichproben der Länder gleich stark gewichten. Ein bevölkerungsproportionales Gewicht *pweight* ist im hier verwendeten kumulativen ESS-Datensatz prinzipiell vorhanden[24] und wird auch vom ESS-Team für länderübergreifende Analysen empfohlen (European Social Survey 2007b). Resultat wären Analyseergebnisse, in die die Teilergebnisse der Länder je nach ihrer Bevölkerungsgröße eingehen (vgl. Figur

---

[24] Die Variable *pweight* bezieht sich allerdings auf alle Länder im Datensatz und nicht nur auf die neun hier ausgewählten Untersuchungsländer.

2 in Abb. 7). Dies würde insbesondere die Befunde der bevölkerungsreichen Länder Deutschland, Frankreich und Italien stark in den Gesamtergebnissen berücksichtigen.

Ein derartiges Verfahren scheint aber dem Design der vorliegenden Untersuchung nicht angemessen. Da es sich um eine parallele Überprüfung der Modernisierungsverlierer-Theorie in neun westeuropäischen Staaten handelt, sind die Teilergebnisse für die einzelnen Länder als prinzipiell gleichgewichtig zu betrachten. Es soll nicht ein als Einheit verstandenes Elektorat der neun Untersuchungsländer auf ihr Wahlverhalten zugunsten rechtspopulistischer Parteien untersucht werden, sondern die nationalen Elektorate sind primäre Objekte der Untersuchung, deren Ergebnisse dann gleichgewichtet in das übergeordnete Gesamtergebnis eingehen. Daher wurde auf eine Gewichtung mit dem *pweight* verzichtet. Stattdessen wurden für alle Fälle das Gewicht *eqweight* berechnet, dass die Fälle jeder Teilstichprobe für jedes Land und jede Welle gleichgewichtig berücksichtigt (vgl. Figur 3 in Abb. 7). Dazu wurde für jede Teilstichprobe die normierte Fallzahl von 2000 angenommen und für alle sie konstituierenden Fälle ein einheitlicher Gewichtungsfaktor berechnet, der die gewichtete Fallzahl auf 2000 bringt. Der Gewichtungsfaktor für alle Fälle der ersten ESS-Welle in Deutschland beträgt etwa 0,685 (=Normfallzahl 2000/tatsächliche Fallzahl 2919). Dabei ist die Gewichtung, die der Datensatz schon durch das *dweight* erfährt, bereits im *eqweight* berücksichtigt. Auf andere Gewichtungsarten, insbesondere den Versuch des Ausgleichs der durch Ausfälle verzerrten Stichprobe etwa über eine soziodemographische Gewichtung, die stark umstritten ist (Schnell et al. 2005: 314ff), wird verzichtet. Unabhängig von der Gewichtung werden in den hier ausgewiesenen Tabellen stets die ungewichteten Fallzahlen ausgewiesen.

3.2 Methodische Vorgehensweise

Die folgenden Abschnitte sollen in der gebotenen Kürze auf einige Modalitäten der Verwendung bestimmter statistischer Analyseverfahren in dieser Studie eingegangen werden. Dabei kann nicht eine Einführung in die jeweilige Methode das Ziel sein (vgl. hierzu Bortz 1999; Backhaus et al. 2003), sondern nur die Erläuterung von Grundsatzentscheidungen, die wichtig sind, um ihre Anwendung im Kontext der Studie nachvollziehen zu können.

3.2.1 Deskriptive Statistik

Die Einzelanalyse der Einflüsse der verschiedenen Modernisierungsverlierer- und rechtsaffinen Einstellungsindikatoren auf das Wahlverhalten zugunsten von rechtspopulistischen Parteien wird in den empirischen Teilen dieser Arbeit (Kapitel 4 und 5) zunächst jeweils durch deskriptive statistische Darstellungen eingeleitet. Das jeweilig anzuwendende Auswertungsverfahren richtet sich dabei nach dem Messniveau der jeweiligen unabhängigen Variablen. Für kontinuierliche unabhängige Variablen (Sozialstatus, Statusinkonsistenz, Prestige etc.) werden Mittelwerte analysiert. Dabei wird das arithmetische Mittel des jeweiligen Indikators für die Gruppe der Wähler rechtspopulistischer Parteien und der Wähler anderer Parteien berechnet. Weiterhin wird die mittlere Differenz beider Gruppen ermittelt und als zusätzliche Größe auch der Mittelwert für alle Wähler ausgegeben. Die deskriptiven Informationen werden jeweils für alle neun Untersuchungsländer und ihre Gesamtheit dargestellt. Auf einen statistischen Mittelwertvergleich in Form von t-Tests soll verzichtet werden, da entsprechende Signifikanztests in den folgenden multivariaten Analysen durchgeführt werden.

Für kategoriale unabhängige Variablen (Klassenlage, objektive und subjektive Einkommensarmut etc.) werden Kreuztabellen ausgegeben, die den prozentualen Anteil der Wähler rechtspopulistischer Parteien an allen Wählern der jeweiligen Kategorie angeben. Zusätzlich wird jeweils eine Verhältniszahl berechnet, die den Anteilswert in der jeweiligen Merkmalskategorie zum Abschneiden rechtspopulistischer Parteien in allen Kategorien ins Verhältnis setzt. Eine Verhältniszahl von 100 indiziert ein vollkommen proportionales Wahlverhalten, höhere Werte eine überproportionale, niedrigere hingegen eine unterproportionale Wahl rechtspopulistischer Parteien in der jeweiligen Merkmalskategorie. Auf die Darstellung redundanter Informationen zu den Anteilen der Wähler anderer Parteien wurde aus Platzgründen verzichtet. Auch für die kategorialen Variablen werden die Ergebnisse separat für jedes Untersuchungsland sowie für die (gleichgewichtete) Gesamtheit aller neun Untersuchungsländer dargestellt. Wie bei der Mittelwertberechnung für die kontinuierlichen Variablen wurde auch hier kein Signifikanztest (Chi-Quadrat) durchgeführt, da dies in den folgenden multivariaten Analyseschritten erfolgt. In den einzelnen Zellen der Kreuztabellen werden Ergebnisse jeweils nur dann ausgewiesen, wenn eine ausreichende Fallzahl einen einigermaßen sicheren Schluss von der Stichprobe auf die Grundgesamtheit zulässt, um nicht eine Exaktheit der Anteilswerte vorzutäuschen, die in diesen Fällen nicht besteht. Hier wird die Faustregel angewendet, dass mindestens fünf Fälle von Wählern rechtspopulistischer Parteien in einer Zelle vorhanden sein müssen, damit ein entsprechender Anteilswert ausgewiesen wird.

3.2.2 Logistische Regressionsanalyse

Zur eigentlichen Hypothesenprüfung werden inferenzstatistische Verfahren eingesetzt, die Rückschlüsse auf die der Stichprobe zugrunde liegende Grundgesamtheit ermöglichen. Die Wahl des konkreten Verfahrens hängt vom Messniveau der abhängigen Variable ab. Im größten Teil der Analysen wird der Einfluss von unterschiedlichen Variablen auf die Frage der Wahl rechtspopulistischer Parteien durch die Befragten beurteilt. Diese abhängige Variable lässt sich als Dichotomie „Wähler rechtspopulistischer Partei"/„Kein Wähler rechtspopulistischer Partei" fassen und ist damit einer Analyse mithilfe von binären logistischen Regressionsmodellen zugänglich. Die logistische Regression versucht über einen Regressionsansatz zu bestimmen, mit welcher Wahrscheinlichkeit der Eintritt eines Ereignisses (hier: Wahl einer rechtspopulistischen Partei) in Abhängigkeit von bestimmten Einflussgrößen zu erwarten ist (Menard 2002: 6f; Backhaus et al. 2003: 418). Lineare Regressionsmodelle sind für dichotome abhängige Variablen prinzipiell ungeeignet, da hier die abhängige Variable einen Wertebereich von $-\infty$ bis $+\infty$ annehmen kann, die Wahrscheinlichkeit eines Ereigniseintritts aber nur zwischen dem Wert Null (Nichteintritt) und Eins (Eintritt) schwankt. Zudem sind wichtige Anwendungsvoraussetzungen des linearen Regressionsmodells (Normalverteilung der Residuen, Varianzhomogenität) verletzt (Andreß et al. 1997: 262ff; Menard 2002: 6f; Backhaus et al. 2003: 422).

Um eine leichtere Interpretierbarkeit zu erreichen, werden in den Tabellen mit den Ergebnissen der logistischen Regressionen ausschließlich die Effektkoeffizienten berichtet.

Der (unstandardisierte) Effektkoeffizient Exp(b) ist der Faktor, um den sich die Chance[25] des Ereigniseintritts verändert, wenn die unabhängige Variable um eine Einheit zunimmt (Andreß et al. 1997: 270f). Insbesondere lässt sich aus ihm ohne weiteres die prozentuale Veränderung der Chance ablesen (Effektkoeffizient – 1 * 100 in Prozent, vgl. Long 1997: 81; Menard 2002: 56f). Ein Effektkoeffizient von 2,5 besagt also, dass sich die Chance des Ereigniseintritts um den Faktor 2,5 verändert bzw. um 150 % erhöht, wenn die unabhängige Variable um eine Einheit zunimmt. Effektkoeffizienten, die kleiner als Eins sind, stellen negative Effekte der unabhängigen Variablen auf die abhängige dar, während Koeffizienten größer als Eins positive Effekte repräsentieren. Ein Koeffizient von genau Eins zeigt, dass kein Effekt der unabhängigen Variablen vorliegt.

Grundsätzlich bezieht sich der Effektkoeffizient immer auf die Chancenveränderung bei Zunahme der unabhängigen Variablen *um eine Einheit*. Wenn man die Effekte von verschiedenen unabhängigen Variablen mit unterschiedlichen Einheiten vergleichen möchte, so ist es notwendig, den Koeffizienten zu standardisieren. Im Rahmen dieser Arbeit wird auf eine einfache Möglichkeit der Standardisierung zurückgegriffen, die den ansonsten in den Tabellen nicht ausgewiesenen Logit-Koeffizienten (b) mit der Standardabweichung (s) der jeweiligen Variablen multipliziert (Menard 2004: 219). Insbesondere in der Form des standardisierten Effektkoeffizienten Exp(b*s) ist nun eine Interpretation als Faktor möglich, um den sich die Chance des Ereigniseintritts verändert, wenn die unabhängige Variable *um eine Standardabweichung* zunimmt. In dieser Form lassen sich alle Effektstärken unabhängig von der Einheit der unabhängigen Variablen direkt miteinander vergleichen. Zusätzlich zum Effektkoeffizienten wird immer auch das Ergebnis des Signifikanztests für den entsprechenden Einfluss berichtet. Dieser überprüft, inwiefern ein ausgewiesener Effekt sich tatsächlich auf die Grundgesamtheit verallgemeinern lässt. Hierbei wird nach der üblichen sozialwissenschaftlichen Konvention zwischen hochsignifikanten Effekten mit einer Irrtumswahrscheinlichkeit von unter 0,1 %, signifikante Effekten mit einer Irrtumswahrscheinlichkeit von unter 1 % und schwach signifikanten Effekten mit einer Irrtumswahrscheinlichkeit von unter 5 % unterschieden.

Zusätzlich werden für jedes logistische Regressionsmodell drei Gütekriterien in den entsprechenden Tabellen ausgewiesen. In Anlehnung an lineare Regressionsmodelle ist es üblich, ein Gütemaß zu berichten, das den Anteil der durch das Modell erklärten „Varianz" und damit dessen Erklärungskraft erfasst. Da die abhängige Variable im Falle der binären logistischen Regression nicht metrisch ist, kann eigentlich nur von einer „Pseudo-Varianz" gesprochen werden (Backhaus et al. 2003: 440). Von mehreren in der Diskussion befindlichen Maßen wird in den Tabellen für jedes Modell der Pseudo-R^2-Wert nach Nagelkerke angegeben. Anerkannte absolute Maßstäbe, ab welchem Wert von einem erklärungskräftigen Modell gesprochen werden kann, gibt es aber nicht (Arzheimer 2008: 413) und üblicherweise fallen die Werte auch deutlich niedriger aus, als dies bei erklärungskräftigen linearen Regressionsmodellen der Fall ist (Hosmer/Lemeshow 2000: 167). Geeignet ist das Maß insbesondere zum Vergleich von verschiedenen Modellen. Handelt es sich allerdings um sogenannte nicht-geschachtelte Modelle *(non-nested models)*, dass heißt Modelle, die

---

[25] Der Begriff der „Chance" (englisch: *odds*) ist hier im technischen Sinne als Quotient der Wahrscheinlichkeit, dass ein Ereignis eintritt, und der Gegenwahrscheinlichkeit anzusehen. Er ist also nicht identisch mit dem Wahrscheinlichkeitsbegriff. Allerdings können Veränderungen der Chance auch als Wahrscheinlichkeitsveränderungen interpretiert werden. Im Folgenden wird von Chancen immer dann die Rede sein, wenn auf die Effektkoeffizienten eingegangen wird. Von Wahrscheinlichkeit wird gesprochen, wenn darüber hinausgehende Interpretationen formuliert werden.

jeweils mindestens eine Variable enthalten, die in den anderen Modellen nicht enthalten sind, so ist auch ein Vergleich der Pseudo-R^2-Maße nicht möglich. Um diesem Problem zu begegnen, werden in allen Tabellen auch zwei andere Gütemaße ausgewiesen: Das Akaike's Information Criterion (AIC) ist hier zunächst geeignet, wobei ein Modell umso besser zu den Daten passt, je kleiner der AIC-Wert ausfällt. Das Bayesian Information Criterion (BIC) ist dem AIC sehr ähnlich, berücksichtigt zusätzlich aber auch die Größe der Stichprobe. Auch für dieses Maß gilt, dass ein Modell umso besser den Daten angepasst ist, je kleiner der BIC-Wert ausfällt. Von zwei Modellen mit unterschiedlichen unabhängigen Variablen ist das mit den niedrigsten AIC- und BIC-Werten das erklärungskräftigste.

Schließlich ist noch eine Anmerkung zu der Behandlung von kategorialen unabhängigen Variablen innerhalb der logistischen Regressionsmodelle notwendig. Um diese innerhalb von Regressionsmodellen berücksichtigen zu können, muss für jede Kategorie eine Designvariable gebildet werden. Im Gegensatz zu der häufig genutzten Dummykodierung wird im Rahmen der vorliegenden Arbeit durchgehend eine Effektkodierung verwendet (vgl. zu den Unterschieden Andreß et al. 1997: 276ff). Der Koeffizient der effektkodierten Designvariablen gibt dabei die Abweichung vom mittleren Effekt aller Kategorien an. Dies erscheint dem Verfasser in den meisten Fällen die einfacher zu interpretierende Kodierungsart zu sein. Bei der Umwandlung von kategorialen unabhängigen Variablen in Designvariablen wird immer eine Kategorie ausgelassen, da diese redundant ist und im Rahmen des Regressionsmodells zu perfekter Multikollinearität führen würde. Um dennoch auch den Effekt dieser Kategorie bestimmen zu können, wurde jeweils ein zweites Regressionsmodell gerechnet, bei dem diese redundante Kategorie durch eine andere ausgetauscht wurde. Dementsprechend sind in den Tabellen Effekte für alle Kategorien ausgewiesen, obwohl dies technisch in *einem* Regressionsmodell wegen Multikollinearität nicht möglich ist. Nur bei binären unabhängigen Variablen, bei denen nur eine Kategorie sinnvoll zu interpretieren ist (z.B. Arbeitslosigkeit, geringfügige Beschäftigung etc.), wurde auf die Angabe von Koeffizienten für die Gegenkategorie (Keine Arbeitslosigkeit etc.) verzichtet.

3.2.3 Lineare Regressionsanalyse

Im Rahmen der Untersuchungen auf der Ebene der psychischen Dispositionen (Kapitel 5) wird in einzelnen Analyseschritten auch der Einfluss der Modernisierungsverlierer-Indikatoren auf die rechtsaffinen Einstellungen überprüft (Hypothesen H11.1, H13.1, H14.1 und H15.1). In diesen Schritten sind dann die Einstellungsindikatoren die abhängigen, zu erklärenden Variablen. Da es sich bei diesen im Gegensatz zur kategorialen Wahlrückerinnerung um kontinuierliche Maße handelt, kommen in diesem Fall lineare Regressionsmodelle zum Einsatz. Berichtet werden in den entsprechenden Tabellen die standardisierten Regressionskoeffizienten. Als Gütekriterium für das Modell wird das Bestimmtheitsmaß R-Quadrat ausgewiesen, das den Anteil der Varianz der abhängigen Variable erfasst, der durch die unabhängigen Variablen erklärt wird. Kategoriale unabhängige Variablen werden wie im Fall der logistischen Regression als effektkodierte Design-Variablen im linearen Regressionsmodell berücksichtigt.

3.2.4 Kategoriale Hauptkomponentenanalyse bei der Skalenkonstruktion

Im Rahmen der Operationalisierung stehen für verschiedene Indikatoren mehrere Items zur Verfügung, die den jeweiligen Inhalt erfassen können.[26] Dies ist etwa beim Modernisierungsverlierer-Indikator der sozialen Exklusion und bei allen rechtsaffinen Einstellungsindikatoren der Fall. Um möglichst reliable Maße zu erhalten, ist es sinnvoll, die unterschiedlichen Items zu einem Maß zusammenzufassen und so mögliche unsystematische Messfehler bei einzelnen Items durch Mehrfachmessung zu kompensieren. Die Zusammenfassung von mehreren Items zu einer Variablen wird als Index- bzw. Skalenbildung bezeichnet (Schnell et al. 2005: 166). Dabei erfolgt die genaue Abgrenzung der Begriffe Index und Skala leider nicht einheitlich (Scheuch/Zehnpfennig 1973: 104ff). Im Rahmen dieser Arbeit wird als Abgrenzungskriterium vor allem auf die Frage der Dimensionalität der Items abgestellt (Scheuch/Zehnpfennig 1973: 104ff; Mayntz et al. 1978: 47): Erfassen die Items eine einheitliche latente Dimension, so wird von einer Skala gesprochen. Ein Index hingegen ist eine inhaltlich begründete Zusammenfassung von mehreren Dimensionen. Da der Verfasser davon ausgeht, dass sowohl dem Phänomen der sozialen Exklusion wie auch den verschiedenen rechtsaffinen Einstellungen jeweils eine latente Dimension unterliegt, was im Verlauf der Studie noch empirisch zu prüfen ist, wird im Folgendem vom Begriff der Skala ausgegangen.

Mithilfe des Verfahrens der Faktorenanalyse ist es möglich, von empirischen Beobachtungen manifester Variablen auf zugrunde liegende latente Variablen („Faktoren") zu schließen (Brachinger/Ost 1996: 637). Im Kontext der Bildung von Skalen wird das Verfahren der Faktorenanalyse in zweifacher Hinsicht relevant: Einerseits wird es zunächst explorativ angewandt, um die empirische Dimensionalität der nach inhaltlichen Gesichtspunkten ausgesuchten Items zu überprüfen. Hier muss gezeigt werden, dass diesen tatsächlich nur *eine* latente Dimension unterliegt. Andererseits wird die Faktorenanalyse auch zur Skalenkonstruktion selbst eingesetzt. Hierzu werden für alle Fälle im Datensatz die Faktorenwerte als Maß der Position der jeweiligen Person auf der latenten Dimension berechnet und als ihr Wert auf der entsprechenden Skala verwendet. Die Skalenwerte selbst werden in diesem Fall also faktorenanalytisch ermittelt.

Die herkömmlichen Verfahren der Faktorenanalyse setzen allerdings kontinuierliche Variablen mit einem metrischen Messniveau voraus (Jöreskog/Moustaki 2001: 348). Die meisten Items in empirischen Bevölkerungsbefragungen, insbesondere Fragen zu Einstellungen und Werten, sind jedoch nicht-metrisch skaliert. So erfasst beispielsweise das European Social Survey die Frage nach der Häufigkeit von sozialen Kontakten in sieben Kategorien: Nie, weniger als einmal im Monat, einmal im Monat, mehrfach im Monat, einmal die Woche, mehrfach die Woche und jeden Tag. Zwar weisen diese Kategorien eine Rangfolge auf, die die Häufigkeit der sozialen Kontakte wiederspiegelt, die Variable hat also zumindest ordinales Messniveau. Ein metrisches Messniveau, wie es die herkömmliche

---

[26] Der Begriff des Indikators wird in der sozialwissenschaftlichen Methodenliteratur häufig im Sinne einer manifesten Variablen, also eines einzelnen Umfrage-Items verstanden. Insofern ist die Operationalisierung der Modernisierungsverlierer- und rechtsaffinen Einstellungs-„Indikatoren" durch einen Index mehrerer Items (=Indikatoren) missverständlich. Indikatoren im Sinne der neun Modernisierungsverlierer- oder vier rechtsaffinen Einstellungsindikatoren indizieren die Konstrukte „Modernisierungsverlierer" bzw. „rechtsaffine Einstellung", unabhängig von der Frage, ob sie selbst wieder durch mehrere Indikatoren erfasst werden. In dieser Studie liegen mithin zwei Ordnungen von Indikatoren vor. Um Verwechslungen zu vermeiden, wird im ersten Fall von Indikatoren, im zweiten von Items gesprochen.

Faktorenanalyse voraussetzt, kann hier jedoch kaum unterstellt werden. Hierzu müsste zumindest eine Intervallskalierung vorliegen, die Abstände zwischen den einzelnen Kategorien müssten also gleich groß ausfallen. Dies ist im Beispiel eindeutig nicht der Fall. Selbst bei den häufig zur Einstellungsmessung verwendeten Antwortvorgaben, die verbal oder graphisch gleiche Abstände der Antwortkategorien suggerieren (z.B. im Rahmen der sogenannten Thurstone- oder Likert-Skalierung), kann im strengen Sinne nur von einem ordinalen Messniveau ausgegangen werden (Kriz 1994: 420). Deswegen wird sowohl zur explorativen Dimensionsanalyse wie auch zur Gewinnung der Skalenwerte das Verfahren der kategorialen Hauptkomponenten-Analyse (Gifi 1990; Meulman et al. 2004; Linting et al. 2007) eingesetzt, das auch auf kategoriale Variablen mit ordinalem oder sogar nominalem Messniveau anwendbar ist. Mithilfe des Verfahrens der optimalen Skalierung werden bei der kategorialen Hauptkomponenten-Analyse kategoriale Variablen quantifiziert und so als metrische Variablen der regulären Faktorenanalyse zugänglich gemacht (Linting et al. 2007: 337ff).

Zur explorativen Dimensionsanalyse als erstem Schritt bei der Skalenkonstruktion werden dabei im Folgenden alle inhaltlich relevanten Items in die kategoriale Hauptkomponentenanalyse eingeführt. Dabei wird zunächst die maximale Zahl potentieller Hauptkomponenten (=Zahl der Items) vorgegeben, um eine eventuelle Multidimensionalität der Datenstruktur zu prüfen. Das Kriterium der Auswahl relevanter Dimensionen entspricht dabei dem der herkömmlichen Faktorenanalyse: Nach dem Kaiser-Guttman-Kriterium (Guttman 1954; Kaiser 1960) werden die Faktoren/Hauptkomponenten für relevant erachtet, die einen Eigenwert von größer als Eins aufweisen und damit mehr Varianz erklären, als ein einzelnes Item. Nur wenn dieses Kriterium lediglich auf eine Hauptkomponente zutrifft, soll von einer empirischen Eindimensionalität ausgegangen werden. Dies bedeutet zunächst nur, dass sich die Items sinnvoll durch eine Hauptkomponente repräsentieren lassen, nicht jedoch, dass diese auch der Dimension entspricht, die inhaltlich mit der Skala erfasst werden soll (vgl. zur Kritik Rohwer/Pötter 2002: 249ff).

Im zweiten Schritt der Skalenkonstruktion wird dann nur eine Hauptkomponente vorgegeben und für diese die Faktorenwerte – in der kategorialen Hauptkomponentenanalyse Objektwerte genannt – berechnet. Diese Objektwerte sind die Grundlage für die Werte der Skala. Da es sich hierbei um wenig anschauliche z-standardisierte Werte (Mittelwert 0, Standardabweichung 1) handelt, wurde zusätzlich eine Reskalierung vorgenommen, die den Wertbereich der so gewonnenen Skala von 0 bis 10 erstrecken lässt. Drei Kriterien werden für die Bewertung der Güte der Skala herangezogen: Zunächst wird der Reliabilitätskoeffizient Cronbachs Alpha berechnet (Cronbach 1951). Üblicherweise werden Alpha-Koeffizienten über 0,6 als eine noch annehmbare, moderate Reliabilität der Skala interpretiert (Robinson et al. 1991: 12f). Alpha ist jedoch unter anderem eine Funktion der Anzahl der Items, weswegen bei einer kleineren Zahl von Items in der Skala niedrigere Koeffizientenwerte zu erwarten sind (Schnell et al. 2005: 153). Andererseits wird berichtet, wie viel Prozent der Varianz der Ursprungsitems durch die Skala berücksichtigt wird. Schließlich werden die Faktorenladungen für alle Items als drittes Gütekriterium angeführt, die in diesem speziellen Verfahren als Komponentenladungen bezeichnet werden. Sie geben die Höhe der Korrelation zwischen jeweils einem Item und der Hauptkomponenten wieder. Als Faustformel für eine „hohe" Ladung auf die Hauptkomponente wird häufig ein Wert von 0,5 und größer angenommen (Backhaus et al. 2003: 299).

Die Validität der einzelnen Skalen lässt sich im Rahmen dieser Arbeit nicht umfassend prüfen. Wo möglich wird versucht, die Kriteriumsvalidität der Skala zu erschließen (Schnell et al. 2005). Hierzu wird ein anderer externer Indikator, der nach Angaben der Literatur zum jeweiligen Konzept mit diesem zusammenhängen soll, mit der neugewonnenen Skala in Beziehung gesetzt. Kann ein den theoretischen Annahmen entsprechender Zusammenhang konstatiert werden, so soll dies als Indiz für die Kriteriumsvalidität der Skala angesehen werden.

3.3 Operationalisierung der Variablen

Kommen wir nun zum letzten Abschnitt, der der empirischen Analyse vorgelagert ist. Im Folgenden sollen konkrete Details zur operationalen Umsetzung der Indikatoren ausgeführt werden. Dabei wird nach vier Variablengruppen unterschieden: Zunächst werden Aspekte im Kontext der primären abhängigen Variablen, der Wahl rechtspopulistischer Parteien durch einen Befragten, erörtert. Dann stehen die primären unabhängigen Variablen auf der Ebene der sozialen Lage, die Modernisierungsverlierer-Indikatoren, im Vordergrund der Betrachtung. Anschließend wird mit den rechtsaffinen Einstellungsindikatoren die Umsetzung der Konzepte angesprochen, die im Untersuchungsdesign als mögliche intervenierende Variablen zwischen der Rechtswahl und den Modernisierungsverlierer-Indikatoren vorgesehen sind. Schließlich sind noch Bemerkungen zu den vier Kontrollvariablen nötig, von denen ein eigenständiger Effekt auf die Wahl rechtspopulistischer Parteien vermutet wird und dementsprechend auch messbar gemacht werden müssen. Wo immer möglich wird im Rahmen der Darstellung ein Überblick über die Ausprägungen der Indikatoren in den neun Untersuchungsländern gegeben.

Im Rahmen der Operationalisierung der verschiedenen Variablen wird grundsätzlich versucht, sogenannte „missing values", also fehlende Werte bei den Variablen wenn möglich zu vermeiden. Im Gegensatz zu dem kompletten Ausfall eines vorab ausgewählten Befragten (*unit non response*, vgl. 3.1.2), handelt es sich hierbei um die Verweigerung von Antworten auf einzelne Fragen *(item non response)*. Problematisch sind einzelne fehlende Werte vor allem, weil sie in statistischen Verfahren zumeist zu einem „listenweise" Ausschluss führen, das heißt schon bei einer fehlenden Antwort wird der betroffene Befragte mit all den für diesen erhobenen Informationen aus der Analyse genommen. Dies würde in komplexen Analysen mit vielen Variablen dazu führen, dass ein hoher Anteil der prinzipiell verfügbaren Fälle wegen einzelner fehlender Werte in manchen Variablen ausgeschlossen wird. Sind diese Ausfälle nicht völlig zufällig, wovon ausgegangen werden muss, so verzerrt der Ausfall die Ergebnisse der Analyse. Insofern kann es unter Umständen besser sein, einen fehlenden Wert durch eine Schätzung zu ersetzen und damit einen eventuell „falschen" Wert in Kauf zu nehmen, als den Verlust eines großen Teils der Fälle verkraften zu müssen. Die Strategien des Umgangs mit diesen fehlenden Werten sind unterschiedlich und werden jeweils im Kontext der jeweiligen Variablen geschildert.

3.3.1 Abhängige Variable: Wahl rechtspopulistischer Parteien

Zentraler Untersuchungsgegenstand dieser Studie ist das Wahlverhalten zugunsten rechtspopulistischer Parteien. Die Erfassung eines derartigen Wahlverhaltens über komparativ angelegte Umfragen ist allerdings in mehrerlei Hinsicht problematisch: Zunächst ergibt sich – gerade aus der Situation eines persönlichen Interviews – das Problem der Abgabe sozial erwünschter Antworten (Stier 1999: 186f; Schnell et al. 2005: 355f). Ist es häufig schon nicht üblich, überhaupt das eigene Wahlverhalten offen zu legen, so gilt dies in besonders starkem Maße für Parteien, die nicht dem dominierenden Meinungsklima entsprechen oder als „radikal" oder „extremistisch" eingeschätzt werden (Falter/Schumann 1988: 98f; 1989: 43f). Da dies bei rechtspopulistischen Parteien regelmäßig der Fall ist, kann es dazu kommen, dass der Befragte eine vermeintlich sozial erwünschte Antwort gibt, Unentschlossenheit vortäuscht oder die Antwort verweigert. Komplizierter wird der Sachverhalt noch dadurch, dass vorliegend verschiedene Parteien in verschiedenen Ländern untersucht werden sollen. Hier kann der Grad der sozialen Akzeptanz unterschiedlich ausfallen und so zu länderweise unterschiedlich starken Verzerrungen führen. Dem ist durch Vergleiche mit den tatsächlichen Wahlresultaten der Partei Rechnung zu tragen, so dass zumindest die ungefähre Größe und Richtung dieses Verzerrungseffekts benannt werden kann.

Ein zweiter Punkt bei der Erfassung des Wahlverhaltens ist die Frage der Wahl der Operationalisierungsart. In der Wahlforschung werden vor allem zwei Instrumente zur Erfassung des Wahlverhaltens eingesetzt (Schumann 2005b: 68):[27] Einerseits die sogenannte Wahlabsichtsfrage, bei der der Befragte gebeten wird, die Partei zu nennen, die er wählen würde, wenn zum Zeitpunkt der Befragung (oder am folgenden Sonntag) nationale Parlamentswahlen stattfinden würden. Andererseits die so genannte Wahlrückerinnerungsfrage, bei der der Interviewte die Partei angeben soll, die er bei der zuletzt stattgefundenen Wahl gewählt hat. Beide Erhebungsinstrumente weisen spezifische Probleme auf: Im Kontext der Wahlabsichtsfrage ist zu überlegen, inwiefern hypothetische Fragen in Interviews überhaupt zulässig sind (Schnell et al. 2005: 335). Die Wahlrückerinnerungsfrage hat hingegen mit dem Problem zu kämpfen, dass unter Umständen der Zeitpunkt der Wahl, auf die sich die Rückerinnerung bezieht, bis zu vier oder fünf Jahre vor dem Erhebungszeitraum liegt. Dagegen wird eingewandt, dass eine Rückerinnerung für viele Menschen nach ein paar Jahren kaum mehr objektiv möglich sei (Roth 1998: 91f; Schumann 2005b: 68). Auch wird vermutet, dass viele Menschen in einer Interviewsituation bestrebt sind, eine innere Konsistenz zwischen ihren Antworten herzustellen und so die Rückerinnerung der aktuellen Parteipräferenz anzupassen. Für die Wahl der Rückerinnerungsfrage spricht jedoch ein einfaches Argument: Mit ihr wird tatsächliches Wahlverhalten erfasst, während die Wahlabsichtsfrage nur hypothetisches Wahlverhalten zu messen vermag. Ob sich dieses hypothetische Wahlverhalten jemals realisiert, ist bei den Befragten mit einer entsprechenden Wahl-

---

[27] Darüber hinaus wird häufig auch die Parteiensympathie untersucht, die zumeist versucht, die grundsätzliche Möglichkeit der Wahl einer Partei durch einen Befragten zu erfassen. Diese Art der Erfassung hat den Vorteil, dass es sich um ein ordinales Maß handelt, das mehr Varianz als die dichotome Wahlabsichts- oder Wahlrückerinnerungsfrage aufweist. Möglicherweise kann sogar das Phänomen sozialer Unerwünschtheit gegenüber der Unterstützung von rechtspopulistischen Parteien hierdurch gering gehalten werden, da ja kein konkretes, vermeintlich anstößiges Verhalten abgefragt wird. Allerdings misst dieses Instrument eben nicht das Wahlverhalten von Personen, sondern nur ihre Sympathie gegenüber bestimmten Parteien. Für Potentialanalysen mag dies interessant sein, für die Überprüfung von auf das Wahlverhalten gerichteten Hypothesen ist das Erhebungsinstrument jedoch ungeeignet.

absicht nicht gesagt. Insofern soll die Wahlrückerinnerung zur Erfassung des Wahlverhaltens herangezogen werden.

Umgesetzt wird die abhängige Variable in Form einer einfachen Dichotomie: Sie unterscheidet nur zwischen den Wählern einer rechtspopulistischen Partei (Variablenausprägung 1), und den Wählern aller anderen Parteien (Variablenausprägung 0).[28] Verglichen werden also die Elektorate rechtspopulistischer Parteien mit dem Gesamtelektorat der übrigen Parteien. Personen, die angeben, nicht gewählt zu haben, oder keine gültige Antwort erteilen, werden als „fehlende" Werte definiert und sind damit aus den Analysen ausgeschlossen, die die abhängige Variable des Wahlverhaltens zugunsten einer rechtspopulistischen Partei betreffen. Dies ist keineswegs der einzig denkbare Weg. Arzheimer (2008: 155) etwa gruppiert die Nichtwähler mit den Wählern anderer Parteien zu einer gemeinsamen Kategorie, mit dem Argument, dass sich die Nichtwähler in Ländern mit Wahlpflicht (hier: Belgien) von den Nichtwählern in anderen Ländern unterscheiden. Dies ist zwar vermutlich richtig, allerdings rechtfertigt es nach Ansicht des Verfassers allein nicht die Einbeziehung von Nichtwählern. Schließlich bezieht sich die Analyse auf Wahlverhalten und die Forschungsfragen wollen klären, warum Personen rechtspopulistische Parteien gegenüber anderen Parteien bevorzugen. Insofern wurden die Wähler dieser Parteien den Wählern anderer Parteien exklusive den Nichtwählern gegenübergestellt. Die Grundgesamtheit des European Social Survey, die die in privaten Haushalten lebende Bevölkerung ab 15 Jahren umfasst, wird in den Analysen, die die abhängige Variable nutzen, also auf die Personen beschränkt, die wahlberechtigt sind, tatsächlich gewählt haben und auch ihre Wahlpräferenz in der Befragung geäußert haben. Diese Gruppe macht noch rund 63,2 % der Befragten aus. Die Untersuchungsgesamtheit dieser Studie ist also nicht die Bevölkerung der neun Untersuchungsländer, sondern ihre aktive Wählerschaft.

Neben der Nichteinbeziehung der Nichtwähler ergeben sich aus dieser Vorgehensweise zwei weitere diskussionswürdige Konsequenzen: Erstens wird die Gruppe der Wähler rechtspopulistischer Parteien nicht weiter ausdifferenziert. In allen Untersuchungsländern außer Österreich, den Niederlanden und Norwegen sind im European Social Survey Informationen zu Wählern von mindestens zwei rechtspopulistischen Parteien vorhanden. Diese werden zusammengefasst, da sich die Untersuchung nicht auf spezifische Parteien bezieht, sondern die Überprüfung der Modernisierungsverlierer-Theorie für die rechtspopulistischen Parteien in ihrer Gesamtheit angestrebt wird. Die meisten der Zweit- und Drittparteien in den jeweiligen Ländern mit mehr als einer rechtspopulistischen Partei weisen ohnehin so kleine Fallzahlen auf, dass eine separate Analyse für sie keine signifikanten Ergebnisse hervorbringen würde. Zweitens wird auch der Gegenpart, die Wähler der anderen Parteien, nicht weiter nach den Subelektoraten von einzelnen Parteien oder Parteienfamilien differenziert. Insbesondere die letzte Differenzierung wäre zwar inhaltlich sehr interessant, würde aber über die enge Fragestellung dieser Arbeit weit hinausgehen. Zudem potentiert sich in der Zusammenfassung anderer Parteien zu kohärenten Parteienfamilien das Zuordnungsproblem, das schon bei der rechtspopulistischen Parteienfamilie nicht ganz einfach zu lösen ist und sicherlich nicht ohne Widerspruch bleibt.

---

[28] Dabei wurden in politischen Systemen mit zwei direkt gewählten Kammern (Belgien, Italien, Niederlande) auf die Stimmen zur Wahl der legislativ bedeutenderen zweiten Kammer, in Systemen mit einem Zweistimmen-Wahlsystem (Deutschland) auf die Zweitstimme und in Mehrheitswahlsystemen (Frankreich) auf die Wahlstimme bei der ersten Wahlrunde abgestellt.

3 Datenbasis, methodische Vorgehensweise und Operationalisierung

Mit dem Unterlassen einer Binnendifferenzierung der Wählerschaft rechtspopulistischer Parteien ist ein weiterer wichtiger Punkt angesprochen: Bei diesen Elektoraten handelt es sich immer noch um eine relativ kleine Gruppe innerhalb der Gesamtheit aller Wähler. In den beiden hier untersuchten Wellen des ESS sind Informationen zu 2012 Befragten enthalten, die angeben, bei der letzten Parlamentswahl eine entsprechende Partei gewählt zu haben. Dies sind 9,2 % aller Wähler im Datensatz. Es handelt sich bei der Rechtswahl also immer noch um ein relativ seltenes Ereignis. Die Wähler rechtspopulistischer Parteien teilen sich zudem noch auf die zwei Befragungswellen auf, was in ausdifferenzierten Analysen schnell zu Fallzahlproblemen führen würde. Gerade für die Analyse von kleinen Subgruppen bietet sich aber die Kumulation von unterschiedlichen Befragungswellen zu einer neuen „gepoolten" Stichprobe an (Kish 1987: 183ff). Hierzu werden die gleichgewichteten Teilstichproben aller Untersuchungsländer zu jeweils einer kumulierten Teilstichprobe zusammengefasst, was zu einer Verdopplung des (gleichgewichteten) Stichprobenumfangs führt. Problematisch ist eine derartige Vorgehensweise vor allem dann, wenn sich über den zwischen den beiden untersuchten Umfragewellen liegenden Zeitraum von zwei Jahren wesentliche Veränderungen in Bezug auf den Untersuchungsgegenstand ergeben. Um eine temporale Invarianz der Daten sicherzustellen, wurde für die multivariaten Analysen der Effekt der Zugehörigkeit zur ersten bzw. zweiten Welle kontrolliert, erwies sich aber jeweils als völlig insignifikant. Die Kumulation der ersten und zweiten Welle des ESS scheint insofern unproblematisch zu sein.

Tabelle 5: Wahlergebnisse rechtspopulistischer Parteien real und im ESS-Datensatz

	AT	BE	CH	D	DK	F	I	NL	NO	Schnitt
1. ESS-Welle 2002/2003										
Wahlergebnis letzte Parlamentswahl	10,0	10,4	27,4	1,0	12,6	12,4	4,3	17,0	14,6	12,2
Wahlergebnis nach den ESS-Daten	5,2	7,0	19,5	0,4	8,3	7,7	1,9	14,4	15,8	8,9
Unter-/Überrepräsentation in %	52,2	67,0	71,2	43,8	65,7	61,9	45,3	84,7	108,5	73,2
2. ESS-Welle 2004/2005										
Wahlergebnis letzte Parlamentswahl	10,0	13,7	29,5	1,0	12,6	12,4	4,3	5,7	14,6	11,5
Wahlergebnis nach den ESS-Daten	4,9	11,9	27,9	1,3	8,3	8,0	4,4	2,9	15,0	9,4
Unter-/Überrepräsentation in %	48,9	86,8	94,7	125,4	65,5	64,1	103,2	50,9	102,6	81,4
Kumulation beider Wellen										
Wahlergebnis letzte Parlamentswahl	10,0	12,1	28,5	1,0	12,6	12,4	4,3	11,4	14,6	11,9
Wahlergebnis nach den ESS-Daten	5,1	9,4	23,7	0,8	8,3	7,8	3,2	8,6	15,4	9,2
Unter-/Überrepräsentation in %	50,6	78,3	83,4	84,6	65,6	63,0	74,2	76,2	105,6	77,2

Quelle: Wahlergebnisse siehe Tab. 1, ESS Cumulative File 2002-2004. Eigene Berechnung, ESS-Daten gewichtet.

Um die Validität des so operationalisierten Konstrukts überprüfen zu können, sind in Tab. 5 die realen Wahlergebnisse rechtspopulistischer Parteien in den neun Untersuchungsländern den Wahlergebnissen gegenübergestellt, die sich durch die Berechnung der Wahlergebnisse aufgrund der Rückerinnerungsfrage im ESS ergeben. In der Tat zeigt sich, dass die geschilderten Befürchtungen nicht völlig unbegründet sind: Generell wird der Anteil der Wähler rechtspopulistischer Parteien im European Social Survey systematisch unterschätzt. Errechnet man den Schnitt der Wahlergebnisse bei den jeweiligen letzten Parlamentswahlen für beide Umfragezeiträume und in allen neun Untersuchungsländern, so kommt man auf einen Stimmanteil rechtspopulistischer Parteien von 11,9 % der abgegebenen gültigen Stimmen. Der entsprechende Anteil von Wählern rechtspopulistischer Parteien an allen Wahlrückerinnerungen im ESS beträgt aber nur 9,2 %, was 77,2 % des realen Wahlergebnisses entspricht. Mit einigen Ausnahmen, insbesondere in Norwegen, lässt sich diese Unterrepräsentation von Rechtswählern in allen Ländern feststellen.

Dabei scheint sich der ESS-Wert dem Parameter tendenziell anzunähern, je höher die Wahlergebnisse ausfallen. Diese Abhängigkeit der Unterrepräsentation von der Höhe der Wahlerfolge rechtspopulistischer Parteien lässt sich potentiell über das Problem sozialer Unerwünschtheit in Interviewsituationen erklären (Hooghe/Reeskens 2007): Sehr geringe Wahlergebnisse einer rechtspopulistischen Partei in bestimmten Ländern sind ein Zeichen für ihre geringe gesellschaftliche Akzeptanz, die wiederum mit einem hohen Grad an sozialer Unerwünschtheit des Bekenntnisses zu ihrer Wahl einhergeht. Bei erfolgreichen Parteien kann davon ausgegangen werden, dass ein gewisser Grad der Gewöhnung an diese stattgefunden hat und das Bekenntnis zu ihnen auch nicht mehr so schwer fällt. Gerade bei den kleinsten Stimmanteilen in Deutschland und Italien, die sich zudem noch jeweils auf die gleiche Wahl beziehen[29], fallen aber insbesondere die hohen Schwankungen in der Genauigkeit der Erfassung auf. Während in beiden Ländern der Stimmanteil rechtspopulistischer Parteien in der ersten Welle um mehr als 50 % unterschätzt wird, sind diese Wähler in der zweiten Welle sowohl in Deutschland wie auch in Italien leicht überrepräsentiert. Dabei muss jedoch bedacht werden, dass die mögliche statistische Schwankungsbreite, das Konfidenzintervall, relativ zum ermittelten Anteilswert größer wird, je kleiner die Anteilswerte ausfallen (Bortz/Döring 2006: 418ff). Die Schwankungen zwischen leichter Über- und starker Unterstützung können daher auch ein statistisches Artefakt sein. Die Zusammenfassung der zwei Wellen zu einem „gepoolten" Datensatz bringt hier in jedem Fall eine höhere Erfassungsgenauigkeit.

Fraglich ist, ob wegen möglicherweise unterschiedlichem Antwortverhalten in den einzelnen Untersuchungsländern die interkulturelle Validität des Messinstruments grundsätzlich in Frage steht und welche Konsequenzen dies hat. In jedem Fall muss damit gerechnet werden, dass insbesondere in den Ländern mit relativ erfolglosen rechtspopulistischen Parteien ein Teil der Befragten ihr „wahres" Wahlverhalten nicht äußert. Dies ist nach Ansicht des Verfassers aber kein Grund, die Erforschung dieses Phänomens anhand der Analyse von Individualdaten zu unterlassen. Einerseits gibt es keine adäquate Alternative. Qualitative Interviews können keine bevölkerungsrepräsentativen Ergebnisse liefern und haben überdies ebenfalls mit dem Problem sozialer Erwünschtheit schon im Bereich der Auswahl von Interviewpartnern zu kämpfen. Aggregatdatenanalysen arbeiten zwar mit tatsächlichen Wahlergebnissen, können aber wegen des Problems des ökologischen Fehlschlusses nur sehr eingeschränkt Aufschlüsse über individuelle Wahlmotive liefern. Andererseits kann aufgrund der sozialen Unerwünschtheit der Äußerung eines Wahlverhaltens

---

[29] Da Wahlen in den meisten Untersuchungsländern nur alle vier bis fünf Jahre stattfinden, bezieht sich die Wahlrückerinnerung in den Jahren 2002/2003 bzw. 2004/2005 häufig auf die gleiche Parlamentswahl.

zugunsten einer rechtspopulistischen Partei auch davon ausgegangen werden, dass in jedem Fall der „harte Kern" dieser Wählerschaft erfasst wird. Der umgekehrte Fall, dass eine Parteiwahl angegeben wird, die tatsächlich nicht stattgefunden hat, dürfte sich für Analysen deutlich schwieriger gestalten.

3.3.2 Unabhängige Variablen: Modernisierungsverlierer-Indikatoren

Die primären unabhängigen Variablen der Untersuchung sind die Modernisierungsverlierer-Indikatoren auf der Ebene der sozialen Lage. Mit ihrer validen und reliablen Erfassung steht und fällt die Überprüfung der Modernisierungsverlierer-Theorie, weswegen im Folgenden die notwendigen Ausführungen zu ihrer Operationalisierung gemacht werden sollen.

3.3.2.1 Klassenlage

Kommen wir zunächst zur Operationalisierung des Konzepts der Klassenlage.[30] Folgt man dem ESeC-Klassenschema, so wird die Klassenzugehörigkeit eines Befragten primär über dessen Beruf ermittelt. Hierzu wird die Internationale Standardklassifikation der Berufe (ISCO88) in ihrer Anpassung durch die EU-Statistikbehörde Eurostat herangezogen, wobei bis auf die Ebene der 116 Berufsuntergruppen (die drei ersten Ziffern des ISCO-Codes) differenziert wird. Zusätzlich werden Informationen über das Beschäftigungsverhältnis des Befragten berücksichtigt, wobei hier nur die Unterscheidung nach Selbständigkeit und lohnabhängiger Beschäftigung von Interesse ist. Mithelfende Familienangehörige werden dabei wie Lohnabhängige behandelt. Schließlich werden noch Angaben zu der Anzahl von Beschäftigten im Betrieb eines Selbständigen sowie zu der Zahl von Beschäftigten, über die eine eventuelle Vorgesetztenfunktion ausgeübt wird, berücksichtigt. So ergibt sich ein Berufsstatus als „Kopfvariable" (Müller 2007: 529) mit den Ausprägungen „Selbständig mit zehn und mehr Beschäftigten" (SE 10+), „Selbständig mit weniger als zehn Beschäftigten" (SE <10), „Selbständig ohne Beschäftigte" (SE ohne), „Lohnabhängig mit Aufsichtsfunktion" (LA Aufs) und „Lohnabhängig ohne Aufsichtsfunktion" (LA ohne). Die Kopfvariable ergibt mit den Berufsuntergruppen eine Matrix, die jedem Befragten eine Klasse zuweist (vgl. Tab. 6). So fällt ein Maschinenmechaniker ohne Aufsichtsfunktion in ESeC-Klasse 8 (Qualifizierte Industrieberufe), mit Aufsichtsfunktion in ESeC-Klasse 6 (Intermediäre Industrieberufe), als Selbständiger mit weniger als zehn Beschäftigten in ESeC-Klasse 4 (Kleine Selbständige) und schließlich als größerer selbständiger Unternehmer mit mehr als zehn Beschäftigten in ESeC-Klasse 1 (Höhere Dienstklasse).

---

[30] Die Operationalisierung erfolgt auf Basis des ESeC User Guides, der im Internet unter http://www.iser.essex.ac.uk/esec/guide/docs/UserGuide.pdf erhältlich ist. Ein dort ebenfalls erhältlicher Syntax wurde an die Bedürfnisse dieser Arbeit angepasst.

Tabelle 6: Klassenmatrix für die Europäische Sozioökonomische Klassifikation (Auszug)

ISCO-Code	Berufsbeschreibung	Berufsstatus (Kopfvariable)				
		SE 10+	SE <10	SE ohne	LA Aufs	LA ohne
214	Architekten, Ingenieure	1	1	1	1	1
232	Lehrer des Sekundarbereichs	1	2	2	2	2
343	Verwaltungsfachkräfte	1	4	4	2	3
313	Bediener optischer und elektronischer Anlagen	1	4	4	2	6
421	Kassierer, Schalter- und andere Angestellte	1	4	4	6	7
723	Maschinenmechaniker und -schlosser	1	4	4	6	8
931	Hilfsarbeiter im Bergbau und Baugewerbe	1	4	4	6	9

Quelle: Müller 2007: 529.

Da im European Social Survey leider nicht für alle hier untersuchten Länder alle Variablen (fehlerfrei) vorliegen, mussten einige kleinere Anpassungen vorgenommen werden: In den Niederlanden etwa gab es für Runde 1 des ESS unplausiblerweise keine Selbständigen ohne Angestellte im Datensatz, dafür aber eine deutlich überdurchschnittliche Anzahl von „Weiß nicht"-Antworten bei der Frage nach der Zahl der Beschäftigten. Dies ist vermutlich auf eine irrtümliche Interviewer-Praxis zurückzuführen, bei Selbständige ohne Angestellten letztere Option zu vermerken. Alle „Weiß nicht"-Antworten wurden daher als „keine Beschäftigten" gewertet. Fehleinordnungen dürften dabei im einstelligen Fallzahlenbereich liegen.[31] Für Norwegen findet sich ebenfalls in Runde 1 des ESS fehlerhafterweise für Selbständige kein ISCO-Berufscode im Datensatz. Hier wurden die Selbständigen nur nach ihrer Betriebsgröße auf die höhere Dienstklasse (ESeC 1) und die kleinen Selbständigen (ESeC 4) aufgeteilt. Eventuell könnte es hierdurch zu einigen Fehleinordnungen in der letzteren Klasse zu Lasten der ersteren gekommen sein.[32] Schließlich ist für Frankreich im genutzten ESS Cumulative File die Variable zum Beschäftigungsverhältnis des Befragten wegen inkompatibler Kategorien nicht enthalten. Die fehlenden Daten konnten allerdings unter Reduktion auf die benötigte Unterscheidung von Selbständigen und Lohnabhängigen aus einer frankreichspezifischen Version des ESS in den Arbeitsdatensatz importiert werden.

Grundsätzlich erfolgt die Einordnung in das Klassenschema nach individualistischen Prinzipien, d.h. ein Befragter wurde aufgrund seiner eigenen Berufsangaben klassifiziert. Wie in Abschnitt 2.5.1.1 erläutert, wird bei Befragten, die arbeitslos sind oder sich in Rente befinden, auf den früheren Beruf abgestellt. Subsidiär zur individualistischen Einordnung wurde bei Personen, die nie einen Beruf ausgeübt haben, auf den Beruf eines eventuell vorhandenen Partners abgestellt. Dies verbessert die Zuordnungsraten der Befragten zum ESeC-Klassenschema in den meisten Ländern um rund einen Prozentpunkt, nur in Italien sind es 4,6. In der Mehrzahl der Fälle handelt es sich bei den so zugeordneten Befragten um nicht berufstätige Hausfrauen. Die Zuordnung über den Partner ist nicht unproblematisch und hat – in der Form der generellen Klassifikation von Frauen nach dem Beruf ihrer Männer – in der internationalen Sozialforschung eine Kontroverse über den „intellektuellen Sexismus" ausgelöst, der mit dieser pauschalen Zuordnung einhergeht (Acker 1973; Goldthorpe 1983). Diese Kritik trifft aber die hier vorgenommene subsidiäre Einordnung nach

---

[31] Hilde Orten vom ESS-Team des norwegischen Datenarchivs NSD war bei der Lösung dieses Problems sehr hilfreich.
[32] Die Problemlösung findet sich im Appendix 6 des in Fußnote 30 genannten ESS User Guides.

dem Partner in der Hauptsache nicht: Zum einen steht hinter dieser Art von Partnerzuordnung die Wertung, dass nur im Zweifelsfall bei fehlender individualistischer Prägung des Befragten der Beruf der Person, die für den Haushalt das Geld verdient, herangezogen wird. Zum anderen kann es sich bei der hier vorgenommenen Partnerzuordnung auch um eine berufstätige Frau handeln, deren Klassenzugehörigkeit die des nicht-berufstätigen Mannes prägt. Nur in Fällen, in denen eine Klassenzuordnung weder individualistisch über die Angaben des Befragten noch über dessen Partner möglich ist, erfolgt eine Einordnung in die Residual-Kategorie ESeC 10 („Nicht-Beschäftigte").

Um auch bei Differenzierung nach Ländern noch in jeder Klassenkategorie ausreichende Fallzahlen für differenzierte Analysen zu haben, wurde aus forschungspraktischen Gründen das Klassenschema auf acht Kategorien kollabiert. Die Unterscheidung von höherer und mittlerer Dienstklasse kann hier ohne weitere Bedenken aufgegeben werden, da beide ohnehin nur graduell voneinander abweichen und für die Untersuchung von Modernisierungsverlierern von geringer Bedeutung sind. Die Zusammenfassung der kleinen Landwirte mit den sonstigen kleinen Selbständigen dürfte inhaltlich schon eher problematisch sein, lässt sich aber aufgrund der äußerst geringen Anteile von Landwirten an der heutigen Berufsstruktur westeuropäischer Länder kaum vermeiden. Nach den hier dargestellten Prinzipien ergibt sich für die hier untersuchten Länder die in Tab. 7 dargestellte Klassenstruktur.

Tabelle 7: Klassenstruktur der Untersuchungsländer in Prozent

ESeC8-Kategorie	AT	BE	CH	D	DK	F	I	NL	NO	Schnitt
Dienstklasse	28,4	31,4	35,3	29,5	32,5	30,9	18,0	40,9	33,4	31,2
Kleine Selbständige	7,6	7,9	8,1	5,7	6,5	6,4	14,7	6,2	9,3	8,0
Intermed. Dienstleistungsberufe	15,1	8,5	12,4	11,6	11,2	10,0	7,2	9,4	8,3	10,4
Einfache Dienstleistungsberufe	10,7	7,0	8,4	9,6	10,8	11,6	7,5	10,8	13,9	10,0
Intermediäre Industrieberufe	9,4	9,7	11,9	9,4	10,9	10,4	5,8	10,5	13,4	10,2
Qualifizierte Industrieberufe	6,0	8,3	7,4	10,3	6,9	6,3	6,0	5,3	7,1	7,0
Einfache Industrieberufe	12,0	14,8	9,6	14,3	18,0	14,7	16,4	11,6	12,7	13,8
Nicht-Beschäftigte	10,8	12,4	7,0	9,6	3,1	9,7	24,4	5,2	2,1	9,3
Ungültige	4,1	3,5	1,8	2,0	1,5	0,5	2,4	1,4	0,8	2,0

Quelle: ESS Cumulative File 2002-2004. Eigene Berechnung, gewichtet. ESeC8-Kategorien addieren sich auf einhundert Prozent auf (evtl. Rundungsfehler), die Ungültigen beziehen sich separat auf alle Fälle.

3.3.2.2 Sozioökonomischer Status

Auch zur Operationalisierung des Indikators „sozioökonomischer Status" gemäß des ISEI-Konzepts müssen hier einige Anmerkungen gemacht werden. Grundsätzlich ist die technische Umsetzung des bereits erstellten und validierten ISEI-Konzepts relativ einfach möglich. Es wird dazu eine Routine angewandt, die jedem Befragten mit einem gültigen ISCO88-Berufscode den entsprechenden ISEI-Statuswert zuordnet.[33] Die Punktwerte entsprechen dabei der aktuellen ISEI-Version, wie sie im Appendix von zwei Aufsätzen veröffentlicht wurde (Ganzeboom/Treiman 1996: 221ff; 2003: 176ff). Ähnlich wie beim Klassenschema erfolgt die Zuordnung der Statuswerte prinzipiell individualistisch; subsidiär

---

[33] Ein entsprechender SPSS-Syntax wird von Harry Ganzeboom auf der Website http://home.fsw.vu.nl/hbg.ganzeboom/isko88/iskoisei.sps zur Verfügung gestellt.

wird der Status über den Beruf eines eventuell vorhandenen Partners ermittelt. Bei Arbeitslosen und Rentnern wird auf den früheren Beruf abgestellt.

Über diese allgemeine Prozedur hinaus musste für Norwegen eine Anpassung vorgenommen werden. Dort wurde in der ersten Runde des ESS – wie schon bei der Operationalisierung der Klassenlage erwähnt – für Selbständige und mithelfende Familienangehörige kein ISCO-Code erhoben. Während dies bei der Klassenlage kein besonderes Problem darstellt, da die Klassenzuordnung von Selbständigen im Wesentlichen von der Zahl ihrer Beschäftigten abhängt, macht dies beim sozioökonomischen Status einen großen Unterschied: Hier kommen für unterschiedliche Selbständigen-Berufe unterschiedliche Status-Werte in Frage. Um nicht Norwegen komplett aus der Analyse herausnehmen zu müssen, wurde allen Selbständigen die Status-Mittelwerte dieser Gruppe in der zweiten Runde des norwegischen ESS zugeordnet, und zwar differenziert nach formalem Bildungsabschluss und drei Kategorien von Beschäftigtenzahlen: keine Beschäftigte, Kleinbetrieb (weniger als zehn Mitarbeiter), Großbetrieb (mehr als zehn Mitarbeiter). Da bei Großunternehmern keine systematische Variation nach ihrem formalen Bildungsabschluss zu beobachten war, wurde ihnen ein einheitlicher Mittelwert zugeordnet. Bei den mithelfenden Familienangehörigen wurde von vornherein nur nach dem Bildungsabschluss differenziert. Von einer Verzerrung der tatsächlichen Status-Werte der norwegischen Selbständigen und mithelfenden Familienangehörigen bei diesem Imputationsverfahren muss natürlich trotzdem ausgegangen werden.

Ein weiteres Problem ist die Vorgehensweise bei den Befragten, die weder selbst noch in der Zuordnung über einen eventuellen Partner jemals einer beruflichen Tätigkeit nachgegangen sind. Dies sind vor allem noch in der Ausbildung befindliche Personen. Während diese in einem kategorialen Konzept wie der Klassenlage einfach als eigene Kategorie aufgefasst werden können, ist dies bei einem metrischen Maß wie dem sozioökonomischen Status nicht möglich. Der ISEI-Variable bei derartigen Befragten einen „fehlenden Wert" zuzuordnen, ist aber auch nicht zielführend, da dann alle derartigen Personen aus der Untersuchung fallen würden – die Studie bezöge sich dann nur noch auf Personen, die sich auf dem Arbeitsmarkt befinden oder Rentner sind. Auch die Zuordnung eines Werts von „null" ist nicht sinnvoll, stehen doch die in Ausbildung befindlichen Personen nicht völlig ohne sozioökonomische Ressourcen da. Eine Möglichkeit, dieses Problem zu lösen, liegt darin, das berufliche Potential einer nicht auf dem Arbeitsmarkt befindlichen Person zu schätzen und dem jeweiligen Befragten einen entsprechenden Statuswert zuzuordnen (Jones/McMillan 2001: 556). Dies bietet sich schon deswegen an, da der formale Bildungsabschluss in der Konzeption des sozioökonomischen Status ohnehin die Voraussetzung für Statuserwerb im Beruf ist. Deswegen wurde allen Befragten, die selbst oder in Form ihres Partners nie einem Beruf nachgegangen sind, der ISEI-Wert zugeordnet, der dem Mittel aller übrigen Befragten mit dem entsprechenden höchsten bereits erworbenen Bildungsabschluss im jeweiligen Untersuchungsland entspricht. Die zugeordneten ISEI-Werte des beruflichen Potentials sind in Tab. 8 dokumentiert.

Tabelle 8: Mittelwerte des sozioökonomischen Status (ISEI) nach Land und Bildungsabschluss

ISCED-Bildungsabschluss	AT	BE	CH	D	DK	F	I	NL	NO	Schnitt
Pflichtschulabschluss ISCED 0/1/2	39	33	34	31	31	35	31	38	33	34
Weiterf. Schulabschluss ISCED 3/4	48	40	42	41	39	41	45	47	39	42
Tertiärabschluss ISCED 5/6	59	58	58	60	54	56	62	61	55	58

Quelle: ESS Cumulative File 2002-2004. Eigene Berechnung, gewichtet.

Gemäß der hier vorgenommenen Operationalisierung ergeben sich für die Untersuchungsländer die in Tab. 9 dargestellten Status-Mittelwerte, zusätzlich differenziert nach den ESeC-Klassen. Es zeigt sich recht deutlich, dass der soziale Status der Bevölkerung sich nur gering von Land zu Land unterscheidet, hingegen die Variation nach Klassen recht hoch und in allen Untersuchungsländern ähnlich ausgeprägt ist.

Tabelle 9: Mittelwerte des sozioökonomischen Status (ISEI) nach Land und Klasse

ESeC8-Kategorie	AT	BE	CH	D	DK	F	I	NL	NO	Schnitt
Dienstklasse	56	59	59	59	60	60	58	59	58	59
Intermed. Dienstleistungsberufe	46	47	48	50	45	50	47	52	47	48
Kleine Selbständige	37	42	37	40	42	42	37	41	40	40
Intermediäre Industrieberufe	36	34	35	36	33	34	35	35	33	35
Einfache Dienstleistungsberufe	42	38	39	41	34	36	40	40	33	38
Qualifizierte Industrieberufe	33	32	32	32	33	32	32	32	33	32
Einfache Industrieberufe	25	25	25	26	25	24	24	25	26	25
Nicht-Beschäftigte	42	37	38	35	33	39	36	40	37	37
Schnitt aller Klassen	43	43	45	43	42	43	39	46	42	43

Quelle: ESS Cumulative File 2002-2004. Eigene Berechnung, gewichtet.

3.3.2.3 Sozioökonomische Statusinkonsistenz

Die Operationalisierung des Indikators der sozioökonomischen Statusinkonsistenz fällt unter Berücksichtigung der unter 2.5.1.3 angestellten theoretischen Überlegung nicht schwer: Er entspricht der Differenz des sozioökonomischen Status-Werts des Befragten (Ist-Wert) und des Status-Mittelwerts aller Befragten mit gleichem formalen Bildungsabschluss (Soll-Wert). Bei der Berechnung des Soll-Werts wird nach Ländern differenziert, die entsprechenden Werte lassen sich aus Tab. 8 entnehmen. Um eine über alle Untersuchungsländer vergleichbare Klassifikation der Bildungsabschlüsse zu erhalten, kann leider nur nach drei unterschiedlichen Bildungsabschlüssen unterschieden werden (vgl. auch 3.3.4.3), was zu höheren Statusabweichungen führen dürfte, als dies mit einer feineren Gliederung der höchsten Bildungsabschlüsse der Fall wäre. Da nach dem Konzept des beruflichen Potentials Personen, die weder selbst noch in der Zuordnung über einen eventuellen Partner jemals einer beruflichen Tätigkeit nachgegangen sind, ohnehin der Status-Mittelwert aller Befragten mit demselben formalen Bildungsabschluss zugeordnet wurde (vgl. 3.3.2.2), beträgt die Statusinkonsistenz bei diesen immer Null. Dies ist auch sinnvoll, denn Personen, die sich noch in Ausbildung befinden, können noch nicht wissen, ob sie im späteren Berufsleben einen bildungsadäquaten sozialen Status erreichen. Eine Statusinkonsistenz und die aus ihr resultierenden sozialen Folgen können also schon theoretisch nicht eintreten.

Wendet man diese Operationalisierung an und untersucht, wie sich die Statusinkonsistenz in den untersuchten Gesellschaften auf die unterschiedlichen Klassen verteilt, so ergibt sich für einige Klassen ein recht konsistentes, länderübergreifendes Bild, während andere zwischen den Untersuchungsländern stärker variieren (Tab. 10): Die Dienstklasse ist in fast allen Ländern die Klasse, in der die Statuserwartungen der Befragten am ehesten erfüllt und sogar übertroffen werden. Andererseits sind in allen Ländern die Mitglieder der einfachen Industrieberufe – weniger stark auch die der qualifizierten und intermediären Industrieberufe – die Befragten, deren sozioökonomischer Status am wenigsten ihren Bildungsniveau entspricht. In den anderen Klassen variiert die mittlere Statusinkonsistenz teilweise recht deutlich von Land zu Land. So nehmen in Österreich, Deutschland und Italien im Schnitt die Mitglieder der einfachen Dienstleistungsberufe einen höheren Status ein, als sie nach ihrem Bildungsabschluss erwarten konnten. Hingegen weist dieselbe Klasse etwa in Dänemark, Frankreich und Norwegen deutlich negative Statusinkonsistenz-Werte auf. Ähnlich verhält es sich mit den kleine Selbständigen, die in Österreich, der Schweiz, Deutschland und den Niederlanden durchschnittlich negative Inkonsistenz-Werte aufweisen, während Belgien, Dänemark, Frankreich und Italien positive Mittelwerte für diese Klasse aufweisen.

Tabelle 10: Mittlere Statusinkonsistenz nach Land und Klasse

ESeC8-Kategorie	AT	BE	CH	D	DK	F	I	NL	NO	Schnitt
Dienstklasse	8,52	8,19	9,52	7,99	11,01	11,09	7,60	6,77	9,08	8,88
Intermediäre Dienstleistungsberufe	2,65	2,27	4,73	6,64	-0,23	5,46	2,41	6,97	1,85	3,69
Kleine Selbständige	-4,59	0,87	-7,52	-3,31	1,39	1,26	0,48	-3,34	-0,02	-1,44
Intermediäre Industrieberufe	-4,64	-4,78	-8,01	-4,96	-7,12	-5,94	-2,76	-8,54	-6,01	-6,10
Einfache Dienstleistungsberufe	0,02	-1,72	-2,48	0,73	-4,70	-5,43	1,93	-2,14	-5,93	-2,57
Qualifizierte Industrieberufe	-6,59	-4,38	-8,24	-7,31	-5,40	-6,98	-0,74	-8,36	-5,88	-6,04
Einfache Industrieberufe	-14,51	-11,41	-13,87	-11,38	-10,45	-14,37	-8,97	-15,12	-11,68	-12,17
Nicht-Beschäftigte	0,00	0,00	0,00	0,00	0,00	0,00	0,00	0,00	0,00	0,00
Schnitt aller Klassen	-0,13	0,15	0,19	0,13	0,10	0,12	0,08	-0,20	-0,42	0,00

Quelle: ESS Cumulative File 2002-2004. Eigene Berechnung, gewichtet.

3.3.2.4 Sozialprestige

Für den Indikator des Sozialprestiges gilt in weiten Teilen die Herangehensweise analog, die bereits für den sozioökonomischen Status ausgeführt wurde. Wie unter 2.5.1.4 besprochen wird die SIOPS-Prestigeskala nach Treiman in der aktuellsten Version (Ganzeboom/ Treiman 2003) auf die hier zugrunde liegende Datenbasis angewandt.[34] Die Prestigewerte werden dabei mittels der Berufsklassifikation ISCO88 den Befragten zugeordnet.[35] Dies erfolgt prinzipiell individualistisch; nur bei Befragten, die nie einer Erwerbsarbeit nachgegangen sind, wird subsidiär auf einen eventuell vorhandenen Partner und dessen berufliche Tätigkeit zurückgegriffen. Bei Arbeitslosigkeit oder Rente wird der letzte Beruf herangezogen. Auch im Fall des Sozialprestiges wird bei fehlender Erwerbstätigkeit des Befragten

---

[34] Ein entsprechender SPSS-Syntax wird von Harry Ganzeboom auf der Website http://home.fsw.vu.nl/ hbg.ganzeboom/isko88/iskotrei.sps zur Verfügung gestellt.
[35] Für die fehlenden ISCO88-Werte bei Selbstständigen und mithelfenden Familienangehörigen in Norwegen der ersten Runde wurde der Mittelwert aller Befragten derselben Kategorie in der zweiten Runde zugeordnet, und zwar differenziert nach den Bildungsabschlüssen.

oder dessen Partners der Prestige-Wert zugeordnet, der dem Mittel aller Befragten im gleichen Land mit demselben formalen Bildungsabschluss entspricht (Tab. 11).

Tabelle 11: Mittelwerte des Sozialprestiges (SIOPS) nach Land und Bildungsabschluss

ISCED-Bildungsabschluss	AT	BE	CH	D	DK	F	I	NL	NO	Schnitt
Pflichtschulabschluss ISCED 0/1/2	37	34	38	31	32	35	31	37	33	34
Weiterf. Schulabschluss ISCED 3/4	45	39	42	40	39	40	41	44	39	41
Tertiärabschluss ISCED 5/6	55	53	54	55	52	52	57	55	52	54

Quelle: ESS Cumulative File 2002-2004. Eigene Berechnung, gewichtet.

Auch hier soll kurz die Verteilung des Sozialprestiges über die unterschiedlichen Länder, unterteilt nach sozialen Klassen, dokumentiert werden (Tab. 12). Wie schon beim sozioökonomischen Status festgestellt, ist es erstaunlich, wie stark sich die Prestige-Mittelwerte in den einzelnen Klassen in den unterschiedlichen Staaten ähneln. Die Häufigkeit bestimmter Berufe, die das Prestige-Mittel in den Klassen beeinflusst, scheint in den neun Untersuchungsländern nicht stark zu variieren.

Tabelle 12: Mittelwerte des Sozialprestiges (SIOPS) nach Land und Klasse

ESeC8-Kategorie	AT	BE	CH	D	DK	F	I	NL	NO	Schnitt
Dienstklasse	52	54	55	55	55	55	54	55	55	55
Intermed. Dienstleistungsberufe	44	43	47	45	45	47	46	49	47	46
Kleine Selbständige	39	41	40	39	43	44	35	42	41	40
Intermediäre Industrieberufe	34	34	36	37	34	35	34	34	34	35
Einfache Dienstleistungsberufe	34	34	33	33	36	31	33	34	33	33
Qualifizierte Industrieberufe	36	36	38	38	37	37	35	36	36	37
Einfache Industrieberufe	24	26	25	27	25	25	24	26	26	25
Nicht-Beschäftigte	40	37	40	34	34	38	35	39	36	37
Schnitt aller Klassen	41	41	43	41	42	41	37	44	42	41

Quelle: ESS Cumulative File 2002-2004. Eigene Berechnung, gewichtet.

3.3.2.5 Objektive Einkommensarmut

Die Anwendung der unter 2.5.1.5 vorgestellten objektiven Einkommenskategorien auf den hier zugrunde gelegten Datensatz bedarf einiger Anmerkungen. Im Rahmen des ESS wird das Einkommen der Befragten grundsätzlich über die Selbsteinordnung in zwölf Einkommenskategorien gemessen (vgl. auch im Folgenden Hoffmeyer-Zlotnik/Warner 2006: 294ff). Der Interviewer weist darauf hin, dass dazu alle Einkommensquellen des Haushalts des Befragten nach Abzug von Steuern addiert werden sollen. Pensionen, sonstige staatliche Leistungen, Vermögenszinsen und ähnliches sollen berücksichtigt werden. Bei Unkenntnis ist zu schätzen. Der Befragte ordnet sich selbst dann auf einer Tabelle ein, der die Einkommenskategorien bezogen auf die Woche, den Monat und das Jahr enthält, um die Einstufung für den Zeitraum zu ermöglichen, die dem Befragten am besten bekannt ist. Dieser Kategorie ist dann ein Buchstabe zugeordnet, den der Befragte dem Interviewer nennt – ein Verfahren, dass eine gewisse Vertraulichkeit sicherstellen soll.

Um ausgehend von diesem Haushaltsnettoeinkommen das Nettoäquivalenzeinkommen berechnen zu können, wurden im Rahmen dieser Studie die Einkommenskategorien in metrische Angaben transformiert. Dabei wurde jeweils das arithmetische Mittel des höchsten und niedrigsten monatlichen Einkommens in der jeweiligen Kategorie dem Befragten zugeordnet.[36] Für die höchste Einkommenskategorie ohne Obergrenze (10.000 Euro monatlich und mehr) wurde das 1,25fache der Untergrenze, also 12.500 Euro eingesetzt. Anschließend wurde der Äquivalenzfaktor der Haushaltsgröße gemäß der „Neuen OECD-Skala" auf Grundlage der Angaben des Befragten zu Anzahl und Alter der Haushaltsmitglieder berechnet und als Divisor des Haushaltseinkommens verwendet. Um eine vermeintliche Exaktheit nicht vorzutäuschen, die bei dieser Prozedur so nicht gegeben ist, wurden die Befragten zuletzt wieder in das in Abschnitt 2.5.1.5 eingeführte und am Wohlstandsniveau des jeweiligen Landes angepasste Kategoriensystem eingeordnet, was zusätzlich den Vorteil hat, dass eine separate Kategorie der Befragten gebildet werden konnte, die keine Einkommensangaben machen wollten oder konnten. Durch diese Residualkategorie wird vermieden, alle Befragten ohne diese häufig als vertraulich wahrgenommenen und zudem nicht leicht zu berechnenden Angaben aus der weiteren Analyse zu nehmen.

Tabelle 13: Einkommensstruktur der Untersuchungsländer in Prozent

Einkommenskategorie	AT	BE	CH	D	DK	F	I	NL	NO	Schnitt
Arm (bis 40 %)	10,1	10,0	7,6	7,0	7,1	10,7	15,6	8,8	10,3	9,5
Armutsgefährdet (40-60 %)	16,1	20,5	13,3	14,3	6,8	18,9	10,2	15,7	11,3	13,8
Bescheidener Wohlstand (60-120 %)	25,2	33,4	48,0	32,6	45,7	33,3	25,0	36,0	49,6	35,2
Gesicherter Wohlstand (120-200 %)	5,1	10,0	23,1	16,9	18,9	14,6	6,8	18,0	19,4	14,1
Reich (200 % und mehr)	1,7	4,3	8,0	5,9	7,8	5,1	2,4	6,7	6,3	5,1
Befragte ohne Einkommensangaben	41,9	21,8	24,6	23,3	13,7	17,3	40,2	14,8	3,0	22,3

Quelle: ESS Cumulative File 2002-2004. Eigene Berechnung, gewichtet. Bezugspunkte der Kategorien: Median-Nettoäquivalenzeinkommen des jeweiligen Landes. Einkommenskategorien addieren sich auf einhundert Prozent auf (evtl. Rundungsfehler), die fehlenden Einkommensangaben beziehen sich separat auf alle Fälle.

Betrachtet man sich die nach dieser Prozedur ergebende Einkommensstruktur in den Untersuchungsländern (Tab. 13), so fällt zunächst der höchst unterschiedliche Anteil derer auf, die keine Einkommensangaben machen. Die Spanne reicht dabei von 41,9 % aller Befragten in Österreich bis hin zu nur 3,0 % in Norwegen. Die Ursachen dürften in erster Linie in kulturellen Unterschieden zu suchen sein: In Skandinavien ist es beispielsweise möglich die Steuererklärung von jedermann einzusehen, so dass die Angabe des eigenen Einkommens hier weniger problematisch erscheinen dürfte. Weil der Anteil der Antwortverweigerungen aber schon über die Länder nicht konstant ist, andere Untersuchungen auch auf eine Ungleichverteilung der Antwortverweigerung in Bezug auf andere soziodemographische Merkmale hindeuten (Holst 2003), ist es wichtig, die Befragten ohne Einkommensangaben als eigene inhaltliche Kategorie aufzufassen. Die Herausnahme aus der Analyse würde ansonsten eine substantielle Verzerrung der Analyseergebnisse auch in Hinblick auf andere Indikatoren bewirken.

Vergleicht man darüber hinaus die Prozentanteile in den Einkommensgruppen zu Validierungszwecken mit etwa den Angaben des deutschen Armut- und Reichtumsberichts, so fällt auf, dass die Gruppen der armen und armutsgefährdeten Personen im ESS für Deutschland größer ausfallen. Im Bericht wird eine Armutsquote von 1,9 % und eine Armutsge-

---

[36] Für die erste Runde des ESS in Frankreich wurde ein abweichendes Kategoriensystem bei der Befragung verwendet. Für diese Kategorien wurden entsprechend andere Mittelwerte berücksichtigt.

fährdungsquote von 13,5 % für 2003 genannt (Bundesministerium für Arbeit und Sozialordnung 2005: 19f). Der Anteil der Reichen, hier leider nicht auf den Median, sondern das arithmetische Mittel des Nettoäquivalenzeinkommens, beträgt im Bericht 5,9 % (Bundesministerium für Arbeit und Sozialordnung 2005: 27). In Bezug auf die dem Armuts- und Reichtumsbericht zugrunde liegenden Daten werden zumindest für Deutschland die unteren und oberen Einkommenskategorien im ESS also überschätzt. Eine andere Evaluationsstudie kommt in einer Untersuchung für Deutschland, Großbritannien, Italien und Luxemburg zu demselben Ergebnis (Hoffmeyer-Zlotnik/Warner 2006: 300ff). Für diese Verzerrungen sind eine ganze Reihe von Ursachen denkbar, etwa die unterschiedliche Beschaffenheit der Stichproben, die Nichtberücksichtigung der Befragten ohne Einkommensangaben oder eine gründlichere Abfrage aller denkbaren Einkommensarten in den amtsstatistischen Referenzerhebungen. Eine willkürliche Anpassung der Einordnungsprozedur würde vielleicht die Einkommensstruktur der Befragten des ESS dem Bild, das sich durch die amtliche Statistik bietet, annähern, aber insbesondere auf der individuellen Ebene des Befragten neue Fehlerquellen schaffen. Insofern müssen mögliche Verzerrungen im Rahmen einer vorsichtigen Interpretation der Ergebnisse berücksichtigt werden.

3.3.2.6 Subjektive Einkommensarmut

Zur Operationalisierung der subjektiven Einkommensarmut wird eine Frage herangezogen, die das Auskommen des Haushalts mit dem zur Verfügung stehenden Einkommen durch den Befragten bewerten lässt. Vier Antworten sind möglich: Der Befragte kann angeben, mit dem Einkommen bequem leben zu können, mit ihm auszukommen, nur schwer auszukommen oder sehr schwer auszukommen. Leider weichen die Antwortkategorien in der französischen Teilbefragung von diesem Viererschema ab, stattdessen werden dort fünf Antwortmöglichkeiten gegeben. Hier wird die oberste Kategorie in der Vierer-Skala noch einmal in zwei Ausprägungen unterteilt *(„On vit très confortablement"/„On vit assez confortablement")*. Um Vergleichbarkeit herzustellen, wurden diese beiden Kategorien zusammengefasst und mit der obersten Kategorie in den anderen Ländern gleichgesetzt. Die relative Häufigkeit der Nennung dieser zusammengefassten Kategorie entspricht in etwa der Häufigkeit, die in anderen Ländern zu finden ist. Die prozentualen Anteile der Antworten und die Anteile der Befragten ohne Angaben sind in Tab. 14 zusammengefasst.

Tabelle 14: Subjektive Einkommensstruktur der Untersuchungsländer in Prozent

Auskommen mit Einkommen	AT	BE	CH	D	DK	F	I	NL	NO	Schnitt
Bequemes Leben	38,5	37,7	49,0	29,4	63,0	51,0	29,9	48,9	53,1	44,1
Auskommen	42,3	41,5	39,0	54,0	29,6	38,3	49,0	38,6	37,4	41,8
Schlechtes Auskommen	15,5	15,3	8,6	12,2	4,6	9,4	16,5	9,1	7,3	10,3
Sehr schlechtes Auskommen	3,7	3,6	1,7	3,3	1,3	1,0	3,6	2,1	2,0	2,5
Befragte ohne Angaben	1,9	1,9	1,7	1,1	1,4	0,4	1,0	1,4	0,1	1,3

Quelle: ESS Cumulative File 2002-2004. Eigene Berechnung, gewichtet. Kategorien addieren sich auf einhundert Prozent auf (evtl. Rundungsfehler), die fehlenden Angaben beziehen sich separat auf alle Fälle.

3.3.2.7 Arbeitslosigkeit

Der Arbeitslosigkeits-Indikator konnte ohne größere Probleme auf Basis des European Social Surveys konstruiert werden. Hierzu wurde aus dem Datensatz die Frage nach der Hauptaktivität in den letzten sieben Tagen vor der Befragung verwendet. Die Befragten haben prinzipiell die Möglichkeit, mehrere Antworten zu geben, etwa um eine parallele Tätigkeit im Haushalt mit zu erfassen, werden dann aber ergänzend dazu aufgefordert, die Hauptaktivität zu spezifizieren. Als arbeitslos wurden diejenigen Personen aufgefasst, die angaben, hauptsächlich arbeitslos zu sein, unabhängig von der Frage, ob sie in den letzten sieben Tagen aktiv nach Arbeit gesucht haben oder nicht. Alle anderen Tätigkeiten wurden als „nicht arbeitslos" gewertet. Nur bei fehlenden Angaben bei der Frage nach der Haupttätigkeit des Befragten wurde auch der Indikatorvariablen ein fehlender Wert zugewiesen. Rentner, in der häuslichen Erziehung und Pflege tätige Personen oder Schüler und Studierende sind damit „nicht arbeitslos", auch wenn sie keiner Erwerbstätigkeit nachgehen. Hätte man alternativ die Variable auf die Dichotomie „arbeitslos"/„erwerbstätig" gebracht, so wären all diese Gruppen aus der Analyse herausgefallen.

3.3.2.8 Prekäres Beschäftigungsverhältnis

Für die Operationalisierung der fünf Teilindikatoren für ein prekäres Beschäftigungsverhältnis wurde auf verschiedene Informationen zum Beschäftigungsverhältnis des Befragten zurückgegriffen. Wie bei allen beschäftigungsbezogenen Indikatoren ist dies bei aktiven Personen der derzeitige, bei arbeitslosen oder anderweitig inaktiven hingegen der letzte ausgeübte Beruf. Der Teilindikator für eine befristete Beschäftigung konnte direkt aus einer entsprechenden Frage nach der Dauer des Arbeitsvertrags abgeleitet werden, wobei nur ein befristeter Vertrag als prekär gewertet wurde, ein unbefristeter und kein Beschäftigungsvertrag hingegen als nicht prekär. Das bedeutet, dass in diesem Teilindikator etwa Selbständige oder auf dem Arbeitsmarkt bisher stets inaktive Personen als nicht prekär aufgefasst werden, was eine anderweitige Einstufung bei anderen Teilindikatoren nicht ausschließt. Für Frankreich enthielt die Frage nach der Form des Arbeitsvertrages zusätzliche Antwortmöglichkeiten. Hier wurde eine Beschäftigung als Leih- und Zeitarbeitnehmer, Praktikant, Volontär und Saisonarbeiter ebenfalls als prekär eingeordnet. Die Teilindikatoren zur Teilzeitbeschäftigung und geringfügigen Beschäftigung wurden aus den Angaben der Befragten zur vertraglich vereinbarten Arbeitszeit ihrer Beschäftigung konstruiert, wobei Überstunden im Fragetext ausdrücklich ausgenommen sind. Gemäß der unter 2.5.1.8 vorgenommenen Überlegungen wurden Personen mit 15 oder weniger Stunden vertraglich vereinbarter Wochenarbeitszeit als geringfügig Beschäftigte, solche mit mehr als 15 aber weniger als 30 Stunden hingegen als Teilzeitbeschäftigte eingeordnet. Bei beiden Teilindikatoren wurden jeweils die Beschäftigten mit anderen Wochenarbeitszeiten und die auf dem Arbeitsmarkt bisher Inaktiven als nicht prekär gewertet. Im Rahmen des Indikators der Zugehörigkeit zur Gruppe der arbeitenden Armen wurden die Befragten als prekär beschäftigt gewertet, die mehr als 30 Stunden pro Woche arbeiten, aber dennoch objektive Einkommensarmut im Sinne der Kategorien „arm" und „armutsgefährdet" (vgl. 3.3.2.5) aufweisen. Schließlich wurde die Solo-Selbständigkeit einer Person aufgrund ihres Beschäftigungsstatus (Selbständiger) und ihrer Mitarbeiterzahl (keine) ermittelt. Hierbei wurden im Zweifel auch die

Befragten als Solo-Selbständige gewertet, die auf die Frage nach der Anzahl ihrer Mitarbeiter keine Antwort gaben (vgl. 3.3.2.1).

Durch die fünf dichotomen Variablen ergibt sich ein System teilweise überlappender Indikatoren für Prekaritätserfahrungen. Eine Zusammenfassung in einem Gesamtindikator wurde vermieden, um die durchaus interessante Mehrdimensionalität für differenzierte Analysen beizubehalten. Verschiedene weitere Einschränkungen der Beschäftigungsgruppen wären für eine präzisere Eingrenzung der tatsächlich prekären Formen innerhalb der größeren Gruppe von atypisch Beschäftigten sinnvoll gewesen: Geringfügige und Teilzeitbeschäftigung hätte man sinnvoller Weise auf unfreiwillige Arbeitszeitbeschränkung begrenzen können. Auch bei den Solo-Selbständigen wäre es besser gewesen, sich auf diejenigen zu beschränken, deren Tätigkeit auch in lohnabhängiger Form hätte durchgeführt werden können. Leider ist eine solche Einschränkung auf der vorhandenen Datenbasis nicht möglich, so dass die Prekarität der Beschäftigungsformen hier nur sehr pauschal und indirekt erfasst werden kann. Auf Grundlage der so operationalisierten Teilindikatoren ergibt sich für die neun Untersuchungsländer das in Tab. 15 wiedergegebene Bild:

Tabelle 15: Struktur prekärer Beschäftigungsverhältnisse der Untersuchungsländer in Prozent

Prekäre Beschäftigungsform	AT	BE	CH	D	DK	F	I	NL	NO	Schnitt
Befristet Beschäftigte	10,2	9,6	9,7	10,8	12,7	12,2	9,8	12,0	11,3	10,9
Teilzeitbeschäftigte	12,4	11,2	12,0	10,7	7,8	9,7	7,7	17,4	10,1	11,0
Geringfügig Beschäftigte	4,2	4,6	10,5	7,4	7,5	4,4	4,9	13,6	7,8	7,2
Arbeitende Arme	20,3	25,7	11,8	17,6	10,5	24,4	22,6	16,2	16,3	18,4
Solo-Selbständige	4,6	6,1	6,8	4,4	4,3	5,2	8,8	5,2	6,0	5,7

Quelle: ESS Cumulative File 2002-2004. Eigene Berechnung, gewichtet. Dargestellt ist der Anteil an allen Befragten.

3.3.2.9 Soziale Exklusion

Wie in 2.5.1.9 erläutert soll soziale Exklusion hier eng im Sinne eines Ausschlusses von sozialen Kontakten verstanden werden. Im European Social Survey finden sich drei Variablen, die für die Bildung einer Skala sozialer Exklusion in diesem Sinne geeignet sind: Zunächst wird nach der Häufigkeit von Treffen mit Freunden, Verwandten oder Arbeitskollegen pro Monat gefragt. Es sind sieben Antwortkategorien gegeben, die von keinen Kontakten bis hin zu täglichen Treffen reichen. Weiterhin wird eruiert, ob der Befragte eine Person hat, mit der er auch intime oder persönliche Themen diskutieren kann, wobei nur eine dichotome Ja/Nein-Antwort möglich ist. Schließlich wird die Person um eine Einschätzung gebeten, wie häufig sie im Vergleich zu anderen Personen in ihrem Alter an sozialen Aktivitäten teilnimmt. Hier gibt es fünf Antwortkategorien, die von „sehr viel weniger" bis „sehr viel mehr" reichen und eine neutrale Mittelkategorie aufweisen. Bei allen drei Items kann inhaltlich davon ausgegangen werden, dass sie unabhängige Messungen der unterliegenden latenten Größe „Soziale Kontakte" darstellen, wobei sowohl Aspekte der Häufigkeit wie der Qualität der Kontakte einfließen. Invertiert kann die Variable als Maß sozialer Exklusion verstanden werden.

Eine einfache additive Skalenkonstruktion ist aus den drei angeführten Items schon aufgrund ihrer unterschiedlichen Messniveaus (nominal bzw. ordinal) sowie ihrer unterschiedlichen Wertebereiche nicht ohne Weiteres möglich. Der Verfasser hat daher auf faktorenanalytischem Wege versucht, die den drei Items unterliegende latente Dimension sozialer Exklusion zu erfassen. Dabei wurde in einer kategorialen Hauptkomponentenanalyse zunächst explorativ die maximale Anzahl von drei Dimensionen vorgegeben, um eine eventuelle Multidimensionalität der Datenstruktur zu prüfen. Folgt man dem Kaiser-Guttman-Kriterium, nachdem ausschließlich solche Faktoren extrahiert werden sollten, die einen Eigenwert von größer als Eins aufweisen, so ergibt sich allerdings nur eine aussagekräftige Dimension.[37] Für diese eindimensionale Lösung wurden die Objektwerte für alle Fälle berechnet und so skaliert, dass ihr Minimum bei 0, ihr Maximum bei 10 liegt. Fehlende Werte bei einzelnen Variablen wurden dabei durch die häufigste Variablenkategorie (Modalwert) ersetzt. Die so erstellte Skala weist leider keine besonders hohe interne Konsistenz auf (Cronbach's Alpha: 0,500, vgl. Tab. 16). Sie berücksichtigt rund 50 % der Varianz der zugrunde liegenden Items. Da die Höhe dieses Reliabilitätskoeffizienten jedoch stark von der Zahl der zugrunde liegenden Items abhängt, die vorliegend mit drei Fragen sehr gering ist, die Herausnahme einzelner Items aus der Skala den Alpha-Wert nicht erhöht, die einzelnen Items gut auf die Hauptkomponente laden und überdies die Eindimensionalität der Datenstruktur über die anfängliche Hauptkomponentenanalyse abgesichert ist, soll die so gefundene Lösung dennoch als Skala sozialer Exklusion verwendet werden.

Tabelle 16: Komponentenladungen und Reliabilität der Skala sozialer Exklusion

Items der Skala	Komponentenladungen
Wie oft treffen Sie sich mit Freunden, Verwandten oder privat mit Arbeitskollegen?	0,764
Haben Sie jemanden, mit dem Sie über vertrauliche und persönliche Angelegenheiten reden können?	0,612
Wenn Sie sich mit Gleichaltrigen vergleichen, wie oft nehmen Sie an geselligen Ereignissen oder Treffen teil?	0,736
Cronbach's Alpha	0,500

Quelle: ESS Cumulative File 2002-2004. Eigene Berechnung.

Trotz des Wertebereichs von 0 bis 10 liegt das arithmetische Mittel der Skala sozialer Exklusion über alle Untersuchungsländer bei 1,62 Punkten (Tab. 17). Hohe Skalenwerte sind vergleichsweise selten. Als Indiz für die Validität der Skala kann hier die subjektive Einkommenseinschätzung herangezogen werden, die nach der gängigen Interpretation von Armut als wichtiger Ursache sozialer Exklusion mit der Skala zusammenhängen müsste. Die in Tab. 17 aufgeführten Mittelwerte für die vier Gruppen des subjektiven Auskommens mit dem Einkommen zeigen, dass die soziale Exklusion systematisch in fast allen Ländern mit wachsender Armut ansteigt. Darüber hinaus variiert aber auch das mittlere nationale Niveau sozialer Exklusion: Niedrige Werte weist insbesondere Norwegen auf, weniger ausgeprägt auch Dänemark, während insbesondere die Bevölkerung in Italien, aber auch in Belgien auf hohe Mittelwerte des sozialen Ausschlusses kommt.

---

[37] Die erste Dimension wies einen Eigenwert von 1,447 auf. Die zweite und dritte Dimension blieben mit Eigenwerten von 0,869 bzw. 0,684 deutlich hinter dem Kaiser-Guttman-Kriterium zurück.

3 Datenbasis, methodische Vorgehensweise und Operationalisierung

Tabelle 17: Mittelwerte sozialer Exklusion nach Ländern und subjektiven Einkommen

Auskommen mit Einkommen	AT	BE	CH	D	DK	F	I	NL	NO	Schnitt
Bequemes Leben	1,34	1,55	1,28	1,40	1,29	1,30	2,24	1,27	1,00	1,36
Auskommen	1,69	1,93	1,56	1,68	1,43	1,65	2,50	1,55	1,09	1,71
Schlechtes Auskommen	2,00	2,56	1,68	2,11	1,42	2,08	2,98	1,82	1,36	2,16
Sehr schlechtes Auskommen	2,83	3,00	2,01	2,84	1,65	3,04	3,59	1,91	1,49	2,65
Alle Befragten	1,63	1,92	1,43	1,69	1,35	1,53	2,53	1,45	1,07	1,62

Quelle: ESS Cumulative File 2002-2004. Eigene Berechnung, gewichtet.

3.3.3 Intervenierende Variablen: Rechtsaffine Einstellungen

Im Design der vorliegenden Studie übernehmen die vier in Abschnitt 2.5.2 eingeführten Indikatoren für rechtsaffine Einstellungen die Funktion von intervenierenden Variablen. Wird festgestellt, dass die Modernisierungsverlierer-Indikatoren die Wahrscheinlichkeit erhöhen, eine rechtspopulistische Partei zu wählen, so kann über die rechtsaffinen Einstellungen möglicherweise erklärt werden, warum dies so ist. Im Folgenden soll daher kurz auf ihre Operationalisierung eingegangen und insbesondere der Prozess der Konstruktion entsprechender Skalen dargestellt werden.

3.3.3.1 Politische Unzufriedenheit

Zur Operationalisierung des Indikators für politische Unzufriedenheit wurde auf vier Items zurückgegriffen, die in unterschiedlicher Form und bezogen auf unterschiedliche Objekte den Unmut der Befragten mit „der Politik" bzw. „den Politikern" erfassen (vgl. 2.5.2.1). Zwei der Fragen beziehen sich auf das politische Vertrauen in das nationale Parlament und die Politiker im Allgemeinen und repräsentieren die affektiv-wertbezogene Ebene politischer Unzufriedenheit. Bei derartigen Items zum politischen Vertrauen wird davon ausgegangen, dass sie die diffuse subjektive Unterstützung der politischen Institutionen und des politischen Systems durch die Bevölkerung messen (Citrin/Muste 1999: 465). Fehlendes Vertrauen spiegelt hingegen in aller Regel politische Unzufriedenheit wieder. Bei beiden Fragen soll der Interviewte sein Vertrauen in das jeweilige Objekt auf einer Skala von 0 bis 10 verorten. Die beiden anderen Items thematisieren hingegen die rational-ergebnisbezoge Zufriedenheit mit der Politik, wobei Referenzobjekt des einen die konkrete Leistung der jeweiligen nationalen Regierung ist, während das andere eher abstrakt die Zufriedenheit mit der Funktionsweise der Demokratie messen will. Auch hier kommt die 11-Punkte-Antwortskala zum Einsatz. Die Fragen decken dabei bewusst das ganze Spektrum der politischen Unzufriedenheit ab, von diffusem Misstrauen gegenüber politischen Institutionen, über den Unmut über Regierungshandeln, bis hin zur Unzufriedenheit mit der Arbeitsweise der Demokratie.

Tabelle 18: Komponentenladungen und Reliabilität der Skala politischer Unzufriedenheit

Items der Skala	Komponentenladungen
Wie sehr vertrauen sie persönlich dem *Bundestag*?	0,806
Wie sehr vertrauen sie persönlich den Politikern?	0,788
Wenn Sie nun einmal an die Leistungen *der Bundesregierung in Berlin* denken. Wie zufrieden sind Sie mit der Art und Weise, wie sie ihre Arbeit erledigt?	0,743
Und wie zufrieden sind Sie – alles in allem – mit der Art und Weise, wie die Demokratie *in Deutschland* funktioniert?	0,731
Cronbach's Alpha	0,768

Quelle: ESS Cumulative File 2002-2004. Eigene Berechnung. Kursive Satzteile sind dem jeweiligen Land angepasst.

Bei einer solchen Bandbreite von Formen der Unzufriedenheit ist es besonders wichtig, die Dimensionalität der Datenstruktur zu untersuchen, um eventuelle Subdimensionen berücksichtigen zu können. Hierzu wurde eine kategoriale Hauptkomponentenanalyse mit der maximalen Anzahl von vier Faktoren durchgeführt. Diese ergab dem Kaiser-Guttman-Kriterium folgend nur einen relevanten Faktor.[38] Da wir Unzufriedenheit mit der politischen Ordnung schon konzeptionell ausgeschlossen haben, kann diese empirische Eindimensionalität trotz theoretischer Mehrdimensionalität nicht verwundern. Dies gilt umso mehr in Anbetracht anderer Studien, die ebenfalls davon berichten, dass die unterschiedlichen Indikatoren politischer Unterstützung allgemein stark zusammenhängen (Muller/Jukam 1977: 1570ff), Faktorenanalysen weniger Dimensionen als die theoretisch erwarteten extrahieren (Muller/Jukam 1977: 1570ff; Westle 1989: 255ff) und insbesondere die Bewertungen der Arbeit des politischen Systems und das Vertrauen in selbiges und seine Institutionen auf einen Faktor laden (Klingemann 1999: 37f). Für diesen Hauptfaktor wurden dann in einer einfaktoriellen kategorialen Hauptkomponentenanalyse die Objektwerte für alle Fälle berechnet und auf den Wertebereich von 0 bis 10 reskaliert. Fehlende Werte bei einzelnen Variablen wurden dabei durch die häufigste Variablenkategorie (Modalwert) ersetzt. Die sich so ergebende Skala weist mit einem Cronbach's Alpha von 0,768 eine relativ hohe Reliabilität aus (Tab. 18). Sie berücksichtigt rund 59 % der Varianz des zugrunde liegenden Items. Verschiedene alternative Itemkombinationen wurden ebenfalls durchgerechnet, insbesondere unter Auslassung des inhaltlich noch am weitesten abweichenden Items zur Demokratiezufriedenheit, allerdings erwies sich die geschilderte Skalenbildung als die sowohl in Hinblick auf die Reliabilität wie auch die Komponentenladungen der Items geeignetste Variante.

---

[38] Die erste Dimension wies einen Eigenwert von 2,310 auf. Die zweite, dritte und vierte Dimension blieben mit Eigenwerten von 0,723, 0,548 bzw. 0,420 deutlich hinter dem Kaiser-Guttman-Kriterium zurück.

Tabelle 19: Mittelwerte politischer Unzufriedenheit nach Ländern und subjektiven Einkommen

Auskommen mit Einkommen	AT	BE	CH	D	DK	F	I	NL	NO	Schnitt
Bequemes Leben	5,75	5,33	4,88	6,16	3,91	6,06	6,05	5,39	5,32	5,30
Auskommen	6,12	5,84	5,24	6,61	4,56	6,70	6,35	5,98	5,81	5,99
Schlechtes Auskommen	6,34	6,32	5,52	6,78	5,15	6,71	6,60	6,27	5,94	6,31
Sehr schlechtes Auskommen	6,34	6,55	5,91	6,98	5,31	6,61	6,97	6,51	6,67	6,53
Alle Befragten	6,02	5,74	5,10	6,51	4,20	6,37	6,32	5,73	5,58	5,73

Quelle: ESS Cumulative File 2002-2004. Eigene Berechnung, gewichtet.

Einige deskriptive Informationen zu den Mittelwerten politischer Unzufriedenheit in den hier untersuchten Ländern finden sich in Tab. 19. Der Mittelwert über alle Länder liegt bei 5,73 Skalenpunkten, wobei die Befragten in Dänemark durchschnittlich politikzufriedener sind, während insbesondere in Deutschland, Frankreich und Italien der Unmut über die politische Sphäre deutlich stärker ausgeprägt ist. Als Validitätskriterium für die Skala soll hier das subjektive Einkommen herangezogen werden, mit der Vermutung, dass die politische Unzufriedenheit steigt, je pessimistischer ein Befragter sein Auskommen mit dem seinem Haushalt zur Verfügung stehenden Einkommen einschätzt, er also Grund hat, zumindest auch mit der Politik unzufrieden zu sein. In der Tat zeigt sich bei den Mittelwerten in den entsprechenden Kategorien fast durchgängig eine derartige Tendenz.

3.3.3.2 Xenophobie

Der European Social Survey enthält sechs Items, die grundsätzlich zur Operationalisierung xenophober Einstellungen geeignet sind und in beiden Umfragewellen erhoben wurden.[39] Drei von ihnen erfassen die Frage, wie vielen Immigranten bestimmter Kategorien das Leben im Land des Befragten gestattet werden sollte. Dabei wird zwischen Immigranten der gleichen Ethnie wie der Mehrheitsbevölkerung, einer anderen Ethnie bzw. aus ärmeren, außereuropäischen Ländern unterschieden. Drei weitere Fragen erfassen die Einschätzung des Befragten, wie sich Immigration ökonomisch, kulturell und allgemein auf das Untersuchungsland auswirkt. Wie in Abschnitt 2.5.2.2 geschildert, ist es aus inhaltlichen Gründen nicht sinnvoll, eine eindeutig rassistische Einstellung gegenüber Immigranten, wie sie zumindest durch zwei der drei Items der ersten Blocks erfasst wird, in den Indikator für Xenophobie aufzunehmen, da durchaus nicht alle rechtspopulistischen Parteien ihre Ablehnung von Immigration biologisch-rassistisch begründen. Deswegen wurden verschiedene Kombinationen der vier verbleibenden Items auf ihre Eignung für die Skalenbildung untersucht, bei der sich die in Tab. 20 dargestellte als die in Hinblick auf Dimensionalität und Reliabilität beste Variante erwies.

---

[39] Die erste Welle enthielt ein ganzes Modul zu Fragen der Immigration, allerdings wurde nur ein kleiner Teil der Items auch in der zweiten Welle repliziert.

Tabelle 20: Komponentenladungen und Reliabilität der Xenophobie-Skala

Items der Skala	Komponentenladungen
Was würden Sie sagen, ist es im Allgemeinen gut oder schlecht für die *deutsche* Wirtschaft, dass Zuwanderer hierherkommen?	0,807
Und würden Sie sagen, dass das kulturelle Leben *in Deutschland* im Allgemeinen durch Zuwanderer untergraben oder bereichert wird?	0,835
Wird *Deutschland* durch Zuwanderer zu einem schlechteren oder besseren Ort zum Leben?	0,831
Cronbach's Alpha	0,764

Quelle: ESS Cumulative File 2002-2004. Eigene Berechnung. Kursive Satzteile sind dem jeweiligen Land angepasst.

Eine kategoriale Hauptkomponentenanalyse mit drei vorgegebenen Faktoren ergab nur eine relevante Dimension. Für diesen Hauptfaktor wurden dann in einer einfaktoriellen Hauptkomponentenanalyse die Objektwerte für alle Fälle berechnet, wobei fehlende Werte bei einzelnen Variablen durch den Modalwert ersetzt wurden. Die Werte wurden anschließend auf den Wertebereich zwischen 0 und 10 reskaliert. Die so gewonnene Xenophobie-Skala weist mit einem Cronbach's Alpha von 0,764 eine relativ hohe Reliabilität auf; sie berücksichtigt rund 68 % der Varianz der drei Items. Die Komponentenladungen der einzelnen Items fallen mit Werten über 0,8 ebenfalls recht hoch aus.

Tabelle 21: Xenophobie-Mittelwerte nach Ländern und Bildung

ISCED-Bildungsabschluss	AT	BE	CH	D	DK	F	I	NL	NO	Schnitt
Pflichtschulabschluss ISCED 0/1/2	5,71	6,08	5,39	5,53	5,64	5,97	5,98	5,77	5,90	5,81
Weiterf. Schulabschluss ISCED 3/4	4,90	5,71	5,09	5,49	5,47	5,59	5,51	5,43	5,57	5,43
Tertiärabschluss ISCED 5/6	4,25	4,95	4,24	4,43	4,40	4,62	4,87	4,83	4,53	4,56
Alle Befragten	5,38	5,62	4,93	5,27	5,16	5,46	5,70	5,44	5,30	5,36

Quelle: ESS Cumulative File 2002-2004. Eigene Berechnung, gewichtet.

Als *ad hoc*-Kriterium für die Validität der Skala soll hier der formale Bildungsabschluss dienen. Folgt man der Erkenntnis der empirischen Xenophobie-Forschung, so müssten die Mittelwerte der Xenophobie-Skala sinken, je höher der Bildungsabschluss ausfällt. Wie Tab. 21 zeigt, nehmen die Mittelwerte in der Tat systematisch mit einer höheren Bildung ab, was als Indiz für die Validität der Skala gewertet werden kann. Bezüglich der Untersuchungsländer zeigt sich, dass insbesondere in der Schweiz, aber auch in Deutschland und den beiden hier untersuchten skandinavischen Ländern xenophobe Einstellungen unterdurchschnittlich ausfallen. Hingegen weisen Belgien und Italien die höchsten Mittelwerte auf.

3.3.3.3 Autoritarismus

Die Debatte über die reliable und valide Messung von Autoritarismus, die sich an der F-Skala von Adorno et al. (1950) entzündete, hat einige Kriterien erbracht, die bei Konstruktion einer Autoritarismus-Skala beachtet werden sollten. Zunächst ist die Unabhängigkeit des Autoritarismus-Maßes von den Konzepten sicherzustellen, für die Autoritarismus einen erklärenden Stellenwert haben soll (Oesterreich 1993: 76ff; Feldman 2000: 268f). Um ein möglichst hohes Diskriminierungsvermögen zur Wahl rechtspopulistischer Parteien zu erreichen, muss daher vor allem darauf geachtet werden, dass die Skala keine Items enthält, die unmittelbar politisch rechte Einstellungen abfragen. Darüber hinaus sollten allgemein alle Items, die einen besonders politischen Inhalt haben, vermieden werden. Nur so kann sichergestellt werden, dass bestimmte politische Orientierungen in der Bevölkerung, die den Inhalt besonders befürworten oder ablehnen, angesprochen werden (Oesterreich 1974: 54). Genau an diesen beiden Kriterien scheitert eine Anwendung der im ESS enthaltenen Skala autoritäre vs. libertäre Einstellungen. Eines von drei Items fragt beispielsweise danach, ob Homosexuelle so leben sollen, wie sie es wünschen. Intoleranz gegenüber Homosexuellen ist aber gerade ein wesentlicher Inhalt rechter Ideologien. Überdies ist auch zu erwarten, dass Individuen schon aus religiösen Motiven dieses Statement ablehnen, was nicht unbedingt Rückschlüsse auf autoritäre Einstellungen zulässt. Ähnliche Bedenken bestehen für ein weiteres Item, das danach fragt, ob Parteien, die die Demokratie beseitigen wollen, verboten werden sollen. Die Überlegung hinter dieser Frage ist, dass autoritäre Personen das Verbot fordern, während libertär orientierte Menschen die Meinungsfreiheit hochhalten, auch wenn es sich um Extremisten handelt. Diese Überlegung entspricht einem angloamerikanischen Demokratieverständnis, das zumindest mit dem in der Bundesrepublik dominanten Konzept der „wehrhaften Demokratie" nur schwer zu vereinbaren ist. Darüber hinaus dürfte es den meisten Wählern einer rechtspopulistischen Partei klar sein, dass ein solches Verbot gerade auch die von ihnen präferierte Partei treffen könnte, was ebenfalls ihre Antwort beeinflussen dürfte.

Aus diesem Grund hat der Verfasser zur Erstellung einer Autoritarismus-Skala auf drei Items aus der Werte-Konzeption von Schwartz (1992; 1994) zurückgegriffen, die im European Social Survey regelmäßig erhoben werden. Die Formulierung der Items spiegelt dabei sehr genau die drei Kernaspekte des Autoritarismus-Syndroms wieder: Konventionalismus wird durch Frage nach ordentlichem Benehmen, autoritäre Unterordnung durch Frage nach Gehorsam und Regelkonformität und autoritäre Aggression durch Frage nach einem starken Staat repräsentiert. Dass hier Autoritarismus als Einstellung aufgefasst wird, die besagten Items aber zur Messung von Werten gedacht sind, dürfte für die Zwecke dieser Untersuchung kaum einen Unterschied machen: Die Items versuchen Werte dadurch zu erfassen, dass sie nicht direkt nach den eigenen Überzeugungen fragen, sondern ein verbales Bild einer anderen Person präsentieren, für das der Befragte dann seine Ähnlichkeit auf einer sechsteiligen Skala beurteilen soll (Portrait Value Questionnaire, PVQ). Dieser Formulierungsunterschied allein kann nach Auffassung des Verfassers die Validität nicht in Frage stellen, zumal Schwartz selbst zugesteht, dass die PVQ-Items im Gegensatz zu anderen Operationalisierungen Werte nur sehr indirekt messen (Schwartz et al. 2001: 524), und überdies in anderen Studien nachgewiesen wurde, dass die durch die Items abgebildeten Schwartz-Werte Konformität und Sicherheit stark und hoch signifikant mit der Autoritarismus-Skala von Altemeyer korrelieren, die ausdrücklich autoritäre Einstellungen misst (Cohrs et al. 2005: 1430).

Tabelle 22: Komponentenladungen und Reliabilität der Autoritarismus-Skala

Items der Skala	Komponentenladungen
Es ist ihm/ihr wichtig, sich jederzeit korrekt zu verhalten. Er/Sie vermeidet es, Dinge zu tun, die andere Leute für falsch halten könnten.	0,800
Er/Sie glaubt, dass die Menschen tun sollten, was man ihnen sagt. Er/Sie denkt, dass Menschen sich immer an Regeln halten sollten, selbst dann, wenn es niemand sieht.	0,754
Es ist ihm/ihr wichtig, dass der Staat seine/ihre persönliche Sicherheit vor allen Bedrohungen gewährleistet. Er/Sie will einen starken Staat, der seine Bürger verteidigt.	0,728
Cronbach's Alpha	0,636

Quelle: ESS Cumulative File 2002-2004. Eigene Berechnung.

Zur Bildung der Skala wurde zunächst die Dimensionalität der Datenstruktur mit einer kategorialen Hauptkomponentenanalyse mit drei vorgegebenen Faktoren überprüft. Dieser Analyseschritt ergab nur einen relevanten Faktor mit einem Eigenwert größer als Eins.[40] Für diesen Hauptfaktor wurden in einer zweiten Hauptkomponentenanalyse die Objektwerte für alle Befragten ermittelt und auf den Wertebereich von 0 bis 10 reskaliert. Fehlende Werte bei einzelnen Variablen wurden dabei durch die häufigste Variablenkategorie (Modalwert) ersetzt. Die so generierte Autoritarismus-Skala weist mit einem Cronbach's Alpha von 0,636 eine noch ausreichende Reliabilität aus. Sie berücksichtigt rund 58 % der Varianz der ihr zugrunde liegenden Items. Die Komponentenladungen fallen durchgehend stark positiv aus. Leider enthält der European Social Survey für die erste Welle in Italien keinerlei Daten zu den Schwartz-Werten. Um Italien deswegen nicht völlig aus der Studie nehmen zu müssen, wird bei allen Analysen, die die Autoritarismus-Skala beinhalten, auf die erste italienische Befragungswelle verzichtet. Für länderspezifische Analysen macht dies keinen Unterschied, da es sich jeweils um eine repräsentative Stichprobe handelt. Damit in länderübergreifenden Analysen allerdings die anderen Staaten mit zwei Befragungswellen nicht überrepräsentiert werden, wurde in diesen Fällen die Gewichtungsvariable für alle italienischen Befragten mit zwei multipliziert.

Tabelle 23: Autoritarismus-Mittelwerte nach Ländern und Bildung

ISCED-Bildungsabschluss	AT	BE	CH	D	DK	F	I	NL	NO	Schnitt
Pflichtschulabschluss ISCED 0/1/2	5,05	5,80	4,95	5,15	5,27	5,87	6,72	5,48	6,05	5,55
Weiterf. Schulabschluss ISCED 3/4	4,33	5,11	4,64	5,09	4,97	5,05	6,37	4,99	5,32	5,07
Tertiärabschluss ISCED 5/6	4,05	4,90	4,08	4,32	4,21	4,47	6,20	4,76	4,67	4,53
Alle Befragten	4,78	5,29	4,56	4,94	4,79	5,18	6,53	5,15	5,25	5,11

Quelle: ESS Cumulative File 2002-2004. Eigene Berechnung, gewichtet (Italien nur zweite Welle, doppelt gewichtet).

Die mittleren Autoritarismus-Werte für die Untersuchungsländer werden in Tab. 23 ausgewiesen. Als Validitätskriterium soll hier die formale Bildung herangezogen werden, die insofern stark mit Autoritarismus zusammenhängt, als dass eine höhere formale Bildung zumeist mit niedrigeren Autoritarismus-Werten einhergeht (Heyder/Schmidt 2000). In der

---

[40] Die erste Dimension wies einen Eigenwert von 1,598 auf. Die zweite und dritte Dimension blieben mit Eigenwerten von 0,715 bzw. 0,687 hinter dem Kaiser-Guttman-Kriterium zurück.

Tat weisen höhere Bildungsabschlüsse durchweg niedrigere Autoritarismus-Mittelwerte auf (Tab. 23), was als Indiz für die Validität des Maßes gedeutet werden soll.

3.3.3.4 Misanthropie

Zur Messung von Misanthropie hat sich seit den 1950er Jahren die Misanthropie-Skala von Rosenberg durchgesetzt, die positive wie negative Einstellungen gegenüber der Natur des Menschen erfassen soll (Rosenberg 1956, 1957a, b). Diese Skala umfasste ursprünglich fünf dichotome Items, die aber im Zuge der Übernahme in größere und regelmäßige Bevölkerungsumfragen wie dem us-amerikanischen General Social Survey, dem World Values Survey sowie dem European Social Survey auf eine geringere Zahl von Items reduziert und invertiert als Maß generellen zwischenmenschlichen Vertrauens interpretiert wurden (Miller 2003: 62f; Reeskens/Hooghe 2008: 517ff). Im European Social Survey sind es die drei zentralen Fragen der ursprünglichen Rosenberg-Version, die aus messtechnischen Gründen statt der rein dichotomen Antwortmöglichkeit jeweils 11 abgestufte Antwortkategorien vorhalten. Sie erfassen, inwiefern andere Menschen dem Befragten als vertrauenswürdig erscheinen, er sich von ihnen ausgenutzt fühlt oder er sie als altruistisch bzw. egoistisch einschätzt. Was die Reliabilität der Messung von generellem zwischenmenschlichen Vertrauen bzw. generellem Misstrauen angeht, kann die ESS-Version als derzeit bestes Messinstrument gelten (Reeskens/Hooghe 2008: 520).

Tabelle 24: Komponentenladungen und Reliabilität der Misanthropie-Skala

Items der Skala	Komponentenladungen
Ganz allgemein gesprochen: Glauben Sie, dass man den meisten Menschen vertrauen kann, oder dass man im Umgang mit anderen Menschen nicht vorsichtig genug sein kann?	0,812
Glauben Sie, dass die meisten Menschen versuchen, Sie auszunutzen, wenn sie die Gelegenheit dazu haben, oder versuchen die meisten Menschen, sich fair zu verhalten?	0,828
Und glauben Sie, dass die Menschen meistens versuchen, hilfsbereit zu sein, oder dass die Menschen meistens auf den eigenen Vorteil bedacht sind?	0,759
Cronbach's Alpha	0,719

Quelle: ESS Cumulative File 2002-2004. Eigene Berechnung.

Analog zu der Bildung der anderen Skalen wurde zunächst die Dimensionalität der Datenstruktur mit einer kategorialen Hauptkomponentenanalyse unter Vorgabe der drei maximal möglichen Faktoren durchgeführt. Lediglich ein Faktor wies einen Eigenwert größer als Eins auf, die Datenstruktur sollte sich also gut durch einen Hauptfaktor repräsentieren lassen.[41] In einer zweiten Hauptkomponentenanalyse für diesen Faktor wurden dann die Objektwerte berechnet und auf den Wertebereich von 0 bis 10 reskaliert. Auch hier sind die fehlenden Werte bei einzelnen Variablen durch die häufigste Variablenkategorie ersetzt worden. Die Reliabilität der so gewonnenen Misanthropie-Skala ist mit Alpha-Koeffizienten von 0,719 als zufriedenstellend zu bewerten. Rund 64 % der Varianz der zugrunde

---

[41] Die erste Dimension wies einen Eigenwert von 1,910 auf. Die zweite und dritte Dimension blieben mit Eigenwerten von 0,609 bzw. 0,481 hinter dem Kaiser-Guttman-Kriterium zurück.

liegenden Items wird durch die Skala berücksichtigt. Die Komponentenladungen fallen durchgehend stark positiv aus.

Tabelle 25: Misanthropie-Mittelwerte nach Ländern und subjektivem Einkommen

Auskommen mit Einkommen	AT	BE	CH	D	DK	F	I	NL	NO	Schnitt
Bequemes Leben	5,44	5,79	5,18	5,72	4,17	5,96	6,31	5,25	4,45	5,23
Auskommen	5,67	6,11	5,51	5,96	4,43	6,28	6,67	5,56	4,75	5,74
Schlechtes Auskommen	5,97	6,46	5,77	6,26	5,10	6,36	6,69	5,79	4,93	6,10
Sehr schlechtes Auskommen	6,48	6,65	5,97	6,75	5,03	6,51	7,15	6,02	5,53	6,40
Alle Befragten	5,65	6,06	5,37	5,96	4,31	6,13	6,58	5,44	4,62	5,57

Quelle: ESS Cumulative File 2002-2004. Eigene Berechnung, gewichtet.

Tab. 25 weist einige deskriptive Ergebnisse zu den Mittelwerten der Misanthropie-Skala in den Untersuchungsländern aus. Dabei zeigt sich, dass insbesondere Italiener, Franzosen und Belgier deutlich höhere durchschnittliche Misanthropie-Werte aufweisen, als dies im Mittel aller Untersuchungsländer der Fall ist. Als *ad hoc*-Kriterium für die Validität der Misanthropie-Skala soll hier die Frage nach dem Auskommen mit dem Haushaltseinkommen herangezogen werden. Wenn die unter 2.4.2.3 getroffene Vermutung zutrifft, dass Personen mit einem geringeren Einkommen gegenüber Menschen generell misstrauischer sind, müssten die Misanthropie-Mittelwerte systematisch steigen, je schlechter ein Befragter sein Auskommen mit diesem beurteilt. In der Tat ist dies in praktisch allen Untersuchungsländern der Fall, lediglich in Dänemark fällt die Gruppe mit dem geringsten subjektiven Einkommen hinter die Gruppe mit der zweitschlechtesten Bewertung zurück. Dies liegt aber auch daran, dass diese Gruppe zahlenmäßig in Dänemark äußerst gering ist. Lediglich 40 Befragte ordnen sich überhaupt dieser Kategorie zu, so dass hier „Ausreißer" einen deutlich höheren Einfluss auf den Mittelwert haben.

3.3.4 Kontrollvariablen

Wie in Abschnitt 2.3.3 erläutert, sollen im Rahmen der vorliegenden Studie wichtige Einflussgrößen, von denen unabhängig von der Modernisierungsverlierer-Theorie eine Wirkung auf die Wahl rechtspopulistischer Parteien erwartet wird, als Kontrollvariablen im Rahmen der empirischen Untersuchungen berücksichtigt werden. Im Folgenden sollen daher einige Ausführungen zu dieser vermuteten Wirkungsweise gemacht und die bei diesen grundlegenden soziodemographischen Merkmalen zumeist recht einfachen Operationalisierungsschritte erläutert werden.

3.3.4.1 Geschlecht

Die hohe Affinität von Männern bzw. die geringe Affinität von Frauen zu rechtspopulistischen Parteien gehört zu den „ehernen Gesetzen" der Forschung zu diesen (Falter/Klein 1994: 18). Sie sind nicht nur auf der Ebene des Führungspersonals und der Mitglieder überwiegend „Männerparteien" (Mudde 2007: 90ff), auch auf der elektoralen Ebene zeigt sich eine deutliche Überrepräsentation von Männern. Die empirische Forschung zu den Elektoraten dieser Parteien hat immer wieder die „Faustformel" bestätigt, dass das Verhältnis von

Männern zu Frauen in der Wählerschaft zwischen 70:30 und 60:40 schwankt (Betz 1994: 142ff; Falter/Klein 1994: 28ff; Kitschelt 1995: 76f; Givens 2004: 31f; Norris 2005: 144ff). Die Gründe für diesen „gender gap" im Wahlverhalten sind hoch umstritten (Birsl 1996: 53ff; Mudde 2007: 113ff), sind im einzelnen aber auch nicht Gegenstand dieser Untersuchung. Wichtig ist aber, den Effekt des Geschlechts auf das Wahlverhalten zu kontrollieren und gegebenenfalls Wechselwirkungen mit den verschieden Modernisierungsverlierer- und rechtsaffinen Einstellungsindikatoren zu analysieren. Als Indikator für das Geschlecht wird die Selbstauskunft des Befragten nach seinem Geschlecht herangezogen. Lediglich in etwa 0,06 % der Fälle wurde diese Auskunft nicht erteilt.

3.3.4.2 Alter

Teilweise wird auch davon ausgegangen, dass das Alter einer Person einen Einfluss auf das Wahlverhalten zugunsten rechtspopulistischer Parteien hat. In der Forschungsliteratur wird häufig vertreten, dass jüngere Menschen eher zur Wahl derartiger Parteien neigen (vgl. nur Betz 1994: 146ff). Es gibt jedoch auch Hinweise darauf, dass sich die Unterstützung von Rechtspopulisten relativ gleichmäßig auf die unterschiedlichen Altersgruppen verteilt (Givens 2005: 60) oder zumindest in vergleichender Perspektive kein eindeutiges generationelles Profil der Wählerschaft verschiedener rechtspopulistischer Parteien erkennbar ist (Norris 2005: 146ff). Unbeschadet der empirischen Frage, wie es sich tatsächlich verhält, ist es in jedem Fall notwendig, den Effekt des Alters auf das Wahlverhalten im Rahmen dieser Untersuchung zu kontrollieren. Hierzu wurde kontinuierliches Altersmaß aufgrund der Angaben der Befragten zu ihrem Geburtsjahr gebildet. Dabei wird das Alter als Differenz zwischen dem Jahr des Interviews und dem Geburtsjahr berechnet. Leider ist im ESS kein genaues Geburtsdatum abgefragt, so dass das tatsächliche Alter im Extremfall um bis zu ein Jahr über- oder unterschätzt werden kann.

3.3.4.3 Bildung

Als Kontrollvariable spielt die Bildung einer Person im Kontext des zu überprüfenden Modells eine große Rolle. Bildungsabschlüsse sind nicht nur wichtige Voraussetzung für die Ausübung eines Berufes, tragen damit also maßgeblich zur späteren sozialen Lage einer Person mit bei, es ist darüber hinaus auch davon auszugehen, dass die Variablen auf der Ebene der Einstellungen in vielfältiger Weise mit der Bildung einer Person interagieren. Nicht zuletzt wird vermutet, dass insbesondere eine niedrige oder mittlere formale Bildung mit einer stärkeren Unterstützung rechtspopulistischer Parteien einhergeht (Betz 1994: 150ff; Givens 2005: 60ff; Norris 2005: 141f). Grundsätzlich bietet der European Social Survey zwei Messinstrumente an, die für internationale Vergleiche prinzipiell geeignet sind: Einerseits die Anzahl der Jahre, die eine Person in Bildungseinrichtungen verbracht hat, andererseits eine Klassifikation des formalen Bildungsabschlusses nach dem ISCED-Standard der UNESCO, die eine international vergleichbare Einstufung der unterschiedlichen Schultypen ermöglichen soll. Zwar hat die einfache Messung der Bildung über die Jahre des Besuchs von Bildungseinrichtungen den Vorteil, dass es sich um ein robustes, intervallskaliertes Maß handelt, das in statistischen Verfahren recht einfach einzusetzen ist.

Es stellt sich jedoch die Frage, ob dieses Maß tatsächlich die Qualität der Bildung erfasst und überdies dieselbe Anzahl von Bildungsjahren in unterschiedlichen Bildungssystemen tatsächlich ein äquivalentes Bildungsniveau indiziert. Daher ist die Bildung im Rahmen dieser Arbeit als höchster formaler Bildungsabschluss nach dem ISCED-Standard operationalisiert.

Die ISCED-Zuordnung der nationalen Bildungsabschlüsse erfolgt beim European Social Survey durch die nationalen Erhebungsteams, was leider zu einigen Einordnungsproblemen führte (Schneider 2007: 15ff). Das ISCED-Schema, das eigentlich sieben Kategorien unterscheidet, musste daher auf drei Kategorien kollabiert werden, um eine für alle hier untersuchten Länder einheitliche Zuordnung zu erreichen. Validitätstests haben ergeben, dass verschiedene Zusammenfassungen statistisch kaum weniger erklärungskräftig sind als die regulären ISCED-Kategorien (Schneider 2007: 26ff).[42] Überdies wurden die Bildungsabschlüsse der ersten ESS-Runde in Österreich, die aufgrund einer inkompatiblen Zuordnung nicht im Cumulative File enthalten sind, aus der nationalen Zuordnungsvariablen rekonstruiert. Nach Vornahme der von Schneider (2006: 15ff) vorgeschlagenen Anpassungen[43] ergibt sich für die Untersuchungsländer die in Tab. 26 dargestellte Bildungsstruktur. In der Kategorie „Pflichtschulabschluss" sind dabei grundständige Bildungsabschlüsse zusammengefasst, die in der Regel rund neun Jahre Schulbesuch erfordern, aber auch diejenigen, die diese Grundausbildung abgebrochen und keinerlei Schulabschluss haben. Der Pflichtschulabschluss entspricht damit den ISCED-Stufen 0 bis 2. Als „Weiterführender Schulabschluss" werden hier die Abschlüsse bezeichnet, die den Zugang zu einer Hochschule ermöglichen, gleich ob sie die Form eines regulären Schulabschlusses haben (Abitur, Matura etc., ISCED 3), im Wege der Erwachsenenweiterbildung erteilt werden (ISCED 4a) oder noch eine anschließende, nicht-universitäre Berufsqualifikation mit umfassen (ISCED 4b). Schließlich umfasst die Kategorie „Hochschulabschluss" Fachhochschul- und Universitätsabschlüsse vom Bachelor bis zur Promotion (ISCED 5a und 6), sowie eine professionelle Berufsausbildung ohne Studium (ISCED 5b), etwa eine Meisterausbildung.

Tabelle 26: ISCED-Bildungsabschlüsse in drei Kategorien nach Ländern in Prozent.

ISCED-Bildungsabschluss	AT	BE	CH	D	DK	F	I	NL	NO	Schnitt
Pflichtschulabschluss ISCED 0/1/2	66,9	34,5	19,4	19,5	24,6	33,8	55,0	43,3	18,9	35,1
Weiterführender Schulabschluss ISCED 3/4	23,6	38,0	55,5	59,2	42,7	40,3	35,1	34,0	49,6	42,0
Tertiärabschluss ISCED 5/6	9,5	27,5	25,1	21,4	32,7	25,9	10,0	22,6	31,5	22,9
Ungültige Werte	0,2	0,8	0,7	0,3	0,6	0,1	0,2	0,2	0,8	0,4

Quelle: ESS Cumulative File 2002-2004. Eigene Berechnung, gewichtet. Gültige Kategorien addieren sich auf einhundert Prozent auf (evtl. Rundungsfehler), die ungültigen Werte beziehen sich separat auf alle Fälle.

3.3.4.4 Untersuchungsland

Schließlich wird als vierte und letzte Kontrollgröße auch das Untersuchungsland berücksichtigt, in dem der jeweilige Befragte seinen Wohnsitz hat. Wie in Abschnitt 2.3.3 dargestellt, kommt der Kontrollvariablen des Untersuchungslands die besondere Bedeutung zu,

---

[42] Als Validitätskriterium wurde bei Schneider (2007: 26ff) der soziale Status (ISEI) verwendet. Eine nennenswert höhere Erklärungskraft würde eine Binnendifferenzierung der ISCED-Kategorien 3 und 5 ergeben, doch dies ist nicht einheitlich für alle Länder des zugrunde liegenden Datensatzes möglich.
[43] Der Verfasser dankt Silke Schneider, die ihm die entsprechenden Daten zur Verfügung gestellt hat.

3 Datenbasis, methodische Vorgehensweise und Operationalisierung 149

alle Einflüsse, die länderspezifisch sind, aber im Rahmen dieser Untersuchung nicht durch eigene Variablen erfasst werden, als Restgröße zu repräsentieren. Hierdurch wird eine statistische Kontrolle dieser unspezifizierten Einflüsse möglich. Als Indikator wurde eine administrative Variable verwendet, die im kumulierten Datensatz des European Social Survey vorhanden ist.

4 Einfluss der Modernisierungsverlierer-Indikatoren auf das Wahlverhalten

Kernelement der Überprüfung der Modernisierungsverlierer-Theorie ist die Ermittlung des Einflusses der Modernisierungsverlierer-Indikatoren auf das Wahlverhalten zugunsten rechtspopulistischer Parteien. Wenn keine nennenswerten Wirkungen von Deprivationserfahrungen auf der Ebene der sozialen Lage auf die Rechtswahl zu beobachten sind, so muss nicht weiter geprüft werden, inwiefern die Ebene der psychischen Dispositionen im Kontext der Modernisierungsverlierer-Theorie eine Rolle spielt. Die Theorie ist dann ohnehin falsifiziert. Erst wenn in diesem Kapitel die Wirksamkeit zumindest einiger Modernisierungsverlierer-Indikatoren festgestellt werden kann, macht es Sinn, die konkrete Wirkungsweise über eine mögliche vermittelnde Rolle von rechtsaffinen Einstellungsmustern zu erklären. Potentielle Zusammenhänge auf der Ebene der sozialen Lage sollen hier in zwei Schritten abgehandelt werden: Zu Beginn soll die Wirkung jedes Modernisierungsverlierer-Indikators einzeln betrachtet werden (4.1), um dann in der Folge den Effekt ihres Zusammenwirkens auf die abhängige Variable zu untersuchen (4.2).

4.1 Einzelbetrachtung der Modernisierungsverlierer-Indikatoren

Zunächst sollen die in Abschnitt 2.5.1 vorgestellten und in Abschnitt 3.3.2 operationalisierten Modernisierungsverlierer-Indikatoren einzeln in ihrer Wirkung auf das Wahlverhalten zugunsten rechtspopulistischer Parteien untersucht werden. Neben deskriptiven Darstellungen der Zusammenhänge zwischen der abhängigen und der jeweiligen unabhängigen Variablen soll hier auch mithilfe von Regressionsmodellen auf den Einfluss der Indikatoren auf die abhängige Variable geschlossen werden. Anhand dieser Ergebnisse sollen schließlich die in Abschnitt 2.5.1 aufgestellten Arbeitshypothesen überprüft werden.

4.1.1 Klassenlage

Als erster Indikator soll zunächst die Wirkung der Klassenlage auf das Wahlverhalten zugunsten rechtspopulistischer Parteien betrachtet werden. Einige erste deskriptive Informationen dazu finden sich in Tab. 27, die die Stimmanteile rechtspopulistischer Parteien in den verschiedenen Berufsklassen sowie ein Maß enthält, das diesen Stimmanteil zum Abschneiden in allen Wählergruppen des jeweiligen Landes ins Verhältnis setzt. Um die Interpretation der dichten Tabelle zu erleichtern sind Verhältniszahlen über 100, die ein überproportionales Abschneiden in der jeweiligen Gruppe indizieren, typographisch hervorgehoben. Das Bild der prozentualen Stimmanteile ist zunächst deutlich geprägt von nationalen Niveauunterschieden: Während in der Schweiz und – allerdings schwächer ausgeprägt – in Norwegen, Belgien und den Niederlanden die rechtspopulistischen Formationen in vielen Klassen auf zweistellige Stimmanteile kommen, reichen die für Italien und insbesondere für die Bundesrepublik im Datensatz enthaltenen Fallzahlen kaum aus, um auch nur einigermaßen zuverlässig von der Stichprobe auf die Grundgesamtheit zu schließen und entsprechende Stimmanteile auszuweisen. Jenseits dieser nationalen Niveauunterschiede erlauben die Verhältniszahlen eine vergleichende Betrachtung der Unterstützung rechtspopulistischer Parteien in den unterschiedlichen Berufsklassen. Dabei fällt zunächst auf, dass insbesondere in der Dienstklasse und in der Klasse der intermediären Dienstleistungsberufe diese Parteien in fast allen Ländern deutlich unterdurchschnittlich abschneiden. In vielen Ländern unterstützen diese Gruppen die Rechtspopulisten nur etwa halb so stark, wie dies in der gesamten Wählerschaft der Fall ist. Lediglich in der Schweiz und insbesondere in den Niederlanden können sie auch bei den höheren Professionen und qualifizierten Dienstleistern noch halbwegs reüssieren, immer aber unterdurchschnittlich im Vergleich zur Gesamtwählerschaft. Interessant ist dies insofern, als dass beide Länder im westeuropäischen Vergleich gerade über eine ausgeprägte Dienstklasse verfügen, die über 35,3 % (CH) bzw. 41,0 % (NL) der Bevölkerung ausmacht (vgl. Abschnitt 3.3.2.1). Möglicherweise sind die Charakteristika, die innerhalb der Dienstklasse für eine geringe Rechtswahl sorgen, in diesen Ländern durch die Ausdehnung auf deutlich breitere Bevölkerungsgruppen weniger stark ausgeprägt.

Tabelle 27: Wahl rechtspopulistischer Parteien nach Klasse und Land

	AT		BE		CH		D		DK		F		I		NL		NO		Schnitt	
	%	100	%	100	%	100	%	100	%	100	%	100	%	100	%	100	%	100	%	100
Dienstklasse	3,3	64	5,0	52	17,4	72	.	.	3,7	45	4,0	51	1,5	45	6,5	74	8,4	55	5,7	63
Kleine Selbständige	6,5	126	10,2	107	35,1	146	.	.	9,1	110	7,7	99	4,5	136	10,5	119	20,2	131	11,7	129
Intermed. Dienstleistungsberufe	2,6	52	6,2	65	17,4	73	.	.	6,9	85	3,4	44	.	.	8,1	92	10,2	66	6,5	71
Einfache Dienstleistungsberufe	4,1	79	12,6	132	35,6	148	.	.	10,1	124	9,4	121	.	.	11,2	127	15,0	98	10,5	116
Intermediäre Industrieberufe	9,1	177	18,5	194	26,1	109	2,6	301	11,2	137	14,8	189	.	.	16,4	186	26,8	175	15,4	169
Qualifizierte Industrieberufe	8,2	161	12,6	131	47,5	198	1,7	192	15,5	189	10,1	130	6,7	203	10,0	113	15,8	103	13,0	142
Einfache Industrieberufe	8,5	166	14,4	151	29,4	123	.	.	12,6	154	14,8	190	5,5	165	10,4	118	25,5	166	12,8	141
Nicht-Beschäftigte	6,8	133	5,3	55	24,5	102	.	.	.	.	9,6	123	1,6	48	4,0	45	.	.	5,0	55
Durchschnitt aller Gruppen	5,1	100	9,6	100	24,0	100	0,9	100	8,2	100	7,8	100	3,3	100	8,8	100	15,4	100	9,1	100

Quelle: ESS Cumulative File 2002-2004. Eigene Berechnung, gewichtet. (.) = weniger als fünf Fälle in Zelle.

Spiegelbildlich dazu können die Rechtspopulisten in den drei Klassen von Industrieberufen in allen Ländern disproportional viele Wähler für sich gewinnen. Besonders stark ausgeprägt ist dies gerade in der am höchsten qualifizierten Gruppe, den intermediären Industrieberufen, die in vielen Ländern annähernd doppelt so häufig rechtspopulistische Parteien wählen, wie dies in der gesamten Wählerschaft der Fall ist. Aber auch in den beiden anderen industriellen Berufsklassen lässt sich ausnahmslos ein disproportional starkes Abschneiden dieser Parteien verzeichnen. Dabei variiert innerhalb dieser drei Klassen von Land zu Land der Schwerpunkt der Unterstützung. Um aufzuzeigen, welche Bedeutung die Mitglieder der industriellen Berufsklassen für die rechtspopulistischen Parteien haben, lohnt es sich auf Informationen zurückzugreifen, die hier nicht in einer eigenen Tabelle präsentiert werden sollen: Die Industrieberufe machen rund 44 % aller Wähler rechtspopulistischer Parteien aus, wobei interessanterweise gerade in den beiden Ländern, die die erfolgreichsten von diesen hervorgebracht haben, nämlich die SVP in der Schweiz und die LPF in den Niederlanden, mit 32 % bzw. 35 % noch die relativ geringsten Anteile von Industrieberufen an ihren Elektoraten zu verzeichnen haben. Die Wahlerfolge dieser beiden Parteien zeichnen sich also gerade dadurch aus, dass sie im Gegensatz zu den anderen Mitgliedern ihrer Parteienfamilie ihre Wählerschaft über den engeren Kreis der eigentlichen industriellen Kerngruppen hinaus ausdehnen und auch gerade in „untypischen" Bevölkerungssegmenten – etwa der Dienstklasse und den intermediären Dienstleistungsberufen – vergleichsweise gut abschneiden.[44] Dennoch: Die rechtspopulistischen Parteien als „postindustrielle Arbeiterparteien" (Kitschelt 2001: 435) zu qualifizieren, charakterisiert sie in einer durchaus zutreffenden Weise. Sie können insbesondere in den durch manuelle Arbeit im industriellen Sektor der Wirtschaft geprägten Bevölkerungsgruppen reüssieren.

Eine ebenfalls starke Unterstützergruppe ist die Klasse der kleinen Selbständigen, auch wenn das Bild nicht ganz so eindeutig ausfällt wie bei den industriellen Berufsklassen. Nur in Frankreich schneiden rechtspopulistische Parteien bei dieser Gruppe leicht unterdurchschnittlich ab, ansonsten handelt es sich in allen Ländern um eine Klasse, die überproportional zu ihrer Wahl neigt. In der Schweiz wählen sie fast 1,5-mal so häufig rechtspopulistisch wie im Durchschnitt der Wählerschaft, aber auch in Österreich, Italien und Norwegen sind die FPÖ, die Lega Nord und die Fremskrittspartiet in diesem Segment besonders erfolgreich. Der Wert dieser Unterstützergruppen dürfte für die rechtspopulistischen Parteien jedoch ein geringerer sein als der der industriellen Berufsklassen, machen die kleinen Selbständigen doch nur rund 12 % ihrer Wählerschaft in den neun Untersuchungsländern aus. Einen ähnlich hohen Anteil an den untersuchten Elektoraten haben die einfachen Dienstleistungsberufe mit rund 11 %. Das Bild über die Länder hinweg ist aber deutlich uneinheitlicher als bei den Industrieberufen und den kleinen Selbständigen: Während in der Schweiz, Belgien und den Niederlanden diese Klasse die Rechtspopulisten deutlich stärker als im Mittel unterstützt, wird die FPÖ in Österreich nur unterproportional von diesen Berufsgruppen gewählt. Für die heterogene Restgruppe der Nicht-Beschäftigten lassen sich schließlich kaum verlässliche Angaben machen, ist dies doch in vielen Ländern eine relativ kleine Bevölkerungsgruppe. Zumindest in Österreich und Frankreich wählt diese aber überdurchschnittlich die jeweiligen Parteien.

Obwohl die präsentierten deskriptiven Daten schon erste Aufschlüsse über die Klassenlage der Wähler rechtspopulistischer Parteien liefern, ist es zur Überprüfung der Hypothesen aus zwei Gründen notwendig, den Einfluss der Klassenlage auf das Wahlverhalten anhand von Regressionsmodellen zu ermitteln: Diese erlauben einerseits mittels inferenzstatistischer Methoden die Beurteilung, inwiefern sich die Umfragedaten auf die Grundgesamtheit (= gleich gewichtete Bevölkerung der neun Untersuchungsländer) verallgemeinern lassen, es sich mithin um statistisch signifikante Ergebnisse handelt, andererseits können die in Abschnitt 3.3.4 eingeführten Kontrollvariablen im multivariaten Modell systematisch berücksichtigt werden. In Tab. 28 finden sich die Ergebnisse von sechs logistischen Regressionen, die den Einfluss der Klassenlage auf das Wahlverhalten, ggf. unter Kontrolle der Effekte der vier Variablen Geschlecht, Alter, Bildung und Untersuchungsland wiedergeben. Dabei werden der Übersichtlichkeit halber nur die Effektkoeffizienten und das Signifikanzniveau sowie Angaben über die Modellgüte ausgewiesen. Der Effektkoeffi-

---

[44] Im Fall der SVP muss wohl eher von einer Ausdehnung auf die industriellen Berufsklassen ausgegangen werden. Vor ihrem rechtspopulistischen Kurswechsel vertrat die Partei insbesondere die Interessen der (protestantischen) Bauern und Handwerker (McGann/Kitschelt 2005: 153).

4 Einfluss der Modernisierungsverlierer-Indikatoren auf das Wahlverhalten 153

zient Exp(B), auch *odds ratio* genannt, lässt sich dabei analog zu den oben abgebildeten Verhältniszahlen als Veränderung der Chance interpretieren, eine rechtspopulistische Partei zu wählen. Werte zwischen 0 und 1 stellen also einen negativen Effekt, Werte von 1 bis ∞ einen positiven Effekt dar. Wegen des unterschiedlichen Wertebereichs empfiehlt es sich beim Vergleich von negativen mit positiven Effekten den Kehrwert von Effektkoeffizienten zu bilden, die kleiner als Eins sind (Andreß et al. 1997: 271). Ein Effektkoeffizient von 0,5 entspricht also dem Betrag nach einem Effekt, der einen Effektkoeffizienten von 2 aufweist (1/0,5=2), nur handelt es sich im ersten Fall um einen negativen, im zweiten um einen positiven Einfluss.

Tabelle 28: Einfluss der Klassenlage auf das Wahlverhalten

	M_1	M_2	M_3	M_4	M_5	M_6
Dienstklasse	0,58 ***	0,57 ***	0,58 ***	0,72 ***	0,51 ***	0,69 ***
Kleine Selbständige	1,28 ***	1,21 **	1,28 ***	1,26 ***	1,20 **	1,13 n.s.
Interm. Dienstleistungsberufe	0,66 ***	0,72 ***	0,67 ***	0,69 ***	0,62 ***	0,75 ***
Einf. Dienstleistungsberufe	1,13 n.s.	1,22 **	1,14 n.s.	1,09 n.s.	1,09 n.s.	1,12 n.s.
Intermediäre Industrieberufe	1,74 ***	1,63 ***	1,74 ***	1,67 ***	1,61 ***	1,43 ***
Qualifizierte Industrieberufe	1,43 ***	1,31 ***	1,42 ***	1,34 ***	1,47 ***	1,18 *
Einfache Industrieberufe	1,41 ***	1,42 ***	1,41 ***	1,33 ***	1,51 ***	1,30 ***
Nicht-Beschäftigte	0,51 ***	0,55 ***	0,51 ***	0,49 ***	0,67 **	0,69 **
Mann		1,17 ***				1,20 ***
Frau		0,86 ***				0,84 ***
Alter (je 10 Jahre)			1,01 n.s.			0,96 *
Pflichtschulabschluss ISCED 0/1/2				1,22 ***		1,56 ***
Weiterf. Schulabschluss ISCED 3/4				1,27 ***		1,19 ***
Hochschulabschluss ISCED 5/6				0,65 ***		0,54 ***
Österreich					0,74 **	0,61 ***
Belgien					1,38 ***	1,41 ***
Schweiz					4,69 ***	5,12 ***
Deutschland					0,11 ***	0,12 ***
Dänemark					1,15 *	1,25 **
Frankreich					1,15 n.s.	1,16 n.s.
Italien					0,43 ***	0,39 ***
Niederlande					1,40 ***	1,33 ***
Norwegen					2,38 ***	2,54 ***
Konstante	0,10 ***	0,10 ***	0,10 ***	0,09 ***	0,08 ***	0,08 ***
Nagelkerkes R-Quadrat in Prozent	3,5	3,8	3,5	4,4	12,9	14,6
AIC	13326	13288	13314	13180	12342	12091
BIC	13390	13360	13394	13252	12470	12251
Fallzahl n	22112	22102	22069	22072	21112	22021

Quelle: ESS Cumulative File 2002-2004. Eigene Berechnung, gewichtet. Ausgewiesen ist der Effektkoeffizient Exp(B) und das Signifikanzniveau (* p≤0,05; ** p≤0,01; *** p≤0,001; n.s. nicht signifikant).

Modell M_1 zeigt die Ergebnisse der bivariaten Regression des Wahlverhaltens zugunsten rechtspopulistischer Parteien auf die Klassenlage, die die deskriptiven Befunde bestätigen. Die Zugehörigkeit zur Klasse der intermediären Industrieberufe weist dabei den größten positiven Einfluss auf das Wahlverhalten auf: Für ein Mitglied dieser Klasse ist die Chance der Wahl einer rechtspopulistischen Partei 1,74-mal oder 74 % höher, als dies in der gesamten Wählerschaft der Fall ist. Bei den qualifizierten und einfachen Industrieberufen ist die Chance immerhin noch rund 1,4-mal so hoch. Kleine Selbständige haben hingegen eine um 28 % höhere Chance der Wahl dieser Parteien. Alle diese Effekte sind hoch signifikant. Nicht signifikant hingegen ist der Einfluss der einfachen Dienstleistungsberufe auf das Wahlverhalten. Eine geringere Chance der Wahl rechtspopulistischer Parteien weisen die intermediären Dienstleistungsberufe (34 % geringer), die Dienstklasse (42 % geringer) sowie die Residualkategorie der Nicht-Beschäftigten auf (49 % geringer).

Interessante Veränderungen zeigen sich in Modell M_2, in dem zusätzlich zur Klassenlage die Kontrollvariable Geschlecht berücksichtigt wird. Wie erwartet hat das Geschlecht einen eigenständigen signifikanten Effekt, der im Fall von Männern die Chance um rund 17 % erhöht, eine rechtspopulistische Partei zu wählen. Bei Kontrolle des Geschlechts verändern sich aber auch die Effekte der Mitgliedschaft in den einzelnen Klassen: Die Effekte der Zugehörigkeit zu den Klassen der intermediären und qualifizierten Industrieberufe sowie der kleinen Selbständigen wird schwächer und nähert sich dem neutralen Wert von Eins an, während die Zugehörigkeit zu den intermediären Dienstleistungsberufen oder zu den Nicht-Beschäftigten umgekehrt an Einfluss auf das Wahlverhalten zugunsten einer rechtspopulistischen Partei gewinnt. Ein guter Teil der ursprünglich festgestellten Wirkung der Klassenlage auf das untersuchte Wahlverhalten geht offenbar auf den unterschiedlichen Anteil von Frauen und Männern in diesen zurück. Wird der Einfluss des Geschlechts konstant gehalten, so nimmt der positive oder negative Einfluss der genannten Kategoriezugehörigkeiten ab. Die Klasse der unqualifizierten Dienstleistungsberufe, die in Modell M_1 keinen signifikanten Effekt aufwies, hat nun sogar eine signifikant positive Wirkung auf die Chance, eine rechtspopulistische Partei zu wählen. Dennoch: Es bestehen weiterhin hoch signifikante Effekte der Klassenlage, selbst wenn man die unterschiedliche Verteilung von Männern und Frauen in diesen berücksichtigt.

Die Einführung der Kontrollvariable Alter in das Modell M_3 hat hingegen keinen statistisch signifikanten Einfluss. Auch die Effekte der Kategorien der Klassenlage verändern sich in diesem Fall nicht. Hingegen bewirkt die Kontrolle der formalen Bildung in Modell M_4 durchaus größere Veränderungen: Alle drei Kategorien des höchsten Bildungsabschlusses haben – neben der Wirkung der Klassenlage – einen eigenständigen hochsignifikanten Einfluss auf das Wahlverhalten zugunsten rechtspopulistischer Parteien: Der Abschluss lediglich der Pflichtschule (oder eine geringere formale Bildung) erhöht die Chance der Wahl dieser Parteien um rund 22 %. Bei Menschen, die maximal einen weiterführenden Schulabschluss innehaben, ist die Chance sogar um 27 % erhöht. Nur ein Hochschulabschluss weist einen negativen Effekt auf das Wahlverhalten auf. Die Chance in dieser Gruppe sinkt um rund 35 %. Im Vergleich zum Grundmodell M_1 bewirkt auch die Kontrolle der formalen Bildung eine Veränderung des Einflusses der Zugehörigkeit zu den einzelnen Berufsklassen: Die Berufsklassen mit einer erhöhten Wahlchance gehen in ihrer Wirkung zurück, während die mit einer niedrigeren Chance an Einfluss auf das Wahlverhalten gewinnen. Diese Abschwächung ist insbesondere bei den einfachen Industrieberufen und – mit umgekehrtem Vorzeichen – in der Dienstklasse stark ausgeprägt – zwei Berufsklassen, die besonders stark von einem geringen bzw. hohen Bildungsniveau geprägt sind. Aber auch bei Kontrolle der Bildung bleibt das grundsätzliche Muster der Beeinflussung in der weiter oben geschilderten Weise erhalten.

Während die Modelle M_1 bis M_4 mit drei bis vier Prozent nur eine niedrige Erklärungskraft aufweisen, steigt diese bei Berücksichtigung der Effekte der Untersuchungsländer deutlich auf 12,9 % an (Modell M_5). Die entsprechenden Ländervariablen erfassen gerade jene Faktoren der Wahl rechtspopulistischer Parteien, die hier nicht näher spezifiziert sind und den größten Teil des Niveauunterschieds der Unterstützung dieser Parteien ausmachen. Dabei ist etwa die Wahlchance der Rechtspopulisten in der Schweiz unabhängig von der Klassenlage mehr als 4,7-mal so hoch wie im Schnitt aller Untersuchungsländer, während sie in Deutschland rund 9,1-mal geringer ausfällt (Kehrwert von 0,11). Was in den Ländern im Einzelnen die Effekte ausmacht, kann hier nicht weiter geklärt werden. Allerdings wirkt sich die Einführung der Variablen zu den Untersuchungsländern auch auf den Einfluss der Klassenzugehörigkeit auf die Wahlchancen aus. Der positive Effekt der beiden niedriger qualifizierten Gruppen von Industrieberufen nimmt bei Kontrolle der Untersuchungsländer sogar noch zu, ebenso der negative Effekt der Dienstklasse. Wenn man also durch diese Kontrolle berücksichtigt, dass in bestimmten Ländern mit ihren länderspezifischen Einflüssen verschiedene Berufsklassen über- oder unterrepräsentiert sind, dann steigt die Wirkung dieser drei Berufsklassen, jeweils mit dem entsprechenden Vorzeichen. Hingegen gehen die höheren Wahlchancen bei den kleinen Selbständigen deutlich zurück.

In Modell M_6 werden schließlich neben der Klassenlage alle Kontrollvariablen gleichzeitig berücksichtigt. Die Erklärungskraft dieses Modells ist das höchste der sechs verglichenen, und auch die Effekte der Zugehörigkeit zu den einzelnen Berufsgruppen sind im Vergleich zum Ausgangsmodell M_1 teilweise sehr stark modifiziert. Anhand von Modell M_6 lassen sich nun in der Zusammenschau mit den Ergebnissen der anderen Modelle die in Abschnitt 2.5.1.1 aufgestellten Hypothesen überprüfen:

> H1.1: Mitglieder industrieller Berufsklassen wählen rechtspopulistische Parteien mit überdurchschnittlicher Wahrscheinlichkeit.

Hypothese H1.1 wurde vor dem Hintergrund der Vermutung formuliert, dass im Zuge der Deindustrialisierung insbesondere die klassischen industriellen Berufsgruppen zu den Modernisierungsverlierern zu zählen seien. Sie lässt sich – auch unter Kontrolle der vier Einflussgrößen Geschlecht, Alter, Bildung und Untersuchungsland – eindeutig bestätigen. Die Zugehörigkeit zu einer der drei industriellen Berufsklassen hat einen signifikant positiven Effekt auf die Chance, eine rechtspopulistische Partei zu wählen. Am stärksten ist dies in der Klasse der intermediären Industrieberufe der Fall, am schwächsten noch bei den qualifizierten Industrieberufen. Die einfachen Industrieberufe nehmen in dieser Hinsicht eine Mittelstellung ein. Wenn man berücksichtigt, dass in diesen Klassen überproportional Männer und Menschen mit einer formal niedrigen Bildung zu finden sind, also Wirkungen kontrolliert, die sich nicht *per se* über die Modernisierungsverlierer-Theorie erklären lassen, wird dieser Effekt zwar abgeschwächt, bleibt aber in allen drei Fällen erhalten. In der beruflichen Tätigkeit in der Industrie liegt also ein eigenständiger befördernder Faktor der Wahl rechtspopulistischer Parteien, der sich deprivationstheoretisch im Sinne der Modernisierungsverlierer-Theorie deuten lässt.

H1.2: Mitglieder unqualifizierter sozialer Klassen wählen rechtspopulistische Parteien mit überdurchschnittlicher Wahrscheinlichkeit.

Alternativ zu H1.1 kann man vermuten, dass es weniger die Zugehörigkeit zu bestimmten Wirtschaftssektoren, sondern vielmehr die Frage des Qualifikationsniveaus ist, die darüber entscheidet, ob man zu den möglichen Verlierergruppen des Globalisierungsprozesses gehört. H1.2 zufolge müssten dann sowohl die einfachen Dienstleistungsberufe als auch die einfachen Industrieberufe zu den disproportionalen Unterstützern der Rechtspopulisten zählen. Die Modelle in Tab. 28 können dies nicht verifizieren: Wie gezeigt geht zwar von der Zugehörigkeit zur Klasse der einfachen Industrieberufe durchaus eine deutlich positive Wirkung auf die Chance der Wahl einer rechtspopulistischen Partei aus, allerdings ist dies nicht in der Gruppe der einfachen Dienstleistungsberufe der Fall. Es liegt hier kein entsprechender signifikanter Effekt vor. Zwar liegt dies teilweise daran, dass die einfachen Dienstleistungstätigkeiten deutlich häufiger von Frauen als von Männern ausgeübt werden, aber wenn man alle nicht im Sinne der Modernisierungsverlierer-Theorie zu deutenden Einflussgrößen kontrolliert, bleibt es bei einem nicht-signifikanten Effekt.

H1.3: Kleine Selbständige wählen rechtspopulistische Parteien mit überdurchschnittlicher Wahrscheinlichkeit.

Die Vermutung, dass die kleinen Selbständigen zur Gruppe der Modernisierungsverlierer gehören könnten, wurde vor allem darauf gestützt, dass sie als Ressource praktisch ausschließlich auf ihre persönliche Qualifikation zurückgreifen können, die im Modernisierungsprozess schnell entwertet ist, und ihnen im globalen Wettbewerb die Möglichkeiten fehlen, ernsthaft mit Großunternehmen konkurrieren zu können. Hypothese H1.3 kann jedoch durch die hier präsentierten Ergebnisse nicht verifiziert werden: Es liegt bei Kontrolle der vier Variablen Geschlecht, Alter, Bildung und Untersuchungsland kein signifikanter Effekt vor. In der Tat gehören die kleinen Selbständigen – dies haben schon die deskriptiven Ergebnisse gezeigt – zwar zu den disproportionalen Unterstützern rechtspopulistischer Parteien in den hier untersuchten Ländern. Doch ist dies größtenteils darauf zurückzuführen, dass in dieser Berufsgruppe deutlich mehr Männer als Frauen zu finden sind und diese Klasse zudem gerade in den Ländern besonders ausgeprägt ist, in denen rechtspopulistische Parteien ohnehin und aus länderspezifischen Gründen erhöhte Wahlchancen haben, etwa in der Schweiz, Norwegen und Belgien. Unter Kontrolle dieser beiden Einflussgrößen ist Hypothese H1.3 jedoch falsifiziert.

H1.4: Mitglieder der Dienstklasse wählen rechtspopulistische Parteien mit unterdurchschnittlicher Wahrscheinlichkeit.

Schließlich bleibt noch Hypothese H1.4, die quasi eine Modernisierungsgewinner-Hypothese ist. Aufgrund der günstigeren sozioökonomischen Lage der Dienstklasse ist davon auszugehen, dass diese Berufsgruppe, die relativ wenige Modernisierungsverlierer aufweisen dürfte, nur unterdurchschnittlich Rechtspopulisten unterstützt. Diese These lässt sich – gleich welche Kontrollvariablen man zusätzlich berücksichtigt – uneingeschränkt bestätigen: Von der Zugehörigkeit zur Dienstklasse geht ein signifikant negativer Einfluss auf die Chance aus, eine rechtspopulistische Partei zu wählen. Dies liegt – wie es Modell

M₄ zeigt – zu einem Teil daran, dass in dieser Bevölkerungsgruppe durchschnittlich ein sehr hohes Bildungsniveau vorhanden ist, welches seinerseits die Wahlchancen schmälert. Darüber hinaus liegt aber auch ein deutlicher eigenständiger Effekt der entsprechenden Klassenlage vor, so dass H1.4 verifiziert werden kann.

4.1.2 Sozioökonomischer Status

Die Klassenlage, die die über den Beruf vermittelte sozioökonomische Position einer Person mithilfe einiger weniger Kategorien erfasst, ist durchaus geeignet, einige anschauliche Ergebnisse über die Wahl rechtspopulistischer Parteien in den identifizierten Verlierergruppen zu liefern. Die Gruppierung in Berufsklassen kann unter Umständen aber auch sozioökonomische Differenzen innerhalb der Klassen verschleiern, die sich in einem unterschiedlichen Wahlverhalten niederschlagen können. Deswegen soll hier als zweiter Modernisierungsverlierer-Indikator der ebenfalls über den Beruf vermittelte sozioökonomische Status einer Person untersucht werden. Wie in Abschnitt 2.5.1.2 gezeigt, handelt es sich hierbei um ein kontinuierliches Maß, das in der hier gewählten Operationalisierung mehr als 200 Berufsgruppen einen Status-Wert von 16 bis 90 ISEI-Punkten zuordnet und so den individuellen sozioökonomischen Status einer Person unabhängig von ihrer Klassenzugehörigkeit erfasst. In Tab. 29 finden sich zunächst einige deskriptive Informationen für die auf dieser Grundlage ermittelten Mittelwerte des sozioökonomischen Status in den Gruppen der Wähler rechtspopulistischer Parteien, der Wähler der anderen Parteien sowie aller Wähler.

Tabelle 29: Mittelwerte des sozioökonomischen Status nach Wahlverhalten und Land

	AT	BE	CH	D	DK	F	I	NL	NO	Schnitt
Wähler rechtspop. Partei	40,2	36,7	42,7	37,0	35,9	38,8	35,3	43,9	37,8	39,4
Wähler anderer Partei	44,5	44,6	49,2	46,0	44,1	46,6	41,9	48,1	44,7	45,4
Alle Wähler	44,2	43,8	47,6	45,9	43,5	46,0	41,7	47,7	43,6	44,9
Mittlere Differenz	-4,3	-7,8	-6,5	-9,0	-8,2	-7,8	-6,6	-4,2	-6,9	-6,0

Quelle: ESS Cumulative File 2002-2004. Eigene Berechnung, gewichtet.

Grundsätzlich liegt der mittlere sozioökonomische Status von Wählern rechtspopulistischer Parteien deutlich unter dem der Wähler von anderen Parteien, die mittlere Differenz beider Gruppen liegt bei 6,0 ISEI-Punkten im Schnitt aller neun Untersuchungsländer. Dabei sind diese Unterschiede nicht nur in Deutschland mit 9,0 Punkten deutlich ausgeprägt, sondern auch für die Elektorate der dänischen, belgischen und französischen Rechtspopulisten lassen sich mittlere Statusdifferenzen von rund 8 Punkten ausmachen. Die niedrigsten Statusunterschiede zwischen diesen beiden Wählergruppen lassen sich noch in den Niederlanden und in Österreich beobachten, allerdings beträgt die mittlere Differenz hier noch immer mehr als 4 Punkte. Die Wähler dieser Parteien weisen also in allen Untersuchungsländern durchschnittlich einen niedrigeren sozioökonomischen Status auf, als dies bei den Wählern anderer Parteien der Fall ist.

Aber diese mittleren Differenzen können den Einfluss des Status auf das Wahlverhalten nur der Tendenz nach beschreiben. Um ein genaueres Bild zu erhalten, lohnt es sich, die Wahrscheinlichkeit der Wahl rechtspopulistischer Parteien in Abhängigkeit vom sozioökonomischen Status genauer zu betrachten: In Abb. 8 findet sich in Form eines Balkendiagramms die tatsächliche Wahrscheinlichkeit der Wahl rechtspopulistischer Parteien in den Gruppen von Personen, die einen bestimmten Statuswert aufweisen. Dabei sind auf der x-Achse die Werte des sozioökonomischen Status abgetragen, während die y-Achse die Wahrscheinlichkeit der Wahl rechtspopulistischer Parteien in Prozent abbildet. Die Höhe der Balken zeigt also die Wahlwahrscheinlichkeit für alle Personen an, die den jeweils zugeordneten Statuswert aufweisen. Dabei ist bei der Interpretation zu berücksichtigen, dass einige Statuswerte, etwa die von 17 und 18 Punkten, schon im ISEI-Konzept überhaupt nicht vergeben sind. Im Unterschied dazu finden sich auch Status-Werte, die zwar prinzipiell im Datensatz vorhanden sind, aber keine Befragten aufweisen, die eine rechtspopulistische Partei gewählt haben. Hier handelt es sich dann auch rechnerisch im Rahmen der Verallgemeinerungsfähigkeit der Stichprobe um eine nullprozentige Wahrscheinlichkeit, die durch einen minimalen Balken dargestellt ist.

Abbildung 8: Wahlwahrscheinlichkeit in Abhängigkeit vom sozioökonomischen Status

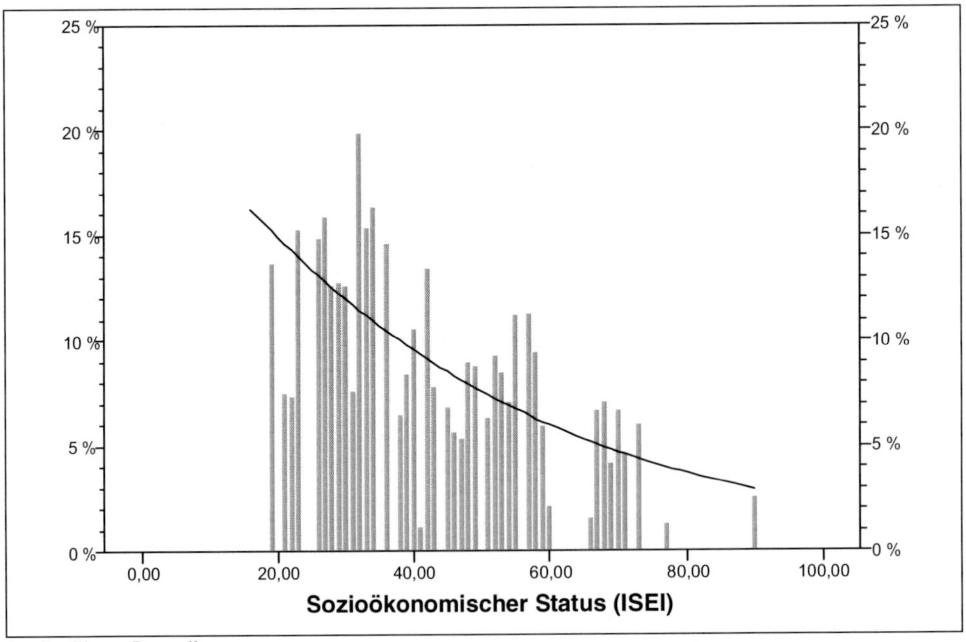

Quelle: Eigene Darstellung.

Grundsätzlich lässt sich zwar sagen, dass die Wahlwahrscheinlichkeit ihrer Tendenz nach mit steigenden Statuswerten abnimmt, es ist jedoch kein eindeutiger oder gar linearer Verlauf zu erkennen. Die höchsten Wahrscheinlichkeiten finden sich in der Spanne von Werten zwischen 31 und 40 ISEI-Punkten. Für die meisten Statuswerte ergibt sich hier eine Wahlwahrscheinlichkeit von teilweise deutlich über 10 %, die Gruppe von Berufen mit 32 und 35 ISEI-Punkten wählen rechtspopulistische Parteien sogar zu über 20 %. Die Wahlwahrscheinlichkeiten nehmen dann mit höheren ISEI-Werten ab, auch wenn es noch einzelne beachtliche Werte gibt, bei denen die Wahlwahrscheinlichkeit über 10 % liegt. Ab einem Statuswert in Höhe von 60 Punkten gibt es nur noch niedrige Wahlwahrscheinlichkeiten unter 10 Prozent, wobei hier für viele Statuswerte auch deutlich geringere Rechtswählten-

4 Einfluss der Modernisierungsverlierer-Indikatoren auf das Wahlverhalten 159

denzen zu verzeichnen sind. Interessanterweise sind in den niedrigsten Statusgruppen mit ISEI-Werten von 18 bis 30 Punkten nicht die höchsten Wahlwahrscheinlichkeiten zugunsten rechtspopulistischer Parteien zu finden. Gruppiert man die Statuswerte von 18 bis 30 bzw. 31 bis 40, so ist die durchschnittliche Wahlwahrscheinlichkeit in der niedrigeren Statusgruppe mit 13,2 % aber immer noch höher als in der Gruppe mit den nächsthöheren Werten (11,2 %).

Tabelle 30: Einfluss des soziöökon. Status auf das Wahlverhalten

	M_1	M_2	M_3	M_4	M_5	M_6
Sozioökon. Status (je 10 ISEI-Punkte)	0,78 ***	0,77 ***	0,78 ***	0,82 ***	0,76 ***	0,83 ***
Mann		1,25 ***				1,25 ***
Frau		0,80 ***				0,80 ***
Alter (je 10 Jahre)			1,01 n.s.			0,96 **
Pflichtschulabschluss ISCED 0/1/2				1,16 ***		1,55 ***
Weiterf. Schulabschluss ISCED 3/4				1,28 ***		1,19 ***
Hochschulabschluss ISCED 5/6				0,67 ***		0,54 ***
Österreich					0,71 ***	0,59 ***
Belgien					1,38 ***	1,39 ***
Schweiz					4,68 ***	5,13 ***
Deutschland					0,11 ***	0,12 ***
Dänemark					1,16 *	1,27 ***
Frankreich					1,18 *	1,20 *
Italien					0,41 ***	0,36 ***
Niederlande					1,43 ***	1,38 ***
Norwegen					2,39 ***	2,62 ***
Konstante	0,29 ***	0,30 ***	0,28 ***	0,21 ***	0,24 ***	0,17 ***
Nagelkerkes R-Quadrat in Prozent	2,7	3,5	2,7	3,5	12,3	14,5
AIC	13444	13356	13423	13315	12438	12139
BIC	13460	13380	13447	13347	12518	12251
Fallzahl n	22237	22237	22186	22202	22237	22142

Quelle: ESS Cumulative File 2002-2004. Eigene Berechnung, gewichtet. Ausgewiesen ist der Effektkoeffizient Exp(B) und das Signifikanzniveau (* p≤0,05; ** p≤0,01; *** p≤0,001; n.s. nicht signifikant).

Insofern beschreibt die ebenfalls in Abb. 8 abgetragene Kurve, die die vorhergesagten Wahlwahrscheinlichkeiten als Ergebnis der bivariaten logistischen Regression der Wahl rechtspopulistischer Parteien auf den sozioökonomischen Status darstellt, diese Tendenz recht gut, auch wenn es viele Abweichungen der tatsächlichen von den vorhergesagten Wahrscheinlichkeiten nach oben und unten gibt. Die Ergebnisse der entsprechenden logistischen Regression sind als Modell M_1 in Tab. 30 zusammengefasst, wobei dort als Einheit der Variablen „sozioökonomischer Status" zur besseren Interpretierbarkeit der Effekte je zehn ISEI-Punkte gewählt wurden.[45] Hiernach verändert sich die Chance der Wahl einer rechtspopulistischen Partei bei der Zunahme des sozioökonomischen Status um zehn Punkte um den Faktor 0,78, was einer Abnahme um 22 % entspricht. Der sozioökonomische Status einer Person weist damit einen hochsignifikanten negativen Einfluss auf das Wahlverhalten auf. Je höher dieser ausfällt, umso geringer ist die Wahrscheinlichkeit, eine rechtspopulistische Partei zu wählen.

Auch für den Indikator des sozioökonomischen Status soll überprüft werden, inwiefern die Berücksichtigung der vier Variablen Geschlecht, Alter, formaler Bildungsabschluss und Untersuchungsland den Zusammenhang von Status und Rechtswahl beeinflussen. Die Kontrolle des Geschlechts in Modell M_2 ergibt zunächst einen eigenständigen Einflusses dieser Variablen in Form der bekannten höheren Wahlchancen bei Männern, darüber hinaus verändert sich der Effekt des sozioökonomischen Status auf das Wahlverhalten durch die Berücksichtigung des Geschlechts nur ganz unwesentlich. Die Wirkung des Status ist also weitestgehend unabhängig von der Wirkung des Geschlechts. Ähnliches gilt für die Kontrolle des Alters der Person in Modell M_3, die keine signifikante Wirkung der Kontrollvariablen erbringt. Der Effekt des sozioökonomischen Status auf das Wahlverhalten ist also ebenfalls unabhängig vom Alter. Schließlich ergibt auch die Kontrolle des Untersuchungslandes in Modell M_5 zwar die schon von der Untersuchung des Einflusses der Klassenlage bekannten länderspezifischen Effekte auf die Wahl rechtspopulistischer Parteien, aber auch dies verändert die Wirkung des sozioökonomischen Status in nur ganz unwesentlicher Weise. Im Wesentlichen ist der negative Einfluss des Status auf die Chancen der Wahl einer solchen Partei unabhängig von der Frage des Geschlechts, des Alters und des Untersuchungslandes. Anders verhält es sich hingegen bei der Kontrolle des formalen Bildungsabschlusses: Hält man die Wirkung dieser Kontrollvariablen durch Einbezug in das Regressionsmodell konstant, so steigt der Effektkoeffizient von 0,78 (M_1) auf 0,82 (M_2), dass heißt der negative Effekt des sozioökonomischen Status wird schwächer, wenn man berücksichtigt, dass formal niedrig gebildete Personen rechtspopulistische Parteien mit einer erhöhten, hochqualifizierte hingegen mit einer niedrigeren Wahrscheinlichkeit wählen. Der Zusammenhang von Status und Rechtswahl ist also zumindest zu einem Teil ein Scheinzusammenhang, der dadurch erklärt werden kann, dass eine niedriger formaler Bildungsgrad sowohl häufig mit einem niedrigen sozioökonomischen Status einhergeht, wie auch die Chance der Wahl rechtspopulistischer Parteien erhöht.

> H2: Je niedriger der sozioökonomische Status einer Person, desto höher ist
> die Wahrscheinlichkeit, dass sie eine rechtspopulistische Partei wählt.

Aber selbst wenn man diese Abschwächung des Effekts bei Einbeziehung der Bildungsvariablen berücksichtigt: Der sozioökonomische Status behält auch bei Kontrolle der vier anderen Variablen in Modell M_6 einen eigenständigen, hochsignifikant negativen Effekt auf die Rechtswahl. Bei Zunahme um zehn ISEI-Punkte sinkt die Chance, eine derartige Partei zu wählen, um rund 17 %. Andersherum kann man sagen, dass die Chance der Wahl einer rechtspopulistischen Partei mit der Abnahme des sozioökonomischen Status steigt. Insofern lässt sich Hypothese H2 empirisch bestätigen.

---

[45] Bezogen auf einen ISEI-Punkt beträgt der Effektkoeffizient in Modell M_1 0,975. Die Veränderungen in den folgenden Modellen der Tabelle wären aber bei Wahl dieser Einheit so gering, dass sie der Rundung auf zwei Nachkommastellen zum Opfer fallen würden.

4.1.3 Sozioökonomische Statusinkonsistenz

Sowohl bei der Klassenlage als auch beim sozioökonomischen Status handelt es sich um Indikatoren, die die Modernisierungsverlierer-Eigenschaft als absolute Positionen im Gefüge gesellschaftlicher Stratifikation erfassen. Wie in Abschnitt 2.5.1.3 erörtert, ist es aber theoretisch durchaus plausibel, dass es vielmehr die relative Abweichung der tatsächlichen von einer als zustehend empfundenen Position ist, die die Deprivationsfolgen auslöst, die dann wiederum eine erhöhte Wahrscheinlichkeit der Wahl rechtspopulistischer Parteien nach sich zieht. Der Indikator der sozioökonomischen Statusinkonsistenz erfasst genau diese relative Form der Deprivation, indem er die Abweichung des tatsächlichen sozioökonomischen Status (Ist-Wert) von dem Niveau erfasst, welches aufgrund des Bildungsabschlusses der Person erwartet werden konnte (Soll-Wert). Nach diesem Konzept weisen diejenigen Personen eine hohe negative Statusinkonsistenz auf, die in ihrer tatsächlichen beruflichen Position hinter den Status-Werten zurückbleiben, der im Mittel des jeweiligen Landes bei entsprechendem Bildungsniveau erreicht werden kann. Eine positive Statusinkonsistenz liegt hingegen bei denjenigen vor, die einen höheren sozioökonomischen Status einnehmen, als infolge ihres Bildungsabschlusses erwartet werden konnte. Der formale Bildungsabschluss definiert damit den Erwartungshorizont einer Person bezüglich ihres sozioökonomischen Status.

In Tab. 31 finden sich zunächst differenziert nach den Untersuchungsländern die Mittelwerte sozioökonomischer Statusinkonsistenz, jeweils berechnet für die Wähler rechtspopulistischer Parteien, für die Wähler anderer Parteien und – als zusätzliche Vergleichsmöglichkeit – für alle Wähler insgesamt. Die mittlere Statusinkonsistenz fällt dabei bei Analyse aller Wähler positiv aus, gleich welches Untersuchungsland man betrachtet. Dies ist durchaus ein Unterschied zur mittleren Statusinkonsistenz in der gesamten Bevölkerung, die – wie in Abschnitt 3.3.2.3 gezeigt – durchaus in manchen Ländern negativ ausfällt. Der Unterschied lässt sich darüber erklären, dass die meisten Nichtwähler überdurchschnittlich hohe negative Statusabweichungen aufweisen, bei dieser rein wählerbezogenen Betrachtung aber nicht in der Analyse sind. Darüber hinaus fällt in allen Ländern die mittlere Statusinkonsistenz für die Wähler rechtspopulistischer Parteien negativ aus, während die der Wähler anderer Parteien immer positiv ausfällt. Die mittlere Differenz zwischen beiden Gruppen beträgt im Schnitt aller Untersuchungsländer -2,70 Punkte, wobei dies in Deutschland, der Schweiz, Dänemark und Norwegen deutlich stärker ausgeprägt ist, als etwa in den Niederlanden oder Italien. In jedem Fall kann man anhand dieser ersten deskriptiven Ergebnisse feststellen, dass die Wähler rechtspopulistischer Parteien – im Gegensatz zu den Wählern anderer Parteien – durchschnittlich negative Statusinkonsistenzen aufweisen.

Tabelle 31: Mittelwerte der soziöökon. Statusinkonsistenz nach Wahlverhalten und Land

	AT	BE	CH	D	DK	F	I	NL	NO	Schnitt
Wähler rechtspop. Partei	-1,63	-1,58	-1,86	-3,75	-2,87	-0,82	-0,49	-0,39	-2,28	-1,74
Wähler anderer Partei	0,49	0,56	2,06	0,79	0,78	2,58	0,99	0,67	0,57	0,97
Alle Wähler	0,38	0,36	1,13	0,76	0,48	2,31	0,95	0,58	0,13	0,72
Mittlere Differenz	-2,12	-2,14	-3,92	-4,55	-3,65	-3,39	-1,49	-1,07	-2,85	-2,70

Quelle: ESS Cumulative File 2002-2004. Eigene Berechnung, gewichtet.

Aber auch hier lohnt es sich die Wahlwahrscheinlichkeiten differenziert nach Statusinkonsistenz-Werten zu betrachten (Abb. 9). Anhand der Balken, die die tatsächlichen Wahlwahrscheinlichkeiten aller Befragten mit einem bestimmten, auf der x-Achse abgetragenen Wert der sozioökonomischen Statusinkonsistenz abbilden, lässt sich zumindest im Wertbereich von -25 bis zu +25 Punkten ein recht deutlicher Trend ausmachen: Je positiver die Statusinkonsistenz ausfällt, umso unwahrscheinlicher wird die Wahl rechtspopulistischer Parteien und umgekehrt. Von diesem Trend weichen allerdings die Wahlwahrscheinlichkeiten in den beiden Extrembereichen ab. Hier weist insbesondere der Bereich mit extrem hohen negativen Statusinkonsistenz-Werten auch ein paar Nullwahrscheinlichkeiten auf, während die extrem hohen positiven Statusinkonsistenzen teilweise auch sehr hohe Wahlwahrscheinlichkeiten hervorbringen, unter anderem die höchste Wahlwahrscheinlichkeit von fast 40 % bei einem Statusinkonsistenz-Wert von +45 Punkten. Diese Schwankungen lassen sich sowohl statistisch wie inhaltlich erklären: Einerseits nimmt die Zahl der Fälle in den Extrembereichen sehr stark ab, womit statistischen „Ausreißern" ein deutlich höheres Gewicht in der Berechnung der Wahlwahrscheinlichkeiten zukommt. Andererseits kann man die Erkenntnis aus dem vorangegangenen Abschnitt, dass der Bildungsgrad einen weiteren vom sozioökonomischen Status unabhängigen Einfluss auf das Wahlverhalten hat, natürlich auch auf das Phänomen der Statusinkonsistenz beziehen: Personen, die eine extrem positive Statusinkonsistenz aufweisen, müssen nach der hier gewählten Operationalisierung, die über den Bildungsgrad als Erwartungshorizont den Soll-Wert bestimmt, zwangsläufig einen niedrigen Bildungsabschluss innehaben, da ansonten keine hohe Differenz zwischen Ist- und Soll-Wert zustande kommt. Da aber die formale Bildung unabhängig vom Status der Person einen positiven Einfluss auf die Wahlwahrscheinlichkeiten zugunsten rechtspopulistischer Parteien hat und in diesem Bereich praktisch nur niedrige Bildungsabschlüsse vorkommen, fallen die Wahlwahrscheinlichkeiten zugunsten rechtspopulistischer Parteien höher als erwartet aus. Mit umgekehrten Vorzeichen gilt dies natürlich auch für die extrem negativen Statusinkonsistenz-Werte. Diese können schon rein rechnerisch nur bei Universitätsabsolventen vorliegen, die einen Beruf mit einem sehr niedrigen Status ausüben. Auch hier ist aber davon auszugehen, dass der hohe formale Bildungsgrad unabhängig von der relativen Deprivation in Form von Statusinkonsistenz einen Effekt auf die Rechtswahl hat und die Wahlwahrscheinlichkeit senkt.

Nicht nur um diese Vermutung zu prüfen lohnt es sich also, die Wirkung der sozioökonomischen Statusinkonsistenz auf das Wahlverhalten zugunsten rechtspopulistischer Parteien mit logistischen Regressionsmodellen zu untersuchen, in denen auch möglicherweise interessante Drittvariablen kontrolliert werden können. In Abb. 9 ist bereits die Kurve abgetragen, die die vorhergesagten Wahlwahrscheinlichkeiten als Ergebnis der bivariaten logistischen Regression der Wahl rechtspopulistischer Parteien auf die sozioökonomische Statusinkonsistenz darstellt. Die genauen Ergebnisse dieser Regression finden sich in Tab. 32 als Modell M_1. In diesem Grundmodell weist die unabhängige Variable Statusin-

4 Einfluss der Modernisierungsverlierer-Indikatoren auf das Wahlverhalten

konsistenz einen hochsignifikanten negativen Effekt auf das Wahlverhalten auf. Für jede 10 Punkte, um die die Statusinkonsistenz zunimmt, nimmt die Chance der Wahl einer rechtspopulistischen Partei um rund 14 % ab. Das Grundmodell weist aber nur eine außerordentlich geringe Erklärungskraft auf (Nagelkerkes R-Quadrat von 0,7 %). Insbesondere im Vergleich zum Grundmodell der bivariaten Regression des Wahlverhaltens auf den sozioökonomischen Status (Tab. 30) passt das hier präsentierte Modell schlechter zur Datenbasis. Da es sich um einen Vergleich von sogenannten nicht-geschachtelten Modellen handelt, müssen hier die beiden Informationskriterien AIC und BIC der beiden Grundmodelle verglichen werden. Beide Kriterien weisen im Fall der Regression des Wahlverhaltens auf den sozioökonomischen Status deutlich niedrige Werte auf (jeweils Differenz von 152). Der absolute sozioökonomische Status ist also besser geeignet, die Wahl rechtspopulistischer Parteien vorherzusagen, als die relative sozioökonomische Statusinkonsistenz.

Abbildung 9: Wahlwahrscheinlichkeit in Abhängigkeit von der sozioökon. Statusinkonsistenz

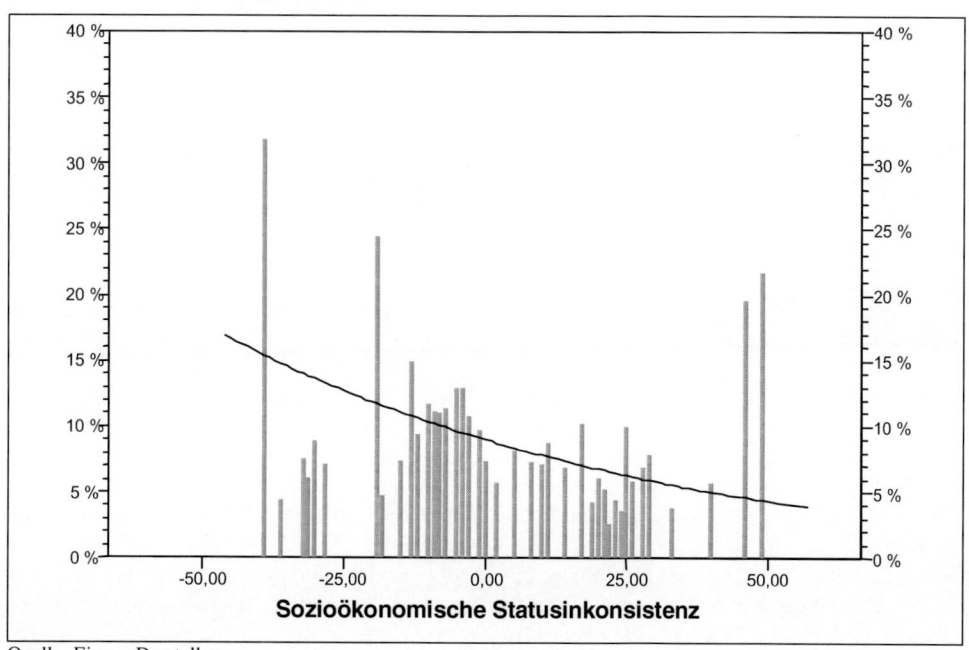

Quelle: Eigene Darstellung

Tabelle 32: Einfluss der sozioökonomischen Statusinkonsistenz auf das Wahlverhalten

	M_1	M_2	M_3	M_4	M_5	M_6
Sozioökon. Statusinkonsistenz (je 10 Punkte)	0,86 ***	0,85 ***	0,85 ***	0,84 ***	0,86 ***	0,84 ***
Mann		1,23 ***				1,25 ***
Frau		0,82 ***				0,80 ***
Alter (je 10 Jahre)			1,03 n.s.			0,96 **
Pflichtschulabschluss ISCED 0/1/2				1,40 ***		1,87 ***
Weiterf. Schulabschluss ISCED 3/4				1,35 ***		1,25 ***
Hochschulabschluss ISCED 5/6				0,53 ***		0,43 ***
Österreich					0,70 ***	0,54 ***
Belgien					1,42 ***	1,42 ***
Schweiz					4,25 ***	5,13 ***
Deutschland					0,11 ***	0,12 ***
Dänemark					1,21 **	1,34 ***
Frankreich					1,18 *	1,21 *
Italien					0,45 ***	0,37 ***
Niederlande					1,33 ***	1,28 ***
Norwegen					2,44 ***	2,74 ***
Konstante	0,10 ***	0,10 ***	0,09 ***	0,09 ***	0,07 ***	0,08 ***
Nagelkerkes R-Quadrat in Prozent	0,8	1,5	0,8	3,2	9,9	14,5
AIC	13596	13521	13572	13345	12647	12142
BIC	13612	13545	13596	13377	12727	12254
Fallzahl n	22202	22191	22151	22202	22202	22142

Quelle: ESS Cumulative File 2002-2004. Eigene Berechnung, gewichtet. Ausgewiesen ist der Effektkoeffizient Exp(B) und das Signifikanzniveau (* p≤0,05; ** p≤0,01; *** p≤0,001; n.s. nicht signifikant).

Die Kontrolle der Variablen Geschlecht im Modell M_2 verändert den Einfluss der sozioökonomischen Statusinkonsistenz auf das Wahlverhalten zugunsten einer rechtspopulistischen Partei nur ganz unwesentlich. Der entsprechende Effektkoeffizient sinkt von 0,86 auf 0,85, während die Kontrollvariable Geschlecht einen hochsignifikanten positiven Effekt für Männer und einen entsprechend negativen für Frauen aufzeigt. Auch die Einführung der Variablen Alter in Modell M_3 verändert den Einfluss der sozioökonomischen Statusinkonsistenz nicht. Überdies hat die kontrollierte Drittvariable keinen signifikanten eigenständigen Effekt auf die Rechtswahl. Hingegen ergibt die Berücksichtigung des höchsten Bildungsabschlusses in Modell M_4 zwar keine wesentliche Veränderung des Haupteffekts, aber die drei Bildungskategorien entfalten – ganz wie vermutet – einen eigenständigen Effekt auf die Rechtswahl. Die in Abb. 9 dargestellten Abweichungen der tatsächlichen Wahlwahrscheinlichkeiten in den Extrembereichen der sozioökonomischen Statusinkonsistenz dürften daher zu einem guten Teil über diesen Bildungseffekt zu erklären sein. Schließlich hat – wie Modell M_5 zeigt – auch die Kontrolle der Untersuchungsländer keinen wesentlichen Einfluss auf den Zusammenhang von Statusinkonsistenz und Rechtswahl.

H3: Je stärker der sozioökonomische Status einer Person negativ vom mittleren Status der Personen mit gleichem formalen Bildungsabschluss abweicht, desto höher ist die Wahrscheinlichkeit, dass sie eine rechtspopulistische Partei wählt.

Anhand des Modells M_6, das alle Kontrollvariablen einbezieht, lässt sich Hypothese H3 überprüfen. In der Tat lässt sich sagen, dass Personen die negative Statusinkonsistenzen aufweisen, rechtspopulistische Parteien mit einer signifikant höheren Wahrscheinlichkeit wählen, auch wenn man deren Geschlecht, Alter, Bildungsniveau und die spezifischen Umstände des Landes in dem sie wohnen, berücksichtigt. Steigt die sozioökonomische Statusinkonsistenz um 10 Punkte, so sinkt die Chance der Wahl einer rechtspopulistischen Partei um rund 16 %. Umgekehrt gilt, dass die Chance der Wahl einer solchen Partei steigt, je weiter die Statusinkonsistenz in den negativen Wertebereich fällt. Hypothese H3 lässt sich insofern verifizieren. Allerdings ist der absolute Indikator des sozioökonomischen Status erklärungskräftiger als der relative Indikator der Statusinkonsistenz, was allerdings an anderer Stelle noch ausführlicher behandelt werden soll.

4.1.4 Sozialprestige

Alle drei bisherigen Indikatoren haben in der einen oder anderen Weise die sozioökonomische Situation einer Person erfasst, mithin vor allem auf ihre materiellen Ressourcen abgehoben. Gesellschaftliche Stratifikation beschränkt sich aber nicht nur auf solche materiellen Aspekte, auch immaterielle können eine Rolle spielen. Auch der Deprivationsbegriff muss nicht unbedingt materiell verstanden werden, gerade der Mangel an sozialem Ansehen ist zumindest theoretisch ein plausibler Deprivationsfaktor. Wie in Abschnitt 2.5.1.4 erläutert soll zur Messung dieser immateriellen Komponente der Deprivation das Konzept des über den Beruf vermittelten Sozialprestiges angewandt werden. Je nach Beruf wurde den Befragten ein SIOPS-Prestigewert zugeordnet, der zwischen 12 bis 78 Punkten variiert. Im Folgenden soll der Einfluss dieses sozialen Ansehens der Befragten auf das Wahlverhalten zugunsten einer rechtspopulistischen Partei analysiert werden.

Tabelle 33: Mittelwerte des Sozialprestiges nach Wahlverhalten und Land

	AT	BE	CH	D	DK	F	I	NL	NO	Schnitt
Wähler rechtspop. Partei	42,4	42,4	47,3	43,5	43,4	44,3	39,3	45,5	43,7	43,5
Wähler anderer Partei	38,4	36,3	42,8	36,9	36,4	37,7	35,4	42,1	37,6	38,9
Alle Wähler	42,2	41,8	46,2	43,5	42,8	43,8	39,1	45,2	42,7	43,1
Mittlere Differenz	-3,9	-6,1	-4,6	-6,7	-7,0	-6,6	-3,8	-3,5	-6,1	-4,5

Quelle: ESS Cumulative File 2002-2004. Eigene Berechnung, gewichtet.

In Tab. 33 finden sich zunächst die Prestige-Mittelwerte für die Gruppe der Wähler rechtspopulistischer Parteien, für die Wähler anderer Parteien sowie für alle Wähler ungeachtet der von ihnen präferierten Partei. In allen Untersuchungsländern liegt das mittlere Sozialprestige der Rechtswähler deutlich unter dem der Wähler anderer Parteien. Im Schnitt aller hier untersuchten Länder beträgt die mittlere Differenz zwischen beiden Gruppen -4,5 Punkte, wobei dieser Unterschied in Dänemark, Norwegen, Deutschland, Frankreich und Belgien deutlich stärker ausgeprägt ist, während die Differenz zwischen beiden Wählergruppen gerade in den Niederlanden geringer ausfällt. Wie schon für die anderen kontinuierlichen Maße sozioökonomischer Status und Statusinkonsistenz lohnt eine weitere Differenzierung der tatsächlichen Wahlwahrscheinlichkeit nach den einzelnen Prestigewerten, die in Abb. 10 als Balken dargestellt sind. Ähnlich wie bei diesen beiden anderen Indikatoren ist zwar eine generelle Tendenz fallender Wahlwahrscheinlichkeiten mit Zunahme des Sozialprestiges zu erkennen, Abweichungen von dieser Tendenz sind aber häufig. Insbesondere im Segment der niedrigeren Status-Werte bis zu 30 SIOPS-Punkten findet sich zwar auch die höchste Wahlwahrscheinlichkeit mit über 20 % bei einem Prestigewert von 17, aber auch einige deutlich unter 10 %, teilweise sogar unter 5 %. Diese Abweichungen lassen sich nicht allein mit statistischen „Ausreißern" aufgrund von niedrigen Fallzahlen bei diesen Werten erklären. Andererseits finden sich auch im Segment der mittleren Sozialprestigewerte zwischen 30 und 50 Punkten einige sehr hohe Wahlwahrscheinlichkeiten, die über 15 % hinausgehen.

Abbildung 10: Wahlwahrscheinlichkeit in Abhängigkeit vom Sozialprestige

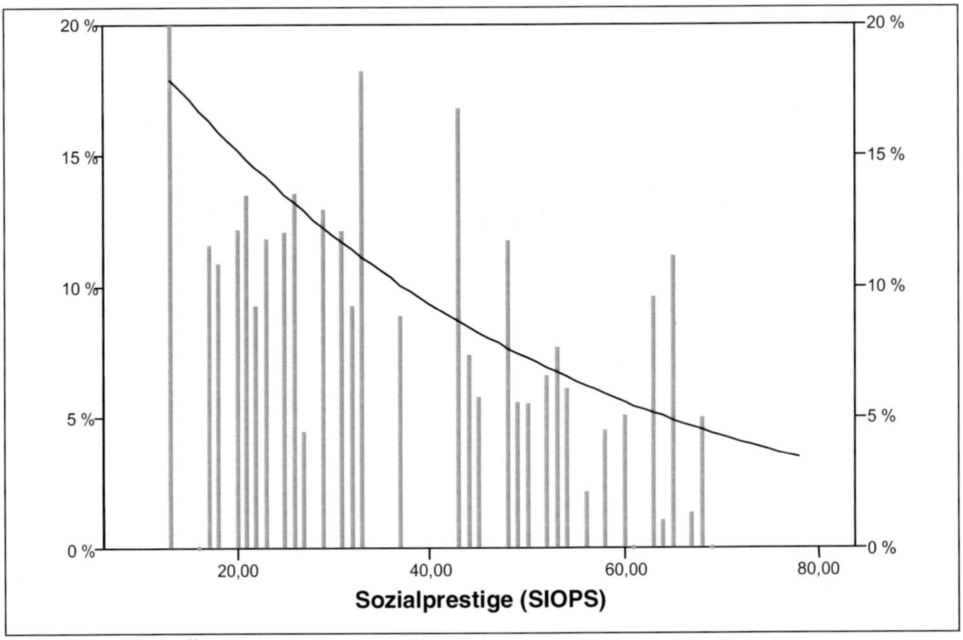

Quelle: Eigene Darstellung.

Ebenfalls in Abb. 10 abgetragen ist die Kurve der durch die logistische Regression des Wahlverhaltens auf das Sozialprestige vorhergesagten Wahlwahrscheinlichkeiten. Die entsprechenden Koeffizienten und Gütemaße sind als Modell M_1 in Tab. 34 aufgeführt. Nimmt man dieses Modell zum Maßstab, so verringert sich die Chance der Wahl rechtspopulistischer Parteien um den Faktor 0,76, nimmt mithin um rund 24 % ab, wenn das Sozialprestige um 10 Punkte zunimmt. In der Tat geht also ein niedriges Sozialprestige mit höheren Wahlwahrscheinlichkeiten einher und umgekehrt. Das Sozialprestige hat einen negativen Einfluss auf das Wahlverhalten zugunsten rechtspopulistischer Parteien. Vergleicht man die Güte dieses Modells mit denen der Grundmodelle der drei anderen bisher analy-

4 Einfluss der Modernisierungsverlierer-Indikatoren auf das Wahlverhalten

sierten Indikatoren anhand der AIC und BIC-Werte, so bleibt das Sozialprestige-Modell knapp hinter dem des sozioökonomischen Status und deutlicher hinter dem der Klassenlage zurück, weist aber immer noch eine höhere Erklärungskraft auf als das Grundmodell, das den Einfluss der sozioökonomischen Statusinkonsistenz auf das Wahlverhalten erfassen soll.

Tabelle 34: Einfluss des Sozialprestiges auf das Wahlverhalten

	M_1	M_2	M_3	M_4	M_5	M_6
Sozialprestige (je 10 Punkte)	0,76 ***	0,75 ***	0,76 ***	0,82 ***	0,72 ***	0,81 ***
Mann		1,24 ***				1,25 ***
Frau		0,80 ***				0,80 ***
Alter (je 10 Jahre)			1,01 n.s.			0,96 *
Pflichtschulabschluss ISCED 0/1/2				1,19 ***		1,55 ***
Weiterf. Schulabschluss ISCED 3/4				1,30 ***		1,20 ***
Hochschulabschluss ISCED 5/6				0,65 ***		0,54 ***
Österreich					0,71 ***	0,59 ***
Belgien					1,37 ***	1,39 ***
Schweiz					4,84 ***	5,21 ***
Deutschland					0,11 ***	0,12 ***
Dänemark					1,19 **	1,29 ***
Frankreich					1,16 n.s.	1,19 *
Italien					0,39 ***	0,35 ***
Niederlande					1,42 ***	1,37 ***
Norwegen					2,45 ***	2,64 ***
Konstante	0,31 ***	0,32 ***	0,29 ***	0,20 ***	0,29 ***	0,19 ***
Nagelkerkes R-Quadrat in Prozent	2,2	3,1	2,2	3,2	12,2	14,4
AIC	13537	13450	13515	13396	12494	12195
BIC	13553	13474	13539	13428	12575	12308
Fallzahl n	22335	22324	22284	22300	22335	22240

Quelle: ESS Cumulative File 2002-2004. Eigene Berechnung, gewichtet. Ausgewiesen ist der Effektkoeffizient Exp(B) und das Signifikanzniveau (* p≤0,05; ** p≤0,01; *** p≤0,001; n.s. nicht signifikant).

Die Kontrolle der Variablen Geschlecht und Alter in den Modellen M_2 und M_3 hat zunächst keine wesentlichen Auswirkungen auf diesen Effekt des Sozialprestiges auf das Wahlverhalten zugunsten rechtspopulistischer Parteien. Ihre Wirkung ist weitgehend unabhängig von der Frage des Sozialprestiges des Befragten. Das Geschlecht selbst wirkt sich in der bereits bekannten Weise aus, dass Männer deutlich höhere Chancen der Wahl derartiger Parteien haben als Frauen. Das Alter zeigt hingegen keinen signifikanten Effekt. Ähnlich wie beim sozioökonomischen Status ergeben sich aber interessante Änderungen bei der Berücksichtigung der Kontrollvariablen formale Bildung, die hier in Modell M_4 dargestellt ist. Hält man die Wirkung der formalen Bildung konstant, so geht der negative Einfluss des Sozialprestiges auf die Chance der Wahl einer rechtspopulistischen Partei merklich zurück:

Je Steigerung um 10 Prestigepunkte sinken die Wahlchancen nur noch um den Faktor 0,82. Ein guter Teil der Wirkung des Sozialprestiges auf die Rechtswahl kommt also dadurch zustande, dass formal niedrig gebildete Personen sowohl ein niedrigeres Sozialprestige aufweisen als auch häufiger rechts wählen, ohne dass das Sozialprestige selbst hierfür verantwortlich wäre. Andererseits bleibt aber immer noch ein negativer Effekt des Sozialprestiges erhalten, der nun zwar schwächer ausgeprägt ist, aber immerhin noch eine um 18 % geringere Chance der Wahl rechtspopulistischer Parteien bei einer Zunahme von 10 Prestigepunkten mit sich bringt. Schließlich hat auch die Kontrolle der Untersuchungsländer einen Einfluss auf den Zusammenhang von Sozialprestige und Wahlverhalten. In diesem Fall nimmt die negative Wirkung des Prestiges sogar noch zu. Rechnet man also die Umstände heraus, die – in hier nicht weiter spezifizierter Weise – in den Untersuchungsländern zu höheren und niedrigeren Wahlchancen führen, so fällt der um diesen störenden Einfluss bereinigte Effekt des Sozialprestiges auf das Wahlverhalten noch höher aus.

> H4: Je niedriger das Sozialprestige einer Person, desto höher ist die Wahrscheinlichkeit, dass sie eine rechtspopulistische Partei wählt.

Anhand der Ergebnisse der unterschiedlichen Modelle lässt sich Hypothese H4 eindeutig verifizieren. Selbst wenn man, wie in Modell M_6, alle vier Kontrollvariablen berücksichtigt, bleibt ein hochsignifikanter negativer Effekt des Sozialprestiges auf das Wahlverhalten zugunsten rechtspopulistischer Parteien bestehen. Für jeden Anstieg des Prestigewertes um 10 Punkte sinkt die Chance der Wahl einer rechtspopulistischen Partei um rund 19 %. Umgekehrt gilt, dass die Wahlwahrscheinlichkeit zunimmt, je niedriger das Sozialprestige einer Person ausfällt. Ein niedriges soziales Ansehen von Personen wirkt sich also in einer erhöhten Wahlwahrscheinlichkeit rechtspopulistischer Parteien aus.

4.1.5 Objektive Einkommensarmut

Mit dem Indikator der objektiven Einkommensarmut kommen wir zum Kern dessen, was materielle Deprivation ausmacht. Während etwa in den sozioökonomischen Status auch immaterielle Aspekte wie die Bildung einfließen, werden mit diesem Indikator ausschließlich die finanziellen Ressourcen erfasst, die einer Person regelmäßig zur Verfügung stehen. Wenn es also der Mangel an materiellen Ressourcen ist, der die Wahl einer rechtspopulistischen Partei wahrscheinlicher macht, so müsste gerade dieser Indikator eine hohe Erklärungskraft aufweisen und einen starken Einfluss auf die abhängige Variable haben. In Tab. 35 finden sich zunächst einige deskriptive Informationen zum Wahlverhalten in den unterschiedlichen Einkommensgruppen. Das sich daraus ergebende Bild ist keinesfalls so eindeutig, wie man es bei strikter Auslegung der materiellen Deprivationsthese annehmen könnte. Grundsätzlich weist zwar die Gruppe der Personen, die man als arm oder armutsgefährdet bezeichnen könnte, im Schnitt aller Untersuchungsländer überproportional viele Wähler rechtspopulistischer Parteien auf, während die Einkommensgruppen ab einem gesicherten Wohlstand nur noch unterdurchschnittlich diese Parteien präferieren. Es ist jedoch erst ab der Zone der Armutsgefährdung eine kontinuierlich fallende Tendenz der Rechtswahl bei Zunahme des materiellen Wohlstands zu erkennen, die ärmste Einkommensgruppe weist hingegen nur die zweithöchste Verhältniszahl auf.

Tabelle 35: Wahl rechtspopulistischer Parteien nach objektiven Einkommensgruppen und Land

	AT		BE		CH		D		DK		F		I		NL		NO		Schnitt	
	%	100	%	100	%	100	%	100	%	100	%	100	%	100	%	100	%	100	%	100
Arm (bis 40 %)	5,7	**113**	8,2	86	34,3	**144**	.	.	12,2	**148**	13,9	**177**	1,9	60	7,7	87	18,1	**118**	9,9	**109**
Armutsgefährdet (40-60 %)	5,8	**114**	12,8	**134**	33,9	**142**	0,9	**106**	11,4	**139**	10,6	**135**	2,7	83	10,6	**119**	20,9	**136**	11,1	**123**
Bescheidener Wohlstand (60-120 %)	4,7	92	9,0	94	22,9	96	.	.	8,3	100	8,1	**104**	3,4	**105**	8,6	97	15,4	100	9,5	**104**
Gesicherter Wohlstand (120-200 %)	5,5	**108**	8,0	83	17,5	73	.	.	7,9	96	3,3	43	4,6	**143**	7,3	82	12,5	81	7,7	85
Reich (200 % und mehr)	.	.	9,5	99	16,6	69	0,5	63	3,8	46	5,7	73	6,5	**200**	6,5	73	11,7	76	6,9	76
Keine Einkommensangaben	4,7	93	8,4	88	28,6	**120**	1,2	**152**	8,3	**101**	6,7	86	3,2	99	12,5	**140**	16,7	**108**	8,2	90
Schnitt aller Gruppen	5,1	100	9,6	100	23,9	100	0,8	100	8,2	100	7,8	100	3,2	100	8,9	100	15,4	100	9,1	100

Quelle: ESS Cumulative File 2002-2004. Eigene Berechnung, gewichtet. (.) = weniger als fünf Fälle in Zelle.

Gerade die Differenzierung nach den Untersuchungsländern zeigt zudem, dass es keinen einheitlichen Trend im Wahlverhalten zugunsten rechtspopulistischer Parteien gibt, wenn man dieses in Abhängigkeit der hier unterschiedenen Einkommensgruppen betrachtet. Eine kontinuierlich fallende Tendenz der Rechtswahl bei Zunahme des Einkommens lässt sich lediglich in Dänemark und der Schweiz beobachten. Mit der Ausnahme der Gruppe der Reichen ist dies auch in Frankreich der Fall, wobei diese zwar nicht die geringste, aber immer noch eine unterdurchschnittliche Affinität zu rechtspopulistischen Parteien aufweist. In allen anderen Untersuchungsländern lassen sich aber von einer kontinuierlich fallenden Tendenz abweichende Muster des Wahlverhaltens erkennen. In den Niederlanden und in Belgien wählt die Gruppe der Armen nur unterdurchschnittlich rechtspopulistische Parteien, während in Italien anscheinend sogar die Rechtswahl mit der Höhe der Einkommens zunimmt.

Dieses nicht ganz einheitliche Bild spiegelt sich auch in den Ergebnissen der logistischen Regression des Wahlverhaltens zugunsten rechtspopulistischer Parteien wieder (Tab. 36). Im Grundmodell M_1 weist die Zugehörigkeit zur Gruppe der armen Personen keinen signifikanten Effekt auf die Rechtswahl auf. Alle anderen Einkommensgruppen haben aber einen nachweisbaren Einfluss auf die Chance der Wahl rechtspopulistischer Parteien, und zwar in kontinuierlich fallender Weise: Für die armutsgefährdeten Personen ist die Chance der Wahl einer derartigen Partei rund 30 % höher als im Mittel aller Gruppen. Danach sinken die Koeffizientenwerte. Während für die Gruppe der im bescheidenen Wohlstand lebenden Personen immerhin noch ein leicht erhöhter, schwach signifikanter Effekt zu verzeichnen ist, weisen die beiden höchsten Einkommensgruppen signifikante negative Wirkungen auf. Bei Personen, die in gesichertem Wohlstand leben, fällt die Chance der Wahl rechtspopulistischer Parteien 13 % geringer aus, während für Reiche sogar eine 22-prozentige Abnahme durch die logistische Regression vorhergesagt wird. Die Erklärungskraft des Modells ist aber mit gerade einmal 0,4 % erklärter (Pseudo-)Varianz äußerst gering.

Tabelle 36: Einfluss des objektiven Einkommens auf das Wahlverhalten

	M_1	M_2	M_3	M_4	M_5	M_6
Arm (bis 40 %)	1,14 n.s.	1,16 *	1,14 n.s.	1,00 n.s.	1,21 **	1,02 n.s.
Armutsgefährdet (40-60 %)	1,30 ***	1,32 ***	1,29 ***	1,16 **	1,39 ***	1,20 **
Bescheidener Wohlstand (60-120 %)	1,08 *	1,08 n.s.	1,08 n.s.	1,07 n.s.	0,99 n.s.	0,97 n.s.
Gesicherter Wohlstand (120-200 %)	0,87 *	0,85 **	0,87 *	1,00 n.s.	0,77 ***	0,90 n.s.
Reich (200 % und mehr)	0,78 **	0,75 **	0,78 **	0,94 n.s.	0,69 ***	0,88 n.s.
Keine Einkommensangaben	0,92 n.s.	0,97 n.s.	0,93 n.s.	0,85 **	1,13 *	1,07 n.s.
Mann		1,22 ***				1,24 ***
Frau		0,82 ***				0,81 ***
Alter (je 10 Jahre)			1,01 n.s.			0,94 ***
Pflichtschulabschluss ISCED 0/1/2				1,39 ***		1,82 ***
Weiterf. Schulabschluss ISCED 3/4				1,34 ***		1,24 ***
Hochschulabschluss ISCED 5/6				0,54 ***		0,45 ***
Österreich					0,67 ***	0,54 ***
Belgien					1,37 ***	1,41 ***
Schweiz					4,42 ***	5,13 ***
Deutschland					0,11 ***	0,12 ***
Dänemark					1,30 ***	1,39 ***
Frankreich					1,14 n.s.	1,16 n.s.
Italien					0,43 ***	0,36 ***
Niederlande					1,33 ***	1,28 ***
Norwegen					2,58 ***	2,82 ***
Konstante	0,10 ***	0,09 ***	0,09 ***	0,09 ***	0,07 ***	0,08 ***
Nagelkerkes R-Quadrat in Prozent	0,4	1,1	0,4	2,5	9,9	13,7
AIC	13814	13740	13792	13535	12821	12334
BIC	13862	13796	13848	13599	12933	12478
Fallzahl n	22436	22424	22382	22388	22436	22327

Quelle: ESS Cumulative File 2002-2004. Eigene Berechnung, gewichtet. Ausgewiesen ist der Effektkoeffizient Exp(B) und das Signifikanzniveau (* p≤0,05; ** p≤0,01; *** p≤0,001; n.s. nicht signifikant).

Wie bei den meisten anderen hier bereits untersuchten Indikatoren hat die Kontrolle der Variablen Geschlecht und Alter kaum einen Einfluss auf die Wirkung des objektiven Einkommens auf das Wahlverhalten zugunsten rechtspopulistischer Parteien. Sowohl in Modell M_2 als auch M_3 verändert sich der Effekt der einzelnen Einkommenskategorien nur ganz unwesentlich durch die Berücksichtigung des Geschlechts und des Alters der Person. Unabhängig vom Einkommen hat das Geschlecht den bekannten eigenständigen Effekt auf das Wahlverhalten, während das Alter – wie schon bei allen anderen Indikatoren – keine signifikante Wirkung zeigt. Ungewöhnlich starke Veränderungen lassen sich aber bei Einführung der Bildungsvariablen in Modell M_4 beobachten. Der Effekt fast aller Einkommensgruppen verschwindet bei Berücksichtigung des höchsten formalen Bildungsabschlusses. Als einzige inhaltlich bestimmte Einkommensgruppe behält die Kategorie der Armutsgefährdung einen schwach signifikanten Effekt von gerade einmal um 16 % erhöhten Wahlchancen bei Zugehörigkeit zu dieser. Im Wesentlichen lässt sich daher die Tatsache, dass die Wahl rechtspopulistischer Parteien über die verschiedenen Einkommenskategorien variiert, dadurch erklären, dass in ihnen unterschiedliche Bildungsniveaus dominant sind, die wiederum das Wahlverhalten zugunsten rechtspopulistischer Parteien beeinflussen. Die Kontrolle der Untersuchungsländer in Modell M_5 verstärkt jeweils die negativen und positiven Einflüsse der unterschiedlichen Einkommenskategorien im Vergleich zum Grundmodell.

H5: Je niedriger das Einkommen einer Person, desto höher ist die Wahrscheinlichkeit, dass sie eine rechtspopulistische Partei wählt.

H6: Im Vergleich zu anderen Einkommensgruppen wählen Personen, die armutsgefährdet sind, rechtspopulistische Parteien mit der höchsten Wahrscheinlichkeit.

Anhand von Modell M_6, das neben den Einkommensgruppen alle vier Kontrollvariablen berücksichtigt, lassen sich die beiden Hypothesen einer empirischen Überprüfung zuführen. Hypothese H5 erfordert, dass die Wahrscheinlichkeit der Wahl rechtspopulistischer Parteien über die verschiedenen Einkommensstufen kontinuierlich abfällt. Hiervon kann schon deswegen keine Rede sein, da bei Berücksichtigung aller Kontrollvariablen allein von der Zugehörigkeit zur Gruppe der armutsgefährdeten Personen ein signifikanter Effekt ausgeht. Von allen anderen Kategorien geht keine signifikante Wirkung aus, so dass Hypothese H5 falsifiziert ist. Die Hypothese H6, die vor dem Hintergrund der Annahme formuliert wurde, dass gerade diejenigen zur Wahl rechtspopulistischer Parteien neigen, die noch etwas zu verlieren haben, lässt sich durch dieselbe Tatsache aber bestätigen: Eine armutsgefährdete Person hat eine um rund 21 % höhere Chance, eine rechtspopulistische Partei zu wählen, als dies im Schnitt aller Einkommensgruppen der Fall ist. Es ist also keinesfalls ein absoluter Mangel an materiellen Ressourcen zur Lebensgestaltung, die derartige Wirkungen hervorruft. Wenn überhaupt, dann wirkt sich die Gefahr, in Armut abzurutschen, in einer erhöhten Affinität zu diesen Parteien aus. Zugleich weist das Modell M6 aber im Vergleich zu den jeweils letzten Modellen der anderen Indikatoren eine geringere Erklärungskraft auf. Betrachtet man die AIC- und BIC-Werte, die einen Vergleich der nicht-geschachtelten Modelle ermöglichen, so liegt der Wert beider Kriterien um mindestens 100 Punkte höher als beim Endmodell jedes anderen Indikators. Insgesamt muss daher davon ausgegangen werden, dass das objektive Einkommen einer Person keine große Rolle für die Frage spielt, ob sie eine rechtspopulistische Partei wählt.

4.1.6 Subjektive Einkommensarmut

Selbst wenn die objektiv vorhandenen finanziellen Ressourcen einer Person keine wesentliche Rolle in der Erklärung eines Wahlverhaltens zugunsten rechtspopulistischer Parteien spielen, so ist es doch denkbar, dass die subjektive Einschätzung des Auskommens mit dem zur Verfügung stehenden Einkommen genau dies vermag. Die Bedürfnisse jedes Individuums sind unterschiedlich, so dass der Standard, der zu einer angemessenen Lebensführung als notwendig erachtet wird, von Person zu Person variieren kann. Es ist durchaus denkbar, dass jemand, der sich konstant in einer objektiv schlechten Lebenssituation befindet, sich in dieser einrichtet und sie nicht mehr als Deprivation wahrnimmt. Andererseits kann eine Person, die einen sozialen Abstieg erfährt, dies eventuell als viel drastischere Einschränkung erfahren. Deswegen lohnt es sich, auch die subjektive Einkommensarmut im Sinne der Bewertung des Auskommens mit dem derzeitigen Einkommen auf ihren Einfluss auf die Rechtswahl zu untersuchen.

In Tab. 37 finden sich zunächst deskriptive Informationen zur Wahl rechtspopulistischer Parteien in den verschiedenen subjektiven Einkommensgruppen. Zieht man zunächst den Schnitt aller Untersuchungsländer heran, so lässt sich eine überproportionale Unterstützung dieser Parteien in der Gruppe der Personen feststellen, die angeben, schlecht oder sehr schlecht mit ihrem derzeitigen Einkommen leben zu können. Letztere unterstützen rechtspopulistische Parteien mit einer Verhältniszahl von 119 am stärksten, während erstere lediglich einen Wert von 115, mithin eine 15 % überproportionale Unterstützung derselben aufweisen. Selbst in der Gruppe derer, die mit ihrem derzeitigen Einkommen gerade so auskommen, ist noch ein leicht überdurchschnittliches Wahlverhalten zugunsten der Rechtspopulisten zu verzeichnen. Lediglich die Personen, denen ein bequemes Leben mit ihren verfügbaren Einkommensressourcen möglich ist, wählen diese Parteien weniger häufig als im Mittel der Bevölkerung. Wie in Abschnitt 3.3.2.6 in Tab. 14 dargestellt, handelt es sich hierbei aber auch um die größte Bevölkerungsgruppe, während etwa die Personen, die ein sehr schlechtes Auskommen angeben, nur 2,5 % der Befragten in allen Untersuchungsländern ausmachen.

Tabelle 37: Wahl rechtspopulistischer Parteien nach subj. Einkommensgruppen und Land

	AT		BE		CH		D		DK		F		I		NL		NO		Schnitt	
	%	100	%	100	%	100	%	100	%	100	%	100	%	100	%	100	%	100	%	100
Bequemes Leben	4,9	96	7,7	81	21,7	91	.	.	6,5	78	5,3	67	2,9	89	7,7	87	13,5	88	8,3	92
Auskommen	4,6	90	11,3	118	26,2	110	1,0	117	11,3	136	10,5	134	3,7	113	10,1	114	16,1	105	9,6	106
Schlechtes Auskommen	6,8	132	9,8	102	26,3	110	1,7	201	11,2	135	12,4	158	2,6	82	10,9	123	27,5	179	10,5	115
Sehr schlechtes Auskommen	8,7	170	11,5	121	38,9	163	.	.	22,9	275	.	.	.	.	.	.	13,0	85	10,8	119
Keine Einkommensangaben	.	.	.	.	.	.	.	.	.	.	.	.	.	.	.	.	.	.	8,7	95
Schnitt aller Gruppen	5,1	100	9,6	100	23,9	100	0,9	100	8,3	100	7,8	100	3,2	100	8,9	100	15,4	100	9,1	100

Quelle: ESS Cumulative File 2002-2004. Eigene Berechnung, gewichtet. (.) = weniger als fünf Fälle in Zelle.

Schon deshalb ist es schwierig, auf die Grundgesamtheit verallgemeinerbare deskriptive Angaben zum Wahlverhalten in dieser kleinen Gruppe in den einzelnen Untersuchungsländern zu machen. In Tab. 37 sind dann auch wegen zu geringer Fallzahlen entsprechende Werte für Deutschland, Frankreich, Italien und die Niederlande nicht ausgewiesen. Insbesondere in Österreich, Belgien, der Schweiz und Dänemark unterstützt aber die unterste subjektive Einkommensgruppe die Rechtspopulisten in deutlich überdurchschnittlicher Weise. Nur in Norwegen ist eine leicht unterproportionale Wahl dieser Parteien zu verzeichnen. Ähnlich verhält es sich in der zweitniedrigsten subjektiven Einkommenskategorie, die lediglich in Italien nicht den Erwartungen entspricht. Die Unterstützung der Rechts-

4 Einfluss der Modernisierungsverlierer-Indikatoren auf das Wahlverhalten

populisten ist hingegen in der höchsten Kategorie in allen Untersuchungsländern unterdurchschnittlich. Die Tatsache, dass die Unterschiede insbesondere im Schnitt aller Untersuchungsländer nicht besonders ausgeprägt sind, lässt aber erste Zweifel daran aufkommen, dass das subjektive Einkommen ein guter Prädiktor für das Wahlverhalten ist.

Tabelle 38: Einfluss des subjektiven Einkommens auf das Wahlverhalten

	M_1	M_2	M_3	M_4	M_5	M_6
Bequemes Leben	0,87 n.s.	0,85 *	0,86 n.s.	0,99 n.s.	0,72 ***	0,85 n.s.
Auskommen	1,02 n.s.	1,01 n.s.	1,01 n.s.	1,02 n.s.	1,03 n.s.	1,04 n.s.
Schlechtes Auskommen	1,12 n.s.	1,13 n.s.	1,11 n.s.	1,06 n.s.	1,19 n.s.	1,15 n.s.
Sehr schlechtes Auskommen	1,16 n.s.	1,18 n.s.	1,16 n.s.	1,10 n.s.	1,28 n.s.	1,22 n.s.
Keine Einkommensangaben	0,88 n.s.	0,89 n.s.	0,90 n.s.	0,85 n.s.	0,88 n.s.	0,81 n.s.
Mann		1,22 ***				1,24 ***
Frau		0,82 ***				0,81 ***
Alter (je 10 Jahre)			1,02 n.s.			0,99 ***
Pflichtschulabschluss ISCED 0/1/2				1,38 ***		1,81 ***
Weiterf. Schulabschluss ISCED 3/4				1,35 ***		1,24 ***
Hochschulabschluss ISCED 5/6				0,54 ***		0,45 ***
Österreich					0,69 ***	0,55 ***
Belgien					1,37 ***	1,41 ***
Schweiz					4,42 ***	5,16 ***
Deutschland					0,11 ***	0,12 ***
Dänemark					1,32 ***	1,41 ***
Frankreich					1,18 *	1,19 *
Italien					0,42 ***	0,35 ***
Niederlande					1,34 ***	1,29 ***
Norwegen					2,55 ***	2,80 ***
Konstante	0,10 ***	0,10 ***	0,10 ***	0,09 ***	0,08 ***	0,08 ***
Nagelkerkes R-Quadrat in Prozent	0,2	0,9	0,2	2,4	9,9	13,8
AIC	13834	13761	13810	13547	12818	12324
BIC	13874	13809	13858	13604	12922	12460
Fallzahl n	22436	22424	22382	22388	22436	22327

Quelle: ESS Cumulative File 2002-2004. Eigene Berechnung, gewichtet. Ausgewiesen ist der Effektkoeffizient Exp(B) und das Signifikanzniveau (* p≤0,05; ** p≤0,01; *** p≤0,001; n.s. nicht signifikant).

Überprüft man den Einfluss der Zugehörigkeit zu den einzelnen Einkommenskategorien auf die Wahl rechtspopulistischer Parteien in Regressionsmodellen, so ergibt sich ein ernüchterndes Bild: Schon im bivariaten Grundmodell M_1 kann keine der Einkommensgruppen signifikante Effekte aufweisen, die Erklärungskraft ist mit einem Nagelkerkes R-Quadrat-Wert von gerade einmal 0,2 % zudem minimal. Die Berücksichtigung von Kontrollvariablen ergibt zwar die bekannten eigenständigen Effekte dieser auf das Wahlverhalten, sorgt aber nicht dafür, dass einer der Effektkoeffizienten für die subjektiven Einkommenskategorien signifikant werden würde. Einzige Ausnahme ist die Kontrolle der Untersuchungsländer in Modell M_5, die einen signifikanten negativen Effekt der Zugehörigkeit zur Gruppe derjenigen Personen ergibt, die glauben, mit ihrem Einkommen bequem leben zu können. Im Gesamtmodell M_6, das alle Kontrollvariablen berücksichtigt, wird dieser Effekt aber wieder insignifikant. Die Erklärungskraft aller Modelle bleibt ausweislich der AIC und BIC-Werte zudem weit hinter den jeweiligen Modellen der Prüfung der anderen Indikatoren zurück.

> H7: Je weniger eine Person glaubt, mit dem Haushaltseinkommen auszukommen, desto höher ist die Wahrscheinlichkeit, dass sie eine rechtspopulistische Partei wählt.

Hypothese H7 ist daher falsifiziert. Das Gesamtmodell ergibt keinerlei signifikante Effekte der subjektiven Einkommensgruppen auf das Wahlverhalten zugunsten rechtspopulistischer Parteien. Auch wenn die deskriptiven Ergebnisse zunächst in Richtung einer Bestätigung der Hypothese weisen, so lässt sich doch nicht sicher von den hier gefundenen Ergebnissen auf die Grundgesamtheit, also die Wähler in den neun Untersuchungsländern, schließen.

4.1.7 Arbeitslosigkeit

Wie in Abschnitt 2.5.1.7 ausgeführt, stellt Erwerbsarbeit für die meisten Menschen eine zentrale Ressource zur Befriedigung ihrer materiellen wie teilweise auch immateriellen Bedürfnisse dar. Arbeitslosigkeit als Zustand ausbleibender Erwerbstätigkeit wird damit zum wichtigen Indikator für sozioökonomische Deprivation. Gerade in der Rechtsextremismus- und Rechtspopulismusforschung wird aber auch kritisiert, dass deprivationstheoretische Erklärungsversuche allzu häufig auf den Indikator der Arbeitslosigkeit reduziert werden (Rippl/Baier 2005: 644). Was die Deprivation im Fall von Arbeitslosigkeit ausmacht, etwa finanzielle Sorgen, Status- und Prestigeverlust oder Rückgang sozialer Kontakte, ist bei einer alleinigen Analyse der Wirkung der Arbeitslosigkeit auf das Wahlverhalten nicht zu erkennen. Vorliegend soll Arbeitslosigkeit daher als ein möglicher Indikator der Modernisierungsverlierer-Eigenschaft von Personen herangezogen und in späteren Abschnitten anderen Deprivationsmaßen gegenübergestellt werden, um deren komparative Erklärungskraft beurteilen und eine mögliche Dekomposition des Effekts der Arbeitslosigkeit in einzelne Deprivationsfaktoren analysieren zu können.

In Tab. 39 finden sich zunächst deskriptive Informationen zur Wahl rechtspopulistischer Parteien in Abhängigkeit vom Erwerbsstatus, wobei arbeitslose Personen denen gegenübergestellt werden, die „nicht arbeitslos" sind. Gemäß der in Abschnitt 3.3.2.7 erläuterten Operationalisierung der Variablen handelt es sich dabei nicht ausschließlich um erwerbstätige Personen, sondern auch um in dieser Hinsicht „inaktive" Bevölkerungsgruppen, beispielsweise Rentner, Schüler und Studierende oder in häuslicher Erziehung und Pflege tätige Personen. Im Schnitt aller Untersuchungsländer wählen Arbeitslose rechtspopulistische Parteien rund 18 % häufiger, als dies im Mittel aller Wähler der Fall ist. In den einzelnen Ländern variiert das Bild ein wenig. Die Unterstützung der Rechtspopulisten durch Arbeitslose ist in Deutschland etwa mehr als viermal so stark ausgeprägt wie im

Schnitt der deutschen Wähler. In Österreich und den Niederlanden fällt die Wahl dieser Parteien in diesem Teilsegment immer noch annähernd doppelt so stark aus. In den meisten anderen Ländern ist die Rechtswahl in der Gruppe der Arbeitslosen immer noch deutlich ausgeprägt. Nur für die Schweiz und Italien lassen sich aufgrund von geringen Fallzahlen keine sicheren Werte angeben, was im ersten Fall an der geringen Zahl von Arbeitslosen, im zweiten an den geringen Wahlanteilen von Parteien liegt, die im hier verwendeten Sinne als rechtspopulistisch zu bezeichnen sind. In jedem Fall scheint in diesen beiden Ländern keine ausgeprägte Affinität der Arbeitslosen zu den Rechtspopulisten zu bestehen.

Tabelle 39: Wahl rechtspopulistischer Parteien nach Erwerbsstatus und Land

	AT		BE		CH		D		DK		F		I		NL		NO		Schnitt	
	%	100	%	100	%	100	%	100	%	100	%	100	%	100	%	100	%	100	%	100
Arbeitslos	10,7	**210**	15,1	**159**	.		3,6	**442**	11,5	**138**	10,4	**134**	.		17,3	**198**	23,3	**152**	10,6	**118**
Nicht arbeitslos	5,0	97	9,2	97	24,2	100	0,7	81	8,2	98	7,7	99	3,3	**101**	8,6	98	15,1	99	9,0	99
Schnitt beider Gruppen	5,1	100	9,5	100	24,2	100	0,8	100	8,3	100	7,8	100	3,2	100	8,7	100	15,3	100	9,1	100

Quelle: ESS Cumulative File 2002-2004. Eigene Berechnung, gewichtet. (.) = weniger als fünf Fälle in Zelle.

Diese unterschiedlich stark ausgeprägten Affinitäten zu rechtspopulistischen Parteien scheinen sich auch auf die Analyse des Einflusses der Arbeitslosigkeit auf das Wahlverhalten zugunsten rechtspopulistischer Parteien in den folgenden Regressionsmodellen auszuwirken (Tab. 40). Das Grundmodell M_1 weist keinen signifikanten Effekt der Variablen Arbeitslosigkeit und eine praktisch nicht vorhandene Erklärungskraft auf, was sich auch bei Berücksichtigung der Variablen Geschlecht, Alter und Bildung in den Modellen M_2, M_3 und M_4 fortsetzt. Letztere weisen zwar jeweils ihren bekannten unabhängigen Effekt auf die Rechtswahl auf, die Effektkoeffizienten für die Arbeitslosigkeits-Variable bleiben jedoch insignifikant. Erst bei Kontrolle der Untersuchungsländer ergibt sich ein hochsignifikanter und nun auch recht starker Einfluss. Hält man die länderspezifischen Einflüsse auf das Wahlverhalten konstant, so hat ein arbeitsloser Wähler im Vergleich zu allen Wählern eine 1,32-mal so hohe Chance, eine rechtspopulistische Partei zu wählen. Der Effekt der Arbeitslosigkeit auf die Rechtswahl wird also zu einem guten Teil dadurch unterdrückt, dass er gerade in den Ländern relativ schwach ausgeprägt ist, in denen wie im Beispiel der Schweiz aus anderen, länderspezifischen Gründen sehr günstige Bedingungen für rechtspopulistische Parteien bestehen, während der Effekt in Ländern wie Deutschland, die sehr ungünstige Bedingungen für diese Parteien aufweisen, gerade sehr ausgeprägt ist.

Tabelle 40: Einfluss der Arbeitslosigkeit auf das Wahlverhalten

	M_1	M_2	M_3	M_4	M_5	M_6
Arbeitslosigkeit	1,10 n.s.	1,10 n.s.	1,11 n.s.	1,07 n.s.	1,28 ***	1,22 **
Mann		1,22 ***				1,24 ***
Frau		0,82 ***				0,81 ***
Alter (je 10 Jahre)			1,02 n.s.			1,00 **
Pflichtschulabschluss ISCED 0/1/2				1,39 ***		1,85 ***
Weiterf. Schulabschluss ISCED 3/4				1,35 ***		1,24 ***
Hochschulabschluss ISCED 5/6				0,53 ***		0,43 ***
Österreich					0,73 ***	0,56 ***
Belgien					1,41 ***	1,42 ***
Schweiz					4,38 ***	5,21 ***
Deutschland					0,11 ***	0,12 ***
Dänemark					1,22 **	1,36 ***
Frankreich					1,15 n.s.	1,17 *
Italien					0,44 ***	0,36 ***
Niederlande					1,31 ***	1,27 ***
Norwegen					2,47 ***	2,77 ***
Konstante	0,11 ***	0,11 ***	0,10 ***	0,09 ***	0,09 ***	0,10 ***
Nagelkerkes R-Quadrat in Prozent	0,0	0,7	0,0	2,4	9,5	13,8
AIC	13750	13677	13725	13031	12770	12238
BIC	13774	13701	13749	13450	12850	12350
Fallzahl n	22317	22305	22268	13482	22317	22219

Quelle: ESS Cumulative File 2002-2004. Eigene Berechnung, gewichtet. Ausgewiesen ist der Effektkoeffizient Exp(B) und das Signifikanzniveau (* $p \leq 0,05$; ** $p \leq 0,01$; *** $p \leq 0,001$; n.s. nicht signifikant).

Im Gesamtmodell M_6, dass nun alle Kontrollvariablen gleichzeitig berücksichtigt, geht der Effektkoeffizient in seiner aus M_5 bekannten Höhe zurück, es lässt sich aber immer noch ein hochsignifikanter positiver Einfluss der Arbeitslosigkeit feststellen. Arbeitslose weisen diesem Modell zufolge eine rund 22 % erhöhte Chance der Wahl einer rechtspopulistischen Partei auf, unabhängig von der Frage, welches Geschlecht, welches Alter, welchen Bildungsabschluss sie haben oder in welchen der neun Untersuchungsländer sie leben. Dieses Gesamtmodell weist beim Vergleich der AIC und BIC-Werte zumindest eine höhere Erklärungskraft auf, als dies bei den Indikatoren der objektiven und subjektiven Einkommensarmut der Fall ist, die zumindest eine denkbare Folge von Arbeitslosigkeit sind.

> H8: Personen, die arbeitslos sind, wählen rechtspopulistische Parteien mit überdurchschnittlicher Wahrscheinlichkeit.

Hypothese H8 kann daher als verifiziert gelten. Auch unter Berücksichtigung der vier Kontrollvariablen kann davon gesprochen werden, dass Arbeitslose eine erhöhte Wahrscheinlichkeit aufweisen, rechtspopulistische Parteien zu wählen.

4.1.8 Prekäres Beschäftigungsverhältnis

Die dichotome Gegenüberstellung von bedürfnisdeckender Erwerbsarbeit und durch Deprivation gekennzeichneter Arbeitslosigkeit mag anschaulich und kontrastreich sein, wird der empirischen Realität der heutigen Arbeitswelt aber – wie in Abschnitt 2.5.1.8 gezeigt – nur bedingt gerecht. Das tatsächliche Bild ist durch ein Kontinuum der Arbeitsplatzsicherheit bzw. -unsicherheit geprägt, das viele Nuancen der Abstufung kennt. Insbesondere die Fallgruppen atypischer oder prekärer Beschäftigung erfassen Berufstätigkeiten, die in je spezifischer Weise nicht dem überkommenen Standard des Normalarbeitsverhältnisses entsprechen und insofern auch als Indikatoren für die Modernisierungsverlierer-Eigenschaft eines Individuums gesehen werden können. Im Folgenden soll untersucht werden, inwiefern ein prekäres Beschäftigungsverhältnis Auswirkungen auf das Wahlverhalten zugunsten rechtspopulistischer Parteien hat.

Tabelle 41: Wahl rechtspopulistischer Parteien nach Gruppen prekärer Beschäftigung und Land

	AT		BE		CH		D		DK		F		I		NL		NO		Schnitt	
	%	100	%	100	%	100	%	100	%	100	%	100	%	100	%	100	%	100	%	100
Befristete Beschäftigung	4,3	82	12,1	**124**	19,6	82	1,2	**152**	8,2	98	4,6	57	.	.	10,4	**118**	16,7	**110**	8,9	97
Keine befriste Beschäftigung	5,3	**102**	9,6	97	24,2	**101**	0,8	95	8,4	100	8,4	**105**	3,2	**101**	8,7	98	15,1	99	9,2	100
Schnitt beider Gruppen	5,2	100	9,8	100	24,0	100	0,8	100	8,4	100	8,1	100	3,2	100	8,9	100	15,3	100	9,2	100
Teilzeitbeschäftigung	3,0	60	7,5	76	25,3	**107**	.	.	8,2	100	7,2	94	4,2	**126**	9,9	**114**	12,5	84	8,6	96
Keine befriste Beschäftigung	5,4	**107**	10,2	**104**	23,5	99	0,9	**114**	8,2	100	7,7	**101**	3,3	98	8,4	97	15,3	**102**	9,0	**101**
Schnitt beider Gruppen	5,1	100	9,8	100	23,7	100	0,8	100	8,2	100	7,6	100	3,3	100	8,7	100	15,0	100	9,0	100
Geringfügige Beschäftigung	.	.	11,2	**114**	16,0	67	.	.	7,9	97	10,5	**138**	.	.	8,9	**103**	14,7	98	8,8	98
Keine befriste Beschäftigung	5,2	**103**	9,7	99	24,7	**104**	0,8	**103**	8,2	100	7,5	98	3,5	**105**	8,7	100	15,0	100	9,0	100
Schnitt beider Gruppen	5,1	100	9,8	100	23,8	100	0,8	100	8,2	100	7,6	100	3,3	100	8,7	100	15,0	100	9,0	100
Arbeitende Arme („working poor")	6,0	**122**	11,3	**115**	34,4	**144**	1,0	**118**	13,1	**161**	10,6	**137**	2,4	72	8,8	100	20,1	**133**	10,6	**117**
Keine befriste Beschäftigung	4,6	93	9,3	94	22,5	94	0,8	97	7,6	93	6,9	89	3,6	**109**	8,8	100	14,2	94	8,7	96
Schnitt beider Gruppen	4,9	100	9,8	100	24,0	100	0,9	100	8,1	100	7,7	100	3,3	100	8,8	100	15,1	100	9,0	100
Solo-Selbständigkeit	5,0	99	8,4	87	26,3	**111**	.	.	9,6	**115**	7,4	96	3,2	**101**	10,6	**120**	22,2	**144**	10,6	**117**
Keine befriste Beschäftigung	5,1	100	9,8	**101**	23,6	99	0,8	100	8,3	99	7,7	100	3,2	100	8,7	99	14,9	97	9,0	99
Schnitt beider Gruppen	5,1	100	9,7	100	23,8	100	0,8	100	8,3	100	7,7	100	3,2	100	8,8	100	15,3	100	9,1	100

Quelle: ESS Cumulative File 2002-2004. Eigene Berechnung, gewichtet. (.) = weniger als fünf Fälle in Zelle.

In Tab. 41 finden sich zunächst die deskriptiven Ergebnisse für die fünf Gruppen prekärer Beschäftigung. Da die Zahl fehlender Fälle von Teilindikator zu Teilindikator variiert, wurden für jeden von diesen die Bezugsgröße des Schnitts bei allen Wählern separat berechnet und in der Tabelle ausgewiesen. Schon für die Gruppe der befristet Beschäftigten, bei denen die Fortdauer ihres Arbeitsverhältnisses unsicher ist, ergibt sich kein einheitliches Bild. Im Schnitt aller neun Untersuchungsländer schneiden rechtspopulistische Parteien – wie die Verhältniszahl 97 anzeigt – in diesem Beschäftigungssegment sogar leicht unterproportional ab. Besonders ausgeprägt ist eine stärkere Unterstützung dieser Parteien nur in Deutschland und – deutlich schwächer – in Belgien, den Niederlanden und Norwegen. In allen anderen Ländern fällt die Wahl rechtspopulistischer Parteien hier deutlich unterdurchschnittlich aus. Eine befristete Beschäftigung allein scheint daher keine besondere Neigung zur Wahl dieser Parteien hervorzurufen.

Ähnlich sieht es mit dem zweiten Indikator für ein prekäres Beschäftigungsverhältnis aus, der Beschäftigung in Teilzeit, die hier definiert ist als eine vertraglich vereinbarte Wochenarbeitszeit von über 15 bis hin zu 30 Stunden. Hier ist im Schnitt aller Untersuchungsländer die Neigung zur Wahl rechtspopulistischer Parteien noch stärker unterproportional ausgeprägt, als dies schon beim Indikator der befristeten Beschäftigung der Fall war. Lediglich in Italien, den Niederlanden und der Schweiz ist bei dieser Form der Abweichung vom Normalarbeitsverhältnis eine starke Tendenz zur Wahl der Rechtspopulisten auszumachen. Hingegen schneidet etwa die FPÖ in Österreich bei den befristet Beschäftigten rund 40 % weniger gut ab, als im Mittel aller Wähler. Ähnlich gestaltet sich dies im Übrigen auch in der Gruppe der geringfügig Beschäftigten, bei denen die wöchentliche Arbeitszeit maximal 15 Stunden pro Woche beträgt. Bei Betrachtung aller neun Untersuchungsländer fällt die Unterstützung rechtspopulistischer Parteien bei derartigen Beschäftigungsformen leicht unterdurchschnittlich aus, mit überproportionalen Ergebnissen lediglich in Frankreich, Belgien und ansatzweise auch in den Niederlanden.

Anders gestaltet sich die Situation in den letzten beiden Fallgruppen prekärer Beschäftigung. Die Gruppe der „arbeitenden Armen" verdient trotz voller Berufstätigkeit (mehr als 30 Wochenarbeitsstunden) nur soviel, dass sie nach den Kriterien objektiver Einkommensarmut als „arm" oder „armutsgefährdet" einzustufen ist. Diese prekäre Beschäftigungsgruppe unterstützt rechtspopulistische Parteien im Mittel aller Untersuchungsländer deutlich überdurchschnittlich. Nur in Italien – wo im Übrigen auch die Wahl dieser Parteien in den beiden niedrigsten objektiven Einkommensgruppen unterproportional ausfällt – ist dies nicht der Fall. Auch die sogenannten Solo-Selbständigen gehören zu den überdurchschnittlichen Wählergruppen der Rechtspopulisten. Diese Beschäftigtengruppe setzt sich aus kleinen Selbständigen zusammen, die keinerlei Mitarbeiter haben und zu einem guten Teil in einem ähnlichen Abhängigkeitsverhältnis zu bestimmten Auftraggebern stehen dürften, wie dies bei abhängig Beschäftigten der Fall ist, allerdings ohne deren vertraglich oder gesetzlich geregelte Arbeitnehmerrechte in Anspruch nehmen zu können. Diese Solo-Selbständigen wählen die rechtspopulistischen Parteien in ihren jeweiligen Ländern im Mittel rund 17 % häufiger als dies bei allen Wählern der Fall ist. Die nationalen Variationen sind in diesem Fall aber stärker ausgeprägt, insbesondere in Österreich, Belgien und Frankreich kommen sie nur auf knapp unterdurchschnittliche Stimmanteile in dieser Gruppe prekärer Beschäftigung.

4 Einfluss der Modernisierungsverlierer-Indikatoren auf das Wahlverhalten

Tabelle 42: Einfluss prekärer Beschäftigung auf das Wahlverhalten

	M_1	M_2	M_3	M_4	M_5	M_6
Befristete Beschäftigung	0,98 n.s.	1,00 n.s.	0,98 n.s.	1,00 n.s.	1,04 n.s.	1,03 n.s.
Teilzeitbeschäftigung	1,00 n.s.	1,21 *	1,01 n.s.	1,00 n.s.	1,00 n.s.	1,19 *
Geringfügige Beschäftigung	1,01 n.s.	1,17 n.s.	1,01 n.s.	0,93 n.s.	0,90 n.s.	0,90 n.s.
Arbeitende Arme („working poor")	1,23 **	1,26 ***	1,22 **	1,05 n.s.	1,38 ***	1,13 n.s.
Solo-Selbständigkeit	1,03 n.s.	0,97 n.s.	1,03 n.s.	1,04 n.s.	1,06 n.s.	1,04 n.s.
Mann		1,25 ***				1,25 ***
Frau		0,80 ***				0,80 ***
Alter (je 10 Jahre)			1,01 n.s.			0,94 ***
Pflichtschulabschluss ISCED 0/1/2				1,42 ***		1,92 ***
Weiterf. Schulabschluss ISCED 3/4				1,39 ***		1,28 ***
Hochschulabschluss ISCED 5/6				0,51 ***		0,41 ***
Österreich					0,71 ***	0,54 ***
Belgien					1,47 ***	1,49 ***
Schweiz					4,35 ***	5,14 ***
Deutschland					0,11 ***	0,12 ***
Dänemark					1,25 **	1,38 ***
Frankreich					1,11 n.s.	1,14 n.s.
Italien					0,44 ***	0,36 ***
Niederlande					1,32 ***	1,25 **
Norwegen					2,42 ***	2,76 ***
Konstante	0,08 ***	0,05 ***	0,07 ***	0,08 n.s.	0,05 ***	0,06 ***
Nagelkerkes R-Quadrat in Prozent	0,1	0,9	0,1	2,8	9,8	14,4
AIC	12348	12276	12332	12056	11446	10939
BIC	12395	12332	12388	12119	11557	11081
Fallzahl n	20169	20164	20124	20135	20169	20086

Quelle: ESS Cumulative File 2002-2004. Eigene Berechnung, gewichtet. Ausgewiesen ist der Effektkoeffizient Exp(B) und das Signifikanzniveau (* $p \leq 0,05$; ** $p \leq 0,01$; *** $p \leq 0,001$; n.s. nicht signifikant).

Um die Wirkung der vier Kontrollgrößen berücksichtigen zu können, sind in Tab. 42 die Ergebnisse verschiedener logistischer Regressionsmodelle dargestellt, die die Einflüsse der fünf Fallgruppen prekärer Beschäftigung auf das Wahlverhalten zugunsten rechtspopulistischer Parteien erfassen sollen. Schon das Grundmodell M_1 zeigt, dass die meisten Formen prekärer Beschäftigung keinen signifikanten Effekt auf die Wahl rechtspopulistischer Parteien haben. Lediglich im Fall der „working poor" liegt ein solcher vor. Die Chance der Wahl einer derartigen Partei steigt im Vergleich zum Durchschnitt aller Wähler um 23 % an, wenn der Befragte in diesem Sinne prekär beschäftigt ist. Interessante Veränderungen ergeben sich insbesondere bei Kontrolle der Variable Geschlecht in Modell M_2. Die Effektkoeffizienten für die befristete Beschäftigung, die Teilzeitbeschäftigung sowie die geringfügige Beschäftigung weisen nun unterschiedlich starke positive Einflüsse auf die Chance der Wahl rechtspopulistischer Parteien auf. Allerdings wird der Effekt nur im Fall der Teilzeitbeschäftigung signifikant. Hier ist die Chance der Wahl von Rechtspopulisten um den Faktor 1,21 erhöht. Der Anstieg der Effektkoeffizienten ist darauf zurückzuführen, dass diese Beschäftigungsformen überdurchschnittlich häufig von Frauen wahrgenommen werden, die – wie schon mehrfach beobachtet – aus modellexternen Gründen nicht zur Wahl derartiger Parteien neigen. Hält man den Effekt des Geschlechts konstant, so wird zumindest auch die Teilzeitbeschäftigung zu einem signifikanten Prädiktor der Rechtswahl.

Die Kontrolle des Alters in Modell M_3 erbringt im Vergleich zum Grundmodell – wie bei allen hier untersuchten Indikatoren – keinerlei größere Veränderungen. Allein die „arbeitenden Armen" weisen ihren schon im Grundmodell zu beobachtenden positiven Einfluss auf die Wahlchancen auf. Dieser verschwindet allerdings mit Berücksichtigung der Bildungsvariablen in Modell M_4. Der Effekt der Zugehörigkeit zur Gruppe der „arbeitenden Armen" erklärt sich also größtenteils darüber, dass diese zumeist ein niedriges formales Bildungsniveau aufweisen und schon deshalb eher zur Wahl rechtspopulistischer Parteien neigen. Ein darüber hinaus reichender Einfluss ist zumindest nicht signifikant. Kontrolliert man alleine die Auswirkungen der länderspezifischen Einflüsse, wie in Modell M_5 vorgenommen, so nimmt der positive Einfluss der „working poor" auf die Rechtswahl sogar im Vergleich zum Grundmodell noch zu. Doch dies ist der einzige signifikante Effekt der fünf prekären Beschäftigungsgruppen in diesem Modell.

> H9.1: Personen, die befristet beschäftigt sind, wählen rechtspopulistische Parteien mit überdurchschnittlicher Wahrscheinlichkeit.
>
> H9.2: Personen, die in Teilzeit beschäftigt sind, wählen rechtspopulistische Parteien mit überdurchschnittlicher Wahrscheinlichkeit.
>
> H9.3: Personen, die geringfügig beschäftigt sind, wählen rechtspopulistische Parteien mit überdurchschnittlicher Wahrscheinlichkeit.
>
> H9.4: Personen, die trotz voller Erwerbstätigkeit arm sind, wählen rechtspopulistische Parteien mit überdurchschnittlicher Wahrscheinlichkeit.
>
> H9.5: Personen, die solo-selbständig sind, wählen rechtspopulistische Parteien mit überdurchschnittlicher Wahrscheinlichkeit.

Die fünf Hypothesen zu den Teilindikatoren prekärer Beschäftigung sind anhand des Gesamtmodells M_6 zu überprüfen. Das Gesamtmodell weist zunächst im Vergleich zu denen der anderen bisher untersuchten Indikatoren die höchste Erklärungskraft auf, was sich in den niedrigsten AIC- und BIC-Werten ausdrückt. Die hier vorgenommene gleichzeitige Kontrolle der Variablen Geschlecht, Alter, Bildung und Untersuchungsland lässt vier der fünf Effektkoeffizienten insignifikant werden. Nur der Effekt der Teilzeitbeschäftigung – und nicht die im Ausgangsmodell signifikante Zugehörigkeit zur Gruppe der arbeitenden Armen – bleibt schwach signifikant. Insofern müssen vier der fünf Hypothesen zurückgewiesen werden. Zumindest in der hier gewählten Operationalisierung haben die meisten Formen prekärer Beschäftigung keinen signifikanten Einfluss auf die Wahl rechtspopulistischer Parteien. Schon im Rahmen der Darstellung der Konzeption des Indikators in Abschnitt 2.5.1.8 wurde darauf hingewiesen, dass die recht grobe Operationalisierung anhand der vertraglichen Eckdaten des Arbeitsverhältnisses keine Unterscheidung danach erlaubt, ob die Prekarität insbesondere in den Fallgruppen der Teilzeitbeschäftigung und geringfügigen Beschäftigung wirklich gegeben ist oder die Beschränkung auf wenige Stunden Arbeit vom Arbeitnehmer selbst gewünscht ist. In diesem Fall könnte man nicht von Deprivation sprechen, da im Regelfall durch Vermögen oder die Erwerbsarbeit von anderen Haushaltsmitgliedern ausreichende finanzielle Ressourcen gegeben sind. In Ermangelung anderer Variablen, die diese Einschränkung nachvollziehen könnten, bleibt diese *ad hoc*-Erklärung des schlechten Abschneidens in den Gruppen prekärer Beschäftigung aber reine Spekulation.

4.1.9 Soziale Exklusion

Kommen wir nun zum letzten Modernisierungsverlierer-Indikator, der hier auf seinen Einfluss auf die Wahl rechtspopulistischer Parteien hin untersucht werden soll. Wie in Abschnitt 2.5.1.9 erläutert, wird der Begriff der sozialen Exklusion im Rahmen der vorliegenden Arbeit eng als Ausschluss von sozialen Kontakten aufgefasst. Soziale Exklusion im weiteren Sinne allgemeiner sozioökonomischer Deprivation ist im Untersuchungsmodell schon durch andere Indikatoren wie die der objektiven und subjektiven Einkommensarmut abgedeckt. In diesem Abschnitt wird also der gesellschaftliche Ausschluss selbst und nicht etwa die möglichen sozioökonomischen Ursachen einer näheren Analyse unterzogen. In Tab. 43 finden sich zunächst die Mittelwerte sozialer Exklusion, ausgewiesen jeweils für die Wähler rechtspopulistischer Parteien, die Wähler anderer Parteien und alle Wähler insgesamt. Obwohl der Wertebereich der Skala „soziale Exklusion" von 0 bis 10 reicht, liegt der Mittelwert für alle Untersuchungsländer und alle Wähler bei 1,55. Hohe Werte sozialer Exklusion sind also – wie bereits in Abschnitt 3.3.2.9 erläutert – vergleichsweise selten. Im Schnitt aller neun Untersuchungsländer kommen die Wähler rechtspopulistischer Parteien aber in der Tat auf höhere Mittelwerte sozialer Exklusion. Die mittlere Differenz zu den Wählern anderer Parteien beträgt 0,11 Skalenpunkte. Insofern kann man davon sprechen, dass die Wähler derartiger Parteien im Mittel sozial ausgeschlossener sind, als dies bei den Wählern anderer Parteien der Fall ist. In einigen Untersuchungsländern ist diese mittlere Differenz zwischen den beiden Wählergruppen noch stärker ausgeprägt, etwa in Dänemark, Italien, Belgien und Frankreich. Allerdings scheinen die Wähler rechtspopulistischer Parteien in Deutschland im Vergleich zu den Wählern der anderen Parteien sozial integrierter zu sein. Dies stellt allerdings die einzige Ausnahme von der ansonsten eindeutigen Tendenz dar.

Tabelle 43: Mittelwerte sozialer Exklusion nach Wahlverhalten und Land

	AT	BE	CH	D	DK	F	I	NL	NO	Schnitt
Wähler rechtspop. Partei	1,72	2,23	1,46	1,51	1,77	1,76	2,81	1,55	1,30	1,65
Wähler anderer Partei	1,61	1,88	1,38	1,62	1,29	1,44	2,42	1,40	1,02	1,54
Alle Wähler	1,61	1,92	1,40	1,62	1,33	1,46	2,43	1,42	1,06	1,55
Mittlere Differenz	0,12	0,35	0,08	-0,11	0,48	0,32	0,40	0,15	0,28	0,11

Quelle: ESS Cumulative File 2002-2004. Eigene Berechnung, gewichtet.

Ähnlich wie bei den anderen kontinuierlichen Maßen soll auch hier die tatsächliche Wahlwahrscheinlichkeit für die einzelnen Werte sozialer Exklusion in einem Balkendiagramm dargestellt werden (Abb. 11). In der Tat lässt sich eine leicht steigende Tendenz der Wahlwahrscheinlichkeiten feststellen, je höher der Skalenwert ausfällt. Diese Tendenz ist jedoch keineswegs eindeutig. Die höchste Wahlwahrscheinlichkeit mit über 27 % findet sich etwa bei einem Wert sozialer Exklusion von fast 6 Punkten. Personen mit höheren Werten sozialer Exklusion fallen demgegenüber in der Wahrscheinlichkeit zurück, eine rechtspopulistische Partei zu wählen. Die ebenfalls in Abb. 11 abgetragene Kurve, die die vorhergesagten Wahlwahrscheinlichkeiten als Ergebnis der bivariaten logistischen Regression der Wahl rechtspopulistischer Parteien auf die soziale Exklusion darstellt, beschreibt die tatsächlichen Wahlwahrscheinlichkeiten daher nur sehr bedingt.

Abbildung 11: Wahlwahrscheinlichkeit in Abhängigkeit von sozialer Exklusion

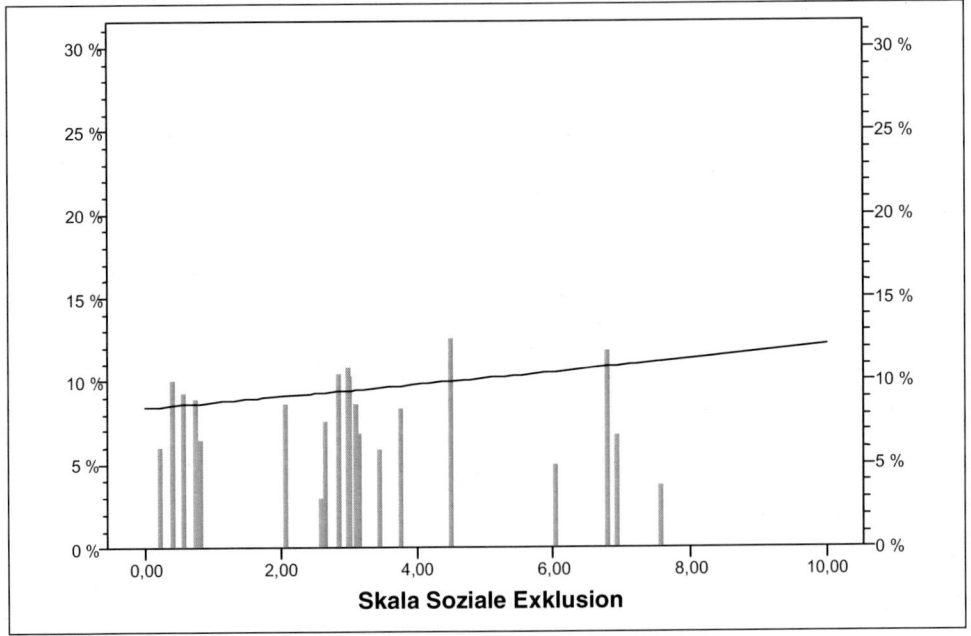

Quelle: Eigene Darstellung

Die Ergebnisse der entsprechenden Regression sind als Modell M_1 in Tab. 44 zusammengefasst. Für jeden Anstieg um einen Skalenpunkt sozialer Exklusion erhöht sich die Chance, eine rechtspopulistische Partei zu wählen, um rund 5 %. Dieser Effekt ist zwar signifikant, das Modell weist aber – auch im Vergleich zu den Grundmodellen anderer Indikatoren – nur eine sehr geringe Erklärungskraft auf (Nagelkerkes R-Quadrat von 0,1 %). Kontrolliert man den Einfluss des Geschlechts auf diesen Zusammenhang, wie in Modell M_2 geschehen, so ergibt sich keine Änderung des Effektkoeffizienten; das Geschlecht weist darüber hinaus den bekannten eigenständigen Effekt auf die Wahl rechtspopulistischer Parteien auf. Auch die Berücksichtigung der Kontrollvariablen des Alters hat keinen besonderen Einfluss auf den Zusammenhang von sozialer Exklusion und dem Wahlverhalten zugunsten rechtspopulistischer Parteien. Der entsprechende Effektkoeffizient in Modell M_3 verändert sich im

Vergleich zum Grundmodell nicht, während das Alter selbst keinen signifikanten unabhängigen Einfluss aufweist. Wird hingegen der höchste formale Bildungsabschluss als Kontrollvariable berücksichtigt (Modell M_4), so wird der Effekt der sozialen Exklusion insignifikant. Dass sozial isolierte Personen zur Wahl rechtspopulistischer Parteien neigen, hat also zumindest auch etwas damit zu tun, dass diese häufig einen niedrigen Bildungsabschluss aufweisen und schon daher eine höhere Affinität zu diesen aufweisen.

Tabelle 44: Einfluss der sozialen Exklusion auf das Wahlverhalten

	M_1	M_2	M_3	M_4	M_5	M_6
Soziale Exklusion (je Punkt)	1,05 **	1,04 **	1,05 **	1,02 n.s.	1,12 ***	1,09 ***
Mann		1,21 ***				1,23 ***
Frau		0,83 ***				0,81 ***
Alter (je 10 Jahre)			1,01 n.s.			0,93 ***
Pflichtschulabschluss ISCED 0/1/2				1,38 ***		1,83 ***
Weiterf. Schulabschluss ISCED 3/4				1,35 ***		1,25 ***
Hochschulabschluss ISCED 5/6				0,54 ***		0,44 ***
Österreich					0,72 ***	0,55 ***
Belgien					1,37 ***	1,39 ***
Schweiz					4,37 ***	5,19 ***
Deutschland					0,11 ***	0,12 ***
Dänemark					1,26 ***	1,38 ***
Frankreich					1,16 n.s.	1,19 *
Italien					0,40 ***	0,34 ***
Niederlande					1,35 ***	1,29 ***
Norwegen					2,64 ***	2,90 ***
Konstante	0,09 ***	0,09 ***	0,09 ***	0,09 ***	0,06 ***	0,08 ***
Nagelkerkes R-Quadrat in Prozent	0,1	0,7	0,1	2,4	9,8	13,9
AIC	13835	13767	13813	13541	12827	12309
BIC	13851	13791	13837	13573	12907	12421
Fallzahl n	22436	22424	22382	22388	22436	22327

Quelle: ESS Cumulative File 2002-2004. Eigene Berechnung, gewichtet. Ausgewiesen ist der Effektkoeffizient Exp(B) und das Signifikanzniveau (* $p\leq0{,}05$; ** $p\leq0{,}01$; *** $p\leq0{,}001$; n.s. nicht signifikant).

Die Kontrolle der Untersuchungsländer in Modell M_5 ergibt jedoch gegenläufige Auswirkungen: Hält man die länderspezifischen Einflüsse auf das Wahlverhalten konstant, so steigt der Effektkoeffizient für die Variable soziale Exklusion auf 1,12 an und ist nun hochsignifikant. Eine Person, die einen Skalenwert von 10 aufweist, würde nach diesem Modell eine rund 2,8-mal (=1,12 hoch 10) so hohe Chance der Wahl einer rechtspopulistischen Partei aufweisen, als dies im Schnitt aller Wähler der Fall ist. Der Effekt sozialer Exklusion auf die Rechtswahl wird also zu einem guten Teil dadurch unterdrückt, dass er gerade in den Ländern relativ schwach ausgeprägt ist, in denen aus anderen, länderspezifischen

Gründen sehr günstige Bedingungen für rechtspopulistische Parteien bestehen und umgekehrt.

> H10: Je sozial ausgeschlossener eine Person, desto höher ist die Wahrscheinlichkeit, dass sie eine rechtspopulistische Partei wählt.

Anhand des Gesamtmodells M_6, das alle Kontrollvariablen gleichzeitig berücksichtigt, lässt sich nun Hypothese H10 überprüfen. Der Effektkoeffizient fällt zwar nicht so hoch aus wie im Modell, das nur die Untersuchungsländer kontrolliert. Mit einem hochsignifikanten Wert von 1,09 weist die Variable soziale Exklusion aber eindeutig einen positiven Effekt auf das Wahlverhalten zugunsten rechtspopulistischer Parteien auf. Personen, die den maximalen Wert sozialer Exklusion von 10 Skalenpunkten aufweisen, kommen damit auf eine fast 2,4-mal (=1,09 hoch 10) so hohe Chance der Wahl einer derartigen Partei, wenn man gleichzeitig die Auswirkungen des Geschlechts, des Alters, des höchsten Bildungsabschlusses und des Untersuchungslandes konstant hält. Das Gesamtmodell weist dabei ausweislich niedrigerer AIC- und BIC-Werte immerhin eine höhere Erklärungskraft auf, als dies bei den beiden Gesamtmodellen der Indikatoren für Einkommensarmut der Fall ist. Alle anderen Indikatoren können das Wahlverhalten zugunsten rechtspopulistischer Parteien aber besser erklären. Dennoch trifft die Hypothese zu, dass die Wahrscheinlichkeit der Wahl einer rechtspopulistischen Partei steigt, je höhere Werte sozialer Exklusion eine Person aufweist.

4.2 Zusammenwirken der Modernisierungsverlierer-Indikatoren

Die Einzelbetrachtung der Wirkung der Modernisierungsverlierer-Indikatoren auf das Wahlverhalten zugunsten rechtspopulistischer Parteien kann zunächst nur isolierte Effekte aufdecken. Gerade das Zusammenwirken der Indikatoren ist jedoch im Rahmen der Fragestellung dieser Arbeit von Interesse: Welche Indikatoren können *relativ zu den anderen* die Rechtswahl am besten erklären? Die hier verwendeten Indikatoren weisen in Bezug auf die Erfassung der Modernisierungsverlierer-Eigenschaft einer Person unterschiedliche Abstraktionsgrade auf. Manche versuchen sozioökonomische Deprivation zu messen, indirekt etwa über die zur Verfügung stehenden Ressourcen (objektive oder subjektive Einkommensarmut) oder direkt über die Folgen des Mangels (z.B. soziale Exklusion). Andere stellen hingegen auf Lebenslagen ab, in denen Deprivationserfahrungen vermutet werden (z.B. Klassenlage oder prekäre Beschäftigungsverhältnisse). In jedem Fall ist angesichts unterschiedlicher Abstraktionsgrade davon auszugehen, dass es vielfältige Überschneidungen zwischen den Indikatoren gibt. Es ist sogar wahrscheinlich, dass hinter dem scheinbaren Einfluss eines Indikators die Hintergrundwirkungen anderer Indikatoren stehen, die sich lediglich im beobachteten Effekt ausdrücken. Es ist daher notwendig, durch die gleichzeitige Berücksichtigung der Indikatoren ihre relative Wirkung auf das Erklärungsobjekt abzuschätzen. Dies soll in Abschnitt 4.2 in zwei Schritten geschehen: Erstens durch Erstellung eines umfassenden Modells, das möglichst viele der Indikatoren gleichzeitig berücksichtigt. Zweitens in der Suche nach einem sparsamen Modell, das mit möglichst wenigen Indikatoren die Wahl rechtspopulistischer Parteien erklärt und doch alle wesentlichen Wirkmechanismen repräsentiert.

4.2.1 Umfassendes Modell der Modernisierungsverlierer-Indikatoren

Zunächst zum umfassenden Modell, das alle Modernisierungsverlierer-Indikatoren sowie die Kontrollvariablen berücksichtigen und insofern Aufschlüsse über die unabhängigen Effekte der jeweiligen Indikatoren in ihrem Zusammenwirken erbringen soll. Ein wichtiges methodisches Problem in diesem Zusammenhang ist das der Multikollinearität. Viele der hier verwendeten Indikatoren erfassen – in unterschiedlicher Art und Weise – sozioökonomische Deprivation des Befragten. Es ist daher davon auszugehen, dass die einzelnen Indikatoren stark korrelieren, handelt es sich doch um unterschiedliche Operationalisierungen des gleichen theoretischen Konstrukts. Bei Regressionsmodellen besteht jedoch das Problem, dass bei starker Korrelation der unabhängigen Variablen untereinander (Multikollinearität) die Regressionsparameter nur noch unzuverlässig geschätzt werden können (Voss 2005). Dies macht sich bemerkbar an einem unter Umständen erhöhten Standardfehler der Regressionskoeffizienten und der daraus resultierenden Gefahr, dass ein Zusammenhang nicht erkannt wird, der in Wirklichkeit vorliegt (sog. falsch negativer Befund oder Typ II-Fehler). Die Koeffizienten selbst werden durch das Problem nicht unbedingt verfälscht (Menard 2002: 76).

Das Vorliegen von Multikollinearität bei einem alle Modernisierungsverlierer-Indikatoren umfassenden Modell wurde vorliegend auf zwei unterschiedliche Weisen untersucht. Zunächst wurde – wie von Menard (2002: 76f) vorgeschlagen – die Kollinearitätsstatistik der linearen Regressionsanalyse zum Auffinden von Kollinearitätsproblemen genutzt. Andererseits wurden Korrelationen für alle unabhängigen Variablen berechnet.[46] Die Prozeduren zeigen, dass man von einem gewissen Maß an partieller Multikollinearität ausgehen muss: Insbesondere die Toleranzwerte der Variablen Status, Statusinkonsistenz, subjektive Einkommensarmut und Bildung unterschreiten den in der Literatur vorgeschlagenen Grenzwert des Toleranzmaßes in Höhe von 0,1 (Menard 2002: 76). Die Untersuchung der Korrelationen zwischen den einzelnen Variablen zeigt, dass neben einem Zusammenhang der unterschiedlichen Kategorien der subjektiven Einkommensvariablen gerade auch die Indikatoren des sozioökonomischen Status, der sozioökonomischen Statusinkonsistenz sowie des Sozialprestiges jeweils miteinander korrelieren (Korrelationskoeffizienten sind in ihrem Betrag höher als 0,5). Zudem hängen zwei der Prekaritätsindikatoren mit jeweils anderen Konzepten zusammen: Die Variable, die die Zugehörigkeit zur Gruppe der „arbeitenden Armen" indiziert, korreliert definitionsgemäß mit verschiedenen objektiven Einkommenskategorien, während die prekäre Beschäftigung als „Solo-Selbständiger" mit der Klasse der „kleinen Selbständigen" Zusammenhänge aufweist.

Verschiedene Möglichkeiten der Reduktion des umfassenden Modells wurden durchgerechnet und insbesondere auf die Verbesserung der Toleranzwerte der übrigen Variablen hin untersucht. Die Entfernung der Variablen subjektive Einkommensarmut und sozioökonomische Statusinkonsistenz erwies sich als die Option, die alle Kontrollgrößen und die meisten Modernisierungsverlierer-Indikatoren im Modell belässt und zugleich die Toleranzwerte der übrigen Variablen soweit verbessert, dass keine von ihnen den Grenzwert von 0,1 mehr unterschreitet. Inhaltlich scheint der Verzicht auf die Indikatoren subjektive

---

[46] In beiden Fällen wurden kategoriale Variablen wie die Klassenlage oder die beiden Einkommensindikatoren zunächst dummy-kodiert, um sie im Rahmen dieser Verfahren berücksichtigen zu können. Dabei wurde jeweils die letzte Kategorie einer kategorialen Variablen in der linearen Regression nicht berücksichtigt, um perfekte Multikollinearität zu vermeiden.

Einkommensarmut und sozioökonomische Statusinkonsistenz vertretbar zu sein. Mit der objektiven Einkommensarmut bzw. dem sozioökonomischen Status gibt es eng zusammenhängende Alternativen, um die jeweilige Subdimension des Modernisierungsverlierer-Begriffs erfassen zu können. In beiden Fällen haben sich letztere bei der Einzelbetrachtung der Indikatoren auch als erklärungskräftiger erwiesen. Insofern bringt der Verzicht auf die beiden Indikatoren im umfassenden Modell keine wesentliche Einschränkung in den Analysemöglichkeiten.

In Tab. 45 finden sich die Ergebnisse dieses umfassenden Modells, jeweils auch unter Kontrolle der möglichen Einflussgrößen Geschlecht, Alter, formale Bildung und Untersuchungsland. Um zunächst alleine das Zusammenwirken der sieben übrigen Modernisierungsverlierer-Indikatoren beurteilen zu können, sind in Modell M_1 ausschließlich diese berücksichtigt. Signifikante Einflüsse gehen in diesem Fall nur von der Klassenlage und dem sozioökonomischen Status aus. Hochsignifikant ist insbesondere die Wirkung der Zugehörigkeit zur Klasse der intermediären Industrieberufe, die die Chance, eine rechtspopulistische Partei zu wählen, um rund 64 % erhöht. Bei qualifizierten Industrieberufen ist sie immerhin noch in signifikanter Weise um rund 34 % erhöht. Ein positiver Effekt der Zugehörigkeit zu den kleinen Selbständigen ist zwar vorhanden, aber nicht signifikant. Für Mitglieder der Dienstklasse, für die der intermediären Dienstleistungsberufe und insbesondere für Nicht-Beschäftigte ist hingegen eine deutlich geringere Wahlchance zu verzeichnen, als dies im Schnitt aller Wähler der Fall ist. Schließlich steigt die Chance der Wahl einer rechtspopulistischen Partei auch, je niedriger der sozioökonomische Status der Person ausfällt. Oder anders ausgedrückt: Je zehn ISEI-Punkten Zunahme sinkt sie um rund 15 %. Die Koeffizienten aller anderen Indikatoren sind insignifikant. Dies ist insbesondere beim Sozialprestige, den Kategorien objektiven Einkommens sowie bei der sozialen Exklusion erstaunlich, die bei der Einzelbetrachtung der Indikatoren jeweils noch signifikante und teilweise auch starke Wirkungen aufwiesen. Die Klassenlage und der sozioökonomische Status scheinen weitgehend hinter diesen bivariaten Einflüssen zu stehen.

Mit der Berücksichtigung der einzelnen Kontrollvariablen ändert sich das grundsätzliche Bild in nur geringer Weise. Bei Konstanthalten der Wirkung des Geschlechts auf die Rechtswahl (Modell M_2) wird der Effekt der Zugehörigkeit zur Klasse der intermediären und qualifizierten Industrieberufe etwa schwächer. Der Einfluss des sozioökonomischen Status nimmt hingegen zu. Diese Veränderungen hängen also damit zusammen, dass Frauen mit ihrer geringeren bzw. Männer mit ihrer höheren Neigung zur Wahl rechtspopulistischer Parteien in den entsprechenden Gruppen über- oder unterrepräsentiert sind. Die Kontrolle des Alters erbringt keine wesentlichen Veränderungen und auch keinen unabhängigen Effekt der Altersvariablen selbst. Hingegen wirkt sich die Berücksichtigung der formalen Bildung in Modell M_4 insbesondere auf den Effekt der Zugehörigkeit zu den einzelnen Berufsklassen aus. Der negative Einfluss der Dienstklasse und die positiven Einflüsse der Klassen der intermediären und qualifizierten Industrieberufe gehen jeweils zurück – die Bildungsunterschiede zwischen diesen Berufsgruppen machen also einen Teil ihrer Wirkung auf die Rechtswahl aus. Wie schon bei der Einzelbetrachtung der Indikatoren beobachtet, lässt die Kontrolle der Untersuchungsländer einige Effekte erstmals signifikant werden. Modell M_5 weist nun positive Effekte der Arbeitslosigkeit, der sozialen Exklusion und der Zugehörigkeit zur Gruppe der armutsgefährdeten Personen auf.

4 Einfluss der Modernisierungsverlierer-Indikatoren auf das Wahlverhalten

Tabelle 45: Umfassendes Modell der Modernisierungsverlierer-Indikatoren

	M_1	M_2	M_3	M_4	M_5	M_6
Dienstklasse	0,75 ***	0,77 ***	0,75 ***	0,83 *	0,70 ***	0,84 *
Kleine Selbständige	1,23 n.s.	1,15 n.s.	1,24 n.s.	1,21 n.s.	1,20 n.s.	1,11 n.s.
Intermediäre Dienstleistungsberufe	0,77 **	0,86 n.s.	0,78 **	0,77 **	0,76 **	0,87 n.s.
Einfache Dienstleistungsberufe	1,12 n.s.	1,20 *	1,12 n.s.	1,09 n.s.	1,06 n.s.	1,09 n.s.
Intermediäre Industrieberufe	1,64 ***	1,51 ***	1,64 ***	1,62 ***	1,53 ***	1,39 ***
Qualifizierte Industrieberufe	1,34 ***	1,19 *	1,33 ***	1,29 **	1,35 ***	1,12 n.s.
Einfache Industrieberufe	1,20 *	1,15 n.s.	1,20 *	1,22 **	1,23 **	1,15 n.s.
Nicht-Beschäftigte	0,47 ***	0,53 ***	0,47 ***	0,46 ***	0,59 ***	0,64 **
Sozioökonom. Status (je 10 Punkte)	0,85 ***	0,83 ***	0,85 ***	0,86 ***	0,90 **	0,90 **
Sozialprestige (je 10 Punkte)	1,03 n.s.	1,03 n.s.	1,03 n.s.	1,08 n.s.	0,94 n.s.	0,99 n.s.
Arm (bis 40 %)	0,94 n.s.	0,94 n.s.	0,94 n.s.	0,93 n.s.	1,00 n.s.	0,95 n.s.
Armutsgefährdet (40-60 %)	1,14 n.s.	1,13 n.s.	1,14 n.s.	1,12 n.s.	1,22 *	1,18 n.s.
Bescheidener Wohlstand (60-120 %)	1,04 n.s.	1,04 n.s.	1,04 n.s.	1,03 n.s.	0,95 n.s.	0,93 n.s.
Gesicherter Wohlstand (120-200 %)	1,00 n.s.	1,00 n.s.	0,99 n.s.	1,04 n.s.	0,90 n.s.	0,95 n.s.
Reich (200 % und mehr)	0,92 n.s.	0,92 n.s.	0,93 n.s.	0,96 n.s.	0,87 n.s.	0,92 n.s.
Keine Einkommensangaben	0,97 n.s.	0,99 n.s.	0,98 n.s.	0,93 n.s.	1,12 n.s.	1,09 n.s.
Arbeitslosigkeit	1,04 n.s.	1,04 n.s.	1,04 n.s.	1,05 n.s.	1,19 **	1,17 *
Befristete Beschäftigung	0,97 n.s.	0,97 n.s.	0,96 n.s.	0,97 n.s.	0,99 n.s.	0,99 n.s.
Teilzeitbeschäftigung	1,00 n.s.	1,08 n.s.	1,00 n.s.	1,01 n.s.	0,96 n.s.	1,04 n.s.
Geringfügige Beschäftigung	0,94 n.s.	0,99 n.s.	0,94 n.s.	0,94 n.s.	0,85 **	0,90 n.s.
Arbeitende Arme ("working poor")	0,98 n.s.	0,99 n.s.	0,98 n.s.	0,98 n.s.	0,95 n.s.	0,96 n.s.
Solo-Selbständigkeit	0,98 n.s.	0,98 n.s.	0,98 n.s.	0,99 n.s.	1,00 n.s.	1,01 n.s.
Soziale Exklusion (je Punkt)	1,02 n.s.	1,02 n.s.	1,02 n.s.	1,01 n.s.	1,08 ***	1,08 ***
Mann		1,21 ***				1,21 ***
Frau		0,82 ***				0,82 ***
Alter (je 10 Jahre)			1,00 n.s.			0,94 ***
Pflichtschulabschluss ISCED 0/1/2				1,21 ***		1,53 ***
Weiterf. Schulabschluss ISCED 3/4				1,28 ***		1,21 ***
Hochschulabschluss ISCED 5/6				0,64 ***		0,54 ***
Österreich					1,35 ***	0,60 ***
Belgien					5,06 ***	1,37 ***
Schweiz					0,11 ***	5,37 ***
Deutschland					1,17 *	0,12 ***
Dänemark					1,13 n.s.	1,28 ***
Frankreich					0,39 ***	1,16 n.s.
Italien					1,46 ***	0,36 ***

Niederlande					2,48 ***	1,36 ***
Norwegen					2,45 ***	2,70 ***
Konstante	0,15 ***	0,19 ***	0,15 ***	0,11 ***	0,12 ***	0,12 ***
Nagelkerkes R-Quadrat in Prozent	4,2	4,7	5,1	5,1	14,3	16,0
AIC	11742	11697	11729	11620	10797	10588
BIC	11915	11879	11911	11809	11033	10856
Fallzahl n	19763	19758	19725	19734	19763	19692

Quelle: ESS Cumulative File 2002-2004. Eigene Berechnung, gewichtet. Ausgewiesen ist der Effektkoeffizient Exp(B) und das Signifikanzniveau (* p≤0,05; ** p≤0,01; *** p≤0,001; n.s. nicht signifikant).

Mithilfe von Modell M_6 lässt sich abschließend die Wirkung der Modernisierungsverlierer-Indikatoren bei gleichzeitiger Kontrolle der vier Einflussgrößen Geschlecht, Alter, Bildung und Untersuchungsland beurteilen. Im Gegensatz zu Modell M_5 ist der Einfluss der intermediären Dienstleistungsberufe und der qualifizierten wie einfachen Industrieberufe nun nicht mehr signifikant. Insgesamt geht die Stärke der einzelnen Effekte zurück, gleich ob es sich um einen positiven oder negativen Einfluss auf das Wahlverhalten zugunsten rechtspopulistischer Parteien handelt. Leider sind die in den Tabellen angegebenen Effektkoeffizienten nicht geeignet, die Stärke der Effekte aller Variablen miteinander zu vergleichen, mithin ihre relative Bedeutung erfassen zu können. Sie beziehen sich nämlich jeweils auf unterschiedliche Einheiten. Bei den kategorialen Variablen wie den einzelnen Berufsklassen oder Einkommensgruppen spiegeln die Effektkoeffizienten die Veränderung der Wahlchance wieder, wenn der Befragte dieser Kategorie angehört. Bei den kontinuierlichen Indikatoren ist die Bezugseinheit jeweils in den Tabellen angeben. Die Effektkoeffizienten für den sozioökonomischen Status und das Sozialprestige beziehen sich etwa auf die Veränderung der Chance der Wahl einer solchen Partei bei einem Anstieg um jeweils zehn ISEI- bzw. SIOPS-Punkte, der Koeffizient des Alters auf zehn Lebensjahre. Für den Indikator der sozialen Exklusion schließlich, der einen Wertebereich von null bis zehn aufweist, bezieht sich der Effektkoeffizient jeweils auf die Veränderung um einen Skalenpunkt.

Ein einfacher Weg, die Koeffizienten auf eine einheitliche Bezugsgröße zu bringen und damit zu standardisieren, wird von Agresti (1996: 129) und Menard (2004: 219) vorgeschlagen: Der bisher in den Tabellen nicht ausgewiesene Logit-Koeffizienten (b) wird mit der Standardabweichung (s) der zugehörigen Variablen multipliziert. In Tab. 46 ausgewiesen sind die Koeffizienten der Modernisierungsverlierer-Variablen aus Modell M_6 in Tab. 45 in der Reihenfolge des Betrags dieses standardisierten Koeffizienten (b*s). Da sich der standardisierte Koeffizient nicht mehr als prozentuale Veränderung der Chance der Wahl rechtspopulistischer Parteien interpretieren lässt, wurde zusätzlich der insofern aussagekräftigere Effektkoeffizient Exp(b) noch einmal mit ausgewiesen.

4 Einfluss der Modernisierungsverlierer-Indikatoren auf das Wahlverhalten 189

Tabelle 46: Variablen des umfassenden Modells in Reihenfolge des Betrags ihrer Effektstärken

	b	s	b*s	Exp(b)	
Sozioökonomischer Status	-0,010	16,00	-0,16	0,99	**
Soziale Exklusion	0,075	1,51	0,11	1,08	***
Intermediäre Industrieberufe	0,327	0,32	0,10	1,39	***
Nicht-Beschäftigte	-0,451	0,21	-0,10	0,64	**
Dienstklasse	-0,177	0,48	-0,09	0,84	*
Armutsgefährdet (40-60 %)	0,170	0,34	0,06	1,18	n.s.
Intermed. Dienstleistungsberufe	-0,141	0,32	-0,05	0,87	n.s.
Einfache Industrieberufe	0,136	0,33	0,04	1,15	n.s.
Bescheidener Wohlstand (60-120 %)	-0,072	0,49	-0,04	0,93	n.s.
Keine Einkommensangaben	0,088	0,34	0,03	1,09	n.s.
Arbeitslosigkeit	0,156	0,19	0,03	1,17	*
Geringfügige Beschäftigung	-0,110	0,26	-0,03	0,90	n.s.
Qualifizierte Industrieberufe	0,110	0,24	0,03	1,12	n.s.
Kleine Selbständige	0,107	0,24	0,03	1,11	n.s.
Einfache Dienstleistungsberufe	0,089	0,29	0,03	1,09	n.s.
Reich (200 % und mehr)	-0,085	0,25	-0,02	0,92	n.s.
Gesicherter Wohlstand (120-200 %)	-0,053	0,38	-0,02	0,95	n.s.
Arbeitende Arme ("working poor")	-0,043	0,37	-0,02	0,96	n.s.
Teilzeitbeschäftigung	0,041	0,33	0,01	1,04	n.s.
Arm (bis 40 %)	-0,048	0,28	-0,01	0,95	n.s.
Sozialprestige	-0,001	13,01	-0,01	1,00	n.s.
Befristete Beschäftigung	-0,012	0,30	0,00	0,99	n.s.
Solo-Selbständigkeit	0,007	0,21	0,00	1,01	n.s.

Quelle: ESS Cumulative File 2002-2004. Eigene Berechnung, gewichtet. Ausgewiesen sind der Logit-Koeffizient b, die Standardabweichung s, das Produkt beider Größen (b*s), der Effektkoeffizient Exp(B) und das Signifikanzniveau (* p≤0,05; ** p≤0,01; *** p≤0,001; n.s. nicht signifikant).

Nach der Standardisierung zeigt sich, dass der sozioökonomische Status der Modernisierungsverlierer-Indikator ist, der den stärksten Effekt auf das Wahlverhalten zugunsten einer rechtspopulistischen Partei hat. Je niedriger der Status ausfällt, desto höher ist die Chance, eine rechtspopulistische Partei zu wählen. Interessanterweise ist die Variable soziale Exklusion, die in der Einzelbetrachtung nur einen vergleichsweise kleinen Effektkoeffizienten aufwies, schon der zweitstärkste Prädiktor der Rechtswahl. Betrachtet man den Effektkoeffizienten, so führt jede Erhöhung um einen Skalenpunkt zu einem achtprozentigen Anstieg der Wahlchance. Ein Befragter mit dem maximalen Wert sozialer Exklusion von 10 hat also eine mehr als zweimal so hohe Chance der Wahl einer rechtspopulistischen Partei (1,08 hoch 10 ≈ 2,16). Gleich gefolgt wird der Indikator in der Effektstärke von der Zugehörigkeit zur Klasse der intermediären Industrieberufe. Unabhängig von allen anderen Variablen erhöht die Zugehörigkeit zu dieser Gruppe ausweislich des Effektkoeffizienten Exp(B) die Chance, eine rechtspopulistische Partei zu wählen, um 39 %. Gefolgt werden die drei stärksten Effekte von zwei Kategorien des Klassenschemas, die in negativer Weise die Wahlchancen beeinflussen: Für die Nicht-Beschäftigen beträgt sie nur 64 % der mittleren Chance der Wahl einer rechtspopulistischen Partei in allen Wählergruppen, für die Dienstklasse rund 84 %. In der Tabelle folgen vier Variablen, die keine signifikanten Effekte aufweisen. Dies ist allerdings beim folgenden Indikator Arbeitslosigkeit der Fall. Arbeitslose haben eine um 17 % erhöhte Chance der Wahl dieser Parteien.

4.2.2 Sparsames Modell der Modernisierungsverlierer-Indikatoren

Es gibt zwar keinen allgemein anerkannten Kanon von Gütekriterien für wissenschaftliche Theorien und Modelle, aber zwei Kriterien werden in vielen wissenschaftstheoretischen und methodologischen Grundlagenwerken thematisiert (vgl. nur Przeworski/Teune 1970: 20ff; Kuhn 1977: 321f): Einerseits sollen Theorien wie die sie repräsentierenden Modelle akkurat sein, also die Wirklichkeit in richtiger Art und Weise abbilden *(principle of accuracy)*. Andererseits sollen sie auch sparsam sein, d.h. die Komplexität der Wirklichkeit auf möglichst wenige Faktoren reduzieren. Das Prinzip der Sparsamkeit *(principle of parsimony)* wird in der Wissenschaftstheorie zumeist auf die Maxime des „Ockham'schen Rasiermessers" zurückgeführt: Von mehreren wissenschaftlichen Modellen, die den gleichen Sachverhalt erklären, ist dasjenige vorzuziehen, welches das sparsamste ist. Der Grund liegt darin, dass das sparsamere Modell, das mit einer geringeren Anzahl von Sätzen auskommt, einen größeren empirischen Gehalt aufweist (Popper 1966 [1935]: 101ff). Zwischen den Prinzipien der Akkuratheit und Sparsamkeit besteht jedoch ein Zielkonflikt: Während ein Modell, das die Realität akkurat wiedergeben will, eine Vielzahl von Einflussgrößen berücksichtigen muss, zeichnet ein sparsames Modell gerade die Reduktion auf wenige Erklärungsfaktoren aus. Im Folgenden soll versucht werden, ein sparsames Modell der Modernisierungsverlierer-Indikatoren zu entwickeln, das möglichst viel der Erklärungskraft des umfassenden Modells beibehält, dabei aber die Zahl der berücksichtigten Variablen reduziert.

Um zu diesem sparsamen Modell zu gelangen, wurde nacheinander einem Grundmodell, das ausschließlich die vier Kontrollvariablen berücksichtigt, die Modernisierungsverlierer-Indikatoren in der Reihenfolge des Betrags ihrer Effektstärke (Tab. 46) hinzugefügt, soweit sie signifikante Ergebnisse aufweisen. Bei kategorialen Variablen mit mehr als zwei Ausprägungen, also etwa die Klassenlage, wurde die gesamte Variable in das Regressionsmodell eingeführt, sobald eine Ausprägung aufgrund des Kriteriums der Effektstärke hätte eingeführt werden müssen. Die Prozedur wurde beendet, sobald der Likelihood-Ratio-Test (Hosmer/Lemeshow 2000: 11ff; Backhaus et al. 2003: 439f) keinen signifikanten Zuwachs an Erklärungskraft des Modells mehr ergab. Diese Vorgehensweise führt zu einem Modell, das neben den vier Kontrollvariablen vier der Modernisierungsverlierer-Indikatoren enthält und als Modell M_5 in Tab. 47 zusammengefasst ist. Der sozioökonomische Status, die Klassenlage, die soziale Exklusion und die Arbeitslosigkeit sind demnach die Modernisierungsverlierer-Indikatoren, die in einer sparsamen Art und Weise den Einfluss auf die Wahl rechtspopulistischer Parteien abbilden können.

4 Einfluss der Modernisierungsverlierer-Indikatoren auf das Wahlverhalten

Tabelle 47: Sparsames Modell der Modernisierungsverlierer-Indikatoren

	M1		M2		M3		M4		M5	
Mann	1,24	***	1,26	***	1,26	***	1,21	***	1,21	***
Frau	0,80	***	0,79	***	0,79	***	0,83	***	0,83	***
Alter	0,95	***	0,96	**	0,94	***	0,95	***	0,95	**
Pflichtschulabschluss ISCED 0/1/2	1,86	***	1,55	***	1,52	***	1,49	***	1,49	***
Weiterf. Schulabschluss ISCED 3/4	1,24	***	1,19	***	1,20	***	1,18	***	1,18	***
Hochschulabschluss ISCED 5/6	0,43	***	0,54	***	0,55	***	0,57	***	0,57	***
Österreich	0,55	***	0,59	***	0,59	***	0,61	***	0,61	***
Belgien	1,41	***	1,37	***	1,32	***	1,33	***	1,32	***
Schweiz	5,16	***	5,20	***	5,31	***	5,30	***	5,35	***
Deutschland	0,12	***	0,12	***	0,12	***	0,12	***	0,12	***
Dänemark	1,34	***	1,25	***	1,28	***	1,27	***	1,26	***
Frankreich	1,18	*	1,20	*	1,22	*	1,20	*	1,20	*
Italien	0,37	***	0,37	***	0,35	***	0,36	***	0,36	***
Niederlande	1,25	***	1,35	***	1,36	***	1,36	***	1,37	***
Norwegen	2,74	***	2,60	***	2,72	***	2,65	***	2,66	***
Sozioökonomischer Status			0,83	***	0,84	***	0,91	***	0,91	***
Soziale Exklusion					1,09	***	1,09	***	1,09	***
Dienstklasse							0,81	**	0,81	**
Intermediäre Dienstleistungsberufe							0,83	*	0,83	*
Kleine Selbständige							1,12	n.s.	1,13	n.s.
Intermediäre Industrieberufe							1,38	***	1,39	***
Einfache Dienstleistungsberufe							1,10	n.s.	1,10	n.s.
Qualifizierte Industrieberufe							1,10	n.s.	1,09	n.s.
Einfache Industrieberufe							1,14	n.s.	1,13	n.s.
Nicht-Beschäftigte							0,70	**	0,70	**
Arbeitslosigkeit									1,20	**
Konstante	0,08	***	0,17	***	0,16	***	0,11	***	0,14	***
Nagelkerkes R-Quadrat	13,7		14,6		14,8		15,2		15,2	
AIC	12000		11908		11884		11858		11852	
BIC	12104		12020		12003		12034		12036	
Fallzahl n	21734		21734		21734		21734		21734	

Quelle: ESS Cumulative File 2002-2004. Eigene Berechnung, gewichtet. Ausgewiesen ist der Effektkoeffizient Exp(B) und das Signifikanzniveau (* p≤0,05; ** p≤0,01; *** p≤0,001; n.s. nicht signifikant).

Aus der Abfolge der Modelle in Tab. 47 kann die Information entnommen werden, dass die Erklärungskraft, gemessen am Pseudo-R-Quadrat-Wert nach Nagelkerke, durch die Berücksichtigung der vier Modernisierungsverlierer-Indikatoren im Vergleich zum Grundmodell M_1 nur gering von 13,7 auf 15,2 % ansteigt. Es hat also den Anschein, dass die vier Kontrollvariablen eine deutlich höhere Erklärungskraft aufweisen als die vier Modernisierungsverlierer-Indikatoren. Dies ist zumindest teilweise ein Trugschluss, da die Erklärungskraft der vier Indikatoren nicht die Differenz der Erklärungskraft des Modells M_6 und M_1 (=1,5 Prozentpunkte) ist. Führt man alleine die vier Modernisierungsverlierer-Indikatoren des sparsamen Modells in eine logistische Regression ein, was hier nicht separat ausgewiesen wird, so ergibt sich immerhin eine Erklärungskraft von 4,0 %. Die vier Indikatoren können damit zumindest deutlich mehr erklären als die Kontrollgrößen Alter (0,0 %), Geschlecht (0,7 %) und Bildung (2,4 %). Lediglich die Kontrollvariable für die Untersuchungsländer weist eine höhere isolierte Erklärungskraft mit 9,3 % auf.[47] Dies ist aber auch theoretisch nicht weiter verwunderlich: Es handelt sich um ein Größe, die alle modellexternen Effekte, die systematisch über die Länder variieren, kontrolliert. Das sind die in Abschnitt 2.4 diskutierten Elemente des erweiterten Modells der Wahl rechtspopulistischer Parteien, also vor allem die Faktoren des politischen Angebots und der Gelegenheitsstrukturen. Bezugsgrößen für einen substantiellen Vergleich der Erklärungskraft können also nur die anderen soziodemographischen Faktoren sein. Bedenkt man, dass Geschlecht und Bildung in der Forschung zum Wahlverhalten zugunsten rechtspopulistischer Parteien als wichtige Einflussgrößen genannt werden (Norris 2005: 125ff; Mudde 2007: 111ff), so muss man feststellen, dass im Vergleich zu diesen die Modernisierungsverlierer-Eigenschaft einer Person erklärungskräftiger ist.

Vergleicht man die Erklärungskraft dieses sparsamen Modells mit dem des umfassenden Modells, so wird jedoch deutlich, dass letzteres das Wahlverhalten zugunsten rechtspopulistischer Parteien deutlich besser erfasst. Ausweislich der Gütekriterien AIC und BIC differieren beide Modelle um rund 1200 Punkte, was ein sehr bedeutender Unterschied in der Erklärungskraft ist. Das sparsame Modell mag mit seiner Beschränkung auf die signifikanten Effekte sozioökonomischer Status, soziale Exklusion, Klassenlage und Arbeitslosigkeit zwar aufgrund seiner Einfachheit eleganter sein, der Verlust an statistischer wie auch substantieller Erklärungskraft kann aber die Wahl dieses Modells für weitere Analysen nicht rechtfertigen. Insofern wird im zweiten Teil der empirischen Analyse das umfassende Modernisierungsverlierer-Modell angewendet und von einer Reduktion der Vielfalt der Modernisierungsverlierer-Indikatoren abgesehen.

---

[47] Die Prozentangaben beziehen sich jeweils auf die alleinige Einführung des jeweiligen Indikators in das logistische Regressionsmodell. Für die Berechnung wurden jeweils alle anderen Untersuchungsvariablen in einem zweiten Block eingeführt, so dass die Fallzahlen mit den Modellen in Tab. 47 identisch sind.

5 Erklärung der Modernisierungsverlierer-Effekte durch rechtsaffine Einstellungen

Eine zentrale These dieser Arbeit ist, dass sich die verschiedenen in der Literatur diskutierten Erklärungsmuster für die Wahl rechtspopulistischer Parteien auf der Ebene der sozialen Lage, der psychischen Dispositionen und des sozialen Wandels nicht gegenseitig ausschließen, sondern sich im Sinne der Modernisierungsverlierer-Theorie integrieren lassen. Bezogen auf die Ebene der psychischen Dispositionen bedeutet dies, dass sich der in Kapitel 4 festgestellte Einfluss der Modernisierungsverlierer-Indikatoren über rechtsaffine Einstellungen erklären lassen müsste. Modernisierungsverlierer wählen rechtspopulistische Parteien, weil sie aufgrund ihrer sozialen Lage besonders empfänglich für rechtsaffine Einstellungen sind. Das folgende Kapitel soll genau diesen Komplex analysieren. Er soll in drei logischen Schritten angegangen werden (Baron/Kenny 1986: 1176; Holmbeck 1997: 602): Erstens muss nachgewiesen werden, dass tatsächlich ein Einfluss der Modernisierungsverlierer-Indikatoren auf die vier hier untersuchten Einstellungen vorliegt (5.1). Zweitens müssen diese Einstellungen auch einen Einfluss auf das Wahlverhalten zugunsten rechtspopulistischer Parteien aufweisen (5.2). Im dritten Schritt sollen beide vorhergegangenen Analysen miteinander verknüpft werden (5.3): Theoretisch ist es möglich, dass zwar die soziale Lage von Modernisierungsverlierern zur Ausbildung von rechtsaffinen Einstellungen führt und derartige Einstellungen auch die Wahl rechtspopulistischer Parteien begünstigen, beide Phänomene aber nicht oder nicht nennenswert miteinander verbunden sind. Im Sinne der hier zu überprüfenden Theorie vermittelt sich die Wahl rechtspopulistischer Parteien durch Modernisierungsverlierer nur dann über die rechtsaffinen Einstellungen, wenn letztere tatsächlich intervenierende Variablen sind. Dies kann nur in einem Gesamtmodell unter Berücksichtigung beider Indikatorgruppen festgestellt werden und müsste zeigen, dass der direkte Einfluss der Modernisierungsverlierer-Indikatoren maßgeblich zurückgeht, wenn man Einstellungen wie politische Unzufriedenheit, Autoritarismus, Misanthropie und Xenophobie im Modell berücksichtigt.

5.1 Einfluss der Modernisierungsverlierer-Indikatoren auf die Einstellungen

Doch zunächst ist der erste Schritt für die vier untersuchten Einstellungen zu überprüfen: Bilden Modernisierungsverlierer im Sinne der hier verwendeten Indikatoren tatsächlich überdurchschnittlich hohe rechtsaffine Einstellungen aus? Für alle vier Einstellungen soll zunächst eine deskriptive Übersicht über die Zusammenhänge zwischen Modernisierungsverlierer-Indikatoren und rechtsaffinen Einstellungen gegeben werden. Dies ist aus zwei Gründen notwendig: Einerseits kann so isoliert für jeden Indikator beurteilt werden, wie sich dieser auf die Werte der Einstellungsvariablen politische Unzufriedenheit, Autoritarismus, Misanthropie und Xenophobie auswirkt. Andererseits können so auch die nationalen Variationen in den einzelnen Untersuchungsländern bewertet werden. Anschließend wird der Einfluss der Modernisierungsverlierer-Indikatoren auf die Einstellungen in multivariaten Regressionsmodellen beurteilt. Dies ist notwendig, um die Effekte der Modernisierungsverlierer-Indikatoren *relativ zu den der anderen* zu erfassen, die Ergebnisse durch Signifikanztests inferenzstatistisch abzusichern und mögliche Effekte der Kontrollvariablen zu berücksichtigen.

In beiden Schritten werden – entgegen dem grundsätzlichen Forschungsdesign – die Einstellungen zu abhängigen Variablen, die durch die Modernisierungsverlierer-Indikatoren als unabhängige Variablen erklärt werden sollen. Um die Vergleichbarkeit zu den anderen Analyseschritten zu gewährleisten, wird die Stichprobe aber weiterhin auf die Personen beschränkt, die tatsächlich irgendeine Partei gewählt haben. Dies wäre prinzipiell nicht notwendig, denn auch Nichtwähler und Nicht-Wahlberechtigte weisen – in unterschiedlichem Ausmaß – entsprechende psychische Dispositionen auf, die natürlich untersucht werden können. Da sich aber alle anderen Analyseschritte auf die Wähler als Untersuchungsgesamtheit beziehen, würde eine Ausweitung über die Wähler hinaus eine stringente Argumentation in Hinblick auf die Funktion der Einstellungen als intervenierende Variablen gefährden.

5.1.1 Politische Unzufriedenheit

Zunächst zu den Determinanten der Ausbildung politischer Unzufriedenheit in der Wählerschaft. Wie in Abschnitt 2.5.2.1 ausführlich erläutert, gibt es zumindest vier unterschiedliche Ansätze, um die Entstehung von politischer Unzufriedenheit zu erklären. Der deprivationstheoretische Ansatz, nachdem sich der objektiv vorliegende oder subjektiv wahrgenommene Mangel an Ressourcen zur Lebensführung in politische Unzufriedenheit umsetzt, gehört sicherlich zu den meist untersuchten und plausibelsten Argumentationsmustern. Politische Institutionen bzw. das politische System als solches werden nach diesem Ansatz von den Betroffenen für Deprivationszustände zumindest mitverantwortlich gemacht, was sich in einer erhöhten politischen Unzufriedenheit auswirkt. Der Deprivationsthese folgend müssten Modernisierungsverlierer eine überdurchschnittliche politische Unzufriedenheit aufweisen, was im Folgenden überprüft werden soll.

5.1.1.1 Deskriptive Befunde

Die folgenden Tabellen weisen die Mittelwerte politischer Unzufriedenheit für die neun Modernisierungsverlierer-Indikatoren aus, wobei zusätzlich nach den Untersuchungsländern und ihrem gleichgewichteten Durchschnitt differenziert wird. Dabei werden für Modernisierungsverlierer-Indikatoren, die durch kontinuierliche Maße erfasst werden (Status, Statusinkonsistenz, Prestige, Soziale Exklusion), jeweils drei Kategorien gebildet (hoch, mittel, niedrig), um eine Darstellung der Mittelwerte zu ermöglichen. Die drei Kategorien weisen dabei einen gleich großen Wertebereich auf und nicht etwa eine gleiche Anzahl von sie konstituierenden Fällen (vgl. zur Unterscheidung Kromrey 2002: 417). Diese Entscheidung ist vor allem inhaltlich begründet, um die Variation nach gleichen Intervallen auswerten zu können. Nachteilig ist an dieser Methode, dass teilweise Klassen gebildet werden, denen eine nur geringe Anzahl von Befragten zuzuordnen ist.

5 Erklärung der Modernisierungsverlierer-Effekte durch rechtsaffine Einstellungen

Tabelle 48: Politische Unzufriedenheit nach Klassen und Ländern

	AT		BE		CH		D		DK		F		I		NL		NO		Schnitt	
	$\bar{x}$	100	$\bar{x}$	100	$\bar{x}$	100	$\bar{x}$	100	$\bar{x}$	100	$\bar{x}$	100	$\bar{x}$	100	$\bar{x}$	100	$\bar{x}$	100	$\bar{x}$	100
Dienstklasse	5,76	97	5,36	95	4,79	98	6,28	98	3,72	92	5,93	95	5,99	98	5,38	95	5,01	92	5,27	95
Kleine Selbständige	5,60	95	5,74	**101**	4,76	97	6,56	**102**	3,89	96	6,28	**100**	5,86	95	5,75	**102**	5,40	99	5,50	99
Intermediäre Dienstleist.	6,10	**103**	5,64	**100**	4,99	**102**	6,42	**100**	4,05	**100**	6,28	**100**	5,87	96	5,79	**103**	5,21	96	5,54	**100**
Einfache Dienstleist.	6,02	**102**	5,90	**104**	5,46	**112**	6,50	**101**	4,00	99	6,73	**107**	6,21	**101**	5,71	**101**	5,83	**107**	5,75	**104**
Intermediäre Industrieberufe	6,16	**104**	5,86	**104**	4,86	99	6,58	**103**	4,12	**102**	6,50	**104**	6,25	**102**	5,90	**105**	5,84	**107**	5,71	**103**
Qualifizierte Industrieberufe	6,15	**104**	5,65	**100**	4,60	94	6,56	**102**	4,29	**106**	6,71	**107**	6,43	**105**	6,17	**109**	5,95	**109**	5,78	**104**
Einfache Industrieberufe	6,21	**105**	6,03	**107**	5,22	**107**	6,49	**101**	4,72	**117**	6,72	**107**	6,57	**107**	6,03	**107**	6,05	**111**	5,94	**107**
Nicht-Beschäftigte	5,67	96	5,77	**102**	5,21	**107**	6,08	95	4,36	**108**	5,63	90	6,19	**101**	5,64	**100**	5,18	95	5,81	**105**
Durchschnitt	5,93	100	5,66	100	4,89	100	6,41	100	4,05	100	6,26	100	6,14	100	5,63	100	5,46	100	5,55	100

Quelle: ESS Cumulative File 2002-2004. Eigene Berechnung, gewichtet.

In Tab. 48 finden sich die Mittelwerte politischer Unzufriedenheit in den acht hier untersuchten ESeC-Klassen. Die nationalen Durchschnittswerte betreffend fällt zunächst die hohe Variation zwischen den Ländern auf[48]: Während alle Wähler durchschnittlich einen Wert von 5,55 auf einer Unzufriedenheitsskala von 0 bis 10 aufweisen, ist die politische Unzufriedenheit in Deutschland, Frankreich und Italien deutlich stärker ausgeprägt. Im Schnitt zufriedener mit „ihrer" Politik sind insbesondere die Wähler in Dänemark und der Schweiz. Interessant an diesen länderspezifischen Unterschieden ist insbesondere, dass sie in ihrer Reihung, wie in Tab. 3 dargestellt, in etwa dem durchschnittlichen Nettoeinkommen pro Kopf entsprechen. Je höher dieser ausfällt, umso geringer ist die durchschnittliche politische Unzufriedenheit. Lediglich die nur leicht unterdurchschnittlichen Zufriedenheitswerte im reichen Norwegen halten davon ab, von einer Makro-Korrelation von Durchschnittseinkommen und politischer Zufriedenheit auszugehen.

Aber auch bezogen auf die Zufriedenheitswerte in den einzelnen Klassen fallen deutliche Regelmäßigkeiten ins Auge: Im Schnitt aller Untersuchungsländer weisen insbesondere die drei Klassen industrieller Berufe einen überdurchschnittlichen Verdruss über „die Politik" bzw. „die Politiker" auf. Bei den einfachen Industrieberufen etwa fallen die entsprechenden Skalenwerte durchschnittlich 7 % höher aus als im Mittel aller Klassen. Aber auch die einfachen Dienstleistungsberufe sind in der länderübergreifenden Betrachtung politisch unzufriedener als es der Durchschnittswähler ist. Hingegen weisen insbesondere die Mitglieder der Dienstklasse rund fünf Prozent niedrigere Werte politischer Unzufriedenheit auf. Diese Muster auf der Ebene aller neun Untersuchungsländer wiederholen sich – mit einzelnen Ausnahmen – auch regelmäßig in den einzelnen Ländern. Lediglich in der Schweiz erweisen sich die höher qualifizierten Industrieberufe als unterdurchschnittlich unzufrieden mit der Politik. Für die Klasse der kleinen Selbständigen lässt sich kein einheitliches nationenübergreifendes Muster politischer Unzufriedenheit finden: In Belgien, Deutschland und Italien fällt die Unzufriedenheit leicht überdurchschnittlich, in den übrigen

---

[48] Der Variationskoeffizient der Länder-Mittelwerte beträgt 0,023.

Ländern zumeist leicht unterdurchschnittlich aus. Eine besondere Neigung zur politischen Unzufriedenheit lässt sich diesen jedenfalls nicht nachsagen. Ein erstaunlicher Befund, wenn man bedenkt, dass gerade diese Gruppe recht stark zur Wahl rechtspopulistischer Parteien neigt.

Tabelle 49: Politische Unzufriedenheit nach Statusgruppen und Ländern

	AT		BE		CH		D		DK		F		I		NL		NO		Schnitt	
	$\bar{x}$	100	$\bar{x}$	100	$\bar{x}$	100	$\bar{x}$	100	$\bar{x}$	100	$\bar{x}$	100	$\bar{x}$	100	$\bar{x}$	100	$\bar{x}$	100	$\bar{x}$	100
Niedriger Status	6,05	**102**	5,84	**103**	4,90	100	6,56	**102**	4,36	**108**	6,53	**104**	6,25	**102**	5,90	**104**	5,79	**106**	5,71	**103**
Mittlerer Status	5,90	99	5,62	99	5,05	**103**	6,41	100	3,79	94	6,08	97	5,97	98	5,66	100	5,27	96	5,57	100
Hoher Status	5,62	95	5,22	92	4,60	94	6,08	95	3,54	87	6,11	98	6,05	99	5,15	91	4,80	88	5,09	92
Durchschnitt	5,94	100	5,66	100	4,90	100	6,41	100	4,05	100	6,26	100	6,11	100	5,65	100	5,47	100	5,55	100

Quelle: ESS Cumulative File 2002-2004. Eigene Berechnung, gewichtet. Niedriger Status: 16 bis 40, mittlerer Status: 41 bis 65, hoher Status: 66 bis 90 ISEI-Punkte.

Für die politische Unzufriedenheit nach Statusgruppen (Tab. 49) ergibt sich ebenfalls ein recht eindeutiges Bild. Unabhängig von den unterschiedlich hohen Niveaus politischer Unzufriedenheit zwischen den Ländern steigen die entsprechenden Werte, je niedriger der sozioökonomische Status des Betroffenen ausfällt. Die Gruppe mit dem niedrigsten Status weist im Mittel aller Länder drei Prozent höhere Werte auf, während die mit einem hohen Status auf rund acht Prozent niedrigere Skalenwerte kommt. Die mittlere Statusgruppe erweist sich als durchschnittlich politisch unzufrieden. Auch hier liegt mit der Schweiz eine bemerkenswerte Ausnahme vor. In diesem Land sind es insbesondere die Wähler mit einem mittleren sozioökonomischen Status, die mit „der Politik" und „den Politikern" am stärksten unzufrieden sind, während dies bei den niedrigen Statusgruppen nur durchschnittlich der Fall ist. Besonders deutlich ausgeprägt sind die Statusunterschiede in Bezug auf die politische Unzufriedenheit in den vergleichsweise „reichen" Ländern Dänemark und Norwegen. Dort variiert die Unzufriedenheit um ganze 21 bzw. 18 Prozentpunkte zwischen den Statusgruppen. Hingegen ist die Variation in vergleichsweise „armen" Ländern wie Deutschland, Frankreich und Italien deutlich schwächer ausgeprägt. Hier betragen die Schwankungen nur vier bis sieben Prozentpunkte.

Tabelle 50: Politische Unzufriedenheit nach Statusinkonsistenz-Gruppen und Ländern

	AT		BE		CH		D		DK		F		I		NL		NO		Schnitt	
	$\bar{x}$	100	$\bar{x}$	100	$\bar{x}$	100	$\bar{x}$	100	$\bar{x}$	100	$\bar{x}$	100	$\bar{x}$	100	$\bar{x}$	100	$\bar{x}$	100	$\bar{x}$	100
Negative Statusinkonsistenz	6,02	**101**	5,61	99	4,92	100	6,54	**102**	4,33	**107**	6,54	**104**	6,29	**103**	5,79	**102**	5,64	**103**	5,61	**101**
Neutrale Statusinkonsistenz.	5,92	100	5,69	**101**	4,90	100	6,40	100	4,01	99	6,20	99	6,09	100	5,64	100	5,45	100	5,57	100
Positive Statusinkonsistenz	6,03	**102**	5,26	93	4,85	99	6,18	96	3,61	89	6,20	99	6,03	99	5,21	92	5,02	92	5,16	93
Durchschnitt	5,94	100	5,66	100	4,90	100	6,41	100	4,05	100	6,26	100	6,11	100	5,65	100	5,47	100	5,55	100

Quelle: ESS Cumulative File 2002-2004. Eigene Berechnung, gewichtet. Negative Statusinkonsistenz: -46 bis -11, neutrale Statusinkonsistenz: -11 bis 22, positive Statusinkonsistenz: 22 bis 57 Differenzpunkte.

Deutlich schwerer zu bewerten sind die Unterschiede in der politischen Unzufriedenheit, die sich ergeben, wenn man diese nach drei Gruppen der Statusinkonsistenz auswertet (Tab. 50). Grundsätzlich kann man davon sprechen, dass die Personen, deren über den Beruf

5 Erklärung der Modernisierungsverlierer-Effekte durch rechtsaffine Einstellungen 197

vermittelter Status niedriger ausfällt, als sie es ob ihres Bildungsabschlusses erwarten konnten, politisch unzufriedener sind, als es etwa bei Personen mit keiner nennenswerten oder gar einer positiven Statusinkonsistenz der Fall ist. Allerdings sind im länderübergreifenden Vergleich die Unterschiede auch nur gering ausgeprägt und zudem von nationalen Sonderfällen geprägt. In Österreich und der Schweiz gibt es beispielsweise keine nennenswerten Differenzen nach Statusinkonsistenzgruppen. Stark ausgeprägt sind hingegen die Gruppendifferenzen insbesondere in den zwei hier untersuchten skandinavischen Ländern und den Niederlanden. Insgesamt erweist sich dieser Indikator jedoch für die Erklärung von politischer Unzufriedenheit als nicht besonders kontrastreich.

Tabelle 51: Politische Unzufriedenheit nach Prestigegruppen und Ländern

	AT		BE		CH		D		DK		F		I		NL		NO		Schnitt	
	$\bar{x}$	100	$\bar{x}$	100	$\bar{x}$	100	$\bar{x}$	100	$\bar{x}$	100	$\bar{x}$	100	$\bar{x}$	100	$\bar{x}$	100	$\bar{x}$	100	$\bar{x}$	100
Niedriges Prestige	6,11	**103**	5,91	**104**	5,32	**109**	6,51	**101**	4,54	**112**	6,78	**108**	6,41	**105**	6,09	**108**	5,94	**109**	5,91	**106**
Mittleres Prestige	5,96	100	5,72	**101**	4,94	**101**	6,48	**101**	4,07	**101**	6,20	99	6,07	99	5,71	**101**	5,52	**101**	5,59	**101**
Hohes Prestige	5,69	96	5,24	93	4,61	94	6,11	95	3,60	89	6,03	96	5,93	97	5,23	93	4,86	89	5,14	93
Durchschnitt	5,94	100	5,66	100	4,90	100	6,41	100	4,05	100	6,26	100	6,11	100	5,65	100	5,47	100	5,55	100

Quelle: ESS Cumulative File 2002-2004. Eigene Berechnung, gewichtet. Niedriges Prestige: 6 bis 30, mittleres Prestige: 31 bis 54, hohes Prestige: 55 bis 78 SIOPS-Punkte.

Deutlicher noch als im Fall des sozioökonomischen Status fallen die Differenzen jedoch im Fall der Auswertung politischer Unzufriedenheit nach drei Gruppen sozialen Prestiges aus (Tab. 51). Im Schnitt aller neun Untersuchungsländer weisen Personen mit einem niedrigen Prestige eine um sechs Prozent erhöhte politische Unzufriedenheit auf. Während die mittlere Prestigegruppe in dieser Hinsicht keinerlei herausragende Besonderheiten aufweist, ist die Gruppe der Personen mit Berufen, die ein hohes soziales Ansehen genießen, politisch deutlich zufriedener als dies im Schnitt aller Prestigegruppen der Fall ist. Je niedriger das soziale Prestige ausfällt, umso höher ist die durchschnittliche Unzufriedenheit mit „der Politik" und „den Politikern". Dieser Zusammenhang lässt sich grundsätzlich in allen neun Untersuchungsländern beobachten. In einigen ist er allerdings nicht so stark ausgeprägt (Deutschland, Österreich, Italien), während er in Dänemark, den Niederlanden und Norwegen rund 20 Prozentpunkte Unterschied ausmacht.

Tabelle 52: Politische Unzufriedenheit nach objektiven Einkommensgruppen und Ländern

	AT		BE		CH		D		DK		F		I		NL		NO		Schnitt	
	$\bar{x}$	100	$\bar{x}$	100	$\bar{x}$	100	$\bar{x}$	100	$\bar{x}$	100	$\bar{x}$	100	$\bar{x}$	100	$\bar{x}$	100	$\bar{x}$	100	$\bar{x}$	100
Arm	6,06	**102**	5,97	**105**	5,01	**102**	6,70	**105**	4,24	**105**	6,71	**107**	6,48	**106**	5,85	**104**	5,89	**108**	5,92	**107**
Armutsgefährdet	6,09	**103**	5,96	**105**	4,86	99	6,58	**103**	4,39	**108**	6,62	**106**	6,18	**101**	6,01	**107**	5,67	**104**	5,96	**107**
Prekär wohlhabend	5,84	98	5,64	100	4,90	100	6,42	100	4,15	**102**	6,25	100	6,08	99	5,71	**101**	5,50	**101**	5,49	99
Gesichert wohlhabend	5,91	100	5,23	92	4,89	100	6,26	98	3,76	93	6,00	96	5,92	97	5,29	94	5,15	94	5,22	94
Reich	6,11	**103**	5,51	97	4,92	100	6,04	94	3,52	87	5,76	92	5,83	95	5,42	96	5,14	94	5,12	92
Keine Angaben	5,90	99	5,47	97	4,88	100	6,53	**102**	4,36	**108**	6,10	97	6,03	99	5,51	98	5,76	**105**	5,69	**102**
Durchschnitt	5,94	100	5,66	100	4,90	100	6,41	100	4,05	100	6,26	100	6,11	100	5,64	100	5,46	100	5,55	100

Quelle: ESS Cumulative File 2002-2004. Eigene Berechnung, gewichtet. Arm: bis 40 %, armutsgefährdet: 40 bis 60 %, prekär wohlhabend: 60 bis 120 %, gesichert wohlhabend: 120 bis 200 %, reich: mehr als 200 % des mittleren Nettoäquivalenzeinkommens.

Interessant sind auch die Unterschiede politischer Unzufriedenheit zwischen den hier verwendeten Gruppen objektiven Einkommens (Tab. 52). Neben der schon beobachteten Makro-Korrelation von durchschnittlichen Einkommen und politischer Unzufriedenheit auf der Ebene der Länder stellt sich die Frage, ob dies auch in den individuellen Einkommensgruppen innerhalb der Länder der Fall ist. In der Tat steigt die politische Unzufriedenheit im Schnitt aller Untersuchungsländer, je niedriger das Haushalts-Nettoeinkommen der entsprechenden Person ausfällt. Reiche Personen mit einem Einkommen, das über 200 % über den Median-Nettoäquivalenzeinkommen der Bevölkerung liegt, weisen rund acht Prozent niedrigere Werte politischer Unzufriedenheit auf. Die mittlere politische Unzufriedenheit steigt dann stetig an bis zur Gruppe der armutsgefährdeten Personen, die durchschnittlich rund sieben Prozent höhere Werte aufweisen. In diesem Punkt unterscheiden sie sich nicht wesentlich von der Gruppe der Armen mit einem Einkommen, das weniger als 40 % des Median-Nettoäquivalenzeinkommens der Bevölkerung entspricht. Das Bild in den einzelnen Untersuchungsländern entspricht weitestgehend diesem Befund, wobei die Gruppe der armen und armutsgefährdeten Personen je nach Land alternierend die höchste politische Unzufriedenheit aufweist. Eine bemerkenswerte Ausnahme stellt einzig Österreich dar. In diesem Land sind auch die reichen Wähler überdurchschnittlich unzufrieden mit „der Politik" und „den Politikern". Hier ist einzig die Gruppe der prekär wohlhabenden Menschen relativ politisch zufrieden. Allerdings weist dieses Land mit nur fünf Prozentpunkten Unterschied zwischen der Gruppe mit der höchsten und der niedrigsten politischen Unzufriedenheit – zusammen mit der Schweiz (drei Prozentpunkte) – auch die in diesem Punkt geringste Variation auf, während diese in Ländern wie Dänemark und Frankreich deutlich stärker ausgeprägt ist.

Tabelle 53: Politische Unzufriedenheit nach subjektiven Einkommensgruppen und Ländern

	AT		BE		CH		D		DK		F		I		NL		NO		Schnitt	
	$\bar{x}$	100	$\bar{x}$	100	$\bar{x}$	100	$\bar{x}$	100	$\bar{x}$	100	$\bar{x}$	100	$\bar{x}$	100	$\bar{x}$	100	$\bar{x}$	100	$\bar{x}$	100
Sehr schlechtes Ausk.	5,89	99	6,47	**114**	5,48	**112**	7,26	**113**	4,86	**120**	6,77	108	6,88	**113**	6,52	**116**	6,66	**122**	6,39	**115**
Schlechtes Ausk.	6,47	**109**	6,29	**111**	5,12	**104**	6,78	**106**	4,99	**123**	6,70	**107**	6,53	**107**	6,22	**110**	5,91	108	6,24	**112**
Auskommen	6,07	**102**	5,76	**102**	5,05	**103**	6,53	**102**	4,48	**111**	6,65	**106**	6,15	**101**	5,94	**105**	5,72	**105**	5,87	**106**
Bequemes Leben	5,63	95	5,26	93	4,77	97	6,06	95	3,78	93	5,94	95	5,81	95	5,31	94	5,20	95	5,12	92
Keine Angaben	5,41	91	5,46	96	4,54	93	6,39	100	5,56	**137**	.	.	5,39	88	5,57	99	.	.	5,47	99
Durchschnitt	5,94	100	5,66	100	4,90	100	6,41	100	4,05	100	6,26	100	6,11	100	5,64	100	5,46	100	5,55	100

Quelle: ESS Cumulative File 2002-2004. Eigene Berechnung, gewichtet.

Ähnliche Zusammenhänge lassen sich feststellen, wenn man die Einkommensmessung von einem objektiven Erfassungsverfahren auf eine subjektive Einschätzung umstellt (Tab. 53). Gefragt nach dem Auskommen mit dem zur Verfügung stehenden Einkommen ist insbesondere die Gruppe besonders politisch unzufrieden, die das Auskommen ihres Haushalts als sehr schlecht bewertet. Im Schnitt aller Untersuchungsländer weist diese allerdings auch zahlenmäßig sehr kleine Gruppe rund 15 Prozent höhere Werte politischer Unzufriedenheit auf. Immer noch deutlich überproportional ist mit zwölf Prozent höheren Werten die Unzufriedenheit bei den Menschen, die nur schlecht mit ihrem Einkommen auskommen. Unterdurchschnittlich fällt die Unzufriedenheit nur in der Gruppe aus, die meint, dass mit ihrem Einkommen ein bequemes Leben möglich ist. Hier liegen die Werte durchschnittlich acht Prozent unter dem Schnitt aller Wähler.[49] Auch hier ist das Bild in den neun Untersu-

---

[49] Dass die Verhältniszahl von 92 für den Schnitt aller Länder in der Gruppe der bequem lebenden Menschen unter allen Verhältniszahlen der gleichen Kategorie in den einzelnen Untersuchungsländern liegt, ist rechnerisch richtig und liegt vor allem darin begründet, dass in den Ländern, die besonders viele Befragte in dieser Gruppe aufweisen

chungsländern grundsätzlich konstant. Lediglich in Dänemark gibt es leicht höhere Unzufriedenheitswerte bei den Menschen mit einem schlechten Auskommen gegenüber denen, die angeben, nur sehr schlecht auszukommen. Dies dürfte aber vor allem auf die extrem geringe Zahl von Befragten zurückzuführen sein, die in Dänemark diese extreme Kategorie angegeben hat. In Österreich unterscheidet sich diese subjektiv arme Kategorie zudem in politischer Unzufriedenheit kaum vom Rest der Bevölkerung.

Tabelle 54: Politische Unzufriedenheit nach Erwerbsstatus und Ländern

	AT		BE		CH		D		DK		F		I		NL		NO		Schnitt	
	$\bar{x}$	100	$\bar{x}$	100	$\bar{x}$	100	$\bar{x}$	100	$\bar{x}$	100	$\bar{x}$	100	$\bar{x}$	100	$\bar{x}$	100	$\bar{x}$	100	$\bar{x}$	100
arbeitslos	6,61	**111**	5,98	**106**	5,69	**116**	6,99	**109**	4,78	**118**	6,52	**104**	6,30	**103**	5,83	**103**	6,04	**111**	6,09	**110**
nicht arbeitslos	5,91	100	5,65	100	4,90	100	6,38	99	4,02	99	6,25	100	6,10	100	5,64	100	5,44	100	5,53	100
Durchschnitt	5,93	100	5,67	100	4,90	100	6,41	100	4,05	100	6,26	100	6,11	100	5,64	100	5,46	100	5,55	100

Quelle: ESS Cumulative File 2002-2004. Eigene Berechnung, gewichtet.

Schnell beschrieben und wenig überraschend ist die Auswirkung der Arbeitslosigkeit auf die politische Unzufriedenheit der Wähler (Tab. 54). Im Schnitt aller neun Untersuchungsländer weisen aktuell arbeitslose Menschen eine politische Unzufriedenheit auf, die rund zehn Prozent über dem Schnitt aller Wähler liegt. Auch hier sind natürlich nationale Variationen zu beobachten, der grundsätzliche Befund verändert sich jedoch nicht. Die erhöhte Unzufriedenheit mit „der Politik" und „den Politikern" variiert je nach Land zwischen 3 und 18 Prozentpunkten, wobei auch hier wieder auffällt, dass die relativ reichen Länder Dänemark, Norwegen und die Schweiz, die zudem nur geringe Arbeitslosenquoten aufweisen, die größten Effekte der Arbeitslosigkeit auf die politische Unzufriedenheit zeigen. Offenbar ist für die Wahrnehmung von Deprivation vor allem der Kontrast zu den Nicht-Deprivierten entscheidend: Dort wo hoher Reichtum und niedrige Arbeitslosigkeit herrschen, ist die politische Unzufriedenheit bei denen, die trotzdem von Armut und Arbeitslosigkeit betroffen sind, besonders stark ausgeprägt.

(z.B. Dänemark, Norwegen und die Schweiz), ohnehin eine niedrige politische Unzufriedenheit herrscht. Der Bezugswert für die Verhältniszahl ist allerdings die mittlere politische Unzufriedenheit aller Länder.

Tabelle 55: Politische Unzufriedenheit nach Gruppen prekärer Beschäftigung und Ländern

	AT		BE		CH		D		DK		F		I		NL		NO		Schnitt	
	$\bar{x}$	100	$\bar{x}$	100	$\bar{x}$	100	$\bar{x}$	100	$\bar{x}$	100	$\bar{x}$	100	$\bar{x}$	100	$\bar{x}$	100	$\bar{x}$	100	$\bar{x}$	100
Befrist. Beschäftigung	6,22	**105**	5,89	**104**	4,48	92	6,56	**102**	4,52	**112**	6,34	**101**	6,37	**104**	5,65	100	5,77	**106**	5,70	**103**
Reguläre Beschäftigung	5,91	100	5,64	100	4,91	100	6,40	100	3,99	98	6,28	100	6,09	100	5,64	100	5,42	99	5,52	100
Durchschnitt	5,93	100	5,66	100	4,89	100	6,41	100	4,05	100	6,29	100	6,11	100	5,64	100	5,46	100	5,54	100
Teilzeitbeschäftigung	6,15	**104**	5,60	99	5,34	**109**	6,53	**102**	4,21	**104**	6,30	100	6,15	**101**	5,87	**104**	5,59	**102**	5,76	**104**
Reguläre Beschäftigung	5,88	99	5,67	100	4,82	99	6,41	100	4,04	100	6,27	100	6,12	100	5,56	99	5,46	100	5,51	99
Durchschnitt	5,92	100	5,66	100	4,89	100	6,42	100	4,06	100	6,27	100	6,12	100	5,63	100	5,47	100	5,54	100
Geringf. Beschäftigung	5,97	**101**	5,72	**101**	4,78	98	6,45	100	4,15	**102**	6,39	**102**	6,36	**104**	5,85	**104**	5,68	**104**	5,64	**102**
Reguläre Beschäftigung	5,92	100	5,65	100	4,90	100	6,42	100	4,05	100	6,26	100	6,11	100	5,59	99	5,46	100	5,54	100
Durchschnitt	5,92	100	5,66	100	4,89	100	6,42	100	4,06	100	6,27	100	6,12	100	5,63	100	5,47	100	5,54	100
Arbeitende Arme	6,05	**102**	5,96	**105**	4,73	97	6,60	**103**	4,36	**107**	6,63	**106**	6,37	**104**	5,87	**104**	5,73	**105**	5,93	**107**
Reguläre Beschäftigung	5,89	99	5,55	98	4,91	100	6,39	99	4,02	99	6,16	98	6,04	99	5,59	99	5,43	99	5,46	98
Durchschnitt	5,93	100	5,67	100	4,89	100	6,42	100	4,06	100	6,27	100	6,12	100	5,64	100	5,48	100	5,55	100
Solo-Selbständigkeit	5,77	97	5,77	**102**	4,74	97	6,44	**101**	3,91	96	6,47	**103**	6,00	98	5,60	99	5,35	98	5,55	100
Reguläre Beschäftigung	5,94	100	5,65	100	4,90	100	6,41	100	4,06	100	6,26	100	6,14	100	5,64	100	5,47	100	5,55	100
Durchschnitt	5,93	100	5,66	100	4,88	100	6,41	100	4,05	100	6,28	100	6,12	100	5,64	100	5,46	100	5,55	100

Quelle: ESS Cumulative File 2002-2004. Eigene Berechnung, gewichtet.

Erwiesen sich die hier untersuchten Gruppen prekärer Beschäftigung in Bezug auf die Wahl rechtspopulistischer Parteien als nicht besonders erklärungskräftig, ist es doch interessant zu analysieren, ob sie zumindest mit einer erhöhten politischen Unzufriedenheit einhergehen. Und in der Tat: Befristet Beschäftigte, Teilzeitbeschäftigte, geringfügig Beschäftigte und „arbeitende Arme" sind politisch unzufriedener als es ihre Kollegen in regulären Beschäftigungsverhältnissen sind (Tab. 55). Allerdings sind die Unterschiede mit zwei bis vier Prozent nur sehr schwach ausgeprägt. Lediglich beim Indikator der „arbeitenden Armen", bei denen die Vollzeitbeschäftigung mit einem Einkommen unterhalb der Armutsgrenze zusammenkommt, ist eine deutlich höhere politische Unzufriedenheit mit Werten von sieben Prozent über dem Schnitt aller Wähler zu verzeichnen. Für die Gruppe der Solo-Selbständigen ist keine besonders starke politische Unzufriedenheit zu beobachten, was mit der durchschnittlichen Unzufriedenheit in der Klasse der „kleinen Selbständigen" korrespondiert. Diesem grundsätzlichen länderübergreifenden Bild folgen fast alle Untersuchungsländer, wobei einzelne Unterschiede durchaus zu beobachten sind.

5 Erklärung der Modernisierungsverlierer-Effekte durch rechtsaffine Einstellungen

Tabelle 56: Politische Unzufriedenheit nach Gruppen sozialer Exklusion und Ländern

	AT		BE		CH		D		DK		F		I		NL		NO		Schnitt	
	$\bar{x}$	100	$\bar{x}$	100	$\bar{x}$	100	$\bar{x}$	100	$\bar{x}$	100	$\bar{x}$	100	$\bar{x}$	100	$\bar{x}$	100	$\bar{x}$	100	$\bar{x}$	100
Hohe soz. Exklusion	6,68	**112**	6,03	**107**	5,39	**110**	6,71	**105**	4,64	**114**	7,02	**112**	6,27	**103**	6,42	**114**	4,87	89	6,18	**111**
Mittlere soz. Exklusion	6,07	**102**	5,94	**105**	4,90	100	6,44	**101**	4,48	**111**	6,43	**103**	6,20	**101**	6,21	**110**	5,64	**103**	5,92	**107**
Niedrige soz. Exklusion	5,90	99	5,59	99	4,89	100	6,40	100	4,01	99	6,23	100	6,07	99	5,57	99	5,45	100	5,49	99
Durchschnitt	5,94	100	5,66	100	4,90	100	6,41	100	4,05	100	6,26	100	6,11	100	5,64	100	5,46	100	5,55	100

Quelle: ESS Cumulative File 2002-2004. Eigene Berechnung, gewichtet. Niedrige soz. Exklusion: 0 bis 3,33, mittlere soz. Exklusion: 3,34 bis 6,66, hohe soziale Exklusion: 6,67 bis 10 Punkte.

Abschließend soll die politische Unzufriedenheit nach Grad des sozialen Ausschlusses der entsprechenden Personen beurteilt werden. In Tab. 56 sind die Skalenwerte sozialer Exklusion in drei Klassen eingeteilt worden. Deutlich wird schon bei Betrachtung des Schnitts aller neun Untersuchungsländer, dass die Verdrossenheit über „die Politik" steigt, je sozial ausgeschlossener eine Person ist. Insbesondere in der relativ kleinen Gruppe der Menschen mit sehr hohen Werten sozialer Exklusion ist politische Unzufriedenheit sehr ausgeprägt. Die entsprechenden Mittelwerte liegen elf Prozent über dem Schnitt aller Wähler. Die immer noch kleine Gruppe der Menschen, die mittlere Werte sozialer Exklusion aufweisen, sind immer noch deutlich überdurchschnittlich unzufrieden, während das sehr große Segment der sozial integrierten Personen nur leicht durchschnittliche Werte aufweist. Auch hier sind die nationalen Variationen kaum bedeutend. Die einzige spektakuläre Ausnahme sind die stark sozial ausgeschlossenen Personen in Norwegen, die tatsächlich zufriedener mit der Politik sind, als dies im Schnitt der Wähler der Fall ist. Allerdings handelt es sich hierbei um lediglich 13 Fälle, so dass hier auch ein großer Einfluss von statistischen Ausreißern eine Rolle spielen kann.

5.1.1.2 Regression auf die Modernisierungsverlierer-Indikatoren

Nach diesen deskriptiven Einzelbetrachtungen sollen nun die Auswirkungen der Modernisierungsverlierer-Indikatoren relativ zueinander in multivariaten linearen Regressionsmodellen beurteilt werden. Ähnlich wie bei den umfassenden Modellen zur Erklärung der Wahl rechtspopulistischer Parteien über die Modernisierungsverlierer-Indikatoren ist es zur Vermeidung des leider auftretenden hohen Maßes von Multikollinearität notwendig, die Zahl der inhaltlich eng verwandten Indikatoren auf sieben zu beschränken. Auf die subjektive Einkommensarmut wird aufgrund ihrer Nähe zur objektiven Einkommensarmut verzichtet. Der Indikator der Statusinkonsistenz erscheint hingegen entbehrlich, da er sich ohnehin in Bezug auf den Erklärungsgegenstand politische Unzufriedenheit als nicht besonders erklärungskräftig erwiesen hat (vgl. 5.1.1.1). Das so reduzierte umfassende Modell weist ein nur geringes Maß an Multikollinearität auf, das im Rahmen der entsprechenden Empfehlungen liegt. Auch im Falle der Regression der politischen Unzufriedenheit auf die Modernisierungsverlierer-Indikatoren werden die vier potentiellen Einflussgrößen Geschlecht, Alter, formale Bildung und Untersuchungsland systematisch kontrolliert.

Tabelle 57: Einfluss der Modernisierungsverlierer-Indikatoren auf die pol. Unzufriedenheit

	M_1	M_2	M_3	M_4	M_5	M_6
Dienstklasse	-0,12 **	-0,14 ***	-0,12 **	-0,04 n.s.	-0,11 **	-0,07 n.s.
Kleine Selbständige	-0,22 ***	-0,17 **	-0,22 ***	-0,24 ***	-0,19 **	-0,13 *
Intermediäre Dienstleistungsb.	-0,01 n.s.	-0,09 *	-0,02 n.s.	0,00 n.s.	0,01 n.s.	-0,06 n.s.
Einfache Dienstleistungsberufe	0,02 n.s.	-0,03 n.s.	0,01 n.s.	0,02 n.s.	0,06 n.s.	0,00 n.s.
Intermediäre Industrieberufe	0,08 n.s.	0,14 ***	0,07 n.s.	0,08 *	0,09 *	0,16 ***
Qualifizierte Industrieberufe	0,09 n.s.	0,18 ***	0,09 n.s.	0,05 n.s.	0,08 n.s.	0,13 **
Einfache Industrieberufe	0,10 *	0,13 **	0,11 *	0,09 *	0,18 ***	0,20 ***
Nicht-Beschäftigte	0,07 n.s.	-0,02 n.s.	0,07 n.s.	0,02 n.s.	-0,13 *	-0,24 ***
Sozioökonom. Status (je 10 Punkte)	0,03 n.s.	0,04 *	0,02 n.s.	0,04 *	-0,06 ***	-0,03 *
Sozialprestige (je 10 Punkte)	-0,13 ***	-0,12 ***	-0,12 ***	-0,08 **	-0,03 n.s.	0,00 n.s.
Arm (bis 40 %)	0,14 *	0,15 *	0,13 *	0,11 n.s.	0,14 *	0,11 *
Armutsgefährdet (40-60 %)	0,19 ***	0,20 ***	0,19 ***	0,17 **	0,10 n.s.	0,09 n.s.
Bescheidener Wohlstand (60-120 %)	-0,04 n.s.	-0,04 n.s.	-0,04 n.s.	-0,04 n.s.	0,02 n.s.	0,02 n.s.
Gesicherter Wohlstand (120-200 %)	-0,17 ***	-0,17 ***	-0,17 ***	-0,12 **	-0,11 **	-0,09 **
Reich (200 % und mehr)	-0,27 ***	-0,27 ***	-0,26 ***	-0,22 ***	-0,15 **	-0,11 *
Keine Einkommensangaben	0,14 ***	0,13 **	0,14 ***	0,11 **	0,00 n.s.	-0,02 n.s.
Arbeitslosigkeit	0,33 ***	0,34 ***	0,30 ***	0,36 ***	0,29 ***	0,27 ***
Befristete Beschäftigung	0,08 n.s.	0,07 n.s.	0,05 n.s.	0,12 *	0,13 **	0,09 *
Teilzeitbeschäftigung	0,31 ***	0,20 ***	0,32 ***	0,31 ***	0,18 ***	0,09 *
Geringfügige Beschäftigung	0,09 n.s.	0,01 n.s.	0,08 n.s.	0,08 n.s.	0,03 n.s.	-0,05 n.s.
Arbeitende Arme ("working poor")	0,15 n.s.	0,13 n.s.	0,18 *	0,14 n.s.	0,05 n.s.	0,05 n.s.
Solo-Selbständigkeit	0,13 n.s.	0,12 n.s.	0,13 n.s.	0,15 n.s.	0,13 n.s.	0,13 n.s.
Soziale Exklusion (je Punkt)	0,11 ***	0,11 ***	0,12 ***	0,10 ***	0,07 ***	0,08 ***
Mann		-0,15 ***				-0,15 ***
Frau		0,15 ***				0,15 ***
Alter (je 10 Jahre)			-0,05 ***			-0,06 ***
Pflichtschulabschluss ISCED 0/1/2				0,29 ***		0,23 ***
Weiterf. Schulabschluss ISCED 3/4				0,06 **		0,02 n.s.
Hochschulabschluss ISCED 5/6				-0,35 ***		-0,24 ***
Österreich					0,29 ***	0,19 ***
Belgien					-0,03 n.s.	-0,02 n.s.
Schweiz					-0,64 ***	-0,58 ***
Deutschland					0,82 ***	0,86 ***
Dänemark					-1,54 ***	-1,50 ***
Frankreich					0,69 ***	0,69 ***
Italien					0,43 ***	0,39 ***
Niederlande					0,06 n.s.	0,02 n.s.
Norwegen					-0,09 **	-0,05 n.s.

5 Erklärung der Modernisierungsverlierer-Effekte durch rechtsaffine Einstellungen

Konstante	4,63 ***	4,79 ***	4,88 ***	4,26 ***	5,06 ***	5,28 ***
Korrigiertes R-Quadrat in Prozent	3,8	4,3	4,3	4,8	16,9	17,8
Fallzahl n	19991	19986	19956	19961	19991	19922

Quelle: ESS Cumulative File 2002-2004. Eigene Berechnung, gewichtet. Ausgewiesen ist der unstandardisierte Regressionskoeffizient b und das Signifikanzniveau (* $p \leq 0{,}05$; ** $p \leq 0{,}01$; *** $p \leq 0{,}001$; n.s. nicht signifikant).

Die Ergebnisse lassen sich der Tab. 57 entnehmen. Abgebildet sind die (unstandardisierten) Regressionskoeffizienten, die die Veränderung anzeigen, die eintritt, wenn sich die jeweilige unabhängige Variable um eine Einheit erhöht. Wenn alle anderen Bedingungen gleichgehalten werden, reduziert sich die durchschnittliche politische Unzufriedenheit im Grundmodell M_1 signifikant, wenn der Befragte Mitglied der Dienstklasse oder der Klasse der kleinen Selbständigen ist. Von der Klassenlage geht ansonsten nur noch im Falle der Zugehörigkeit zur Gruppe der einfachen Industrieberufe ein schwach signifikanter positiver Effekt auf die politische Zufriedenheit aus. Der sozioökonomische Status hat im Gegensatz zum sozialen Prestige – das sich hoch signifikant in niedriger politischer Unzufriedenheit auswirkt – keinen nennenswerten Effekt auf diese Einstellung. Bedenkt man, dass üblicherweise Status und Prestige stark miteinander korrelieren, ist dies ein ungewöhnlicher und erklärungsbedürftiger Befund. Die Indikatorvariablen für die einzelnen Kategorien objektiven Einkommens verhalten sich in dem Modell erwartungsgemäß: Ein niedriges Einkommen wirkt sich in erhöhter, ein hohes Einkommen in niedrigerer politischer Unzufriedenheit aus. Auch der relativ starke und hoch signifikante Einfluss der Arbeitslosigkeit kann aufgrund der bereits geschilderten deskriptiven Ergebnisse kaum überraschen. Hingegen ist erstaunlich, dass keiner der Indikatoren prekärer Beschäftigung mit Ausnahme der Teilzeitbeschäftigung signifikant ist. Immerhin ist in diesem Fall der Einfluss theoriekonform: Prekär Beschäftigte sind unzufriedener als ihre Kollegen in regulären Arbeitsverhältnissen. Schließlich wirkt sich auch der Grad sozialer Exklusion hoch signifikant positiv auf die Unzufriedenheit aus. Man soll sich in diesem Fall nicht von dem vermeintlich kleinen Koeffizienten täuschen lassen. Bei einer maximalen sozialen Exklusion von zehn ist die Unzufriedenheit immerhin 1,1 Skalenpunkte höher (0,11 x 10), als dies im Falle des minimalen Wertes dieses Modernisierungsverlierer-Indikators von Null der Fall ist.

Wie verändern sich diese Einflüsse unter Einführung der vier Kontrollgrößen. Das Geschlecht (M_2) hat zunächst einen eigenständigen hochsignifikanten Effekt, wobei interessant ist, dass Frauen durchschnittlich politisch unzufriedener sind als Männer. Insbesondere im Bereich der Klassenlage hat die Kontrolle des Geschlechts große Auswirkungen. Berücksichtigt man den unabhängigen Effekt des Geschlechts, so werden alle Koeffizienten für die Industrieberufe signifikant und weisen nun einen positiven Effekt auf die politische Unzufriedenheit auf. Überdies kann nun auch ein positiver Effekt des sozioökonomischen Status beobachtet werden, der allerdings nur schwach signifikant und sich überdies kontrahypothetisch verhält: Je höher der Status einer Person, desto höher ihre politische Unzufriedenheit. Die Kontrolle des Alters der Befragten (M_3) erbringt einen eigenständigen Effekt in Höhe von -0,05 bezogen auf zehn Jahre Altersanstieg. Ein 70jähriger ist also durchschnittlich um 0,25 Skalenpunkte (-0,05 x (70-20/10) zufriedener als ein 20jähriger. In Bezug auf das Grundmodell M_1 ergeben sich ansonsten aber kaum Auswirkungen bei den Modernisierungsverlierer-Indikatoren.

Anders ist dies bei Berücksichtigung der Kontrollgröße formale Bildung (M_4). Diese weist zunächst einen eigenständigen signifikanten Einfluss auf die politische Zufriedenheit auf. Je höher der höchste erreichte Bildungsabschluss, desto geringer fällt die politische Unzufriedenheit aus. Allerdings verändert die Berücksichtigung der Bildung auch maßgeblich den Einfluss der Modernisierungsverlierer-Indikatoren. Es gibt etwa keinen signifikanten Effekt der Zugehörigkeit zur Dienstklasse mehr, der sich offenbar vor allem über das dort übliche höhere Bildungsniveau erklärt. Auch zwei der drei industriellen Klassen weisen nun signifikante positive Koeffizienten auf. Schließlich schwächt sich der Einfluss des Sozialprestiges, der sich offenbar zu einem guten Teil auch aus den unterschiedlichen Bildungsabschlüssen speist, deutlich ab. Gerade die Kontrolle der Untersuchungsländer in Modell M_5 trägt zudem den deutlich unterschiedlichen Niveaus politischer Unzufriedenheit in den neun Untersuchungsländern Rechnung. Insbesondere der kontrahypothetische Einfluss des sozioökonomischen Status verschwindet nun und zeigt deutlich, dass ein hoher Status auch zu einer niedrigeren politischen Unzufriedenheit führt. Allerdings werden nun einige der Einkommensgruppen insignifikant, die vorher einen relevanten Effekt aufwiesen.

Das Gesamtmodell M_6 verbindet viele der bereits erwähnten Befunde: Insbesondere die Industrieberufe weisen einen signifikant positiven, die kleinen Selbständigen hingegen einen signifikant negativen Effekt auf die politische Unzufriedenheit auf. Die Dienstklasse weist keinen nennenswerten eigenständigen Effekt auf, was wie gezeigt eine hohe Zufriedenheit der formal hoch gebildeten Personen, die die Mehrzahl der Klassenzugehörigen konstituieren, nicht ausschließt. Auch ein hoher Status und ein hohes Einkommen dämpfen die politische Unzufriedenheit ab, während Einkommensarmut, Arbeitslosigkeit, befristete Beschäftigung und Teilzeitbeschäftigung der Verdrossenheit über „die Politik" Vorschub leisten. Daneben existieren die bereits angeführten unabhängigen Effekte der Kontrollvariablen. Zusammenfassend lässt sich daher sagen, dass Deprivationsfaktoren im Sinne der hier untersuchten Modernisierungsverlierer-Indikatoren sehr wohl politische Unzufriedenheit befördern. Es mag sein, dass es noch andere, hier nicht untersuchte Determinanten gibt. Aber in jedem Fall sind deprivationstheoretische Erklärungsmuster nicht zu vernachlässigen. Hypothese H11.1 lässt sich in jedem Fall verifizieren.

H11.1: Modernisierungsverlierer weisen überdurchschnittlich hohe Werte politischer Unzufriedenheit auf.

5.1.2 Xenophobie

Kommen wir nun zur Frage, ob sich auch die hier als Xenophobie gefasste Ablehnung der Immigration deprivationstheoretisch erklären lässt. In Abschnitt 2.5.2.2 wurde ausführlich dargestellt, dass gerade die Interpretation, Xenophobie sei eine austauschbare Form der Feindseligkeit gegenüber grundsätzlich unspezifischen „Sündenböcken", diese Form der Fremdenfeindlichkeit einer Erklärung im Sinne der Modernisierungsverlierer-Theorie zugänglich macht. Gleich ob man die Frustrations-Aggressions-These oder die Theorie der sozialen Identität bemüht, in beiden Fällen sind Deprivationserfahrungen die entscheidende Ursache für die Ausbildung xenophober Ressentiments. Selbst in der Theorie der realistischen Gruppenkonflikte, in denen die Immigranten als tatsächliche Konkurrenz bereits ansässiger Bevölkerungsgruppen wahrgenommen werden, ist dennoch die Deprivation das

5 Erklärung der Modernisierungsverlierer-Effekte durch rechtsaffine Einstellungen

Charakteristikum, das die sozialen Gruppen beschreibt, die auf Seite der „Einheimischen" den Konflikt mit den Migranten tragen. Insofern müsste sich zeigen lassen, dass Modernisierungsverlierer besonders stark von Xenophobie betroffen sind.

5.1.2.1 Deskriptive Befunde

Wenden wir uns hierzu zunächst den deskriptiven Befunden zu und betrachten die Mittelwerte der Xenophobie in Abhängigkeit der einzelnen Modernisierungsverlierer-Indikatoren. Auch die Fremdenfeindlichkeit variiert erst einmal in ihrem grundsätzlichen Niveau zwischen den einzelnen Untersuchungsländern (Tab. 58). Während die Schweiz mit 4,80 Skalenpunkten eine vergleichsweise geringe Xenophobie aufweist, ist die Ablehnung von Immigration und Immigranten besonders stark in Belgien, Italien und Frankreich ausgeprägt. Die Struktur der nationalen Unterschiede folgt aber nicht mehr einem eindeutigen Schema, wie es etwa bei dem Zusammenhang von reichen Ländern mit niedriger politischer Unzufriedenheit (und umgekehrt) der Fall war. Um den Schnitt aller Untersuchungsländer von 5,29 Punkten variieren die Länder zudem deutlich weniger stark, als dies bei der politischen Unzufriedenheit der Fall war und auch bei den beiden anderen Einstellungsindikatoren der Fall ist.[50] Xenophobie scheint mithin nicht so stark von nationalen Unterschieden geprägt zu sein.

Tabelle 58: Xenophobie nach Klassen und Ländern

	AT		BE		CH		D		DK		F		I		NL		NO		Schnitt	
	$\bar{x}$	100	$\bar{x}$	100	$\bar{x}$	100	$\bar{x}$	100	$\bar{x}$	100	$\bar{x}$	100	$\bar{x}$	100	$\bar{x}$	100	$\bar{x}$	100	$\bar{x}$	100
Dienstklasse	4,88	93	5,17	92	4,42	92	4,68	91	4,60	89	4,87	89	4,88	88	5,11	95	4,70	90	4,82	91
Kleine Selbständige	5,16	98	5,33	95	4,73	99	5,26	102	5,10	99	5,17	95	5,59	101	5,46	**101**	5,10	97	5,20	98
Intermed. Dienstleist.	5,44	**103**	5,93	**106**	4,88	**102**	5,32	**103**	5,31	**103**	5,73	**105**	5,59	**101**	5,64	**104**	5,42	**103**	5,48	**104**
Einfache Dienstleist.	5,44	**103**	5,85	**104**	5,14	**107**	5,40	**105**	5,45	**106**	5,92	**108**	5,55	**100**	5,57	**103**	5,70	**109**	5,57	**105**
Intermed. Industrieb.	5,51	**105**	5,83	**104**	5,73	**119**	5,33	**103**	5,25	**102**	5,80	**106**	5,66	**103**	5,59	**103**	5,61	**107**	5,56	**105**
Qualif. Industrieb.	5,66	**107**	6,07	**108**	5,48	**114**	5,77	**112**	5,81	**113**	6,03	**110**	5,93	**107**	5,90	**109**	5,81	**111**	5,84	**110**
Einf. Industrieb.	5,96	**113**	6,11	**109**	5,28	**110**	5,57	**108**	5,71	**111**	6,35	**116**	6,02	**109**	5,75	**106**	5,79	**110**	5,86	**111**
Nicht-Beschäftigte	5,40	**102**	5,59	100	4,69	98	5,04	98	5,67	**110**	6,00	**110**	5,69	**103**	6,21	**115**	5,19	99	5,60	**106**
Durchschnitt	5,27	100	5,61	100	4,80	100	5,15	100	5,14	100	5,46	100	5,52	100	5,40	100	5,25	100	5,29	100

Quelle: ESS Cumulative File 2002-2004. Eigene Berechnung, gewichtet.

Weiterhin lässt sich anhand von Tab. 58 zeigen, dass sich die Fremdenfeindlichkeit insbesondere zwischen den unterschiedlichen Klassen des ESeC-Schemas unterscheidet. Gerade die drei Klassen industrieller Berufe weisen deutlich überdurchschnittliche Xenophobie-Werte auf. Einfache und qualifizierte Arbeiter in der Industrie kommen im Schnitt auf Messergebnisse, die zumindest zehn Prozent höher liegen, als dies im Mittel der Bevölkerung der Fall ist. Bei den intermediären Industrieberufen ist die Xenophobie immerhin noch um fünf Prozent überproportional ausgeprägt. Auf derartige Werte kommen im Schnitt aller Untersuchungsländer aber auch die beiden Klassen der Dienstleistungsberufe. Eindeutig unterdurchschnittlich fremdenfeindlich eingestellt sind nur die Mitglieder der Dienstklasse, die fast zehn Prozent geringere Mittelwerte aufweisen. Bei den kleinen Selbständigen lässt sich keine eindeutige Tendenz erkennen. In manchen Ländern sind sie überproportional, in

---

[50] Der Variationskoeffizient der Länder-Mittelwerte beträgt 0,008.

anderen unterproportional xenophob eingestellt. Von dieser Ausnahme abgesehen ist das Bild in den einzelnen Untersuchungsländern dem Gesamtbild sehr ähnlich. Auf der einen Seite gibt es die gegenüber Immigration aufgeschlossenere Dienstklasse, auf der anderen Seite die große Gruppe der manuellen Berufe in Dienstleistung und Industrie, die demgegenüber eher zur Fremdenfeindlichkeit neigen.

Tabelle 59: Xenophobie nach Statusgruppen und Ländern

	AT		BE		CH		D		DK		F		I		NL		NO		Schnitt	
	$\bar{x}$	100	$\bar{x}$	100	$\bar{x}$	100	$\bar{x}$	100	$\bar{x}$	100	$\bar{x}$	100	$\bar{x}$	100	$\bar{x}$	100	$\bar{x}$	100	$\bar{x}$	100
Niedriger Status	5,56	**105**	5,88	**105**	5,05	**105**	5,51	**107**	5,41	**105**	5,95	**109**	5,86	**106**	5,73	**106**	5,58	**106**	5,62	**106**
Mittlerer Status	5,17	98	5,51	98	4,84	**101**	5,14	100	5,14	100	5,34	98	5,34	96	5,38	99	5,12	97	5,23	99
Hoher Status	4,53	86	4,96	88	4,20	88	4,31	84	4,31	84	4,75	87	4,65	84	4,94	91	4,39	84	4,56	86
Durchschnitt	5,27	100	5,60	100	4,79	100	5,15	100	5,13	100	5,48	100	5,53	100	5,41	100	5,25	100	5,30	100

Quelle: ESS Cumulative File 2002-2004. Eigene Berechnung, gewichtet. Niedriger Status: 16 bis 40, mittlerer Status: 41 bis 65, hoher Status: 66 bis 90 ISEI-Punkte.

Dieser Befund setzt sich auch in recht eindeutigen Ergebnissen bei Betrachtung der Xenophobie-Mittelwerte nach Gruppen unterschiedlichen sozioökonomischen Status fort (Tab. 59). Auch hier sind es insbesondere die niedrigen Statusgruppen, die auf rund sechs Prozent überdurchschnittliche Fremdenfeindlichkeits-Werte kommen. Die mittleren Statusgruppen haben durchschnittliche Mittelwerte, während die Berufe mit einem hohen sozioökonomischen Status im Schnitt 14 % geringere Xenophobie-Werte aufweisen. Auch hier ist die Variation zwischen den einzelnen Untersuchungsländern minimal, lediglich die nationalen Unterschiede in der grundsätzlichen Höhe der Ablehnung von Immigration und Immigranten spielen eine – wenn auch im Vergleich zur politischen Unzufriedenheit geringe – Rolle.

Tabelle 60: Xenophobie nach Statusinkonsistenz-Gruppen und Ländern

	AT		BE		CH		D		DK		F		I		NL		NO		Schnitt	
	$\bar{x}$	100	$\bar{x}$	100	$\bar{x}$	100	$\bar{x}$	100	$\bar{x}$	100	$\bar{x}$	100	$\bar{x}$	100	$\bar{x}$	100	$\bar{x}$	100	$\bar{x}$	100
Negative Statusinkon.	5,53	**105**	5,62	100	4,98	**104**	5,39	**105**	5,06	99	5,53	**101**	5,70	**103**	5,62	**104**	5,24	100	5,37	**101**
Neutrale Statusinkon.	5,23	99	5,60	100	4,78	100	5,12	100	5,22	**102**	5,49	100	5,55	100	5,37	99	5,30	**101**	5,31	100
Positive Statusinkon.	5,12	97	5,50	98	4,49	94	4,78	93	4,56	89	5,16	94	4,94	89	5,36	99	4,81	92	4,92	93
Durchschnitt	5,27	100	5,60	100	4,79	100	5,15	100	5,13	100	5,48	100	5,53	100	5,41	100	5,26	100	5,30	100

Quelle: ESS Cumulative File 2002-2004. Eigene Berechnung, gewichtet. Negative Statusinkonsistenz: -46 bis -11, neutrale Statusinkonsistenz: -11 bis 22, positive Statusinkonsistenz: 22 bis 57 Differenzpunkte.

Weniger eindeutig ist hingegen die Darstellung nach Gruppen unterschiedlicher Statusinkonsistenz (Tab. 60). Zwischen den Personen, deren aktueller Beruf weit hinter den über das Bildungsniveau vermittelten Statuserwartungen zurückbleibt, und denen, deren Statuserwartungen in etwa erfüllt sind, besteht hinsichtlich der Fremdenfeindlichkeit kein systematischer Unterschied. In den meisten Ländern ist zwar die Gruppe negativer Statusinkonsistenz xenophober eingestellt als die neutrale Kategorie, in Belgien, Frankreich und Norwegen sind aber kaum Unterschiede festzustellen und in Dänemark ist das Verhältnis der beiden Gruppen sogar umgekehrt. Lediglich die Gruppe sozialer Aufsteiger, die einen höheren sozioökonomischen Status einnehmen, als es nach ihrem Bildungsabschluss zu erwarten war, neigt deutlich weniger stark zur Ablehnung der Immigration.

5 Erklärung der Modernisierungsverlierer-Effekte durch rechtsaffine Einstellungen

Tabelle 61: Xenophobie nach Prestigegruppen und Ländern

	AT		BE		CH		D		DK		F		I		NL		NO		Schnitt	
	$\bar{x}$	100	$\bar{x}$	100	$\bar{x}$	100	$\bar{x}$	100	$\bar{x}$	100	$\bar{x}$	100	$\bar{x}$	100	$\bar{x}$	100	$\bar{x}$	100	$\bar{x}$	100
Niedriges Prestige	5,64	**107**	6,05	**108**	5,23	**109**	5,46	**106**	5,62	**109**	6,19	**113**	6,17	**111**	5,74	**106**	5,60	**107**	5,78	**109**
Mittleres Prestige	5,37	**102**	5,65	**101**	4,92	**103**	5,31	**103**	5,26	**102**	5,53	**101**	5,47	99	5,49	**101**	5,38	**102**	5,38	**102**
Hohes Prestige	4,57	87	5,00	89	4,28	89	4,38	85	4,35	85	4,75	87	4,90	89	5,01	93	4,49	86	4,63	87
Durchschnitt	5,27	100	5,60	100	4,79	100	5,15	100	5,13	100	5,47	100	5,53	100	5,41	100	5,25	100	5,30	100

Quelle: ESS Cumulative File 2002-2004. Eigene Berechnung, gewichtet. Niedriges Prestige: 6 bis 30, mittleres Prestige: 31 bis 54, hohes Prestige: 55 bis 78 SIOPS-Punkte.

Noch stärker als im Rahmen des sozioökonomischen Status variiert die Xenophobie in Bezug auf das über den Beruf vermittelte soziale Prestige (Tab. 61). Während bei dieser rechtsaffinen Einstellung im Schnitt aller Untersuchungsländer zwischen der höchsten und niedrigsten Statusgruppe schon 20 Prozentpunkte Unterschied bestehen, sind es beim sozialen Ansehen sogar 22 Prozentpunkte. Und auch die Richtung der Ausprägung hoher und niedriger Werte stimmt mit einer deprivationstheoretischen Erklärung der Xenophobie überein: In der Gruppe mit den niedrigsten Prestigewerten ist eine deutlich höhere Fremdenfeindlichkeit zu verzeichnen. Die entsprechenden Werte liegen rund neun Prozent über dem Schnitt aller Wähler. Selbst die mittlere Kategorie erweist sich noch als überproportional xenophob. Nur die Gruppe von Wählern, die die Berufe mit den höchsten sozialen Ansehen ausüben, ist gegenüber der Immigration deutlich aufgeschlossener. Ihre Mittelwerte liegen rund sieben Prozent unter dem Schnitt aller Wähler. Dieses grundsätzliche Bild wiederholt sich in allen Untersuchungsländern. Allerdings gibt es durchaus Länder, in denen die Xenophobie-Unterschiede zwischen den Prestigegruppen stärker ausgeprägt sind (Dänemark, Frankreich), und auch solche, in denen dies nicht so stark der Fall ist (Niederlande).

Tabelle 62: Xenophobie nach objektiven Einkommensgruppen und Ländern

	AT		BE		CH		D		DK		F		I		NL		NO		Schnitt	
	$\bar{x}$	100	$\bar{x}$	100	$\bar{x}$	100	$\bar{x}$	100	$\bar{x}$	100	$\bar{x}$	100	$\bar{x}$	100	$\bar{x}$	100	$\bar{x}$	100	$\bar{x}$	100
Arm	5,29	100	6,07	**108**	5,24	**109**	5,10	99	5,12	100	5,98	**109**	5,91	**107**	5,45	**101**	5,51	**105**	5,57	**105**
Armutsgefährdet	5,37	**102**	5,93	**106**	5,18	**108**	5,43	**106**	5,38	**105**	5,83	**107**	5,64	**102**	5,71	**106**	5,53	**105**	5,62	**106**
Prekär wohlhabend	5,18	98	5,42	97	4,89	**102**	5,21	**101**	5,21	**101**	5,44	100	5,39	97	5,49	**101**	5,36	**102**	5,30	100
Gesichert wohlhabend	4,98	94	5,26	94	4,40	92	4,87	95	4,86	95	5,11	93	5,42	98	5,04	93	4,88	93	4,94	93
Reich	5,42	**103**	5,43	97	4,18	87	4,62	90	4,77	93	4,96	91	5,46	99	5,04	93	4,73	90	4,86	92
Keine Angaben	5,35	**101**	5,62	100	4,98	**104**	5,40	**105**	5,55	**108**	5,52	**101**	5,48	99	5,57	**103**	5,63	**107**	5,44	**103**
Durchschnitt	5,27	100	5,60	100	4,79	100	5,15	100	5,14	100	5,47	100	5,53	100	5,41	100	5,25	100	5,30	100

Quelle: ESS Cumulative File 2002-2004. Eigene Berechnung, gewichtet. Arm: bis 40 %, armutsgefährdet: 40 bis 60 %, prekär wohlhabend: 60 bis 120 %, gesichert wohlhabend: 120 bis 200 %, reich: mehr als 200 % des mittleren Nettoäquivalenzeinkommens.

Auch in Bezug auf die objektiven Einkommensgruppen lassen sich nennenswerte Unterschiede im Grad der Fremdenfeindlichkeit ausmachen (Tab. 62). Im Schnitt aller neun Untersuchungsländer ist insbesondere die Gruppe von Menschen mit einem hohen Einkommen über 200 % des Median-Nettoäquivalenzeinkommens der Bevölkerung durch niedrige Xenophobie-Werte gekennzeichnet. Die Skepsis und Ablehnung gegenüber Immigranten nimmt dann systematisch zu, je weniger die entsprechende Gruppe über Einkommensressourcen verfügt. Die Gruppe von Menschen, die man in Anbetracht ihres Einkommens als armutsgefährdet bezeichnen könnte, weist dann Werte auf, die sechs Prozent über dem Mittel aller Wähler liegen. Die als arm zu bezeichnenden Personen unterschieden sich diesbezüglich kaum von dieser zweitärmsten Gruppe. Dies ist allerdings in einigen der Untersuchungsländer der Fall, in denen die Armen durchschnittliche Xenophobie-Werte aufweisen, während die Gruppe der armutsgefährdeten Personen deutlich überdurchschnittlich fremdenfeindlich eingestellt ist. Hier zeigt sich erneut das schon in Abschnitt 4.1.5 beobachtete Phänomen, dass es häufig die Einkommensgruppen sind, die noch etwas zu verlieren haben, bei denen sich Deprivationsfolgen im Sinne der Modernisierungsverlierer-Theorie am stärksten zeigen.

Tabelle 63: Xenophobie nach subjektiven Einkommensgruppen und Ländern

	AT		BE		CH		D		DK		F		I		NL		NO		Schnitt	
	$\bar{x}$	100	$\bar{x}$	100	$\bar{x}$	100	$\bar{x}$	100	$\bar{x}$	100	$\bar{x}$	100	$\bar{x}$	100	$\bar{x}$	100	$\bar{x}$	100	$\bar{x}$	100
Sehr schlechtes Ausk.	5,55	**105**	6,24	**111**	4,43	93	5,65	**110**	5,39	**105**	5,66	**104**	6,21	**112**	5,39	100	5,86	**112**	5,73	**108**
Schlechtes Ausk.	5,47	**104**	5,98	**107**	4,94	**103**	5,26	**102**	5,45	**106**	5,96	**109**	5,67	**102**	5,53	**102**	5,42	**103**	5,59	**106**
Auskommen	5,35	**101**	5,66	**101**	4,99	**104**	5,29	**103**	5,38	**105**	5,81	**106**	5,68	**103**	5,62	**104**	5,41	**103**	5,47	**103**
Bequemes Leben	5,10	97	5,35	96	4,65	97	4,84	94	5,01	97	5,18	95	5,20	94	5,23	97	5,11	97	5,08	96
Keine Angaben	4,90	93	5,19	93	5,05	**105**	5,59	**109**	5,11	100	.	.	4,17	75	5,33	99	.	.	5,10	96
Durchschnitt	5,27	100	5,60	100	4,79	100	5,15	100	5,14	100	5,47	100	5,53	100	5,41	100	5,25	100	5,30	100

Quelle: ESS Cumulative File 2002-2004. Eigene Berechnung, gewichtet.

Stetig steigend ist jedoch die Tendenz zur Xenophobie, je schlechter Personen ihr Auskommen mit dem dem Haushalt zur Verfügung stehenden Einkommen einschätzen (Tab. 63). Während die Gruppe derer, die angibt, mit ihrem Haushaltseinkommen ein bequemes Leben führen zu können, vier Prozent niedrigere Xenophobie-Werte aufweist, steigt die Ablehnung von Immigration und Immigranten mit einer schlechteren Einschätzung der finanziellen Lage deutlich an. Der höchste Wert, der rund acht Prozent über der mittleren Fremdenfeindlichkeit aller Wähler liegt, ist in der Gruppe derer zu verzeichnen, die mit ihrem Haushaltsauskommen nur sehr schlecht zurecht kommen. Aber auch bei dieser subjektiven Einschätzung der finanziellen Einkommensressourcen ist es in manchen Ländern (Schweiz, Dänemark, Frankreich, Niederlande) die zweitärmste Gruppe, die sich durch die höchste Xenophobie auszeichnet.

Tabelle 64: Xenophobie nach Erwerbsstatus und Ländern

	AT		BE		CH		D		DK		F		I		NL		NO		Schnitt	
	$\bar{x}$	100	$\bar{x}$	100	$\bar{x}$	100	$\bar{x}$	100	$\bar{x}$	100	$\bar{x}$	100	$\bar{x}$	100	$\bar{x}$	100	$\bar{x}$	100	$\bar{x}$	100
arbeitslos	5,20	98	5,82	**104**	4,59	96	5,37	**104**	5,03	98	5,75	**105**	5,78	**105**	5,23	97	5,13	98	5,44	**103**
nicht arbeitslos	5,28	100	5,59	100	4,80	100	5,13	100	5,14	100	5,46	100	5,51	100	5,41	100	5,25	100	5,29	100
Durchschnitt	5,28	100	5,61	100	4,80	100	5,14	100	5,14	100	5,47	100	5,53	100	5,41	100	5,25	100	5,30	100

Quelle: ESS Cumulative File 2002-2004. Eigene Berechnung, gewichtet.

Im Gegensatz zur politischen Unzufriedenheit scheint die Ablehnung der Immigration nicht immer mit Arbeitslosigkeit einherzugehen. Tab. 64 zeigt zwar im Schnitt aller Untersuchungsländer einen leicht erhöhten Wert auf, allerdings kann in fünf der neun Länder eine solche überproportionale Fremdenfeindlichkeit in der Gruppe der Arbeitslosen nicht beo-

5 Erklärung der Modernisierungsverlierer-Effekte durch rechtsaffine Einstellungen

bachtet werden. In jedem Fall sind die Unterschiede zwischen arbeitslosen und nicht arbeitslosen Personen in Bezug auf diese rechtsaffine Einstellung nicht besonders ausgeprägt. Interessanterweise sind es gerade die vergleichsweise „armen" Länder Belgien, Deutschland, Frankreich und Italien, bei denen Arbeitslosigkeit mit Xenophobie einhergeht. Dies sind auch die Länder, in denen ideologisch „härtere" Formen des Rechtspopulismus zu finden sind. Hingegen scheinen Arbeitslose in den Ländern, die relativ hohe mittlere Einkommen aufweisen, nicht so stark zur Ablehnung der Immigration zu neigen.

Tabelle 65: Xenophobie nach Gruppen prekärer Beschäftigung und Ländern

	AT		BE		CH		D		DK		F		I		NL		NO		Schnitt	
	$\bar{x}$	100	$\bar{x}$	100	$\bar{x}$	100	$\bar{x}$	100	$\bar{x}$	100	$\bar{x}$	100	$\bar{x}$	100	$\bar{x}$	100	$\bar{x}$	100	$\bar{x}$	100
Befrist. Beschäftigung	4,93	94	5,60	100	4,65	97	5,00	97	4,98	97	5,11	92	5,47	99	5,23	97	5,05	96	5,13	97
Reguläre Beschäftigung	5,29	**101**	5,59	100	4,80	100	5,16	100	5,16	100	5,61	**101**	5,54	100	5,42	100	5,26	100	5,31	100
Durchschnitt	5,26	100	5,59	100	4,79	100	5,14	100	5,13	100	5,56	100	5,53	100	5,40	100	5,24	100	5,29	100
Teilzeitbeschäftigung	5,10	97	5,39	97	4,75	100	5,05	98	5,22	**102**	4,92	90	5,24	95	5,34	99	5,50	**105**	5,20	98
Reguläre Beschäftigung	5,28	**101**	5,61	**101**	4,77	100	5,17	100	5,11	100	5,55	**101**	5,55	100	5,40	100	5,20	99	5,29	100
Durchschnitt	5,25	100	5,58	100	4,76	100	5,15	100	5,12	100	5,47	100	5,52	100	5,39	100	5,23	100	5,28	100
Geringf. Beschäftigung	4,70	90	5,62	**101**	4,79	100	5,02	98	5,02	98	5,62	**103**	5,28	96	5,62	**104**	5,44	**104**	5,27	100
Reguläre Beschäftigung	5,28	**101**	5,58	100	4,76	100	5,16	100	5,12	100	5,46	100	5,53	100	5,35	99	5,22	100	5,28	100
Durchschnitt	5,25	100	5,58	100	4,76	100	5,15	100	5,12	100	5,47	100	5,52	100	5,39	100	5,23	100	5,28	100
Arbeitende Arme	5,36	**102**	6,00	**107**	5,22	**109**	5,41	**105**	5,35	**105**	5,94	**108**	5,85	**106**	5,60	**104**	5,47	**104**	5,64	**107**
Reguläre Beschäftigung	5,24	99	5,46	97	4,71	99	5,10	99	5,09	99	5,34	97	5,43	98	5,35	99	5,21	99	5,21	98
Durchschnitt	5,27	100	5,61	100	4,77	100	5,15	100	5,12	100	5,48	100	5,53	100	5,39	100	5,25	100	5,29	100
Solo-Selbständigkeit	5,45	**103**	5,80	**103**	4,77	100	4,56	89	5,30	**103**	5,32	98	5,39	97	5,38	100	5,38	**102**	5,29	100
Reguläre Beschäftigung	5,27	100	5,60	100	4,79	100	5,18	101	5,13	100	5,46	100	5,55	100	5,41	100	5,24	100	5,29	100
Durchschnitt	5,28	100	5,61	100	4,79	100	5,15	100	5,14	100	5,45	100	5,53	100	5,40	100	5,25	100	5,29	100

Quelle: ESS Cumulative File 2002-2004. Eigene Berechnung, gewichtet.

Die Ergebnisse für die Indikatoren prekärer Beschäftigung (Tab. 65) lassen sich kurz zusammenfassen. Die meisten Fallgruppen atypischer Beschäftigung weisen keine systematisch höheren Xenophobie-Werte auf. Im Fall der befristeten Beschäftigung und der Teilzeitbeschäftigung ist dies sogar nur unterdurchschnittlich der Fall. Lediglich die Gruppe der „arbeitenden Armen", bei denen Einkommensarmut trotz Vollzeitbeschäftigung vorliegt, zeigt deutliche Tendenzen zur Fremdenfeindlichkeit. Ansonsten scheint es in Bezug auf Xenophobie keine entscheidenden Unterschiede zwischen prekären und regulären Beschäftigungsverhältnissen zu geben.

Tabelle 66: Xenophobie nach Gruppen sozialer Exklusion und Ländern

	AT		BE		CH		D		DK		F		I		NL		NO		Schnitt	
	$\bar{x}$	100	$\bar{x}$	100	$\bar{x}$	100	$\bar{x}$	100	$\bar{x}$	100	$\bar{x}$	100	$\bar{x}$	100	$\bar{x}$	100	$\bar{x}$	100	$\bar{x}$	100
Hohe soz. Exklusion	6,30	**120**	6,42	**114**	5,25	**109**	6,06	**118**	6,03	**117**	5,72	**105**	6,06	**110**	5,95	**110**	5,63	**107**	6,10	**115**
Mittlere soz. Exklusion	5,76	**109**	6,13	**109**	4,82	**101**	5,47	**106**	5,82	**113**	5,98	**109**	5,70	**103**	5,76	**107**	5,60	**107**	5,75	**109**
Niedrige soz. Exklusion	5,19	98	5,47	98	4,79	100	5,10	99	5,07	99	5,40	99	5,44	98	5,36	99	5,23	100	5,23	99
Durchschnitt	5,27	100	5,60	100	4,79	100	5,15	100	5,14	100	5,47	100	5,53	100	5,41	100	5,25	100	5,30	100

Quelle: ESS Cumulative File 2002-2004. Eigene Berechnung, gewichtet. Niedrige soz. Exklusion: 0 bis 3,33, mittlere soz. Exklusion: 3,34 bis 6,66, hohe soziale Exklusion: 6,67 bis 10 Punkte.

Die Reihe der deskriptiven Betrachtungen der Modernisierungsverlierer-Indikatoren wird vom Indikator der sozialen Exklusion abgeschlossen (Tab. 66). Personen, die besonders stark sozial ausgeschlossen sind, neigen in der Tat stark zu xenophoben Ressentiments. Ihre entsprechenden Mittelwerte liegen rund 15 % über dem Schnitt aller Wähler. Selbst bei der – immer noch kleinen – Gruppe der Personen, die mittlere Werte sozialer Exklusion aufweisen, sind noch überdurchschnittliche Werte der Ablehnung von Immigration und Immigranten zu beobachten. Hingegen erweist sich die sehr große Gruppe der sozial integrierten Personen als nur leicht unterdurchschnittlich fremdenfeindlich. Dieses Bild zeigt sich in fast allen Untersuchungsländern. Nur in Frankreich und Norwegen weicht die Situation leicht davon ab, aber auch hier sind ausgeschlossene Personen eher xenophob, als dies bei sozial integrierten Personen der Fall ist.

5.1.2.2 Regression auf die Modernisierungsverlierer-Indikatoren

Auch im Fall der Xenophobie soll es nicht bei der deskriptiven Betrachtung der Zusammenhänge mit einzelnen Modernisierungsverlierer-Indikatoren bleiben. In den folgenden multivariaten Modellen werden die Einflüsse der sieben wichtigsten Indikatoren, auch unter Kontrolle der möglichen Einflussgrößen Geschlecht, Alter, Bildung und Untersuchungsland, relativ zueinander analysiert. Die Ergebnisse finden sich in Tab. 67. Das Grundmodell M_1 bestätigt zunächst die wichtigsten deskriptiven Ergebnisse auch inferenzstatistisch: Insbesondere die Dienstklasse, schwächer auch die Klasse der kleinen Selbständigen, weisen signifikante negative Einflüsse auf die Xenophobie auf. Hingegen sind bei den qualifizierten und mit Abstrichen auch bei den einfachen Industrieberufen signifikant positive Einflüsse zu erkennen. Die Zweiteilung der Berufsklassen in eher xenophobe und weniger xenophobe Berufe wird insgesamt sichtbar, allerdings sind die ohnehin schwachen Effekte bei den intermediären Industrieberufen und den Dienstleistungsberufen nicht signifikant. Sowohl der sozioökonomische Status als auch das soziale Prestige haben signifikante Einflüsse auf die Fremdenfeindlichkeit. Je höher diese beiden Indikatoren ausfallen, desto niedrigere Xenophobie-Werte werden durch das Regressionsmodell vorhergesagt. Dabei liefert das Sozialprestige aber mit einem Koeffizienten von -0,15 je zehn Statuspunkten den deutlich stärkeren Effekt. Ein Beispiel hierzu: Ein Türsteher (SIOPS-Prestigewert von 20) weist – alle anderen Faktoren außer Acht lassend – dem Modell M_1 nach durchschnittlich einen um 0,75 Skalenpunkte (-0,15 x (20-70)/10) höheren Xenophobie-Wert auf, als dies bei einem Zahnarzt (SIOPS-Prestigewert von 70) der Fall wäre.

5 Erklärung der Modernisierungsverlierer-Effekte durch rechtsaffine Einstellungen

Tabelle 67: Einfluss der Modernisierungsverlierer-Indikatoren auf die Xenophobie

	M_1	M_2	M_3	M_4	M_5	M_6
Dienstklasse	-0,27 ***	-0,27 ***	-0,27 ***	-0,13 ***	-0,28 ***	-0,15 ***
Kleine Selbständige	-0,09 *	-0,10 **	-0,09 *	-0,07 n.s.	-0,08 *	-0,06 n.s.
Intermediäre Dienstleistungsb.	-0,05 n.s.	-0,04 n.s.	-0,07 n.s.	-0,07 n.s.	-0,02 n.s.	-0,05 n.s.
Einfache Dienstleistungsberufe	0,02 n.s.	0,02 n.s.	0,02 n.s.	0,02 n.s.	0,01 n.s.	0,03 n.s.
Intermediäre Industrieberufe	0,04 n.s.	0,03 n.s.	0,06 n.s.	0,04 n.s.	0,03 n.s.	0,03 n.s.
Qualifizierte Industrieberufe	0,28 ***	0,29 ***	0,28 ***	0,23 ***	0,29 ***	0,23 ***
Einfache Industrieberufe	0,09 *	0,09 *	0,08 *	0,08 n.s.	0,08 *	0,06 n.s.
Nicht-Beschäftigte	-0,02 n.s.	-0,03 n.s.	-0,02 n.s.	-0,09 n.s.	-0,04 n.s.	-0,09 n.s.
Sozioökonom. Status (je 10 Punkte)	-0,05 **	-0,05 **	-0,04 *	-0,02 n.s.	-0,06 ***	-0,02 n.s.
Sozialprestige (je 10 Punkte)	-0,15 ***	-0,15 ***	-0,16 ***	-0,07 ***	-0,13 ***	-0,07 ***
Arm (bis 40 %)	0,06 n.s.	0,06 n.s.	0,09 n.s.	0,01 n.s.	0,05 n.s.	0,03 n.s.
Armutsgefährdet (40-60 %)	0,13 **	0,13 **	0,14 **	0,09 n.s.	0,08 n.s.	0,06 n.s.
Bescheidener Wohlstand (60-120 %)	0,03 n.s.	0,03 n.s.	0,02 n.s.	0,03 n.s.	0,04 n.s.	0,02 n.s.
Gesicherter Wohlstand (120-200 %)	-0,15 ***	-0,15 ***	-0,15 ***	-0,08 *	-0,14 ***	-0,09 **
Reich (200 % und mehr)	-0,14 **	-0,14 **	-0,17 ***	-0,07 n.s.	-0,13 **	-0,09 *
Keine Einkommensangaben	0,07 *	0,07 *	0,08 *	0,01 n.s.	0,10 **	0,07 n.s.
Arbeitslosigkeit	-0,03 n.s.	-0,03 n.s.	0,04 n.s.	0,02 n.s.	-0,03 n.s.	0,05 n.s.
Befristete Beschäftigung	-0,20 ***	-0,21 ***	-0,12 **	-0,15 ***	-0,22 ***	-0,11 **
Teilzeitbeschäftigung	-0,02 n.s.	-0,03 n.s.	-0,03 n.s.	-0,02 n.s.	-0,04 n.s.	-0,04 n.s.
Geringfügige Beschäftigung	-0,10 n.s.	-0,10 n.s.	-0,09 n.s.	-0,11 *	-0,09 n.s.	-0,10 n.s.
Arbeitende Arme ("working poor")	0,02 n.s.	0,02 n.s.	-0,03 n.s.	-0,02 n.s.	0,02 n.s.	-0,05 n.s.
Solo-Selbständigkeit	-0,07 n.s.	-0,07 n.s.	-0,06 n.s.	-0,04 n.s.	-0,04 n.s.	-0,02 n.s.
Soziale Exklusion (je Punkt)	0,12 ***	0,12 ***	0,10 ***	0,09 ***	0,11 ***	0,08 ***
Mann		-0,02 n.s.				-0,01 n.s.
Frau		0,02 n.s.				0,01 n.s.
Alter (je 10 Jahre)			0,10 ***			0,07 ***
Pflichtschulabschluss ISCED 0/1/2				0,45 ***		0,41 ***
Weiterf. Schulabschluss ISCED 3/4				0,10 ***		0,13 ***
Hochschulabschluss ISCED 5/6				-0,55 ***		-0,54 ***
Österreich					-0,09 *	-0,24 ***
Belgien					0,20 ***	0,27 ***
Schweiz					-0,39 ***	-0,36 ***
Deutschland					-0,12 ***	-0,09 **
Dänemark					-0,14 ***	-0,05 n.s.
Frankreich					0,29 ***	0,28 ***
Italien					0,00 n.s.	-0,04 n.s.
Niederlande					0,22 ***	0,14 ***
Norwegen					0,01 n.s.	0,09 **

Konstante	6,46 ***	6,47 ***	5,90 ***	5,89 ***	6,47 ***	5,51 ***
Korrigiertes R-Quadrat in Prozent	7,5	7,5	8,2	10,4	8,5	11,7
Fallzahl n	19991	19986	19956	19961	19991	19922

Quelle: ESS Cumulative File 2002-2004. Eigene Berechnung, gewichtet. Ausgewiesen ist der unstandardisierte Regressionskoeffizient b und das Signifikanzniveau (* p≤0,05; ** p≤0,01; *** p≤0,001; n.s. nicht signifikant).

Auch das objektive Einkommen zeitigt signifikante Effekte: Während insbesondere die Zugehörigkeit zur Gruppe der armutsgefährdeten Personen einen stark positiven Einfluss auf die Xenophobie hat, ist dies im Falle der überdurchschnittlich hohen Einkommen im negativen Sinn der Fall. Wie schon in der deskriptiven Darstellung vermutet, ist kein signifikanter Effekt der Arbeitslosigkeit auszumachen. Und auch bei den prekären Beschäftigungsverhältnissen ist lediglich im Fall der befristeten Beschäftigung ein signifikanter Einfluss zu erkennen, der sich allerdings als kontrahypothetisch erweist: Befristet beschäftigte Personen sind – alle anderen Effekte konstant gehalten – durchschnittlich weniger xenophob eingestellt, als dies bei Menschen in regulären Beschäftigungsverhältnissen der Fall ist.

Die Berücksichtigung der meisten Kontrollvariablen in den weiteren Regressionsmodellen ergibt hinsichtlich dieser substantiellen Einflüsse der Modernisierungsverlierer-Indikatoren kaum nennenswerte Änderungen. Das in Modell M_2 kontrollierte Geschlecht ergibt keine signifikanten eigenständigen Effekte. Allerdings hat das Alter einen hochsignifikanten unabhängigen Effekt: Je zehn Jahre Alterszunahme nimmt die Fremdenfeindlichkeit um 0,10 Skalenpunkte zu. Ältere Personen sind durchschnittlich also deutlich xenophober als jüngere Menschen. Die Berücksichtigung dieser Kontrollvariablen bewirkt über diesen eigenständigen Effekt auch die Abnahme des negativen Effekts der Teilzeitbeschäftigung auf die Xenophobie. Dieser erklärt sich also zu guten Teilen darüber, dass insbesondere junge Menschen mit in der Regel weniger stark ausgeprägter Fremdenfeindlichkeit in Teilzeit beschäftigt sind.

Erst die Berücksichtigung des höchsten formalen Bildungsabschlusses wirkt sich in größerem Umfang auf die Einflüsse der Modernisierungsverlierer-Indikatoren aus. Je niedriger dieser ausfällt, desto höher sind durchschnittlich die Xenophobie-Werte der Befragten. Überdies werden die Effekte aller anderen Indikatoren durch Berücksichtigung dieser Kontrollgröße deutlich schwächer und in einigen Fällen insignifikant, was zeigt, dass zu einem guten Teil die niedrige formale Bildung des größten Teils der Modernisierungsverlierer für die Beförderung der Fremdenfeindlichkeit verantwortlich ist. Man kann also, alles in allem, von einer starken Bildungsabhängigkeit der Xenophobie sprechen. Die Kontrolle der Untersuchungsländer kann zwar einige nationale Niveauunterschiede aufzeigen, der Zuwachs an Erklärungskraft des Modells durch Berücksichtigung dieser Größe (R-Quadrat-Steigerung von 7,5 auf 8,5 %) fällt jedoch im Vergleich zur politischen Unzufriedenheit (3,8 auf 16,9 %) sehr gering aus.

H13.1: Modernisierungsverlierer weisen überdurchschnittlich hohe Xenophobie-Werte auf.

Anhand des Gesamtmodells M_6 lässt sich die Hypothese H13.1 einer empirischen Überprüfung zuführen. In der Tat weisen einige der Modernisierungsverlierer-Indikatoren signifikante Effekte auf xenophobe Einstellungen auf. Dies ist insbesondere im Fall der Klassenlage, des Sozialprestiges, der objektiven Einkommensarmut und der sozialen Exklusion der Fall. Allerdings hat gerade auch die Bildung einen großen Einfluss auf die Ausbildung xenophober psychischer Dispositionen. Die vielfachen Überschneidungen der Wirkung von Modernisierungsverlierer-Indikatoren und Bildung werfen die Frage auf, inwiefern die Bildung teilweise selbst ein Indikator für die Modernisierungsverlierer-Eigenschaft einer Person ist. Zumindest hängt sie stark mit Deprivationsfaktoren in den hier untersuchten Formen zusammen. Unabhängig von der Beantwortung dieser Frage lässt sich jedoch Hypothese H13.1 empirisch bestätigen.

5.1.3 Autoritarismus

Klassischerweise wird Autoritarismus als ein Syndrom von Einstellungs- und Persönlichkeitsmerkmalen verstanden, das im Laufe der Sozialisation „erlernt" wird. Demgegenüber wird – wie in Abschnitt 2.1.5.3 ausführlich dargestellt – gerade in der jüngeren Literatur zu diesem Thema betont, dass es auch deprivationstheoretische Erklärungsmuster geben kann. Nur eine deprivationstheoretische Erklärung von Autoritarismus ist kompatibel mit der Modernisierungsverlierer-Theorie: Würden sich autoritäre Einstellungen unabhängig von der sozialen Lage einer Person durch ihre Sozialisation in Kindheit und Jugend ausbilden, so dürften sich Modernisierungsverlierer in dieser Hinsicht nicht besonders von anderen Menschen unterscheiden. Begreift man hingegen Autoritarismus als Basisreaktion auf Verunsicherungen (Oesterreich 1996), so müsste man erwarten, dass die durch prekäre Lebensverhältnisse geprägten Modernisierungsverlierer überdurchschnittlich autoritär sind. Dieser Frage wird in den folgenden Abschnitten nachgegangen.

5.1.3.1 Deskriptive Befunde

Zunächst zu einigen deskriptiven Befunden für die einzelnen Modernisierungsverlierer-Indikatoren. Im Schnitt aller Länder weisen die befragten Wähler auf einer Skala von 0 bis 10 einen Autoritarismus-Wert von 5,16 auf. Die Mittelwerte der einzelnen Untersuchungsländer gruppieren sich relativ stark um diesen Wert herum[51], insbesondere Italien fällt jedoch durch einen deutlich höheren Durchschnitt von 6,64 auf. Besonders niedrige Mittelwerte finden sich in der Schweiz, Österreich und Dänemark. Differenziert man nach einzelnen Berufsklassen (Tab. 68), so fällt zunächst auf, dass insbesondere die drei industriellen Berufsgruppen und die kleinen Selbständigen überdurchschnittlich hohe Autoritarismus-Werte aufweisen. Dies ist nur in Italien bei den einfachen Industrieberufen und in Deutschland bei den kleinen Selbständigen nicht der Fall, trifft aber ansonsten auf alle Untersuchungsländer zu. Hingegen ist insbesondere die Dienstklasse, abgestuft aber auch die Klasse der intermediären Dienstleistungsberufe unterdurchschnittlich autoritär disponiert.

---

[51] Der Variationskoeffizient der Länder-Mittelwerte beträgt 0,021.

Tabelle 68: Autoritarismus nach Klassen und Ländern

	AT		BE		CH		D		DK		F		I		NL		NO		Schnitt	
	$\bar{x}$	100	$\bar{x}$	100	$\bar{x}$	100	$\bar{x}$	100	$\bar{x}$	100	$\bar{x}$	100	$\bar{x}$	100	$\bar{x}$	100	$\bar{x}$	100	$\bar{x}$	100
Dienstklasse	4,66	97	5,15	97	4,22	93	4,46	91	4,34	91	4,83	93	6,54	99	4,98	96	4,88	93	4,82	93
Kleine Selbständige	4,84	**101**	5,45	**102**	4,45	98	4,95	**101**	4,90	**102**	5,73	**111**	6,82	**103**	5,26	**102**	5,38	**103**	5,40	**105**
Intermed. Dienstleist.	4,35	91	5,31	100	4,26	94	4,93	100	4,57	95	4,99	96	6,43	97	5,30	**102**	5,09	97	4,95	96
Einfache Dienstleist.	4,78	100	5,09	96	5,12	**113**	5,00	**102**	5,01	**105**	5,17	100	6,28	95	5,29	**102**	5,52	**105**	5,22	**101**
Intermed. Industrieb.	5,14	**107**	5,40	**102**	5,04	**111**	5,22	**106**	5,00	**105**	5,47	**106**	7,13	**107**	5,34	**103**	5,50	**105**	5,33	**105**
Qualif. Industrieb.	5,57	**116**	5,63	**106**	4,87	**108**	5,33	**109**	5,25	**110**	5,65	**109**	7,02	**106**	5,41	**104**	5,56	**106**	5,58	**108**
Einf. Industrieb.	5,24	**109**	5,45	**103**	5,36	**118**	5,66	**115**	5,34	**112**	5,29	**102**	6,58	99	5,26	**102**	5,57	**106**	5,53	**107**
Nicht-Beschäftigte	4,73	99	5,51	**104**	4,88	**108**	4,80	98	6,43	**134**	6,29	**121**	6,54	99	6,20	**120**	6,73	**128**	5,83	**113**
Durchschnitt	4,79	100	5,32	100	4,53	100	4,91	100	4,79	100	5,18	100	6,64	100	5,18	100	5,24	100	5,16	100

Quelle: ESS Cumulative File 2002-2004. Eigene Berechnung, gewichtet.

Eindeutig ist auch das Bild, das sich bei Betrachtung der Autoritarismus-Mittelwerte nach Status-Gruppen ergibt (Tab. 69). Im Schnitt aller Untersuchungsländer weisen Personen mit einem geringen sozioökonomischen Status um fünf Prozent erhöhte Mittelwerte dieser rechtsaffinen Einstellung auf. Bei der mittleren Statusgruppe ist diese bereits leicht unterdurchschnittlich ausgeprägt, während Personen mit Berufen, die ihnen einen hohen sozioökonomischen Status verschaffen, deutlich unterdurchschnittliche Autoritarismus-Mittelwerte aufweisen. Dieses grundsätzliche Muster lässt sich in allen neun Untersuchungsländern finden. Interessanterweise ist die Prozentpunkt-Differenz zwischen der höchsten und der niedrigsten Statusgruppe gerade in den Ländern besonders ausgeprägt, die insgesamt nur ein niedriges Autoritarismus-Niveau haben, etwa in der Schweiz und in Deutschland.

Tabelle 69: Autoritarismus nach Statusgruppen und Ländern

	AT		BE		CH		D		DK		F		I		NL		NO		Schnitt	
	$\bar{x}$	100	$\bar{x}$	100	$\bar{x}$	100	$\bar{x}$	100	$\bar{x}$	100	$\bar{x}$	100	$\bar{x}$	100	$\bar{x}$	100	$\bar{x}$	100	$\bar{x}$	100
Niedriger Status	5,13	**107**	5,40	**102**	4,86	**108**	5,33	**109**	5,08	**106**	5,41	**104**	6,79	**102**	5,35	**103**	5,53	**105**	5,44	**105**
Mittlerer Status	4,49	94	5,33	100	4,44	98	4,74	97	4,54	95	5,20	100	6,53	98	5,15	99	5,05	96	5,04	98
Hoher Status	4,57	95	5,03	95	3,99	88	4,29	88	4,30	90	4,65	90	6,23	94	4,95	96	4,68	89	4,67	90
Durchschnitt	4,80	100	5,31	100	4,51	100	4,89	100	4,79	100	5,18	100	6,63	100	5,18	100	5,24	100	5,16	100

Quelle: ESS Cumulative File 2002-2004. Eigene Berechnung, gewichtet. Niedriger Status: 16 bis 40, mittlerer Status: 41 bis 65, hoher Status: 66 bis 90 ISEI-Punkte.

Als völlig unsystematisch erweist sich die Aufschlüsselung der Autoritarismus-Mittelwerte nach Gruppen negativer, neutraler und positiver Statusinkonsistenz, die in Tab. 70 dargestellt ist. Schon im Schnitt aller Untersuchungsländer stellt sich keine dieser Gruppen als besonders autoritär disponiert dar. In einzelnen Untersuchungsländern, etwa in Österreich, der Schweiz, Deutschland und Italien, ist die Gruppe der Personen, die negativ von ihrem zu erwartenden Statusniveau abweichen, autoritärer eingestellt, als dies im Mittel aller Wähler der Fall ist. In anderen Ländern ist die Lage jedoch eine andere. In Österreich und abgeschwächt auch in den Niederlanden ist sogar die Gruppe mit positiver Statusinkonsistenz, bei deren Mitgliedern gerade von keiner besonderen Deprivationslage ausgegangen werden kann, überdurchschnittlich autoritär disponiert. Insofern kann sowohl in der Gesamt- wie Einzelbetrachtung nicht von einem einheitlichen Bild gesprochen werden.

5 Erklärung der Modernisierungsverlierer-Effekte durch rechtsaffine Einstellungen

Tabelle 70: Autoritarismus nach Statusinkonsistenz-Gruppen und Ländern

	AT		BE		CH		D		DK		F		I		NL		NO		Schnitt	
	$\bar{x}$	100	$\bar{x}$	100	$\bar{x}$	100	$\bar{x}$	100	$\bar{x}$	100	$\bar{x}$	100	$\bar{x}$	100	$\bar{x}$	100	$\bar{x}$	100	$\bar{x}$	100
Negative Statusinkon.	5,01	**104**	5,29	100	4,87	**108**	5,17	**106**	4,84	101	5,18	100	6,94	**105**	5,10	99	5,21	99	5,18	100
Neutrale Statusinkon.	4,74	99	5,31	100	4,45	99	4,84	99	4,79	100	5,20	100	6,59	99	5,19	100	5,27	**101**	5,16	100
Positive Statusinkon.	5,13	**107**	5,34	**101**	4,18	93	4,77	98	4,61	96	5,04	97	6,62	100	5,34	**103**	5,04	96	5,06	98
Durchschnitt	4,80	100	5,31	100	4,51	100	4,89	100	4,79	100	5,18	100	6,63	100	5,18	100	5,24	100	5,16	100

Quelle: ESS Cumulative File 2002-2004. Eigene Berechnung, gewichtet. Negative Statusinkonsistenz: -46 bis -11, neutrale Statusinkonsistenz: -11 bis 22, positive Statusinkonsistenz: 22 bis 57 Differenzpunkte.

Parallel zum sozioökonomischen Status unterscheiden sich die Autoritarismus-Mittelwerte auch stark nach den Gruppen hohen, mittleren und niedrigen sozialen Prestiges (Tab. 71). Im Schnitt aller neun Untersuchungsländer weisen die Berufsgruppen mit einem niedrigen sozialen Ansehen um sieben Prozent erhöhte Mittelwerte auf. Die prestigeträchtigsten Berufe gehen hingegen mit deutlich niedrigeren Autoritarismus-Werten einher, die im Mittel rund acht Prozent unter dem Schnitt aller Wähler liegen. Grundsätzlich wiederholt sich dieses generelle Bild auch in den einzelnen Untersuchungsländern, allerdings ergeben sich zwei markante Ausnahmen: Sowohl in Belgien als auch in Italien unterscheiden sich die Gruppen mittleren und niedrigen sozialen Prestiges nicht hinsichtlich ihrer Autoritarismus-Werte. Allerdings ist es in beiden Fällen auch die Gruppe mit hohem Prestige, die am wenigsten autoritär disponiert ist.

Tabelle 71: Autoritarismus nach Prestigegruppen und Ländern

	AT		BE		CH		D		DK		F		I		NL		NO		Schnitt	
	$\bar{x}$	100	$\bar{x}$	100	$\bar{x}$	100	$\bar{x}$	100	$\bar{x}$	100	$\bar{x}$	100	$\bar{x}$	100	$\bar{x}$	100	$\bar{x}$	100	$\bar{x}$	100
Niedriges Prestige	5,24	**109**	5,34	**101**	5,00	**111**	5,46	**112**	5,26	**110**	5,40	**104**	6,63	100	5,36	**104**	5,74	**110**	5,54	**107**
Mittleres Prestige	4,79	100	5,39	**101**	4,59	**102**	4,97	**102**	4,84	**101**	5,26	**102**	6,67	100	5,22	**101**	5,25	100	5,20	101
Hohes Prestige	4,49	94	5,01	94	4,11	91	4,31	88	4,27	89	4,78	92	6,48	98	4,98	96	4,79	91	4,73	92
Durchschnitt	4,80	100	5,31	100	4,51	100	4,89	100	4,79	100	5,17	100	6,63	100	5,18	100	5,24	100	5,16	100

Quelle: ESS Cumulative File 2002-2004. Eigene Berechnung, gewichtet. Niedriges Prestige: 6 bis 30, mittleres Prestige: 31 bis 54, hohes Prestige: 55 bis 78 SIOPS-Punkte.

Auch in Bezug auf die objektiv vorhandenen Einkommensressourcen zeigen sich deutliche Unterschiede in den Autoritarismus-Mittelwerten, wie Tab. 72 belegt. Im Schnitt aller Untersuchungsländer ist die Gruppe von Personen, die man ausweislich ihres geringen Netto-Äquivalenzeinkommens als arm bezeichnen könnte, diejenige, die auch im Mittel am autoritärsten eingestellt ist. Die diesbezüglichen Autoritarismus-Werte liegen rund acht Prozent über dem Schnitt aller Wähler. Die Mittelwerte nehmen dann im Verlauf der Einkommenskategorien stetig bis zur Gruppe der gesichert Wohlhabenden ab, die um neun Prozent unterdurchschnittliche Werte aufweisen. Interessanterweise sind in der Gruppe der reichen Personen mit einem Netto-Äquivalenzeinkommen von 200 % autoritäre Einstellungen ein wenig stärker ausgeprägt, als dies bei der zweitwohlhabendsten Gruppe der Fall ist. Dieses Bild wiederholt sich in den meisten der Untersuchungsländer. Aber auch hier ist wieder das Phänomen zu beobachten, dass in einzelnen Ländern nicht die Gruppe der armen, sondern die der armutsgefährdeten Personen autoritärer disponiert ist.

Tabelle 72: Autoritarismus nach objektiven Einkommensgruppen und Ländern

	AT		BE		CH		D		DK		F		I		NL		NO		Schnitt	
	$\bar{x}$	100	$\bar{x}$	100	$\bar{x}$	100	$\bar{x}$	100	$\bar{x}$	100	$\bar{x}$	100	$\bar{x}$	100	$\bar{x}$	100	$\bar{x}$	100	$\bar{x}$	100
Arm	4,64	97	5,85	**110**	5,15	**114**	5,20	**106**	5,11	**107**	5,66	**109**	6,88	**104**	5,24	**101**	5,53	**106**	5,59	**108**
Armutsgefährdet	4,97	**103**	5,52	**104**	4,64	**103**	5,37	**110**	5,41	**113**	5,31	**103**	6,70	**101**	5,36	**103**	5,67	**108**	5,45	**106**
Prekär wohlhabend	4,58	95	5,18	97	4,70	**104**	4,96	**101**	4,80	100	4,95	96	6,49	98	5,19	100	5,34	**102**	5,12	99
Gesichert wohlhabend	4,36	91	4,73	89	4,13	92	4,56	93	4,33	90	5,03	97	6,25	94	4,94	95	4,78	91	4,72	91
Reich	4,52	94	5,16	97	3,89	86	4,49	92	4,41	92	4,86	94	6,99	**105**	5,09	98	4,81	92	4,80	93
Keine Angaben	5,07	**106**	5,55	**104**	4,57	**101**	4,87	99	5,54	**115**	5,93	**115**	6,71	**101**	5,38	**104**	5,84	**111**	5,46	**106**
Durchschnitt	4,80	100	5,32	100	4,52	100	4,89	100	4,80	100	5,18	100	6,63	100	5,19	100	5,24	100	5,16	100

Quelle: ESS Cumulative File 2002-2004. Eigene Berechnung, gewichtet. Arm: bis 40 %, armutsgefährdet: 40 bis 60 %, prekär wohlhabend: 60 bis 120 %, gesichert wohlhabend: 120 bis 200 %, reich: mehr als 200 % des mittleren Nettoäquivalenzeinkommens.

Vergleichbare Ergebnisse erhält man im Schnitt aller neun Untersuchungsländer auch im Rahmen von subjektiven Einkommenseinschätzungen (Tab. 73). Die Gruppe von Personen, die ihr Auskommen mit dem zur Verfügung stehenden Haushaltseinkommen als sehr schlecht beurteilt, weist im Mittel neun Prozent höhere Autoritarismus-Werte auf, als dies im Durchschnitt aller Wähler der Fall ist. Mit jeder Stufe der besseren Einschätzung der finanziellen Lage sinken auch die entsprechenden Mittelwerte. Am wenigsten autoritär disponiert ist die – zahlenmäßig sehr große – Gruppe derer, denen nach Selbsteinschätzung ein bequemes Leben mit ihrem Einkommen möglich ist. In den meisten Fällen wiederholt sich dieses generelle Bild auch in den einzelnen Untersuchungsländern. Abweichungen in einzelnen Kategorien in der Schweiz, Deutschland und Dänemark sind vor allem auf die sehr geringe Zahl von Befragten zurückzuführen, die sich überhaupt in diese Kategorien einordnen. Einzelne Befragte haben hier einen sehr großen Einfluss auf die Mittelwerte und Verhältniszahlen, statistische „Ausreißer" werden daher teilweise überbetont.

Tabelle 73: Autoritarismus nach subjektiven Einkommensgruppen und Ländern

	AT		BE		CH		D		DK		F		I		NL		NO		Schnitt	
	$\bar{x}$	100	$\bar{x}$	100	$\bar{x}$	100	$\bar{x}$	100	$\bar{x}$	100	$\bar{x}$	100	$\bar{x}$	100	$\bar{x}$	100	$\bar{x}$	100	$\bar{x}$	100
Sehr schlechtes Ausk.	5,20	**108**	5,73	**108**	4,21	93	4,70	96	4,53	94	6,55	**127**	7,34	**111**	5,37	**104**	5,63	**107**	5,64	**109**
Schlechtes Ausk.	4,98	**104**	5,75	**108**	5,07	**112**	5,01	**102**	4,71	98	5,41	**105**	6,76	**102**	5,40	**104**	5,32	**101**	5,54	**107**
Auskommen	4,79	100	5,33	100	4,75	**105**	4,96	**101**	4,90	**102**	5,37	**104**	6,61	100	5,25	**101**	5,21	99	5,25	**102**
Bequemes Leben	4,69	98	5,12	96	4,30	95	4,77	98	4,76	99	5,00	97	6,49	98	5,09	98	5,25	100	4,99	97
Keine Angaben	5,64	**118**	4,94	93	5,08	**113**	4,25	87	4,39	92	.	.	.	.	5,49	**106**	.	.	5,16	100
Durchschnitt	4,80	100	5,32	100	4,52	100	4,89	100	4,80	100	5,18	100	6,63	100	5,19	100	5,24	100	5,16	100

Quelle: ESS Cumulative File 2002-2004. Eigene Berechnung, gewichtet.

Interessanterweise stellen sich die Arbeitslosen als im Mittel leicht unterproportional autoritär eingestellt heraus. Tab. 74 illustriert, dass diese Gruppe zwei Prozent niedrigere Mittelwerte aufweist, als dies im Schnitt aller Wähler der Fall ist. In einzelnen Untersuchungsländern, insbesondere in der Schweiz, aber auch in Österreich, sind Arbeitslose sogar deutlich unterdurchschnittlich autoritär disponiert. Dieser Befund widerspricht zunächst der deprivationstheoretischen Erklärung von Autoritarismus. Gerade die Unsicherheit in der Situation der Arbeitslosigkeit müsste autoritäre Reaktionen hervorrufen. Zur Absicherung dieses Ergebnisses ist es aber wichtig, auch andere Faktoren zu kontrollieren, die hier möglicherweise noch wirksam sind.

5 Erklärung der Modernisierungsverlierer-Effekte durch rechtsaffine Einstellungen

Tabelle 74: Autoritarismus nach Erwerbsstatus und Ländern

	AT		BE		CH		D		DK		F		I		NL		NO		Schnitt	
	$\bar{x}$	100	$\bar{x}$	100	$\bar{x}$	100	$\bar{x}$	100	$\bar{x}$	100	$\bar{x}$	100	$\bar{x}$	100	$\bar{x}$	100	$\bar{x}$	100	$\bar{x}$	100
arbeitslos	4,04	84	5,16	97	3,42	76	4,68	95	4,52	94	5,04	97	6,45	97	5,10	98	5,01	96	5,06	98
nicht arbeitslos	4,82	100	5,33	100	4,52	100	4,91	100	4,80	100	5,18	100	6,65	100	5,19	100	5,25	100	5,17	100
Durchschnitt	4,80	100	5,32	100	4,51	100	4,90	100	4,79	100	5,18	100	6,63	100	5,19	100	5,24	100	5,16	100

Quelle: ESS Cumulative File 2002-2004. Eigene Berechnung, gewichtet.

Die meisten Gruppen prekär Beschäftigter erweisen sich – im Gegensatz zur Vermutung – eher als unterdurchschnittlich autoritär eingestellt (Tab. 75). Insbesondere bei Personen mit befristeten Arbeitsverträgen, aber auch bei solchen in Teilzeit oder in geringfügiger Beschäftigung, fallen die Autoritarismus-Mittelwerte drei bis sieben Prozent unter dem Schnitt aller Wähler aus. Im Falle der Solo-Selbständigkeit lassen sich keine länderübergreifenden Unterschiede im Hinblick auf autoritäre Einstellungen erkennen. Lediglich die Gruppe der „arbeitenden Armen" ist im Mittel aller Länder um acht Prozent autoritärer eingestellt, was aber in Anbetracht der deutlich stärkeren Ausprägung dieser Einstellung in den Reihen der armen oder armutsgefährdeten Personen, die teilweise deckungsgleich sind mit der Gruppe der „working poor", wenig überrascht. Insgesamt gibt es aber im Bereich der Teilindikatoren prekärer Beschäftigung keine wesentlichen Anhaltspunkte für eine deprivationstheoretische Erklärung der Ausbildung von autoritären Einstellungen.

Tabelle 75: Autoritarismus nach Gruppen prekärer Beschäftigung und Ländern

	AT		BE		CH		D		DK		F		I		NL		NO		Schnitt	
	$\bar{x}$	100	$\bar{x}$	100	$\bar{x}$	100	$\bar{x}$	100	$\bar{x}$	100	$\bar{x}$	100	$\bar{x}$	100	$\bar{x}$	100	$\bar{x}$	100	$\bar{x}$	100
Befrist. Beschäftigung	4,39	92	4,87	92	4,51	100	4,47	91	4,38	92	4,71	91	6,49	98	4,78	92	5,05	96	4,82	93
Reguläre Beschäftigung	4,81	101	5,35	101	4,51	100	4,94	101	4,83	101	5,21	101	6,65	100	5,23	101	5,26	100	5,19	101
Durchschnitt	4,77	100	5,30	100	4,51	100	4,89	100	4,78	100	5,16	100	6,63	100	5,18	100	5,24	100	5,15	100
Teilzeitbeschäftigung	4,60	96	5,06	95	4,31	96	4,55	93	4,98	104	4,53	88	6,66	101	5,01	96	5,48	105	4,97	97
Reguläre Beschäftigung	4,82	101	5,35	101	4,54	101	4,95	101	4,75	100	5,21	102	6,62	100	5,25	101	5,19	99	5,18	101
Durchschnitt	4,79	100	5,31	100	4,51	100	4,90	100	4,77	100	5,12	100	6,63	100	5,20	100	5,22	100	5,15	100
Geringf. Beschäftigung	4,18	87	5,37	101	4,31	95	4,39	89	4,66	98	5,03	98	6,66	100	5,00	96	5,42	104	4,97	96
Reguläre Beschäftigung	4,82	101	5,31	100	4,53	101	4,94	101	4,77	100	5,13	100	6,63	100	5,23	101	5,21	100	5,17	100
Durchschnitt	4,79	100	5,31	100	4,51	100	4,90	100	4,77	100	5,12	100	6,63	100	5,20	100	5,22	100	5,15	100
Arbeitende Arme	4,91	103	5,68	107	4,93	109	5,47	111	5,34	112	5,47	106	6,80	102	5,55	107	5,61	107	5,60	108
Reguläre Beschäftigung	4,75	99	5,19	97	4,46	99	4,80	98	4,70	99	5,06	98	6,58	99	5,13	99	5,18	99	5,06	98
Durchschnitt	4,79	100	5,33	100	4,52	100	4,90	100	4,76	100	5,15	100	6,63	100	5,20	100	5,25	100	5,16	100
Solo-Selbständigkeit	4,51	94	5,41	102	3,97	88	4,19	86	4,75	99	5,34	104	6,62	100	4,98	96	5,33	102	5,16	100
Reguläre Beschäftigung	4,81	100	5,31	100	4,57	101	4,93	101	4,79	100	5,13	100	6,64	100	5,20	100	5,24	100	5,16	100
Durchschnitt	4,79	100	5,32	100	4,52	100	4,89	100	4,79	100	5,14	100	6,64	100	5,18	100	5,24	100	5,16	100

Quelle: ESS Cumulative File 2002-2004. Eigene Berechnung, gewichtet.

Eindeutig hingegen ist das Zusammenfallen von Autoritarismus und sozialer Exklusion. Differenziert man, wie in Tab. 76 geschehen, nach drei Gruppen niedrigen, mittleren und hohen sozialen Ausschlusses, so steigen die Mittelwerte systematisch mit dem Grad sozialer Exklusion an. Die sehr kleine Gruppe der stark ausgeschlossenen Personen weist um 17 % erhöhte Mittelwerte auf, bei der mittleren Kategorie sind es immer noch 13 %. Nur im

Fall Italiens haben wir eine nennenswerte Abweichung von diesem generellen Bild. Dort zeichnet sich besonders die Gruppe der Menschen mit hohen Werten sozialer Exklusion als unterdurchschnittlich autoritär aus. Dies ist in der Tat erstaunlich, da dieser Wert auch auf Basis einer vergleichsweise hohen Fallzahl berechnet wurde. Allerdings schätzen sich in Italien auch viele Menschen als sozial ausgeschlossen ein; die entsprechenden Mittelwerte sozialer Exklusion liegen weit über denen anderer Länder (vgl. Abschnitt 3.3.2.9). Als Massenphänomen scheint die soziale Exklusion weit über den Kreis der besonders stark autoritär disponierten Menschen hinauszugehen.

Tabelle 76: Autoritarismus nach Gruppen sozialer Exklusion und Ländern

	AT		BE		CH		D		DK		F		I		NL		NO		Schnitt	
	$\bar{x}$	100	$\bar{x}$	100	$\bar{x}$	100	$\bar{x}$	100	$\bar{x}$	100	$\bar{x}$	100	$\bar{x}$	100	$\bar{x}$	100	$\bar{x}$	100	$\bar{x}$	100
Hohe soz. Exklusion	6,09	**127**	5,70	**107**	6,70	**148**	5,54	**113**	5,58	**116**	6,34	**122**	6,46	97	5,29	**102**	6,11	**116**	6,03	**117**
Mittlere soz. Exklusion	5,42	**113**	5,79	**109**	5,09	**113**	5,66	**116**	5,50	**115**	5,60	**108**	6,74	**102**	5,58	**108**	5,85	**112**	5,82	**113**
Niedrige soz. Exklusion	4,69	98	5,21	98	4,46	99	4,80	98	4,73	99	5,12	99	6,61	100	5,14	99	5,21	99	5,06	98
Durchschnitt	4,80	100	5,32	100	4,52	100	4,89	100	4,80	100	5,18	100	6,63	100	5,19	100	5,24	100	5,09	100

Quelle: ESS Cumulative File 2002-2004. Eigene Berechnung, gewichtet. Niedrige soz. Exklusion: 0 bis 3,33, mittlere soz. Exklusion: 3,34 bis 6,66, hohe soziale Exklusion: 6,67 bis 10 Punkte.

5.1.3.2 Regression auf die Modernisierungsverlierer-Indikatoren

Nicht nur um einige der inkonsistenten Ergebnisse näher zu überprüfen, soll im Folgenden die Wirkung der Modernisierungsverlierer-Indikatoren auf den Autoritarismus in multivariaten Modellen beurteilt werden (Tab. 77). Dabei werden auch systematisch die vier Kontrollgrößen Geschlecht, Alter, formale Bildung und Untersuchungsland berücksichtigt. In das Grundmodell M_1 gehen aber zunächst nur die sieben Modernisierungsverlierer-Indikatoren des umfassenden Modells ein, die keine Multikollinearitätsprobleme bereiten. Ausgeschlossen bleiben – wie bisher – die subjektive Einkommensarmut und die Statusinkonsistenz. Interessant ist am Ergebnis von Modell M_1 zunächst, dass nur wenige der Kategorien des ESeC-Klassenschemas signifikante Effekte auf den Autoritarismus aufweisen. Insbesondere die Zugehörigkeit zur Klasse der kleinen Selbständigen, aber auch die zur Dienstklasse wirkt sich hochsignifikant in niedrigeren Autoritarismus-Werten aus. Im Bereich der industriellen Berufsklassen sind keine Effekte zu erkennen. Dies widerspricht scheinbar nicht nur der These vom „working-class authoritarianism" (Lipset 1959a), sondern lässt sich zunächst auch nicht mit den in Abschnitt 5.1.3.1 gefundenen deskriptiven Ergebnissen vereinbaren. Erklären lässt sich dieses Phänomen über einen Dekompositionseffekt (Grabb 1979: 45): Die soziale Lage in den industriellen Berufsklassen ist gekennzeichnet durch bestimmte Deprivationsfaktoren, die hier durch andere Modernisierungsverlierer-Indikatoren besser erfasst werden. Bei gleichzeitiger Berücksichtigung aller Indikatoren in einem Modell wird daher der direkte Effekt der Klassenlage insignifikant, während die Einflüsse anderer Indikatoren die Mechanismen beschreiben, die in den industriellen Klassen zu höheren Autoritarismus-Werten führen. Arbeiter sind also nicht autoritärer, weil sie Arbeiter sind, sondern weil ihre Berufe etwa mit geringem Status und Prestige und einem geringen Einkommen einhergehen.

5 Erklärung der Modernisierungsverlierer-Effekte durch rechtsaffine Einstellungen

Tabelle 77: Einfluss der Modernisierungsverlierer-Indikatoren auf den Autoritarismus

	M_1	M_2	M_3	M_4	M_5	M_6
Dienstklasse	-0,16 ***	-0,16 ***	-0,18 ***	-0,04 n.s.	-0,14 **	-0,08 n.s.
Kleine Selbständige	-0,22 ***	-0,21 ***	-0,19 ***	-0,17 ***	-0,14 **	-0,10 *
Intermediäre Dienstleistungsb.	0,12 n.s.	0,12 n.s.	0,06 n.s.	0,12 n.s.	0,08 n.s.	0,01 n.s.
Einfache Dienstleistungsberufe	-0,03 n.s.	-0,03 n.s.	-0,01 n.s.	-0,01 n.s.	0,05 n.s.	0,08 n.s.
Intermediäre Industrieberufe	-0,06 n.s.	-0,05 n.s.	0,01 n.s.	-0,04 n.s.	0,02 n.s.	0,09 n.s.
Qualifizierte Industrieberufe	0,11 n.s.	0,10 n.s.	0,12 *	0,06 n.s.	0,12 *	0,08 n.s.
Einfache Industrieberufe	-0,02 n.s.	-0,02 n.s.	-0,04 n.s.	-0,06 n.s.	0,03 n.s.	-0,01 n.s.
Nicht-Beschäftigte	0,25 ***	0,26 ***	0,25 ***	0,15 *	-0,02 n.s.	-0,08 n.s.
Sozioökonom. Status (je 10 Punkte)	-0,06 **	-0,06 **	-0,03 n.s.	-0,04 n.s.	-0,09 ***	-0,04 *
Sozialprestige (je 10 Punkte)	-0,08 **	-0,08 **	-0,10 ***	0,00 n.s.	-0,02 n.s.	0,01 n.s.
Arm (bis 40 %)	0,13 n.s.	0,13 n.s.	0,23 ***	0,08 n.s.	0,07 n.s.	0,15 *
Armutsgefährdet (40-60 %)	0,01 n.s.	0,01 n.s.	0,04 n.s.	-0,03 n.s.	0,04 n.s.	0,05 n.s.
Bescheidener Wohlstand (60-120 %)	0,01 n.s.	0,01 n.s.	-0,02 n.s.	0,02 n.s.	0,01 n.s.	-0,03 n.s.
Gesicherter Wohlstand (120-200 %)	-0,28 ***	-0,28 ***	-0,28 ***	-0,20 ***	-0,26 ***	-0,22 ***
Reich (200 % und mehr)	-0,15 *	-0,15 *	-0,25 ***	-0,08 n.s.	-0,13 *	-0,18 **
Keine Einkommensangaben	0,28 ***	0,28 ***	0,28 ***	0,21 ***	0,27 ***	0,23 ***
Arbeitslosigkeit	-0,26 **	-0,26 **	0,00 n.s.	-0,21 *	-0,32 ***	-0,04 n.s.
Befristete Beschäftigung	-0,35 ***	-0,35 ***	-0,02 n.s.	-0,28 ***	-0,39 ***	-0,03 n.s.
Teilzeitbeschäftigung	-0,06 n.s.	-0,05 n.s.	-0,10 n.s.	-0,07 n.s.	-0,07 n.s.	-0,10 *
Geringfügige Beschäftigung	-0,18 **	-0,18 *	-0,19 **	-0,19 **	-0,19 **	-0,18 **
Arbeitende Arme ("working poor")	0,22 *	0,22 *	0,04 n.s.	0,17 n.s.	0,20 *	-0,01 n.s.
Solo-Selbständigkeit	-0,10 n.s.	-0,10 n.s.	-0,08 n.s.	-0,09 n.s.	-0,24 *	-0,21 *
Soziale Exklusion (je Punkt)	0,16 ***	0,16 ***	0,09 ***	0,14 ***	0,12 ***	0,03 **
Mann		0,01 n.s.				0,00 n.s.
Frau		-0,01 n.s.				0,00 n.s.
Alter (je 10 Jahre)				0,36 ***		0,35 ***
Pflichtschulabschluss ISCED 0/1/2				0,55 ***		0,29 ***
Weiterf. Schulabschluss ISCED 3/4				-0,05 *		0,05 *
Hochschulabschluss ISCED 5/6				-0,50 ***		-0,34 ***
Österreich					-0,48 ***	-0,53 ***
Belgien					0,05 n.s.	0,20 ***
Schweiz					-0,58 ***	-0,64 ***
Deutschland					-0,21 ***	-0,24 ***
Dänemark					-0,33 ***	-0,31 ***
Frankreich					-0,02 n.s.	-0,07 n.s.
Italien					1,29 ***	1,33 ***
Niederlande					0,14 ***	0,08 *
Norwegen					0,15 ***	0,19 ***

Konstante	6,31 ***	6,31 ***	4,29 ***	5,83 ***	6,55 ***	4,18 ***
Korrigiertes R-Quadrat in Prozent	4,6	4,6	10,1	6,5	8,8	15,4
Fallzahl n	20097	20097	20067	20071	20102	20032

Quelle: ESS Cumulative File 2002-2004. Eigene Berechnung, gewichtet. Ausgewiesen ist der unstandardisierte Regressionskoeffizient b und das Signifikanzniveau (* $p \leq 0{,}05$; ** $p \leq 0{,}01$; *** $p \leq 0{,}001$; n.s. nicht signifikant).

In der Tat lässt sich in Modell M_1 ein signifikanter negativer Effekt sowohl des sozioökonomischen Status als auch des sozialen Prestiges nachweisen. Je höher der Status und das Prestige des Berufes eines Befragten sind, umso geringer fällt der durch das Modell vorhergesagte Autoritarismus-Wert aus. Auch das Einkommen zeitigt signifikante Effekte auf diese rechtsaffine Einstellung, allerdings sind es nur die höheren Einkommensgruppen, die sich in niedrigen Autoritarismus-Werten niederschlagen. Schließlich bestätigt sich auch im multivariaten Modell, dass sich Arbeitslosigkeit und einige der Teilindikatoren prekärer Beschäftigung negativ auf die Höhe der autoritären Einstellungen auswirken. Zudem ist ein hochsignifikanter positiver Effekt der sozialen Exklusion gegeben: Sozial desintegrierte Personen weisen hiernach höhere Autoritarismus-Werte auf, als dies bei sozial integrierten Personen der Fall ist.

Die Berücksichtigung der Kontrollvariable Geschlecht in Modell M_2 erbringt weder einen eigenständigen Effekt dieser Variablen, noch nennenswerte Veränderungen in den Wirkungen der Modernisierungsverliererindikatoren auf den Autoritarismus im Vergleich zum Grundmodell M_1. Dass Modernisierungsverlierer autoritärer sind als andere Menschen, hat offenbar so gut wie nichts mit ihrem Geschlecht zu tun. Hingegen ist das Alter eine entscheidende Einflussgröße (Modell M_3): Je älter eine Person ist, desto autoritärer ist sie eingestellt. Ein 70jähriger weist im Vergleich zu einem 20jährigen ganze 1,8 Skalenpunkte (0,36 x (70-20)/10) höhere Autoritarismus-Werte auf – ein deutlicher Unterschied. Unklar bleibt natürlich in dieser Analyse, ob es sich um einen Lebenszykluseffekt handelt, individuelle Menschen also mit zunehmendem Alter autoritärer werden, oder um einen Generationeneffekt, also die im ESS befragte junge Generation weniger autoritär eingestellt ist und es auch im Zeitverlauf bleiben wird. Doch die allgemeinen Determinanten des Autoritarismus sind auch nicht Gegenstand dieser Arbeit. Fragestellungsrelevant sind allerdings die Auswirkungen der Kontrolle des Alters auf die Effekte der Modernisierungsverlierer-Indikatoren. Im Rahmen der Wirkungen der einzelnen ESeC-Klassen ergeben sich keine größeren Änderungen. Lediglich die qualifizierten Industrieberufe weisen nun einen schwach signifikanten positiven Effekt auf den Autoritarismus auf. Der in Modell M_1 bestehende negative Effekt des Status wird in Modell M_3 insignifikant, während der des Prestiges sich sogar noch vergrößert. Auch im Bereich der Einkommensgruppen werden die theoriekonformen Einflüsse durch Konstanthalten des Alters geschärft: Die Armen weisen höhere, die Wohlhabenden und Reichen niedrigere Autoritarismus-Werte auf. Die unterschiedliche Höhe des Autoritarismus in den verschiedenen Altersgruppen verdeckt also im Grundmodell den großen Einfluss des objektiven Einkommens auf den Autoritarismus. Darüber hinaus verschwinden die Wirkungen der Arbeitslosigkeit und der Fallgruppen prekärer Beschäftigung bei Kontrolle des Alters bis auf einen negativen Effekt der geringfügigen Beschäftigung. Selbst der bisher recht stark positive Einfluss der sozialen Exklusion schwächt sich ab und ist also zu guten Teilen der Tatsache geschuldet, dass ältere Menschen auch sozial ausgeschlossener sind.

Auch die Bildung weist einen starken eigenständigen Effekt auf die Ausbildung autoritärer Einstellungen auf, wie Modell M_4 illustriert. Formal niedrig gebildete Menschen sind autoritärer disponiert, als dies etwa bei hochgebildeten Personen der Fall ist. Darüber hinaus verschwinden bei Kontrolle der Bildung einige der Effekte, die die Modernisierungsverliererindikatoren noch im Grundmodell hatten. Die Dienstklasse ist nun nicht mehr signifikant niedriger autoritär eingestellt und Status und Prestige haben keinen Einfluss mehr auf den Autoritarismus. Diese Effekte hängen also vor allem mit dem Bildungsgrad der befragten Personen zusammen. Angehörige der Dienstklasse sind demgemäß nicht weniger autoritär, weil sie in entsprechenden Berufen arbeiten, sondern weil sie durchschnittlich eine höhere formale Bildung aufweisen. Überdies haben auch die Untersuchungsländer, wie Modell M_5 zeigt, unabhängige Wirkungen auf den Autoritarismus. Die Auswirkungen auf die Modernisierungsverlierer-Indikatoren sind jedoch nicht besonders groß: Neben einem nun schwach signifikanten positiven Effekt der Zugehörigkeit zur Klasse der qualifizierten Industrieberufe sind es vor allem Veränderungen im Bereich des Status und des Prestiges, die die Unterschiede im Vergleich zum Grundmodell ausmachen.

> H14.1: Modernisierungsverlierer weisen signifikant höhere Autoritarismus-Werte auf.

Hypothese H14.1 kann nun anhand des Gesamtmodells M_6 überprüft werden. Aufgrund des bereits beschriebenen Dekompositionseffekts hat die Klassenlage keinen besonderen Einfluss auf die Ausbildung autoritärer Einstellungsmuster. Arbeiter und kleine Selbständige sind zwar – wie die deskriptiven Ergebnisse zeigen – autoritärer als andere Klassen, dies liegt aber vor allem an anderen Deprivationsfaktoren, die in diesen Klassenlagen vorhanden sind, insbesondere am geringeren Einkommen. Darüber hinaus hat auch der sozioökonomische Status und die soziale Exklusion – hypothesenkonform – einen allerdings nur schwach signifikanten negativen Effekt auf den Autoritarismus. Die meisten der Teilindikatoren prekärer Beschäftigung sprechen gegen Hypothese H14.1. Atypische Beschäftigung geht mit niedrigeren Autoritarismus-Werten einher. Die Hypothese kann also nur teilweise verifiziert werden. Insbesondere Bildung und Alter sind dafür verantwortlich, dass die – mit Ausnahme der Statusinkonsistenz und der prekären Beschäftigung – ausnahmslos höheren Autoritarismus-Werte der Modernisierungsverlierer-Indikatoren sich nicht auch in signifikante Effekte in den multivariaten Modellen umsetzen. Dabei wird insbesondere noch zu diskutieren sein, inwiefern die Bildung nicht selbst ein Modernisierungsverlierer-Indikator ist, so dass die Hypothese doch zu guten Teilen bestätigt werden kann.

5.1.4 Misanthropie

In Abschnitt 2.5.2.4 wurde dargelegt, dass Misanthropie im Sinne eines generalisierten Misstrauens gegenüber Menschen durchaus als eine rechtsaffine Einstellung verstanden werden kann und zudem in der Literatur häufig als durch Deprivation hervorgerufen und verstärkt angesehen wird. Insofern ist es gut möglich, dass sich die Wahl rechtspopulistischer Parteien durch Modernisierungsverlierer über ihr misanthropisches Menschenbild vermittelt. In den folgenden beiden Abschnitten soll daher überprüft werden, ob die Modernisierungsverlierer-Indikatoren mit erhöhten Misanthropie-Werten einhergehen.

5.1.4.1 Deskriptive Befunde

Zunächst einige deskriptive Informationen zur Ausbildung misanthropischer Einstellungen in Abhängigkeit der einzelnen Modernisierungsverlierer-Indikatoren. Der Mittelwert der Einstellungsvariable liegt im Schnitt aller Länder auf einer Skala von 0 bis 10 bei 5,38. Um diesen Mittelwert herum variieren die Ländermittelwerte recht stark, wobei insbesondere die Wahlbevölkerung der relativ wohlhabenden Staaten Dänemark, Norwegen und Schweiz niedrige Misanthropie-Werte aufweisen, während diese in Italien, Frankreich und Belgien hoch ausfallen. Von allen vier Indikatoren rechtsaffiner Einstellungen weist die Misanthropie die höchste relative Varianz der Länder-Mittelwerte auf[52]. Landesspezifische Faktoren, die die unterschiedlichen nationalen Niveaus bewirken, scheinen eine größere Rolle bei der Erklärung einer generellen Menschenfeindlichkeit zu spielen.

Tabelle 78: Misanthropie nach Klassen und Ländern

	AT		BE		CH		D		DK		F		I		NL		NO		Schnitt	
	$\bar{x}$	100	$\bar{x}$	100	$\bar{x}$	100	$\bar{x}$	100	$\bar{x}$	100	$\bar{x}$	100	$\bar{x}$	100	$\bar{x}$	100	$\bar{x}$	100	$\bar{x}$	100
Dienstklasse	5,50	98	5,91	98	5,01	99	5,67	98	4,00	95	5,93	98	6,27	97	5,23	98	4,38	96	5,20	97
Kleine Selbständige	5,54	99	6,22	104	5,01	99	5,89	101	4,46	106	6,08	100	6,36	98	5,32	99	4,49	99	5,46	102
Intermed. Dienstleist.	5,39	96	5,89	98	5,08	100	5,73	99	3,88	92	6,00	99	6,51	100	5,42	101	4,56	100	5,26	98
Einfache Dienstleist.	5,86	105	6,06	101	5,48	108	5,88	101	4,08	97	6,14	101	6,57	102	5,34	100	4,70	103	5,40	100
Intermed. Industrieb.	5,82	104	6,15	102	5,01	99	5,95	102	4,25	101	6,32	104	6,58	102	5,56	104	4,79	105	5,46	102
Qualif. Industrieb.	5,88	105	6,02	100	5,26	104	5,95	102	4,82	115	6,31	104	6,83	106	5,79	108	4,77	105	5,65	105
Einf. Industrieb.	5,66	101	6,11	102	5,11	101	6,11	105	4,56	108	6,22	103	6,69	103	5,54	104	4,63	102	5,57	104
Nicht-Beschäftigte	5,64	101	5,91	98	5,36	106	5,53	95	4,46	106	5,82	96	6,48	100	5,25	98	3,61	79	5,84	109
Durchschnitt	5,60	100	6,01	100	5,07	100	5,81	100	4,20	100	6,06	100	6,47	100	5,36	100	4,55	100	5,38	100

Quelle: ESS Cumulative File 2002-2004. Eigene Berechnung, gewichtet.

Betrachtet man die Mittelwerte in den einzelnen Berufsklassen (Tab. 78), so ergibt sich insbesondere im Schnitt aller neun Untersuchungsländer ein Bild, das in der Tat die Vermutung bestätigt, dass Modernisierungsverlierer misanthropischer eingestellt sind, als dies im Mittel der Wähler der Fall ist. Insbesondere die drei industriellen Berufsklassen, aber auch die kleinen Selbständigen weisen überdurchschnittliche Werte auf. Bei den Industrieberufen ist dies fast ausnahmslos auch in allen einzelnen Untersuchungsländern der Fall, während die kleinen Selbständigen eigentlich nur in Belgien und Dänemark deutlich überproportional ein generell schlechtes Bild von der menschlichen Natur haben. In vielen Ländern sind auch die einfachen Dienstleistungsberufe misanthropischer eingestellt, als dies im Mittel der gesamten Wahlbevölkerung der Fall ist. Deutlich unterdurchschnittliche Misanthropie-Werte finden sich nur in der Dienstklasse und der ebenfalls relativ hochqualifizierten Klasse der intermediären Dienstleistungsberufe, die auch nur eine geringe Affinität zur Wahl rechtspopulistischer Parteien aufweisen (vgl. Tab. 27).

---

[52] Der Variationskoeffizient der Länder-Mittelwerte beträgt 0,024.

5 Erklärung der Modernisierungsverlierer-Effekte durch rechtsaffine Einstellungen

Tabelle 79: Misanthropie nach Statusgruppen und Ländern

	AT		BE		CH		D		DK		F		I		NL		NO		Schnitt	
	$\bar{x}$	100	$\bar{x}$	100	$\bar{x}$	100	$\bar{x}$	100	$\bar{x}$	100	$\bar{x}$	100	$\bar{x}$	100	$\bar{x}$	100	$\bar{x}$	100	$\bar{x}$	100
Niedriger Status	5,65	**101**	6,07	**101**	5,10	100	5,93	**102**	4,33	**103**	6,17	**102**	6,56	**102**	5,48	**102**	4,60	**101**	5,42	**101**
Mittlerer Status	5,61	100	6,04	100	5,14	**101**	5,82	100	4,17	99	6,03	99	6,38	99	5,36	100	4,60	**101**	5,46	**101**
Hoher Status	5,33	95	5,80	96	4,96	98	5,52	95	3,93	93	5,94	98	6,32	98	5,12	96	4,25	93	5,10	95
Durchschnitt	5,59	100	6,01	100	5,09	100	5,81	100	4,21	100	6,07	100	6,47	100	5,36	100	4,55	100	5,38	100

Quelle: ESS Cumulative File 2002-2004. Eigene Berechnung, gewichtet. Niedriger Status: 16 bis 40, mittlerer Status: 41 bis 65, hoher Status: 66 bis 90 ISEI-Punkte.

Das gewohnt abgestufte Bild ergibt sich jedoch nicht hinsichtlich der Misanthropie-Werte, gegliedert nach den drei Kategorien sozioökonomischen Status (Tab. 79). In den meisten Ländern weist zwar die Gruppe mit den niedrigsten Status-Werten auch die höchsten Misanthropie-Werte auf, allerdings unterscheiden sich die Werte der Menschen mit einem mittleren Status nur geringfügig von Ersteren. Beide kommen im Schnitt aller Länder auf annähernd gleich hohe Werte bei dieser Einstellung. Lediglich die Gruppe von Personen, die über ihren Beruf einen hohen Status genießen, zeichnet sich durch deutlich weniger generalisierte Menschenfeindlichkeit aus. Allerdings wird auch die Abstufung zwischen den niedrigen und mittleren Statusgruppen deutlicher, wenn man die einzelnen Untersuchungsländer betrachtet. Diese weisen allgemein die höchsten Misanthropie-Werte in der Gruppe auf, die die stärkste Status-Deprivation zu verzeichnen hat. Lediglich in der Schweiz ist die mittlere Statusgruppe misanthropischer eingestellt, als dies in der mit dem niedrigsten Status der Fall ist.

Tabelle 80: Misanthropie nach Statusinkonsistenz-Gruppen und Ländern

	AT		BE		CH		D		DK		F		I		NL		NO		Schnitt	
	$\bar{x}$	100	$\bar{x}$	100	$\bar{x}$	100	$\bar{x}$	100	$\bar{x}$	100	$\bar{x}$	100	$\bar{x}$	100	$\bar{x}$	100	$\bar{x}$	100	$\bar{x}$	100
Negative Statusinkon.	5,57	100	5,85	97	5,10	100	5,96	**103**	4,12	98	6,06	100	6,49	100	5,39	**101**	4,43	97	5,23	97
Neutrale Statusinkon.	5,61	100	6,05	**101**	5,10	100	5,78	99	4,25	**101**	6,05	100	6,45	100	5,36	100	4,58	**101**	5,43	**101**
Positive Statusinkon.	5,40	97	5,93	99	4,99	98	5,83	100	4,08	97	6,26	**103**	6,60	**102**	5,18	97	4,61	**101**	5,26	98
Durchschnitt	5,59	100	6,01	100	5,09	100	5,81	100	4,21	100	6,07	100	6,47	100	5,36	100	4,55	100	5,38	100

Quelle: ESS Cumulative File 2002-2004. Eigene Berechnung, gewichtet. Negative Statusinkonsistenz: -46 bis -11, neutrale Statusinkonsistenz: -11 bis 22, positive Statusinkonsistenz: 22 bis 57 Differenzpunkte.

Ähnlich wie bei den anderen Indikatoren rechtsaffiner Einstellungen variiert die Misanthropie nicht systematisch in den drei hier gebildeten Gruppen negativer, neutraler und positiver Statusinkonsistenz. Kontrahypothetisch weist nach Tab. 80 sogar die Gruppe die höchsten Misanthropie-Werte auf, deren über das formale Bildungsniveau vermittelten Erwartungen an einen angemessenen sozioökonomischen Status grundsätzlich erfüllt wurden. Dies ist jedoch nur im Schnitt aller neun Untersuchungsländer der Fall. In einigen Ländern sind auch die Gruppen mit negativen oder sogar positiven Statusabweichungen diejenigen, die besonders stark misanthropische Züge aufweisen. Eine besondere Regelmäßigkeit ist auf dieser deskriptiven Ebene nicht zu erkennen. Insofern erweist sich dieser Modernisierungsverlierer-Indikator auch in Hinblick auf misanthropische Dispositionen als nicht besonders kontrastreich.

Tabelle 81: Misanthropie nach Prestigegruppen und Ländern

	AT		BE		CH		D		DK		F		I		NL		NO		Schnitt	
	$\bar{x}$	100	$\bar{x}$	100	$\bar{x}$	100	$\bar{x}$	100	$\bar{x}$	100	$\bar{x}$	100	$\bar{x}$	100	$\bar{x}$	100	$\bar{x}$	100	$\bar{x}$	100
Niedriges Prestige	5,53	99	6,02	100	4,93	97	6,08	**105**	4,47	**106**	6,24	**103**	6,64	**103**	5,61	**105**	4,68	**103**	5,53	**103**
Mittleres Prestige	5,65	**101**	6,06	**101**	5,17	**102**	5,86	**101**	4,22	100	6,06	100	6,43	99	5,37	100	4,59	**101**	5,42	**101**
Hohes Prestige	5,40	97	5,84	97	4,90	96	5,51	95	3,97	94	5,92	98	6,40	99	5,19	97	4,29	94	5,14	95
Durchschnitt	5,59	100	6,01	100	5,08	100	5,81	100	4,21	100	6,06	100	6,47	100	5,36	100	4,55	100	5,38	100

Quelle: ESS Cumulative File 2002-2004. Eigene Berechnung, gewichtet. Niedriges Prestige: 6 bis 30, mittleres Prestige: 31 bis 54, hohes Prestige: 55 bis 78 SIOPS-Punkte.

Deutlicher hingegen fällt das Bild misanthropischer Einstellungen unterschieden nach drei Gruppen beruflichem Prestige aus (Tab. 81). Im Schnitt der Untersuchungsländer sind es insbesondere die Personen, deren Berufe ein sehr geringes soziales Ansehen genießen, die ein misanthropisches Menschenbild aufweisen. Selbst im Bereich mittleren Prestiges sind noch überdurchschnittliche Misanthropie-Werte zu verzeichnen. Lediglich bei den Berufsgruppen mit einem hohen Prestige fallen diese unterdurchschnittlich aus. Dieses Muster ist in den verschiedenen Untersuchungsländern relativ konstant zu finden. Allerdings ist es in Österreich, Belgien und der Schweiz die mittlere Prestigegruppe, die am stärksten durch generelle Menschenfeindlichkeit geprägt ist.

Tabelle 82: Misanthropie nach objektiven Einkommensgruppen und Ländern

	AT		BE		CH		D		DK		F		I		NL		NO		Schnitt	
	$\bar{x}$	100	$\bar{x}$	100	$\bar{x}$	100	$\bar{x}$	100	$\bar{x}$	100	$\bar{x}$	100	$\bar{x}$	100	$\bar{x}$	100	$\bar{x}$	100	$\bar{x}$	100
Arm	5,74	**103**	6,12	**102**	5,06	99	6,03	**104**	4,17	99	6,29	**104**	6,84	**106**	5,46	**102**	4,82	**106**	5,67	**105**
Armutsgefährdet	5,65	**101**	6,12	**102**	5,15	**101**	5,77	99	4,38	**104**	6,22	**103**	6,56	**101**	5,42	**101**	4,55	100	5,63	**105**
Prekär wohlhabend	5,52	99	5,99	100	5,10	100	5,81	100	4,26	**101**	6,06	100	6,33	98	5,33	99	4,53	100	5,26	98
Gesichert wohlhabend	5,60	100	5,82	97	5,11	**101**	5,71	98	4,01	95	5,85	97	6,36	98	5,27	98	4,45	98	5,13	95
Reich	5,94	**106**	5,79	96	4,79	94	5,76	99	4,08	97	6,03	100	6,84	**106**	5,26	98	4,58	**101**	5,17	96
Keine Angaben	5,55	99	6,05	**101**	5,12	**101**	5,94	**102**	4,45	**106**	6,04	100	6,38	99	5,50	**103**	4,73	**104**	5,68	**106**
Durchschnitt	5,59	100	6,01	100	5,08	100	5,81	100	4,21	100	6,06	100	6,47	100	5,36	100	4,55	100	5,38	100

Quelle: ESS Cumulative File 2002-2004. Eigene Berechnung, gewichtet. Arm: bis 40 %, armutsgefährdet: 40 bis 60 %, prekär wohlhabend: 60 bis 120 %, gesichert wohlhabend: 120 bis 200 %, reich: mehr als 200 % des mittleren Nettoäquivalenzeinkommens.

Betrachtet man die Gruppen objektiven Einkommens, so bestehen deutliche Unterschiede in Hinblick auf die mittleren Werte generalisierter Menschenfeindlichkeit (Tab. 82). Dabei sind im Schnitt aller neun Untersuchungsländer die Gruppen der einkommensarmen bzw. armutsgefährdeten Personen zwar diejenigen, die die höchsten Misanthropie-Werte aufweisen.[53] Allerdings besteht zwischen beiden Einkommenskategorien diesbezüglich kein nennenswerter Unterschied. Zumindest gehören auch die armutsgefährdeten Personen, die im Gegensatz zu den meisten als „arm" zu bezeichnenden Menschen noch etwas zu verlieren haben, zu den elektoralen Segmenten, die überdurchschnittlich stark misanthropisch disponiert sind. Wenn ein Deprivationseffekt für die hohen Werte generalisierter Menschenfeindlichkeit verantwortlich ist, dann handelt es sich zumindest auch um relative Deprivation.

---

[53] Der leicht höhere Wert bei der inhaltlich nicht definierten Gruppe mit keinen Einkommensangaben wird hier nicht weiter interpretiert.

5 Erklärung der Modernisierungsverlierer-Effekte durch rechtsaffine Einstellungen

Die mittleren Misanthropie-Werte fallen dann umso geringer aus, je einkommensstärker die betrachtete Gruppe ist. Lediglich bei den Wählern, die man angesichts eines Netto-Äquivalenzeinkommens von über 200 % des Medianeinkommens der Bevölkerung als reich bezeichnen könnte, ist wieder ein leichter Anstieg der Misanthropie-Werte zu verzeichnen.

Das Bild in den einzelnen Untersuchungsländern ist leider nicht ganz so eindeutig wie der Gesamtschnitt aller neun Staaten. Zwei wesentliche Phänomene lassen sich ausmachen: Einerseits unterscheiden sich die Länder nach der einkommensschwachen Gruppe, die die höchsten Misanthropie-Werte aufweist. In Österreich, Deutschland, Frankreich, Italien, den Niederlanden und Norwegen ist es die Gruppe der Armen, in der Schweiz und in Dänemark hingegen die der armutsgefährdeten Personen. In der ersten Gruppe von Ländern scheint die absolute Einkommensdeprivation entscheidender für die Ausbildung misanthropischer Dispositionen zu sein, während in der zweiten eher relative Formen der Deprivation eine Rolle zu spielen scheinen. Andererseits ist es möglich nach Ländern zu differenzieren, in denen die einkommensstärkste Kategorie auf ebenfalls stark überdurchschnittliche Misanthropie-Mittelwerte kommt (Österreich, Italien, abgestuft auf Norwegen), und solche, in denen die generalisierte Menschenfeindlichkeit bei reichen Personen nur unterdurchschnittlich ausgeprägt ist. Nach diesen deskriptiven Ergebnissen scheint es mithin in einzelnen Ländern auch eine „Misanthropie des Reichtums" zu geben, die prinzipiell der deprivationstheoretischen Erklärung der Misanthropie entgegensteht.

Tabelle 83: Misanthropie nach subjektiven Einkommensgruppen und Ländern

	AT		BE		CH		D		DK		F		I		NL		NO		Schnitt	
	$\bar{x}$	100	$\bar{x}$	100	$\bar{x}$	100	$\bar{x}$	100	$\bar{x}$	100	$\bar{x}$	100	$\bar{x}$	100	$\bar{x}$	100	$\bar{x}$	100	$\bar{x}$	100
Sehr schlechtes Ausk.	6,43	**115**	6,61	**110**	5,45	**107**	6,76	**116**	4,83	**115**	6,56	**108**	7,04	**109**	5,84	**109**	5,56	**122**	6,25	**116**
Schlechtes Ausk.	5,92	**106**	6,49	**108**	5,12	**101**	6,06	**104**	5,06	**120**	6,47	**107**	6,65	**103**	5,72	**107**	4,94	**109**	5,99	**111**
Auskommen	5,59	100	6,02	100	5,29	**104**	5,85	101	4,36	103	6,18	102	6,55	101	5,50	103	4,71	**104**	5,57	**104**
Bequemes Leben	5,43	97	5,77	96	4,94	97	5,63	97	4,08	97	5,93	98	6,23	96	5,18	97	4,37	96	5,08	94
Keine Angaben	5,53	99	5,77	96	5,08	100	6,23	**107**	4,92	**117**	.	.	5,03	78	5,60	**104**	.	.	5,49	**102**
Durchschnitt	5,59	100	6,01	100	5,08	100	5,81	100	4,21	100	6,06	100	6,47	100	5,36	100	4,55	100	5,38	100

Quelle: ESS Cumulative File 2002-2004. Eigene Berechnung, gewichtet.

Deutlich klarer und systematischer unterscheiden sich die Misanthropie-Mittelwerte nach der subjektiven Einschätzung des Auskommens mit dem zur Verfügung stehenden Einkommen (Tab. 83). Die Gruppe von Menschen, die nur sehr schlecht mit den verfügbaren finanziellen Ressourcen auskommt, weist rund 16 % höhere Misanthropie-Werte auf. Je besser das Auskommen eingeschätzt wird, umso niedriger fallen dann die Mittelwerte für die entsprechenden Gruppen aus. Insbesondere die zufriedenste subjektive Einkommensgruppe fällt im Mittel um sechs Prozent hinter den Misanthropie-Schnitt aller Wähler zurück. Dieses grundsätzliche Bild wiederholt sich – mit zwei kleineren Ausnahmen – auch in allen Untersuchungsländern. Der Grad der Misanthropie steigt systematisch mit der Unzufriedenheit über den Mangel an zur Verfügung stehenden finanziellen Ressourcen.

Tabelle 84: Misanthropie nach Erwerbsstatus und Ländern

	AT		BE		CH		D		DK		F		I		NL		NO		Schnitt	
	$\bar{x}$	100	$\bar{x}$	100	$\bar{x}$	100	$\bar{x}$	100	$\bar{x}$	100	$\bar{x}$	100	$\bar{x}$	100	$\bar{x}$	100	$\bar{x}$	100	$\bar{x}$	100
arbeitslos	6,12	**109**	6,53	**109**	4,75	93	6,24	**107**	4,86	**115**	6,40	**106**	6,69	**103**	5,49	**102**	5,15	**113**	5,98	**111**
nicht arbeitslos	5,58	100	5,98	100	5,09	100	5,79	100	4,18	99	6,05	100	6,45	100	5,36	100	4,54	100	5,36	100
Durchschnitt	5,59	100	6,01	100	5,09	100	5,81	100	4,21	100	6,06	100	6,47	100	5,36	100	4,55	100	5,38	100

Quelle: ESS Cumulative File 2002-2004. Eigene Berechnung, gewichtet.

Auch scheint Misanthropie insofern mit dem Erwerbsstatus von Personen zusammenzuhängen, als dass Arbeitslose höhere Mittelwerte aufweisen, als dies bei nicht-arbeitslosen Personen der Fall ist. Bei von Arbeitslosigkeit betroffenen Menschen sind nach Tab. 84 im Schnitt aller neun Untersuchungsländer die misanthropischen Dispositionen um rund elf Prozent stärker ausgeprägt, als dies im Mittel aller Wähler der Fall ist. Besonders stark ist die generalisierte Menschenfeindlichkeit in dieser Wählergruppe insbesondere in Dänemark und Norwegen ausgebildet. Unterdurchschnittliche Misanthropie-Werte sind bei den Arbeitslosen nur in der Schweiz auszumachen. Hier ist aber – korrespondierend mit der niedrigsten Arbeitslosenquote aller Untersuchungsländer – auch nur eine sehr geringe Anzahl von Befragten vorhanden, die angeben, arbeitslos zu sein. Bei 13 Fällen von Arbeitslosigkeit unter allen Wählern kann der Mittelwert auch ein statistisches Artefakt sein.

Tabelle 85: Misanthropie nach Gruppen prekärer Beschäftigung und Ländern

	AT		BE		CH		D		DK		F		I		NL		NO		Schnitt	
	$\bar{x}$	100	$\bar{x}$	100	$\bar{x}$	100	$\bar{x}$	100	$\bar{x}$	100	$\bar{x}$	100	$\bar{x}$	100	$\bar{x}$	100	$\bar{x}$	100	$\bar{x}$	100
Befrist. Beschäftigung	5,52	99	6,11	**101**	5,14	**101**	5,82	100	4,44	**106**	5,99	98	6,71	**104**	5,29	99	4,72	**104**	5,40	**101**
Reguläre Beschäftigung	5,61	100	6,01	100	5,08	100	5,82	100	4,17	99	6,11	100	6,44	100	5,36	100	4,53	100	5,37	100
Durchschnitt	5,60	100	6,02	100	5,08	100	5,82	100	4,20	100	6,10	100	6,46	100	5,35	100	4,55	100	5,37	100
Teilzeitbeschäftigung	5,59	99	5,85	97	4,78	94	5,70	98	4,25	**101**	5,80	95	6,34	98	5,28	99	4,28	94	5,29	98
Reguläre Beschäftigung	5,63	100	6,04	100	5,13	**101**	5,85	100	4,20	100	6,13	**101**	6,48	100	5,38	100	4,57	**101**	5,40	100
Durchschnitt	5,62	100	6,01	100	5,08	100	5,83	100	4,21	100	6,09	100	6,47	100	5,36	100	4,54	100	5,38	100
Geringf. Beschäftigung	5,33	95	6,12	**102**	4,88	96	5,83	100	4,36	**104**	6,07	100	6,59	**102**	5,40	**101**	4,71	**104**	5,36	100
Reguläre Beschäftigung	5,64	100	6,00	100	5,11	100	5,83	100	4,20	100	6,09	100	6,46	100	5,35	100	4,52	100	5,39	100
Durchschnitt	5,62	100	6,01	100	5,08	100	5,83	100	4,21	100	6,09	100	6,47	100	5,36	100	4,54	100	5,38	100
Arbeitende Arme	5,69	**101**	6,13	**102**	5,20	**102**	5,89	**101**	4,25	**101**	6,30	**104**	6,73	**104**	5,45	**102**	4,62	**102**	5,69	**106**
Reguläre Beschäftigung	5,60	100	5,96	99	5,07	100	5,82	100	4,20	100	6,01	99	6,39	99	5,34	100	4,52	100	5,32	99
Durchschnitt	5,62	100	6,01	100	5,08	100	5,83	100	4,21	100	6,08	100	6,47	100	5,36	100	4,54	100	5,39	100
Solo-Selbständigkeit	5,63	100	6,01	100	4,99	98	5,63	97	4,40	**105**	5,89	97	6,31	98	5,19	97	4,29	94	5,38	100
Reguläre Beschäftigung	5,60	100	6,01	100	5,09	100	5,82	100	4,20	100	6,09	100	6,49	100	5,37	100	4,57	100	5,38	100
Durchschnitt	5,61	100	6,01	100	5,08	100	5,81	100	4,21	100	6,07	100	6,47	100	5,36	100	4,55	100	5,38	100

Quelle: ESS Cumulative File 2002-2004. Eigene Berechnung, gewichtet.

Wie bei allen hier untersuchten Einstellungsindikatoren fallen die Misanthropie-Mittelwerte für die fünf Teilindikatoren prekärer Beschäftigung nicht eindeutig im Sinne einer deprivationstheoretischen Erklärung der generalisierten Menschenfeindlichkeit aus (Tab. 85). Im Schnitt aller neun Untersuchungsländer kann alleine die Gruppe der „working poor" deutlich überproportionale Einstellungswerte aufweisen. Bei allen anderen Fallgruppen atypischer Beschäftigung fallen die Unterschiede im Bezug auf die Misanthropie nur sehr gering und zudem unsystematisch in ihrer Richtung aus. Dies gilt auch und gerade für die Mittelwerte in den einzelnen Untersuchungsländern. Mit Ausnahme der Gruppe der „arbeitenden Armen" sind keine systematischen Variationen in Hinblick auf diesen Modernisierungsverlierer-Indikator zu erkennen.

Tabelle 86: Misanthropie nach Gruppen sozialer Exklusion und Ländern

	AT		BE		CH		D		DK		F		I		NL		NO		Schnitt	
	$\bar{x}$	100	$\bar{x}$	100	$\bar{x}$	100	$\bar{x}$	100	$\bar{x}$	100	$\bar{x}$	100	$\bar{x}$	100	$\bar{x}$	100	$\bar{x}$	100	$\bar{x}$	100
Hohe soz. Exklusion	6,60	**118**	6,35	**106**	5,58	**110**	6,21	**107**	5,63	**134**	6,86	**113**	6,59	**102**	5,93	**111**	5,36	**118**	6,33	**118**
Mittlere soz. Exklusion	6,05	**108**	6,34	**105**	5,20	**102**	6,05	**104**	4,68	**111**	6,28	**104**	6,70	**104**	5,75	**107**	5,26	**116**	5,98	**111**
Niedrige soz. Exklusion	5,51	99	5,93	99	5,07	100	5,78	99	4,16	99	6,03	99	6,38	99	5,31	99	4,51	99	5,29	98
Durchschnitt	5,59	100	6,01	100	5,08	100	5,81	100	4,21	100	6,06	100	6,47	100	5,36	100	4,55	100	5,38	100

Quelle: ESS Cumulative File 2002-2004. Eigene Berechnung, gewichtet. Niedrige soz. Exklusion: 0 bis 3,33, mittlere soz. Exklusion: 3,34 bis 6,66, hohe soziale Exklusion: 6,67 bis 10 Punkte.

Dies ist jedoch eindeutig beim Indikator der sozialen Exklusion der Fall (Tab. 86). Gruppiert man die unterschiedlichen Werte sozialer Exklusion zu drei Klassen, so ist insbesondere die Gruppe mit hohen Werten sozialer Exklusion diejenige, die auch die höchsten Misanthropie-Werte aufweist. Sie fallen im Schnitt aller neun Untersuchungsländer um rund 18 % höher aus, als dies im Mittel aller Wähler der Fall ist. Selbst in der Gruppe derjenigen, die mittlere Werte auf der Skala der sozialen Exklusion aufweisen, ist dies immerhin noch mit einer Verhältniszahl von 111 % deutlich überdurchschnittlich ausgeprägt. Alleine die große Gruppe von Menschen, die sozial relativ integriert ist, weist unterproportionale Misanthropie-Werte auf. Dieses generelle Bild wiederholt sich in fast allen Untersuchungsländern.

5.1.4.2 Regression auf die Modernisierungsverlierer-Indikatoren

Auch im Fall der Misanthropie soll in einem abschließenden multivariaten Modell die Stärke des Einflusses der einzelnen Modernisierungsverlierer-Indikatoren relativ zu der der anderen beurteilt werden. Dabei sollen wiederum die Wirkungen der Kontrollvariablen Geschlecht, Alter, Bildung und Untersuchungsland sukzessive in den einzelnen Modellen überprüft werden. Die Ergebnisse der entsprechenden linearen Regressionen der Misanthropie auf die Modernisierungsverlierer-Indikatoren finden sich in Tab. 87. Betrachten wir zunächst das Grundmodell M_1, in das nur die sieben Modernisierungsverlierer-Indikatoren eingehen, die keine Multikollinearitätsprobleme erzeugen.

Die Mehrzahl der Indikatorvariablen für die acht hier unterschiedenen Klassenkategorien weist signifikante Ergebnisse auf, allerdings entsprechen sie nicht alle den deprivationstheoretischen Erwartungen: Zwar übt die Dienstklasse einen hochsignifikant negativen und die qualifizierten Industrieberufe einen hochsignifikanten positiven Einfluss auf die Misanthropie aus, allerdings verhält sich der Effekt der Zugehörigkeit zu den kleinen Selbständigen und der Klasse der intermediären Industrieberufe kontrahypothetisch. Beide Indikatoren weisen hochsignifikant negative Wirkungen auf. Bedenkt man, dass in Abschnitt 5.1.4.2 gezeigt wurde, dass alle industriellen Berufsklassen und die kleinen Selbständigen überdurchschnittliche Misanthropie-Werte aufweisen, kann dieses Phänomen nur durch die gleichzeitige Berücksichtigung der anderen Indikatoren erklärt werden. Einerseits handelt es sich dabei um einen Dekompositionseffekt, d.h. die Ausbildung von Misanthropie geht nicht per se von der Zugehörigkeit zu einer bestimmten Klasse aus, sondern von den anderen Deprivationsfaktoren, die in dieser sozialen Lage besonders stark ausgeprägt sind. Andererseits ergibt die Kontrolle der anderen Modernisierungsverlierer-Indikatoren, dass bei „Herausrechnen" dieser Einflussgrößen sich die Zugehörigkeit zur Klasse der kleinen Selbständigen oder zu der der intermediären Industrieberufe sogar negativ auswirkt.

Tabelle 87: Einfluss der Modernisierungsverlierer-Indikatoren auf die Misanthropie

	M_1	M_2	M_3	M_4	M_5	M_6
Dienstklasse	-0,14 ***	-0,13 ***	-0,13 ***	-0,06 n.s.	-0,12 ***	-0,04 n.s.
Kleine Selbständige	-0,13 ***	-0,08 *	-0,14 ***	-0,12 ***	-0,10 **	-0,05 n.s.
Intermediäre Dienstleistungsb.	0,04 n.s.	0,01 n.s.	0,06 n.s.	0,03 n.s.	0,01 n.s.	-0,01 n.s.
Einfache Dienstleistungsberufe	0,04 n.s.	0,00 n.s.	0,03 n.s.	0,04 n.s.	0,10 **	0,06 n.s.
Intermediäre Industrieberufe	-0,13 ***	-0,10 *	-0,15 ***	-0,13 ***	0,01 n.s.	0,01 n.s.
Qualifizierte Industrieberufe	0,18 ***	0,12 **	0,18 ***	0,15 **	0,20 ***	0,12 **
Einfache Industrieberufe	-0,02 n.s.	-0,04 n.s.	-0,02 n.s.	-0,02 n.s.	0,06 n.s.	0,03 n.s.
Nicht-Beschäftigte	0,17 **	0,22 ***	0,17 ***	0,12 *	-0,16 ***	-0,12 *
Sozioökonom. Status (je 10 Punkte)	0,13 ***	0,12 ***	0,12 ***	0,15 ***	0,03 *	0,03 n.s.
Sozialprestige (je 10 Punkte)	-0,18 ***	-0,18 ***	-0,17 ***	-0,13 ***	-0,07 ***	-0,04 n.s.
Arm (bis 40 %)	0,09 n.s.	0,08 n.s.	0,06 n.s.	0,06 n.s.	0,10 *	0,06 n.s.
Armutsgefährdet (40-60 %)	0,09 n.s.	0,08 n.s.	0,08 n.s.	0,06 n.s.	0,00 n.s.	-0,02 n.s.
Bescheidener Wohlstand (60-120 %)	-0,12 ***	-0,11 ***	-0,11 ***	-0,11 ***	-0,04 n.s.	-0,04 n.s.
Gesicherter Wohlstand (120-200 %)	-0,17 ***	-0,17 ***	-0,17 ***	-0,13 ***	-0,07 *	-0,05 n.s.
Reich (200 % und mehr)	-0,15 **	-0,15 **	-0,13 **	-0,10 *	-0,01 n.s.	0,02 n.s.
Keine Einkommensangaben	0,26 ***	0,27 ***	0,26 ***	0,23 ***	0,03 n.s.	0,03 n.s.
Arbeitslosigkeit	0,43 ***	0,42 ***	0,36 ***	0,45 ***	0,35 ***	0,30 ***
Befristete Beschäftigung	0,04 n.s.	0,05 n.s.	-0,05 n.s.	0,07 n.s.	0,07 n.s.	0,01 n.s.
Teilzeitbeschäftigung	0,00 n.s.	0,07 n.s.	0,02 n.s.	0,00 n.s.	-0,12 ***	-0,04 n.s.
Geringfügige Beschäftigung	-0,02 n.s.	0,03 n.s.	-0,02 n.s.	-0,02 n.s.	-0,03 n.s.	0,01 n.s.
Arbeitende Arme ("working poor")	0,09 n.s.	0,10 n.s.	0,14 n.s.	0,08 n.s.	-0,04 n.s.	0,00 n.s.
Solo-Selbständigkeit	-0,05 n.s.	-0,05 n.s.	-0,06 n.s.	-0,04 n.s.	-0,10 n.s.	-0,09 n.s.
Soziale Exklusion (je Punkt)	0,18 ***	0,18 ***	0,20 ***	0,17 ***	0,11 ***	0,12 ***
Mann		0,09 ***				0,08 ***
Frau		-0,09 ***				-0,08 ***
Alter (je 10 Jahre)			-0,09 ***			0,35 ***
Pflichtschulabschluss ISCED 0/1/2				0,25 ***		0,20 ***
Weiterf. Schulabschluss ISCED 3/4				0,07 ***		0,03 n.s.
Hochschulabschluss ISCED 5/6				-0,32 ***		-0,23 ***

5 Erklärung der Modernisierungsverlierer-Effekte durch rechtsaffine Einstellungen

Österreich					0,15 ***	0,04 n.s.
Belgien					0,49 ***	0,48 ***
Schweiz					-0,32 ***	-0,28 ***
Deutschland					0,34 ***	0,39 ***
Dänemark					-1,25 ***	-1,19 ***
Frankreich					0,65 ***	0,67 ***
Italien					0,87 ***	0,81 ***
Niederlande					-0,06 *	-0,10 ***
Norwegen					-0,87 ***	-0,83 ***
Konstante	4,85 ***	4,75 ***	5,39 ***	4,50 ***	5,39 ***	5,58 ***
Korrigiertes R-Quadrat in Prozent	5,4	5,6	6,1	6,4	19,6	20,7
Fallzahl n	19991	19986	19956	19961	19991	19922

Quelle: ESS Cumulative File 2002-2004. Eigene Berechnung, gewichtet. Ausgewiesen ist der unstandardisierte Regressionskoeffizient b und das Signifikanzniveau (* p≤0,05; ** p≤0,01; *** p≤0,001; n.s. nicht signifikant).

Ähnlich unerwartet ist der hochsignifikante positive Effekt des sozioökonomischen Status auf die Ausbildung misanthropischer Einstellung. Je höher der Status einer Person, umso höhere Misanthropie-Werte weist sie auf. Der deprivationstheoretischen Erklärung der Modernisierungsverlierer-Theorie folgend müsste hingegen ein negativer Effekt zu beobachten sein. Diese kontrahypothetische Wirkung muss sich allerdings noch bei Kontrolle anderer Faktoren als stabil erweisen. Das über den Beruf vermittelte Prestige hat hingegen – entsprechend der Erwartung – einen hochsignifikanten negativen Effekt auf die Misanthropie. Je höher das soziale Ansehen einer Person ist, umso geringer fällt ihre generalisierte Menschenfeindlichkeit aus. Auch der Betrag und die Richtung des Effekts der einzelnen Kategorien objektiven Einkommens stellt sich nach Modell M_1 theoriekonform dar. Dabei sind es insbesondere die wohlhabenden und reichen Bevölkerungsgruppen, die signifikant geringere Misanthropie-Werte aufweisen. Eine sehr wichtige Determinante der Misanthropie ist die Arbeitslosigkeit. Nach dem hier zugrundegelegten Regressionsmodell erhöht sich der Misanthropie-Wert bei Arbeitslosigkeit des Befragten um fast einen halben Skalenpunkt. In seiner Stärke übertroffen wird dieser Effekt nur noch von dem der sozialen Exklusion. Pro Skalenpunkt des sozialen Ausschlusses erhöht sich der Misanthropie-Wert um 0,18 Skalenpunkte. Kontrastiert man vollständig sozial integrierte Menschen (Skalenwert 0) mit vollständig desintegrierten Personen (Skalenwert 10), so macht alleine die soziale Exklusion einen Unterschied von 1,8 Misanthropie-Skalenpunkten aus.

Die Kontrolle des Geschlechts in Modell M_2 erbringt zunächst einen eigenständigen hochsignifikanten, aber nicht besonders stark ausgeprägten Effekt dieser Variable hervor, wobei Männer höhere Misanthropie-Werte aufweisen, als dies bei Frauen der Fall ist. Die Berücksichtigung des Geschlechts wirkt sich nur geringfügig auf die Effekte der Modernisierungsverlierer-Indikatoren aus. Insbesondere der – kontrahypothetische – negative Effekt der Zugehörigkeit zu den Klassen der kleinen Selbständigen und der intermediären Industrieberufe nimmt ab und fällt nur noch schwach signifikant aus. Dieses Phänomen erklärt sich also zu einem guten Teil über die unterschiedliche Verteilung von Frauen und Männern über die Berufsklassen hinweg. Auch die Kontrolle der Alters in Modell M_3 erbringt zunächst einen eigenständigen hochsignifikanten und negativen Effekt des Alters auf die Ausbildung misanthropischer Dispositionen, wirkt sich aber ebenfalls nicht wesentlich auf die Einflüsse der Modernisierungsverlierer-Indikatoren aus. Auch die Bildung wirkt in diesem Sinne auf die Misanthropie ein (Modell M_4). Je höher der formale Bildungsabschluss der Befragten ist, umso niedriger fallen ihre Misanthropie-Werte aus. Auch hier handelt es sich primär um einen eigenständigen Effekt ohne größere Auswirkungen auf die Einflüsse der Modernisierungsverlierer-Indikatoren. Lediglich im Fall der Dienstklasse wird der entsprechende Koeffizient bei Kontrolle der Bildung insignifikant. Es ist also vor allem das hohe Bildungsniveau in dieser Berufsgruppe, die sich dämpfend auf die Misanthropie auswirkt, weniger andere Faktoren in der sozialen Lage der Dienstklasse. Sowohl eine sehr große eigenständige wie auch modifizierende Wirkung hat die Berücksichtigung des Untersuchungslandes im Modell M_5. Die Kontrolle dieser Größe zeigt unter anderem, dass der kontrahypothetische Effekt der Zugehörigkeit zur Klasse der intermediären Industrieberufe nur ein Artefakt der Über- bzw. Unterrepräsentation dieser Klasse in einigen Ländern ist. Ebenfalls nimmt der nur schwer mit der Modernisierungsverlierer-Theorie zu vereinbarende positive Effekt des Status deutlich ab.

H15.1: Modernisierungsverlierer weisen signifikant höhere Misanthropie-Werte auf.

Anhand des Gesamtmodells M_6 lässt sich nun die Hypothese H15.1 einer empirischen Überprüfung zuführen. Kontrolliert man die vier potentiellen Einflussgrößen Geschlecht, Alter, Bildung und Untersuchungsland, so ergibt sich ein nennenswerter Effekt der Modernisierungsverlierer-Indikatoren nur in zwei Fällen. Einerseits hat Arbeitslosigkeit einen hochsignifikanten positiven Effekt auf die Misanthropie, andererseits aber auch die soziale Exklusion. Überdies erweist sich auch der positive Einfluss der Zugehörigkeit zur Klasse der qualifizierten Industrieberufe als signifikant. Darüber hinaus sind alle anderen Modernisierungsverlierer-Indikatoren insignifikant. Weder Status noch Prestige, weder Einkommen noch prekäre Beschäftigung spielt eine eigenständige Rolle in der Erklärung der Misanthropie. Darüber hinaus zeitigen aber verschiedene Kontrollvariablen nennenswerte Effekte: Insbesondere das Alter hat einen hochsignifikanten positiven Effekt auf die Höhe misanthropischer Dispositionen. Ein 70jähriger weist nach Modell M_6 im Vergleich zu einem 20jährigen einen rund 1,75 Skalenpunkte (0,35 x (70-20)/10) höheren Misanthropie-Wert auf. Interessant ist in diesem Zusammenhang, dass die Kontrolle allein des Alters in Modell M_3 noch einen negativen Effekt hervorgebracht hat, was allerdings vor allem an der unterschiedlichen Altersstruktur in den Untersuchungsländern liegt, der in Modell M_6 durch die Berücksichtigung der entsprechende Kontrollvariable Rechnung getragen wurde. Über das Alter hinaus behält das Geschlecht einen hochsignifikanten, aber schwachen Effekt auf die Ausbildung misanthropischer Einstellungsmuster. Bei Männern sind höhere Werte zu verzeichnen, während bei Frauen diese im Vergleich zum Schnitt der Wahlbevölkerung niedriger ausfallen. Zentral zu Erklärung der Misanthropie sind in jedem Fall aber die Untersuchungsländer, was sich alleine schon am Zuwachs der Erklärungskraft der entsprechenden Modell M_5 und M_6 zeigen lässt, die diese Kontrollvariable berücksichtigen. Hypothese H15.1 lässt sich anhand dieser Ergebnisse zumindest teilweise bestätigen. Zwar sind es nur wenige Modernisierungsverlierer-Indikatoren, die signifikante Auswirkungen auf die untersuchte Größe Misanthropie haben, aber bei Arbeitslosigkeit und sozialer Exklusion ist dies der Fall. Die Modernisierungsverlierer-Indikatoren haben – auch relativ zu den meisten anderen Kontrollvariablen mit Ausnahme der Residualkategorie Untersuchungsland – eine relativ hohe Erklärungskraft hinsichtlich der Misanthropie.

5.2 Einfluss der Einstellungen auf das Wahlverhalten

Um festzustellen, dass sich der Einfluss der Modernisierungsverlierer-Indikatoren auf die Wahl rechtspopulistischer Parteien tatsächlich über einige oder alle hier untersuchten rechtsaffinen Einstellungen vermittelt, ist es in einem zweiten Schritt notwendig, nachzuweisen, dass politische Unzufriedenheit, Xenophobie, Autoritarismus und Misanthropie tatsächlich einen nennenswerten Einfluss auf das Wahlverhalten zugunsten dieser Parteien haben. In den folgenden Abschnitten soll – zunächst getrennt für die vier Einstellungen, dann als Analyse ihres Zusammenwirkens – die Wirkung der unterschiedlichen rechtsaffinen Dispositionen auf das Wahlverhalten untersucht werden. Wie gehabt wird hierzu zunächst ein deskriptiver Überblick über den Zusammenhang gegeben, um diesen anschließend inferenzstatistisch in entsprechenden logistischen Regressionsmodellen – auch unter Berücksichtigung der Kontrollvariablen – abzusichern.

5.2.1 Politische Unzufriedenheit

In Abschnitt 2.5.2.1 wurden ausführlich die Anhaltspunkte genannt, die dafür sprechen, dass politische Unzufriedenheit zu den wichtigsten nachfrageseitigen Determinanten der Wahl rechtspopulistischer Parteien gehört. Auf der Makroebene der Betrachtung von Ländern, in denen diese Parteien reüssieren, kann man beobachten, dass dies insbesondere dort der Fall ist, wo die Unzufriedenheit mit der politischen Elite – sei es aus Verdruss über starre Konkordanzpolitik, sei es aus Anlass konkreter politischer Skandale oder hoher Steuerlasten, groß ist. Und auch auf der Mikroebene wird politische Unzufriedenheit als wichtiger Prädiktor der Wahl rechtspopulistischer Parteien genannt. Entweder pointiert in Form der These der reinen Protestwahl, die konstatiert, dass über die Unzufriedenheit hinausgehende politische Dispositionen keine nennenswerte Rolle spielen (Pappi 1989; Bergh 2004), oder abgemildert in der Form der Interaktionsthese, die behauptet, dass politische Unzufriedenheit und rechte ideologische Dispositionen zusammentreffen müssen, um die Wahrscheinlichkeit der Wahl rechtspopulistischer Parteien signifikant zu erhöhen (Falter/Klein 1994: 136ff; Klein/Falter 1996: 154ff; Arzheimer et al. 2001: 232ff; Lubbers/Scheepers 2002: 139).

Tabelle 88: Politische Unzufriedenheit nach Wahlverhalten und Ländern

	AT		BE		CH		D		DK		F		I		NL		NO		Schnitt	
	$\bar{x}$	100	$\bar{x}$	100	$\bar{x}$	100	$\bar{x}$	100	$\bar{x}$	100	$\bar{x}$	100	$\bar{x}$	100	$\bar{x}$	100	$\bar{x}$	100	$\bar{x}$	100
Wähler rpop. Partei	6,05	**102**	6,86	**121**	5,25	**107**	7,60	**119**	4,66	**115**	7,00	**112**	5,81	95	6,41	**114**	6,39	**117**	6,01	**108**
Wähler anderer Partei	5,93	100	5,53	98	4,79	98	6,40	100	4,00	99	6,20	99	6,13	100	5,57	99	5,29	97	5,50	99
Alle Wähler	5,94	100	5,66	100	4,90	100	6,41	100	4,05	100	6,26	100	6,11	100	5,64	100	5,46	100	5,55	100

Quelle: ESS Cumulative File 2002-2004. Eigene Berechnung, gewichtet.

Anhand der in Tab. 88 präsentierten deskriptiven Daten kann ein erster Blick auf die Empirie des Zusammenhangs zwischen politischer Unzufriedenheit und dem Wahlverhalten geworfen werden. Wie bereits in Abschnitt 5.1.1.1 festgestellt, variieren die landesspezifischen Mittelwerte politischer Unzufriedenheit insbesondere im Vergleich zu relativ invarianten Merkmalen wie den Xenophobie-Werten relativ stark um den Schnitt aller neun

Untersuchungsländer. In diesem Schnitt kommen die Wähler rechtspopulistischer Parteien auf deutlich überproportionale Werte im Vergleich zu den Wählern anderer Parteien. Die Mittelwerte fallen rund acht Prozent höher aus, als dies im Schnitt aller Wählergruppen der Fall ist – durchaus ein herausstechendes Merkmal. In einigen Untersuchungsländern ist die politische Unzufriedenheit der Wähler rechtspopulistischer Parteien noch deutlich stärker ausgeprägt. Insbesondere in Belgien und Deutschland, aber auch in Norwegen, Dänemark, den Niederlanden und Frankreich liegen die nationalen Unzufriedenheitswerte der rechtspopulistischen Elektorate weit über dem Schnitt aller Untersuchungsländer. Dieser würde auch deutlich höher ausfallen, wäre nicht mit Italien ein bemerkenswerter Ausnahmefall zu verzeichnen. In Italien ist die politische Unzufriedenheit der Wähler rechtspopulistischer Parteien nur unterdurchschnittlich ausgeprägt. Dies ist durchaus auffällig, da auch der Erfolg der Lega Nord als die wesentliche rechtspopulistische Kraft in Italien auf die Mobilisierung politischer Unzufriedenheit zurückgeführt wird (van der Brug/Fennema 2003: 68).[54]

Anhand von Abb. 12 lässt sich der Zusammenhang von politischer Unzufriedenheit und dem Wahlverhalten zugunsten rechtspopulistischer Parteien ein wenig genauer ausleuchten. Diesmal werden nicht die Mittelwerte politischer Unzufriedenheit nach Parteiwahl, sondern die Wahrscheinlichkeit der Wahl einer rechtspopulistischen Partei innerhalb von Gruppen mit ähnlichen politischen Unzufriedenheitswerten analysiert. Dabei wurde die kontinuierliche Variable politische Unzufriedenheit, die real eine sehr große Anzahl von Ausprägungen besitzt, der Übersicht halber in zehn Klassen eingeteilt, die jeweils den Wertbereich zwischen zwei Skalenpunkten erfassen. Die Wahlwahrscheinlichkeiten innerhalb dieser Klassen sind als Balken in Abb. 12 abgebildet. Hierbei wird deutlich, dass die durchschnittliche Wahrscheinlichkeit, eine rechtspopulistische Partei zu wählen, bis zu einem politischen Unzufriedenheitswert in Höhe von fünf Skalenpunkten relativ konstant rund sieben Prozent beträgt. Erst mit den Klassen, die höhere Werte erfassen, steigt die Wahlwahrscheinlichkeit stetig bis hin zu einem Wert von rund 16 % an. Ebenfalls dargestellt ist in der Abbildung der Verlauf der durch eine logistische Regression vorhergesagten Wahlwahrscheinlichkeiten, diesmal aufgrund der unklassierten Unzufriedenheits-Skala. Die Kurve gibt die tatsächlichen Wahlwahrscheinlichkeiten aufgrund der konstanten Wahlwahrscheinlichkeit im Wertebereich bis fünf Skalenpunkten leider nur mäßig wieder.[55] In jedem Fall ist jedoch ein deutlicher Anstieg der Wahlwahrscheinlichkeit mit steigenden Werten politischer Unzufriedenheit zu erkennen.

---

[54] Die unterproportionale politische Unzufriedenheit geht auch nicht auf das Nord-Süd-Gefälle in Italien zurück. Der größte Teil der Wähler rechtspopulistischer Parteien in Italien sind zwar die der Lega Nord, die nur im Gebiet nördlich der Regionen Toskana und Marken antritt. Auch ist die durchschnittliche politische Unzufriedenheit im Norden (5,90) niedriger als im südlichen Italien (6,26). Allerdings liegt die mittlere Unzufriedenheit des Elektorats der Lega Nord in ihrem Wahlgebiet (5,77) trotzdem unter dem Schnitt der Wähler anderer Parteien in demselben Gebiet (5,92).
[55] Der Verfasser hat verschiedene Möglichkeiten, die Skala so zu modifizieren, dass nur hohe politische Unzufriedenheitswerte berücksichtigt werden, in Erwägung gezogen und durchgerechnet. Der Verlust der Varianz im Bereich der niedrigen Werte politischer Unzufriedenheit wiegt nach Auffassung des Verfassers aber schwerer als die höhere Anpassungsgüte der Kurve an die klassierten Unzufriedenheitswerte.

5 Erklärung der Modernisierungsverlierer-Effekte durch rechtsaffine Einstellungen

Abbildung 12: Wahlwahrscheinlichkeit in Abhängigkeit der politischen Unzufriedenheit.

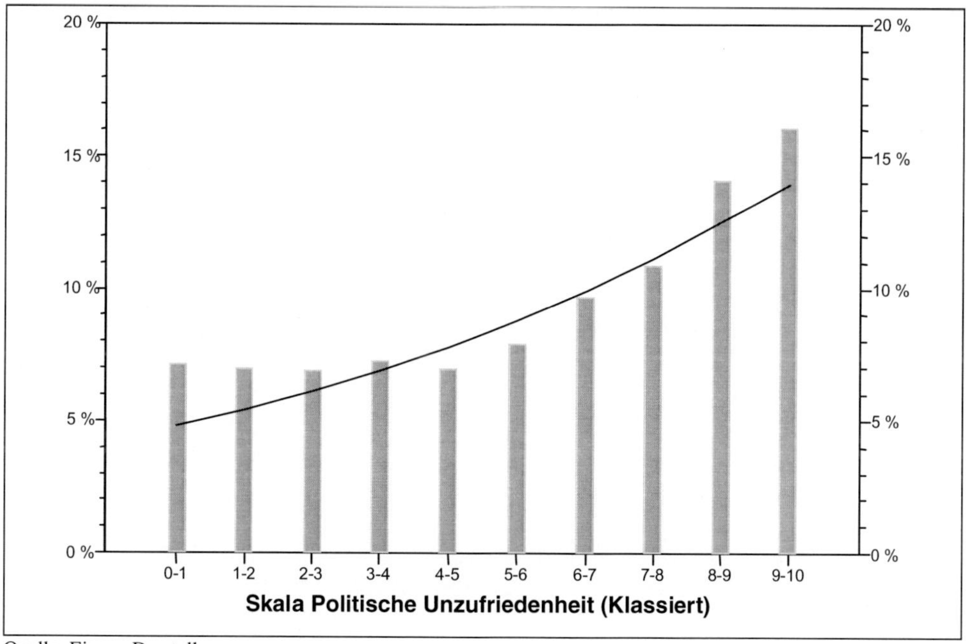

Quelle: Eigene Darstellung

Die Parameter und Gütekriterien der logistischen Regression des Wahlverhaltens auf die politische Unzufriedenheit sind auch als Modell M_1 in Tab. 89 wiedergegeben. Ausweislich des hochsignifikanten Effektkoeffizienten von 1,14 steigt die Chance, eine rechtspopulistische Partei zu wählen, um rund 14 Prozent, wenn die politische Unzufriedenheit um einen Skalenpunkt zunimmt. Dieser Einfluss nimmt an Stärke noch leicht zu, wenn man das Geschlecht als Kontrollvariable einführt, was in Modell M_2 geschieht. Er wird unterschätzt, da die Wählerschaft rechtspopulistischer Parteien zum überwiegenden Teil aus Männern besteht, die aber – wie in Abschnitt 5.1.1.2 gezeigt – weniger zur politischen Unzufriedenheit neigen als Frauen. Darüber hinaus zeigt sich in diesem Kontrollmodell auch der bekannte eigenständige Effekt des Geschlechts auf die Rechtswahl. Hingegen hat die in Modell M_3 berücksichtigte Kontrollgröße Alter weder einen signifikanten eigenen Einfluss, noch verändert sie die Wirkung der politischen Unzufriedenheit. Allerdings ist dies im Fall der Kontrolle der Bildung der Fall (Modell M_4). Da eine niedrige Bildung sowohl politische Unzufriedenheit wie auch die Wahl rechtspopulistischer Parteien befördert, wird der isolierte Effekt der politischen Unzufriedenheit in Modell M_1 zu hoch eingeschätzt und reduziert sich bei zusätzlicher Berücksichtigung der formalen Bildung in Modell M_4. In diesem Modell besitzt die Bildung darüber hinaus den bereits aus Kapitel 4 bekannten eigenständigen Effekt auf die Rechtswahl. Schließlich steigt der Effekt der politischen Unzufriedenheit noch einmal deutlich an, wenn der Einfluss der Untersuchungsländer in Modell M_5 kontrolliert wird. Rechtspopulistische Parteien werden gerade in den Ländern relativ wenig gewählt, in denen die durchschnittliche politische Unzufriedenheit sehr hoch ist, insbesondere in Deutschland, Frankreich und Italien. Berücksichtigt man dies wie im Grundmodell nicht, wird der Einfluss der politischen Unzufriedenheit auf die Rechtswahl systematisch unterschätzt.

Tabelle 89: Einfluss der politischen Unzufriedenheit auf das Wahlverhalten

	M_1	M_2	M_3	M_4	M_5	M_6
Pol. Unzufriedenheit (je Skalenpunkt)	1,14 ***	1,15 ***	1,14 ***	1,12 ***	1,26 ***	1,24 ***
Mann		1,24 ***				1,27 ***
Frau		0,81 ***				0,79 ***
Alter (je 10 Jahre)			1,02 n.s.			0,96 **
Pflichtschulabschluss ISCED 0/1/2				1,33 ***		1,73 ***
Weiterf. Schulabschluss ISCED 3/4				1,34 ***		1,23 ***
Hochschulabschluss ISCED 5/6				0,56 ***		0,47 ***
Österreich					0,66 ***	0,53 ***
Belgien					1,41 ***	1,42 ***
Schweiz					5,09 ***	5,87 ***
Deutschland					0,09 ***	0,10 ***
Dänemark					1,73 ***	1,83 ***
Frankreich					0,98 n.s.	1,02 n.s.
Italien					0,40 ***	0,34 ***
Niederlande					1,31 ***	1,28 ***
Norwegen					2,57 ***	2,78 ***
Konstante	0,05 ***	0,04 ***	0,04 ***	0,05 ***	0,02 ***	0,02 ***
Nagelkerkes R-Quadrat in Prozent	1,2	2,0	1,2	3,2	12,2	15,9
AIC	13719	13634	13695	13457	12558	12085
BIC	13735	13658	13719	13489	12638	12197
Fallzahl n	22436	22424	22382	22388	22436	22327

Quelle: ESS Cumulative File 2002-2004. Eigene Berechnung, gewichtet. Ausgewiesen ist der Effektkoeffizient Exp(B) und das Signifikanzniveau (* $p \leq 0{,}05$; ** $p \leq 0{,}01$; *** $p \leq 0{,}001$; n.s. nicht signifikant).

Anhand des Gesamtmodell M_6 lässt sich abschließend die in Abschnitt 2.5.2.1 aufgestellte Hypothese H11.2 einer empirischen Überprüfung zuführen.

> H11.2: Je höher die politische Unzufriedenheit einer Person, desto höher ist die Wahrscheinlichkeit, dass sie eine rechtspopulistische Partei wählt.

Der im Gesamtmodell angegebene hochsignifikante Effektkoeffizient von 1,24 bestätigt den von Hypothese H11.2 konstatierten Zusammenhang auch bei Berücksichtigung aller vier Kontrollgrößen: Mit steigender politischer Unzufriedenheit nimmt die Chance, eine rechtspopulistische Partei zu wählen, deutlich zu. Für eine Person, die einen Wert politischer Unzufriedenheit von 10 aufweist, ist die Chance, einer solchen Partei ihre Stimme zu geben, sogar rund 8,6-mal höher (=1,24 hoch 10) als dies bei einer Person mit einem Wert von 0 der Fall wäre. Darüber hinaus zeigen sich die übrigen bereits bekannten eigenständigen Effekte der vier Kontrollvariablen Geschlecht, Alter, Bildung und Untersuchungsland.

5.2.2 Xenophobie

Die zweite rechtsaffine Einstellung, die hier in ihrer Wirkung auf die Wahl rechtspopulistischer Parteien untersucht werden soll, ist die Xenophobie. Wie in Abschnitt 2.5.2.2 dargelegt, gehören Ressentiments gegenüber Immigranten aus Ländern außerhalb der Sphäre westlicher Industrienationen zum Kern des Politikangebots von rechtspopulistischen Parteien. Die Ablehnung der Immigration in der Rhetorik und Programmatik dieser Parteien besteht ungeachtet der Tatsache, dass diese Ressentiments je nach Partei und Land unterschiedlich begründet werden können – entweder rassistisch-biologistisch, kulturalistisch oder ökonomisch-wohlfahrtschauvinistisch. Dies macht die Ablehnung der Immigration zum gemeinsamen Nenner der rechtspopulistischen Ressentiments. Auf der Nachfrageseite gehört eine derart verstandene Xenophobie nach verschiedenen Studien zu den wichtigsten Prädiktoren der Wahl rechtspopulistischer Parteien (Betz 1994: 69ff; Gabriel 1996: 87ff; van der Brug et al. 2000: 89ff; Ivarsflaten 2008: 14f). Es ist also mehr als plausibel, dass sich ein entsprechender Zusammenhang von Rechtswahl und xenophoben Einstellungen nachweisen lässt.

In Tab. 90 finden sich zunächst die mittleren Xenophobie-Werte der Wähler rechtspopulistischer Parteien, kontrastiert mit denen der Wähler anderer Parteien, auch aufgeschlüsselt nach den neun hier untersuchten Ländern. Sowohl im Schnitt aller Untersuchungsländer wie auch in denen der einzelnen Staaten weisen die Wähler der Rechtspopulisten deutlich überproportionale Xenophobie-Werte auf. Im Mittel liegen sie rund 21 % über dem des Schnitts aller Wähler. Die nationalen Xenophobie-Mittelwerte der rechtspopulistischen Elektorate variieren nur geringfügig um diesen Schnitt aller Untersuchungsländer. Der Befund ist insofern in Bezug auf die Untersuchungsländer eindeutig.

Tabelle 90: Xenophobie nach Wahlverhalten und Ländern

	AT		BE		CH		D		DK		F		I		NL		NO		Schnitt	
	$\bar{x}$	100	$\bar{x}$	100	$\bar{x}$	100	$\bar{x}$	100	$\bar{x}$	100	$\bar{x}$	100	$\bar{x}$	100	$\bar{x}$	100	$\bar{x}$	100	$\bar{x}$	100
Wähler rpop. Partei	6,61	**125**	6,57	**117**	5,93	**124**	6,95	**135**	6,71	**131**	6,60	**121**	6,53	**118**	6,21	**115**	6,47	**123**	6,39	**121**
Wähler anderer Partei	5,20	99	5,50	98	4,44	93	5,13	100	5,00	97	5,37	98	5,50	99	5,33	99	5,03	96	5,19	98
Alle Wähler	5,27	100	5,60	100	4,79	100	5,15	100	5,14	100	5,47	100	5,53	100	5,41	100	5,25	100	5,30	100

Quelle: ESS Cumulative File 2002-2004. Eigene Berechnung, gewichtet.

Aber auch hier ist es angebracht, den Blick auf die Wahrscheinlichkeit der Wahl einer derartigen Partei in Gruppen unterschiedlicher Höhe der Xenophobie-Werte zu analysieren. Hierzu wurden der Übersichtlichkeit halber wieder zehn Klassen gebildet, die jeweils die Xenophobie-Werte zwischen zwei Skalenpunkten erfassen. Entsprechende Balkendiagramme sind Abb. 13 zu entnehmen. Eine niedrige Fremdenfeindlichkeit geht demnach mit einer äußerst niedrigen Wahrscheinlichkeit der Wahl rechtspopulistischer Parteien einher. Bei Xenophobie-Werten zwischen null und zwei Skalenpunkten beträgt die Wahrscheinlichkeit noch nicht einmal zwei Prozent. Erst mit höheren Werten steigt auch diese Wahrscheinlichkeit, um in der Klasse von Skalenwerten zwischen neun und zehn den höchsten

Wert von 22 Prozent zu erreichen. Allerdings setzt im Bereich hoher Xenophobie-Werte auch ein gewisser Sättigungseffekt ein, die Wahlwahrscheinlichkeiten steigen hier nicht mehr so stark an. Insofern gibt die Kurve der logistischen Regression der Rechtswahl auf die Xenophobie, die ebenfalls in Abb. 13 abgetragen ist, mit ihren vorhergesagten Wahrscheinlichkeiten in diesem Bereich die tatsächlichen Wahlwahrscheinlichkeiten auch nur unzureichend wieder. Der generelle Trend ist jedoch einigermaßen gut durch sie erfasst.

Abbildung 13: Wahlwahrscheinlichkeit in Abhängigkeit der Xenophobie

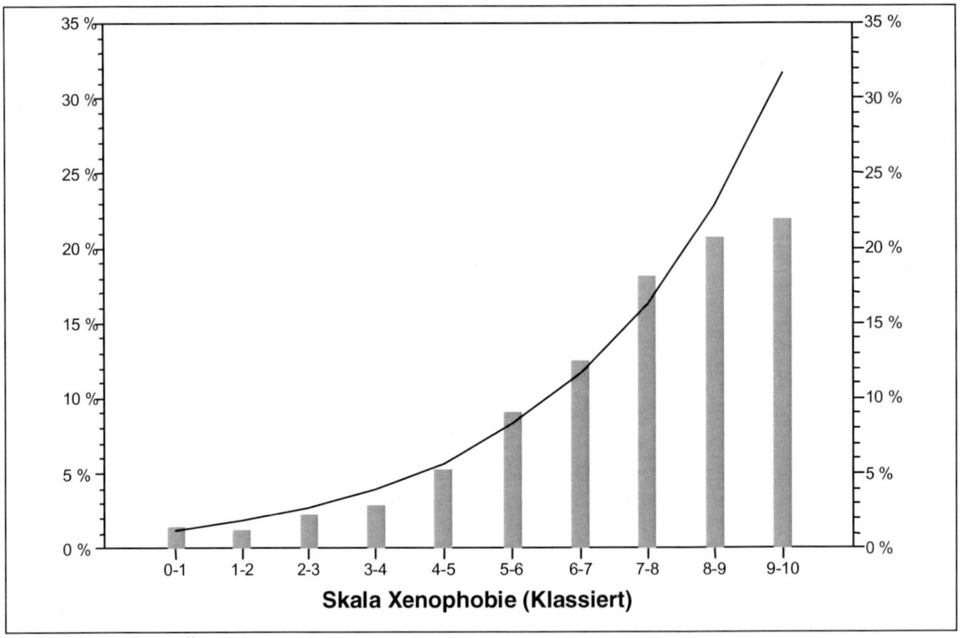

Quelle: Eigene Darstellung.

Die Parameter und Gütemaße dieser Regression finden sich als Modell M_1 auch in Tab. 91. Ausweislich des hochsignifikanten Effektkoeffizienten steigt die Chance, eine rechtspopulistische Partei zu wählen, mit jedem Anstieg der Fremdenfeindlichkeit um einen Skalenpunkt um ganze 50 %. Im Unterschied zu Menschen mit einem Xenophobie-Wert von 0, weisen die mit einem Wert von 10 also eine 57,7-mal (=1,50 hoch 10) höhere Chance der Wahl rechtspopulistischer Parteien auf. Auch ausweislich der für einen einzelnen Indikator relativ hohen Modellgüte mit einem Pseudo-R-Quadrat-Wert von 8,3 % handelt es sich hierbei um einen sehr bedeutenden Effekt. Dieser wird auch bei Berücksichtigung der Kontrollvariablen Geschlecht (M_2) und Alter (M_3) nicht wesentlich verändert. Das Geschlecht weist überdies den bekannten Effekt auf, dass Männer eher zur Wahl rechtspopulistischer Parteien neigen. Im Gegensatz zu den ansonsten bei alleiniger Kontrolle des Alters auftretenden insignifikanten Wirkungen dieser Kontrollvariable ist in Modell M_3 aber auch ein leicht signifikanter Effekt des Alters auf die Rechtswahl zu erkennen. Hält man also den Einfluss der Xenophobie auf die Wahl rechtspopulistischer Parteien konstant, so zeigt sich, dass dann jüngere Menschen – die durchschnittlich niedrigere Xenophobie-Werte aufweisen – in der Tat eher zur Wahl dieser Parteien neigen. Die Stärke des Effekts der Xenophobie geht jedoch zurück, wenn man den höchsten formalen Bildungsabschluss der Wähler statistisch kontrolliert, wie in Modell M$_4$ geschehen. Zu einem kleinen Teil ist die Wirkung der Xenophobie nur ein Scheinzusammenhang, der sich dadurch ergibt, dass Personen mit niedriger Bildung sowohl xenophober disponiert sind, wie auch eher zur Wahl rechtspopulistischer Parteien neigen. Schließlich arbeitet die Berücksichtigung der Untersuchungsländer in Modell M$_5$ die Wirkung der Xenophobie auf die Rechtswahl noch deutlicher heraus. Die unterschiedliche Höhe xenophober Einstellungen in den einzelnen Untersuchungsländern verdeckt also zum Teil die Stärke des Einflusses der Fremdenfeindlichkeit.

Tabelle 91: Einfluss der Xenophobie auf das Wahlverhalten

	M$_1$	M$_2$	M$_3$	M$_4$	M$_5$	M$_6$
Xenophobie (je Skalenpunkt)	1,50 ***	1,50 ***	1,50 ***	1,47 ***	1,60 ***	1,55 ***
Mann		1,22 ***				1,24 ***
Frau		0,82 ***				0,81 ***
Alter (je 10 Jahre)			0,96 *			0,91 ***
Pflichtschulabschluss ISCED 0/1/2				1,11 **		1,51 ***
Weiterf. Schulabschluss ISCED 3/4				1,30 ***		1,18 ***
Hochschulabschluss ISCED 5/6				0,69 ***		0,56 ***
Österreich					0,71 ***	0,59 ***
Belgien					1,27 ***	1,29 ***
Schweiz					6,01 ***	6,66 ***
Deutschland					0,11 ***	0,12 ***
Dänemark					1,26 ***	1,34 ***
Frankreich					1,01 n.s.	1,03 n.s.
Italien					0,37 ***	0,33 ***
Niederlande					1,32 ***	1,32 ***
Norwegen					2,63 ***	2,79 ***
Konstante	0,01 ***	0,01 ***	0,01 ***	0,01 ***	0,00 ***	0,01 ***
Nagelkerkes R-Quadrat in Prozent	8,3	9,0	8,4	9,2	19,0	21,1
AIC	12964	12891	12935	12824	11801	11502
BIC	12980	12915	12959	12856	11881	11614
Fallzahl n	22436	22424	22382	22388	22436	22327

Quelle: ESS Cumulative File 2002-2004. Eigene Berechnung, gewichtet. Ausgewiesen ist der Effektkoeffizient Exp(B) und das Signifikanzniveau (* p≤0,05; ** p≤0,01; *** p≤0,001; n.s. nicht signifikant).

Anhand von Gesamtmodell M$_6$ lässt sich abschließend die empirische Gültigkeit der in Abschnitt 2.5.2.2 aufgestellten Hypothese H13.2 überprüfen.

> H13.2: Je höher die Xenophobie einer Person, desto höher ist die Wahrscheinlichkeit, dass sie eine rechtspopulistische Partei wählt.

Ausweislich des hochsignifikanten Effektkoeffizienten von 1,55 kann in der Tat davon gesprochen werden, dass die Xenophobie einer Person die Chance, eine rechtspopulistische Partei zu wählen, in der Tat stark erhöht. Sie ist eine wichtige Determinante der Wahl derartiger Parteien. Das Geschlecht, das Alter, der Bildungsabschluss und das Untersuchungsland haben darüber hinaus eigenständige Effekte, die dem entsprechen, was bisher beobachtet wurde. Insofern kann Hypothese H13.2 als bestätigt gelten.

5.2.3 Autoritarismus

Autoritarismus gehört zu den klassischen Konstrukten, die zur Erklärung des Rechtsradikalismus im Allgemeinen und – als aktuelle Ausprägung – des Rechtspopulismus im Speziellen herangezogen werden. Viele Wissenschaftler bemühen dieses Syndrom von Persönlichkeits- und Einstellungsmustern, das sich insbesondere im rigiden Beharren auf Konventionen und Traditionen, in der bedingungslosen Unterwerfung unter Autoritäten und in der ausgeprägten Neigung zur Unterwerfung Schwächerer zeigt, zur Erklärung der Erfolge rechtspopulistischer Parteien (Ignazi 1992; Kitschelt 1995: 47ff; Minkenberg 2000: 182f; Kitschelt 2001: 427f; Lubbers 2001: 54ff; Ignazi 2006: 201ff; Scheuregger/Spier 2007). Einige empirische Studien haben nachgewiesen, dass Autoritarismus zu den wichtigsten Prädiktoren des individuellen Wahlverhaltens zugunsten rechtspopulistischer Parteien gehört (Mayer/Perrineau 1992: 130ff; Lubbers/Scheepers 2002: 132; Mayer 2005: 7f). Es soll daher untersucht werden, ob sich diese Befunde auch anhand der hier zugrunde gelegten Daten des European Social Survey bestätigen lassen.

Bei Betrachtung der Autoritarismus-Mittelwerte, die in Tab. 92 sowohl für alle Untersuchungsländer wie den Gesamtschnitt angegeben sind, zeigt sich, dass generell die Wähler rechtspopulistischer Parteien höhere Werte in dieser rechtsaffinen Einstellung aufweisen, als dies bei den Wählern der anderen Parteien der Fall ist. Im Vergleich zum Mittel aller Wähler fallen diese Werte rund sechs Prozent höher aus. Allerdings gibt es starke nationale Variationen. In Belgien und den Niederlanden sind beispielsweise nur leicht überdurchschnittliche Autoritarismus-Mittelwerte zu verzeichnen. In Deutschland sind die Wähler der rechtspopulistischen sogar weniger autoritär disponiert, als dies im Schnitt aller Wähler der Fall ist – was aufgrund der geringen Zahl von Wählern derartiger Parteien aber auch ein statistisches Artefakt sein kann. Hingegen weisen die Wähler der Rechtspopulisten in der Schweiz und insbesondere in Frankreich vergleichsweise hohe autoritäre Einstellungen auf. Bedenkt man, dass viele der empirischen Untersuchungen, die Autoritarismus als wichtige Determinante der Wahl rechtspopulistischer Parteien identifizieren, sich auf Frankreich beziehen, so kommen erste Zweifel auf, ob sich dieses Ergebnis auf alle hier untersuchten Länder übertragen lässt.

5 Erklärung der Modernisierungsverlierer-Effekte durch rechtsaffine Einstellungen

Tabelle 92: Autoritarismus nach Wahlverhalten und Ländern

	AT		BE		CH		D		DK		F		I		NL		NO		Schnitt	
	$\bar{x}$	100	$\bar{x}$	100	$\bar{x}$	100	$\bar{x}$	100	$\bar{x}$	100	$\bar{x}$	100	$\bar{x}$	100	$\bar{x}$	100	$\bar{x}$	100	$\bar{x}$	100
Wähler rpop. Partei	5,11	**107**	5,45	**102**	5,04	**112**	4,59	94	5,09	**106**	6,03	**117**	7,01	**106**	5,31	**102**	5,57	**106**	5,38	**106**
Wähler anderer Partei	4,78	100	5,31	100	4,35	96	4,90	100	4,77	99	5,10	99	6,62	100	5,17	100	5,19	99	5,06	99
Alle Wähler	4,80	100	5,32	100	4,52	100	4,89	100	4,80	100	5,18	100	6,63	100	5,19	100	5,24	100	5,09	100

Quelle: ESS Cumulative File 2002-2004. Eigene Berechnung, gewichtet.

Auch hier soll neben den Autoritarismus-Mittelwerten die Wahrscheinlichkeit der Wahl rechtspopulistischer Parteien in Gruppen unterschiedlich hoher Autoritarismus-Werte analysiert werden. Entsprechende Wahlwahrscheinlichkeiten sind für zehn Klassen als Balkendiagramme in Abb. 14 dargestellt. Demnach kann zwar von einer generellen Tendenz gesprochen werden, dass die Wahlwahrscheinlichkeit mit der Höhe des Autoritarismus zunimmt, diese steigende Tendenz ist jedoch nicht für alle Autoritarismus-Klassen zutreffend und die Steigung zudem nicht besonders stark ausgeprägt. In der Gruppe mit den niedrigsten Autoritarismus-Werten werden Rechtspopulisten immer noch mit 2,5 % Wahrscheinlichkeit gewählt, während die höchsten Werte mit einer Wahlwahrscheinlichkeit von gerade einmal etwas über 6 % einhergehen. Dennoch ist eine leicht steigende Tendenz zu verzeichnen, die sich auch in den durch die logistische Regressionskurve vorhergesagten und ebenfalls in Abb. 14 abgetragenen Wahlwahrscheinlichkeiten wiederspiegelt.

Abbildung 14: Wahlwahrscheinlichkeit in Abhängigkeit des Autoritarismus

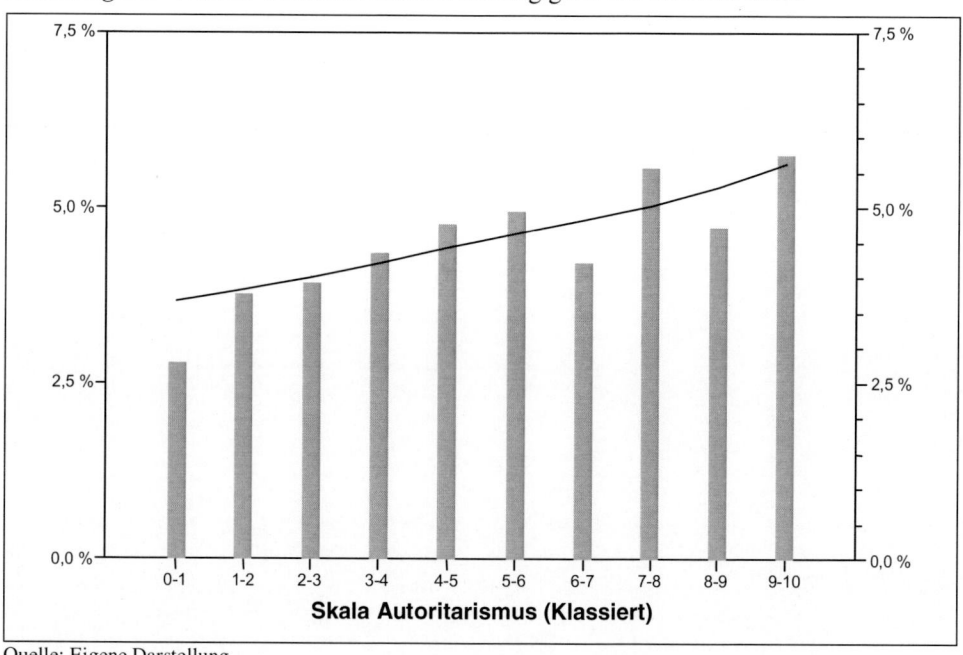

Quelle: Eigene Darstellung.

Die Parameter der Regression finden sich auch als Grundmodell M_1 in Tab. 93. Hiernach übt der Autoritarismus einen hochsignifikanten, aber im Vergleich zu den Effekten anderer

Einstellungen nur schwachen Einfluss auf die Wahl rechtspopulistischer Parteien aus. Um den Vergleich zwischen Wählern mit maximal hohen Autoritarismus-Werten und denen mit den minimalen Werten erneut zu bemühen: Erstere weisen eine gerade einmal 1,68-mal so hohe Chance auf, rechtspopulistische Parteien zu wählen, als dies bei letzteren der Fall ist. Dieser grundlegende Effekt verändert sich in der Höhe auch nur sehr geringfügig durch Kontrolle des Geschlechts (M_2) und des Alters (M_3). Wie wiederholt festgestellt, hat das Geschlecht einen eigenständigen Effekt auf die Wahl rechtspopulistischer Parteien, während der des Alters insignifikant bleibt. Bei Berücksichtigung der höchsten formalen Bildung der Wähler zeigt sich zudem, dass der Effekt des Autoritarismus zu einem guten Teil ein Scheinzusammenhang ist (M_4). Es ist – zumindest zu einem Teil – die formale Bildung, die sowohl höhere Autoritarismus-Werte bedingt als auch zur Rechtswahl disponiert. Lediglich die Kontrolle der Untersuchungsländer in Modell M_5 erhöht den direkten Effekt des Autoritarismus auf die Rechtswahl. Er wird zu einem Teil von den unterschiedlich hohen nationalen Niveaus dieser Einstellung und dem aus anderen Gründen unterschiedlich starken Abschneiden rechtspopulistischer Parteien in diesen Ländern verdeckt.

Tabelle 93: Einfluss des Autoritarismus auf das Wahlverhalten

	M_1	M_2	M_3	M_4	M_5	M_6
Autoritarismus (je Skalenpunkt)	1,05 ***	1,05 ***	1,06 ***	1,03 **	1,08 ***	1,06 ***
Mann		1,21 ***				1,23 ***
Frau		0,83 ***				0,81 ***
Alter (je 10 Jahre)			0,99 n.s.			0,93 ***
Pflichtschulabschluss ISCED 0/1/2				1,39 ***		1,84 ***
Weiterf. Schulabschluss ISCED 3/4				1,35 ***		1,24 ***
Hochschulabschluss ISCED 5/6				0,53 ***		0,44 ***
Österreich					0,72 ***	0,54 ***
Belgien					1,36 ***	1,38 ***
Schweiz					4,32 ***	5,08 ***
Deutschland					0,11 ***	0,12 ***
Dänemark					1,21 **	1,32 ***
Frankreich					1,10 n.s.	1,13 n.s.
Italien					0,54 ***	0,46 ***
Niederlande					1,27 ***	1,23 **
Norwegen					2,36 ***	2,64 ***
Konstante	0,08 ***	0,08 ***	0,08 ***	0,08 ***	0,05 ***	0,07 ***
Nagelkerkes R-Quadrat in Prozent	0,3	0,9	0,3	2,6	9,3	13,4
AIC	13957	13890	13934	13658	13006	12488
BIC	13973	13914	13958	13690	13086	12600
Fallzahl n	21841	21829	21787	21793	21841	21732

Quelle: ESS Cumulative File 2002-2004. Eigene Berechnung, gewichtet. Ausgewiesen ist der Effektkoeffizient Exp(B) und das Signifikanzniveau (* $p \leq 0,05$; ** $p \leq 0,01$; *** $p \leq 0,001$; n.s. nicht signifikant).

5 Erklärung der Modernisierungsverlierer-Effekte durch rechtsaffine Einstellungen 241

Die in Abschnitt 2.5.2.3 aufgestellte Hypothese H14.2 soll anhand des Gesamtmodells M_6 unter Berücksichtigung aller vier Kontrollvariablen abschließend einer empirischen Überprüfung zugeführt werden.

> H14.2: Je höher der Autoritarismus einer Person, desto höher ist die Wahrscheinlichkeit, dass sie eine rechtspopulistische Partei wählt.

In der Tat lässt sich immer noch ein hochsignifikanter Effekt des Autoritarismus auf die Wahl rechtspopulistischer Parteien feststellen, der in seiner Höhe in etwa dem des Ausgangsmodells entspricht. Die Absenkung des direkten Effekts durch Kontrolle der Bildungsvariablen wird dabei infolge der Erhöhung desselben durch Kontrolle der Untersuchungsländer weitgehend aufgehoben. Ein Einfluss des Autoritarismus auf die Rechtswahl ist also ohne Zweifel gegeben, allerdings im Vergleich zur politischen Unzufriedenheit und insbesondere zur Xenophobie sowohl im Hinblick auf die Effektstärke wie auch auf die Modellgüte nicht besonders ausgeprägt. Hypothese H14.2 lässt sich insofern durchaus bestätigen.

5.2.4 Misanthropie

Dass ein generelles Misstrauen bzw. eine Feindschaft gegenüber Menschen zu den Determinanten der Wahl rechtspopulistischer Parteien gehören könnte, ist bisher nur von wenigen Wissenschaftlern systematisch erforscht worden (Heitmeyer 2002b; Norris 2005; Scheuregger/Spier 2007). Zumeist wird zu Erfassung dieses Konstrukts auf die Misanthropie-Skala von Rosenberg (1956; 1957a) zurückgegriffen, die eine enge Verwandtschaft mit Autoritarismus-Skalen aufweist und in den letzten Jahren insbesondere durch ihre Verwendung im Rahmen der Debatte um das soziale Vertrauen bekannt geworden ist. Gerade das Forschungsdesiderat in diesem Bereich macht es interessant, die Wirksamkeit der Misanthropie auf die Wahl rechtspopulistischer Parteien auch in dieser Studie empirisch zu überprüfen. Dazu lohnt sich zunächst die rein deskriptive Betrachtung der Misanthropie-Mittelwerte, unterschieden nach Gruppen unterschiedlichen Wahlverhaltens und den neun Untersuchungsländern (Tab. 94). Im Schnitt dieser Länder weisen die Wähler rechtspopulistischer Parteien rund sechs Prozent höhere Misanthropie-Werte auf, als dies im Mittel aller Wähler der Fall ist. In den meisten Ländern ist die überproportionale Ausprägung misanthropischer Dispositionen bei den Wählern rechtspopulistischer Parteien noch weitaus deutlicher zu erkennen, etwa in Deutschland, Dänemark und Norwegen.

Tabelle 94: Misanthropie nach Wahlverhalten und Ländern

	AT		BE		CH		D		DK		F		I		NL		NO		Schnitt	
	$\bar{x}$	100	$\bar{x}$	100	$\bar{x}$	100	$\bar{x}$	100	$\bar{x}$	100	$\bar{x}$	100	$\bar{x}$	100	$\bar{x}$	100	$\bar{x}$	100	$\bar{x}$	100
Wähler rpop. Partei	6,18	**110**	6,45	**107**	5,43	**107**	7,19	**124**	4,92	**117**	6,51	**107**	6,76	**105**	5,99	**112**	5,17	**114**	5,69	**106**
Wähler anderer Partei	5,56	99	5,97	99	4,98	98	5,80	100	4,14	98	6,03	99	6,46	100	5,30	99	4,44	98	5,35	99
Alle Wähler	5,59	100	6,01	100	5,08	100	5,81	100	4,21	100	6,06	100	6,47	100	5,36	100	4,55	100	5,38	100

Quelle: ESS Cumulative File 2002-2004. Eigene Berechnung, gewichtet.

Untersucht man – umgekehrt – das Wahlverhalten in zehn Klassen unterschiedlich hoher Misanthropie-Werte, so ergibt sich das in Abb. 15 dargestellte Balkendiagramm. In der Tat steigt demnach die Wahrscheinlichkeit, eine rechtspopulistische Partei zu wählen, relativ systematisch mit dem Niveau der generalisierten Menschenfeindlichkeit an. Während Personen mit einem sehr geringen Misanthropie-Wert eine Wahlwahrscheinlichkeit von etwas mehr als 5 % aufweisen, steigt diese Wahrscheinlichkeit bis zu einem Maximum von fast 14 % bei maximaler Misanthropie an. Die ebenfalls in Abb. 15 abgetragene Kurve der logistischen Regression der Wahl rechtspopulistischer Parteien auf die Misanthropie erfasst den Verlauf der steigenden Wahlwahrscheinlichkeiten insofern recht gut.

Abbildung 15: Wahlwahrscheinlichkeit in Abhängigkeit der Misanthropie

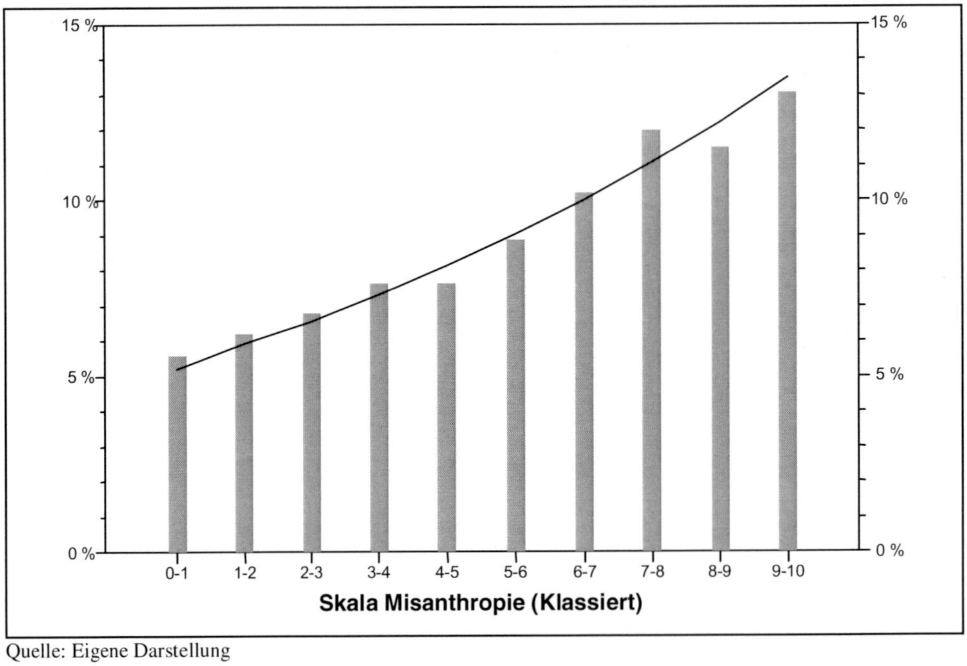

Quelle: Eigene Darstellung

Die entsprechenden Koeffizienten und Gütemaße der logistischen Regression des Wahlverhaltens zugunsten rechtspopulistischer Parteien auf die Misanthropie finden sich als Modell M_1 auch in Tab. 95. Misanthropie weist einen klar positiven und hochsignifikanten Effekt auf die Rechtswahl auf. Für jeden Skalenpunkt Steigerung der Werte generalisierter Menschenfeindlichkeit steigt die Chance, eine rechtspopulistische Partei zu wählen um rund zwölf Prozent. Eine Person mit dem maximalen Misanthropie-Wert in Höhe von zehn Skalenpunkten weist damit eine 3,1-mal (=1,12 hoch 10) höhere Wahlchance auf, als dies im Fall einer Person mit einem Wert von Null der Fall ist. Wie beim Autoritarismus verändert sich dieser Effekt auch nicht bei Kontrolle des Geschlechts (Modell M_2) und des Alters (Modell M_3), die überdies die bekannten eigenständigen Effekte auf die Rechtswahl aufweisen. Ebenfalls zeigt die Berücksichtigung der formalen Bildung in Modell M_4, dass der direkte Einfluss der Misanthropie im Grundmodell zu einem Teil ein Scheineffekt ist. Niedrige Bildung geht – wie auch in Abschnitt 5.1.4.2 gezeigt – mit erhöhten Misanthropie-

5 Erklärung der Modernisierungsverlierer-Effekte durch rechtsaffine Einstellungen 243

Werten einher und auch – wie in Kapitel 4 dargelegt – mit einer erhöhten Rechtswahl. Zu einem Teil steht also die Bildungsvariable hinter dem Einfluss der Misanthropie auf ein Wahlverhalten zugunsten rechtspopulistischer Parteien. Schließlich zeigt die Kontrolle der Untersuchungsländer in Modell M_5, dass die unterschiedlich hohen Ergebnisniveaus rechtspopulistischer Parteien in diesen dazu führen, dass der Effekt der Misanthropie im Grundmodell unterschätzt wird.

Tabelle 95: Einfluss der Misanthropie auf das Wahlverhalten

	M_1	M_2	M_3	M_4	M_5	M_6
Misanthropie (je Skalenpunkt)	1,12 ***	1,12 ***	1,12 ***	1,09 ***	1,29 ***	1,24 ***
Mann		1,20 ***				1,21 ***
Frau		0,83 ***				0,83 ***
Alter (je 10 Jahre)			1,02 n.s.			0,96 *
Pflichtschulabschluss ISCED 0/1/2				1,35 ***		1,77 ***
Weiterf. Schulabschluss ISCED 3/4				1,34 ***		1,24 ***
Hochschulabschluss ISCED 5/6				0,55 ***		0,46 ***
Österreich					0,69 ***	0,54 ***
Belgien					1,25 **	1,29 ***
Schweiz					4,78 ***	5,52 ***
Deutschland					0,10 ***	0,11 ***
Dänemark					1,64 ***	1,71 ***
Frankreich					0,99 n.s.	1,03 n.s.
Italien					0,35 ***	0,30 ***
Niederlande					1,36 ***	1,32 ***
Norwegen					3,13 ***	3,36 ***
Konstante	0,05 ***	0,05 ***	0,05 ***	0,05 ***	0,02 ***	0,02 ***
Nagelkerkes R-Quadrat in Prozent	0,7	1,3	0,7	2,8	11,8	15,3
AIC	13771	13708	13746	13499	22327	12146
BIC	13787	13732	13770	13531	12638	12258
Fallzahl n	22436	22424	22388	22388	22436	22327

Quelle: ESS Cumulative File 2002-2004. Eigene Berechnung, gewichtet. Ausgewiesen ist der Effektkoeffizient Exp(B) und das Signifikanzniveau (* p≤0,05; ** p≤0,01; *** p≤0,001; n.s. nicht signifikant).

Modell M_6 erlaubt abschließend die empirische Überprüfung der in Abschnitt 2.5.2.4 aufgestellten Hypothese H15.2.

> H15.2: Je höher die Misanthropie einer Person, desto höher ist die Wahrscheinlichkeit, dass sie eine rechtspopulistische Partei wählt.

Ausweislich eines Effektkoeffizienten von 1,24 gehen erhöhte Misanthropie-Werte tatsächlich mit höheren Wahrscheinlichkeiten einher, rechtspopulistische Parteien zu wählen. Dieser Effekt ist nicht nur hochsignifikant, sondern auch relativ stark. Er ist sowohl in der

Einflussstärke wie auch in der Güte des zugrundeliegenden Regressionsmodells in etwa vergleichbar mit dem Effekt der politischen Unzufriedenheit. Misanthropie besitzt damit eine deutlich höhere Erklärungskraft für das Wahlverhalten zugunsten rechtspopulistischer Parteien, als es etwa der Autoritarismus hat. Nur an die überragende Bedeutung der Xenophobie kommt dieser Indikator nicht heran.

5.2.5 Zusammenwirken der Einstellungsindikatoren

Im Anschluss an die Betrachtung der Wirkung der Einzelindikatoren rechtsaffiner Einstellungen soll nun in einem weiteren Schritt ihr Zusammenwirken relativ zueinander auf die abhängige Variable analysiert werden. Dazu sind in Tab. 96 die Ergebnisse von sechs logistischen Regressionen zu finden, die alle vier Einstellungen – auch unter Kontrolle von Geschlecht, Alter, formaler Bildung und Untersuchungsland – gleichzeitig berücksichtigen. Im Grundmodell M_1 zeigt sich bereits die überragende Bedeutung der Xenophobie für die Erklärung der Rechtswahl auf Ebene der Einstellungen. Hält man alle anderen Einstellungen konstant, so weist alleine die Fremdenfeindlichkeit einen hochsignifikanten Effektkoeffizienten von 1,46 auf. Alle anderen Einstellungsindikatoren bleiben in ihrer Wirkung deutlich hinter diesem Einflussfaktor zurück. Alleine die politische Unzufriedenheit weist mit einem Effektkoeffizienten von 1,06 überhaupt noch einen davon unabhängigen signifikanten Einfluss auf die Rechtswahl auf. Autoritarismus und Misanthropie sind hingegen in ihrer Wirkung nicht signifikant. Dieses Bild hält sich auch bei Kontrolle der Variablen Geschlecht (M_2), Alter (M_3) und formale Bildung (M_4), die nur sehr geringe Auswirkungen auf die Koeffizienten haben. Erst bei Kontrolle der Untersuchungsländer in Modell M_5 zeigt sich erneut, dass die Struktur der Untersuchungsländer einen Teil der Effekte der Einstellungsvariablen verdeckt. Sowohl die Stärke der Effekte der politischen Unzufriedenheit als auch die der Xenophobie steigen. Zudem nimmt insbesondere der Einfluss der Misanthropie zu, die nun einen hochsignifikanten Effektkoeffizienten in Höhe von 1,11 aufweist. Selbst der Autoritarismus weist einen schwachen, aber signifikanten Einfluss auf die Rechtswahl auf.

5 Erklärung der Modernisierungsverlierer-Effekte durch rechtsaffine Einstellungen

Tabelle 96: Einfluss der rechtsaffinen Einstellungen auf das Wahlverhalten

	M_1	M_2	M_3	M_4	M_5	M_6
Pol. Unzufriedenheit (je Skalenpunkt)	1,06 ***	1,08 ***	1,06 ***	1,06 ***	1,13 ***	1,13 ***
Xenophobie (je Skalenpunkt)	1,46 ***	1,46 ***	1,47 ***	1,44 ***	1,51 ***	1,47 ***
Autoritarismus (je Skalenpunkt)	1,00 n.s.	1,00 n.s.	1,00 n.s.	0,99 n.s.	1,03 *	1,03 *
Misanthropie (je Skalenpunkt)	0,99 n.s.	0,98 n.s.	0,99 n.s.	0,99 n.s.	1,11 ***	1,09 ***
Mann		1,23 ***				1,25 ***
Frau		0,81 ***				0,80 ***
Alter (je 10 Jahre)			0,97 *			0,99 ***
Pflichtschulabschluss ISCED 0/1/2				1,11 **		1,44 ***
Weiterf. Schulabschluss ISCED 3/4				1,31 ***		1,18 ***
Hochschulabschluss ISCED 5/6				0,69 ***		0,59 ***
Österreich					0,66 ***	0,57 ***
Belgien					1,17 *	1,20 *
Schweiz					6,62 ***	7,19 ***
Deutschland					0,09 ***	0,10 ***
Dänemark					1,69 ***	1,73 ***
Frankreich					0,87 n.s.	0,90 n.s.
Italien					0,38 ***	0,35 ***
Niederlande					1,29 ***	1,29 ***
Norwegen					2,85 ***	2,92 ***
Konstante	0,01 ***	0,01 ***	0,01 ***	0,01 ***	0,00 ***	0,00 ***
Nagelkerkes R-Quadrat in Prozent	8,3	9,0	8,4	9,2	19,9	21,7
AIC	13103	13025	13075	12958	11829	11544
BIC	13143	13073	13123	13014	11933	11656
Fallzahl n	21841	21829	21787	21793	21841	21732

Quelle: ESS Cumulative File 2002-2004. Eigene Berechnung, gewichtet. Ausgewiesen ist der Effektkoeffizient Exp(B) und das Signifikanzniveau (* p≤0,05; ** p≤0,01; *** p≤0,001; n.s. nicht signifikant).

Anhand des Gesamtmodells M_6, das das Zusammenwirken aller vier Einstellungsindikatoren bei gleichzeitiger Berücksichtigung der vier Kontrollvariablen abbildet, lassen sich auch zwei der drei Hypothesen überprüfen, die das Zusammenspiel der allgemeinen politischen Unzufriedenheit mit den drei anderen inhaltlich präzisierten rechtsaffinen Einstellungen Xenophobie, Autoritarismus und Misanthropie betreffen.

H12.1: Politische Unzufriedenheit erhöht die Wahrscheinlichkeit, rechtspopulistische Parteien zu wählen, während dies bei Xenophobie, Autoritarismus und Misanthropie deutlich weniger stark der Fall ist („Reine" Protestwahl).

H12.2: Xenophobie, Autoritarismus und Misanthropie erhöhen die Wahrscheinlichkeit, rechtspopulistische Parteien zu wählen, während dies bei politischer Unzufriedenheit deutlich weniger stark der Fall ist (Ideologische Bekenntniswahl).

Die Hypothesen H12.1 und H12.2 schließen sich zunächst einmal schon theoretisch gegenseitig aus, was allerdings nicht bedeutet, dass die Falsifizierung der einen die Verifizierung der anderen nach sich zieht. Klar ablehnen lässt sich die These der „reinen Protestwahl": Politische Unzufriedenheit spielt zwar eine Rolle bei der Wahl rechtspopulistischer Parteien, wie der hochsignifikante Effektkoeffizient von 1,13 zeigt, jedoch bleibt ihr Einfluss weit hinter dem der Xenophobie zurück. Die Fremdenfeindlichkeit ist der stärkste Prädiktor der Rechtswahl. Darüber weist selbst die Misanthropie mit einem hochsignifikanten Effektkoeffizienten in Höhe von 1,09 einen mit der politischen Unzufriedenheit vergleichbaren Einfluss auf das Wahlverhalten auf. Selbst wenn der Autoritarismus mit einem nur schwach signifikanten Effekt deutlich hinter dem Einfluss der politischen Unzufriedenheit zurückbleibt, lässt sich jedoch nicht sagen, dass politische Unzufriedenheit in der hier untersuchten Riege von Einstellungsindikatoren eine überragende Rolle spielen würde. Hypothese H12.1 muss daher falsifiziert werden. Von einer „reinen" Protestwahl kann in diesem Sinne bei der Wahl rechtspopulistischer Parteien nicht gesprochen werden. In jedem Fall spielen xenophobe und misanthropische Einstellungen auch eine Rolle. Andererseits lässt sich anhand derselben Koeffizienten auch zeigen, dass es nicht allein die drei Einstellungen Xenophobie, Autoritarismus und Misanthropie sind, die die Rechtswahl maßgeblich beeinflussen. Politische Unzufriedenheit ist die zweitwichtigste Determinante, übertroffen nur von der Fremdenfeindlichkeit. Hypothese H12.2 muss daher ebenfalls falsifiziert werden.

Ergänzend zur „reinen" Protestwahlthese und der These der ideologischen Bekenntniswahl wird in der Literatur auch häufig das sogenannte Interaktionsmodell vertreten, nach dem inhaltliche Dispositionen mit politischer Unzufriedenheit zusammenkommen müssen, um eine nennenswerte Wirkung auf die Wahl rechtspopulistischer Parteien zu entfalten (Falter/Klein 1994: 136ff; Klein/Falter 1996: 154ff; Arzheimer et al. 2001: 232ff; Lubbers/Scheepers 2002: 139). Die politische Unzufriedenheit wirkt hier wie ein Katalysator, der die rechte ideologische Disposition aktiviert und erst in dieser Verbindung in die Wahl entsprechender Parteien mündet. Die entsprechende Hypothese wurde wie folgt formuliert:

> H12.3: Xenophobie, Autoritarismus und Misanthropie erhöhen dann die Wahrscheinlichkeit, rechtspopulistische Parteien zu wählen, wenn politische Unzufriedenheit ebenfalls vorliegt (Interaktionsmodell).

Die empirische Überprüfung dieser Hypothese wirft zumindest drei methodische Probleme auf. Zunächst stellt sich die Frage, wie derartige Interaktionen in multivariaten Modellen getestet werden können. Üblicherweise werden Interaktionsterme in linearen Regressionsmodellen durch die Bildung des Produkts der Variablen modelliert, das dann zusätzlich zu den Hauptvariablen in der Regressionsrechnung berücksichtigt wird. Diese Vorgehensweise wurde im Fall von logistischen Regressionsmodellen in einer in der ZA-Information geführten Debatte kritisch diskutiert (Jagodzinski/Klein 1997, 1998; Kühnel 1998; Schumann/Hardt 1998). Hauptargument gegen eine solche Vorgehensweise ist, dass in einer logistischen Regression, die Haupteffekte schätzt, Interaktionseffekte bereits mitgeschätzt würden, da diese implizit im mathematischen Modell enthalten seien (Jagodzinski/Klein 1997, 1998). Insbesondere in der englischsprachigen Methodenliteratur wird hingegen – ohne ein explizites Eingehen auf diese Frage – davon ausgegangen, dass auch in logistischen Regressionsmodellen Interaktionseffekte durch multiplikative Terme modelliert werden können (Hosmer/Lemeshow 2000: 70ff; Jaccard 2001; Menard 2002: 61ff). Der Verfasser vermag in dieser methodischen Frage nicht die Richtigkeit der einen oder anderen Position einzuschätzen und hat sich daher entschieden, Interaktionseffekte durch multiplikative Terme zu modellieren. Es bleibt dabei die Gefahr eines falsch negativen Ergebnisses, dem Feststellen des Nichtvorliegens eines Interaktionseffekts, obwohl ein solcher gegeben ist.

Ein zweites methodisches Problem ergibt sich regelmäßig bei der Berücksichtigung von Interaktionseffekten in Regressionsmodellen. Da dem multiplikativen Interaktionsterm zwei ebenfalls in der Regression berücksichtigte Hauptvariablen zugrunde liegen, ist das Vorliegen von Multikollinearität sehr wahrscheinlich. Im Kontext der Berücksichtigung von Interaktionstermen in logistischen Regressionsmodellen soll dies der Methodenliteratur nach jedoch kein Problem sein, solange die Hauptvariablen nicht ihrerseits eine hohe Kollinearität aufweisen und kann ignoriert werden (Jaccard 2001: 65f). Schließlich müssen drittens die Stärken sowohl der Haupteffekte wie auch der Interaktionseffekte verglichen werden können, um deren relative Bedeutung ermessen zu können. Da den Einstellungen Skalen mit zehn Punkten zugrunde liegen, weist der multiplikative Term schon einhundert mögliche Punkte auf, was eine Standardisierung unvermeidlich macht. Zu diesem Zweck wurden die Variablen vor der Analyse z-standardisiert, indem von jedem Einzelwert der Mittelwert der Variable abgezogen und diese Differenz durch Standardabweichung dividiert wurde.

Zur Ermittlung signifikanter Interaktionseffekte wurde nach einer von Hosmer und Lemeshow (2000: 98f) vorgeschlagenen Prozedur verfahren: Zum Grundmodell mit allen Haupteffekten (hier auch die Effekte der Kontrollvariablen) wurden nacheinander die drei möglichen Interaktionsterme zwischen politischer Unzufriedenheit auf der einen und Xenophobie, Autoritarismus und Misanthropie auf der anderen Seite unter der Bedingung hinzugefügt, dass sie sich in einem Likelihood-Ratio-Test als signifikant erweisen. Diese Vorgehensweise ergab nur einen – schwach signifikanten – Interaktionseffekt zwischen Xenophobie und politischer Unzufriedenheit, der zudem negativ ausfällt.[56] Wenn Xenophobie und politische Unzufriedenheit zusammentreffen sinkt die Chance, eine rechtspopulistische Partei zu wählen, sogar noch. Ob dieser Befund angesichts seiner geringen Effektstärke und Signifikanz sehr belastbar ist, kann offen bleiben, denn es sind jedenfalls keine signifikanten positiven Interaktionseffekte zu beobachten, die nach Hypothese H12.3 vorliegen müssten. Insofern ist H12.3 zu falsifizieren. Die vier rechtsaffinen Einstellungen wirken weitgehend unabhängig voneinander auf die Wahl rechtspopulistischer Parteien ein. Dabei ist die Xenophobie von ihrer Effektstärke her besonders bedeutend, gefolgt erst in zweiter Linie von der politischen Unzufriedenheit und der Misanthropie. Die Wahl rechtspopulistischer Parteien ist demnach weder eine reine Protestwahl, noch eine reine ideologische Bekenntniswahl. Vielmehr führen mehrere, jeweils voneinander unabhängige Einstellungseffekte zur Wahl derartiger Parteien.

5.3 Gesamtmodell unter Einbeziehung der Einstellungen

Kommen wir nun zum dritten und abschließenden Schritt der Analyse rechtsaffiner Einstellungen und ihrer Wirkung auf die Beziehung zwischen Modernisierungsverlierer-Indikatoren und der Wahl rechtspopulistischer Parteien. Ziel dieses Abschnittes ist es, fest-

---

[56] Effektkoeffizient von 0,933. Auf die Darstellung aller Koeffizienten wird hier verzichtet.

zustellen, ob und, wenn ja, in welchem Ausmaß sich der Einfluss der Modernisierungsverlierer-Indikatoren auf die Rechtswahl über die vier hier berücksichtigten Einstellungen politische Unzufriedenheit, Xenophobie, Autoritarismus und Misanthropie vermittelt. Die Frage ist also, ob sich die Wahl derartiger Parteien über die folgende Kausalkette erklären lässt: Modernisierungsverlierer bilden rechtsaffine Einstellungen aus, die wiederum die Wahl rechtspopulistischer Parteien nahe legen. Alternativ könnte die soziale Lage eines Modernisierungsverlierers und rechtsaffine Einstellungen von Personen auch unabhängig voneinander jeweils die Wahrscheinlichkeit der Rechtswahl erhöhen. Geht man von Ersterem aus, so handelt es sich bei den vier rechtsaffinen Einstellungen um klassische intervenierende Variablen. Die Eigenschaft, Modernisierungsverlierer zu sein, ist in diesem Fall „nur" eine Beschreibung der Lage, in denen rechtsaffine Einstellungen besonders stark ausgebildet werden. Die unmittelbarere Ursache der Wahl rechtspopulistischer Parteien wären die rechtsaffinen Einstellungen selbst.

Die Wirkung der potentiell intervenierenden Einstellungsvariablen kann ebenfalls im Rahmen logistischer Regressionsmodelle überprüft werden. Dazu wird zunächst ein Grundmodell berechnet, das die sieben Modernisierungsverlierer-Indikatoren des umfassenden Modernisierungsverlierer-Modells[57] und die Kontrollvariablen enthält. Dann werden in weiteren Modellen die rechtsaffinen Einstellung zusätzlich berücksichtigt und die Auswirkungen dieser Berücksichtigung auf die Modernisierungsverlierer-Indikatoren im Vergleich zum Grundmodell interpretiert. Verschwindet der Effekt dieser Indikatoren, so kann man davon sprechen, dass sich die Wirkung der Modernisierungsverlierer-Indikatoren vollständig über die jeweiligen Einstellungen vermittelt. Geht ihr Effekt in Stärke und Signifikanz zurück, so kann immerhin davon gesprochen werden, dass sie sich teilweise über die entsprechenden Einstellungen vermitteln. So können die zu den vier rechtsaffinen Einstellungen in Abschnitt 2.5.2 formulierten Vermittlungshypothesen systematisch überprüft werden.

---

[57] Auch hier stellt sich wieder das Problem der Multikollinearität, das dazu zwingt, auf die Indikatoren der subjektiven Einkommensarmut und der sozioökonomischen Statusinkonsistenz zu verzichten.

5 Erklärung der Modernisierungsverlierer-Effekte durch rechtsaffine Einstellungen   249

Tabelle 97: Auswirkungen der rechtsaffinen Einstellungen auf das Gesamtmodell

	M_1		M_2		M_3		M_4		M_5		M_6	
Mann	1,21	***	1,24	***	1,22	***	1,21	***	1,19	***	1,23	***
Frau	0,83	***	0,81	***	0,82	***	0,83	***	0,84	***	0,82	***
Alter (in zehn Jahren)	0,94	**	0,95	**	0,92	***	0,93	***	0,96	*	0,93	***
Pflichtschulabschluss ISCED 0/1/2	1,55	***	1,47	***	1,33	***	1,52	***	1,48	***	1,28	***
Weiterf. Schulabschluss ISCED 3/4	1,21	***	1,20	***	1,16	***	1,21	***	1,20	***	1,16	***
Hochschulabschluss ISCED 5/6	0,54	***	0,57	***	0,65	***	0,54	***	0,56	***	0,68	***
Österreich	0,58	***	0,56	***	0,62	***	0,59	***	0,57	***	0,61	***
Belgien	1,32	***	1,33	***	1,23	**	1,31	***	1,22	**	1,20	*
Schweiz	5,18	***	5,90	***	6,80	***	5,32	***	5,57	***	7,43	***
Deutschland	0,11	***	0,10	***	0,11	***	0,11	***	0,10	***	0,10	***
Dänemark	1,22	**	1,61	***	1,23	**	1,23	**	1,50	***	1,58	***
Frankreich	1,11	n.s.	0,97	n.s.	0,95	n.s.	1,11	n.s.	0,98	n.s.	0,85	n.s.
Italien	0,49	***	0,46	***	0,41	***	0,46	***	0,41	***	0,37	***
Niederlande	1,31	***	1,31	***	1,36	***	1,31	***	1,35	***	1,36	***
Norwegen	2,58	***	2,57	***	2,62	***	2,56	***	3,04	***	2,78	***
Dienstklasse	0,81	*	0,83	*	0,88	n.s.	0,82	*	0,82	*	0,87	n.s.
Kleine Selbständige	1,10	n.s.	1,15	n.s.	1,15	n.s.	1,10	n.s.	1,12	n.s.	1,19	n.s.
Intermediäre Dienstleistungsberufe	0,86	n.s.	0,87	n.s.	0,89	n.s.	0,86	n.s.	0,86	n.s.	0,89	n.s.
Einfache Dienstleistungsberufe	1,12	n.s.	1,11	n.s.	1,07	n.s.	1,11	n.s.	1,11	n.s.	1,07	n.s.
Intermediäre Industrieberufe	1,41	***	1,38	***	1,39	***	1,41	***	1,40	***	1,37	***
Qualifizierte Industrieberufe	1,13	n.s.	1,11	n.s.	1,02	n.s.	1,12	n.s.	1,11	n.s.	1,01	n.s.
Einfache Industrieberufe	1,18	*	1,13	n.s.	1,14	n.s.	1,18	*	1,18	*	1,12	n.s.
Nicht-Beschäftigte	0,62	***	0,63	**	0,64	**	0,62	***	0,62	***	0,65	**
Soziöök. Status (je zehn Punkte)	0,91	**	0,91	*	0,92	*	0,91	*	0,91	**	0,92	*
Sozialprestige (je zehn Punkte)	0,99	n.s.	0,99	n.s.	1,01	n.s.	0,99	n.s.	1,00	n.s.	1,01	n.s.
Arm (bis 40 %)	0,93	n.s.	0,91	n.s.	0,90	n.s.	0,92	n.s.	0,92	n.s.	0,88	n.s.
Armutsgefährdet (40-60 %)	1,19	n.s.	1,18	n.s.	1,15	n.s.	1,19	n.s.	1,18	n.s.	1,15	n.s.
Bescheidener Wohlstand (60-120 %)	0,93	n.s.	0,93	n.s.	0,92	n.s.	0,93	n.s.	0,93	n.s.	0,92	n.s.
Gesicherter Wohlstand (120-200 %)	0,96	n.s.	0,97	n.s.	0,99	n.s.	0,97	n.s.	0,97	n.s.	1,00	n.s.
Reich (200 % und mehr)	0,95	n.s.	0,95	n.s.	0,99	n.s.	0,96	n.s.	0,96	n.s.	0,99	n.s.
Keine Einkommensangaben	1,07	n.s.	1,08	n.s.	1,07	n.s.	1,01	n.s.	1,07	n.s.	1,08	n.s.
Arbeitslosigkeit	1,16	*	1,13	n.s.	1,17	*	1,17	*	1,13	n.s.	1,15	*
Befristete Beschäftigung	0,99	n.s.	0,98	n.s.	1,02	n.s.	1,02	n.s.	0,99	n.s.	1,01	n.s.
Teilzeitbeschäftigung	1,04	n.s.	1,03	n.s.	1,05	n.s.	1,05	n.s.	1,05	n.s.	1,04	n.s.
Geringfügige Beschäftigung	0,88	*	0,88	*	0,89	*	0,89	*	0,88	*	0,88	*
Arbeitende Arme ("working poor")	0,95	n.s.	0,95	n.s.	0,97	n.s.	0,97	n.s.	0,96	n.s.	0,97	n.s.
Solo-Selbständigkeit	1,01	n.s.	1,00	n.s.	0,99	n.s.	0,99	n.s.	1,02	n.s.	0,99	n.s.
Soziale Exklusion	1,07	***	1,05	**	1,05	**	1,07	***	1,05	*	1,03	n.s.
Politische Unzufriedenheit			1,21	***							1,12	***
Xenophobie					1,53	***					1,47	***
Autoritarismus							1,04	***			1,02	n.s.
Misanthropie									1,21	***	1,08	***
Konstante	0,12	***	0,04	***	0,01	***	0,11	***	0,04	***	0,11	***

Nagelkerkes R-Quadrat in Prozent	15,6	17,4	22,4	15,7	17,0	23,3
AIC	10757	10581	10082	10746	10625	9997
BIC	11024	10856	10357	11022	10901	10296
Fallzahl n	19156	19156	19156	19156	19156	19156

Quelle: ESS Cumulative File 2002-2004. Eigene Berechnung, gewichtet. Ausgewiesen ist der Effektkoeffizient Exp(B) und das Signifikanzniveau (* p≤0,05; ** p≤0,01; *** p≤0,001; n.s. nicht signifikant).

Die Ergebnisse der entsprechenden Regressionsmodelle sind in Tab. 97 zusammengefasst. Dabei gibt das Grundmodell M_1 mit den Modernisierungsverlierer-Indikatoren und Kontrollvariablen den Stand wieder, der bereits in Kapitel 4 erarbeitet wurde. Allerdings ist das konkrete Modell aufgrund einer höheren Zahl fehlender Fälle nicht völlig identisch mit dem umfassenden Modernisierungsverlierer-Modell, das in Tab. 45 präsentiert wurde.[58] Daher kurz einige Informationen zu den Wirkungen der Modernisierungsverlierer-Indikatoren in diesem Grundmodell. Von der Klassenlage geht nur im Fall der intermediären und einfachen Industrieberufe ein signifikanter positiver Effekt auf die Wahl rechtspopulistischer Parteien aus. Negativ fällt hingegen der Effekt der Dienstklasse aus. Darüber hinaus ist der sozioökonomische Status für die Rechtswahl von Bedeutung. Je höher dieser ausfällt, umso geringer ist die Chance, eine rechtspopulistische Partei zu wählen. Das Sozialprestige und das objektive Einkommen spielen hingegen keine nennenswerte Rolle. Schwach signifikante Ergebnisse gehen überdies von der Arbeitslosigkeit (positiver Effekt) und der geringfügigen Beschäftigung (negativer Effekt) aus. Schließlich wirkt sich eine hohe soziale Exklusion der Befragten in einer nennenswerten Erhöhung der Chance, rechtspopulistische Partei zu wählen, aus.

5.3.1 *Berücksichtigung der politischen Unzufriedenheit im Gesamtmodell*

In Modell M_2 wird zusätzlich die Variable politische Unzufriedenheit berücksichtigt. Im Vergleich zum Grundmodell M_1 gehen dabei die Wirkungen aller signifikanten Modernisierungsverlierer-Indikatoren in ihrer Effektstärke zurück. Der negative Einfluss der Dienstklasse etwa reduziert sich um rund sieben Prozent, was in gleicher Höhe auch für den Rückgang des positiven Einflusses der intermediären Industrieberufe gilt.[59] Der negative Effekt der Nichtbeschäftigten geht auch in seiner Signifikanz merklich zurück. Dies gilt ebenfalls für den negativen Effekt des sozioökonomischen Status. Hier verliert der Einfluss – was die auf zwei Nachkommastellen gerundeten Koeffizienten leider nicht erkennen lassen – zwar nur rund zwei Prozent an Stärke, ist dann aber nur noch schwach signifikant. Auch der positive Einfluss der Arbeitslosigkeit auf die Rechtswahl geht um rund 16 % zurück und ist in Modell M_2 nicht mehr hoch signifikant. Bei der sozialen Exklusion beträgt der Rückgang sogar 24 %, der Koeffizient ist in diesem Fall ebenfalls nicht mehr hoch signifikant. Nimmt man alle acht in Modell M_1 signifikanten Effekte zusammen und er-

---

[58] Dies ist ein Effekt der fehlenden Autoritarismus-Items in der ersten ESS-Welle in Italien. Wie in Abschnitt 3.3.3.3 geschildert wird das Fehlen dieser ersten Welle dadurch ausgeglichen, dass die Befragten der zweiten Welle in Italien mit doppeltem Gewicht in die länderübergreifende Analyse eingehen.
[59] Die prozentualen Veränderungen wurden – auch im Folgendem – auf Basis der ungerundeten Koeffizienten berechnet und selbst auf ganze Prozente gerundet.

rechnet die durchschnittliche Stärkeabnahme, so kommt man auf ein Absinken um rund elf Prozent.

> H11.3: Die überdurchschnittliche Wahrscheinlichkeit von Modernisierungsverlierern, rechtspopulistische Parteien zu wählen, vermittelt sich über deren politische Unzufriedenheit.

Hypothese H11.3 kann damit nur teilweise bestätigt werden. In der Tat kann man sagen, dass Modernisierungsverlierer zum Teil deswegen zur Wahl rechtspopulistischer Parteien neigen, weil sie aufgrund der Deprivationsfaktoren in ihrer sozialen Lage politisch unzufriedener sind. Dies ist aber nur ein Teil der Erklärung. Unabhängig von diesem Vermittlungseffekt wählen Modernisierungsverlierer ohnehin rechtspopulistische Parteien mit einer erhöhten Wahrscheinlichkeit. Zudem unterstützen politisch unzufriedene Menschen – unabhängig von der Frage, ob sie als Modernisierungsverlierer zu identifizieren sind oder nicht – derartige Parteien überdurchschnittlich. Das heißt, dass alle drei Effekte eine Bedeutung für die Wahl rechtspopulistischer Parteien haben: Der direkte Effekt der Modernisierungsverlierer-Indikatoren, der direkte der politischen Unzufriedenheit und der indirekte Effekt der Modernisierungsverlierer-Indikatoren, der sich über die politische Unzufriedenheit vermittelt. Am stärksten scheint dieser indirekte Effekt noch im Fall von Arbeitslosigkeit und sozialer Exklusion zu sein. Hier gehen die entsprechenden Koeffizienten am stärksten zurück, wenn die politische Unzufriedenheit zusätzlich berücksichtigt wird. Bedenkt man, dass diese beiden Indikatoren auch zu den starken Prädiktoren politischer Unzufriedenheit gehören, so verwundert es wenig, dass sie am ehesten für den Vermittlereffekt verantwortlich sind.

5.3.2 Berücksichtigung der Xenophobie im Gesamtmodell

Mit einem durchschnittlichen Rückgang der signifikanten Indikatoren in Höhe von rund zwölf Prozent liegt der Vermittlungseffekt auch im Hinblick auf die Xenophobie (Modell M_3) in der Größenordnung, die zuvor für die politische Unzufriedenheit festgestellt wurde. Besonders stark ist der Rückgang der Effektstärke im Bereich der Klassenlage. Der negative Effekt der Dienstklasse geht um 33 % zurück und wird insignifikant, was genauso für die einfachen Industrieberufe zutrifft, die allerdings nur um 20 % in ihrem Effekt reduziert werden. Ein leichter Rückgang lässt sich ebenfalls im Bereich der intermediären Industrieberufe und der Befragten ohne Klassenzuordnung feststellen. Die der Rechtswahl entgegenstehende Wirkung eines hohen sozioökonomischen Status reduziert sich zudem um fünf Prozent und ist nur noch schwach signifikant. Interessanterweise nimmt der positive Effekt der Arbeitslosigkeit bei Berücksichtigung der Xenophobie noch zu. Die soziale Exklusion bestätigt hingegen den Vermittlungseffekt, indem sie in ihrem Effekt im Vergleich zum Grundmodell M_1 um 33 % zurückgeht.

> H13.3: Die überdurchschnittliche Wahrscheinlichkeit von Modernisierungsverlierern, rechtspopulistische Parteien zu wählen, vermittelt sich über deren Xenophobie.

Ähnlich wie bei der politischen Unzufriedenheit lässt sich deswegen die Hypothese H13.3 teilweise, aber auch nur teilweise bestätigen. In der Tat vermittelt sich ein Teil der Wirkung der Modernisierungsverlierer-Indikatoren über die Xenophobie. Wiederum ist es aber nur ein kleiner Teil der Gesamtwirkung. Überdies hat Xenophobie auch eine von ihren deprivationstheoretischen Determinanten unabhängige Wirkung auf die Wahl rechtspopulistischer Parteien. Die direkten Effekte der Modernisierungsverlierer-Indikatoren wie auch der Xenophobie sind in jedem Fall bedeutender als der Vermittlereffekt. Am ehesten ist ein indirekter Effekt der Modernisierungsverlierer-Indikatoren, der sich noch über die Xenophobie vermittelt, bei den Indikatoren der Klassenlage sowie bei der sozialen Exklusion zu verzeichnen.

5.3.3 Berücksichtigung des Autoritarismus im Gesamtmodell

Etwas anders sieht die zusätzliche Berücksichtigung des Autoritarismus in Modell M_4 aus. Es wurde bereits in Abschnitt 5.2.3 festgestellt, dass der Autoritarismus nur einen vergleichsweise schwachen Effekt auf die Wahl rechtspopulistischer Parteien hat. Dementsprechend verändert sich auch die Effektstärke der Modernisierungsverlierer-Indikatoren im Vergleich zum Grundmodell nur sehr geringfügig, wenn die Autoritarismus-Variable in das Regressionsmodell eingeführt wird. Die Koeffizienten verändern sich höchstens um ein Prozent. Lediglich beim Effekt der Arbeitslosigkeit ist wiederum ein nennenswerter Anstieg des positiven Effekts zu verzeichnen, der rund neun Prozent ausmacht.

> H14.3: Die überdurchschnittliche Wahrscheinlichkeit von Modernisierungsverlierern, rechtspopulistische Parteien zu wählen, vermittelt sich über deren Autoritarismus.

Hypothese H14.3 kann in diesem Fall tatsächlich falsifiziert werden. Ein nennenswerter Vermittlungseffekt der Modernisierungsverlierer-Indikatoren auf die Wahl rechtspopulistischer Parteien über den Autoritarismus ist nicht zu erkennen. Dies heißt nicht, dass es nicht auch einen eigenständigen Einfluss des Autoritarismus geben würde, dieser ist ja auch in Tab. 97 in Modell M_4 ausgewiesen, nur lässt er sich nicht deprivationstheoretisch erklären. Schon in Abschnitt 5.1.3.2 wurde festgestellt, dass Autoritarismus nur sehr bedingt durch die Modernisierungsverlierer-Indikatoren beeinflusst wird. Es kann also davon ausgegangen werden, dass andere Faktoren für die Ausbildung dieser Einstellung verantwortlich sind. Etwa im Sinne sozialisationstheoretischer Ansätze, die die Ursachen der Ausbildung autoritärer Dispositionen vor allem in der kindlichen und jugendlichen Entwicklung sehen. In den Kontext der Modernisierungsverlierer-Theorie passt der Indikator jedoch nicht wirklich, ist es in diesem Fall doch gerade nicht temporäre Deprivation, die zur Ausbildung derartiger Einstellungen führt, sondern eine dauerhafte Prägung in der Sozialisationsphase.

5.3.4 Berücksichtigung der Misanthropie im Gesamtmodell

Schließlich wird in Modell M_5 überprüft, inwiefern sich der Einfluss der Modernisierungsverlierer-Indikatoren auf die Wahl rechtspopulistischer Parteien über die Misanthropie vermittelt. Im Vergleich zu Grundmodell M_1 sind hier schon deutliche Veränderungen zu bemerken. Die Stärke der Effekte der bereits in M_1 signifikanten Indikatoren sinkt durchschnittlich um sieben Prozent. Besonders deutlich ist die Reduktion bei der sozialen Exklusion und der Arbeitslosigkeit. Hier geht die Effektstärke um 35 % bzw. 19 % zurück. Hingegen verändern sich die Einflüsse der Zugehörigkeit zu einzelnen Klassen nur ganz geringfügig durch die zusätzliche Berücksichtigung der Misanthropie, was im Übrigen auch für den Indikator des sozioökonomischen Status gilt.

> H15.3: Die überdurchschnittliche Wahrscheinlichkeit von Modernisierungsverlierern, rechtspopulistische Parteien zu wählen, vermittelt sich über deren Misanthropie.

Hypothese H15.3 lässt sich demgemäß auch nur teilweise bestätigen. Ähnlich wie bei der politischen Unzufriedenheit und der Xenophobie kann zwar ein gewisser indirekter Effekt der Modernisierungsverlierer-Indikatoren ausgemacht werden, der sich über die generalisierte Menschenfeindlichkeit vermittelt. Er ist insbesondere bei den Indikatoren der Arbeitslosigkeit und der sozialen Exklusion zu beobachten. Dieser Effekt ist aber bei weitem nicht so bedeutend wie die direkten Effekte der Modernisierungsverlierer-Indikatoren oder auch der der Misanthropie selbst.

5.3.5 Berücksichtigung aller Einstellungsindikatoren im Gesamtmodell

Über die Einzelthesen hinaus ist es auch von Interesse, wie die rechtsaffinen Einstellungen zusammen auf die Beziehung zwischen Modernisierungsverlierer-Indikatoren und dem Wahlverhalten zugunsten rechtspopulistischer Parteien einwirken. Rechtsaffine Einstellungen sind letztlich ein Syndrom unterschiedlicher Dispositionen, die – wie bereits in Abschnitt 5.2.5 gezeigt wurde – erst in ihrem Zusammenwirken die höchste Erklärungskraft bezüglich der Wahl rechtspopulistischer Parteien entfalten. In Tab. 97 findet sich als Modell M_6 eine logistische Regression, die zusätzlich zu den im Grundmodell M_1 enthaltenen Variablen alle vier rechtsaffinen Einstellungen gleichzeitig berücksichtigt. Dadurch nehmen die noch in Modell M_1 enthaltenen signifikanten Indikatoren in ihrer Wirkung durchschnittlich um 20 % ab. Besonders stark ist die Abnahme im Bereich der Zugehörigkeit zu den verschiedenen Berufsklassen. Insbesondere der negative Effekt der Dienstklasse, aber auch der positive der einfachen Industrieberufe werden insignifikant. Aber auch der positive Einfluss der Zugehörigkeit zur Klasse der intermediären Industrieberufe sowie der negative der Nicht-Beschäftigten gehen in Stärke und Signifikanz zurück. Die Reduktion des Effekts lässt sich auch bei den Indikatoren sozioökonomischer Status, Arbeitslosigkeit und geringfügige Beschäftigung beobachten, allerdings fällt hier die Effektabnahme nur im einstelligen Prozentbereich aus. Am stärksten wird durch die Einführungen der vier Einstellungsindikatoren der direkte Effekt der sozialen Exklusion tangiert. Er reduziert sich um fast 60 %.

Im Zusammenwirken der Einstellungen zeigt sich der Vermittlungseffekt also am deutlichsten. Der Einfluss der Modernisierungsverlierer-Indikatoren geht merklich zurück, sobald die Einstellungen im Regressionsmodell berücksichtigt werden. Dies gilt zumindest für die drei Dispositionen politische Unzufriedenheit, Xenophobie und Misanthropie, während Autoritarismus weder – wie in Abschnitt 5.3.3 gezeigt – als intervenierende Variable zwischen Modernisierungsverlierer-Indikatoren und dem Wahlverhalten gelten kann, noch in Modell M_6 einen eigenständigen signifikanten Effekt auf die Rechtswahl aufweist. Darüber hinaus bestehen aber direkte Effekte sowohl der Modernisierungsverlierer-Indikatoren wie auch der rechtsaffinen Einstellungen, die in ihrer Bedeutung sicherlich wichtiger sind, als es die indirekten Vermittlungseffekte sind. Abschließend bleibt daher die Frage zu diskutieren, wieso dies so ist. Zwei Möglichkeiten sind denkbar: Einerseits kann es sein, dass es ein Syndrom von rechtsaffinen Einstellungen gibt, das primär durch Deprivationszustände hervorgerufen wird und die Wahl rechtspopulistischer Parteien im Sinne der Modernisierungsverlierer-Theorie erklärt. In diesem Fall würden die vier hier untersuchten Einstellungsindikatoren das Syndrom nur unvollständig erfassen, denn im Fall ihrer Vollständigkeit müssten die Effekte der Modernisierungsverlierer-Indikatoren zur Gänze zurückgehen. Dass über politische Unzufriedenheit, Xenophobie, Autoritarismus und Misanthropie noch andere Ideologeme als Motiv der Wahl rechtspopulistischer Parteien eine Rolle spielen, ist zudem nicht unplausibel. Nationalismus, Antipluralismus, Rassismus, Ethnozentrismus, Antisemitismus, Heterophobie und Sexismus gehören ebenfalls zu den Ideologemen, die als Determinanten der Rechtswahl in der Literatur genannt und untersucht werden (vgl. nur Billiet/De Witte 1995; Meijerink et al. 1998; Heitmeyer 2002b; De Weerdt et al. 2004: 73ff).

Andererseits kann es sein, dass Modernisierungsverlierer auch aus anderen Gründen rechtspopulistische Parteien wählen und – unabhängig davon – Menschen mit rechtsaffinen Einstellungen zur Wahl dieser Parteien neigen. Diese Interpretation scheint dem Verfasser nicht so plausibel. Deprivationszustände setzen sich nicht direkt in ein Verhalten um, sie müssen zunächst Dispositionen und Werthaltungen begünstigen, die der entsprechenden Verhaltensweise vorgelagert sind. Dies spricht dafür, dass es in dieser Untersuchung nicht berücksichtigte Einstellungen und Persönlichkeitsmerkmale gibt, die zur Wahl rechtspopulistischer Parteien disponieren und ihrerseits vor allem durch Deprivationszustände hervorgerufen werden. Um die Erklärung der Modernisierungsverlierer-Theorie auf der Einstellungsebene zu vervollständigen, scheint es angebracht, weiterhin rechtsaffine Einstellungen zu suchen, die deprivationstheoretisch erklärt werden können und die Wahl rechtspopulistischer Parteien begünstigen.

6 Zusammenfassung und Forschungsausblick

Es bleibt, die vorliegende Studie mit einer Bilanz abzuschließen, die den Argumentationsgang der Arbeit komprimiert nachzeichnet sowie die Ergebnisse der einzelnen Arbeitsschritte präsentiert und diskutiert. Dies dient nicht nur der Zusammenfassung der Resultate, sondern soll auch Ausgangspunkt für weitere Überlegungen sein: Welche Konsequenzen hat ihr Ergebnis für die Deutung des Phänomens rechtspopulistischer Parteien? Lassen sich aus dem Resultat Schlussfolgerungen für den Umgang mit derartigen Parteien ableiten? Welche Forschungsdesiderate ergeben sich aus der Arbeit?

6.1 Rechtspopulistische Parteien und die „Proletarisierung" ihrer Elektorate

Anlass der Studie sind die fortgesetzten Erfolge rechtspopulistischer Parteien in den westeuropäischen Demokratien. Deren Parteiensysteme waren bis in die 1960er Jahre hinein ein markantes Beispiel für eine Stabilität des politischen Wettbewerbs, die sich einstellt, nachdem eine Anzahl von Parteien Wähler entlang dominanter politischer Konfliktlinien mobilisiert, Parteiorganisationen auf Massenbasis etabliert und die grundsätzliche Form des Parteienwettbewerbs damit vorstrukturiert hat (Lipset/Rokkan 1967: 50ff). Die Gründe, die für das „Auftauen" der „eingefrorenen" Parteiensysteme Westeuropas mit Beginn der 1970er Jahre gesorgt haben, sind vielfältig und können an dieser Stelle nicht weiter ausgeführt werden (vgl. etwa Dalton/Wattenberg 2000). Jedenfalls gelang es zumindest zwei neuen Parteienfamilien, der grün-alternativen und der rechtspopulistischen, in dieses System relativ starrer Konkurrenz einzubrechen und sich als elektorale Alternative anzubieten. Insbesondere die rechtspopulistischen Parteien konnten ihre Wahlergebnisse kontinuierlich ausbauen. Ausgehend von einer Phase der Marginalität in den späten 1970er Jahren konnten sie gerade im Verlauf der späten 1980er und frühen 1990er Jahre ihre elektorale Attraktivität erheblich erweitern. In den neun hier untersuchten Ländern stiegen die durchschnittlichen Stimmanteile von rund 5 % (1975) auf aktuell 14 % (2008). Und dies, obwohl es gerade in den Reihen rechtspopulistischer Parteien eine Anzahl von *flash parties* gab, die nur kurzzeitig reüssieren konnten und nach dem Verlust ihrer charismatischen Führungsfigur oder innerparteilichen Streitigkeiten von der politischen Bühne verschwanden.

Der kontinuierliche elektorale Aufstieg diese Parteienfamilie ist umso erstaunlicher, da dass sie auf eine recht heterogene Gruppe von Ursprungsformationen zurückgeht. Wie in Abschnitt 1.2 gezeigt werden konnte, lassen sich zumindest drei distinkte Ausgangspunkte identifizieren: Zunächst eine kleine Gruppe von originär populistischen, ideologisch aber kaum rechtsradikal zu nennenden Parteien insbesondere in Skandinavien, die sich vor allem dem Protest gegen Bürokratie und Wohlfahrtsstaat verschrieben hatten. Dann eine Reihe von Parteien, die dem ursprünglichen rechtsradikalen Milieu entstammten und versuchten, verschiedene Strömungen dieses Milieus zu sammeln, parteipolitisch zu organisieren und elektoral erfolgreich zu machen. Schließlich findet sich auch eine Gruppe von Parteien, die – zumindest zeitweilig – dem klassischen bürgerlichen Spektrum zuzuordnen waren und sich lange Zeit weder eines populistischen Politikstils noch einer rechtsradikalen Ideologie bedienten. Aufgrund einer konvergenten Entwicklung in der Phase ihres elektoralen Durchbruchs seit Mitte der 1980er Jahre bildete sich jenes Bild von rechtspopulistischen Parteien heraus, das heute prägend für die Parteienfamilie geworden ist: Ein aggressiver populistischer Politikstil, der sich inhaltlich durch die Ansprache bestimmter rechtsradikaler Ideologeme auszeichnet.

Auf diesem Bild baut die phänomenologische Definition des Rechtspopulismus auf, die in Abschnitt 1.1 zur Abgrenzung der Parteienfamilie entwickelt wurde. Nach dieser zeichnen sich die Parteien in erster Linie durch einen populistischen Politikstil aus, der sich insbesondere an vier Merkmalen festmachen lässt: Konstitutiv ist zunächst der Appell an das „Volk", einer imaginierten Gemeinschaft der „Aufrichtigen" und „Ehrlichen", für die eine Homogenität suggeriert wird, die tatsächliche soziale Differenzen und Interessenunterschiede leugnet. Das zweite Merkmal ist der Aufbau bestimmter Feindbilder, die in ein antagonistisches Verhältnis zum „Volk" gerückt werden. Hier lassen sich typischerweise zwei Dimensionen der Feindbilder unterscheiden. Einerseits werden auf der vertikalen Ebene Ressentiments gegenüber der etablierten Elite bemüht, die der Agitation der Rechtspopulisten zufolge korrupt, selbstsüchtig und nur am Machterhalt orientiert ist. Andererseits werden auf der horizontalen Ebene Ressentiments gegenüber sozialen, kulturellen, religiösen oder sprachlichen Minderheiten – zumeist Immigranten – angesprochen, die in der Vorstellung der Rechtspopulisten nicht zur Gemeinschaft des „Volkes" gehören. Ein drittes Merkmal des populistischen Politikstils ist der Fokus auf die charismatische Führerfigur, die zum Aushängeschild der Partei wird und mithilfe einer Reihe aufmerksamkeitserregender rhetorischer Stilmittel versucht, in ein möglichst direktes Verhältnis zum beschworenen „Volk" zu treten. Schließlich ist auch der bewegungsförmige Charakter dieser Parteien bezeichnend, der zwar kaum basisdemokratische Züge aufweist, aber eine tiefe Verwurzelung im „Volk" vortäuscht und die Abgrenzung von den etablierten Parteien möglich macht. Dieser populistische Politikstil, der sich – mal als kurzfristiges taktisches Instrument, mal als längerfristiges prägendes Charakteristikum – auch bei anderen Parteien und Bewegungen identifizieren lässt, wird im Fall der rechtspopulistischen Parteien durch eine Anzahl rechtsradikaler Ideologeme ergänzt und näher qualifiziert. Zu diesen Kerngedanken gehört der Nationalismus, der die beschworene Gemeinschaft des „Volkes" in den Kontext einer zumeist ethnisch verstandenen Nation stellt, diese moralisch überhöht und von anderen Gruppen abgrenzt. Eng verwoben ist damit die Xenophobie, die sich in Form der Agitation gegenüber Immigranten zeigt. Schließlich ist auch der Autoritarismus charakteristisch für das, was man als rechtspopulistische Ideologie bezeichnen könnte, und kommt vor allem in rigiden Ordnungsvorstellungen, traditionellen Rollenbildern und einem harten *law-and-order*-Kurs zum Ausdruck.

Für die so umrissene rechtspopulistische Parteienfamilie lässt sich spätestens seit den 1990er Jahren ein bedeutsamer Wandel in der Wählerstruktur dieser Formationen beobachten, der zum Ansatzpunkt für die vorliegende Studie wird: Den rechtspopulistischen Parteien gelang es in dieser Zeit, in sozial marginalisierte Bevölkerungssegmente vorzudringen, die zuvor zur traditionellen Klientel sozialdemokratischer, sozialistischer und kommunistischer Parteien gehörten. Besonders plakativ kam dies in den rapide ansteigenden Stimmanteilen der Rechtspopulisten in der Arbeiterschaft zum Ausdruck. Hans-Georg Betz (2001: 413f; 2002c: 258) spricht in diesem Zusammenhang von der „Proletarisierung" ihrer Elektorate, Herbert Kitschelt (2001: 435) identifiziert eine Entwicklung hin zu „postindustriellen Arbeiterparteien" und auch Minkenberg (2000: 184f) sieht in ihrem soziodemographischen Wählerprofil deutliche Parallelen zu dem der historischen Arbeiterparteien. Zur Erklärung dieses Wandels greift die Studie auf einen Ansatz zurück, der bereits im Kontext nationalsozialistischer Wahlerfolge in der späten Weimarer Republik entstand, später dann auf eine ganze Reihe anderer rechtsradikaler Phänomene angewandt und schließlich in der deutschen Diskussion über die Wahlerfolge der Republikaner als „Modernisierungsverlierer-Hypothese" bezeichnet wurde. Zentrale Fragestellung der Arbeit ist demzufolge, ob sich dieser Ansatz auf die Wählerschaft rechtspopulistischer Parteien übertragen und empirisch bestätigen lässt.

6.2 Die Modernisierungsverlierer-Theorie als Erklärungsansatz

Diese zentrale Fragestellung wurde in Abschnitt 1.3.1 in eine Reihe von Unterfragen aufgefächert. Ein erster Komplex von Fragen betrifft die Rekonstruktion der Modernisierungsverlierer-Theorie, die in der einschlägigen Forschung noch keine fest umrissenen Konturen angenommen hat. Welche theoretischen Fragmente lassen sich zu einer derartigen Theorie verdichten? Auf welchen Ebenen der Erklärung des Wahlverhaltens treffen sie Aussagen? Und wie lassen sich diese unterschiedlichen Aussageebenen miteinander verknüpfen? Hierzu wurde zunächst in theoretischer Auseinandersetzung mit drei Schulen der Wahlforschung in Abschnitt 2.1 eine grundsätzliche Unterscheidung von drei Ebenen erarbeitet, von denen ein Einfluss auf das Wahlverhalten prinzipiell ausgehen kann. Der mikrosoziologischen Tradition der Wahlforschung wurde der Grundgedanke entnommen, dass die soziale Lage einer Person ihre Wahlentscheidung maßgeblich beeinflusst (Lazarsfeld et al. 1944: 27). Der sozialpsychologische Ansatz der Wahlforschung (Campbell et al. 1954; Campbell et al. 1960) verschiebt hingegen den Fokus auf die Ebene der psychischen Dispositionen. Nach diesem sind die individuellen Einstellungen und Motivationen wahlentscheidend, ohne dass eine Wirkung der sozialen Lage bestritten würde, die sich nach diesem Ansatz aber nur indirekt über die Einstellungen in manifestes Wahlverhalten umsetzt. Schließlich wurde die makrosoziologische Tradition der Wahlforschung in Form der Cleavage-Theorie (Lipset/Rokkan 1967) bemüht und auf ihre Erkenntnis rekurriert, dass es der soziale Wandel in Form von Modernisierungsprozessen ist, der Personen in ähnlichen sozialen Lagen zu politischen Großgruppen formt und ihr kollektives Wahlverhalten prägt. Entscheidend ist dabei, dass die jeweiligen Grundgedanken, die Verortung von Determinanten des Wahlverhaltens auf den Ebenen der sozialen Lage, der psychischen Dispositionen und des sozialen Wandels, sich keinesfalls gegenseitig ausschließen. Ihnen kommt vielmehr die Funktion von „Scheinwerfern" (Popper 1973: 369ff) zu, die als Teiltheorien nur ausgewählte Aspekte beleuchten können, aber der Aufmerksamkeit des Forschers in Bezug auf den Erkenntnisgegenstand eine Richtung geben. Gerade in der Integration der Erklärungsansätze auf diesen drei Ebenen liegt ein Erkenntnisfortschritt, der ein vollständigeres Bild vom – um in der Popperschen Metapher zu bleiben – nun breiter ausgeleuchteten Ganzen erlaubt.

Auch wenn die herangezogenen drei allgemeinen Schulen der Wahlforschung keine unmittelbaren Entsprechungen im Feld der Erklärungsansätze für rechtsradikales Wahlverhalten finden, ist die getroffene Unterscheidung von drei Ebenen, aus denen heraus ein Einfluss auf das Wahlverhalten ausgehen kann, doch geeignet, die Vielzahl von theoretischen Ansätzen, die sich mit den Erfolgen historischer wie aktueller rechtsradikaler Parteien und Bewegungen beschäftigen, sinnvoll zu strukturieren. In Abschnitt 2.2.1 wurden zunächst die Theoriefragmente hervorgehoben, die Erklärungen für ein entsprechendes Wahlverhalten auf der Ebene der sozialen Lage suchen. Besonders typisch hierfür sind die Versuche, die Wahlerfolge der NSDAP in der späten Weimarer Republik schicht- und klassentheoretisch zu erklären, insbesondere deren Wähler in den unteren Segmenten der Mittelschicht zu verorten. Obwohl auch verschiedene rechtsradikale Parteien und Bewegungen der westeuropäischen Nachkriegsgeschichte Schwerpunkte in diesem Bevölkerungssegment aufwiesen, wurde gezeigt, dass es nicht die Zugehörigkeit zu einer bestimmten Klasse oder Schicht an sich ist, die einen Teil ihrer Mitglieder zur Unterstützung der jeweiligen Parteien bewegt, sondern vielmehr in diesen sozialen Lagen bestimmte Faktoren vorliegen müssen, die die Wahl derartiger Formationen wahrscheinlicher machen. Da es sich fast ausnahmslos um Zustände des allgemeinen Mangels an bzw. des tatsächlichen oder zumindest wahrgenommenen Entzugs von etwas Erwünschtem handelt, werden diese Mechanismen zumeist mit dem Oberbegriff der Deprivation erfasst. In der Literatur lassen sich ganz unterschiedliche Formen der Deprivation identifizieren, die ein Wahlverhalten zugunsten rechtsradikaler Parteien befördern sollen: Ein geringes Einkommen, eine hohe Einkommensunsicherheit, Arbeitslosigkeit und prekäre Arbeitsverhältnisse, Statusverluste sowie Statusängste sind Beispiele für derartige Deprivationsfaktoren.

Andere Theoriefragmente, das hat Abschnitt 2.2.2 gezeigt, sehen Einflüsse auf das Wahlverhalten zugunsten derartiger Parteien von der Ebene der psychischen Dispositionen ausgehen. Verschiedene Einstellungen und Persönlichkeitsmerkmale werden in diesem Kontext angeführt. Hierzu zählt nicht nur die Theorie der autoritären Persönlichkeit, die von der Existenz einer quasi pathologischen Persönlichkeitsstruktur ausgeht, die die Wahl rechtsradikaler Parteien wahrscheinlicher machen soll, sondern eine ganze Reihe von Ansätzen, die die Ursachen der Rechtswahl in rigiden und dogmatischen Denk- und Orientierungsmustern suchen. Weniger pathologisch angelegt sind die Theoriefragmente, die verschiedene Einstellungen für die Wahl rechtsradikaler Parteien verantwortlich machen. Neben einer allgemeinen politischen Unzufriedenheit wird in diesem Feld vor allem auf Einstellungen abgestellt, die Teil der rechtsradikalen Ideologie sind, beispielsweise Nationalismus, Antipluralismus, Rassismus, Ethnozentrismus, Xenophobie und Antisemitismus.

Schließlich werden die Ursachen für die Erfolge rechtsradikaler Parteien und Bewegungen auch auf der Ebene des sozialen Wandels ausgemacht (vgl. Abschnitt 2.2.3). So werden kurz- und mittelfristige ökonomische, soziale und politische Krisenerscheinungen genauso für das Erstarken derartiger Kräfte verantwortlich gemacht, wie der fortlaufende Prozess des sozialen Wandels, der zumeist mit dem Begriff der Modernisierung verbunden wird. Teilweise werden die verschiedenen Rechtsradikalismen als Gegenbewegungen zur Moderne mit ihren Anforderungen und Zumutungen aufgefasst, die dem Zustand der „Gleichzeitigkeit des Ungleichzeitigen" (Bloch 1962 [1935]) durch eine Flucht in Irrationalität und überkommene Traditionalität begegnen wollen. Schließlich lassen sich dieser Gruppe von Erklärungsansätzen auch jene Desintegrationstheorien zuordnen, die in der Desorganisation der Gesellschaft mit den daraus folgenden Bindungsverlusten und Verunsicherungen den Nährboden für rechtsradikale Parteien und Bewegungen sehen.

Es ist die These des Verfassers, dass der Topos des „Modernisierungsverlierers" sich auf das Zusammenspiel verschiedener Faktoren auf den drei skizzierten Ebenen der Erklärung des Wahlverhaltens zugunsten rechtsradikaler Parteien bezieht und insofern geeignet ist, als Leitbegriff für einen Ansatz zu dienen, der diese drei Ebenen miteinander verbindet.

6 Zusammenfassung und Forschungsausblick

Demnach sind es gesellschaftliche Modernisierungsprozesse auf der Ebene des sozialen Wandels, die auf der Ebene der sozialen Lage Gewinner und Verlierer hervorbringen. Die Deprivationserfahrungen in der Verlierergruppe setzen sich in bestimmte rechtsaffine Einstellungen auf der Ebene der psychischen Dispositionen um, was wiederum eine erhöhte Wahrscheinlichkeit mit sich bringt, rechtsradikale Parteien und Bewegungen zu unterstützen. Die so verstandene und rekonstruierte Modernisierungsverlierer-Theorie ist keine einfache Hypothese, weil sie Aussagen nicht nur über eine Ursachen-Wirkungsbeziehung macht, sondern mehrere Konstrukte und ihr Verhältnis zueinander beschreibt, mithin ein ausdifferenziertes System von Hypothesen darstellt, welches die Bezeichnung als Theorie nicht zu scheuen braucht. Sie ist überdies ein Versuch, die verschiedenen Ansätze zur Erklärung des Wahlverhaltens zugunsten rechtsradikaler Parteien zu integrieren und in eine umfassendere Theorie zu überführen.

Dass die Modernisierungsverlierer-Theorie geeignet ist, das Wahlverhalten zugunsten rechtspopulistischer Parteien zu erklären, wird schon deswegen vermutet, weil Modernisierungsverlierer in besonderer Weise von den sieben unterschiedenen Charakteristika dieser Parteien angesprochen werden dürften. Geht man davon aus, dass Modernisierungsverlierer sich tendenziell durch Unzufriedenheit, Ohnmachtsgefühle, Entfremdungs- und soziale Isolationserscheinungen auszeichnen, so dürfte der Appell an das oftmals romantisch überhöhte „Volk" ein Gefühl der Zugehörigkeit vermitteln und den Modernisierungsverlierern eine soziale Identität verschaffen. Die Abgrenzung gegenüber den verschiedenen Formen von Feindbildern bedient die politische Unzufriedenheit derartiger Personen, verstärkt noch das Gefühl der Zugehörigkeit zur Gemeinschaft des „Volkes" und spricht die latente Wut und Aggression von sich politisch ohnmächtig fühlenden Menschen an. Das Phänomen charismatischer Führerschaft entspricht einem Bedürfnis nach politischer Klarheit und Führung in den Reihen der Modernisierungsverlierer. Der Bewegungscharakter dieser Parteien erlaubt schließlich die Abgrenzung von den „Establishment-Parteien" und vermittelt das Gefühl, dass die Organisation aus dem beschworenen „Volk" hervorgegangen sei. Gerade auch die drei charakteristischen Ideologeme Nationalismus, Xenophobie und Autoritarismus dürften Modernisierungsverlierer ansprechen. Der Nationalismus ist gleich in zweierlei Hinsicht identitätspolitisch wirksam. Das Gefühl der Zugehörigkeit zur ethnisch verstandenen Nation stiftet Identität durch Inklusion, während die Abgrenzung gegenüber den Nicht-Zugehörigen dasselbe durch Exklusion bewirkt. Die Xenophobie ist eine Variation dieses Themas, auch hier wird Identität darüber vermittelt, dass die „Fremden" als nicht zum „Volk" zugehörig definiert werden. Schließlich korrespondiert der Autoritarismus mit der latenten Wut und Aggression frustrierter und ohnmächtiger Menschen.

6.3 Ein Untersuchungsmodell zur Überprüfung der Theorie

Im weiteren Verlauf der Studie wurde die Modernisierungsverlierer-Theorie in ein konkretes Untersuchungsmodell überführt, das die vier theoretischen Konstrukte „Modernisierung", „Modernisierungsverlierer", „rechtsaffine Einstellungsmuster" sowie „Wahl einer rechtspopulistischen Partei" umfasst. Dabei wurde in Abschnitt 2.3.3 gezeigt, dass es aufgrund der Mikro-Makro-Problematik der Sozialwissenschaften (Coleman 1987; Münch/Smelser 1987; Coleman 1990) schwierig ist, von der Makroebene (hier: Modernisierung) auf die Mikroebene (hier: Modernisierungsverlierer) zu schließen. Daher beschränkt sich die empirische Überprüfung der Theorie ganz auf die Beziehungen zwischen den Konstrukten auf der Mikroebene: Die Modernisierungsverlierer-Eigenschaft einer Person müsste demgemäß dafür sorgen, dass sie rechtsaffine Einstellungen entwickelt, die sie wiederum zur Wahl einer rechtspopulistischen Partei disponiert. Die Brückenhypothese, dass Modernisierung Modernisierungsverlierer hervorbringt, geht aber indirekt in die Untersuchung über die Auswahl der Modernisierungsverlierer-Indikatoren ein, die geeignet sein müssen, die Folgen aktueller Modernisierungsprozesse auf der Mikroebene zu erfassen. Das so formulierte Untersuchungsmodell wurde in Abschnitt 2.4 von einem erweiterten Modell der Wahl rechtspopulistischer Parteien abgegrenzt, dass auch Faktoren erfasst, die schon theoretisch nicht zum Erklärungsanspruch der Modernisierungsverlierer-Theorie gehören. Sie ist eine Theorie, die die Nachfrage nach rechtspopulistischen Parteien erklären kann, nicht jedoch die angebotsseitigen Faktoren und die politischen Rahmenbedingungen und Gelegenheitsstrukturen, die aber allesamt einen Einfluss auf den Erfolg oder den Misserfolg einer solchen Formation haben. Derartige Erfolgsbedingungen rechtspopulistischer Parteien wurden ebenfalls nicht weiter empirisch überprüft, wohl aber indirekt darüber berücksichtigt, dass in den empirischen Analysen eine Kontrollvariable eingesetzt wurde, die die national variierenden Erfolgsbedingungen in den verschiedenen Untersuchungsländern erfasst.

Das so skizzierte Untersuchungsmodell mit seinen theoretischen Konstrukten wurde anschließend auf konkrete Indikatoren heruntergebrochen und so operationalisiert. Der zweite Komplex von bereits in der Einleitung aufgeworfenen Unterfragen bezieht sich auf diesen Arbeitsschritt: Wie gestaltet sich die soziale Lage von Modernisierungsverlierern und welche Indikatoren lassen sich zur Operationalisierung der Modernisierungsverlierer-Eigenschaft heranziehen? Wie wirkt sich die Modernisierungsverlierer-Eigenschaft auf der Ebene psychischer Dispositionen aus und welche Indikatoren können zur Erfassung entsprechender rechtsaffiner Einstellungen fruchtbar gemacht werden? Wie kann überhaupt das Wahlverhalten zugunsten rechtspopulistischer Parteien in einer empirischen Untersuchung gemessen werden? Um mit der letzten Frage zu beginnen: Als abhängige Variable, die das Erklärungsobjekt der Untersuchung erfassen soll, wurde die Rückerinnerung an das Wahlverhalten bei der letzten nationalen Parlamentswahl herangezogen, wobei die Variable auf die Dichotomie „Wähler rechtspopulistischer Partei"/„Wähler einer anderen Partei" reduziert wurde. Hiermit sind zwei wichtige konzeptionelle Grundentscheidungen der Studie angesprochen: Untersucht wurde das reale Wahlverhalten, soweit sich die Befragten korrekt zurückerinnern, nicht etwa eine hypothetische Wahlabsicht. Darüber hinaus wurde das Elektorat rechtspopulistischer Parteien mit dem aller anderen Parteien kontrastiert, nicht jedoch mit den Nichtwählern, die möglicherweise zu einem gewissen Anteil auch als Modernisierungsverlierer zu qualifizieren sind.

Primäre unabhängige Variablen der Untersuchung waren die Modernisierungsverlierer-Indikatoren, von denen im Rahmen dieser Studie neun unterschiedliche Umsetzungen zur Anwendung gebracht wurden. Die einzelnen Indikatoren decken dabei unterschiedliche Inhalte, Formen und Aspekte der Deprivation ab. Als relativ grobes, kategoriales Konzept zur Erfassung von Deprivation wurde die Klassenlage genutzt, die Unterscheidungen zwischen typischen Berufsgruppen ermöglicht. Weiterhin konnte ein kontinuierliches Maß des sozioökonomischen Status eingesetzt werden, das soziale Ungleichheit über die Ressourcen Ausbildung, Beruf und Einkommen indiziert. Beide Indikatoren erfassen Deprivation absolut, d.h. unabhängig von einem erwünschten Zustand, und objektiv, d.h. unabhängig von

6 Zusammenfassung und Forschungsausblick

der subjektiven Wahrnehmung der betroffenen Personen. Relative Deprivationserfahrungen, bei denen ein wünschenswerter Zustand zum Maßstab der tatsächlichen sozialen Lage von Modernisierungsverlierern wird, wurden hingegen in der vorliegenden Studie durch einen Indikator sozioökonomischer Statusinkonsistenz operationalisiert. Der Erwartungshorizont wurde bei dieser Umsetzung durch den Status definiert, den man üblicherweise mit bestimmten Bildungszertifikaten erreichen kann. Positive oder negative Abweichungen des tatsächlichen Status von diesem Erwartungshorizont machen damit die Statusinkonsistenz aus. Alternative absolute Modernisierungsverlierer-Indikatoren waren zwei Konzepte, die das Einkommen betreffen. Einmal ein Maß objektiver Einkommensarmut, das sich auf konkrete Vermögensangaben stützt, andererseits aber auch ein subjektives Maß der Armut, das auf das Auskommen mit dem zur Verfügung stehenden Haushaltseinkommen abstellt. Schließlich kamen mit den Indikatoren Arbeitslosigkeit und prekäres Beschäftigungsverhältnis zwei Instrumente zur Anwendung, die direkt auf das Erwerbsleben als Grundlage für die Schaffung eines gewissen Lebensstandards rekurrieren. Doch nicht nur materielle Aspekte der Deprivation, die im Vordergrund der bisher genannten Indikatoren stehen, wurden in der vorliegenden Arbeit berücksichtigt. Mit dem Berufsprestige kam ein Maß für das über den Beruf vermittelte Ansehen von Personen zur Anwendung, das genauso immaterielle Bedürfnisse erfasst, wie dies bei der sozialen Exklusion der Fall ist. Letzteres Konzept wurde hier eng im Sinne von gesellschaftlicher Isolation verstanden, um es trennscharf von ökonomischen Deprivationskonzepten abzugrenzen.

Den vier in der Untersuchung herangezogenen Indikatoren für rechtsaffine Einstellungen kam die Funktion von intervenierenden Variablen zu, die der Modernisierungsverlierer-Theorie zufolge eine vermittelnde Rolle zwischen den Deprivationszuständen auf der Ebene der sozialen Lage und dem Erklärungsobjekt des Wahlverhaltens einnehmen. Die konkreten Indikatoren wurden ausgewählt, weil für sie in der Forschungsliteratur vertreten wird, dass sie zumindest auch durch Deprivation befördert werden. Wenn die jeweiligen Einstellungen aber durch Deprivationserfahrungen beeinflusst werden, die Einstellungen selber wiederum die Wahrscheinlichkeit erhöhen, eine rechtspopulistische Partei zu wählen, kann man über sie erklären, warum Modernisierungsverlierer derartige Parteien präferieren. Dafür wurde zunächst das Konzept der politischen Unzufriedenheit eingesetzt, das dem Charakter rechtspopulistischer Parteien als Anti-Establishment-Bewegungen gerecht werden soll. Darüber hinaus wurden die drei rechtsradikalen Ideologieelemente Xenophobie, Autoritarismus und Misanthropie konzeptionalisiert und in empirische Einstellungsskalen überführt. In ihrem Zusammenspiel erlaubten die vier Einstellungen auch eine Überprüfung von drei in der Diskussion befindlichen konkurrierenden Thesen, die die Wahl rechtspopulistischer Parteien einerseits als reine, also „unideologische" Protestwahl, andererseits als ideologische Bekenntniswahl qualifizieren, wobei eine vermittelnde Meinung davon ausgeht, dass sowohl Protest wie auch Ideologie zusammenkommen müssen, um die Wahrscheinlichkeit der Wahl derartiger Parteien nennenswert zu erhöhen.

Schließlich hat das Untersuchungsmodell noch vier soziodemographische Kontrollvariablen berücksichtigt. Von diesen wurde vermutet, dass sie ebenfalls einen Einfluss auf die abhängige Variable des Wahlverhaltens haben, ohne dass sie vom Erklärungsanspruch der Modernisierungsverlierer-Theorie erfasst würden. Dabei handelt es sich vor allem um relativ invariante Merkmale von Personen, wie das Geschlecht, das Alter sowie die formale Bildung, denen in der Forschungsliteratur ein gewisser Einfluss auf das Wahlverhalten zugunsten rechtspopulistischer Parteien zugesprochen wird. Zusätzlich wurde zur Kontrolle der Faktoren des erweiterten Untersuchungsmodells, die nicht von der Modernisierungsverlierer-Theorie erklärt werden können, eine Variable für das Untersuchungsland des Befragten aufgenommen. Diese sollte die national wirksamen institutionellen Ressourcen und Restriktionen, den nationalen politischen Wettbewerb sowie die politische Kultur des jeweiligen Landes repräsentieren. Die vier Kontrollvariablen wurden eingesetzt, weil sie die Wirkung der anderen, für die Modernisierungsverlierer-Theorie wichtigen Variablen eventuell abmildern oder überzeichnen könnten, was im empirischen Teil der Arbeit überprüft werden musste.

6.4 Die empirische Wirkung der Modernisierungsverlierer-Indikatoren

Die empirische Überprüfung der Modernisierungsverlierer-Theorie wurde in zwei Schritten vorgenommen, von denen der erste sich ausschließlich mit der Wirkung der Modernisierungsverlierer-Indikatoren auf das Wahlverhalten befasst hat. Für diesen Komplex wurden in der Einleitung zwei Untersuchungsfragen formuliert: Wie stark ist der Einfluss der Modernisierungsverlierer-Indikatoren einzeln und relativ zueinander? Welche Erklärungskraft weisen Modernisierungsverlierer-Modelle auf, die möglichst umfassend oder möglichst sparsam die unterschiedlichen Indikatoren kombinieren? Zunächst wurde der isolierte Einfluss der Modernisierungsverlierer-Indikatoren analysiert und eine Reihe von Hypothesen überprüft, die bereits in Abschnitt 2.5 aufgestellt worden waren.

Dabei ergab die Überprüfung der Wirkung der Klassenlage zunächst ein festes Muster der Unterstützung rechtspopulistischer Parteien in bestimmten Klassen, das praktisch in allen Untersuchungsländern zu beobachten ist. Insbesondere die Klassen der industriellen Berufe wählen überdurchschnittlich derartige Parteien, mit einem besonderen Schwerpunkt in der höchstqualifizierten Gruppe der intermediären Industrieberufe. Hingegen ist die Unterstützung in der klassischen Trägergruppe rechtsradikaler Parteien der Zwischen- und Nachkriegszeit, bei den kleinen Selbständigen, nicht mehr besonders stark, aber dennoch überproportional ausgeprägt. Die Angehörigen der Dienstklasse sowie die der intermediären Dienstleistungsberufe neigen nur deutlich unterdurchschnittlich zur Wahl rechtspopulistischer Parteien. Ein guter Teil des Effekts der Klassenlage auf das Wahlverhalten zugunsten dieser Parteien lässt sich allerdings über die unterschiedliche Verteilung des Geschlechts, des höchsten formalen Bildungsabschlusses und der spezifischen Gegebenheiten des jeweiligen Untersuchungslandes erklären. Es bleibt aber eine eigenständige Wirkung der Klassenlage, die zur Bestätigung von zumindest zwei Hypothesen führt: Unabhängig von allen vier Kontrollgrößen wählen Personen, die den industriellen Berufsklassen zugehören, rechtspopulistische Parteien disproportional häufig (H1.1), während die Mitglieder der Dienstklasse gerade nicht zur Unterstützung dieser Parteien neigen (H1.4). Falsifiziert wurde hingegen die These, dass kleine Selbständige eine besondere Tendenz zur Wahl rechtspopulistischer Parteien aufweisen (H1.3). Dies ist zwar auf der deskriptiven Ebene der Fall, liegt aber in der Tatsache begründet, dass diese Klasse überdurchschnittlich viele Männer aufweist und zudem gerade in den Ländern ausgeprägt ist, die aus landesspezifischen Gründen elektoral starke rechtspopulistische Parteien haben. Auch die Vermutung, dass es unabhängig vom Beschäftigungssektor gerade die niedrigqualifizierten Berufsklassen sind, die zu den Verlierern des Globalisierungsprozesses gehören und deswegen zur Wahl rechtspopulistischer Parteien neigen (H1.2), konnte nicht bestätigt werden. In der Tat fällt die Unterstützung durch industrielle Berufsklassen in den hochqualifizierten Segmenten sogar höher aus als in den einfacheren Tätigkeiten. Die einfachen Dienstleistungsberufe weisen zudem keine besondere Neigung zur Wahl derartiger Parteien auf. Rechtspopulistische Parteien sind in dieser Hinsicht tatsächlich „postindustrielle Arbeiterparteien", wobei sich dies nicht über einen niedrigen Qualifikationsgrad dieser Tätigkeiten erklären lässt, sondern mit sektoralen Effekten zusammenhängen muss, die nur die Industrieberufe betreffen.

Für den Indikator des sozioökonomischen Status wurde festgestellt, dass in der Tat in allen Untersuchungsländern der mittlere Status der Wähler rechtspopulistischer Parteien deutlich hinter dem der Wähler anderer Parteien zurückbleibt. Statusdeprivation ist ein durchaus sichtbares Merkmal rechtspopulistischer Elektorate. Die Regressionsmodelle haben überdies gezeigt, dass der Effekt des sozioökonomischen Status auf das Wahlverhalten zugunsten rechtspopulistischer Parteien weitgehend unabhängig ist von Geschlecht, Alter oder Untersuchungsland der Befragten. Lediglich die Bildung spielt in diesem Zusammenhang eine Rolle: Personen mit niedrigem Status haben zumeist auch ein niedriges Bildungsniveau, das – unabhängig von der Statusdeprivation – die Wahl rechtspopulistischer Parteien befördert. Dennoch verbleibt auch bei Berücksichtigung aller Kontrollgrößen ein signifikanter negativer Effekt des sozioökonomischen Status auf das Wahlverhalten zugunsten rechtspopulistischer Parteien, was Hypothese H2 grundsätzlich bestätigt: Je niedriger der sozioökonomische Status einer Person, desto höher ist die Wahrscheinlichkeit der Wahl einer derartigen Partei.

Der Indikator der sozioökonomischen Statusinkonsistenz sollte den Effekt relativer Deprivation auf das Wahlverhalten erfassen. Tatsächlich weisen die Wähler rechtspopulistischer Parteien in allen Ländern negative Statusinkonsistenz-Werte auf, sie bleiben also in ihrem sozioökonomischen Status hinter den Erwartungen zurück, die sie aufgrund ihres höchsten Bildungszertifikates haben konnten. Dies bestätigt sich auch in der Regressionsanalyse, die einen hochsignifikanten negativen Effekt der Statusinkonsistenz auf das Wahlverhalten ergibt. Dieser Effekt hält auch der Berücksichtigung aller Kontrollvariablen stand, was zur Verifizierung der korrespondierenden Hypothese H3 führte. Ein besonderer Effekt konterkariert jedoch einen Teil der Wirkung sozioökonomischer Statusinkonsistenz. Besonders negative Statusinkonsistenz-Werte können nach der hier verwendeten Operationalisierung nur bei formal hochgebildeten Personen auftreten, die Berufen mit einem sehr niedrigen Status nachgehen. Da ein hohes Bildungsniveau aber unabhängig von der Wirkung anderer Indikatoren eine geringe Tendenz zur Wahl rechtspopulistischer Parteien mit sich bringt, dämpft die hohe Bildung den Effekt der negativen Statusinkonsistenz ab. Ein ähnlicher Effekt konnte umgekehrt bei Personen mit einem niedrigen Bildungsniveau, aber einem statusträchtigen Beruf beobachtet werden. Auch hier gab es trotz der positiven Statusinkonsistenz eine gewisse Neigung zur Wahl rechtspopulistischer Parteien. Dies könnte der Grund dafür sein, dass die sozioökonomische Statusinkonsistenz als Maß relativer Deprivation das Wahlverhalten zugunsten rechtspopulistischer Parteien nur deutlich schlechter erklären kann, als dies beim absoluten Deprivationsmaß des sozioökonomischen Status der Fall ist.

Im Gegensatz zu den bisherigen Indikatoren sollte das hier eingesetzte Maß des sozialen Prestiges immaterielle Formen der Deprivation erfassen. Es konnte gezeigt werden, dass die Wählerschaft rechtspopulistischer Parteien in allen Untersuchungsländern durchschnittlich niedrigere soziale Ansehenswerte aufweist, als dies bei den Wählern der anderen Parteien der Fall ist. Auch die Regressionsanalysen ergaben einen negativen Effekt des sozialen Prestiges auf das Wahlverhalten zugunsten von rechtspopulistischen Parteien. Zwei der Kontrollvariabeln haben jedoch einen bedeutenden Einfluss auf den Zusammenhang zwischen Prestige und Wahlverhalten: Da niedrige Prestigewerte typischerweise mit einer niedrigen formalen Bildung und der daraus resultierenden Tendenz zur Wahl rechtspopulistischer Parteien einhergehen, verliert das soziale Prestige an Einfluss, sobald man diese Kontrollvariable berücksichtigt. Andererseits verstärkt die Kontrolle des Untersuchungslands noch den Zusammenhang zwischen Prestige und Wahlverhalten. Hypothese H4, die konstatiert, dass niedrige Prestigewerte eine erhöhte Wahrscheinlichkeit der Wahl rechtspopulistischer Parteien nach sich ziehen, lässt sich jedoch bestätigen. Aber auch hier zeigt sich, dass dieses immaterielle Maß der Deprivation in seiner Erklärungskraft hinter den materiellen Deprivationsformen, etwa der Klassenlage oder dem sozioökonomischen Status, zurückbleibt.

Für den Indikator der objektiven Einkommensarmut wurde das Instrumentarium der Armuts- und Reichtumsforschung eingesetzt, die Armutsgrenzen relativ zum sogenannten Median-Äquivalenzeinkommen definiert. Im Schnitt aller Untersuchungsländer ist zwar eine überdurchschnittliche Wahl rechtspopulistischer Parteien in der Gruppe der armen und armutsgefährdeten Personen zu beobachten, allerdings gilt dies nicht im strikten Sinne einer stetig zunehmenden Tendenz, je geringer das Einkommen einer derartigen Gruppe ausfällt. Zudem zeigt sich für Italien, dass es dort gerade umgekehrt eine höhere Tendenz zur Wahl rechtspopulistischer Parteien gibt, je reicher die jeweilige Einkommensgruppe ist. Die Regressionsanalysen konnten zudem zeigen, dass hinter der unterschiedlich starken Unterstützung derartiger Parteien in den Einkommensgruppen vor allem der formale Bildungsgrad steht. Kontrolliert man die Bildung, so werden fast alle Effekte der Einkommensgruppen insignifikant. Der Zusammenhang zwischen objektiven Einkommen und dem Wahlverhalten zugunsten rechtspopulistischer Parteien ist also größtenteils ein Scheinzusammenhang, für den die Bildung als eigentlich kausale Größe verantwortlich ist. Hypothese H5, nach der die Wahrscheinlichkeit der Wahl derartiger Formationen steigt, je niedriger das objektive Einkommen einer Person ausfällt, lässt sich jedenfalls nicht bestätigen. Hingegen konnte Hypothese H6 verifiziert werden: Die zweitärmste Gruppe der armutsgefährdeten Personen weist in der Tat einen signifikanten positiven Effekt auf die Rechtswahl auf. Das bedeutet, dass es gerade nicht die Einkommensärmsten, sondern Personen sind, die noch etwas zu verlieren haben, die besonders zur Wahl rechtspopulistischer Parteien neigen. Es ist nicht fernliegend, zu vermuten, dass in der Gruppe der armutsgefährdeten Personen Abstiegsängste und Zukunftssorgen virulent sind. Insofern erfasst das eigentlich als objektiver Deprivationsindikator konstruierte Instrument in dieser Ausprägung anscheinend eher subjektive Formen der Deprivation.

Explizit zur Erfassung derartiger Deprivationserfahrungen wurde das Instrument der subjektiven Einkommensarmut in dieser Studie herangezogen. Zwar konnte im Rahmen der deskriptiven Ergebnisse gezeigt werden, dass die Unterstützung rechtspopulistischer Parteien in den Bevölkerungsgruppen, die angeben, schlecht oder sehr schlecht mit den ihnen zur Verfügung stehenden Einkommen auszukommen, überdurchschnittlich hoch ist. Allerdings gilt dies nicht für alle Untersuchungsländer. In den Regressionsanalysen konnte zudem gezeigt werden, dass keine der hier definierten subjektiven Einkommensgruppen signifikante Effekte auf das Wahlverhalten zugunsten rechtspopulistischer Parteien aufweist, mögliche über- oder unterdurchschnittliche deskriptive Ergebnisse sich also nicht auf die

Grundgesamtheit der Wählerschaft der neun Untersuchungsländer übertragen lassen. Hypothese H7, nach der Personen umso eher zur Wahl rechtspopulistischer Parteien neigen, je schlechter sie glauben, mit dem ihnen zur Verfügung stehenden Haushaltseinkommen auszukommen, lässt sich daher nicht bestätigen.

Ähnlich wie die Klassenlage ist auch die Arbeitslosigkeit nur ein sehr grober Modernisierungsverlierer-Indikator, können mit ihr doch die unterschiedlichsten Formen der Deprivation verbunden sein. Dennoch – oder vielleicht gerade deswegen – lässt sich in der Tat für die neun untersuchten Länder ein überdurchschnittliches Wahlverhalten zugunsten rechtspopulistischer Parteien in dieser Bevölkerungsgruppe nachweisen. In den Regressionsanalysen wird die Variable Arbeitslosigkeit aber erst dann signifikant, wenn man das Untersuchungsland kontrolliert. Der Effekt der Arbeitslosigkeit auf die Rechtswahl wird also zu einem guten Teil dadurch unterdrückt, dass er gerade in den Ländern relativ schwach ausgeprägt ist, in denen wie im Beispiel der Schweiz aus anderen, länderspezifischen Gründen sehr günstige Bedingungen für rechtspopulistische Parteien bestehen, während der Effekt in Ländern wie Deutschland, die sehr ungünstige Bedingungen für diese Parteien aufweisen, gerade sehr ausgeprägt ist. Hypothese H8, die die Wahl derartiger Parteien durch Arbeitslose zum Gegenstand hat, konnte deswegen bestätigt werden, auch wenn sich die Erklärungskraft des Indikators als relativ gering erwies.

Der Analyse der Wirkung prekärer Beschäftigungsverhältnisse auf das Wahlverhalten zugunsten rechtspopulistischer Parteien lag die Überlegung zu Grunde, dass es vielleicht nicht so sehr die dichotome Unterscheidung von Erwerbsarbeit und Erwerbslosigkeit ist, die Folgen für das Wahlverhalten hat, sondern vielmehr ein Kontinuum der Arbeitsplatzsicherheit bzw. -unsicherheit besteht, auf dem die verschiedenen Formen prekärer Beschäftigung ebenfalls einen niedrigen Rang einnehmen und Deprivationserscheinungen nach sich ziehen können. Die Analyse konnte diese Vermutung jedoch nicht bestätigen. Auf der deskriptiven Ebene weist nur die Gruppe der *working poor* und die der Solo-Selbständigen eine leicht erhöhte Tendenz zur Wahl rechtspopulistischer Parteien auf. Diese Tendenz hält jedoch nicht der Überprüfung mittels Regressionsanalyse stand. Lediglich von der Gruppe der Teilzeitbeschäftigten geht demnach ein schwach signifikanter positiver Effekt auf das Wahlverhalten aus. Dieser kommt aber nur dann zustande, wenn man das Geschlecht der Befragten kontrolliert und so berücksichtigt, dass die überwiegend weiblichen Mitglieder dieser Gruppe aus theorieexternen Gründen derartige Parteien nur unterdurchschnittlich wählen. Mit Ausnahme der Teilzeitbeschäftigten mussten alle Hypothesen, die von prekären Beschäftigungsverhältnissen eine Wirkung auf die Wahl rechtspopulistischer Parteien ausgehen sehen, abgelehnt werden.

Schließlich wurde der Indikator der sozialen Exklusion zum Einsatz gebracht, um auch die Deprivation von sozialen Kontakten erfassen und ihre Auswirkungen untersuchen zu können. In der Tat ließ sich nachweisen, dass die Wähler rechtspopulistischer Parteien durchschnittlich sozial ausgeschlossener sind, als dies bei den Wählern anderer Parteien der Fall ist. Dies gilt für fast alle Untersuchungsländer, mit der interessanten Ausnahme Deutschlands, wobei hier auch ein statistischer „Ausreißer" vorliegen kann. In der Regressionsanalyse konnte ein hochsignifikanter Effekt der sozialen Exklusion auf das Wahlverhalten zugunsten rechtspopulistischer Parteien beobachtet werden, der jedoch insbesondere durch die Bildung und das Untersuchungsland der Befragten beeinflusst wird. Sozial ausgeschlossene Personen weisen in aller Regel auch einen niedrigen formalen Bildungsgrad auf, was den Effekt der sozialen Exklusion überbetont. Hingegen wird der Effekt sozialer

Exklusion auf die Rechtswahl zu einem guten Teil dadurch unterdrückt, dass er gerade in den Ländern relativ schwach ausgeprägt ist, in denen aus anderen, länderspezifischen Gründen sehr günstige Bedingungen für rechtspopulistische Parteien bestehen und umgekehrt. Hypothese H10 ließ sich jedoch eindeutig bestätigen. Sozial ausgeschlossene und isolierte Personen weisen eine erhöhte Wahrscheinlichkeit der Wahl derartiger Parteien auf.

Interessanter vielleicht noch als die isolierten Einflüsse der neun Modernisierungsverlierer-Indikatoren auf die Wahl rechtspopulistischer Parteien ist die Frage, wie sie sich relativ zueinander auf das Erklärungsobjekt auswirken. Immerhin wurden mit Indikatoren wie der Klassenlage oder der Arbeitslosigkeit relativ breite Konzepte bemüht, die kausal anderen Indikatoren, etwa dem Status oder dem Prestige, vorgelagert sein müssten. In der multivariaten Regressionsanalyse kann man überprüfen, welche Indikatoren tatsächlich einen Einfluss auf die Rechtswahl haben, und welche Indikatoren diese direkten Effekte nur indirekt repräsentieren. Für die multivariate Analyse mussten jedoch die zwei am wenigsten erklärungskräftigsten Indikatoren, die sozioökonomische Statusinkonsistenz sowie die subjektive Einkommensarmut zur Vermeidung von Multikollinearität fallen gelassen werden. Dieser Verlust scheint verkraftbar zu sein, stehen doch mit dem sozioökonomischen Status und der objektiven Einkommensarmut relativ verwandte Konzepte zur Verfügung, die sich zudem als erklärungskräftiger erwiesen haben.

Das multivariate Regressionsmodell, das die übrigen sieben Indikatoren sowie alle Kontrollvariablen berücksichtigt, erbrachte ein interessantes Ergebnis. Vergleicht man die standardisierten Regressionskoeffizienten, so erweist sich der sozioökonomische Status mit beachtlichem Abstand als der Indikator, der den stärksten Effekt auf die Wahl rechtspopulistischer Parteien hat. Gefolgt wird er vom Indikator der sozialen Exklusion. Mehrere Berufsklassen haben darüber hinaus eine signifikante Wirkung auf die Rechtswahl. Insbesondere die hochqualifizierten industriellen Berufsklassen neigen zur Wahl rechtspopulistischer Parteien, während die Nicht-Beschäftigten und die Dienstklasse einen negativen Effekt auf die Rechtswahl aufweisen. Schließlich geht überdies noch ein signifikanter positiver Einfluss von der Arbeitslosigkeit aus.

Für die Modernisierungsverlierer-Theorie bedeutet dies, dass zumindest zwei unterschiedliche Dimensionen der Deprivation wirksam sind. Einerseits eine materielle Dimension, die vor allem mit dem sozioökonomischen Status verbunden ist, darüber hinaus aber auch eine immaterielle Dimension, die in der sozialen Isolation begründet liegt. Der größte Teil der anderen Indikatoren ist nur Ausdruck dieser beiden Dimensionen. Die Zugehörigkeit zu bestimmten Tätigkeitsgruppen kann über diese materiellen und immateriellen Formen der Deprivation hinaus einen Einfluss auf die Wahl rechtspopulistischer Parteien haben. So liegen insbesondere in der Klasse der intermediären Industrieberufe Faktoren vor, die unabhängig von diesen beiden Deprivationsformen die Wahl derartiger Parteien begünstigen. Da gerade die Mitglieder der intermediären Industrieberufe Aufsichtsfunktionen in der Industrieproduktion übernehmen, könnte man vermuten, dass sie eventuell über diese Leitungsfunktionen autoritäre Einstellungen und Verhaltensweisen entwickeln, die die Wahl rechtspopulistischer Parteien wahrscheinlich machen. Für die Tendenz von Arbeitslosen zu einem Wahlverhalten zugunsten derartiger Parteien lässt sich aber vielleicht doch materielle Deprivation verantwortlich machen, obwohl sie prinzipiell in der multivariaten Analyse „herausgerechnet" wird: Bei allen über den Beruf vermittelten Indikatoren wurde im Rahmen dieser Studie im Fall der Arbeitslosigkeit auf den letzten ausgeübten Beruf abgestellt, gerade um den Arbeitslosigkeitsindikator nicht überflüssig zu machen. In der multivariaten Analyse haben Arbeitslose also einen möglicherweise nicht gerade geringen Statuswert, obwohl sie real depriviert sind. Hier erfasst also nur der Arbeitslosigkeitsindikator diese Deprivationsformen, was den eigenständigen Effekt erklären kann.

In diesem Kontext muss auch die Wirkung der Bildungsvariablen diskutiert werden. Grundsätzlich wurde sie als Kontrollvariable aufgefasst, die unabhängig von der Modernisierungsverlierer-Theorie eine Wirkung auf die Wahl rechtspopulistischer Parteien hat. Insbesondere eine niedrige Bildung im Sinne von Pflichtschulabschlüssen geht mit einer erhöhten Rechtswahlwahrscheinlichkeit einher, während Tertiärabschlüsse die Chance der Wahl derartiger Parteien signifikant senken. Die Kontrolle der Bildung hat aber im Kontext der isolierten Prüfung der einzelnen Modernisierungsverlierer-Indikatoren häufig gezeigt, dass sie zumindest zum Teil hinter den entsprechenden Wirkungen dieser Indikatoren auf die Rechtswahl steht. Man könnte daher argumentieren, dass die niedrige formale Bildung selbst ein Deprivationsfaktor ist. Dafür würde sprechen, dass eine geringe Bildung zur Ausübung vergleichsweise unqualifizierter Berufe führt, die nur einen geringen sozioökonomischen Status und ein geringes soziales Prestige aufweisen. Typischerweise wirken sich derartige Berufe auch negativ auf das Einkommen aus und erhöhen die Wahrscheinlichkeit, arbeitslos zu werden. Insofern kann man die Bildung selbst als Modernisierungsverlierer-Indikator auffassen oder zumindest als wesentliche Grundlage für das Vorliegen von Deprivationserscheinungen ansehen.

Abschließend wurde in Abschnitt 4.2.2 zur Ergänzung des umfassenden Modells noch ein sparsames Modernisierungsverlierer-Modell geprüft, das unter der Prämisse erstellt wurde, möglichst wenige, dafür aber erklärungskräftige Indikatoren zu enthalten. Der Grund für die Entwicklung eines derartigen Modells liegt in der wissenschaftstheoretischen Erkenntnis, dass sparsame Modelle mit einer geringeren Anzahl von Variablen einen höheren empirischen Gehalt aufweisen, als ein gleich erklärungskräftiges Modell, das mehr Variablen enthält. Dabei wurden in das entsprechende Regressionsmodell die Indikatoren schrittweise in der Reihenfolge ihrer Effektstärke eingeführt, wobei diese Prozedur abgebrochen wurde, sobald sich kein signifikanter Zuwachs an Erklärungskraft mehr ergab. In der Tat umfasst dieses sparsame Modell die vier bereits diskutierten wesentlichen Indikatoren, also den sozioökonomischen Status, die soziale Exklusion, die Klassenlage sowie die Arbeitslosigkeit. Allerdings erwies sich dieses sparsame Modell gegenüber dem umfassenden Modell als deutlich weniger erklärungskräftig, weswegen auch in den folgenden Arbeitsschritten das umfassende Modell genutzt wurde.

6.5 Die Erklärung der Wirkung auf der Ebene rechtsaffiner Einstellungen

Der zweite Teil der empirischen Überprüfung der Modernisierungsverlierer-Theorie widmete sich der Frage, welche Rolle die vier rechtsaffinen Einstellungen im Kontext der Wirkung der Modernisierungsverlierer-Indikatoren auf das Wahlverhalten zugunsten rechtspopulistischer Parteien einnehmen. Dieser Komplex wurde in der Einleitung bereits durch drei Unterfragen konkretisiert: Wird die Ausbildung rechtsaffiner Einstellungen durch die Modernisierungsverlierer-Indikatoren befördert? Welchen Einfluss haben die identifizierten rechtsaffinen Einstellungen einzeln und relativ zueinander auf das Wahlverhalten? Können sie erklären, warum Modernisierungsverlierer zur Wahl rechtspopulistischer Parteien neigen? Im Verlauf des Kapitels 5 wurden die Fragen in drei separaten Arbeitsschritten beantwortet.

Zunächst ging es um den grundlegenden Nachweis, dass die vier rechtsaffinen Einstellungen überhaupt durch Deprivation in Form der Modernisierungsverlierer-Indikatoren beeinflusst werden. Der Test der entsprechenden Hypothesen fiel recht niederschwellig aus, reichte doch in diesem Kontext nachzuweisen, dass zumindest einige der Modernisierungsverlierer-Indikatoren die Ausbildung der Einstellungen befördern. Und in der Tat ließen sich für alle vier Einstellungsindikatoren Deprivationseffekte nachweisen, wobei durchaus variierte, welche der Modernisierungsverlierer-Indikatoren jeweils Einflüsse zeitigten. Die politische Unzufriedenheit wird vor allem durch die Zugehörigkeit zu den industriellen Berufsklassen befördert. Aber auch ein geringer sozioökonomischer Status, die Zugehörigkeit zur Gruppe der Einkommensarmen, Arbeitslosigkeit und eine befristete bzw. Teilzeitbeschäftigung fördern die Verdrossenheit mit „der Politik" und „den Politikern". Darüber hinaus konnte auch ein hochsignifikanter Effekt der sozialen Exklusion auf die politische Unzufriedenheit nachgewiesen werden. Insgesamt stellt dies eine breite deprivationstheoretische Basis zur Erklärung der politischen Unzufriedenheit dar. Auch die Xenophobie wird durch verschiedene Modernisierungsverlierer-Indikatoren befördert. In diesem Fall sind es insbesondere die Klassenlage, das Sozialprestige, das objektive Einkommen und die soziale Exklusion, wobei bei der Klassenlage und dem objektiven Einkommen gerade einige Kategorien hochsignifikante negative Effekte auf die Xenophobie aufweisen, die zu den Modernisierungsgewinnern zu zählen sind (Dienstklasse, gesichert Wohlhabende, Reiche). Dies läuft aber im Endeffekt auf das gleiche Ergebnis hinaus. Im Bereich der Xenophobie ist vor allem der hochsignifikante positive Effekt einer niedrigen Bildung bemerkenswert, der ein weiteres Argument dafür ist, dass es sich hierbei auch um einen relevanten Deprivationsfaktor handelt. Vergleichsweise schlecht erklären lässt sich die Ausbildung des Autoritarismus durch die Modernisierungsverlierer-Indikatoren. Zwar haben das objektive Einkommen, der sozioökonomische Status und die soziale Exklusion Wirkung auf diese Einstellung, allerdings sind die Effekte allgemein schwach. Auch hier sorgt insbesondere die Bildung dafür, dass andere Modernisierungsverlierer-Indikatoren an hypothesenkonformem Einfluss verlieren, wenn sie kontrolliert wird. Im Übrigen kann nur vermutet werden, dass die Sozialisation in diesem Bereich doch eine größere Rolle spielt, als es neuere deprivationstheoretische Erklärungen der Ausbildung autoritärer Dispositionen vermuten lassen. Schlussendlich wird auch die Misanthropie zumindest durch eine kleine Anzahl von Deprivationsfaktoren befördert. Einerseits hat Arbeitslosigkeit einen hochsignifikanten positiven Effekt auf die Misanthropie, andererseits aber auch die soziale Exklusion. Überdies erweist sich der positive Einfluss der Zugehörigkeit zur Klasse der qualifizierten Industrieberufe als signifikant. Insgesamt kann daher resümiert werden, dass alle vier rechtsaffinen Einstellungen zumindest auch durch die Modernisierungsverlierer-Indikatoren beeinflusst werden. Dies gilt in besonderem Maße, wenn man die in allen vier Fällen sehr wirksame Bildung zu diesen zählt.

Der zweite Arbeitsschritt beschäftigte sich mit der Wirkung der vier rechtsaffinen Einstellungen auf das Wahlverhalten zugunsten rechtspopulistischer Parteien. Auch hier wurden zunächst die isolierten Effekte analysiert, um dann die Wirkung aller Einstellungen auf das Erklärungsobjekt relativ zueinander zu beurteilen. In der Einzelbetrachtung weisen zunächst alle vier Einstellungsindikatoren hochsignifikante positive Effekte auf die Wahl rechtspopulistischer Parteien auf. Am größten ist der Effekt der Xenophobie, mit einem

6 Zusammenfassung und Forschungsausblick

gewissen Abstand gefolgt von der politischen Unzufriedenheit und der Misanthropie, die beide annähernd gleich stark ein derartiges Wahlverhalten befördern. Die geringste Effektstärke weist der Autoritarismus auf – obwohl er immer noch hochsignifikant ist. Dieses grundsätzliche Muster des Einflusses bleibt auch erhalten, wenn man in einem multivariaten Modell alle vier rechtsaffinen Einstellungen gleichzeitig berücksichtigt. Natürlich geht in diesem Fall die Stärke des Einflusses der einzelnen Einstellungen jeweils zurück, im Fall des Autoritarismus ist er sogar nur noch schwach signifikant. Allerdings bleibt es dabei, dass alle vier Einstellungen ein Wahlverhalten zugunsten rechtspopulistischer Parteien befördern. Die in der Literatur diskutierten Thesen der reinen Protestwahl und der ideologischen Bekenntniswahl, die darauf abstellen, dass die Wahl rechtspopulistischer Parteien auf der Einstellungsebene entweder nur durch politische Unzufriedenheit oder nur durch rechtsradikale Einstellungen beeinflusst wird, mussten daher beide zurückgewiesen werden. Es sind sowohl politische Unzufriedenheit, als auch rechtsradikalen Einstellungen wie Xenophobie, Misanthropie und Autoritarismus, die die Rechtswahl befördern. Auch das sogenannte Interaktionsmodell trifft in seiner strengen Form, die besagt, dass die rechtsradikalen Einstellungen sich nur dann in einer erhöhten Wahrscheinlichkeit der Wahl rechtspopulistischer Parteien auswirken, wenn auch politische Unzufriedenheit vorliegt, nicht zu. Die Überprüfung möglicher Interaktionen zwischen der politischen Unzufriedenheit und den drei rechtsradikalen Einstellungen ergab nur einen sehr schwachen und zudem negativen Interaktionseffekt, der das Interaktionsmodell ebenfalls nicht bestätigen kann. Es führen auf der Ebene der psychischen Dispositionen also mehrere, jeweils voneinander unabhängige Einstellungseffekte zur Wahl derartiger Parteien.

Schließlich wurde in einem abschließenden Schritt untersucht, ob sich der Einfluss der Modernisierungsverlierer-Indikatoren tatsächlich über die rechtsaffinen Einstellungen vermittelt. Dies ist technisch dann vollständig der Fall, wenn in ein Regressionsmodell zusätzlich zu den Modernisierungsverlierer-Indikatoren die vier rechtsaffinen Einstellungen eingeführt werden und bewirken, dass die Modernisierungsverlierer-Indikatoren insignifikant werden, d.h. hinter die Wirkung der Einstellungen, die der Theorie nach ja durch sie bedingt werden, zurücktreten. Alternativ wurde ermittelt, um wieviel Prozent die Effektstärke der Modernisierungsverlierer-Indikatoren zurückgeht, wenn die rechtsaffinen Einstellungen in die Analyse genommen werden. Die Regressionsanalysen ergaben überwiegend nur einen teilweisen Rückgang der Effektstärken. Die politische Unzufriedenheit bewirkte etwa einen Rückgang um rund 11 %, die Xenophobie hingegen um 12 %. Für diese beiden Indikatoren lassen sich die Vermittlungshypothesen H11.3 und H13.3 dann auch nur teilweise bestätigen. Ein Rückgang der Modernisierungsverlierer-Effekte lässt sich auch bei Einführung der Misanthropie beobachten, er beträgt jedoch nur 7 % und kann daher auch nur zu einer sehr beschränkten Bestätigung der korrespondierenden Hypothese H15.3 führen. Zwar besteht in diesen drei Fällen die Wirkungskette Modernisierungsverlierer-Indikatoren → rechtsaffine Einstellungen → Wahl rechtspopulistischer Parteien. Dies ist jedoch nur ein Teil des Gesamteffekts, der im Übrigen aus direkten Effekten der Modernisierungsverlierer-Indikatoren und rechtsaffinen Einstellungen auf das Wahlverhalten besteht. Für den Autoritarismus ließ sich sogar dieser schwache indirekte Effekt nicht nachweisen, Hypothese H14.3 musste daher ganz zurückgewiesen werden. Führt man schließlich alle vier Einstellungsindikatoren gleichzeitig in das umfassende Modernisierungsverlierer-Modell ein, so reduzieren sich die entsprechenden Effektstärken um immerhin 20 %. Darüber hinaus bestehen aber direkte Effekte sowohl der Modernisierungsverlierer-Indikatoren wie auch der rechtsaffinen Einstellungen, die in ihrer Bedeutung sicherlich wichtiger sind, als es die indirekten Vermittlungseffekte sind.

Abschließend wurden daher die Konsequenzen dieses Ergebnisses für die Modernisierungsverlierer-Theorie diskutiert. Fest steht, dass die vier hier überprüften rechtsaffinen Einstellungsindikatoren nur zu einem Teil intervenierende Variablen zwischen den Modernisierungsverlierer-Indikatoren und der abhängigen Variable der Wahl rechtspopulistischer Parteien sind. Muss die Modernisierungsverlierer-Theorie zurückgewiesen werden, weil sich die Wirkung der Modernisierungsverlierer-Indikatoren nicht vollständig über die hier untersuchten Einstellungen vermittelt? Der Verfasser hat dies in letzter Konsequenz verneint, weil nicht alle möglichen Deprivationszustände und nicht alle möglichen rechtsaffinen Einstellungen im Rahmen dieser Arbeit tatsächlich empirisch umgesetzt wurden. Es ist gut möglich, dass die Berücksichtigung anderer Einstellungen, die zu einem rechtsradikalen Einstellungssyndrom gehören könnten, wie zum Beispiel Nationalismus, Antipluralismus, Rassismus, Ethnozentrismus, Antisemitismus, Heterophobie und Sexismus, einen deutlich stärkeren Rückgang der Effektstärken der Modernisierungsverlierer-Indikatoren bewirkt hätten. Überdies ist kaum vorstellbar, wie sich Deprivationszustände direkt in Wahlverhalten umsetzen sollten, sie müssen in jedem Fall zunächst Dispositionen und Werthaltungen begünstigen, die der hier untersuchten Verhaltensweise, der Wahl rechtspopulistischer Parteien, vorgelagert sind. In jedem Fall hat der Nachweis der teilweisen Vermittlung des Effekts der Modernisierungsverlierer-Indikatoren auf das Wahlverhalten durch die rechtsaffinen Einstellungen gezeigt, dass die Ebene der psychischen Dispositionen eine Rolle in der Modernisierungsverlierer-Theorie spielt.

6.6 Fazit und Forschungsdesiderate

Was bedeuten diese Forschungsergebnisse für die Gültigkeit der Modernisierungsverlierer-Theorie? Zunächst konnte empirisch bestätigt werden, dass verschiedene Modernisierungsverlierer-Indikatoren in der Tat die Wahl rechtspopulistischer Parteien positiv beeinflussen. Man kann zumindest zwei Dimensionen der Deprivation unterscheiden, die eine derartige Wirkung aufweisen. Einerseits eine materielle Dimension, die sich vor allem über den sozioökonomischen Status einer Person ergibt, andererseits eine immaterielle Dimension, die insbesondere in einem Ausschluss von sozialer Teilhabe im Sinne sozialer Exklusion besteht. Darüber hinaus sind in der Klasse der intermediären Industrieberufe und bei Arbeitslosen Faktoren gegeben, die zur Wahl rechtspopulistischer Parteien führen, ohne dass deren genauer Charakter hier abschließend geklärt werden konnte. Im Übrigen gilt, dass auch alle anderen hier untersuchten Modernisierungsverlierer-Gruppen mit Ausnahme einiger Formen prekärer Beschäftigung auf der deskriptiven Ebene überdurchschnittlich häufig rechtspopulistische Parteien wählen. Dieses überproportionale Abschneiden lässt sich aber entweder auf die genannten vier Indikatoren zurückführen oder ist Resultat verzerrender Effekte der vier Kontrollvariablen. Insbesondere die formale Bildung steht hinter manchem scheinbar bestehenden Einfluss einzelner Modernisierungsverlierer-Indikatoren. Wenn man diese aber selbst als Deprivationsfaktor auffasst, erhöht sich die Erklärungskraft der Modernisierungsverlierer-Theorie noch einmal deutlich.

Auf der Ebene der psychischen Dispositionen konnte zumindest gezeigt werden, dass sich in der Tat ein Teil der Effekte der Modernisierungsverlierer-Indikatoren über die rechtsaffinen Einstellungen vermittelt. Deprivationsfaktoren auf der Ebene der sozialen Lage setzen sich also in politische Unzufriedenheit, Xenophobie und Misanthropie um und bewirken darüber eine erhöhte Tendenz zur Wahl rechtspopulistischer Parteien. Dass es sich hierbei nur um einen Teileffekt handelt, wurde auf die unvollständige Spezifikation des Konzepts rechtsaffiner Einstellungen zurückgeführt. Insofern kann der Grundgedanke der Modernisierungsverlierer-Theorie bestätigt werden: Deprivation in der sozialen Lage von Modernisierungsverlierern führt zur Ausbildung rechtsaffiner Einstellungen, die wiederum die Wahrscheinlichkeit erhöhen, rechtspopulistische Parteien zu wählen. Die Modernisierungsverlierer-Theorie lässt sich also auf das Phänomen der Wahl rechtspopulistischer Parteien übertragen und empirisch bestätigen.

Eine andere Frage ist, wie wichtig die Modernisierungsverlierer-Theorie für die Erklärung der Wahlerfolge rechtspopulistischer Parteien im Vergleich zu anderen möglicherweise wirksamen Einflussfaktoren ist. Die verschiedenen Regressionsmodelle wiesen in aller Regel nur eine relativ moderate Erklärungskraft für das Wahlverhalten auf. Dabei muss jedoch bedacht werden, dass die Theorie nicht behauptet, das Phänomen vollständig zu erklären. Es geht ihr ausschließlich um die Nachfrageseite in einem politischen Wettbewerbsmodell. Sie kann erklären, warum Modernisierungsverlierer zur Wahl dieser Parteien neigen, nicht jedoch, ob rechtspopulistische Parteien durch ein wirksames Politikangebot diese potentiellen Wähler effektiv ansprechen können, ob andere Parteien über andere Angebote das Potential ebenfalls abschöpfen und – nicht zu letzt – ob auch die anderweitigen politischen Rahmenbedingungen und Gelegenheitsstrukturen für diese Parteien günstig sind. Mit anderen Worten lässt sich über die Modernisierungsverlierer-Theorie nicht erklären, ob es erfolgreiche rechtspopulistische Parteien in einem Land gibt, was der Theorie – wie in Abschnitt 2.3.2 erläutert – häufig vorgehalten wird. Diese Kritik geht aber am Erklärungsanspruch der Modernisierungsverlierer-Theorie vorbei. Modernisierungsverlierer stellen lediglich das Potential für die Erfolge solcher Parteien dar, sie sind jedoch keine Erfolgsgarantie.

Die Arbeit wirft deswegen eine ganze Reihe von Forschungsdesideraten auf. Das wichtigste dürfte sein, die Modernisierungsverlierer-Theorie als nachfrageseitige Komponente in den Kontext eines umfassenden Wettbewerbsmodells zu stellen und empirisch zu überprüfen. Nur so kann ermittelt werden, welchen relativen Stellenwert dieser nachfrageseitige Faktor für den Erfolg rechtspopulistischer Parteien hat. Sehr gute Ansätze zu so einem umfassenden Modell lassen sich bereits in der Forschungsliteratur ausmachen (Arzheimer/Carter 2006; Arzheimer 2008), allerdings bleibt aus Sicht der Ergebnisse dieser Arbeit zu wünschen, dass eine breitere Basis an Modernisierungsverlierer-Indikatoren zu diesem Zweck herangezogen wird. Darüber hinaus sollte die erwiesene Schwäche des hier spezifizierten Modells auf der Ebene der psychischen Dispositionen Anlass für weitere Forschung im Bereich rechtsaffiner Einstellungen sein. Zum rechtsradikalen Einstellungssyndrom gibt es bereits eine ganze Reihe umfassender Untersuchungen, die sich allzu häufig jedoch nur auf einzelne Länder beziehen. Insbesondere länderübergreifende Studien, die gleichzeitig eine Reihe von Modernisierungsverlierer-Indikatoren zur Erklärung der Ausbildung der Einstellungen berücksichtigen, sind jedoch kaum zu finden (vgl. aber De Weerdt et al. 2004, die jedoch nicht das Wahlverhalten in ihre Analyse einbeziehen).

Darüber hinaus haben Details der Untersuchung auch andere Forschungslücken aufgezeigt. Diese finden sich zunächst in den Reihen der Modernisierungsverlierer-Indikatoren. Die Klassenlage hat sich isoliert und im Zusammenspiel mit anderen Indikatoren als wichtiger Prädiktor der Rechtswahl erwiesen. Hier sollte jedoch genauer untersucht werden, welche Faktoren in der sozialen Lage der jeweiligen Klassen zu diesem Wahlverhalten führen. Der eigenständige die Wahl rechtspopulistischer Parteien beförderende Effekt der Klasse der hochqualifizierten intermediären Industrieberufe gibt Anlass zu der Vermutung, dass es über die Deprivation hinausgehende Gründe gibt, weshalb Arbeiter zur Wahl derartiger Parteien neigen. Das Maß sozioökonomischer Statusinkonsistenz erwies sich in der hier gewählten Operationalisierung als nicht besonders erklärungskräftig. Hier sollten andere Umsetzungsmöglichkeiten geprüft werden, um sicherzustellen, dass relative Deprivationsfaktoren nicht doch eine größere Rolle innerhalb der Modernisierungsverlierer-Theorie spielen. Im Bereich subjektiver Deprivation sollten weitere Indikatoren herangezogen werden, die sich nicht nur auf das Auskommen mit dem zur Verfügung stehenden Einkommen beschränken, sondern auch andere Zukunftsängste erfassen. Schließlich liegt im Bereich prekärer Beschäftigungsverhältnisse noch ein weitgehend unerschlossener Bereich empirischer Forschung. Mit der hier herangezogenen Datenquelle konnten nur grob typisierend atypische Beschäftigungsverhältnisse unterschieden werden. Hier ist es jedoch notwendig, genauer die tatsächlich prekär Beschäftigten von jenen zu trennen, die ohnehin nur einen ergänzenden Beitrag zum Haushaltseinkommen leisten und mithin ihre Situation nicht als besonders prekär wahrnehmen. Auch die subjektive Arbeitsplatzsicherheit sollte untersucht werden, um diesen Zustand der Unsicherheit für die Modernisierungsverlierer-Theorie zu erschließen.

Auch im Bereich der rechtsaffinen Einstellungen lassen sich erhebliche Forschungslücken identifizieren. Gerade in Anbetracht der Tatsache, dass viele der hier untersuchten Einstellungen nur teilweise mit den hier zur Verfügung stehenden Modernisierungsverlierer-Indikatoren erklärt werden konnten, lässt vermuten, dass es entweder andere deprivationstheoretische Determinanten gibt oder doch alternative Erklärungsmuster gesucht werden müssen. Insbesondere im Bereich des Autoritarismus scheint es plausibel, dass Sozialisations- und Lernprozesse doch eine große Rolle spielen, was hier aber nicht weiter untersucht werden konnte. Überdies müssen weitere Elemente eines rechtsradikalen Einstellungssyndroms identifiziert und in ihren Ursachen untersucht werden.

Schließlich ergibt sich Forschungsbedarf auch im Bereich der Kontrollvariablen des hier formulierten Untersuchungsmodells. Das Geschlecht der Befragten hat einen großen Einfluss auf die Wahl rechtspopulistischer Parteien, die Ursachen dieses Phänomens sind jedoch noch sehr umstritten. Möglicherweise wirkt sich Deprivation in der sozialen Lage von Männern auch anders aus als Deprivation in der Lage von Frauen, was für eine Untersuchung des „gender gaps" auch im Kontext der Modernisierungsverlierer-Theorie sprechen würde. Man könnte vermuten, dass Männer in ihrem traditionellen Rollenbild als Familienversorger durch Deprivation in ihrem Selbstverständnis stärker getroffen sind und deswegen eher zu aggressiven Reaktionen neigen, als dies bei Frauen der Fall ist. Da die Studie auch ergeben hat, dass jüngere Menschen eher zur Wahl rechtspopulistischer Parteien neigen als ältere, gibt dies ebenfalls Anlass für weitere Untersuchungen, die erforschen könnten, ob dies ein Phänomen ist, das in bestimmten Alterskohorten virulent ist, oder auf eine höhere Affinität in bestimmten Lebenszyklen zurückzuführen ist. Schließlich muss insbesondere die Rolle der formalen Bildung in der Erklärung des Wahlverhaltens zugunsten rechtspopulistischer Parteien überdacht werden. Hier muss schon konzeptionell diskutiert werden, ob es sich – zumindest im Fall niedriger Bildung – um einen Deprivationsfaktor handelt. In diesem Kontext könnte man auch genauer untersuchen, ob es sich um einen

Effekt der Entwertung bestimmter Bildungszertifikate im Verlauf der Bildungsexpansion handelt oder ob bestimmte berufliche Qualifikationen durch den Modernisierungsprozess überflüssig gemacht werden.

Was bedeutet die Bestätigung der Modernisierungsverlierer-Theorie für die Deutung des Phänomens rechtspopulistischer Parteien? Sie zeigt vor allem, dass rechtspopulistische Parteien ein Potential in den Bevölkerungsgruppen haben, die Deprivationserfahrungen aufweisen. Es handelt sich um ökonomisch marginalisierte und sozial randständige Gruppen, die offenbar für die rechtspopulistische Agitation empfänglich sind. Ob es sich bei den rechtspopulistischen Parteien deswegen um „Bewegungen der Krise" (Kriesi 1995) handelt, die eine temporäre Zuspitzung sozialer Ungleichheit nutzen, oder ob rechtspopulistische Parteien ein dauerhaft vorhandenes Potential marginalisierter Bevölkerungsgruppen derzeit nur besonders gut ansprechen können, konnte hier empirisch nicht überprüft werden. Der Rückgang marginalisierter Bevölkerungsgruppen in den Elektoraten sozialdemokratischer Parteien als klassische „Schutzmacht der kleinen Leute" und die Verluste von Wählern an rechtspopulistische Parteien sprechen eher für die Interpretation, dass sich ohnehin vorhandene Modernisierungsverlierer von den etablierten Parteien abwenden. Dies mag auch für die bürgerlichen Parteien gelten, die einen marginalisierten Teil der kleinen Selbständigen nicht mehr an sich binden können. Untersuchungen zum langfristigen Wandel der Wählerschaft der europäischen Parteienfamilien wären hier sehr erhellend.

Die Erkenntnis der Modernisierungsverlierer-Theorie besitzt natürlich eine hohe soziale Relevanz, die auch geeignet ist, politische Handlungsvorschläge zu generieren. Sicherlich wäre es naiv, zu glauben, dass sich das Problem der Wahl rechtspopulistischer Parteien durch Modernisierungsverlierer allein mit sozialtechnologischen Maßnahmen beseitigen ließe. Armut, Prekarität und soziale Exklusion zu bekämpfen erscheint dem Verfasser jedoch eine wichtige Schlussfolgerung aus dem Ergebnis dieser Studie zu sein, auch wenn soziale Gleichheit und Gerechtigkeit sicherlich grundlegende Werte sind, die nicht nur aus opportunistischen Zweckmäßigkeitserwägungen heraus bemüht werden sollten. Die Kohäsion der Gesellschaft im materiellen wie immateriellen Bereich zu stärken und damit für eine hohe soziale Integration der Bevölkerung zu sorgen, dürfte jedoch die Chancen rechtspopulistischer Parteien schmälern, durch Schaffung neuer, exklusorischer Gruppenidentitäten und der aggressiven Abgrenzung gegenüber anderen Bevölkerungsteilen sozial desintegrierte Menschen für sich zu gewinnen. Darüber hinaus ergibt sich auch für die übrigen Parteien der Auftrag, sich jenen Bevölkerungsgruppen wieder verstärkt zuzuwenden, die ökonomisch marginalisiert sind oder die sich sozial ausgeschlossen fühlen. Dabei sollte man sich aber nicht der gleichen Instrumente bedienen, die die Rechtspopulisten anwenden, und mit der Übernahme ihrer Themen nicht die politische Kultur und das Zusammenleben von Menschen unterschiedlicher Herkunft gefährden. Wenn die Modernisierungsverlierer-Theorie so zutrifft, wie sie hier präsentiert wurde, so sind rechtsaffine Einstellungen wie Xenophobie und Misanthropie nur ein Oberflächenphänomen, hinter dem tiefgreifende soziale Ursachen stehen. Bei diesen Ursachen sollte man ansetzen und den Betroffenen zumindest die Perspektive geben, über die Unterstützung anderer Parteien eine Verbesserung ihrer sozialen Lage herbeizuführen.

Literaturverzeichnis

Abts, Koen/Rummens, Stefan (2007): Populism versus Democracy. In: Political Studies, Bd. 55, H. 2, S. 405-424.
Acker, Joan (1973): Women and Social Stratification. A Case of Intellectual Sexism. In: American Journal of Sociology, Bd. 78, H. 4, S. 936-945.
Adorno, Theodor W./Frenkel-Brunswik, Else/Levinson, Daniel J./Sanford, Nevitt R. (1950): The Authoritarian Personality. New York: Harper.
Agresti, Alan (1996): An Introduction to Categorical Data Analysis. New York: Wiley.
Ajayi-Obe, Olufunmilola/Parker, Simon C. (2005): The Changing Nature of Work among the Self-Employed in the 1990s. Evidence from Britain. In: Journal of Labor Research, Bd. 26, H. 3, S. 501-517.
Ajzen, Icek (1988): Attitudes, Personality and Behavior. Chicago: Dorsey Press.
Albertazzi, Daniele/McDonnell, Duncan (2005): The Lega Nord in the Second Berlusconi Government. In a League of Its Own. In: West European Politics, Bd. 28, H. 5, S. 952-972.
Alderson, Arthur S. (1999): Explaining Deindustrialization. Globalization, Failure, or Success? In: American Sociological Review, Bd. 64, H. 5, S. 701-721.
Alemann, Ulrich von/Forndran, Erhard (1990): Methodik der Politikwissenschaft. Eine Einführung in Arbeitstechniken und Forschungspraxis. 4. Auflage. Stuttgart [u.a.]: Kohlhammer.
Alker, Hayward R. (1969): A Typology of Ecological Fallacies. In: Mattei Dogan/Stein Rokkan (Hrsg.), Quantitative Ecological Analysis in the Social Sciences. Cambridge: MIT Press, S. 69-86.
Allcock, John B. (1971): 'Populism'. A Brief Biography. In: Sociology, Bd. 5, H. 3, S. 371-387.
Allport, Gordon W. (1954): The Nature of Prejudice. Reading [u.a.]: Addison-Wesley.
Altemeyer, Bob (1981): Right-Wing Authoritarianism. Winnipeg: University of Manitoba Press.
Altemeyer, Bob (1988): Enemies of Freedom. Understanding Right-Wing Authoritarianism. San Francisco: Jossey-Bass Publishers.
Altemeyer, Bob (1996): The Authoritarian Specter. Cambridge [u.a.]: Harvard University Press.
Andersen, Robert/Heath, Anthony (2002): Class Matters. The Persisting Effects of Contextual Social Class on Individual Voting in Britain, 1964–97. In: European Sociological Review, Bd. 18, H. 2, S. 125-138.
Andersson, Pernilla/Wadensjö, Eskil (2007): Do the Unemployed Become Successful Entrepreneurs? In: International Journal of Manpower, Bd. 28, H. 7, S. 604-626.
Andreß, Hans-Jürgen (1998): Empirical Poverty Research in a Comparative Perspective. Basic Orientations and Outline of the Book. In: Hans-Jürgen Andreß (Hrsg.), Empirical Poverty Research in a Comparative Perspective. Aldershot [u.a.]: Ashgate, S. 1-26.
Andreß, Hans-Jürgen/Hagenaars, Jacques A./Kühnel, Steffen (1997): Analyse von Tabellen und kategorialen Daten. Log-lineare Modelle, latente Klassenanalyse, logistische Regression und GSK-Ansatz. Berlin [u.a.]: Springer.
Andreß, Hans-Jürgen/Seeck, Till (2007): Ist das Normalarbeitsverhältnis noch armutsvermeidend? Erwerbstätigkeit in Zeiten deregulierter Arbeitsmärkte und des Umbaus sozialer Sicherungssysteme. In: Kölner Zeitschrift für Soziologie und Sozialpsychologie, Bd. 59, H. 3, S. 459-492.
Anhut, Reimund/Heitmeyer, Wilhelm (2000): Desintegration, Konflikt und Ethnisierung. Eine Problemanalyse und theoretische Rahmenkonzeption. In: Wilhelm Heitmeyer/Reimund Anhut (Hrsg.), Bedrohte Stadtgesellschaft. Soziale Desintegrationsprozesse und ethnisch-kulturelle Konfliktkonstellationen. Weinheim/München: Juventa, S. 17-75.
Arzheimer, Kai (2002): Politikverdrossenheit. Bedeutung, Verwendung und empirische Relevanz eines politikwissenschaftlichen Begriffes. Wiesbaden: Westdeutscher Verlag.

Arzheimer, Kai (2006): Berühren sich die Extreme? Ein empirischer Vergleich von Personen mit extrem linken und extrem rechten Einstellungen in Europa. In: Uwe Backes/Eckard Jesse (Hrsg.), Gefährdungen der Freiheit. Extremistische Ideologien im Vergleich. Göttingen: Vandenhoeck & Ruprecht, S. 253-281.

Arzheimer, Kai (2008): Die Wähler der extremen Rechten 1980-2002. Wiesbaden: VS Verlag für Sozialwissenschaften.

Arzheimer, Kai/Carter, Elisabeth (2006): Political Opportunity Structures and Right-Wing Extremist Party Success. In: European Journal of Political Research, Bd. 45, H. 3, S. 419-443.

Arzheimer, Kai/Falter, Jürgen W. (2002): Die Pathologie des Normalen. Eine Anwendung des Scheuch-Klingemann-Modells zur Erklärung rechtsextremen Denkens und Verhaltens. In: Dieter Fuchs/Edeltraud Roller/Bernhard Weßels (Hrsg.), Bürger und Demokratie in Ost und West. Studien zur politischen Kultur und zum politischen Prozeß. Wiesbaden: Westdeutscher Verlag, S. 85-107.

Arzheimer, Kai/Schoen, Harald/Falter, Jürgen W. (2001): Rechtsextreme Orientierungen und Wahlverhalten. In: Wilfried Schubarth/Richard Stöss (Hrsg.), Rechtsextremismus in der Bundesrepublik Deutschland. Eine Bilanz. Opladen: Leske + Budrich.

Bachmann, Klaus (2005): Strategien zur Eindämmung rechtspopulistischer Parteien. Vom Boykott bis zur Beteiligung an der Macht. In: Rudolf von Thadden/Anna Hofmann (Hrsg.), Populismus in Europa. Krise der Demokratie? Göttingen: Wallstein, S. 65-98.

Backes, Uwe (1989): Politischer Extremismus in demokratischen Verfassungsstaaten. Elemente einer normativen Rahmentheorie. Opladen: Westdeutscher Verlag.

Backes, Uwe (1991): Nationalpopulistische Protestparteien in Europa. Vergleichende Betrachtungen zur phänomenologischen und demokratietheoretischen Einordnung. In: Österreichische Zeitschrift für Politikwissenschaft, Bd. 20, H. 1, S. 7-17.

Backes, Uwe/Jesse, Eckard (1996): Politischer Extremismus in der Bundesrepublik Deutschland. Bonn: Bundeszentrale für politische Bildung.

Backhaus, Klaus/Erichson, Bernd/Plinke, Wulff/Weiber, Rolf (2003): Multivariate Analysemethoden. Eine anwendungsorientierte Einführung. 10. Auflage. Berlin [u.a.]: Springer.

Bardasi, Elena/Francesconi, Marco (2004): The Impact of Atypical Employment on Individual Wellbeing. Evidence From a Panel of British Workers. In: Social Science & Medicine, Bd. 58, H. 9, S. 1671-1688.

Barker (1963): Authoritarianism of the Political Right, Center, and Left. In: Journal of Social Issues, Bd. 19, H. 2, S. 287-297.

Baron, Reuben M./Kenny, David A. (1986): The Moderator-Mediator Variable Distinction in Social Psychological Research. Conceptual, Strategic, and Statistical Considerations. In: Journal of Personality and Social Psychology, Bd. 51, H. 6, S. 1173-1182.

Bartolini, Stefano/D'Alimonte, Roberto (1996): Plurality Competition and Party Realignment in Italy. The 1994 Parliamentary Elections. In: European Journal of Political Research, Bd. 29, H. 1, S. 105-142.

Bauer, Otto (1936): Zwischen zwei Weltkriegen? Die Krise der Weltwirtschaft, der Demokratie und des Sozialismus. Bratislava: Prager.

Bauer, Petra/Niedermayer, Oskar (1990): Extrem rechtes Potential in den Ländern der Europäischen Gemeinschaft. In: Aus Politik und Zeitgeschichte, Bd. 40, H. 46-47, S. 15-26.

Bavier, Richard (2008): Reconciliation of Income and Consumption Data in Poverty Measurement. In: Journal of Policy Analysis and Management, Bd. 27, H. 1, S. 40-62.

Beck, Ulrich (1986): Risikogesellschaft. Frankfurt (Main): Suhrkamp.

Beck, Ulrich (2002): Macht und Gegenmacht im globalen Zeitalter. Neue weltpolitische Ökonomie. Frankfurt (Main): Suhrkamp.

Bell, Daniel (1963 [1977]): The Radical Right. New York: Books for Libraries Press.

Bell, David Scott/Criddle, Byron (2008): Presidentialism Enthroned. The French Presidential and Parliamentary Elections of April-May and June 2007. In: Parliamentary Affairs, Bd. 61, H. 1, S. 185-205.

Benoît-Smullyan, Émile (1944): Status, Status-Types, and Status Interrelations. In: American Sociological Review, Bd. 9, H. 2, S. 151-161.
Bergh, Johannes (2004): Protest Voting in Austria, Denmark and Norway. In: Scandinavian Political Studies, Bd. 27, H. 4, S. 367-389.
Berking, Helmuth (2001): Kulturelle Identitäten und kulturelle Differenz im Kontext von Globalisierung und Fragmentierung. In: Wilhelm Heitmeyer/Dietmar Loch (Hrsg.), Schattenseiten der Globalisierung - Rechtsradikalismus, Rechtspopulismus und separatistischer Regionalismus in westlichen Demokratien. Frankfurt (Main): Suhrkamp, S. 91-110.
Berlin, Isaiah (1968): To Define Populism. In: Government and Opposition, Bd. 3, H. 2, S. 137-179.
Bethlehem, Jelke/Medrano, Juan Diez/Groves, Robert M./Gundelach, Peter/Norris, Pippa (2008): Report of the Review Panel for the European Social Survey. 77 Seiten. Ohne Ort.
Betz, Hans-Georg (1994): Radical Right-Wing Populism in Western Europe. New York: St. Martin's Press.
Betz, Hans-Georg (1998a): Against Rome. The Lega Nord. In: Hans-Georg Betz/Stefan Immerfall (Hrsg.), The New Politics of the Right. Neo-Populist Parties and Movements in Established Democracies. New York: St. Martin's Press, S. 45-57.
Betz, Hans-Georg (1998b): Introduction. In: Hans-Georg Betz/Stefan Immerfall (Hrsg.), The New Politics of the Right. Neo-Populist Parties and Movements in Established Democracies. New York: St. Martin's Press, S. 1-10.
Betz, Hans-Georg (2001): Entre succès et échec. L'extrême droite à la fin des années quatrevingt-dix. In: Pascal Perrineau (Hrsg.), Les croisés de la société fermée. L'Europe des extrêmes droites. Paris: Éditions de l'Aube, S. 407-424.
Betz, Hans-Georg (2002a): Conditions Favouring the Success and Failure of Radical Right-Wing Populist Parties in Contemporary Democracies. In: Yves Mény/Yves Surel (Hrsg.), Democracies and the Populist Challenge. Basingstoke/New York: Palgrave, S. 197-213.
Betz, Hans-Georg (2002b): The Divergent Paths of the FPÖ and the Lega Nord. In: Martin Schain/Aristide Zolberg/Patrick Hossay (Hrsg.), Shadows over Europe. The Development and Impact of the Extreme Right in Western Europe. New York/Basingstoke: Palgrave MacMillan, S. 61-81.
Betz, Hans-Georg (2002c): Rechtspopulismus in Westeuropa. Aktuelle Entwicklungen und politische Bedeutung. In: Österreichische Zeitschrift für Politikwissenschaft, Bd. 31, H. 3, S. 251-264.
Betz, Hans-Georg/Immerfall, Stefan (Hrsg.) (1998): The New Politics of the Right. Neo-Populist Parties and Movements in Established Democracies. New York: St. Martin's Press.
Beyme, Klaus von (1985): Political Parties in Western Democracies. Aldershot: Gower.
Beyme, Klaus von (1988): Right-Wing Extremism in Post-War Europe. In: Klaus von Beyme (Hrsg.), Right-Wing Extremism in Western Europe. London: Cass, S. 1-18.
Bihagen, Erik/Nermo, Magnus/Erikson, Robert (2005): Class Schemas and Employment Relations. Comparisons between the ESeC and the EGP Class Schemas Using Swedish and European Data. Unveröffentlichtes Manuskript. 45 Seiten. Stockholm.
Billiet, Jaak/De Witte, Hans (1995): Attitudinal Disposition to Vote for an Extreme Right-Wing Party. The Case of 'Vlaam Blok'. In: European Journal of Political Research, Bd. 27, H. 2, S. 181-202.
Billiet, Jaak/Philippens, Michel (2004): Data Quality Assessment in ESS Round 1. Between Wishes and Reality. URL: http://ess.nsd.uib.no/index.jsp?module=documentation&year=2003&country=&download=%5CSurvey+documentation%5C2003%5C10%23ESS1+-+Data+quality+assessment+%28pdf+and+word+documents+zipped%29%5CLanguages%5CEnglish%5CESS1dataquality.zip (Zugriff am 1. Juli 2008). 23 Seiten. Leuven.
Binder, Tanja (2005): Die Wahlerfolge rechtspopulistischer Parteien. Eine Folge von Modernisierungsprozessen? Arbeitspapier Wissenschaftszentrum Berlin für Sozialforschung (WZB). 21 Seiten. Berlin.
Biorcio, Roberto (2001): Separatistischer Regionalismus in einer reichen Region. Die Lega Nord. In: Dietmar Loch/Wilhelm Heitmeyer (Hrsg.), Schattenseiten der Globalisierung. Rechtsradikalis-

mus, Rechtspopulismus und separatistischer Regionalismus in westlichen Demokratien. Frankfurt (Main): Suhrkamp, S. 246-272.
Birindelli, Lorenzo/Rustichelli, Emiliano (2007): Work Flexibility in Europe. A Sectoral and Occupational Description of Trends in Work Hours, Part-time Work, Temporary Work, and Self-employment. Bericht des Projekts "Work Organisation and Restructuring in the Knowledge Society". 76 Seiten. Ohne Ort.
Birsl, Ursula (1996): Rechtsextremismus und Fremdenfeindlichkeit. Reagieren Frauen anders? Zur theoretischen Verortung der Kategorie Geschlecht in der feministischen Rechtsextremismus-Forschung. In: Jürgen W. Falter/Hans-Gerd Jaschke/Jürgen R. Winkler (Hrsg.), Rechtsextremismus. Ergebnisse und Forschungsperspektiven. Wiesbaden: Westdeutscher Verlag, S. 49-65.
Birsl, Ursula/Lösche, Peter (2001): (Neo-)Populismus in der deutschen Parteienlandschaft. Oder: Erosion der Mitte. In: Dietmar Loch/Wilhelm Heitmeyer (Hrsg.), Schattenseiten der Globalisierung. Rechtsradikalismus, Rechtspopulismus und separatistischer Regionalismus in westlichen Demokratien. Frankfurt (Main): Suhrkamp, S. 346-377.
Bjørklund, Tor (2007): Unemployment and the Radical Right in Scandinavia. Beneficial or Non-Beneficial for Electoral Support? In: Comparative European Politics, Bd. 5, H. 3, S. 245-263.
Bjørklund, Tor/Gaul Andersen, Jørgen (2002): Anti-Immigrant Parties in Denmark and Norway. The Progress Parties and the Danish People's Party. In: Martin Schain/Aristide Zolberg/Patrick Hossay (Hrsg.), Shadows over Europe. The Development of the Extreme Right in Western Europe. Basingstoke: Palgrave Macmillan, S. 107-136.
Blau, Peter/Duncan, Oits Dudley (1967): The American Occupational Structure. New York: Wiley.
Blinkert, Baldo/Fülgraff, Barbara/Steinmetz, Peter (1972): Statusinkonsistenz, soziale Abweichung und das Interesse an Veränderungen der politischen Machtverhältnisse. In: Kölner Zeitschrift für Soziologie und Sozialpsychologie, Bd. 24, H. 1, S. 24-45.
Bloch, Ernst (1962 [1935]): Erbschaft dieser Zeit. Frankfurt (Main): Suhrkamp.
Bluestone, Barry/Harrison, Bennett (1982): The Deindustrialization of America. New York: Basic Books.
Bögenfeld, Dieter/Leicht, René (2000): "Neue Selbständigkeit" und Entrepreneurship. Moderne Vokabeln und damit verbundene Hoffnungen und Irrtümer. In: WSI-Mitteilungen, Bd. 53, H. 12, S. 779-787.
Bolte, Karl Martin/Kappe, Doris/Neidhardt, Friedhelm (1967): Soziale Schichtung der Bundesrepublik Deutschland. In: Karl Martin Bolte (Hrsg.), Deutsche Gesellschaft im Wandel. Opladen: Westdeutscher Verlag, S. 233-351.
Bornschier, Volker/Heintz, Peter (1977): Statusinkonsistenz und Schichtung. Eine Erweiterung der Statusinkonsistenztheorie. In: Zeitschrift für Soziologie, Bd. 6, H. 1, S. 29-48.
Bortz, Jürgen (1999): Statistik für Human- und Sozialwissenschaftler. 6. Auflage. Heidelberg: Springer.
Bortz, Jürgen/Döring, Nicola (2006): Forschungsmethoden und Evaluation für Human- und Sozialwissenschaftler. 6. Auflage. Heidelberg: Springer.
Bossert, Walter/D'Ambrosio, Chonchita/Peragine, Vito (2007): Deprivation and Social Exclusion. In: Economica, Bd. 74, H. 296, S. 777-803.
Brachinger, Hans Wolfgang/Ost, Friedmann (1996): Modelle mit latenten Variablen. Faktorenanalyse, Latent-Structure-Analyse und LISREL-Analyse. In: Wolfgang Brachinger/Ludwig Fahrmeir/Alfred Hamerle/Heinz Kaufmann/Gerhard Tutz (Hrsg.), Multivariate statistische Verfahren. Bd. 2. Auflage. Berlin/New York: Gruyter, S. 637-766.
Brady, David (2003): Rethinking the Sociological Measurement of Poverty. In: Social Forces, Bd. 81, H. 3, S. 715-751.
Brady, David/Beckfield, Jason/Zhao, Wei (2007): The Consequences of Economic Globalization for Affluent Democracies. In: Annual Review of Sociology, Bd. 33, S. 313-334.
Brady, David/Denniston, Ryan (2006): Economic Globalization, Industrialization and Deindustrialization in Affluent Democracies. In: Social Forces, Bd. 85, H. 1, S. 297-328.

Brehmer, Wolfram/Seifert, Hartmut (2007): Wie prekär sind atypische Beschäftigungsverhältnisse? Eine empirische Analyse. WSI-Diskussionspapiere Nr. 156. 42 Seiten. Düsseldorf.

Brennan, Geoffrey/Lomasky, Loren (1993): Democracy and Decision. The Pure Theory of Electoral Preference. Cambridge: Cambridge University Press.

Brinkmann, Ulrich/Dörre, Klaus/Röbenack, Silke (2006): Prekäre Arbeit. Ursachen, Ausmaß, soziale Folgen und politische Verarbeitungsformen unsicherer Beschäftigungsverhältnisse. Bonn: Friedrich-Ebert-Stiftung.

Bundesministerium für Arbeit und Sozialordnung (2001): Lebenslagen in Deutschland. Der 1. Armuts- und Reichtumsbericht der Bundesregierung. Bonn: Bundesministerium für Arbeit und Sozialordnung.

Bundesministerium für Arbeit und Sozialordnung (2005): Lebenslagen in Deutschland. Der 2. Armuts- und Reichtumsbericht der Bundesregierung. Bonn: Bundesministerium für Arbeit und Sozialordnung.

Burchhardt, Tania (2000): Stichwort "Social Exclusion". In: Martin Davies (Hrsg.), Blackwell Encyclopaedia of Social Work. Oxford/Malden: Blackwell, S. 320-321.

Bürklin, Wilhelm/Klein, Markus (1998): Wahlen und Wählerverhalten. Eine Einführung. 2. Auflage. Opladen: Leske + Budrich.

Campbell, Angus/Converse, Philip E./Miller, Warren E./Stokes, Donald E. (1960): The American Voter. New York: Wiley.

Campbell, Angus/Gurin, Gerald/Miller, Warren E. (1954): The Voter Decides. Evanston: Row, Peterson & Company.

Campbell, Peter (1956): Le Mouvement Poujade. In: Parliamentary Affairs, Bd. 10, H. 3, S. 362-367.

Canovan, Margaret (1981): Populism. New York [u.a.]: Janovich.

Canovan, Margaret (1982): Two Strategies for the Study of Populism. In: Political Studies, Bd. 30, H. 4, S. 544-552.

Canovan, Margaret (2002): Taking Politics to the People. Populism as the Ideology of Democracy. In: Yves Mény/Yves Surel (Hrsg.), Democracies and the Populist Challenge. Basingstoke/New York: Palgrave, S. 25-44.

Canovan, Margaret (2004): Populism for political theorists? In: Journal of Political Ideologies, Bd. 9, H. 3, S. 241-252.

Cappellari, Lorenzo (2002): Do the 'Working Poor' Stay Poor? An Analysis of Low Pay Transitions in Italy. In: Oxford Bulletin of Economics and Statistics, Bd. 64, H. 2, S. 87-110.

Chakravarty, Satya R./D'Ambrosio, Chonchita (2006): The Measurement of Social Exclusion. In: Review of Income and Wealth, Bd. 52, H. 3, S. 377-398.

Chapin, Wesley D. (1997): Explaining the Electoral Success of the New Right. The German Case. In: West European Politics, Bd. 20, H. 2, S. 53-72.

Christadler, Marieluise (1995): Der Front National. Vom Außenseiter zu etablierten Protestpartei. In: Österreichische Zeitschrift für Politikwissenschaft, Bd. 24, H. 3, S. 291-304.

Christie, Richard (1991): Authoritarianism and Related Constructs. In: John P. Robinson/Barbara A. Shaffer/Lawrence S. Wrightsman (Hrsg.), Measures of Personality and Social Psychological Attitudes. San Diego [u.a.]: Academic Press, S. 501-272.

Christie, Richard/Cook, Peggy (1958): A Guide to Published Literature Relating to the Authoritarian Personality through 1956. In: Journal of Psychology, Bd. 45, H. 2, S. 171-199.

Citrin, Jack/Green, Donald P./Muste, Christopher/Wong, Cara (1997): Public Opinion Toward Immigration Reform. The Role of Economic Motivations. In: Journal of Politics, Bd. 59, H. 3, S. 858-881.

Citrin, Jack/Muste, Christopher (1999): Trust in Government. In: John P. Robinson/Phillip R. Shaver/Lawrence S. Wrightsman (Hrsg.), Measures of Political Attitudes. San Diego [u.a.]: Academic Press, S. 465-498.

Clark, Terry N./Lipset, Seymour M. (1991): Are Social Classes Dying? In: International Sociology, Bd. 6, H. 4, S. 397-410.

Clark, Terry N./Lipset, Seymour M. (Hrsg.) (2001): The Breakdown of Class Politics. A Debate on Post-Industrial Stratification. Boulder: Westview.
Clarke, Harold D./Dutt, Nitish/Kornberg, Allan (1993): The Political Economy of Attitudes Toward Polity and Society in Western European Democracies. In: Journal of Politics, Bd. 55, H. 4, S. 998-1021.
Cohrs, J. Christopher/Moschner, Barbara/Maes, Jurgen/Kielmann, Sven (2005): The Motivational Bases of Right-Wing Authoritarianism and Social Dominance Orientation: Relations to Values and Attitudes in the Aftermath of September 11, 2001. In: Personality and Social Psychology Bulletin, Bd. 31, H. 10, S. 1425-1434.
Coleman, James S. (1987): Microfoundations of Macrosocial Behavior. In: Jeffrey C. Alexander/Bernhard Giesen/Richard Münch/Neil J. Smelser (Hrsg.), The Micro-Macro-Link. Berkeley [u.a.]: University of California Press, S. 153-173.
Coleman, James S. (1990): Foundations of Social Theory. Cambridge: Harvard University Press.
Converse, Philip E./Dupeux, Georges (1962): Politicization of the Electorate in France and the United States. In: Public Opinion Quarterly, Bd. 26, H. 1, S. 1-23.
Creed, Peter A./Macintyre, Sean R. (2001): The Relative Effects of Deprivation of the Latent and Manifest Benefits of Employment on the Well-Being of Unemployed People. In: Journal of Occupational Health Psychology, Bd. 6, H. 4, S. 324-331.
Cronbach, Lee J. (1951): Coefficient Alpha and the Internal Structure of Tests. In: Psychometrika, Bd. 16, H. 3, S. 297-334.
Cuperus, René (2004): Vom Poldermodell zum postmodernen Populismus. Die Fortuyn-Revolte in den Niederlanden. In: Jahrbuch des Zentrums für Niederlande-Studien, Bd. 14, S. 43-63.
Curry, Evans W./Walling, Derald (1984): Occupational Prestige. Exploration of a Theoretical Basis. In: Journal of Vocational Behaviour, Bd. 25, H. 1, S. 124-138.
Dahlem, Stefan (2001): Wahlentscheidung in der Mediengesellschaft. Theoretische und empirische Grundlagen der interdisziplinären Wahlforschung. Freiburg/München: Alber.
Dahrendorf, Ralf (1965): Gesellschaft und Demokratie in Deutschland. München: Pieper.
Dahrendorf, Ralf (2003): Acht Anmerkungen zum Populismus. In: Transit. Europäische Revue, H. 25, S. 15-163.
Dalton, Russel J. (2000): Value Change and Democracy. In: Susan Pharr/Robert Putnam (Hrsg.), Disaffected Democracies. What's Troubling the Trilateral Countries? Oxford [u.a.]: Oxford University Press, S. 252-269.
Dalton, Russel J. (2004): Democratic Challenges, Democratic Choices. The Erosion of Political Support in Advanced Industrial Democracies. Oxford [u.a.]: Oxford University Press.
Dalton, Russel J./Wattenberg, Martin P. (Hrsg.) (2000): Parties without Partisans. Political Change in Advanced Industrial Democracies. Oxford [u.a.]: Oxford University Press.
De Decker, Pascal/Kesteloot, Christian/De Maesschalck, Filip/Vranken, Jan (2005): Revitalizing the City in an Anti-Urban Context. Extreme Right and the Rise of Urban Policies in Flanders, Belgium. In: International Journal of Urban and Regional Research, Bd. 29, H. 1, S. 152-171.
De Grip, Andries/Hoevenberg, Jeroen/Willems, Ed (1997): Atypical Employment in the European Union. In: International Labour Review, Bd. 136, H. 1, S. 49-71.
De Lange, Sarah (2007): A New Winning Formula? The Programmatic Appeal of the Radical Right. In: Party Politics, Bd. 13, H. 4, S. 411-435.
De Master, Sara/Le Roy, Michael K. (2000): Xenophobia and the European Union. In: Comparative Politics, Bd. 32, H. 4, S. 419-436.
De Weerdt, Yves/De Witte, Hans/Catellani, Patrizia/Milesi, Patrizia (2004): Turning Right? Socio-Economic Change and the Receptiveness of European Workers to the Extreme Right. Leuven/Wien: Forschungs- und Beratungsstelle Arbeitswelt.
Decker, Frank (2003): Rechtspopulismus in der Bundesrepublik Deutschland. Die Schill-Partei. In: Nikolaus Werz (Hrsg.), Populismus. Populisten in Übersee und Europa. Opladen: Leske + Budrich, S. 223-242.
Decker, Frank (2004): Der neue Rechtspopulismus. 2. Auflage. Opladen: Leske + Budrich.

Decker, Frank (2005): Vom Rechts- zum Linkspopulismus - und zurück. In: Berliner Republik, Bd. 8, H. 4, S. 20-23.
Decker, Frank (2006): Die populistische Herausforderung. Theoretische und ländervergleichende Perspektiven. In: Frank Decker (Hrsg.), Populismus. Gefahr für die Demokratie oder nützliches Korrektiv? Wiesbaden: VS Verlag für Sozialwissenschaften, S. 9-32.
Decker, Frank/Hartleb, Florian (2005): Das Scheitern der Schill-Partei als regionaler Machtfaktor. Typisch für Rechtspopulismus in Deutschland? In: Susanne Frölich-Steffen/Lars Rensmann (Hrsg.), Populisten an der Macht. Populistische Regierungsparteien in West- und Osteuropa. Wien: Braumüller, S. 105-119.
Decker, Frank/Hartleb, Florian (2007): Populism on Difficult Terrain. The Right- and Left-Wing Challenger Parties in the Federal Republic of Germany. In: German Politics, Bd. 16, H. 4, S. 434-454.
Di Renzo, Gordon J. (1967): Personality, Power, and Politics. Notre Dame: University of Notre Dame Press.
Di Tella, Torcuato S. (1997): Populism into the Twenty-first Century. In: Government and Opposition, Bd. 32, H. 2, S. 187-200.
Dimitroff, Georgi (1958 [1935]): Die Offensive des Faschismus und die Aufgaben der Kommunistischen Internationale im Kampf für die Einheit der Arbeiterklasse gegen den Faschismus. In: Georgi Dimitroff (Hrsg.), Ausgewählte Schriften. Bd. 2. Berlin: Dietz, S. 523-625.
Dollard, John/Doob, Leonhard/Miller, Neal E./Mowrer, Orval H./Sears, Robert R. (1939): Frustration and Aggression. New Haven: Yale University Press.
Dörre, Klaus (2006): Prekäre Arbeit und soziale Desintegration. In: Aus Politik und Zeitgeschichte, Bd. 56, H. 40-41, S. 7-14.
Dörre, Klaus (2008): Prekarisierung der Arbeit. Fördert sie einen neuen Autoritarismus? In: Christoph Butterwegge/Gudrun Hentges (Hrsg.), Rechtspopulismus, Arbeitswelt und Armut. Befunde aus Deutschland, Österreich und der Schweiz. Opladen/Farmington Hills: Verlag Barbara Budrich, S. 241-253.
Dörre, Klaus/Kraemer, Klaus/Speidel, Frederic (2004): Marktsteuerung und Prekarisierung von Arbeit. Nährboden für rechtspopulistische Orientierungen? In: Joachim Bischoff/Klaus Dörre/Elisabeth Gauthier (Hrsg.), Moderner Rechtspopulismus. Ursachen, Wirkungen, Gegenstrategien. Hamburg: VSA-Verlag, S. 77-118.
Downs, Anthony (1957): An Economic Theory of Democracy. New York: Harper.
Durkheim, Émile (1973 [1897]): Der Selbstmord. Neuwied/Berlin: Luchterhand.
Easton, David (1965): A System Analysis of Political Life. Chicago: Wiley.
Eatwell, Roger (2003): Ten Theories of the Extreme Right. In: Peter H. Merkl/Leonard Weinberg (Hrsg.), Right-Wing Extremism in the Twenty-First Century. London/Portland: Cass, S. 47-73.
Eckardt, Frank (2003): Pim Fortuyn und die Niederlande. Populismus als Reaktion auf die Globalisierung. Marburg: Tectum.
Ehrhart, Christof/Sandschneider, Eberhard (1994): Politikverdrossenheit. Kritische Anmerkungen zur Empirie, Wahrnehmung und Interpretation abnehmender politischer Partizipation. In: Zeitschrift für Parlamentsfragen, Bd. 25, H. 3, S. 441-458.
Eisenberg, Philip/Lazarsfeld, Paul F. (1938): The Psychological Effects of Unemployment. In: Psychological Bulletin, Bd. 35, H. 6, S. 358-390.
Eisinger, Peter K. (1973): The Conditions of Protest Behavior in American Cities. In: American Political Science Review, Bd. 81, H. 1, S. 11-28.
Eitzen, D. Stanley (1970): Status Inconsistency and Wallace Supporters in a Midwestern City. In: Social Forces, Bd. 48, H. 4, S. 493-498.
Elms, Alan C./Milgram, Stanley (1966): Personality Characteristics Associated with Obedience and Defiance Toward Authoritative Command. In: Journal of Experimental Research in Personality, Bd. 1, H. 4, S. 282-289.
Erikson, Robert/Goldthorpe, John H. (1992): The Constant Flux. A Study of Class Mobility in Industrial Societies. Oxford: Clarendon Press.

Erikson, Robert/Goldthorpe, John H./Portocarero, Lucienne (1979): Intergenerational Class Mobility in Three Western European Societies. England, France and Sweden. In: British Journal of Sociology, Bd. 30, H. 4, S. 415-441.
Espenshade, Thomas J./Calhoun, Charles A. (1993): An Analysis of Public Opinion Toward Undocumented Immigration. In: Population Research and Policy Review, Bd. 12, H. 3, S. 189-224.
European Social Survey (2006): ESS1-2002 Documentation Report. URL: http://ess.nsd.uib.no/index.jsp?module=documentation&year=2003&country=&download=%5CSurvey+documentation%5C2003%5C01%23ESS1+-+ESS+Documentation+Report+2002-2003%2C+edition+6.0%5CLanguages%5CEnglish%5CESS1DataDocReport_e06.pdf (Zugriff am 1. Juli 2008). 173 Seiten. Bergen.
European Social Survey (2007a): ESS2-2004 Documentation Report. URL: http://ess.nsd.uib.no/index.jsp?module=documentation&year=2005&country=&download=%5CSurvey+documentation%5C2005%5C01%23ESS2+-+ESS2-2004+Documentation+Report%2C+ed.+3.1%5CLanguages%5CEnglish%5CESS2DataDocReport_e03_1.pdf (Zugriff am 1. Juli 2008). 209 Seiten. Bergen.
European Social Survey (2007b): Weighting European Social Survey Data. URL: http://ess.nsd.uib.no/files/WeightingESS.pdf (Zugriff am 1. Juli 2008). 5 Seiten. Bergen.
Eurostat (2000): Income, Poverty and Social Exclusion in Member States of the European Union. Luxembourg: Office for Official Publications of the European Communities.
Evans, Geoffrey (1992): Testing the Validity of the Goldthorpe Class Schema. In: European Sociological Review, Bd. 8, H. 3, S. 211-232.
Evans, Geoffrey/Mills, Colin (1998a): Assessing the Cross-Sex Validity of the Goldthorpe Class Schema Using Log-Linear Models with Latent Variables. In: Quality & Quantity, Bd. 32, H. 3, S. 275-296.
Evans, Geoffrey/Mills, Colin (1998b): Identifying Class Structure. A Latent Class Analysis of the Criterion-Related and Construct Validity of the Goldthorpe Class Schema. In: European Sociological Review, Bd. 14, H. 1, S. 87-106.
Evans, Geoffrey/Mills, Colin (2000): In Search of the Wage-Labour/Service Contract. New Evidence on the Validity of the Goldthorpe Class Schema. In: British Journal of Sociology, Bd. 51, H. 4, S. 641-661.
Eysenck, Hans-Jürgen (1954): The Psychology of Politics. London: Routledge.
Faas, Thorsten (2007): Arbeitslosigkeit und Wahlverhalten. In: Hans Rattinger/Oscar W. Gabriel/Jürgen W. Falter (Hrsg.), Der gesamtdeutsche Wähler. Stabilität und Wandel des Wählerverhaltens im wiedervereinigten Deutschland. Baden-Baden: Nomos, S. 211-234.
Faas, Thorsten/Rattinger, Hans (2003): Politische Folgen von Arbeitslosigkeit. Eine Analyse der Bundestagswahlen von 1980 bis 2002. In: Andreas M. Wüst (Hrsg.), Politbarometer. Opladen: Leske + Budrich, S. 205-238.
Faas, Thorsten/Wüst, Andreas M. (2002): The Schill Factor in the Hamburg State Election 2001. In: German Politics, Bd. 11, H. 2, S. 1-20.
Falter, Jürgen W./Klein, Markus (1994): Wer wählt rechts? Die Wähler und Anhänger rechtsextremistischer Parteien im vereinigten Deutschland. München: Beck.
Falter, Jürgen W./Link, Andreas/Lohmöller, Jan-Bernd /Rijke, Johann de (1985): Hat Arbeitslosigkeit tatsächlich den Aufstieg des Nationalsozialismus bewirkt? In: Jahrbücher für Nationalökonomie und Statistik, Bd. 200, H. 2, S. 121-136.
Falter, Jürgen W./Link, Andreas/Lohmöller, Jan-Bernd/Rijke, Johann de/Schumann, Siegfried (1983): Arbeitslosigkeit und Nationalsozialismus. Eine empirische Analyse des Beitrags der Massenerwerbslosigkeit zu den Wahlerfolgen der NSDAP 1932 und 1933. In: Kölner Zeitschrift für Soziologie und Sozialpsychologie, Bd. 35, H. 3, S. 525-554.
Falter, Jürgen W./Schumann, Siegfried (1988): Affinity Towards Right-Wing Extremism in Western Europe. In: West European Politics, Bd. 11, H. 2, S. 96-110.
Falter, Jürgen W./Schumann, Siegfried (1989): Methodische Probleme von Wahlforschung und Wahlprognosen. In: Aus Politik und Zeitgeschichte, Bd. 39, H. 43, S. 3-14.

Farah, Barbara G./Barnes, Samuel H./Heunks, Felix (1979): Political Dissatisfaction. In: Samuel H. Barnes/Max Kaase (Hrsg.), Political Action. Mass Participation in Five Western Democracies. Beverly Hills/London: Sage, S. 409-447.

Feldman, Stanley (2000): Die Konzeptionalisierung und die Messung von Autoritarismus. Ein neuer Ansatz. In: Susanne Rippl/Christian Seipel/Angela Kindervater (Hrsg.), Autoritarismus - Kontroversen und Ansätze der aktuellen Autoritarismusforschung. Opladen: Leske + Budrich, S. 239-260.

Feldman, Stanley (2003): Enforcing Social Conformity. A Theory of Authoritarianism. In: Political Psychology, Bd. 24, H. 1, S. 41-74.

Fennema, Meindert (1997): Some Conceptual Issues and Problems in the Comparison of Anti-Immigrant Parties in Western Europe. In: Party Politics, Bd. 3, H. 4, S. 473-492.

Fennema, Meindert (2005): Populist Parties of the Right. In: Jens Rydgren (Hrsg.), Movements of Exclusion. Radical Right-Wing Populism in the Western World. New York: Nova Science.

Fieschi, Catherine (2004): Introduction to the Special Issue on Populism. In: Journal of Political Ideologies, Bd. 9, H. 3, S. 235-240.

Flanagan, Scott (1987): Value Change in Industrial Society. In: American Political Science Review, Bd. 81, H. 4, S. 1303-1319.

Flecker, Jörg/Kirschenhofer, Sabine (2007): Die populistische Lücke. Umbrüche in der Arbeitswelt und Aufstieg des Rechtspopulismus am Beispiel Österreichs. Berlin: Edition Sigma.

Flik, Robert J./Van Praag, Bernhard M. S. (1991): Subjective Poverty Line Definitions. In: De Economist, Bd. 139, H. 3, S. 311-330.

Freeden, Michael (1998): Is Nationalism a Distinct Ideology. In: Political Studies, Bd. 46, H. 4, S. 748-765.

Frey, Bruno S./Wecke, Hannelore (1981): Hat Arbeitslosigkeit den Aufstieg des Nationalsozialismus bewirkt? In: Jahrbücher für Nationalökonomie und Statistik, Bd. 196, H. 1, S. 1-31.

Freyhold, Michaela von (1971): Autoritarismus und politische Apathie. Analyse einer Skala zur Ermittlung autoritätsgebundener Verhaltensweisen. Frankfurt (Main): Europäische Verlags-Anstalt.

Frölich-Steffen, Susanne (2006): Rechtspopulistische Herausforderer in Konkordanzdemokratien. Erfahrungen aus Österreich, der Schweiz und den Niederlanden. In: Frank Decker (Hrsg.), Populismus. Gefahr für die Demokratie oder nützliches Korrektiv? Wiesbaden: VS Verlag für Sozialwissenschaften, S. 144-164.

Frölich-Steffen, Susanne/Rensmann, Lars (2005): Populistische Regierungsparteien in Ost- und Westeuropa. Vergleichende Perspektiven der politikwissenschaftlichen Forschung. In: Susanne Frölich-Steffen/Lars Rensmann (Hrsg.), Populisten an der Macht. Populistische Regierungsparteien in West- und Osteuropa. Wien: Braumüller, S. 3-34.

Fromm, Erich (1936): Sozialpsychologischer Teil. In: Max Horkheimer (Hrsg.), Studien über Autorität und Familie. Paris: Alcan, S. 77-135.

Fromm, Erich (1941): Escape from Freedom. New York [u.a.]: Rinehart & Company.

Front National (Hrsg.) (1993): 300 mesures pour la renaissance de la France. Paris: Editions nationales.

Fukuyama, Francis (1995): Trust. The Social Virtues and the Creation of Prosperity. New York: Free Press.

Funke, Friedrich (2001): Die dimensionale Struktur von Autoritarismus. Jena: Dissertation Friedrich-Schiller-Universität.

Funke, Friedrich (2005): The Dimensionality of Right-Wing Authoritarianism. Lessons from the Dilemma Between Theory and Measurement. In: Political Psychology, Bd. 26, H. 2, S. 195-218.

Funke, Hajo (1989): Republikaner. Rassismus, Judenfeindschaft, nationaler Größenwahn. Berlin: Aktion Sühnezeichen Friedensdienste.

Gabriel, Oscar W. (1996): Rechtsextremismus, Ethnozentrismus und Antisystemaffekte in Westeuropa. In: Oscar W. Gabriel/Jürgen W. Falter (Hrsg.), Wahlen und politische Einstellungen in westlichen Demokratien. Frankfurt (Main) [u.a.]: Peter Lang, S. 71-99.

Ganzeboom, Harry B. G./De Graaf, Paul M./Treiman, Donald J. (1992): A Standard International Socio-Economic Index of Occupational Status. In: Social Science Research, Bd. 21, H. 1, S. 1-56.

Ganzeboom, Harry B. G./Treiman, Donald J. (1996): Internationally Comparable Measures of Occupational Status for the 1988 International Standard Classification of Occupations. In: Social Science Research, Bd. 25, H. 3, S. 201-239.

Ganzeboom, Harry B. G./Treiman, Donald J. (2003): Three Internationally Standardised Measures for Comparative Research on Occupational Status. In: Jürgen H. P. Hoffmeyer-Zlotnik/Christof Wolf (Hrsg.), Advances in Cross-National Comparison. A European Working Book for Demographic and Socio-Economic Variables. New York [u.a.]: Kluwer Academic/Plenum Publishers, S. 159-193.

Geiger, Theodor (1930): Panik im Mittelstand. In: Die Arbeit - Zeitschrift für Gewerkschaftspolitik und Wirtschaftskunde, Bd. 7, H. 10, S. 637-654.

Geiger, Theodor (1932): Die soziale Schichtung des deutschen Volkes. Stuttgart: Enke.

Geißler, Rainer (1994a): Die pluralisierte Schichtstruktur der modernen Gesellschaft. Zur aktuellen Bedeutung des Schichtbegriffs. In: Rainer Geißler (Hrsg.), Soziale Schichtung und Lebenschancen in Deutschland. Stuttgart: Enke, S. 6-36.

Geißler, Rainer (1994b): Soziale Schichtung und Lebenschancen in Deutschland. 2. Auflage. Stuttgart: Enke.

Geißler, Rainer (1996): Kein Abschied von Klasse und Schicht. Ideologische Gefahren der deutschen Sozialstrukturanalyse. In: Kölner Zeitschrift für Soziologie und Sozialpsychologie, Bd. 48, H. 2, S. 319-338.

Gentile, Pierre/Kriesi, Hanspeter (1998): Contemporary Radical-Right Parties in Switzerland. History of a Divided Family. In: Hans-Georg Betz/Stefan Immerfall (Hrsg.), The New Politics of the Right. Neo-Populist Parties and Movements in Established Democracies. New York: St. Martin's Press, S. 125-141.

Gibson, Rachel K. (2002): The Growth of Anti-Immigrant Parties in Western Europe. Lewiston [u.a.]: Edwin Mellen Press.

Giddens, Anthony (1995): Konsequenzen der Moderne. Frankfurt (Main): Suhrkamp.

Gieseke, Johannes/Groß, Martin (2002): Befristete Beschäftigung. Chance oder Risiko? In: Kölner Zeitschrift für Soziologie und Sozialpsychologie, Bd. 54, H. 1, S. 85-108.

Gieseke, Johannes/Groß, Martin (2007): Flexibilisierung durch Befristung. Empirische Analysen zu den Folgen befristeter Beschäftigung. In: Berndt Keller/Hartmut Seifert (Hrsg.), Atypische Beschäftigung. Flexibilisierung und soziale Risiken. Berlin: Edition Sigma, S. 83-105.

Gifi, Albert (1990): Nonlinear Multivariate Analysis. Chichester [u.a.]: Wiley.

Givens, Terri E. (2004): The Radical Right Gender Gap. In: Comparative Political Studies, Bd. 37, H. 1, S. 30-54.

Givens, Terri E. (2005): Voting Radical Right in Western Europe. Cambridge: Cambridge University Press.

Goedhart, Theo/Halberstadt, Victor/Kapteyn, Arie/Van Praag, Bernhard M. S. (1977): The Poverty Line. Concept and Measurement. In: Journal of Human Resources, Bd. 12, H. 4, S. 503-520.

Golder, Matt (2003): Explaining Variation in the Success of Extreme Right Parties in Western Europe. In: Comparative Political Studies, Bd. 36, H. 4, S. 432-466.

Goldthorpe, John H. (1980): Social Mobility and Class Structure in Modern Britain. Oxford: Clarendon.

Goldthorpe, John H. (1983): Women and Class Analysis. In Defense of the Conventional View. In: Sociology, Bd. 17, H. 4, S. 465-488.

Goldthorpe, John H. (1995): The Service Class Revisited. In: Tim Butler/Mike Savage (Hrsg.), Social Change and the Middle Classes. London: UCL Press, S. 313-344.

Goldthorpe, John H. (2000): Social Class and the Differentiation of Employment Contracts. In: John H. Goldthorpe (Hrsg.), On Sociology. Numbers, Narratives, and the Integration of Research and Theory. Oxford/New York: Oxford University Press, S. 206-229.

Goldthorpe, John H. (2002): Globalisation and Social Class. In: West European Politics, Bd. 25, H. 3, S. 1-28.
Goldthorpe, John H./McKnight, Abigail (2005): The Economic Base of Social Class. In: Stephen L. Morgan/David Grusky/Gary S. Fields (Hrsg.), Mobility and Inequality. Frontiers of Research in Sociology and Economics. Stanford: Stanford University Press, S. 109-136.
Goldthorpe, John H./Payne, Clive (1986): On the Class Mobility of Women. Results from Different Approaches to the Analysis of Recent British Data. In: Sociology, Bd. 20, H. 4, S. 531-555.
Goodwyn, Lawrence (1991): Rethinking "Populism". Paradoxes of Historiography and Democracy. In: Telos, H. 88, S. 37-56.
Götz, Norbert (1997): Modernisierungsverlierer oder Gegner der reflexiven Moderne? Rechtsextreme Einstellungen in Berlin. In: Zeitschrift für Soziologie, Bd. 26, H. 6, S. 393-413.
Grabb, Edward G. (1979): Working-Class Authoritarianism and Tolerance of Outgroups. A Reassessment. In: Public Opinion Quarterly, Bd. 43, H. 1, S. 36-47.
Greenfield, Cathy (1985): 'In the People's Name'. Populism as a Political Form. In: Australian Journal of Cultural Studies, Bd. 3, H. 2, S. 89-103.
Greven, Thomas/Grumke, Thomas (Hrsg.) (2006): Globalisierter Rechtsextremismus? Die extremistische Rechte in der Ära der Globalisierung. Wiesbaden: VS Verlag für Sozialwissenschaften.
Grumke, Thomas (2002): Einleitung. In: Thomas Grumke/Bernd Wagner (Hrsg.), Handbuch Rechtsradikalismus. Opladen: Leske + Budrich, S. 7-9.
Gurr, Ted R. (1970): Why Men Rebel. Princeton: Princeton University Press.
Guttman, L (1954): Some Necessary Conditions for Common Factor Analysis. In: Psychometrika, Bd. 19, H. 2, S. 149-162.
Habermas, Jürgen (1998): Jenseits des Nationalstaats? Bemerkungen zu Folgeproblemen der wirtschaftlichen Globalisierung. In: Ulrich Beck (Hrsg.), Politik der Globalisierung. Suhrkamp: Frankfurt (Main), S. 67-84.
Hagenaars, Aldi J. M./de Vos, Klaas/Zaidi, M. Asghar (1994): Poverty Statistics in the Late 1980s. Research Based on Micro-Data. Luxembourg: Office for Official Publications of the European Communities.
Hainmüller, Jens/Hiscox, Michael J. (2007): Educated Preferences. Explaining Attitudes Toward Immigration in Europe. In: International Organizations, Bd. 61, H. 2, S. 399-442.
Hainsworth, Paul (1992): The Extreme Right in Europe and the USA. London: Pinter.
Hainsworth, Paul (2008): The Extreme Right in Western Europe. London/New York: Routledge.
Hakim, Catherine (1997): A Sociological Perspective on Part-Time Work. In: Catherine Hakim/Hans-Peter Blossfeld (Hrsg.), Between Equalization and Marginalization. Women Working Part-Time in Europe and the USA. Oxford: Oxford University Press, S. 22-70.
Halleröd, Björn/Larrson, Daniel (2008): Poverty, Welfare Problems and Social Exclusion. In: International Journal of Social Welfare, Bd. 17, H. 1, S. 15-25.
Hardin, Russell (2002): Trust and Trustworthiness. New York: Russell Sage Foundation.
Hartleb, Florian (2004): Rechts- und Linkspopulismus. Eine Fallstudie anhand von Schill-Partei und PDS. Wiesbaden: VS Verlag für Sozialwissenschaften.
Hartleb, Florian (2007a): Bund freier Bürger. In: Frank Decker/Viola Neu (Hrsg.), Handbuch der deutschen Parteien. Wiesbaden: VS Verlag für Sozialwissenschaften, S. 197-200.
Hartleb, Florian (2007b): Initiative Pro DM. In: Frank Decker/Viola Neu (Hrsg.), Handbuch der deutschen Parteien. Wiesbaden: VS Verlag für Sozialwissenschaften, S. 309-312.
Hausen, Cornelia/Jungblut, Jean-Marie/Müller, Walter/Pollak, Reinhard/Wirth, Heike (2005): Validation of ESeC. The Effect of Coding Procedures and Occupational Aggregation Level. Unveröffentlichtes Manuskript. 38 Seiten. Mannheim.
Heberle, Rudolf (1945): From Democracy to Nazism. A Regional Case Study on Political Parties in Germany. Baton Rouge: Louisiana State University Press.
Heidar, Knut (2005): Norwegian Parties and the Party System. Steadfast and Changing. In: West European Politics, Bd. 28, H. 4, S. 807-833.

Heinisch, Reinhard (2003): Success in Opposition. Failure in Government. Explaining the Performance of Right-Wing Populist Parties in Public Office. In: West European Politics, Bd. 26, H. 3, S. 91-130.
Heitmeyer, Wilhelm (1987): Rechtsextremistische Orientierungen bei Jugendlichen. Empirische Ergebnisse und Erklärungsmuster zur politischen Sozialisation. Weinheim/München: Juventa.
Heitmeyer, Wilhelm (1997): Auf dem Weg in eine desintegrierte Gesellschaft. In: Wilhelm Heitmeyer (Hrsg.), Was treibt die Gesellschaft auseinander? Bundesrepublik Deutschland: Auf dem Weg von der Konsens- zur Konfliktgesellschaft. Frankfurt (Main): Suhrkamp, S. 9-26.
Heitmeyer, Wilhelm (2001): Autoritärer Kapitalismus, Demokratieentleerung und Rechtspopulismus. Eine Analyse von Entwicklungstendenzen. In: Wilhelm Heitmeyer/Dietmar Loch (Hrsg.), Schattenseiten der Globalisierung. Rechtsradikalismus, Rechtspopulismus und separatistischer Regionalismus in westlichen Demokratien. Frankfurt (Main): Suhrkamp, S. 497-534.
Heitmeyer, Wilhelm (Hrsg.) (2002a): Deutsche Zustände, Bd. 1. Frankfurt (Main): Suhrkamp.
Heitmeyer, Wilhelm (2002b): Gruppenbezogene Menschenfeindlichkeit. Die theoretische Konzeption und erste empirische Ergebnisse. In: Wilhelm Heitmeyer (Hrsg.), Deutsche Zustände. Bd. 1. Frankfurt (Main): Suhrkamp, S. 15-34.
Heitmeyer, Wilhelm (Hrsg.) (2003): Deutsche Zustände, Bd. 2. Frankfurt (Main): Suhrkamp.
Heitmeyer, Wilhelm (Hrsg.) (2005): Deutsche Zustände, Bd. 3. Frankfurt (Main): Suhrkamp.
Heitmeyer, Wilhelm (Hrsg.) (2006): Deutsche Zustände, Bd. 4. Frankfurt (Main): Suhrkamp.
Heitmeyer, Wilhelm (Hrsg.) (2007): Deutsche Zustände, Bd. 5. Frankfurt (Main): Suhrkamp.
Heitmeyer, Wilhelm (Hrsg.) (2008): Deutsche Zustände, Bd. 6. Frankfurt (Main): Suhrkamp.
Heitmeyer, Wilhelm/Heyder, Aribert (2002): Autoritäre Haltungen. Rabiate Forderungen in unsicheren Zeiten. In: Wilhelm Heitmeyer (Hrsg.), Deutsche Zustände. Bd. Bd. 1. Frankfurt (Main): Suhrkamp, S. 59-70.
Heitmeyer, Wilhelm/Loch, Dietmar (Hrsg.) (2001): Schattenseiten der Globalisierung. Rechtsradikalismus, Rechtspopulismus und separatistischer Regionalismus in westlichen Demokratien. Frankfurt (Main): Suhrkamp.
Heitmeyer, Wilhelm/Peter, Jörg-Ingo (1988): Jugendliche Fußballfans. Soziale und politische Orientierungen, Gesellungsformen, Gewalt. Weinheim/München: Juventa.
Held, David/McGrew, Anthony/Goldblatt, David/Perraton, Jonathan (1999): Global Transformations. Politics, Economics and Culture. Oxford: Polity Press.
Helms, Ludger (1997): Right-Wing Populist Parties in Austria and Switzerland. A Comparative Analysis of Electoral Support and Conditions of Success. In: West European Politics, Bd. 20, H. 2, S. 37-52.
Hennecke, Hans Jörg (2003): Das Salz in den Wunden der Konkordanz. Christoph Blocher und die Schweizer Politik. In: Nikolaus Werz (Hrsg.), Populismus. Populisten in Übersee und Europa. Opladen: Leske + Budrich, S. 145-162.
Hennig, Eike (1994): Politische Unzufriedenheit. Ein Resonanzboden für Rechtsextremismus? In: Wolfgang Kowalsky/Wolfgang Schroeder (Hrsg.), Rechtsextremismus. Einführung und Forschungsbilanz. Wiesbaden: Westdeutscher Verlag, S. 339-380.
Heyder, Aribert/Schmidt, Peter (2000): Autoritäre Einstellungen und Ethnozentrismus. Welchen Einfluss hat die Schulbildung? In: Susanne Rippl/Christian Seipel/Angela Kindervater (Hrsg.), Autoritarismus. Kontroversen und Ansätze der aktuellen Autoritarismusforschung. Opladen: Leske + Budrich, S. 119-143.
Hodge, Robert W./Siegel, Paul M./Rossi, Peter H. (1964): Occupational Prestige in the United States, 1925-63. In: American Journal of Sociology, Bd. 70, H. 3, S. 286-302.
Hodge, Robert W./Treiman, Donald J./Rossi, Peter H. (1966): A Comparative Study of Occupational Prestige. In: Reinhard Bendix/Seymour M. Lipset (Hrsg.), Class, Status, Power. Social Stratification in Comparative Perspective. 2. Auflage. New York/London: Free Press, S. 309-321.
Hofferbert, Richard I./Klingemann, Hans-Dieter (2001): Democracy and Its Discontents in Post-Wall Germany. In: 363-378, Bd. 22, H. 4, S. 363-378.

Hoffmann, Edeltraut/Walwei, Ulrich (1998): Normalarbeitsverhältnis: ein Auslaufmodell? Überlegungen zu einem Erklärungsmodell für den Wandel der Beschäftigungsformen. In: Mitteilungen aus der Arbeitsmarkt- und Berufsforschung, Bd. 31, H. 3, S. 409-425.

Hoffmann, Uwe (1999): Die NPD. Entwicklung, Ideologie und Struktur. Frankfurt (Main) [u.a.]: Lang.

Hoffmeyer-Zlotnik, Jürgen H. P./Warner, Uwe (2006): Methodological Discussion of the Income Measure in the European Social Survey Round 1. In: Metodološki Zvezki. Advances in Methodology and Statistics, Bd. 3, H. 2, S. 289-334.

Hofstadter, Richard (1971 [1963]): The Pseudo-Conservative Revolt. In: Daniel Bell (Hrsg.), The Radical Right. New York: Books for Libraries Press, S. 63-80.

Holmbeck, Grayson N. (1997): Toward Terminological, Conceptual, and Statistical Clarity in the Study of Mediators and Moderators. Examples From the Child-Clinical and Pediatric Psychology Literatures. In: Journal of Consulting and Clinical Psychology, Bd. 65, H. 4, S. 599-610.

Holst, Christian (2003): The Validity of Income Measurement in Comparative Perspective. Non-Response and Biases. In: Jürgen H. P. Hoffmeyer-Zlotnik/Christof Wolf (Hrsg.), Advances in Cross-National Comparison. A European Working Book for Demographic and Socio-Economic Variables. New York [u.a.]: Kluwer Academic/Plenum Publishers, S. 367-385.

Hooghe, Marc/Reeskens, Tim (2007): Are Cross-National Surveys the Best Way to Study the Extreme-Right Vote in Europe. In: Patterns of Prejudice, Bd. 41, H. 2, S. 177-196.

Hopf, Christel/Rieker, Peter/Sanden-Marcus, Martina/Schmidt, Christiane (1995): Familie und Rechtsextremismus. Familiale Sozialisation und rechtsextreme Orientierung junger Männder. Weinheim/München: Juventa.

Horst, Patrick (2002): Die Hamburger Bürgerschaftswahl vom 23. September 2001. Schillerndem "Bürger-Block" gelingt Machtwechsel. In: Zeitschrift für Parlamentsfragen, Bd. 33, H. 1, S. 43-63.

Hosmer, David W./Lemeshow, Stanley (2000): Applied Logistic Regression. 2. Auflage. New York [u.a.]: Wiley.

Hossay, Patrick (2002): Why Flanders? In: Martin Schain/Aristide Zolberg/Patrick Hossay (Hrsg.), Shadows over Europe. The Development of the Extreme Right in Western Europe. Basingstoke: Palgrave Macmillan, S. 159-185.

Hradil, Stefan (1987): Sozialstrukturanalyse in einer fortgeschrittenen Gesellschaft. Von Klassen und Schichten zu Lagen und Milieus. Opladen: Leske + Budrich.

Hradil, Stefan (2001): Soziale Ungleichheit in Deutschland. 8. Auflage. Opladen: Leske + Budrich.

Hradil, Stefan (2005): Warum werden die meisten entwickelten Gesellschaften wieder ungleicher? In: Paul Windolf (Hrsg.), Finanzmarkt-Kapitalismus. Analysen zum Wandel von Produktionsregimen (Sonderheft 45/2005 der Kölner Zeitschrift für Soziologie und Sozialpsychologie). Wiesbaden: VS Verlag für Sozialwissenschaften, S. 460-483.

Hunt, Larry L./Cushing, Robert G. (1970): Status Discrepancy, Interpersonal Attachment and Right-Wing Extremism. In: Social Science Quarterly, Bd. 51, H. 3, S. 587-601.

Husbands, Christopher T. (2000): Switzerland. Right-Wing and Xenophobic Parties, from Margin to Mainstream? In: Parliamentary Affairs, Bd. 53, H. 3, S. 501-516.

Husbands, Christopher T. (2002): How to Tame the Dragon, or What Goes Around Comes Around. A Critical Review of Some Major Contemporary Attempts to Account for Extreme-Right Racist Politics in Western Europe. In: Martin Schain/Aristide Zolberg/Patrick Hossay (Hrsg.), Shadows over Europe. The Development and Impact of the Extreme Right in Western Europe. Basingstoke: Palgrave Macmillan, S. 39-59.

Huster, Ernst-Ulrich (1993): Neuer Reichtum und alte Armut. Düsseldorf: Patmos.

Hyman, Herbert H./Sheatsley, Paul B. (1954): "The Authoritarian Personality". A Methodological Critique. In: Richard Christie/Marie Jahoda (Hrsg.), Studies in the Scope and Method of "The Authoritarian Personality". Glencoe: Free Press, S. 50-122.

Ignazi, Piero (1992): The Silent Counter-Revolution. Hypotheses on the Emergence of Extreme Right-Wing Parties in Europe. In: European Journal of Political Research, Bd. 22, H. 1, S. 3-34.

Ignazi, Piero (1994): L'Estrema Destra in Europa. Bologna: Il Mulino.
Ignazi, Piero (2006): Extreme Right Parties in Western Europe. 2. Auflage. Oxford [u.a.]: Oxford University Press.
Inglehart, Ronald (1977): The Silent Revolution. Changing Values and Political Styles among Western Publics. Princeton: Princeton University Press.
Inglehart, Ronald (1998): Modernisierung und Postmodernisierung. Kultureller, wirtschaftlicher und politischer Wandel in 43 Gesellschaften. Frankfurt (Main)/New York: Campus.
Inglehart, Ronald (1999): Postmodernization Erodes Respect for Authority, But Increases Support for Democracy. In: Pippa Norris (Hrsg.), Critical Citizen. Global Support for Democratic Government. Oxford [u.a.]: Oxford University Press, S. 236-257.
Ionescu, Ghita/Gellner, Ernest (1969): Introduction. In: Ghita Ionescu/Ernest Gellner (Hrsg.), Populism. Its Meanings and National Characteristics. London: Weidenfeld and Nicholson, S. 1-5.
Ivaldi, Gilles/Swyngedouw, Marc (2006): Rechtsextremismus in populistischer Gestalt. Front National und Vlaams Blok. In: Frank Decker (Hrsg.), Populismus. Gefahr für die Demokratie oder nützliches Korrektiv? Wiesbaden: VS Verlag für Sozialwissenschaften, S. 121-143.
Ivarsflaten, Elisabeth (2002): The Populist Centre-Authoritarian Challenge. A Revised Account of the Radical Right's Success in Western Europe. Nuffield College Working Papers in Politics Nr. 25. 51 Seiten. Oxford.
Ivarsflaten, Elisabeth (2008): What Unites Right-Wing Populists in Western Europe? Re-Examining Grievance Mobilization Models in Seven Successful Cases. In: Comparative Political Studies, Bd. 41, H. 1, S. 3-23.
Jaccard, James (2001): Interaction Effects in Logistic Regression. Thousand Oaks: Sage.
Jackson, Todd (1999): Differences in Psychosocial Experiences of Employed, Unemployed, and Student Samples of Young Adults. In: Journal of Psychology, Bd. 133, H. 1, S. 49-60.
Jagers, Jan/Walgrave, Stefaan (2007): Populism as Political Communication Style. An Empirical Study of Political Parties' Dicourse in Belgium. In: European Journal of Political Research, Bd. 46, H. 3, S. 319-345.
Jagodzinski, Wolfgang/Klein, Markus (1997): Interaktionseffekte in logistischen und linearen Regressionsmodellen und in CHAID. Zum Einfluß von Politikverdrossenheit und Rechtsextremismus auf die Wahl der Republikaner. In: ZA-Information, H. 41, S. 33-57.
Jagodzinski, Wolfgang/Klein, Markus (1998): Interaktionseffekte in Logit-Modellen. Eine Stellungnahme zu Schumann/Hardt und Kühnel. In: ZA-Information, H. 42, S. 116-118.
Jahn, Detlef (2006): Einführung in die vergleichende Politikwissenschaft. Wiesbaden: VS Verlag für Sozialwissenschaft.
Jahoda, Marie (1981): Work, Employment, and Unemployment. Values, Theories, and Approaches in Social Research. In: American Psychologist, Bd. 36, H. 2, S. 184-191.
Jahoda, Marie/Lazarsfeld, Paul F./Zeisel, Hans (1975 [1933]): Die Arbeitslosen von Marienthal. Ein soziographischer Versuch über die Wirkungen langandauernder Arbeitslosigkeit. Frankfurt (Main): Suhrkamp.
Jaschke, Hans-Gerd (1990): Frankreich. Neue Rechte und Rechtsextremismus in Europa. Bundesrepublik, Frankreich, Großbritannien. Opladen: Westdeutscher Verlag, S. 17-103.
Jaschke, Hans-Gerd (1992): Nicht-demokratische politische Partizipation in der sozial polarisierten Stadt. Zur Entwicklung rechtsradikaler und fremdenfeindlicher Protestpotentiale in Frankfurt am Main. In: Karl Starzacher/Konrad Schacht/Bernd Friedrich/Thomas Leif (Hrsg.), Protestwähler und Wahlverweigerer. Krise der Demokratie? Köln: Bund-Verlag.
Jones, Frank Lancester/McMillan, Julie (2001): Scoring Occupational Categories for Social Research. A Review of Current Practice, with Australian Examples. In: Work, Employment & Society, Bd. 15, H. 3, S. 539-563.
Jones, Paul R. (2007): Stichwort "Xenophobia". In: George Ritzer (Hrsg.), The Blackwell Encyclopedia of Sociology. Bd. 10 (St-Z). Malden [u.a.]: Blackwell, S. 5299-5300.

Jöreskog, Karl G./Moustaki, Irini (2001): Factor Analysis of Ordinal Variables. A Comparison of Three Approaches. In: Multivariate Behavioral Research, Bd. 36, H. 3, S. 347-387.

Jun, Uwe (2006): Populismus als Regierungsstil in westeuropäischen Parteiendemokratien. Deutschland, Frankreich und Großbritannien. In: Frank Decker (Hrsg.), Populismus. Gefahr für die Demokratie oder nützliches Korrektiv? Wiesbaden: VS Verlag für Sozialwissenschaften, S. 232-254.

Kailitz, Steffen (2007): Die Republikaner. In: Frank Decker/Viola Neu (Hrsg.), Handbuch der deutschen Parteien. Wiesbaden: VS Verlag für Sozialwissenschaften, S. 366-374.

Kaiser, Henry F. (1960): The Application of Electronic Computers to Factor Analysis. In: Educational and Psychological Measurement, Bd. 20, H. 1, S. 141-151.

Kalleberg, Arne L. (2000): Nonstandard Employment Relations. Part-time, Temporary and Contract Work. In: Annual Review of Sociology, Bd. 26, S. 341-365.

Kaltefleiter, Werner/Nißen, Peter (1980): Empirische Wahlforschung. Eine Einführung in Theorie und Technik. Paderborn [u.a.]: Schöningh.

Kantzara, Vasiliki (2007): Stichwort "Status". In: George Ritzer (Hrsg.), The Blackwell Encyclopedia of Sociology. Bd. 9 (Se-St). Malden [u.a.]: Blackwell, S. 4749-4753.

Kazin, Michael (1995): The Populist Persuasion. An American History. New York: Basic Books.

Keller, Berndt/Seifert, Hartmut (2006): Atypische Beschäftigungsverhältnisse. Flexibilität, soziale Sicherheit und Prekarität. In: WSI-Mitteilungen, Bd. 59, H. 5, S. 235-240.

Kepplinger, Hans Mathias (1996): Skandale und Politikverdrossenheit. Ein Langzeitvergleich. In: Otfried Jarren/Heribert Schatz/Hartmut Weßler (Hrsg.), Medien und politischer Prozess. Politische Öffentlichkeit und massenmediale Politikvermittlung im Wandel. Opladen: Westdeutscher Verlag, S. 41-58.

Kerschke-Risch, Pamela (1990): Statusinkonsistenz. Ein neuer Ansatz für eine alte Theorie. In: Zeitschrift für Soziologie, Bd. 19, H. 3, S. 195-202.

King, Gary/Keohane, Robert O./Verba, Sidney (1994): Designing Social Inquiry. Scientific Inference in Qualitative Research. Princeton: Princeton University Press.

Kish, Leslie (1987): Statistical Design for Research. New York: Wiley.

Kitschelt, Herbert (1986): Political Opportunity Structures and Political Protest. Anti-Nuclear Movements in Four Democracies. In: British Journal of Political Science, Bd. 16, H. 1, S. 57-85.

Kitschelt, Herbert (1995): The Radical Right in Western Europe. A Comparative Analysis. Ann Arbor: University of Michigan Press.

Kitschelt, Herbert (2001): Politische Konfliktlinien in westlichen Demokratien. Ethnisch-kulturelle und wirtschaftliche Verteilungskonflikte. In: Wilhelm Heitmeyer/Dietmar Loch (Hrsg.), Schattenseiten der Globalisierung. Rechtsradikalismus, Rechtspopulismus und separatistischer Regionalismus in westlichen Demokratien. Frankfurt (Main): Suhrkamp, S. 418-442.

Kitschelt, Herbert (2002): Popular Dissatisfaction with Democracy. Populism and Party Systems. In: Yves Mény/Yves Surel (Hrsg.), Democracies and the Populist Challenge. Basingstoke/New York: Palgrave, S. 179-198.

Klanfer, Jules (1965): L'Exclusion sociale. Étude de la marginalité dans les sociétés occidentales. Paris: Bureau de recherches sociales.

Klein, Markus/Falter, Jürgen W. (1996): Die Wähler der Republikaner zwischen sozialer Benachteiligung und rationalem Protest. In: Oscar W. Gabriel/Jürgen W. Falter (Hrsg.), Wahlen und politische Einstellungen in westlichen Demokratien. Frankfurt/Bern: Peter Lang, S. 149-173.

Klein, Markus/Ohr, Dieter (2002): Der Richter und sein Wähler. Ronald B. Schills Wahlerfolg als Beispiel extremer Personalisierung der Politik. In: Zeitschrift für Parlamentsfragen, Bd. 33, H. 1, S. 64-79.

Klingemann, Hans-Dieter (1999): Mapping Political Support in the 1990s. A Global Analysis. In: Pippa Norris (Hrsg.), Critical Citizens. Global Support for Democratic Government. Oxford [u.a.]: Oxford University Press.

Klingemann, Hans-Dieter/Pappi, Franz Urban (1972): Politischer Radikalismus. München: Oldenbourg.

Klönne, Arno (1989): Aufstand der Modernisierungsopfer. In: Blätter für deutsche und internationale Politik, Bd. 34, H. 5, S. 545-548.
Knigge, Pia (1998): The Ecological Correlates of Right-Wing Extremism in Western Europe. In: European Journal of Political Research, Bd. 34, H. 6, S. 249-279.
Knight, Alan (1998): Populism and Neo-populism in Latin America, especially Mexico. In: Journal of Latin American Studies, Bd. 30, H. 2, S. 223-248.
Knöbl, Wolfgang (2003): Theories That Won't Pass Away. The Never-ending Story of Modernization Theory. In: Gerard Delanty/Engin F. Isin (Hrsg.), Handbook of Historical Sociology. London [u.a.]: Sage, S. 96-107.
Kohler, Ulrich (2005): Statusinkonsistenz und Entstrukturierung von Lebenslagen. Empirische Untersuchung zweier Individualisierungshypothesen mit Querschnittsdaten aus 28 Ländern. In: Kölner Zeitschrift für Soziologie und Sozialpsychologie, Bd. 57, H. 2, S. 230-253.
Kohn, Paul M. (1974): Authoritarianism, Rebelliousness, and their Correlates Among British Undergraduates. In: British Journal of Social and Clinical Psychology, Bd. 13, H. 3, S. 245-255.
Korte, Karl-Rudolf (2003): Populismus als Regierungsstil. In: Nikolaus Werz (Hrsg.), Populismus. Populisten in Übersee und Europa. Opladen: Leske + Budrich, S. 209-222.
Kowalsky, Wolfgang/Schroeder, Wolfgang (1994): Rechtsextremismus. Begriff, Methode, Analyse. In: Wolfgang Kowalsky/Wolfgang Schroeder (Hrsg.), Rechtsextremismus. Einführung und Forschungsbilanz. Opladen: Westdeutscher Verlag, S. 7-20.
Kraemer, Klaus/Speidel, Frederic (2004): Prekarisierung von Erwerbsarbeit. Zum Wandel eines arbeitsweltlichen Integrationsmodus. In: Wilhelm Heitmeyer/Peter Imbusch (Hrsg.), Integrationspotenziale einer modernen Gesellschaft. Analysen zu Gesellschaftlicher Integration und Desintegration. Wiesbaden: VS Verlag für Sozialwissenschaften, S. 367-390.
Kress, Ulrike (1998): Vom Normalarbeitsverhältnis zur Flexibilisierung des Arbeitsmarktes. Ein Literaturbericht. In: Mitteilungen aus der Arbeitsmarkt- und Berufsforschung, Bd. 31, H. 3, S. 488-505.
Kriesi, Hanspeter (1995): Bewegungen auf der Linken, Bewegungen auf der Rechten. Die Mobilisierung von zwei neuen Typen von sozialen Bewegungen in ihrem politischen Kontext. In: Swiss Political Science Review, Bd. 1, H. 1, S. 1-46.
Kriesi, Hanspeter (1999): Movements of the Left, Movements of the Right. Putting the Mobilization of two new Types of Social Movements into Political Context. In: Herbert Kitschelt/Peter Lange/Gary Marks/John D. Stephens (Hrsg.), Continuity and Change in Contemporary Capitalism. Cambridge: Cambridge University Press.
Kriesi, Hanspeter (2001): Nationaler politischer Wandel in einer sich denationalisierenden Welt. In: Ansgar Klein/Ruud Koopmans/Heiko Geiling (Hrsg.), Globalisierung, Partizipation, Protest. Opladen: Leske + Budrich, S. 23-44.
Kriz, Jürgen (1994): Stichwort "Skalierung". In: Dieter Nohlen (Hrsg.), Lexikon der Politik. Bd. 2 (Politikwissenschaftliche Methoden). München: Beck, S. 418-422.
Kromrey, Helmut (2002): Empirische Sozialforschung. 10. Auflage. Opladen: Leske + Budrich.
Kronauer, Martin (2002): Exklusion. Die Gefährdung des Sozialen im hoch entwickelten Kapitalismus. Frankfurt (Main)/New York: Campus.
Kucera, David/Milberg, William (2003): Deindustrialization and Changes in Manufacturing Trade. Factor Content Calculations for 1978-1995. In: Review of World Economics, Bd. 139, H. 4, S. 601-624.
Küchler, Manfred (1996): Xenophobie im internationalen Vergleich. In: Jürgen W. Falter/Hans-Gerd Jaschke/Jürgen R. Winkler (Hrsg.), Rechtsextremismus. Ergebnisse und Perspektiven der Forschung. Opladen: Westdeutscher Verlag, S. 248-262.
Kuhn, Thomas S. (1977): The Essential Tension. Selected Studies in Scientific Tradition and Change. Chicago: University of Chicago Press.
Kühnel, Steffen (1998): Ist Politikverdrossenheit eine notwendige Bedingung für die Wahl der Republikaner? Eine Anmerkung zur Kontroverse zwischen Jagodzinski/Klein und Schumann/Hardt. In: ZA-Information, H. 42, S. 98-115.

Kunst, Anton/Roskam, Albert-Jan/Agt, Heleen van (2005): The European Socioeconomic Classification (ESEC). Exploring Its Potential to Describe Class Differences in Health among Middle-Aged Men and Women in 11 European Countries. Unveröffentlichtes Manuskript. 57 Seiten. Rotterdam.

Lazarsfeld, Paul F./Berelson, Bernhard/Gaudet, Hazel (1944): The People's Choice. How the Voter Makes up his Mind in a Presidential Campaign. New York: Columbia University Press.

Le Vine, Robert A./Campbell, Donald T. (1972): Ethnocentrism. Theories of Conflict, Ethnic Attitudes, and Group Behavior. New York: Wiley.

Lederer, Emil (1940): State of the Masses. The Threat of the Classless Society Book. New York: Norton & Company.

Lederer, Gerda (1983): Jugend und Autorität. Über den Einstellungswandel zum Autoritarismus in der Bundesrepublik Deutschland und den USA. Opladen: Westdeutscher Verlag.

Lee, Dwight R. (1996): Why Is Flexible Employment Increasing? In: Journal of Labor Research, Bd. 17, H. 4, S. 543-553.

Leisering, Lutz (2004): Desillusionierung des modernen Fortschrittsglaubens. "Soziale Exklusion" als gesellschaftliche Selbstbeschreibung und soziologisches Konzept. In: Thomas Schwinn (Hrsg.), Differenzierung und soziale Ungleichheit. Die zwei Soziologien und ihre Verknüpfung. Frankfurt (Main): Humanities Online, S. 238-268.

Lenoir, René (1974): Les Exclus. Un Français sur dix. Paris: Le Seuil.

Lenski, Gerhard E. (1954): Status Crystallization. A Non-Vertical Dimension of Social Status. In: American Sociological Review, Bd. 19, S. 405-413.

Lenz, Edward A. (1996): Flexible Employment. Positive Work Strategies for the 21st Century. In: Journal of Labor Research, Bd. 17, H. 4, S. 555-566.

Lessof, Cali/Jowell, Roger (2000): Measuring Social Exclusion. CREST Working Paper Nr. 84. 30 Seiten. Oxford.

Lijphart, Arend (1971): Comparative Politics and the Comparative Method. In: American Political Science Review, Bd. 65, H. 3, S. 682-693.

Link, Jürgen (2008): Diskurstheoretische Überlegungen zur neuesten Konjunktur des "Populismus"-Begriffs (mit Bezug auf Ernesto Laclau). In: Richard Faber/Frank Unger (Hrsg.), Populismus und Geschichte und Gegenwart. Würzburg: Königshausen & Neumann, S. 17-41.

Linting, Marielle/Meulman, Jacqueline J./Groenen, Patrick J. F. /van der Koij, Anita J. (2007): Nonlinear Principal Components Analysis. Introduction and Application. In: Psychological Methods, Bd. 12, H. 3, S. 336-358.

Lipset, Seymour M. (1959a): Democracy and Working-Class Authoritarianism. In: American Sociological Review, Bd. 24, H. 4, S. 482-501.

Lipset, Seymour M. (1959b): Social Stratification and 'Right-Wing' Extremism. In: British Journal of Sociology, Bd. 10, H. 4, S. 1-38.

Lipset, Seymour M. (1960): Political Man. The Social Bases of Politics. London: Heinemann.

Lipset, Seymour M. (1962 [1960]): Soziologie der Demokratie. Neuwied: Luchterhand.

Lipset, Seymour M. (1971 [1963]): The Sources of the "Radical Right". In: Daniel Bell (Hrsg.), The Radical Right. New York: Books for Libraries Press, S. 259-312.

Lipset, Seymour M./Rokkan, Stein (1967): Cleavage Structures, Party Systems and Voter Alignments. An Introduction. In: Seymour M. Lipset/Stein Rokkan (Hrsg.), Party Systems and Voter Alignments. Cross-National Perspectives. New York/London: Collier-MacMillan, S. 1-64.

Listhaug, Ola (1995): The Dynamics of Trust in Politicians. In: Hans-Dieter Klingemann/Dieter Fuchs (Hrsg.), Citizen and the State. Oxford [u.a.]: Oxford University Press.

Loch, Dietmar/Heitmeyer, Wilhelm (2001): Globalisierung und autoritäre Entwicklungen. In: Dietmar Loch/Wilhelm Heitmeyer (Hrsg.), Schattenseiten der Globalisierung. Rechtsradikalismus, Rechtspopulismus und separatistischer Regionalismus in westlichen Demokratien. Frankfurt (Main): Suhrkamp, S. 11-37.

Long, J. Scott (1997): Regression Models for Categorical and Limited Dependent Variables. Thousand Oaks [u.a.]: Sage.

Lösche, Peter (1995): Parteienverdrossenheit ohne Ende? Polemik gegen das Lamentieren deutscher Politiker, Journalisten, Politikwissenschaftler und Staatsrechtler. In: Zeitschrift für Parlamentsfragen, Bd. 26, H. 1, S. 149-159.

Lövenich, Friedhelm (1989): Dem Volk aufs Maul. Überlegung zum Populismus. In: Politische Vierteljahresschrift, Bd. 30, H. 1, S. 22-31.

Lubbers, Marcel (2001): Exclusionistic Electorates. Extreme Right-Wing Voting in Western Europe. Nijmegen: Katholieke Universiteit.

Lubbers, Marcel/Scheepers, Peer (2002): French Front National Voting. A Micro and Macro Perspective. In: Ethnic and Racial Studies, Bd. 25, H. 1, S. 120-149.

Luhmann, Niklas (1968): Vertrauen. Ein Mechanismus der Reduktion sozialer Komplexität. Stuttgart: Enke.

Luhmann, Niklas (1979): Trust and Power. New York: Wiley.

Lupri, Eugen (1972): Statuskonsistenz und Rechtsradikalismus in der Bundesrepublik. In: Kölner Zeitschrift für Soziologie und Sozialpsychologie, Bd. 24, H. 2, S. 265-281.

Luther, Kurt Richard (1988): The Freiheitliche Partei Österreichs. Protest Party or Governing Party? In: Emil Joseph Kirchner (Hrsg.), Liberal Parties in Western Europe. Cambridge: Cambridge University Press, S. 213-251.

Luther, Kurt Richard (2000): Austria. A Democracy under Threat from the Freedom Party? In: Parliamentary Affairs, Bd. 53, H. 3, S. 426-442.

Maes, Jürgen/Schmal, Andreas/Schmitt, Manfred (2001): Arbeitslosigkeit aus einer gerechtigkeitspsychologischen Perspektive. In: Jeannette Zempel/Johann Bacher/Klaus Moser (Hrsg.), Erwerbslosigkeit. Ursachen, Auswirkungen und Interventionen. Opladen: Leske + Budrich, S. 187-205.

Magalhães, Pedro C. (2005): Disaffected Democrats. Political Attitudes and Political Action in Portugal. In: West European Politics, Bd. 28, H. 5, S. 973-991.

Mair, Peter (2002): Populist Democracy vs. Party Democracy. In: Yves Mény/Yves Surel (Hrsg.), Democracies and the Populist Challenge. Basingstoke/New York: Palgrave, S. 81-98.

Mannheim, Karl (1940): Man and Society in an Age of Reconstruction. Studies in Modern Social Structure. London: Routledge.

Mappes-Niediek, Norbert: Nicht wie klassische Sozis reagieren. Der SPÖ-Vorsitzende Alfred Gusenbauer im Gespräch. In: Freitag vom 10. März 2000.

March, Luke (2007): From Vanguard of the Proletariat to Vox Populi. Left-Populism as a 'Shadow' of Contemporary Socialism. In: SAIS Review, Bd. 27, H. 1, S. 63-77.

March, Luke/Mudde, Cas (2005): What's Left of the Radical Left? The European Radical Left after 1989. Decline and Mutation. In: Comparative European Politics, Bd. 3, H. 1, S. 23-49.

Mayda, Anna Maria (2006): How Is Against Immigration? A Cross-Country Investigation of Attitudes Towards Immigrants. In: Review of Economics and Statistics, Bd. 88, H. 3, S. 510-530.

Mayer, Nonna (1998): The French National Front. In: Hans-Georg Betz/Stefan Immerfall (Hrsg.), The New Politics of the Right. Neo-Populist Parties and Movements in Established Democracies. New York: St. Martin's Press, S. 11-25.

Mayer, Nonna (1999): Ces Français qui votent FN. Paris: Flammarion.

Mayer, Nonna (2005): Radical Right Populism in France. How Much of the 2002 Le Pen Votes Does Populism Explain? Paper prepared for the Symposion "Globalization and the Radical Right Populism", Centre for the Study of European Politics and Society, Ben Gurion University of the Neguev, 11-12 April 2005. 14 Seiten. Beer Sheva.

Mayer, Nonna/Perrineau, Pascal (1992): Why Do They Vote for Le Pen? In: European Journal of Political Research, Bd. 22, H. 1, S. 123-141.

Mayer-Ahuja, Nicole (2003): Wieder dienen lernen? Von westdeutschen "Normalarbeitsverhältnis" zu prekärer Beschäftigung seit 1973. Berlin: Edition Sigma.

Mayntz, Renate/Holm, Kurt/Hübner, Peter (1978): Einführung in die Methoden der empirischen Soziologie. 5. Auflage. Opladen: Westdeutscher Verlag.

McAllister, Ian (1999): The Economic Performance of Governments. In: Pippa Norris (Hrsg.), Critical Citizens. Global Support for Democratic Governance. Oxford [u.a.]: Oxford University Press, S. 188-204.

McGann, Anthony J./Kitschelt, Herbert (2005): The Radical Right in the Alps. Evolution of Support for the Swiss SVP and the Austrian FPÖ. In: Party Politics, Bd. 11, H. 2, S. 147-171.

McLarren, Lauren M. (2001): Immigration and the New Politics of Inclusiond and Exclusion in the European Union. The Effects of Elites and the EU on Individual-Level Opinions Regarding European and Non-European Immigrants. In: European Journal of Political Research, Bd. 39, H. 1, S. 81-108.

Meijerink, Frits/Mudde, Cas/Van Holsteyn, Joop (1998): Right-Wing Extremism. In: Acta Politica, Bd. 33, H. 2, S. 165-178.

Meloen, Jos D. (1993): The F Scale as a Predictor of Fascism. An Overview of 40 Years of Authoritarianism Research. In: William F. Stone/Gerda Lederer/Richard Christie (Hrsg.), Strength and Weakness. The Authoritarian Personality Today. New York [u.a.]: Springer, S. 49-72.

Menard, Scott (2002): Applied Logistic Regression Analysis. 2. Auflage. Thousand Oaks [u.a.]: Sage.

Menard, Scott (2004): Six Approaches to Calculating Standardized Logistic Regression Coefficients. In: The American Statistician, Bd. 58, H. 3, S. 218-223.

Mény, Yves/Surel, Yves (Hrsg.) (2002): Democracies and the Populist Challenge. Basingstoke/New York: Palgrave.

Merkl, Peter H./Weinberg, Leonard (Hrsg.) (1997): The Revival of Right-Wing Extremism in the Nineties. London/Portland: Cass.

Merkl, Peter H./Weinberg, Leonard (Hrsg.) (2003): Right-Wing Extremism in the Twenty-First Century. London/Portland: Cass.

Meulman, Jacqueline J./Van der Kooij, Anita J./Heiser, Willem J. (2004): Principal Component Analysis with Nonlinear Optimal Scaling Transformations for Ordinal and Nominal Data. In: David Kaplan (Hrsg.), The Sage Handbook of Quantitative Methodology for the Social Sciences. Thousand Oaks [u.a.]: Sage, S. 49-70.

Meyer, Thomas (1989): Fundamentalismus. Aufstand gegen die Moderne. Reinbek: Rowohlt.

Miliopoulos, Lazaros (2007): Strategische Ansätze, Potentiale und Perspektiven der NPD. In: Uwe Backes/Henrik Steglich (Hrsg.), Die NPD. Erfolgsbedingungen einer rechtsextremistischen Partei. Baden-Baden: Nomos, S. 121-141.

Miller, Alan S. (2003): Are Survey on Trust Trustworthy. In: Social Psychology Quarterly, Bd. 66, H. 1, S. 62-70.

Miller, Arthur/Listhaug, Ola (1999): Political Performance and Institutional Trust. In: Pippa Norris (Hrsg.), Critical Citizens. Global Support for Democratic Governance. Oxford [u.a.]: Oxford University Press, S. 204-217.

Minkenberg, Michael (1998): Die neue radikale Rechte im Vergleich. USA, Frankreich, Deutschland. Opladen/Wiesbaden: Westdeutscher Verlag.

Minkenberg, Michael (2000): The Renewal of the Radical Right. Between Modernity and Anti-Modernity. In: Government and Opposition, Bd. 35, H. 2, S. 170-188.

Montero, José Ramón/Gunther, Richard/Torcal, Mariano (1997): Democracy in Spain. Legitimacy, Discontent, and Disaffection. In: Studies in Comparative International Development, Bd. 32, H. 3, S. 124-160.

Morgan, Craig/Burns, Tom/Fitzpatrick, Ray/Pinfold, Vanessa/Priebe, Stefan (2007): Social Exclusion and Mental Health. Conceptual and Methodological Review. In: British Journal of Psychiatry, Bd. 191, H. 12, S. 477-483.

Mückenberger, Ulrich (1989): Der Wandel des Normalarbeitsverhältnisses unter Bedingungen einer "Krise der Normalität". In: Gewerkschaftliche Monatshefte, Bd. 40, H. 4, S. 211-223.

Mudde, Cas (1996): The War of Words Defining the Extreme Right Party Family. In: West European Politics, Bd. 19, H. 2, S. 225-248.

Mudde, Cas (2000): The Ideology of the Extreme Right. Manchester [u.a.]: Manchester University Press.

Mudde, Cas (2004a): Globalisation. The Multi-Faced Enemy? CERC Working Paper Series. 22 Seiten. Melbourne.
Mudde, Cas (2004b): The Populist Zeitgeist. In: Government and Opposition, Bd. 39, H. 3, S. 541-563.
Mudde, Cas (2007): Populist Radical Right Parties in Europe. Cambridge [u.a.]: Cambridge University Press.
Mudde, Cas/van Holsteyn, Joop (1994): Over the Top. Dutch Right-Wing Extremist Parties in the Elections of 1994. In: Politics, Bd. 14, H. 3, S. 127-134.
Muller, Edward N./Jukam, Thomas (1977): On the Meaning of Political Support. In: American Political Science Review, Bd. 71, H. 4, S. 1561-1595.
Müller, Walter (2007): Entwicklung einer Europäischen Sozioökonomischen Klassifikation. In: Wirtschaft und Statistik, Bd. 59, H. 5, S. 527-530.
Müller, Walter/Wirth, Heike/Bauer, Gerrit/Pollak, Reinhard/Weiss, Felix (2006): ESeC-Kurzbericht zur Validierung und Operationalisierung einer Europäischen Sozioökonomischen Klassifikation. In: ZUMA-Nachrichten, Bd. 30, H. 59, S. 111-119.
Münch, Richard/Smelser, Neil J. (1987): Relating the Micro and Macro. In: Jeffrey C. Alexander/Bernhard Giesen/Richard Münch/Neil J. Smelser (Hrsg.), The Micro-Macro Link. Berkeley [u.a.]: University of California Press, S. 356-387.
Myrdal, Gunnar (1963): Challenge to Affluence. New York: Pantheon.
Nachtwey, Oliver/Spier, Tim (2007a): Günstige Gelegenheit? Die sozialen und politischen Entstehungshintergründe der Linkspartei. In: Tim Spier/Felix Butzlaff/Matthias Micus/Franz Walter (Hrsg.), Die Linkspartei. Zeitgemäße Idee oder Bündnis ohne Zukunft? Wiesbaden: VS Verlag für Sozialwissenschaften, S. 13-70.
Nachtwey, Oliver/Spier, Tim (2007b): Political Opportunity Structures and the Success of the German Left Party in 2005. In: Debatte: Journal of Contemporary Central and Eastern Europe, Bd. 15, H. 2, S. 123-154.
Naßmacher, Hiltrud (2004): Politikwissenschaft. 5. Auflage. München [u.a.]: Oldenbourg.
Nauenburg, Ricarda (2005): Globalisierung und rechtspopulistische Wahlerfolge. Arbeitspapier Wissenschaftszentrum Berlin für Sozialforschung (WZB). 33 Seiten. Berlin.
Neller, Katja (2004): Der European Social Survey (ESS) 2002/2003. In: ZA-Information, H. 54, S. 182-188.
Neller, Katja (2006): Die zweite Welle des European Social Survey (ESS) 2004/2005. In: ZA-Information, H. 58, S. 92-102.
Neumann, Siegmund (1942): Permanent Revolution. The Total State in a World at War. New York/London: Harper & Brothers.
Newton, Kenneth (1999a): Social and Political Trust in Established Democracies. In: Pippa Norris (Hrsg.), Critical Citizens. Global Support for Democratic Governance. Oxford [u.a.]: Oxford University Press, S. 169-187.
Newton, Kenneth (1999b): Social Capital and Democracy in Modern Europe. In: Jan van Deth/Marco Maraffi/Kenneth Newton/Paul F. Whiteley (Hrsg.), Social Capital and European Democracy. London: Routledge, S. 3-24.
Newton, Kenneth (2006): Political Support. Social Capital, Civil Society and Political and Economic Performance. In: Political Studies, Bd. 54, H. 4, S. 846-864.
Newton, Kenneth/Norris, Pippa (2000): Confidence in Political Institutions. Faith, Culture or Performance? In: Susan Pharr/Robert Putnam (Hrsg.), Disaffected Democracies. What's Troubling the Trilateral Countries? Princeton: Princeton University Press, S. 52-73.
Niedermayer, Oskar (2001): Bürger und Politik. Politische Orientierungen und Verhaltensweisen der Deutschen. Wiesbaden: Westdeutscher Verlag.
Nohlen, Dieter/Schmidt, Manfred G. (1998): Stichwort "Autoritarismus". In: Dieter Nohlen (Hrsg.), Lexikon der Politik. Bd. 7 (Politische Begriffe). München: C.H. Beck, S. 61.
Norris, Pippa (2005): Radical Right. Voters and Parties in the Electoral Marketplace. Cambridge [u.a.]: Harvard University Press.

Nye, Joseph/Zelikow, Philip (1997): Conclusion: Reflections, Conjectures and Puzzles. In: Joseph Nye/Philip Zelikow/David King (Hrsg.), Why Americans Mistrust Government. Cambridge: Harvard University Press, S. 253-281.
Oesterreich, Detlef (1974): Autoritarismus und Autonomie. Stuttgart: Klett.
Oesterreich, Detlef (1993): Autoritäre Persönlichkeit und Gesellschaftsordnung. Der Stellenwert psychischer Faktoren für politische Einstellungen. Weinheim [u.a.]: Juventa.
Oesterreich, Detlef (1996): Flucht in die Sicherheit. Zur Theorie des Autoritarismus und der autoritären Reaktion. Opladen: Leske + Budrich.
Oesterreich, Detlef (2005): Autoritäre Persönlichkeitsmerkmale, politische Einstellungen und Sympathie für politische Parteien. In: Siegfried Schumann (Hrsg.), Persönlichkeit. Eine vergessene Größe der empirischen Sozialforschung. Wiesbaden: VS Verlag für Sozialwissenschaften, S. 234-261.
Opp, Karl-Dieter (2005): Methodologie der Sozialwissenschaften. Einführung in Probleme ihrer Theorienbildung und praktischen Anwendung. 6. Auflage. Wiesbaden: VS Verlag für Sozialwissenschaften.
Pakulski, Jan/Waters, Malcolm (1996a): The Death of Class. London: Sage.
Pakulski, Jan/Waters, Malcolm (1996b): The Reshaping and Dissolution of Social Class in Advanced Society. In: Theory and Society, Bd. 25, H. 5, S. 667-691.
Papadopoulos, Yannis (2002): Populism, the Democratic Question, and Contemporary Governance. In: Yves Mény/Yves Surel (Hrsg.), Democracies and the Populist Challenge. Basingstoke/New York: Palgrave, S. 45-61.
Pappi, Franz Urban (1989): Die Republikaner im Parteiensystem der Bundesrepublik. Protesterscheinung oder politische Alternative? In: Aus Politik und Zeitgeschichte, Bd. 40, H. 21, S. 37-44.
Parsons, Talcott (1942): Some Sociological Aspects of the Fascist Movements. In: Social Forces, Bd. 21, H. 2, S. 138-147.
Pedersen, Mogens (1982): Towards a New Typology of Party Lifespans and Minor Parties. In: Scandinavian Political Studies, Bd. 5, H. 1, S. 1-16.
Pelinka, Anton (2002): Die FPÖ in der vergleichenden Parteienforschung. Zur typologischen Einordnung der Freiheitlichen Partei Österreichs. In: Österreichische Zeitschrift für Politikwissenschaft, Bd. 31, H. 3, S. 281-290.
Pelinka, Anton (2005): Die FPÖ. Eine rechtspopulistische Regierungspartei zwischen Adaption und Opposition. In: Susanne Frölich-Steffen/Lars Rensmann (Hrsg.), Populisten an der Macht. Populistische Regierungsparteien in West- und Osteuropa. Wien: Braumüller, S. 87-104.
Peña-Casas, Ramón/Latta, Mia (2004): Working Poor in the European Union. Luxembourg: Office for Official Publications of the European Communities.
Perraton, Jonathan/Goldblatt, David/Held, David/McGrew, Anthony (1998): Die Globalisierung der Wirtschaft. In: Ulrich Beck (Hrsg.), Politik der Globalisierung. Frankfurt (Main): Suhrkamp, S. 134-168.
Perrineau, Pascal (1995): La dynamique du vote Le Pen. Le poids du gaucho-lepénisme. In: Pascal Perrineau/Colette Ysmal (Hrsg.), Le vote de crise. Paris: Departement d'Etudes Politiques/Fondation Nationale des Sciences Politiques, S. 249-261.
Perrineau, Pascal (1996): L'électorat du Front National. Permanences et nouveautés. Institut de Ciències Polítiques i Socials Working Papers. 20 Seiten. Barcelona.
Perrineau, Pascal (1997): Le Symptôme Le Pen. Paris: Fayard.
Peuckert, Rüdiger (2003a): Stichwort "Klasse, soziale". In: Bernhard Schäfers (Hrsg.), Grundbegriffe der Soziologie. 8. Auflage. Opladen: Leske + Budrich, S. 172-176.
Peuckert, Rüdiger (2003b): Stichwort "Status, sozialer". In: Bernhard Schäfers (Hrsg.), Grundbegriffe der Soziologie. Opladen: Leske + Budrich, S. 381-383.
Pfahl-Traughber, Armin (Hrsg.) (1994): Volkes Stimme? Rechtspopulismus in Europa. Bonn: Dietz.
Pfahl-Traughber, Armin (2007): Deutsche Volksunion (DVU). In: Frank Decker/Viola Neu (Hrsg.), Handbuch der deutschen Parteien. Wiesbaden: VS Verlag für Sozialwissenschaften, S. 250-255.

Piachaud, David (1992): Wie misst man Armut? In: Stephan Leibfried/Wolfgang Voges (Hrsg.), Armut im modernen Wohlfahrtsstaat (Sonderheft 32/1992 der Kölner Zeitschrift für Soziologie und Sozialpsychologie). Opladen: Westdeutscher Verlag, S. 63-87.
Plasser, Fritz/Ulram, Peter A. (2000): Rechtspopulistische Resonanzen. Die Wählerschaft der FPÖ. In: Fritz Plasser/Peter A. Ulram/Franz Sommer (Hrsg.), Das Österreichische Wahlverhalten. Wien: Signum, S. 225-241.
Popper, Karl (1935): Logik der Forschung. 2. Auflage. Wien: Springer.
Popper, Karl (1966 [1935]): Logik der Forschung. 2. Auflage. Wien: Springer.
Popper, Karl (1973): Objektive Erkenntnis. Ein evolutionärer Entwurf. Hamburg: Hoffmann & Campe.
Priester, Karin (2007): Populismus. Historische und aktuelle Erscheinungsformen. Frankfurt/New York: Campus.
Przeworski, Adam/Teune, Henry (1970): The Logic of Social Inquiry. New York: Wiley.
Puhle, Hans-Jürgen (2003): Zwischen Protest und Politikstil. Populismus, Neo-Populismus und Demokratie. In: Nikolaus Werz (Hrsg.), Populismus. Populisten in Übersee und Europa. Opladen: Leske + Budrich, S. 15-43.
Putnam, Robert D. (1995): Bowling Alone. America's Declining Social Capital. In: Journal of Democracy, Bd. 6, H. 1, S. 65-78.
Putnam, Robert D. (2000): Bowling Alone. The Collapse and Revival of American Community. New York: Simon & Schuster.
Quinlan, Michael/Mayhew, Claire/Bohle, Philip (2001): The Global Expansion of Precarious Employment, Work Disorganization, and Consequences for Occupational Health. A Review of Recent Research. In: International Journal of Health Services, Bd. 31, H. 2, S. 335-414.
Rattinger, Hans (1983): Arbeitslosigkeit, Apathie und Protestpotential. Zu den Auswirkungen der Arbeitsmarktlage auf das Wahlverhalten bei der Bundestagswahl 1980. In: Max Kaase/Hans-Dieter Klingemann (Hrsg.), Wahlen und politisches System. Analysen aus Anlass der Bundestagswahl 1980. Opladen: Westdeutscher Verlag, S. 257-317.
Rattinger, Hans (1985): Politisches Verhalten von Arbeitslosen. Die Bundestagswahl 1980 und 1983 im Vergleich. In: Dieter Oberndörfer (Hrsg.), Wirtschaftlicher Wandel, religiöser Wandel und Wertewandel. Folgen für das politische Verhalten in der Bundesrepublik Deutschland. Berlin: Duncker & Humblot, S. 97-130.
Ray, John J. (1979): The Autoritarian as Measured by a Personality Scale. Solid Citizen or Misfit? In: Journal of Clinical Psychology, Bd. 35, H. 4, S. 744-747.
Reeskens, Tim/Hooghe, Marc (2008): Cross-Cultural Measurement Equivalence of Generalized Trust. Evidence from the European Social Survey. In: Social Indicators Research, Bd. 85, H. 3, S. 515-532.
Reich, Wilhelm (1933): Massenpsychologie des Faschismus. Berlin/Kopenhagen: Verlag für Sexualpolitik.
Renner, Karl (1953): Wandlungen der modernen Gesellschaft. Wien: Verlag der Wiener Volksbuchhandlung.
Rensmann, Lars (2006): Populismus und Ideologie. In: Frank Decker (Hrsg.), Populismus. Gefahr für die Demokratie oder nützliches Korrektiv? Wiesbaden: VS Verlag für Sozialwissenschaften, S. 59-80.
Rieger, Günter (1994): "Parteienverdrossenheit" und "Parteienkritik" in der Bundesrepublik Deutschland. In: Zeitschrift für Parlamentsfragen, Bd. 25, H. 3, S. 459-471.
Rieker, Peter (1997): Ethnozentrismus bei jungen Männern. Fremdenfeindlichkeit und Nationalismus und die Bedingungen ihrer Sozialisation. Weinheim/München: Juventa.
Ringer, Benjamin B./Sills, David L. (1952): Political Extremists in Iran. A Secondary Analysis of Communication Data. In: Public Opinion Quarterly, Bd. 16, H. 4, S. 689-701.
Rippl, Susanne/Baier, Dirk (2005): Das Deprivationskonzept in der Rechtsextremismusforschung. Eine vergleichende Analyse. In: Kölner Zeitschrift für Soziologie und Sozialpsychologie, Bd. 57, H. 4, S. 644-666.

Rippl, Susanne/Kindervater, Angela/Seipel, Christian (2000a): Die autoritäre Persönlichkeit - Konzept, Kritik und neuere Forschungsansätze. In: Susanne Rippl/Christian Seipel/Angela Kindervater (Hrsg.), Autoritarismus - Kontroversen und Ansätze der aktuellen Autoritarismusforschung. Opladen: Leske + Budrich, S. 13-30.
Rippl, Susanne/Kindervater, Angela/Seipel, Christian (2000b): Die autoritäre Persönlichkeit. Konzept, Kritik und neuere Forschungsansätze. In: Susanne Rippl/Christian Seipel/Angela Kindervater (Hrsg.), Autoritarismus. Kontroversen und Ansätze der aktuellen Autoritarismusforschung. Opladen: Leske + Budrich, S. 13-30.
Robinson, John P./Shaver, Phillip R./Wrightsman, Lawrence S. (1991): Criteria for Scale Selection and Evaluation. In: John P. Robinson/Phillip R. Shaver/Lawrence S. Wrightsman (Hrsg.), Measures of Personality and Social Psychological Attitudes. San Diego: Academic Press, S. 1-15.
Robinson, William S. (1950): Ecological Correlations and the Behaviour of Individuals. In: American Sociological Review, Bd. 15, H. 2, S. 351-357.
Rohwer, Götz/Pötter, Ulrich (2002): Methoden sozialwissenschaftlicher Datenkonstruktion. Weinheim/München: Juventa.
Rokeach, Milton (1960): The Open and Closed Mind. Investigations into the Nature of Belief Systems and Personality Systems. New York: Basic Books.
Room, Graham (1995): Poverty and Social Exclusion. The New European Agenda for Policy and Research. In: Graham Room (Hrsg.), Beyond the Threshold. The Measurement and Analysis of Social Exclusion. Bristol: Policy Press, S. 1-9.
Rosar, Ulrich (2001): Ethnozentrismus in Deutschland. Eine komparative Analyse 1980 bis 1996. Wiesbaden: Westdeutscher Verlag.
Rösch, Günther (1994): Kriterien der Gewichtung einer nationalen Bevölkerungsstichprobe. In: Siegfried Gabler/Jürgen H. P. Hoffmeyer-Zlotnik/Dagmar Krebs (Hrsg.), Gewichtung in der Umfragepraxis. Opladen: Westdeutscher Verlag, S. 7-26.
Rose, David/Harrison, Eric (2005): Validation of the European Socio-economic Classification for Countries Participating in Round 1 of the European Social Survey. Unveröffentlichtes Manuskript. 39 Seiten. Colchester.
Rose, David/Harrison, Eric (2007): The European Socio-economic Classification. A New Social Class Schema for Comparative European Research. In: European Societies, Bd. 9, H. 3, S. 459-490.
Rosenberg, Morris (1956): Misanthropy and Political Ideology. In: American Sociological Review, Bd. 21, H. 6, S. 690-695.
Rosenberg, Morris (1957a): Misanthropy and Attitudes Towards International Affairs. In: Journal of Conflict Resolution, Bd. 1, H. 4, S. 340-345.
Rosenberg, Morris (1957b): Occupations and Values. Glencoe: Free Press.
Roth, Dieter (1998): Empirische Wahlforschung. Ursprung, Theorien, Instrumente und Methoden. Opladen: Leske + Budrich.
Rotte, Ralph/Steininger, Martin (2001): Sozioökonomische Determinanten extremistischer Wahlerfolge in Deutschland. Das Beispiel der Europawahlen 1994 und 1999. In: Schmollers Jahrbuch, Bd. 121, S. 353-406.
Runciman, Walter G. (1966): Relative Deprivation and Social Justice. Berkeley: University of California Press.
Rush, Gary B. (1967): Status Consistency and Right-Wing Extremism. In: American Sociological Review, Bd. 32, H. 1, S. 86-92.
Rydgren, Jens (2004): Explaining the Emergence of Radical Right-Wing Populist Parties. The Case of Denmark. In: West European Politics, Bd. 27, H. 3, S. 474-502.
Rydgren, Jens (2007): The Sociology of the Radical Right. In: Annual Review of Sociology, Bd. 33, S. 241-262.

Rydgren, Jens/van Holsteyn, Joop (2005): Holland and Pim Fortuyn. A Deviant Case or the Beginning of Something New? In: Jens Rydgren (Hrsg.), Movements of Exclusion. Radical Right-Wing Populism in the Western World. New York: Nova Science, S. 41-63.

Sartori, Giovanni (1976): Parties and Party Systems. A Framework of Analysis. Cambridge: Cambridge University Press.

Schacht, Konrad (1990): Gesellschaftliche Modernisierung, Wertewandel und rechtsextremistische Orientierungen. Essen: Klartext, S. 77-91.

Schain, Martin (2002): The Impact of the French National Front on the French Political System. In: Martin Schain/Aristide Zolberg/Patrick Hossay (Hrsg.), Shadows over Europe. The Development of the Extreme Right in Western Europe. Basingstoke: Palgrave Macmillan, S. 223-243.

Schain, Martin (2006): The Extreme-Right and Immigration Policy-Making. Measuring Direct and Indirect Effects. In: West European Politics, Bd. 29, H. 2, S. 270-289.

Schain, Martin/Zolberg, Aristide/Hossay, Patrick (2002a): The Development of Radical Right Parties in Western Europe. In: Martin Schain/Aristide Zolberg/Patrick Hossay (Hrsg.), Shadows over Europe. The Development and Impact of the Extreme Right in Western Europe. New York/Basingstoke: Palgrave MacMillan, S. 3-17.

Schain, Martin/Zolberg, Aristide/Hossay, Patrick (Hrsg.) (2002b): Shadows over Europe. The Development and Impact of the Extreme Right in Western Europe. New York/Basingstoke: Palgrave MacMillan.

Scharsach, Hans-Henning (2002): Europas Populisten. Rückwärts nach rechts. Wien: Ueberreuter.

Schedler, Andreas (1993): Die demoskopische Konstruktion von Politikverdrossenheit. In: Politische Vierteljahresschrift, Bd. 34, H. 3, S. 414-435.

Scheuch, Erwin K./Klingemann, Hans-Dieter (1967): Theorie des Rechtsradikalismus in westlichen Industriegesellschaften. In: Hamburger Jahrbuch für Wirtschafts- und Gesellschaftspolitik, Bd. 12, S. 11-29.

Scheuch, Erwin K./Zehnpfennig, Helmut (1973): Skalierungsverfahren in der Sozialforschung. In: René König (Hrsg.), Handbuch der empirischen Sozialforschung. Bd. 3a (Grundlegende Methoden und Techniken der empirischen Sozialforschung. Zweiter Teil). Stuttgart: Enke, S. 97-203.

Scheuregger, Daniel/Spier, Tim (2007): Working-class authoritarianism und die Wahl rechtspopulistischer Parteien. Eine empirische Untersuchung für fünf westeuropäische Staaten. In: Kölner Zeitschrift für Soziologie und Sozialpsychologie, Bd. 59, H. 1, S. 59-80.

Scheve, Kenneth F./Slaughter, Matthew J. (2001): Labor Market Competition and Individual Preference over Immigration Policy. In: Review of Economics and Statistics, Bd. 83, H. 1, S. 133-145.

Schizzerotto, Antonio/Barone, Roberta/Arosio, Laura (2005): Unemployment Risks in Four European Countries. An Attempt of Testing the Construct Validity of the ESeC Scheme. Unveröffentlichtes Manuskript. 25 Seiten. Mailand.

Schmidt, Jochen (2003): Der Front National und Jean-Marie Le Pen. In: Nikolaus Werz (Hrsg.), Populismus. Populisten in Übersee und Europa. Opladen: Leske + Budrich, S. 89-111.

Schneider, Silke (2007): Measuring Educational Attainment in Cross-National Surveys. The Case of the European Social Survey. Unveröffentlichtes Manuskript. 43 Seiten. Oxford.

Schnell, Rainer/Hill, Paul B./Esser, Elke (2005): Methoden der empirischen Sozialforschung. 7. Auflage. München [u.a.]: Oldenbourg.

Schoen, Harald (2005): Soziologische Ansätze in der Wahlforschung. In: Jürgen W. Falter/Harald Schoen (Hrsg.), Handbuch Wahlforschung. Wiesbaden: VS Verlag für Sozialwissenschaften, S. 135-185.

Schoen, Harald/Weins, Cornelia (2005): Der sozialpsychologische Ansatz zur Erklärung von Wahlverhalten. In: Jürgen W. Falter/Harald Schoen (Hrsg.), Handbuch Wahlforschung. Wiesbaden: VS Verlag für Sozialwissenschaften, S. 187-242.

Schönfelder, Sven (2008): Rechtspopulismus. Teil Gruppenbezogener Menschenfeindlichkeit. Schwalbach: Wochenschau-Verlag.

Schulze-Buschoff, Karin/Schmidt, Claudia (2006): Own-Account Workers in Europe. Flexible, Mobile, and Often Inadequately Insured. Arbeitspapier Wissenschaftszentrum Berlin für Sozialforschung (WZB). 23 Seiten. Berlin.

Schumann, Siegfried (1999): Unzufriedenheit und Bindungslosigkeit als Ursache für die Neigung zur Wahl extremer Parteien und zur Stimmenthaltung. In: Max Kaase/Hans-Dieter Klingemann (Hrsg.), Wahlen und Wähler. Analysen aus Anlass der Bundestagswahl 1994. Opladen: Westdeutscher Verlag, S. 571-598.

Schumann, Siegfried (2005a): Die ASKO-Skala. In: Siegfried Schumann (Hrsg.), Persönlichkeit. Eine vergessene Größe der empirischen Sozialforschung. Wiesbaden: VS Verlag für Sozialwissenschaften, S. 41-57.

Schumann, Siegfried (2005b): Methoden und Methodenprobleme der empirischen Wahlforschung. In: Jürgen W. Falter/Harald Schoen (Hrsg.), Handbuch Wahlforschung. Wiesbaden: VS Verlag für Sozialwissenschaften, S. 64-87.

Schumann, Siegfried/Hardt, Jochen (1998): Rechtsextreme Einstellungen, Politikverdrossenheit und die Wahl der Republikaner. Zur Rolle von Interaktionseffekten in Logit-Modellen allgemein und in einem speziellen empirischen Fall. Eine Stellungnahme zu Wolfgang Jagodzinski und Markus Klein. In: ZA-Information, H. 42, S. 85-97.

Schwartz, Shalom H. (1992): Universals in the Content and Structure of Values. Theory and Empirical Tests in 20 Countries. In: Advances in Experimental Social Psychology, Bd. 25, S. 1-65.

Schwartz, Shalom H. (1994): Are there Universal Aspects in the Content and Structure of Values? In: Journal of Social Issues, Bd. 50, H. 4, S. 19-45.

Schwartz, Shalom H./Melech, Gila/Lehmann, Arielle/Burgess, Steven/Harris, Mari/Owens, Vicki (2001): Extending the Cross-Cultural Validity of the Theory of Basic Human Values with a Different Method of Measurement. In: Journal of Cross-Cultural Psychology, Bd. 32, H. 5, S. 519-542.

Seifert, Ana Maria/Messing, Karen/Riel, Jessica/Chatigny, Céline (2007): Precarious Employment Conditions Affect Work Content in Education and Social Work. Results of Work Analyses. In: International Journal of Law and Psychiatry, Bd. 30, H. 4, S. 299-310.

Seipel, Christian/Rippl, Susanne (1999): Jugend und Autorität. Ist die autoritäre Persönlichkeit heute noch ein tragfähiges Konstrukt? In: Zeitschrift für Sozialisationsforschung und Erziehungssoziologie, Bd. 19, H. 2, S. 188-238.

Semmer, Norbert/Udris, Ivars (2004): Bedeutung und Wirkung von Arbeit. In: Heinz Schuler (Hrsg.), Lehrbuch Organisationspsychologie. Bern: Verlag Hans Huber, S. 157-196.

Sen, Amartya (1979): Issues in the Measurement of Poverty. In: Scandinavian Journal of Economics, Bd. 81, H. 2, S. 285-307.

Sen, Amartya (1992): Inequality Reexamined. New York: Russell Sage Foundation.

Sherif, Muzafar (1962): Intergroup Relation and Leadership. Approaches and Research in Industrial, Ethnic, Cultural, and Political Areas. New York/London: Wiley.

Sherif, Muzafar (1966): In Common Predicament. Social Psychology of Intergroup Conflict and Cooperation. Boston: Houghton Mifflin.

Sherif, Muzafar (1967): Group Conflict and Cooperation. Their Social Psychology. Cambridge: Cambridge University Press.

Simmel, Georg (1908): Der Arme. In: Georg Simmel (Hrsg.), Soziologie. Untersuchungen über die Formen der Vergesellschaftung. Berlin: Duncker & Humblot, S. 345-374.

Sitte, Ralf (1997): Neue Ansätze zur Eindämmung der "Scheinselbständigkeit". In: Soziale Sicherheit, Bd. 46, H. 3, S. 88-95.

Smeaton, Deborah (2003): Self-Employed Workers. Calling the Shots or Hesitant Independents? A Consideration of the Trends. In: Work, Employment & Society, Bd. 17, H. 2, S. 379-391.

Smith, Tom W. (1997): Factors Relating to Misanthropy in Contemporary American Society. In: Social Science Research, Bd. 26, H. 2, S. 170-196.

Snippenburg, Leo B. Van/Scheepers, Peer (1991): Generation Specific Effects of Socioeconomic Deprivation on Authoritarianism, Anomie, and Political Apathy. The Dutch Case of 1985. In: Henk A. Becker (Hrsg.), Life Histories and Generations. Utrecht: ISOR, S. 377-404.

Spier, Tim (2005): Rezension zu Florian Hartleb, Rechts- und Linkspopulismus. In: Berliner Republik, Bd. 8, H. 5, S. 89-91.

Spier, Tim (2006): Populismus und Modernisierung. In: Frank Decker (Hrsg.), Populismus. Gefahr für die Demokratie oder nützliches Korrektiv? Wiesbaden: VS Verlag für Sozialwissenschaften, S. 33-58.

Spier, Tim (2007a): Regionale Varianz bei der Wahl der NPD. Eine wahlökologische Untersuchung zur Landtagswahl 2004 in Sachsen. In: Uwe Backes/Henrik Steglich (Hrsg.), Die NPD. Erfolgsbedingungen einer rechtsextremistischen Partei. Baden-Baden: Nomos, S. 75-102.

Spier, Tim (2007b): Review of Pippa Norris, Radical Right. Voters and Parties in the Electoral Market. In: Representation, Bd. 1, H. 43, S. 49-52.

Spier, Tim/Wirries, Clemens (2007): Ausnahmeerscheinung oder Normalität? Linksparteien in Westeuropa. In: Tim Spier et al. (Hrsg.), Die Linkspartei. Wiesbaden: VS Verlag für Sozialwissenschaften, S. 71-116.

Spruce, Damian (2007): Empire and Counter-Empire in the Italian Far Right: Conflicting Nationalisms and the Split between the Lega Nord and Alleanza Nazionale on Immigration. In: Theory, Culture & Society, Bd. 24, H. 5, S. 99-126.

Stelzer-Orthofer, Christine (2001): Erwerbslosigkeit und Armut. Eine theoretische und empirische Annäherung. In: Jeannette Zempel/Johann Bacher/Klaus Moser (Hrsg.), Erwerbslosigkeit. Ursachen, Auswirkungen und Interventionen. Opladen: Leske + Budrich, S. 149-169.

Stier, Winfried (1999): Empirische Forschungsmethoden. 2. Auflage. Berlin [u.a.]: Springer.

Stolz, Jörg (2000): Soziologie der Fremdenfeindlichkeit. Theoretische und empirische Analysen. Frankfurt (Main)/New York: Campus.

Stöss, Richard (1989): Die extreme Rechte in der Bundesrepublik. Entwicklung, Ursachen, Gegenmaßnahmen. Opladen: Westdeutscher Verlag.

Stöss, Richard (1990a): Parteikritik und Parteiverdrossenheit. In: Aus Politik und Zeitgeschichte, Bd. 40, H. 21, S. 15-24.

Stöss, Richard (1990b): Rechtsextremismus. Begriff - Struktur - Analyse. In: Kurt Bodewig/Rainer Hesels/Dieter Mahlberg (Hrsg.), Die schleichende Gefahr. Rechtsextremismus heute. Essen: Klartext, S. 61-76.

Stöss, Richard (1994): Forschungs- und Erklärungsansätze. Ein Überblick. In: Wolfgang Kowalsky/Wolfgang Schroeder (Hrsg.), Rechtsextremismus. Einführung und Forschungsbilanz. Opladen: Westdeutscher Verlag, S. 23-66.

Stöss, Richard (2004): Globalisierung und rechtsextreme Einstellungen. In: Bundesministerium des Inneren (Hrsg.), Extremismus in Deutschland. Erscheinungsformen und aktuelle Bestandsaufnahme. Berlin: Bundesministerium des Inneren.

Stöss, Richard (2006a): Rechtsextreme Parteien in Westeuropa. In: Oskar Niedermayer/Richard Stöss/Melanie Haas (Hrsg.), Die Parteiensysteme Westeuropas. Wiesbaden: VS Verlag für Sozialwissenschaften, S. 521-563.

Stöss, Richard (2006b): Rechtsextremismus im Wandel. Berlin: Friedrich-Ebert-Stiftung.

Stouffer, Samuel A./Suchman, Edward A./DeVinney, Leland C./Star, Shirley A./Williams, Robin M. (1949): The American Soldier. Princeton: Princeton University Press.

Strengmann-Kuhn, Wolfgang (2003): Armut trotz Erwerbstätigkeit. Analysen und sozialpolitische Konsequenzen. Frankfurt (Main)/New York: Campus.

Svåsand, Lars (1998): Scandinavian Right-Wing Radicalism. In: Hans-Georg Betz/Stefan Immerfall (Hrsg.), The New Politics of the Right. Neo-Populist Parties and Movements in Established Democracies. New York: St. Martin's Press, S. 77-93.

Swank, Duane/Betz, Hans-Georg (2003): Globalization, the Welfare State and Right-Wing Populism in Western Europe. In: Socio-Economic Review, Bd. 1, H. 2, S. 215-245.

Swyngedouw, Marc (1998): The Extreme Right in Belgium. Of a Non-Existent Front National and an Omnipresent Vlaams Blok. In: Hans-Georg Betz/Stefan Immerfall (Hrsg.), The New Politics of the Right. Neo-Populist Parties and Movements in Established Democracies. New York: St. Martin's Press, S. 59-75.

Swyngedouw, Marc/Ivaldi, Gilles (2006): Rechtsextremismus in populistischer Gestalt. Front National und Vlaams Blok. In: Frank Decker (Hrsg.), Populismus. Gefahr für die Demokratie oder nützliches Korrektiv. Wiesbaden: VS Verlag für Sozialwissenschaften, S. 121-143.

Sztompka, Piotr (1999): Trust. A Sociological Theory. Cambridge: Cambridge University Press.

Taggart, Paul A. (1995): New Populist Parties in Western Europe. In: West European Politics, Bd. 18, H. 1, S. 34-51.

Taggart, Paul Adam (2000): Populism. Concepts in the social sciences. Buckingham [u.a.]: Open University Press.

Taguieff, Pierre-André (1995): Political Science Confronts Populism. In: Telos, H. 103, S. 9-43.

Taguieff, Pierre-André (1997): Le populisme et la science politique. Du mirage conceptuel aux vrais problèmes. In: Vingtième Siècle, Bd. 56, H. 1, S. 4-33.

Tajfel, Henri (1969): Cognitive Aspects of Prejudice. In: Journal of Social Issues, Bd. 25, H. 4, S. 79-97.

Tambini, Damian (2001): Nationalism in Italian Politics. The Stories of the Northern League 1980-2000. London/New York: Routledge.

Tarrow, Sidney (1991): Kollektives Handeln und politische Gelegenheitsstruktur in Mobilisierungswellen. Theoretische Perspektiven. In: Kölner Zeitschrift für Soziologie und Sozialpsychologie, Bd. 43, H. 4, S. 647-670.

Towles-Schwen, Tamara/Fazio, Russell H. (2001): On the Origins of Racial Attitudes. Correlates of Childhood Experiences. In: Personality and Social Psychology Bulletin, Bd. 27, H. 2, S. 162-175.

Treiman, Donald J. (1977): Occupational Prestige in Comparative Perspective. New York [u.a.]: Academic Press.

Treiman, Donald J. (1979): Probleme der Begriffsbildung und Operationalisierung in der international vergleichenden Mobilitätsforschung. In: Franz Urban Pappi (Hrsg.), Sozialstrukturanalyse mit Umfragedaten. Probleme der standardisierten Erfassung von Hintergrundvariablen in allgemeinen Bevölkerungsumfragen. Königstein (Taunus): Athenäum, S. 124-167.

Trotzki, Leo (1932): Was Nun? Schicksalsfragen des deutschen Proletariats. Berlin: Grylewicz.

Trow, Martin (1958): Small Businessmen, Political Tolerance, and Support for McCarthy. In: American Journal of Sociology, Bd. 64, H. 3, S. 270-281.

Turner, John C. (1975): Social Comparison and Social Identity. Some Prospects for Intergroup Behaviour. In: European Journal of Social Psychology, Bd. 5, H. 1, S. 5-34.

Twenge, Jean M./Baumeister, Roy F./DeWall, C. Nathan/Ciarocco, Natalie J./Bartels, J. Michael (2007): Social Exclusion Decreases Prosocial Behavior. In: Journal of Personality and Social Psychology, Bd. 92, H. 1, S. 56-66.

Twenge, Jean M./Baumeister, Roy F./Tice, Dianne M./Stucke, Tanja S. (2001): If You Can't Join Them, Beat Them. Effects of Social Exclusion on Aggressive Behavior. In: Journal of Personality and Social Psychology, Bd. 81, H. 6, S. 1058-1069.

Uslaner, Eric M. (2002): The Moral Foundations of Trust. Cambridge: Cambridge University Press.

van der Brug, Wouter/Fennema, Meindert (2003): Protest or Mainstream? How the European Anti-Immigrant Parties Developed into Two Separate Groups by 1999. In: European Journal of Political Research, Bd. 42, H. 1, S. 55-76.

van der Brug, Wouter/Fennema, Meindert (2007): What Causes People to Vote for a Radical-Right Party. A Review of Recent Work. In: International Journal of Public Opinion Research, Bd. 19, H. 4, S. 474-487.

van der Brug, Wouter/Fennema, Meindert/Tillie, Jean (2000): Anti-Immigrant Parties in Europe. Ideological or Protest Vote? In: European Journal of Political Research, Bd. 37, H. 1, S. 77-102.

van der Brug, Wouter/Fennema, Meindert/Tillie, Jean (2005): Why Some Anti-Immigrant Parties Fail and Others Succeed. A Two-Step Model of Aggregate Electoral Support. In: Comparative Political Studies, Bd. 38, H. 5, S. 537-573.

van der Waal, Jeroen/Achterberg, Peter/Houtman, Dick (2007): Class Is Not Dead - It Has Been Buried Alive. Class Voting and Cultural Voting in Postwar Western Societies, 1956-1990. In: Politics & Society, Bd. 35, H. 3, S. 403-426.

van Praag, Bernhard M. S./Goedhart, Theo/Kapteyn, Arie (1980): The Poverty Line. A Pilot Survey in Europe. In: Review of Economics and Statistics, Bd. 62, H. 3, S. 461-465.

Vobruba, Georg (1986): Die populistische Anrufung der Gemeinschaft. In: Helmut Dubiel (Hrsg.), Populismus und Aufklärung. Frankfurt (Main): Suhrkamp.

Voss, D. Stephen (2005): Multicollinearity. In: Kimberly Kempf-Leonard (Hrsg.), Encyclopedia of Social Measurement. Amsterdam [u.a.]: Elsevier, S. 759-770.

Waldron-Moore, Pamela (1999): Eastern Europe at the Crossroads of Democratic Transition. Evaluating Support for Democratic Institutions, Satisfaction With Democratic Government, and Consolidation of Democratic Regimes. In: Comparative Political Studies, Bd. 32, H. 1, S. 32-62.

Walter, Franz (2006): Die ziellose Republik. Gezeitenwechsel in Gesellschaft und Politik. Köln: Kiepenheuer & Witsch.

Walter, Franz (2007): Die Linkspartei zwischen Populismus und Konservatismus. Ein Essay über die "Vergeisung als Chance". In: Tim Spier/Felix Butzlaff/Matthias Micus/Franz Walter (Hrsg.), Die Linkspartei. Zeitgemäße Idee oder Bündnis ohne Zukunft? Wiesbaden: VS Verlag für Sozialwissenschaften, S. 339-343.

Walter, Franz (2008): Baustelle Deutschland. Politik ohne Lagerbindung. Frankfurt (Main): Suhrkamp.

Walter, Franz/Spier, Tim (2004): Viel Lärm um nichts? Zu den Erfolgsaussichten einer neuen Linkspartei. In: Gewerkschaftliche Monatshefte, Bd. 55, H. 6, S. 328-337.

Warner, Uwe/Hoffmeyer-Zlotnik, Jürgen H. P. (2003): How to Measure Income. In: Jürgen H. P. Hoffmeyer-Zlotnik/Christof Wolf (Hrsg.), Advances in Cross-National Comparison. A European Working Book for Demographic and Socio-Economic Variables. New York [u.a.]: Kluwer Academic/Plenum Publishers, S. 307-324.

Watson, Dorothy/Maître, Bertrand/Whelan, Christopher T. (2005): Validating the ESeC Class Schema. Cross-sectional and Dynamic Analysis of Income Poverty and Life-style Deprivation. Unveröffentlichtes Manuskript. 62 Seiten. Dublin.

Weber, Max (1990 [1922]): Wirtschaft und Gesellschaft. Grundriss der verstehenden Soziologie. Tübingen: Mohr.

Welzel, Christian (1995): Politikverdrossenheit und der Wandel des Partizipationsverhaltens. Zum Nutzen direkt-demokratischer Beteiligungsformen. In: Zeitschrift für Parlamentsfragen, Bd. 26, H. 1, S. 141-149.

Westle, Bettina (1989): Politische Legitimität. Theorien, Konzepte, empirische Befunde. Nomos: Baden-Baden.

Weyland, Kurt (2001): Clarifying a Contested Concept. Populism in the Study of Latin American Politics. In: Comparative Politics, Bd. 34, H. 1, S. 1-22.

Whelan, Christopher T./Layte, Richard/Maître, Bertrand (2004): Understanding the Mismatch Between Income Poverty and Deprivation. A Dynamic Comparative Analysis. In: European Sociological Review, Bd. 20, H. 4, S. 287-302.

Whelan, Christopher T./Layte, Richard/Maître, Bertrand/Nolan, Brian (2001): Income, Deprivation, and Economic Strain. An Analysis of the European Community Household Panel. In: European Sociological Review, Bd. 17, H. 4, S. 357-372.

Whelan, Christopher T./Maître, Bertrand (2007): Income, Deprivation and Economic Stress in the Enlarged European Union. In: Social Indicators Research, Bd. 83, H. 2, S. 309-329.

Whiteley, Paul F. (1999): The Origins of Social Capital. In: Jan van Deth/Marco Maraffi/Kenneth Newton/Paul Whiteley (Hrsg.), Social Capital and European Democracy. London: Routledge, S. 25-44.

Wicker, Hans-Rudolf (2001): Stichwort "Xenophobia". In: Neil J. Smelser/Paul B. Baltes (Hrsg.), International Encyclopedia of the Social & Behavioral Sciences. Bd. 24. Amsterdam [u.a.]: Elsevier, S. 16649-16652.

Winkler, Jürgen R. (1996): Bausteine einer allgemeinen Theorie des Rechtsextremismus. Zur Stellung von Persönlichkeits- und Umweltfaktoren. In: Jürgen W. Falter/Hans-Gerd Jaschke/Jürgen R. Winkler (Hrsg.), Rechtsextremismus. Ergebnisse und Perspektiven der Forschung. Opladen: Westdeutscher Verlag, S. 25-48.

Winkler, Jürgen R. (2000): Rechtsextremismus. Gegenstand, Erklärungsansätze, Grundprobleme. In: Wilfried Schubarth/Richard Stöss (Hrsg.), Rechtsextremismus in der Bundesrepublik Deutschland - Eine Bilanz. Bonn: Bundeszentrale für politische Bildung.

Wolf, Christof (1995): Sozio-Ökonomischer Status und berufliches Prestige. Ein kleines Kompendium sozialwissenschaftlicher Skalen auf Basis der beruflichen Stellung und Tätigkeit. In: ZUMA-Nachrichten, Bd. 19, H. 37, S. 102-136.

Wood, Adrian (1994): North-South Trade, Employment, and Inequality. Oxford: Oxford University Press.

Wood, Adrian (1995): How Trade Hurt Unskilled Workers. In: Journal of Economic Perspectives, Bd. 9, H. 3, S. 57-80.

Worsley, Peter (1969): The Concept of Populism. In: Ghita Ionescu/Ernest Gellner (Hrsg.), Populism. Its Meanings and National Characteristics. London: Weidenfeld and Nicholson, S. 212-250.

Wright, Erik O. (1985): Classes. London/New York: Verso.

Wright, Erik O. (1997): Class Counts. Comparative Studies in Class Analysis. Cambridge: Cambridge University Press.

Yamagishi, Toshio (2001): Trust as a Form of Social Intelligence. In: Karen S. Cook (Hrsg.), Trust in Society. New York: Russell Sage Foundation, S. 121-147.

Zimmermann, Ekkart (2003): Right-Wing Extremism and Xenophobia in Germany. Escalation, Exaggeration, or What? In: Peter H. Merkl/Leonard Weinberg (Hrsg.), Right-Wing Extremism in the Twenty-First Century. London/Portland: Cass, S. 220-250.

Zintl, Reinhard (1985): Zur politischen Wirkungsweise von makroökonomischen Variablen. Ein Problemaufriß. In: Dieter Oberndörfer (Hrsg.), Wirtschaftlicher Wandel, religiöser Wandel und Wertewandel. Folgen für das politische Verhalten in der Bundesrepublik Deutschland. Berlin: Duncker & Humblot, S. 45-59.

Zürn, Michael (1996): Zum Verhältnis von Globalisierung, politischer Integration und politischer Fragmentierung. In: Werner Fricke (Hrsg.), Jahrbuch Arbeit und Technik 1996. Bonn.

Zürn, Michael (1998): Schwarz-Rot-Grün-Braun. Reaktionsweisen auf Denationalisierung. In: Ulrich Beck (Hrsg.), Politik der Globalisierung. Frankfurt (Main): Suhrkamp, S. 297-330.

Neu im Programm Politikwissenschaft

Wolfgang Merkel
Systemtransformation
Eine Einführung in die Theorie und Empirie der Transformationsforschung
2., überarb. u. erw. Aufl. 2010. 561 S. mit 26 Abb. u. 51 Tab. Br. EUR 24,90
ISBN 978-3-531-14559-4

Das Buch ist die erste systematische Einführung in die politikwissenschaftliche Transformationsforschung und bietet zweitens umfassende empirische Analysen der Demokratisierung nach 1945 und der Systemwechsel in Südeuropa, Lateinamerika, Ostasien und Osteuropa. Für die 2. Auflage wurde das Buch umfassend aktualisiert und erweitert.

Klaus von Beyme
Geschichte der politischen Theorien in Deutschland 1300-2000
2009. 609 S. Geb. EUR 49,90
ISBN 978-3-531-16806-7

Mit diesem Band wird erstmals eine umfassende Geschichte und Analyse der politischen Theorie in Deutschland vorgelegt, die den Zeitraum vom Mittelalter bis zur Gegenwart behandelt.

Arthur Benz
Politik in Mehrebenensystemen
2009. 257 S. mit 19 Abb. (Governance Bd. 5) Br. EUR 24,90
ISBN 978-3-531-14530-3

Ausgehend von der Tatsache, dass Politik in zunehmendem Maße die Grenzen von lokalen, regionalen oder nationalen Gebietskörperschaften überschreitet und zwischen Ebenen koordiniert werden muss, behandelt das Buch Möglichkeiten und Grenzen einer demokratischen Politik in Mehrebenensystemen. Vorgestellt werden relevante Theorien und Begriffe der Politikwissenschaft, aus denen ein differenzierter Analyseansatz abgeleitet wird. Grundlegend ist dabei die Überlegung, dass die komplexen Strukturen der Mehrebenenpolitik die Akteure häufig vor widersprüchliche Anforderungen zwischen unterschiedlichen Regelsystemen stellen, die Entscheidungen erschweren oder Demokratiedefizite verursachen.
Die Akteure entwickeln aber Strategien, um diese Schwierigkeiten zu bewältigen. Erst bei Berücksichtigung strategischer Interaktionen lässt sich bewerten, ob die Praxis des Regierens im Mehrebenensystem Anforderungen an eine demokratische Politik genügt. Am Beispiel der Mehrebenenpolitik im deutschen Bundesstaat sowie in der Europäischen Union werden diese theoretischen Überlegungen und die Anwendung der Analysekategorien für unterschiedliche Formen von Mehrebenensystemen illustriert.

Erhältlich im Buchhandel oder beim Verlag.
Änderungen vorbehalten. Stand: Januar 2010.

www.vs-verlag.de

VS VERLAG FÜR SOZIALWISSENSCHAFTEN

Abraham-Lincoln-Straße 46
65189 Wiesbaden
Tel. 0611.7878-722
Fax 0611.7878-400

Neu im Programm Politikwissenschaft

Wilfried von Bredow / Thomas Noetzel
Politische Urteilskraft
2009. 301 S. Br. EUR 19,90
ISBN 978-3-531-15978-2

Dieser Band bietet eine Einführung zu den ideengeschichtlichen, historischen und kognitiven Grundlagen der politischen Urteilskraft, um auf dieser Basis und in praktischer Absicht eine Verhaltenslehre zum Umgang mit der komplexen politischen Welt zu entwickeln.

Wichard Woyke
Die Außenpolitik Frankreichs
Eine Einführung
2010. 337 S. mit 2 Abb. (Studienbücher Außenpolitik und Internationale Beziehungen) Br. EUR 24,90
ISBN 978-3-531-13885-5

Diese Einführung behandelt die gesamte Außenpolitik Frankreichs von 1945 bis zur Gegenwart. Sie bietet einerseits eine historisch-systematische Längsschnittanalyse zu den Präsidenten der V. Republik. Andererseits vermittelt sie systematisch das Grundwissen zu den wichtigen Feldern der französischen Außenpolitik: zum Verhältnis zu den wichtigen Partnerländern – etwa Deutschland, Großbritannien, die USA und Russland –, zur Europapolitik, zur Militär- und Sicherheitspolitik und zur nachkolonialen Politik in Afrika und Asien. Das Buch bietet somit eine solide und unentbehrliche Grundlage für das Verständnis französischer Politik.

Roland Sturm
Politik in Großbritannien
2009. 252 S. mit 46 Tab. Br. EUR 19,90
ISBN 978-3-531-14016-2

Das britische Regierungssystem gehört zu den „Klassikern" der vergleichenden Regierungslehre. Das „Westminster Modell" des Regierens hat sich in den letzten Jahrzehnten jedoch weitgehend verändert. Wie und auf welchen Feldern, kann hier erstmals in einem Gesamtkontext der Reformen des politischen Systems nachgelesen werden. Stichworte: Devolution, Wahlsystemreformen, House of Lords-Reform, Civil Service-Reform, Freedom of Information Act und Human Rights Act. Diese Darstellung legt Grundlagen für das Verständnis des britischen Regierungssystems. Sie betritt aber auch Neuland. Denn sie führt in die innerbritische Diskussion zum politischen System Großbritanniens ein und untersucht Themen wie Protestbewegungen, Identitätspolitik, Multikulturalismus, das Verhältnis von Freiheit und Sicherheit in der britischen Politik und die Rolle des Vereinigten Königreiches in der Europapolitik.

Erhältlich im Buchhandel oder beim Verlag.
Änderungen vorbehalten. Stand: Januar 2010.

www.vs-verlag.de

VS VERLAG FÜR SOZIALWISSENSCHAFTEN

Abraham-Lincoln-Straße 46
65189 Wiesbaden
Tel. 0611.7878-722
Fax 0611.7878-400